中国运河与漕运研究

隋唐卷

张强 著

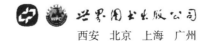

西安 北京 上海 广州

图书在版编目(CIP)数据

中国运河与漕运研究. 隋唐卷 / 张强著. —西安：世界图书出版西安有限公司, 2021.1(2023.3 重印)
ISBN 978-7-5192-8252-3

Ⅰ. ①中… Ⅱ. ①张… Ⅲ. ①运河—交通运输史—研究—中国—隋唐时代 ②漕运—交通运输史—研究—中国—隋唐时代 Ⅳ. ①F552.9

中国版本图书馆 CIP 数据核字(2020)第 270681 号

书　　名	中国运河与漕运研究·隋唐卷
	ZHONGGUO YUNHE YU CAOYUN YANJIU SUI-TANG JUAN
著　　者	张　强
责任编辑	冀彩霞
责任校对	王　骞
装帧设计	诗风文化
出版发行	世界图书出版西安有限公司
地　　址	西安市锦业路 1 号都市之门 C 座
邮　　编	710065
电　　话	029 - 87214941　029 - 87233647(市场营销部)
	029 - 87235105(总编室)
网　　址	http://www.wpcxa.com
邮　　箱	xast@ wpcxa.com
经　　销	全国各地新华书店
印　　刷	陕西龙山海天艺术印务有限公司
开　　本	787mm×1092mm　1/16
印　　张	28.75
字　　数	580 千字
版　　次	2021 年 1 月第 1 版
印　　次	2023 年 3 月第 3 次印刷
国际书号	ISBN 978-7-5192-8252-3
定　　价	170.00 元

版权所有　翻印必究
(如有印装错误,请与出版社联系)

序

从兴修区域性的内河航线到将不同区域的内河航线连接到一起,中国古代的人们通过改变交通运输方式,以运河带动了当时沿线地区社会经济及城市的发展。

周代以前,交通以陆路为主。《周礼·大司徒》云:"诸公之地,封疆方五百里,其食者半;诸侯之地封疆方四百里,其食者参之一;诸伯之地,封疆方三百里,其食者参之一;诸子之地,封疆方二百里,其食者四之一;诸男之地,封疆方百里,其食者四之一。"《汉书·地理志上》云:"周爵五等,而土三等:公、侯百里,伯七十里,子、男五十里。"那时虽有水运,但主要是利用自然水道。如《尚书·禹贡》叙述九州贡道时,有兖州"浮于济、漯,达于河",青州"浮于汶,达于济",徐州"浮于淮、泗,达于河",扬州"沿于江、海,达于淮、泗"之说,等等,这些都是说利用自然水道的情况。

时至春秋,为了满足领土扩张后的交通需求,一些诸侯国开始在境内外开挖运河。如司马迁《史记·河渠书》记载道:"荥阳下引河东南为鸿沟,以通宋、郑、陈、蔡、曹、卫,与济、汝、淮、泗会。于楚,西方则通渠汉水、云梦之野,东方则通沟江淮之间。于吴,则通渠三江、五湖。于齐,则通菑济之间。"这些运河具有区域性的特点,主要是为各诸侯国的政治、经济、军事等服务,如吴国在境内外开挖运河就有三个目的:一是为改善自身的交通条件;二是为提高农业的生产水平;三是为争霸服务,建立一条与中原相连的能够运粮运兵的水上通道。

平王东迁,以洛阳为中心的黄河中下游地区成为各诸侯国争霸的场所。这一时期,横亘中原"与济、汝、淮、泗会"的鸿沟成为诸侯争霸时利用的对象。中国古代有长江、黄河、济水和淮河四条独立入海的大河,鸿沟与黄河、济水和淮河三大水系相通,极大地改善了原有的水上交通条件。如鸿沟自荥阳(在今河南荥阳)向西可入黄河航线,沿黄河入渭水可入关中,随后直通长安(在今陕西西安);而自荥阳向东入淮、泗,经江淮之间的邗沟可抵长江北岸,随后进入长江流域及长江以南的区域。

鸿沟建成的时间下限当在周定王五年(前602)黄河南徙之前。司马迁称鸿沟"与济、汝、淮、泗会",黄河南徙后,济水在黄河南岸的水道已不复存在,故可知在周定王五年黄河南徙前鸿沟已投入使用。东周的政治中心是洛邑（在今河南洛阳），经济发达地区集中在以洛邑为中心的黄河两岸，鸿沟自荥阳向东南与淮河及其支流泗水、汝水相汇。有意思的是，江、河、淮、济四渎中，唯淮河呈南北流向。如胡渭《禹贡锥指》卷六云："淮水自今河南汝宁府息县南东流，经光山县北，是为扬域。又东经光州北，又东经固始县北，又东北经江南凤阳府颍州北，又东经霍丘县北、颍上县南，又东经寿州北，与豫分界。又东北经五河县东南，又东经泗州南、盱眙县北，又东北经淮安府清河县南，又东经山阳县北，又东经安东县南，而东北注于海，与徐分界。"鸿沟与淮河及其支流汝水、泗水相通，为开发汝、泗区域创造了必要的条件，后来，又为开发淮河另一支流颍水的沿岸打开了方便之门，时至东汉，颍水两岸成为天下最富庶的地区。

邗沟位于江淮之间，公元前486年，吴王夫差为了北上争霸，遂利用淮河下游的水道兴修了这条运粮通道。鸿沟入淮，以及其与邗沟相连有四个方面的意义：一是自鸿沟入淮、入邗沟可以抵达长江北岸的扬州（在今江苏扬州），如果继续向前，跨越长江可经吴古故水道或秦丹徒水道深入江南的腹地，如果走水路溯江而上可深入两湖、巴蜀等地；二是邗沟在改善淮南交通的同时，为开发淮南立下了汗马功劳，如《尚书·禹贡》叙述淮南土地及其农业收成时有"厥土惟涂泥，厥田惟下下"之说，而开凿邗沟以后，这块以扬州、淮阴（在今江苏淮阴）为核心的贫瘠之地渐渐成为著名的粮仓；三是汉代吴王刘濞统治淮南时，重点发展盐业，为后世淮盐的崛起奠定了坚实的基础；四是在经济重心移往江淮及江南的过程中，这条水上交通线既担负着维护京城粮食安全的使命，又担负着商贸往来的重任。

鸿沟、邗沟虽然不是开挖最早的运河，但它们所经过区域的农业、经济都曾先后崛起。具体地讲，我国的农业经济重心移往江南以前，先是在黄河中下游地区，后来在江淮崛起，但人们只关注自黄河中下游地区转移到江南的历史，对江淮一直缺少必要的关注。江淮农业经济地位下降主要有两个原因：一是从三国分立起，江淮地区开始成为不同政权反复争夺的战场，这一情况直接影响社会经济，特别是农业经济的发展；二是宋高宗建炎二年（1128）冬，东京留守杜充为阻金兵南下开挖黄河堤坝，从此开启了江淮成为洪水走廊的先河，如史有"杜充决黄河，自泗入淮以阻金兵"（《宋史·高宗纪二》）之说。可以说，南宋以后，黄河夺泗侵淮的历史均与此相关。黄河夺泗侵淮给江淮带来了灭顶之灾，改变了"走千走万，不如淮河两岸"的历史。然而，如果注意到从隋唐到北宋这一历史时期，当知在江淮出现扬州这样全国第一大商业都会不是偶然的，亦可知江淮曾是全国最发达的农业经济区域和重要的商品集散地。

东晋时期，江南的农业经济得到了开发，其中，江南运河如吴古故水道、秦丹徒水道等均在农业开发中发挥了重要作用。这些运河除了有交通运输功能外，还有排洪防涝、改良土壤等功能。南北分治时期，无论是南朝北伐，还是北朝南征，都是沿水路运兵运粮的，在这一过程中,鸿沟、邗沟、吴古故水道、丹徒水道等都在连接中原与江淮的运河中发挥了重要作用。

时至隋代,运河建设进入了历史的新阶段。一般认为,隋代运河建设是在隋炀帝即位以后,其实这一认识是不准确的,应该说是始于隋文帝,具体有四个方面的原因:一是隋文帝在关中兴修了广通渠等,改变了关中的交通条件,提升了漕运能力;二是广通渠等具有行运、灌溉、改良土壤、排洪防涝等多种功能,这些功能叠加在一起改善了关中的农业生产条件;三是隋文帝将运河建设扩展到关东、江淮等区域,多次重修邗沟,又整治汴口(鸿沟入河口)等,已有将关中、关东、江淮等地运河相互连接的构想;四是隋文帝建十三州水次仓(漕运中转仓),明确地表达了加强漕运及为京城粮食安全服务的诉求。十三州水次仓均建在黄河与其支流交汇的河口,这也标志着隋朝建立了黄河与运河相接的漕运体系,如史有"转运通利,关内赖之。诸州水旱凶饥之处,亦便开仓赈给"(《隋书·食货志》)之说。水次仓的建设是漕运管理制度的重要内容。追溯历史,水次仓建设萌芽于战国后期,至北魏得到确立,隋文帝统一中国后沿用了这一制度。通过一系列的建设,隋文帝建立了自江淮、关东至关中的漕运大通道,为以关中控制关东及全国的战略构想提供了保障。

在隋文帝兴修运河的基础上,隋炀帝全面揭开了建设东都洛阳水陆交通运输体系的序幕,兴修了通济渠、永济渠和江南河三条运河,编织了一个巨大的交通运输网络。具体地讲,自长安至扬州的通济渠,主要利用了先秦鸿沟及汉代石门堰等,以及隋文帝时重修的汴口、邗沟等成果。通济渠自洛阳出发,经阳渠入洛水,经洛口入黄河,随后走黄河航线至汴口,继续东行入淮,途经淮北到淮南以后入邗沟,经邗沟可抵长江北岸的扬州。在经济重心移往江淮及江南的背景下,通济渠凭借地理优势成为隋王朝最重要的运河。这条运河不但将黄河流域的洛阳与江淮连在一起,而且自扬州渡江可深入江南的腹地,溯江而上可深入长江流域。开渠后,隋炀帝又下令沿通济渠修筑御道,增强了通济渠的陆运能力。

再来看看永济渠,它入黄河前有与通济渠共用的航道。两渠都是自洛阳出发,经阳渠入洛水,经洛口入黄河,入黄河后,两渠的航线发生变化,其中,通济渠入河后向东行至汴口出黄河,永济渠自洛口渡河至北岸。《隋书·炀帝纪上》云:"四年春正月乙巳,诏发河北诸郡男女百余万开永济渠,引沁水南达于河,北通涿郡。"永济渠建设发生在大业四年(608)一月。永济渠至黄河北岸后,兴修时先是引沁补给水源,随后又因男丁不足,征用女性服劳役。《隋书·食货志》又云:"四年,发河北诸郡百余万众,引沁水,南达于河,北通涿郡。自是以丁男不供,始以妇人从役。"从大势上看,永济渠呈南北走向,兴修时先是引沁入运,后是将黄河以北的大部分河流纳入补给水源,与此同时,又利用了建安时期(196—220)曹操在河北地区兴建的白沟等,最终建成了一条自洛阳直抵幽、燕大地的战略大通道。

永济渠与通济渠互通,使隋朝具有了面向不同方向的水上交通能力。此外,隋炀帝又沿两渠堤岸兴修御道,进一步提升了两渠的利用价值。与通济渠、江南河相比,永济渠兴修的难度最大,难处有三:一是建设的过程中需要避开太行山;二是黄河以北是黄河泛滥及改道的高频区,而黄河改道往往会引起相关区域的水文变化,增加兴修永济渠的难度;三是永济渠自南向北,截断了自西向东且有不同入海口的河流,由于需要将这些河流统一到独流口经小直沽入海,在破坏原有水系的同时,还加大了兴修永济渠的工程量。

与通济渠、永济渠相比,江南河兴修的难度最小。江南水网密布,水资源丰富,隋炀帝兴修江南河,主要利用了吴古故水道、秦丹徒水道等。

经过一千多年不间断地开挖,时至隋炀帝一朝,贯穿四方的水上交通运输体系终于建立起来了。

当国都建在黄河流域时,无论是建都长安、洛阳,还是建都大梁(在今河南开封),漕运方向虽会发生一些变化,但不会发生原运道被废弃或沿岸城市衰败的情况。然而,到元世祖忽必烈定都大都(在今北京)时,运河交通及漕运开始发生重大变化。具体地讲,政治中心北移后,原先的水运体系已不能适应新的需求,史有"而运粮则自浙西涉江入淮,由黄河逆水至中滦旱站,陆运至淇门,入御河,以达于京。"(《元史·食货志一》)之说。这一时期,采用绕道而行、水陆联运的耗费实在太大,随后统治者采取了"海漕",即海运之策。先将江南粮食集中到发运点刘家港(在今江苏苏州太仓浏河),随后,从刘家港起航沿长江入海,入海后沿海岸线北上,至直沽(在今天津)登岸入广通仓,等候北上入京。

元朝的政治中心虽然北移,但经济重心仍在江南。《元史·食货志一》云:"元都于燕,去江南极远,而百司庶府之繁,卫士编民之众,无不仰给于江南。"元人眼中的"江南"是指江南省,其中包括盛产淮盐的沿海区域。

为了开通京杭大运河,元王朝主要采用了四大措施:一是在前人的基础上兴修了从直沽到大都的通惠河;二是重点兴修了山东境内的会通河;三是开通了徐州至清口(在今江苏淮阴码头镇)的黄河运道;四是利用和改造了元代以前的运河等,如利用和改造了从临清到直沽的御河、从淮阴到扬州的江淮运河、从镇江到杭州的隋及隋前运河。通过采取这四大措施,元王朝实现了大运河东移的战略构想。

明成祖朱棣夺取政权后迁都北京。这一时期,最能代表明代兴修京杭大运河成就的工程是重开会通河。重开会通河的直接原因是:洪武二十四年(1391),河决原武(在今河南原阳),淤塞会通河。为恢复自江南北上的航线,宋礼等奉命疏凿会通河,再次开通了贯穿南北的大运河。

嘉靖四十五年(1566),运道大坏,工部尚书朱衡提出开挖自南阳至夏村的备用运道的方案。在这中间,朱衡采纳了潘季驯"浚留城口至白洋浅旧河,属之新河"(《山东通志·漕运·新河》)的意见。勘议时,给事中何起鸣表达了赞成朱衡、潘季驯意见的想法,并提出了"旧河难复,新河宜开"(《山东通志·漕运·新河》)的意见。"新河"是与"旧河"相对的概念,旧河原本是会通河的一部分,开新河的目的是改造会通河沛县及留城一带的航线,避开黄河的侵扰。

明朝随后又开了泇河。泇河长二百六十里,自夏镇(在今山东微山)李家口经韩庄湖口可抵达台儿庄(在今山东枣庄),从台儿庄经邳州东直河口至董沟进入黄河(泗水故道)。史称:"其后开泇河二百六十里,为闸十一,为坝四。运舟不出镇口,与黄河会于董沟。"(《明史·河渠志三》)新河和泇河开通后,在改造会通河运道的同时,降低了船舶在该航段航行的风险。

清代继续通过各种方法维护贯穿南北的京杭大运河的运道安全,根据需要改造和疏浚了大运河的不同航段。在这中间,改造自清口(在今江苏淮阴)至徐州的借黄河行运的航线是最重要的改造工程。改造前,这条航线以黄河为运道;改造后,另开新航线,成功地避开了黄河风险。

综上所述,不同时期有不同的运河。具体地讲,春秋战国时期是运河开挖的初始期,这一时期,主要是各诸侯国根据军事斗争的需要开挖运河,如吴国兴修了吴古故水道、邗沟和菏水等。秦灭六国,国祚不长,故没有机会进行运河建设。汉王朝建立以后,主要在黄河流域及关中、关东兴修运河。建安时期,曹操在北方兴修运河,为隋炀帝开凿永济渠奠定了基础。隋文帝开关中运河,改善了关中的水上交通条件;隋炀帝以洛阳为中心兴修贯穿南北的通济渠、永济渠,同时在吴运河的基础上开江南河,第一次建立了贯穿南北的运河交通秩序。元朝建立后,原有的运河交通体系已不能适应新形势,故元朝在部分旧航线的基础上开辟新道,建立起自杭州北上至大都的运河交通体系。在这中间,元人开凿会通河及借黄河行运,实现了京杭大运河的整体东移。此后,明清两代在继承元代运河的同时,根据各航段出现的新问题分别进行了重修。

这里再说一说运河与城市的关系,在没有兴修运河以前,城市虽有依水而建的特点,但水运受到河流自然走向的限制,城市与城市之间的联系以陆路交通为主。运河兴修后,整个国家具有了四通八达的水上交通网,沿岸城市以经济发展为先导迅速崛起,在一定程度上引起了区域政治中心的变化。具体地讲,运河沿线的航段节点作为商品流通的集散地,在成为人口密集区的同时,也为其成为繁华的都市提供了必要的条件。当这些区域因经济地位上升成为县级建制或州府级建制时,往往会动摇与之相关的非运河城市的区域政治中心的地位。一般来说,古代城市建设的规模是由其政治地位决定的,作为不同层级的区域政治中心城市一经建立,与之相应的交通建设则会起到维护该城市政治、经济地位的作用。如果要改变原有的布局,则需要改善与之相适应的交通环境。从这样的角度看,以城市为中心的交通布局一旦形成,交通建设的保守性就会起到维护该城市中心地位的作用。反过来讲,城市布局的保守性又起到了维护其原有的政治和经济地位的作用,即城市政治和经济地位的升降是以交通布局和变化为依据的。在这中间,当运河冲破区域的限制,拥有贯穿东西南北交通的能力后,会在改变原有交通布局的同时,给城市建设带来新的内容,甚至在一定程度上会颠覆原有的政治、经济秩序。

从另一个层面看,在三级或四级行政管理体制下,京城作为全国的政治中心对不同层级的区域政治中心具有行政管辖权。郡、州、府作为区域政治中心,一头联系中央,一头联系属县。这一格局在宣示京城为国家政治中心和经济中心的同时,也表达了下一层级的城市作为区域政治和经济中心的诉求。在没有运河以前,城市之间的联系更多表现为行政管辖和隶属关系。在这一过程中,许多平级城市因没有行政管辖关系,在重农抑商政策的左右下,再加上陆路运输成本太高、缺少必要的商品流通机制,甚至一些相邻的城市也会在经济上处于相对封闭或隔绝的状态。受行政管辖权的支配,因隶属关系不同,相邻的城市很难形成经济联系紧密的共同体,也就没法成为优势互补的城市群。然而,运河成为重要的交通干线后,形势发生了变化。具体地讲,运河作为快捷高效的交通形式,通过取代陆路交通或改变原有的交通结构的方式,改变了原有的城市布局。在这一过程中,具有一定层级的行政建制向运河沿线迁徙或运河沿线低层级的城市成为高一级的行政建制,交通方面的变化引起了行政区域及建制方面的变化。进而言之,以运河为干线,沿岸城市凭借这一高效率的交通运输形式加强了相互间的联系,形成了相对稳定的经济体和城市群。

运河城市的兴起与非运河城市的衰落,在一定程度上反映了运河交通的兴衰。从开挖某一区域的运河到重视运河在交通、灌溉、防洪排涝等方面的综合功能,从连结不同区域的运河到弱化其综合功能,再到重点发展漕运,运河在有了贯穿全国的交通运输能力以后,以水运优势改变了以陆路为主的交通结构。在这一过程中,交通布局上的变化引起了城市布局的变化,而城市布局的变化又引发了城市建设观念的变化。

在历史的进程中,运河与古代社会的政治、经济、军事、文化等发生了密切的联系,其中最值得关注的有八个方面:一是运河有强大的运兵、运粮能力,为诸侯称雄争霸带来了占据制高点的先机;二是进入大一统时期以后,运河为维护国家统一、开拓疆土和消灭反叛势力提供了基本保障;三是运河促进了不同区域的经济发展,为不同的自然经济区域的发展及商贸活动注入了活力;四是运河贯穿南北,是有生命力的载体,它的存在缩小了不同区域的文化差异;五是运河有稳定社会政治和经济秩序的功能,如运河保证了京城的粮食安全;六是运河沿线的中转仓能为就近调粮赈灾提供便利;七是运河同时具有交通运输、农田灌溉、防洪防涝、改良土壤等多种功能,这些功能叠加在一起,提高了相关区域社会经济的发展水平;八是运河与黄河、长江、淮河等交织在一起,形成了强大的交通运输网,特别是运河与运盐河串联在一起,扩大了商贸往来及榷盐即征收盐税的范围。

运盐河是运河的一部分,它一头通往盐场,一头与运河相连,为榷盐提供了便利的水道。

更重要的是,运盐河又是一条漕运及商贸的大通道,如与运盐河相连的江淮运河即扬州运河有"盐河"之称,史有"扬州运河,亦名盐河,北至三汊口,达于会通河"(《新元史·河渠志二》)之说。扬州运河以扬州为起点,北至三汊口(三汊口闸,在今江苏徐州),与会通河相接。

追溯历史,征收盐税始于春秋。当时,齐国为了富国强兵,充分利用濒临大海的自然条件煮海为盐,开创了征收盐税的历史。叶观论述道:"盐利之兴,肇于管晏,而成于汉,然与酒、铁并榷,未盛也。至唐之刘晏,而利始博。"(《嘉靖两淮盐法志·序》)这一说法大体上反映了古代建立榷盐制度的历史轨迹。

最早的运盐河,当推刘濞在江淮之间兴修的自广陵(在今江苏扬州)到产盐区海陵(在今江苏泰州)的运盐河,史称:"江、淮漕运尚矣。春秋时,吴穿邗沟,东北通射阳湖,西北至末口。汉吴王濞开邗沟,通运海陵。"(《宋史·河渠志六》)因通运海陵的运盐河是邗沟的延长线,故有"邗沟"之称。又因自广陵往海陵及如皋磻溪(在今江苏南通如皋)等地的运盐河,以茱萸湾(在今江苏扬州邗江区万头乡)为起点,故又有"茱萸沟"之称。李斗记载道:"《左传·哀公九年》:'秋,吴城邗,沟通江、淮。'此今之运河自江入淮之道也。自茱萸湾通海陵、如皋、蟠溪,此吴王濞所开之河,今运盐道也。运道在《左传》称邗沟,《国语》称深沟,《吴越春秋》称为渠,《水经注》称幹江,汉晋间称漕渠,或曰合渎渠,或曰山阳渎。隋称山阳渎,郡志称山阳沟,河名不一,徙复无常。郡县志乘,载而弗详。"(《扬州画舫录》)茱萸沟开通后,为淮盐输出创造了必要的条件。吴王夫差兴修邗沟后,改善了江淮之间的水上交通条件,具体表现在:扬州的一头连接长江,以长江为运道可联系长江流域的广大地区并通向大海,另一头通过邗沟连接淮河,以邗沟和淮河为运道,向北可联系淮河流域及中原。

运盐河的建设区域主要集中在江淮一带,出现这一情况是必然的,原因有三方面:一是江淮区域地理位置适中,南下入江可深入长江流域的腹地,沿运河北上可进入黄河流域;二是江淮区域水资源丰富,有适合建造运盐河的自然条件;三是江淮生产的海盐即淮盐,品质优良,价格低廉,深受百姓和经销商的欢迎。

进入南北分治时期,江淮成为战争双方对峙的攻防线。为就地解决军用需求,淮浦(在今江苏涟水)成为南北双方争夺的战略要地。卢昶在上疏中写道:"所以倾国而举,非为朐山,将恐王师固六里,据湖冲,南截淮浦,势崩难测,海利盐物,交阙常贡。所虑在大,有必争之心。若皇家经略,方有所讨,必须简将增兵,加益粮仗,与之亢拟。相持至秋,天麈一动,开拓为易。"(《魏书·卢玄传》)为了夺取淮浦的"海利盐物",北魏南下时将淮浦视为重点发展的区域。魏世宗在诏书中写道:"知贼城已下,复克三关,展威辟境,声略宣振,公私称泰,良以欣然。将军渊规内断,忠谟外举,受律扬旌,克申庙算,虽方叔之制蛮荆,召虎之扫淮浦,匹兹蔑如也。新州初附,宜广经略,想善加检督,必令周固,有所委付,然后凯旋耳。"(《魏书·南安王传》)魏世宗之所以要"扫淮浦",是因为淮浦生产的海盐可以充实国库,进而换取粮食及各类军用物资。几乎是与此同时,南朝也把淮浦视为经营的对象。梁武帝代齐后,雄心勃勃地提出了开拓疆土的战略构想,史有"频事经略,开拓闽、越,克复淮浦,平俚洞"(《隋书·地理志上》)之说,梁武帝将"克复淮浦"与"开拓闽、越"相提并论,当知经营淮浦的目的是经营淮盐。

淮盐成为重点征榷的对象始于唐代刘晏身兼江淮转运、盐铁诸使以后。当时,淮盐产区集中在淮浦及东海(在今江苏连云港东海)和郁州(在今江苏连云港)等地。是时,淮浦是淮盐输出的水上交通枢纽,凭借淮河及其支流形成的水道,可经淮浦中转北上或南下。具体地讲,自淮浦顺淮河而下,经海州出海可抵郁州;沿游水北上可入沭水;自海州溯淮而上,经淮阴进入泗水和汴河,并远接黄河流域;自淮浦经淮阴入邗沟南下,可达长江流域。这一自然水道的存在,为淮浦成为淮盐外运时的交通枢纽奠定了基础。

然而,仅仅有自然形成的水路是不够的,要想扩大淮盐的外运能力,还需要开挖与漕运通道相连的运盐河。垂拱四年(688),武则天在淮浦开挖了新漕渠。史家叙述涟水政区及其交通时写道:"有新漕渠,南通淮,垂拱四年开,以通海、沂、密等州。"(《新唐书·地理志二》)新漕渠的主要功能是输出淮浦和海州生产的海盐,这条运盐河与江淮运河相通,可入长江、淮河及汴河,沿沂水通沂州(在今山东临沂)、密州(在今山东诸城)等地。

后来,唐王朝又兴修了自淮浦至海州及东海的运盐河。王谠记载道:"海州南有沟水,上通淮楚,公私漕运之路也。宝应中,堰破水涸,鱼商绝行。州差东海令李知远主役修复,堰将成辄坏,如此者数四,劳费颇多,知远甚以为忧。或说:梁代筑浮山堰,频有坏决,乃以铁数千万片填积其下,堰乃成。知远闻之,即依其言,而堰果立。"(《唐语林·补遗》)

这些运盐河开凿后,为刘晏以盐利补贴漕运、解决东南漕运中产生的各项支出奠定了基础,同时为划分食盐区、扩大淮盐的销售范围提供了必要的条件。司马光记载道:"晏专用榷盐法充军国之用。时自许、汝、郑、邓之西,皆食河东池盐,度支主之;汴、滑、唐、蔡之东,皆食海盐,晏主之。"(《资治通鉴·唐纪四十二》)这一做法扩大了淮盐的行销范围,在这中间,刘晏取得"大历末,通计一岁征赋所入总一千二百万贯,而盐利且过半"(《旧唐书·刘晏传》)的成绩,这些与重点经营淮盐息息相关。

运盐河与东南重镇楚州淮阴郡、扬州广陵郡相连,两大重镇扼守淮河和长江两大自然水道。沿运盐河可深入淮浦、海州等盐场的腹地,自运盐河入江淮运河,北上入淮河、汴河等,从而进入黄河流域;自扬州入江可溯流而上深入长江腹地,特别是划分食盐区以后,淮盐在销往汴、滑、唐、蔡以东各州的同时,又可溯江而上销往荆湖等地。

唐代以后,淮盐成为最受欢迎的盐种。为了加快淮盐输出,时至宋代,江淮出现了运河疏浚与运盐河建设相结合的情况。史称:"元丰七年,浚真楚运河。朱服为右史,帝遣使治楚州新河,戒之曰:'东南不惯兴大役,卿且为朕优恤兵民。'元符元年,工部言:'淮南开河,所开修楚州支家河,导涟水与淮通。'赐名'通涟河'。初,楚州沿淮至涟州风涛险,舟多溺,议者谓开支氏渠引水入运河,岁久不决,发运使王宗望始成之,为公私利。"(《乾隆淮安府志·河防》)宋神宗元丰七年(1084),重点疏浚了从真州(在今江苏仪征)到楚州(在今江苏淮安)之间的运河,又在楚州境内开挖了楚州新河,疏浚真楚运河。开挖楚州新河既与加强漕运相关,也与淮盐输出相关。此外,宋哲宗元符元年(1098),为加强涟州、海州等地的海盐外运,建成了自楚州至涟州连通海州的支家河。起初,从楚州到涟州主要走淮河航线,为了避开"楚州沿淮至涟州风涛险",在发运使王宗望的主持下兴修了运盐河支家河。

支家河又称"支氏河",是江淮运盐河建设的重要工程。史称:"楚州沿淮至涟州,风涛险,舟多溺。议者谓开支氏渠引水入运河,岁久不决,宗望始成之,为公私利。"(《宋史·王宗望传》)元符元年三月,宋哲宗赐名后支家河改称"通涟河"。这条运盐河在避开淮河风险的同时,加强了楚州、涟州和海州之间的联系,史有"疏支家河通漕,楚、海之间赖其利"(《宋史·吴居厚传》)之说可证。支家河提高了涟州、海州等地海盐的输出能力,成为淮、海之间的黄金航线。

需要补充说明的是,宋代江淮之间的运盐河建设是与海塘建设联系在一起的。史称:"淳熙三年四月,诏筑泰州月堰,以遏潮水。从守臣张子正请也。八年,提举淮南东路常平茶盐赵伯昌言:'通州、楚州沿海,旧有捍海堰,东距大海,北接盐城,袤一百四十二里。始自唐黜陟使李承实所建,遮护民田,屏蔽盐灶,其功甚大。历时既久,颓圮不存。至本朝天圣改元,范仲淹为泰州西溪盐官日,风潮泛溢,渰没田产,毁坏亭灶,有请于朝,调四万余夫修筑,三旬毕工。遂使海濒沮洳舄卤之地,化为良田,民得奠居,至今赖之。自后浸失修治,才遇风潮怒盛,即有冲决之患。自宣和、绍兴以来,屡被其害。阡陌洗荡,庐舍漂流,人畜丧亡,不可胜数。每一修筑,必请朝廷大兴工役,然后可办。望令淮东常平茶盐司:今后捍海堰如有塌损,随时修葺,务要坚固,可以经久。'从之。"(《宋史·河渠志七》)为保护江淮产盐区的安全,宋代统治者多次兴修捍海堰即海塘。

海塘除了可以遏制潮水,保护当地的民田及盐灶外,还有保护运盐河的作用。因运盐河是运河的一部分,故需要重新建构与运河、漕运的关系。史称:"时范仲淹安抚江、淮,亦以疏通盐利为言,即诏知制诰丁度等与三司使、江淮制置使同议。皆谓听通商恐私贩肆行,侵蠹县官,请敕制置司益漕船运至诸路,使皆有二三年之蓄;复天禧元年制,听商人入钱粟京师及淮、浙、江南、荆湖州军易盐;在通、楚、泰、海、真、扬、涟水、高邮贸易者毋得出城,余州听诣县镇,毋至乡村;其入钱京师者增盐予之,并敕转运司经画本钱以偿亭户。诏皆施行。"(《宋史·食货志下四》)宋仁宗明道二年(1033),范仲淹"以疏通盐利为言"表明,只有疏通自运盐河入运河的航线,才能恢复宋真宗天禧元年(1017)的旧制,即"听商人入钱粟京师及淮、浙、江南、荆湖州军易盐"的制度。在这中间,从"其入钱京师者增盐予之,并敕转运司经画本钱以偿亭户"等语中不难发现,实现淮盐税收是由转运司"经画"的,这里明确地表达了将盐运纳入漕运序列的意图,同时也表明,只有实现运盐河与运河之间的互通,才有可能解决淮盐输出受阻等问题。

崇宁二年(1103),宋徽宗兴修遇明河,开通了自真州宣化入江口至泗州(在今江苏盱眙)的航线。史称:"崇宁二年,诏淮南开修遇明河,自真州宣化镇江口至泗洲淮河口。五年,工毕。"(《乾隆淮安府志·河防》)兴修遇明河的目的是为了建立一条快捷的漕运通道,但同时也与方便淮盐输出及建立荆湖等地的行盐区有着不可分割的关系。史称:"明道二年,参知政事王随建言:'淮南盐初甚善。自通、泰、楚运至真州,自真州运至江、浙、荆湖,纲吏舟卒,侵盗贩鬻,从而杂以沙土。涉道愈远,杂恶殆不可食,吏卒坐鞭笞,徒配相继而莫能止。比岁运河浅涸,漕挽不行,远州村民,顿乏盐食;而淮南所积一千五百万石,至无屋以贮,则露积苫覆,岁以损耗。又亭户输盐,应得本钱或无以给,故亭户贫困,往往起为盗贼,其害如此。愿权听通商三五年,使商人入钱京师,又置折博务于扬州,使输钱及粟帛,计直予盐。盐一石约售钱二千,则一千五百万石可得缗钱三千万以资国用,一利也;江、湖远近皆食白盐,二利也;岁罢漕运糜费,风水覆溺,舟人不陷刑辟,三利也;昔时漕盐舟可移以漕米,四利也;商人入钱,可取以偿亭户,五利也。'"(《宋史·食货志下四》)在"淮南盐初甚善"之时,盐运遭受破坏的主要原因是"纲吏舟卒,侵盗贩鬻,从而杂以沙土"。后来,出现"比岁运河浅涸,漕挽不行,远州村民,顿乏盐食"以后,盐运受阻则与运河不通有关。

江淮运河与运盐河之间存在着相互为用的关系。宋孝宗淳熙九年(1182),淮南漕臣钱冲之在上疏中写道:"真州之东二十里,有陈公塘,乃汉陈登浚源为塘,用救旱饥。大中祥符间,江、淮制置发运置司真州,岁藉此塘灌注长河,流通漕运。其塘周回百里,东、西、北三面,倚山为岸,其南带东,则系前人筑垒成堤,以受启闭。废坏岁久,见有古来基趾,可以修筑,为旱干溉田之备。凡诸场盐纲、粮食漕运、使命往还,舟舰皆仰之以通济,其利甚博。"(《宋史·河渠志七》)从"凡诸场盐纲、粮食漕运、使命往还,舟舰皆仰之以通济"等语中可进一步证明:江淮运河与运盐河建设是联系在一起的。进而言之,运盐河虽为运盐而建,但有漕运及商贸等功能,反过来说,运河虽然为漕运及商贸而建,但同时有运盐的功能。两者相互为用,在江淮之间建构了丰富的水上交通运输体系。

元代,江淮运盐河建设与运河建设的关系更为紧密,扬州运河甚至被称为"盐河"。史称:"仁宗延祐四年十一月,两淮运司言:'盐课甚重,运河浅涩无源,止仰天雨,请加修治。'明年二月,中书移文河南省,选官洎运司有司官相视,会计工程费用。于是河南行省委都事张奉政及淮东道宣慰司官、运司官,会州县仓场官,遍历巡视,集议:河长二千三百五十里,有司差濒河有田之家,顾倩丁夫,开修一千八百六十九里;仓场盐司不妨办课,协济有司,开修四百八十二里。运司言:'近岁课额增多,而船灶户日益贫苦,宜令有司通行修治,省减官钱。'省臣奏准:诸色户内顾募丁夫万人,日支盐粮钱二两,计用钞二万锭,于运司盐课及减驳船钱内支用。差官与都水监、河南行省、淮东宣慰司官专董其事,廉访司体察,枢密院遣官镇遏,乘农隙并工疏治。"(《元史·河渠志二》)如果以延祐元年(1314)为整治扬州运河的起点,那么,延祐四年(1317)十一月和延祐五年(1318)二月解决"运河浅涩无源"等问题则标志着扬州运河进入了全程治理的新阶段。在这中间,动员运盐的船户及生产食盐的灶户"开修四百八十二里"运盐河一事表明,运盐河已纳入扬州运河兴修的范围。进而言之,两淮盐运与漕运相辅相成,同样是关系政治稳定和社会稳定的大问题。

盐税是元王朝财赋收入的重要组成部分,一旦动摇,将会影响社会的稳定。史称:"国之所资,其利最广者莫如盐。……至元十三年既取宋,而江南之盐所入尤广,每引改为中统钞九贯。二十六年,增为五十贯。元贞丙申,每引又增为六十五贯。至大己酉至延祐乙卯,七年之间,累增为一百五十贯。"(《元史·食货志二》)所谓"江南之盐所入尤广",主要指征榷淮盐。"江南之盐"指浙盐和淮盐,如果比较两者的税收,当知浙盐缴纳的税收远低于淮盐。淮盐的地位超过浙盐并成为重点征榷的对象,主要有三个原因:一是受自然条件的限制,浙盐的品质一直不如淮盐,淮盐更受商人的喜欢;二是江淮之间有四通八达的交通网络,如有与运河相通的运盐河,商人至此可最大限度地降低经营海盐的成本;三是当政治中心建在北方需要漕运支持时,无论是实行海运,还是开通京杭大运河,江淮始终是漕运的必经之地。可以说,交通便利及经营成本低廉也为淮盐崛起奠定了基础。

从汉代到明代前,淮盐集散地主要有扬州和淮浦两大中心。明清两代,在原有的基础上形成了泰州(在今江苏泰州)、通州(在今江苏通州)和淮安三个集散中心。三个集散中心的腹地是"淮南盐场"和"淮北盐场"。无论是淮南盐场,还是淮北盐场,其地理位置均在淮河下游三角洲,均可以"淮南"相称,只是出于管理方面的需要,将位于淮南南部的盐场统称为"淮南盐场",将位于淮南盐场北部的盐场统称为"淮北盐场"。

明代兴修江淮之间的运盐河与宋元两代的情况大体相同,继续疏浚运盐河,建立与运河的互通关系。一是在前人的基础上改造通往海州的运盐河——支家河,其中,明太祖洪武二十七年(1394),有"浚山阳支家河"(《明史·河渠志六》)之举;明成祖永乐三年(1405),有"浚淮安府运盐河一十八里,浚淮安府支家河长一万一千九百七十丈"(《乾隆淮安府志·河防》)之举;明武宗正德十年(1515),有"开支家河接涟水,建批验引盐所于此"(《乾隆淮安府志·城池》)之举,将支家河从涟水延长至淮安府城的河北镇(在今江苏淮安河下镇)。在长达一百二十多年的时间里,明代统治者不断兴修支家河,说明在淮盐输出的历史进程中,涟水及海州生产的海盐在淮盐中占有重要的地位;而重点疏浚江淮与运盐河相连的运河表明,只有运盐河与运河畅通,才能有效地降低淮盐输出的成本,为输粮入边及"中盐"提供便利的条件。所谓"中盐",是指商人输粮等入边,换取相应数额的盐引(官府颁发的运销食盐的许可证),并凭盐引领取行销区域。明代"中盐"经历了从"纳粟中盐"到"纳银中盐",再到建立"纲盐"制度等阶段。

明代"中盐"上承宋元两代,宋元时期召商入粟"中盐"是明代推行"纳粟中盐"的前因。宋太宗以"交引"的方式鼓励商人输粮入边,商人取得"交引"后,可凭证券到指定的地点兑换现金或包括食盐在内的货物,并因此在商贸活动中谋取利益,史有"河北又募商人输刍粟于边,以要券取盐及缗钱、香药、宝货于京师或东南州军,陕西则受盐于两池,谓之入中"(《宋史·食货志上三》)之说。元代继承了宋代的做法,继续推行召商输粮入边"中盐"之策,史有"行省复请令商贾入粟中盐,富家纳粟补官"(《元史·文宗纪二》)之说。明代以后,延续了宋元时期的召商"中盐"之策,商人按规定将相当数量的粮食运往边地并验收后,可以获得相应的盐引及食盐行销权。明王朝推行这一盐政缓解了边防方面的军需压力。

清袭明制,两淮都转盐运使司设在扬州,扬州下设泰州、淮安、通州三座分司,负责管理淮南、淮北盐场事务。经过长期的建设,不仅运司与分司之间有运盐河相通,分司与各盐场之间也有运盐河相通,而运盐河又与运河相通。江淮区域的运盐河与运河共同构成了四通八达的水上交通网。

这里仅以扬州运司与三分司的关系及运盐河及运河之间的互通情况为例,同时以《清史稿·地理志》为证。扬州领二州六县,二州是高邮、泰州,六县是江都、甘泉、扬子、兴化、宝应、东台,这些地方或位于从扬州到淮安的运河主干线上,或位于运盐河沿线。

泰州是盐运分司所在地,自江都东北行可至泰州,史有"盐河导运河水东北入泰州,白塔龙儿河水注之"(《清史稿·地理志五》)之说,又有"里下河自泰州环城北流,又东溢为支河入海"(《清史稿·地理志五》)之说。东台(在今江苏盐城东台)有与泰州相通的运盐河,史有"盐河出县西海道彷,西南流,错出复入,至淤溪入泰州"(《清史稿·地理志五》)之说。泰州除了有运盐河与江都、扬州等地相通外,还可经运盐河、串场河入淮安属县盐城,或可自运盐河经东台至通州属县如皋,如史有"盐河西自江都入,夹城东流,一曰里下河,有溱潼水注之。至白米镇,左通串场河,右出支津,入泰兴。又东径海安镇,左歧为界河,东南入如皋。盐河东北自东台入,西南流,径淤溪达鲗鱼港,又西南与之合。有泰坝,泰州分司运判驻"(《清史稿·地理志五》)之说。

此外,淮盐重要产地兴化有运盐河与盐城相通,经运盐河至宝应可入运河,史家有兴化"东:大海,有堤。盐河并堤流,西受界河、海沟、横泾诸水,东出为大团河、八灶、七灶河,东北会斗龙港,入于海。有刘庄、草堰、丁溪三场,盐课大使驻。北有吴公湖、苔大踪湖,与盐城、宝应错"(《清史稿·地理志五》)之说。经苔大踪湖等可至宝应入运河,史有宝应"运河北自山阳入,径八口铺,东溢为瓦沟溪。又南流,径氾水镇,至界首,有界首湖,入高邮。其西宝应湖,汇淮流下潴之水。苔大踪湖东北,周二百里,分支入运河"(《清史稿·地理志五》)之说。

盐城、如皋、东台、兴化等是淮盐的重要产地,由运河与运盐河构成的交通体系将扬州与泰州分司及淮南、淮北的盐场串联起来,形成四通八达的航线。

淮盐自海州外运加强了涟州的中转地位。具体地讲,自涟州沿运盐河东行可抵海州,又可沿通往桃源(在今江苏泗阳)的运盐河至宿迁(在今江苏宿迁),还可沿北盐河直接到沭阳(在今江苏沭阳),史有涟州"西南盐河自清河入,贯县境,入海州,与六塘河合。东北:一帆河自海州入,南至旗杆村。水经,淮水东左右各合一水,至淮浦入海。……运河自宿迁南来,径古城驿,入清河,歧为六塘河,一曰北盐河,东北流入沭阳"(《清史稿·地理志五》)之说。

起初,盐城的盐场隶属淮安分司,盐场隶属关系调整后归泰州分司管辖。从交通形势上看,盐城主要有面向淮安和扬州的两条航线:盐场归淮安分司管辖时,面向淮安的运盐河比较繁忙;归泰州分司管辖时,面向扬州及泰州的运盐河比较繁忙。盐城所产之盐的销售区域因盐场隶属关系的变化也发生了变化:属淮安分司时,行盐区面向安徽、河南等地;属泰州分司后,行盐区面向湖广等地。四通八达的运盐河加强了盐城与淮安、泰州和扬州等地的联系。具体地讲,盐城有经阜宁至淮安府治山阳的运盐河,入山阳后与运河相通,史有"射阳湖上承苔大纵湖水,汇淮水为湖,又东流,会诸水入海。运盐河受射阳湖水,径城南流,循范公堤入盐城"(《清史稿·地理志五》)之说。庙湾镇初属山阳县,在中转盐城各盐场的海盐时成为繁忙的水运码头。根据这一情况,雍正九年(1731),清世宗析山阳、盐城两县,以庙湾为治所建阜宁县。此外,自盐城沿运盐河南行经便仓(在今江苏盐城便仓镇)可进入兴化,史有"运盐河自草堰口环城流,至便仓镇入兴化。"(《清史稿·地理志五》)之说,至兴化后可入运河到宝应、高邮等地,并进入扬州或泰州等地。

通州亦是盐运分司的所在地,史有"通州分司运判驻石港,税课大使亦驻。南:大江西自如皋入,东行达老洪港,会于海。盐河自如皋西入江,东分流,循城而南,又东入于海"(《清史稿·地理志五》)之说。石港在通州西城,史有"在通州西城隅者,曰通州分司"(《嘉靖两淮盐法志·署宇志》)之说。通州除了有入江入海的航线外,又有至如皋的运盐河,这条运盐河与运河交织在一起,加强了通州与扬州、淮安等地的交通联系。史家交代如皋的水上交通形势时有"大江西自靖江入,又东入通州,北通运盐河。河西北自泰州入,循城南,分为二。一南流入江。一东径丁堰,又分流,至岔河,为盐场诸水。又南流,径白蒲镇入通州"(《清史稿·地理志五》)之说。

考察江淮运盐河建设,可发现其主要有三个特点。一是在充分利用淮河下游及其支流形成的湖泊和自然水道的基础上,兴修了贯穿产盐区及盐场的运盐河。如山阳、宝应、高邮、阜宁之间有淮河下泄时形成的白马湖、宝应湖、高邮湖、射阳湖等,涟州、海州境内有淮河下泄时的水道和支流,由于这些湖泊本身就有与淮河下游各条支流相连的水道,只要稍加修整便可供运盐使用。历代兴修山阳、宝应、高邮、阜宁、盐城、兴化、涟州、海州等之间的运盐河,主要利用了淮河下泄时形成的湖泊或河流。二是利用了江潮在长江以北形成的湖泊和自然水道。如长江自靖江入通州与泰州时一分为二,在此基础上形成了"一东径丁堰,又分流,至岔河,为盐场诸水。又南流,径白蒲镇入通州"的水道,这一水道在串联通州、泰州盐场的同时,又串联起淮安分司下辖的盐场。三是各盐场之间的运盐河与运河建设交织在一起,为淮盐输出即淮盐南下和北上创造了良好的环境。

运河与自然水道黄河、长江、淮河等实现互通后,扩大了漕运的范围。漕运有广义和狭义之分。广义的漕运指水运,凡水运皆可以"漕"相称。如鲁僖公十三年(前647),为救晋国发生的粮荒,秦国发动了"泛舟之役"。《左传·僖公十三年》云:"秦于是乎输粟于晋,自雍及绛相继,命之曰泛舟之役。"司马迁亦记载道:"于是用百里傒、公孙支言,卒与之粟。以船漕车转,自雍相望至绛。"(《史记·秦本纪》)所谓"泛舟之役",是指晋国发生饥荒后向秦国请求救助,在百里奚等人的建议下,秦国从水路调粮入晋。又如《战国策·魏策一》交待魏国及大梁地理形势时有"南与楚境,西与韩境,北与赵境,东与齐境,卒戍四方,守亭障者参列,粟粮漕庾不下十万"语,鲍彪注:"漕,水运。庾,水漕仓。"(鲍彪《战国策注》)又如汉宣帝时赵充国有"臣前部士入山,伐材木大小六万余枚,皆在水次。……冰解漕下"语,颜师古注:"漕下,以水运木而下也。"(《汉书·赵充国传》)据此可知,凡水运皆可以"漕"相称。狭义的漕运,初指由国家出面组织的利用运河及自然水道运粮和运兵的行为。如隰朋奉齐国君主之命,沿齐运河入黄河到赵国进行粮食贸易活动,故《管子·轻重戊》有"齐即令隰朋漕粟于赵"(《管子今诠·轻重戊》)之说。又如吴王夫差开邗沟,沟通江淮。《左传·哀公九年》云:"秋,吴城邗,沟通江淮。"邗沟开通后,为吴国北上与齐国争霸提供了强有力的后勤支援。如《太平御览》引《吴越春秋》佚文:"吴将伐齐,自广陵掘沟通江淮。"(《太平御览·州郡部十五》)郦道元亦记载道:"昔吴将伐齐,北霸中国,自广陵城东南筑邗城,城下掘深沟,谓之韩江,亦曰邗溟沟,自江东北通射阳湖。《地理志》所谓渠水也,西北至末口入淮。"(《水经注·淮水》)邗沟在运兵运粮中起到了重要的作用,并帮助吴军确立了战胜齐军的优势。

汉代以后的漕运主要有十个方面值得关注。

第一,从水路调集租米及赋税等入京,以保证京师地区的粮食安全和政治稳定。汉王朝走上社会安定、经济发展的繁荣之路有多方面的原因,其中很重要的一条便是加强漕运。具体地讲,关中是四塞之地,物产有限,进入和平发展期以后,人口快速增长。马端临论述道:"汉初,致山东之粟,不过岁数十万石耳。至孝武,而岁至六百万石,则几十倍其数矣。"(《文献通考·国用考三·漕运》)关中人口大幅度地增长,对粮食的需求空前扩大。

第二,开拓疆土及平定叛乱需要以漕运的方式向边地运粮及军用物资。汉初,每年调运关东的粮食只有数十万石,到了汉武帝元狩四年(前119)猛增到四百万石,史有"岁漕关东谷四百万斛以给京师"(《汉书·食货志上》)之说。到了元封元年(前110)已高达六百万石,史有"山东漕益岁六百万石"(《史记·平准书》)之说。岁运增加,一方面与关中人口增加等因素相关,另一方面则与汉武帝开辟西北战场打击匈奴相关。此外,隋唐两代为平定辽东,从永济渠向东北方向运兵运粮,以达到稳定辽东以远的政治局势的目的。史称:"大业七年,征辽东,炀帝遣诸将,于蓟城南桑干河上,筑社稷二坛,设方墠,行宜社礼。"(《隋书·礼仪志三》)大战之前,隋炀帝到蓟城南桑干河上建社稷坛"行宜社礼",明确地表达隋炀帝了平定辽东的决心和意志。

第三,漕运通道又是商贸往来的大通道,在稳定国家政治秩序、经济秩序等方面负有特殊的使命。如永济渠以白沟为基础,沿途纳入淇水、漳水等河流,同时又以清河、屯氏河、沽河、桑干河等为借用运道,将航线延长至涿郡一带,带动了沿线社会经济的发展。又如唐玄宗在长安建漕运码头广运潭,明确地表达了漕通四方的意图。史称:"又于长乐坡瀍苑墙凿潭于望春楼下,以聚漕舟。坚因使诸舟各揭其郡名,陈其土地所产宝货诸奇物于袱上。……众舻以次辏楼下,天子望见大悦,赐其潭名曰广运潭。是岁,漕山东粟四百万石。"(《新唐书·食货志三》)又称:"坚预于东京、汴、宋取小斛底船三二百只置于潭侧,其船皆署牌表之。若广陵郡船,即于枕背上堆积广陵所出锦、镜、铜器、海味;丹阳郡船,即京口绫衫段;晋陵郡船,即折造官端绫绣,会稽郡船,即铜器、罗、吴绫、绛纱;南海郡船,即玳瑁、真珠、象牙、沉香;豫章郡船,即名瓷、酒器、茶釜、茶铛、茶椀;宣城郡船,即空青石、纸笔、黄连,始安郡船,即蕉葛、蚺蛇胆、翡翠。船中皆有米,吴郡即三破糯米、方丈绫。凡数十郡。驾船人皆大笠子、宽袖衫、芒屦,如吴、楚之制。"(《旧唐书·韦坚传》)在广运潭漕运码头停泊的船只来自全国各地,其中,标明起始地的漕船涉及广陵郡、丹阳郡、晋陵郡、会稽郡、南海郡、豫章郡、宣城郡、始安郡、吴郡等地,在漕船上展示的手工业制品有玉器、铜器、绫缎、瓷器、酒器、茶具、笔墨、纸张等。将来自各地的手工业制品等堆放于停泊在广运潭码头的船只上,虽有精心策划的可能,但也从侧面说明漕运繁荣了社会经济,甚至促进了海外贸易的发展。如南海郡的象牙是通过海外贸易获取的,从南海郡献象牙一事中当知,关中与其他不同区域的运河及黄河水道等串联在一起,成功地扩大了漕运的范围,同时也加快了商品流通的速度,为长安再度成为国际贸易中心城市奠定了坚实的基础。

第四,因漕运建造的水次仓既可以在国家战时就地运兵运粮至前线,也可以就近赈灾放粮。具体地讲,在吸收北魏建邸阁仓经验的基础上,隋文帝制定了在航段节点或河口建造水次仓的制度,极大地方便了漕运。其中,黎阳仓建在永济渠与淇水及黄河交汇的河口,广通仓(永丰仓)建在广通渠与渭水及黄河交汇的河口,太原仓(常平仓)建在自黄河进入渭水之前的航段节点上。之后,隋炀帝在营造东都洛阳时在其周边兴建水次仓,有意识地将洛口仓(兴洛仓)、回洛仓、含嘉仓、河阳仓等建在通济渠与洛水、黄河交汇的河口,进一步提升了水次仓在漕转中的作用。史称:"及隋亦在京师,缘河皆有旧仓,所以国用常赡。"(《旧唐书·食货志下》)这些建在不同区域的水次仓,最大限度地方便了运兵运粮,同时也有利于就近赈灾放粮,应对荒年。

第五,盐运是漕运的一部分,自春秋时期齐国实行盐铁官营以后,盐税一直是保证国用的重要途径。历代征收盐税有不同的情况,不过,至德元年(756),唐肃宗令第五琦在全国各道设榷盐机构即盐业专卖专营机构,从此,榷盐成为解决非常之需的基本途径,史有"又至德初,为国用不足,令第五琦于诸道榷盐以助军用"(《旧唐书·刘晏传》)之说。唐代在十五道建榷盐机构,将全国分成十五个食盐专卖专营区。继第五琦制定盐法以后,刘晏临危受命,具体负责东南漕运及盐铁专营事务。刘晏出任盐铁使以后,在肯定民产、官收的基础上,将官运、官销改为商运、商销,在调动商人参与运销积极性的同时,又将官府从烦琐的盐运盐销的事务中解放出来。史称:"盐铁使刘晏以为因民所急而税之,则国足用。于是上盐法轻重之宜,以盐吏多则州县扰,出盐乡因旧监置吏,亭户粜商人,纵其所之。江、岭去盐远者,有常平盐,每商人不至,则减价以粜民,官收厚利而人不知贵。晏又以盐生霖潦则卤薄,暵旱则土溜坟,乃随时为令,遣吏晓导,倍于劝农。"(《新唐书·食货志四》)刘晏制定新的盐法益处有三:一是防止盐吏即监管盐业生产的官吏与亭户及商人勾结,逃避税收,行走私之事;二是针对岭南等地因偏远而商人不愿前往经销等情况,由官府直接用低于商销的价格售盐,这样可以取得"官收厚利而人不知贵"的效果;三是针对"盐生霖潦则卤薄,暵旱则土溜坟"等情况,"遣吏晓导",即提供技术来提高生产效率。在这中间,因东南是榷盐和漕运重地,为了增加中央财政收入及以盐利保漕运,刘晏重点改革了东南盐政。洪迈记载道:"唐世盐铁转运使在扬州,尽斡利权,判官多至数十人,商贾如织。故谚称'扬一益二',谓天下之盛,扬为一而蜀次之也。"(《容斋随笔·唐扬州之盛》)在扬州设盐铁转运使的目的有二:一是以扬州为中转地加强东南漕运;二是将淮盐和浙盐纳入国家财政及税收的范围。史称:"吴、越、扬、楚盐廪至数千,积盐二万余石。有涟水、湖州、越州、杭州四场,嘉兴、海陵、盐城、新亭、临平、兰亭、永嘉、大昌、侯官、富都十监,岁得钱百余万缗,以当百余州之赋。自淮北置巡院十三,曰扬州、陈许、汴州、庐寿、白沙、淮西、甬桥、浙西、宋州、泗州、岭南、兖郓、郑滑,捕私盐者,奸盗为之衰息。然诸道加榷盐钱,商人舟所过有税。晏奏罢州县率税,禁堰埭邀以利者。晏之始至也,盐利岁才四十万缗,至大历末,六百余万缗。天下之赋,盐利居半,官闱服御、军饷、百官禄俸皆仰给焉。"(《新唐书·食货志四》)这一记载详细地叙述了刘晏改革东南盐政的情况,强调了征榷淮盐的重要性。如江浙有良好的水上交通条件,以此为依据,刘晏在吴、越、扬、楚等地建立了涟水、湖州、越州、杭州四大盐场,试图通过完善其生产体系,为征榷淮盐和浙盐创造必要的条件。在重点监管东南四大盐场产销的同时,为提高商人参与盐运和经销的积极性,废除诸道自行设置的关卡,在提高效率的同时,降低商运成本。经此,刘晏在重点征榷淮盐的基础上取得了"天下之赋,盐利居半"的成果,史有"大历末,通计一岁征赋所入总一千二百万贯,而盐利且过半"(《旧唐书·刘晏传》)的成果,盐税支撑起唐王朝财政的半壁江山。

第六,漕运在改朝换代中负有特殊的使命。具体地讲,楚汉之争时,漕运方向是自关中向关东。史称:"关中事计户口转漕给军,汉王数失军遁去,何常兴关中卒,辄补缺。"(《史记·萧相国世家》)萧何以关中为大本营,采用水陆联运的方法将粮食及战略物资运往关东,为刘邦战胜项羽提供了强有力的后勤支援。在推翻元王朝的过程中,明太祖朱元璋利用运河建立了支援北伐、运江南钱粮北上的漕运通道。史称:"洪武元年北伐,命浙江、江西及苏州等九府,运粮三百万石于汴梁。已而大将军徐达令忻、崞、代、坚、台五州运粮大同。中书省符下山东行省,募水工发莱州洋海仓饷永平卫。其后海运饷北平、辽东为定制。其西北边则浚开封漕河饷陕西,自陕西转饷宁夏、河州。"(《明史·食货志三》)北伐有北上和西进两个战略目标,在这中间,徐达取江南钱粮,建立了以汴梁(在今河南开封)为中心的漕运中转站。具体地讲,为打击元军,徐达以汴梁为中转站,运粮到山西大同。这一时期,调集江南钱粮支援统一战争是漕运的基本特点。史称:"明洪武元年决曹州双河口,入鱼台。徐达方北征,乃开塌场口,引河入泗以济运,而徙曹州治于安陵。塌场者,济宁以西、耐牢坡以南直抵鱼台南阳道也。"(《明史·河渠志一》)徐达"浚开封漕河饷陕西""引河入泗以济运"可以视为明代漕运之始,尽管这一漕运通道只是临时性的通道,目的是为了解决眼前的事情,主要利用了黄河和泗水河道,故此行为不能算是严格意义上的开挖运河。

第七,海运是漕运的特殊形式,故海运有"海漕"之说。在元王室残余退往大漠且李氏朝鲜侵扰辽东的局面形成后,为了加强北方防务,明王朝建立了以北平(在今北京)和辽东为终点的海运通道,史有"其后海运饷北平、辽东为定制"(《明史·食货志三》)之说。又有明成祖永乐元年(1403)"平江伯陈瑄、都督金事宣信充总兵官,督海运,饷辽东、北京"(《明史·成祖纪二》)之说。这些举措表明,会通河淤塞后,南北漕运航线不通,为加强北方防务亟须输粮北上,在迫不得已的情况下沿用了元代的海运之策。史称:"永乐元年,平江伯陈瑄督海运粮四十九万余石,饷北京、辽东。二年,以海运但抵直沽,别用小船转运至京,命于天津置露囤千四百所,以广储蓄。四年定海陆兼运。瑄每岁运粮百万,建百万仓于直沽尹儿湾城。"(《明史·河渠志四》)明成祖朱棣夺取皇位后迁都北京是在永乐十九年(1421),因朱棣迁都前与朱元璋在位期间的情况大体相同,故可将其视为是加强北方防务的延续。这一时期的海漕主要有两个接运点:一是从直沽尹儿湾城(在今天津)上岸转入通惠河,为北平提供亟须的战略物资;一是从盖州卫(在今辽宁营口盖县)梁房口关和金州卫(在今辽宁大连)旅顺口关上岸,为经营辽东提供必要的战略支援。史有"又西北有梁房口关,海运之舟由此入辽河"(《明史·地理志二》)之说,还有"又旅顺口关在南,海运之舟由此登岸"(《明史·地理志二》)之说。

第八，漕运与屯戍关系密切，在边地屯戍的优点是可以减轻漕运负担。汉宣帝即位后，在匈奴的鼓动下，以先零羌为首的诸羌发动叛乱。根据形势变化，赵充国提出了加强河西屯戍的对策，目的是解决戍边将士每月"用粮谷十九万九千六百三十斛，盐千六百九十三斛，茭藁二十五万二百八十六石"(《汉书·赵充国传》)的难题。当时，漕运负担沉重，史有"今张掖以东粟石百余，刍槁束数十。转输并起，百姓烦扰"(《汉书·赵充国传》)之说。为了避免"烦扰"百姓，赵充国提出了"罢骑兵"及屯戍的主张，他的考量有以下几点：一是军马消耗的粮草远远地超过了士兵，如果"罢骑兵"转为屯戍，可以减少粮草消耗，化解因"徭役不息"带来的负担；二是河西有良好的屯田条件，骑兵转为屯戍后，可与"留驰刑应募""及淮阳、汝南步兵与史士私从者"一道"分屯要害处"，安境保民；三是利用现有的条件建立新的屯戍秩序，在"益积畜，省大费"即降低漕运消耗的过程中，加强军备；四是在河西开辟湟水航线，建立"循河湟漕谷至临羌"(《汉书·赵充国传》)的漕运通道。

第九，漕运包括以水运为主的水陆联运。如唐代李杰任水陆运使以后，重点修复了联系江淮的漕运通道。史称："开元二年，河南尹李杰奏，汴州东有梁公堰，年久堰破，江淮漕运不通。发汴、郑丁夫以浚之。省功速就，公私深以为利。"(《旧唐书·食货志下》)然而仅仅修复连通江淮的漕运通道是不够的，因此时的黄河漕运走三门峡受阻，为此需要开辟陆路运道绕过三门峡。在这中间，为解决陆运时遇到的困难，李杰采取了四大措施：一是在洛阳含嘉仓至陕州太原仓之间的崤函古道上建造了八个递场即八个接运场，规定每递之间的距离为四十里；二是在分段接运的基础上，将陆运分为前后两组；三是规定起止时间，从入冬十月起运至十一月底结束，全部陆运在两个月内完成；四是规定每递用车用牛的数量。唐代交通工具以牛车为主，一牛拉一车，用车八百乘指用八百辆牛车。入冬起运的目的是为了利用农闲的时间，不影响农业生产，而分段接运的目的是减轻长途运输中的劳累，提高效率。实行此策后，改善了陆运不济的局面，实现了年运"八十万石，后至一百万石"的目标。天宝七年(748)，又通过增加车辆和延长时间等，达到了岁运"满二百五十万石"的水平。天宝九年(750)九月，河南尹裴迥为改变递重"伤牛"等情况，又在两递场之间的近水处建立供民运休息的"宿场"，并派官员监督，防止盗窃。此外，元明两代在京杭大运河开通以前亦采取水陆联运之策，史称："元、明都燕京，元行海运，而其初亦涉江入淮，由黄河逆水至中滦，陆运至淇门入御河(即卫河)，以达京师。明永乐中，亦运至陈州，载入黄河至新乡，入柳树等处，令河南车夫运赴卫河。盖以河运兼陆运，而其时，则又以卫河为急。自元都燕，而汴河几废。明世，会通河成，而东南重运，悉由淮北、山东至临清，合卫河，以达于天津。"(《河南通志·漕运》)

第十，历朝历代为加强漕运采取了一系列的措施，现择其大要而归纳之，有八个方面：一是汉代以后，漕运官员经历了从兼职到专职的变化，职官制度建设出现越来越细的情况，如唐代设转运使以后，宋代又分设转运使和发运使；二是自三国孙吴沿破岗渎建"邸阁"(《三国志·吴书·吴主传》），晋及南北分治时期沿漕路建邸阁以后，隋文帝为实现分级接运的构想建造了水次仓，此后，历代漕运均重视水次仓的建设；三是水次仓建设不仅仅是仓廪建设，更重要的是管理制度建设，在这一过程中建立了一套严格的出纳管理制度等；四是以水次仓为依托，采用了不同的漕运方式，如宋代主要有分级接运和直运两种形式，而明代采取长运、兑运、支运等形式；五是在一些航段节点建税场或榷关即钞关，以方便征收商税，如宋代在盱眙建税场，而明清两代沿大运河建榷关；六是重视漕运过程管理，采用各种方式堵塞漕运过程中的漏洞，如规定日航程及上水、下水的时间等，采取措施防止运军盗卖漕粮，又如实行纲运即编船队运漕粮；七是建立一支强大的护漕军队，强化为专制政权服务的意志，如明代漕军有十二万人之众；八是为照顾漕运军士的利益，允许"附载"，如明清两代规定了不同的"附载"量，有二十四石、六十石、一百二十石等几档，这些沿途搭载的土特产，极大地丰富了南北的商贸市场。以上所述只是漕运时采取的一些措施，当然远不止这些，这里不再一一叙述。

张　强

2019年1月

张强，1956年10月出生，江苏沭阳人，文学博士，淮阴师范学院教授，南京师范大学文艺学博士生导师，苏州大学中国古代文学博士生导师。在学术团体中，先后担任中国《史记》学会副会长、中国屈原学会副会长、中国《诗经》学会常务理事、中国诗词吟唱学会常务理事、江苏省明清小说研究会副会长等职，并兼任《中国文学年鉴》《古籍整理研究学刊》等编委。长期从事中国古代文史、文艺理论、运河与漕运研究等，主持和完成多项国家省部级以上科研项目，曾在《文艺研究》《文学遗产》《光明日报》《北京大学学报》《南京大学学报》《社会科学战线》《江海学刊》等期刊发表论文共计二百余篇，多篇论文被《新华文摘》《中国社会科学文摘》《高校文科学报文摘》《光明日报》以及人大报刊复印中心多种专题如《中国古代近代文学研究》《先秦秦汉史》《历史学》《中国哲学》《文艺学》等摘录或全文转载。主要著作有《桑文化原论》《司马迁学术思想探源》《司马迁与宗教神话》《人与自然的对话》《宇宙的寂寞——扬雄传》《世俗历史的真实写照——说明清小说》《僧肇大师传》等二十多部，多次获江苏省政府及江苏省高校人文社科优秀成果奖。

目 录

第一编 隋代编

概 述 3
第一章 隋代漕运及河渠漕仓建设 6
　　第一节 隋代以前关中的漕运形势 7
　　第二节 隋初水次仓分布与分级接运 16
　　第三节 隋文帝兴修关中河渠 22
　　第四节 河东、河南、河北与黄河漕运 29
　　第五节 汴渠漕运与洛阳漕转 42
　　第六节 江淮漕运与重修邗沟 48

第二章 隋朝东都洛阳的交通建设及漕运 55
　　第一节 东都洛阳规划与洛水 57
　　第二节 东都三大工程建设与漕运 64
　　第三节 洛阳漕运码头的建设 73
　　第四节 隋炀帝与漕运通道的建设 78

第三章 通济渠的航段节点及东南漕运 88
　　第一节 通济渠的终点及淮河航线 89
　　第二节 通济渠的起点及其航段 98
　　第三节 历荥泽入汴及彭城漕运 105

第四章 永济渠引水济运及漕运 116
　　第一节 永济渠引沁入运 117
　　第二节 永济渠的起点与终点 123

第三节　永济渠河北航段与引水 …………………………… 131
　　　第四节　临清航线及清河漕运 ……………………………… 172
　　　第五节　屯氏河与永济渠的漕运 …………………………… 179
　　　第六节　开凿永济渠的意义 ………………………………… 190

第五章　隋代河漕与水次仓分布 …………………………………… 198
　　　第一节　河漕与十三州水次仓 ……………………………… 198
　　　第二节　东都洛阳水次仓与漕转 …………………………… 205
　　　第三节　魏邸阁仓与隋代水次仓 …………………………… 210

第二编　唐代编

概　述 ………………………………………………………………… 219
第一章　关中河渠建设与黄河漕运 ………………………………… 223
　　　第一节　唐初洛阳漕转与江淮漕运 ………………………… 223
　　　第二节　关中河渠建设与漕运 ……………………………… 232
　　　第三节　兴成渠与漕运码头广运潭 ………………………… 245
　　　第四节　三门峡与黄河漕运 ………………………………… 257

第二章　通济渠、永济渠重修及其漕运 …………………………… 274
　　　第一节　通济渠改线工程与漕运 …………………………… 274
　　　第二节　通济渠邗沟段改造与漕运 ………………………… 282
　　　第三节　永济渠改造工程与漕运 …………………………… 287
　　　第四节　永济渠重点修复航段 ……………………………… 294

第三章　李杰、裴耀卿漕运及水次仓 ……………………………… 301
　　　第一节　李杰与洛阳漕转 …………………………………… 302
　　　第二节　裴耀卿漕运改革 …………………………………… 305
　　　第三节　河阴仓与含嘉仓建设 ……………………………… 328

第四章　刘晏理财及其漕运管理 …………………………………… 340
　　　第一节　刘晏以前的唐代盐政 ……………………………… 341

第二节	刘晏理财与盐政改革	349
第三节	刘晏漕运与修复汴渠	359
第四节	刘晏漕运以恢复赋税为先	369
第五节	刘晏罢相以后的漕运	378

第五章 唐代以前的漕运管理制度及船闸 ... 393
第一节 唐代以前漕运管理及补救措施 ... 394
第二节 唐代漕运过程管理与省漕措施 ... 402

第六章 唐代以前的江淮榷盐及漕运 ... 410
第一节 古代盐类划分及唐代以前榷盐 ... 410
第二节 唐代淮盐的生产状况 ... 417
第三节 唐代江淮的运道建设 ... 420

主要参考文献 ... 428
后　记 ... 434

第一编　隋代编

概 述

从隋代起,河渠建设及漕运进入了一个新阶段。

以东晋建都建康(在今江苏南京)为起点,到隋文帝建立隋王朝,前后经历了约270年的分治时期。如果略去西晋时期短暂统一的时间不计,从三国鼎立算起,前后经历了约360年的分治历史。隋文帝取代北周后,亟须稳定政治形势,这一时期,定都长安(在今陕西西安)既与因袭旧都及镇压旧朝势力相关,又与稳定北方这一农业经济发达区的政治局势相关。具体地讲,关中是四塞之地,有攻守兼备的地理优势,建都长安可以控制关中、关东及黄河中下游发达的农业经济区。如张良赞成刘敬的意见,劝说刘邦定都长安时说:"夫关中左殽函,右陇蜀,沃野千里,南有巴蜀之饶,北有胡苑之利,阻三面而守,独以一面东制诸侯。诸侯安定,河渭漕挽天下,西给京师;诸侯有变,顺流而下,足以委输。此所谓金城千里,天府之国也,刘敬说是也。"[①]问题是,隋统一北方后,一度繁荣的黄河中下游农业生产区已陷入萧条的境地,这样一来,国家的政治稳定和粮食安全等需要江淮的支持已成为必然。这一时期,江淮一带基本上没有发生大的战争,农业经济相对稳定,出现了超越黄河中下游地区的势头,其后发优势在隋王朝建立后逐步地显现出来。

为了应对变化莫测的政治局势,尽快地完成南北统一大业,隋文帝从加强漕运入手,采取了四个方面的措施:一是在关中兴修具有灌溉和漕运等功能的广通渠,在发展关中农业的同时,恢复关中的漕运秩序;二是探索粮食西入关中及长安的多元化途径,重点整治三门峡及洛阳以东的漕运通道,在黄河沿岸建造水次仓(漕运中转仓),以加强黄河漕运;三是重点兴修汴口,打通汴渠面向江淮的航线;四是重修江淮之间的邗沟,采取就地取粮之策,为南下征陈服务。这些涉及漕运的工程分别建成后,在稳定关中及长安的同时,为完成南北统一大业奠定了基础。这里透露的信息是,隋文帝以兴修河渠及恢复漕运为先导,表明国家赋税征收的重点区域开始发生变化,开始出现了从黄河中下游地区向江淮转移的情况。尽管这一变化是细微的,但它却是在从量变到质变的过程中逐步积累和显现出来的,同时也是在兴修

---

① 汉·司马迁《史记·留侯世家》,北京:中华书局1982年版,第2044页。

河渠及将漕运补给线延长到江淮的过程中实现的。

又如汉武帝兴修关中漕渠的意义重大,它在改变关中漕运秩序的同时,为隋文帝在关中兴修广通渠奠定了坚实的基础。

隋炀帝即位后,为改变关中漕运不济的局面,将建设东都洛阳提到议事日程上。从形势上看,营造东都是隋炀帝政权建设的重要举措:一是洛阳居天下之中,在此建设东都,可与西京长安形成掎角之势,以备不时之需;二是关中地域狭小,农业产出有限,且有三门峡为黄河漕运即"河漕"的瓶颈,在洛阳建东都可缩短漕运里程,避开黄河天险;三是经过历代的建设,洛阳已有良好的水陆交通条件,只要略加改造便可以成为理想中的水陆交通枢纽;四是洛阳在关东这一广大的区域内有着特殊的战略地位,重点经营洛阳,可以有效地控制黄河中下游地区及黄河以北的河北诸郡,同时可实现经营江淮和长江流域及岭南地区的战略目标。根据这些情况,为完善以洛阳为中心的水陆交通体系,隋炀帝重点兴修了贯穿南北的通济渠(包括邗沟)、永济渠、江南河等水上交通主干线,又沿通济渠、永济渠堤岸兴修了有陆运功能的"御道"。客观地讲,隋炀帝建立以洛阳为中心的水陆交通枢纽在维护南北统一方面有着不可低估的作用。如在兴修通济渠、永济渠、江南河等河渠的过程中,通过加强漕运进一步密切了不同政区之间的联系,促进了沿岸地区社会经济的发展,为南北文化交流及融合奠定了坚实的基础。

粮食安全是政权稳定的基本要素。在加强粮仓建设的过程中,古代建立了一套严密的仓廪制度和转输制度。仓廪制度主要由储存种类、出纳规则、储存规模、管理体制和监督机制等构成。转输制度主要由运输形式、运输规则、组织管理、损耗许可范围等构成。两种制度拧结在一起,表达了维护国家政权稳定、社会秩序安定和促进社会经济发展的诉求。具体地讲,仓储及转输除了可满足赈灾救民、应对外部侵略等需求外,还有稳定物价、促进商品流通、带动不同区域共同发展等功能。

水次仓是漕运管理制度建设的重要方面,同时也是漕运与仓廪建设结合的产物。水次仓即漕仓建设,萌芽于战国后期,中经汉代,时至北魏才得到确立,隋文帝统一中国后继承了这一成果。起初,北魏只是根据军事斗争的需要,在重要的航段节点建造便于转运的邸阁仓(漕运中转仓),即隋代所说的"水次仓",但缺少整体规划。隋王朝建立后,隋文帝有计划在黄河沿线选点建水次仓,建成了分级转运和远及江淮的漕运大通道。客观地讲,隋代水次仓虽然承袭了北魏的成果,但两者有着本质上的区别。如北魏建造邸阁仓是一项临时性的措施,主要是为征伐南朝及统一战争的军事行动服务的,伴随着这一军事行动的结束,原先建造的水次仓大都处于废弃的状态。隋王朝建造水次仓旨在通过稳定漕运秩序,为大一统帝国的政治服务。隋王朝建立以前,北方战火不断,特别是游牧民族掌控黄河中下游地区后,将农田改为牧场,破坏了原有的农业生产秩序和漕运秩序,隋王朝建立后,政治中心和经济中心已处于分离状态,为维护政治中心长安及京畿地区的稳定、积极地应对自然灾害、防止外敌入侵、稳定南北统一的政治局面等,需要从国家战略的角度重修及恢复淤塞已久的漕运通道并建设水次仓。

与河渠建设相配套的工程是水次仓建设。在兴修河渠、规划漕运航线的过程中,隋文帝贯彻了水次仓为国家政治服务的战略思想,完成了水次仓沿黄河漕运通道展开的布局。进而言之,经过有目的地建设,隋代水次仓除了有漕运中转功能外,同时具有了国家战略储备仓的功能。从这样的角度看,如果没有隋文帝的规划和努力,隋炀帝要想建成以洛阳为中心水陆交通枢纽是不可能的,要想强化水次仓的功能及扩大其规模也是不可能的。进而言之,隋炀帝建立洛阳这一水陆交通枢纽是前所未有的壮举,这一壮举加强了黄河流域与河北、东南及江淮之间的联系,强化了后世发展漕运的意识,通过建水次仓及兴修河渠,给沿岸地区及城市经济的发展注入了生生不息的活力。

建造水次仓及加强漕运是隋代政权建设中的重要举措。水次仓大都建在河口(河流与河流的交汇口或河渠与河流的交汇口)或航段节点上,出现这样的情况是必然的。一是河口往往是漕运难度最大的区间,因为不同的河渠有不同的水文,在河口建水次仓,采取分级接运之策可以避开不必要的风险。二是河口或重要的航段节点往往是通向不同的区域水陆交通枢纽,有向周边地区辐射的能力,在此建水次仓可凭借交通上的便利向不同区域调粮。如水次仓除了按规定岁额向京畿地区输粮外,还有向不同区域调粮的功能。又如某些区域因自然灾害、战争等因素严重缺粮时,可以将相关水次仓的粮食就近调往相关的区域。三是河口或航段节点大都建有漕运码头或是船只停泊区,船只在此停泊,可靠岸休息,利用休息时间获得给养,同时还可以趁停靠之际避开因船只上行或下行时造成的拥堵及中转中的困难。

第一章　隋代漕运及河渠漕仓建设

隋文帝发展漕运主要取得了三个方面的成果。

其一,以兴修关中广通渠为起点,将河渠建设扩展到关东、江淮等区域,明确地表达了加强漕运的诉求。具体地讲,一是隋文帝在汉代漕渠的基础上兴修关中富民渠和广通渠,两渠建成后改善了关中的漕运及农业生产条件,提升了关中地区的漕运能力。二是隋文帝在关中以外的区域兴修河渠,重建了黄河中下游地区与江淮之间的水上交通,把漕运延长到江淮以外的区域。如关东河渠建设集中在河东、河北、河南等三个区域,在改善黄河漕运条件的过程中,旨在为关中及长安的粮食安全服务;又如通过数次重修江淮之间的邗沟,恢复了黄河中下游地区与江淮之间的漕运。三是在兴修河渠的过程中,隋文帝将关中河渠建设与关东、江淮河渠等同步进行,表明隋文帝已萌生了将关中河渠与河东、河北、河南、江淮等地的河渠建设视为一体的基本构想。开皇七年(587)既是隋文帝多次重修邗沟的时间下限,同时也是整治汴口及石门渠的时间。如果说汴口是黄河入汴、远接淮泗的水利工程,那么邗沟则是黄河远通江淮的关键性工程。将这些行动联系在一起,则不难发现隋文帝建立自黄河流域远通江淮的意图。进而言之,通过兴修河渠旨在建立南北漕运大通道,实现以关中控制关东及全国的战略构想,进而为社会稳定、经济发展提供了强有力的支撑。

其二,重点建设十三州水次仓,明确地表达了加强黄河漕运,实施分级接运及以关东漕运保证关中粮食安全的诉求。隋文帝建造的水次仓大都集中在与黄河相通的河渠及河口地带,通过有计划、分步骤、分区段地建造水次仓和兴修河渠,维护了隋王朝的政治稳定和社会稳定,如史有"转运通利,关内赖之。诸州水旱凶饥之处,亦便开仓赈给"[1]之说,水次仓及不同区域的粮仓建成或扩大规模后,为战略储备、赈灾救荒及应对突发事件提供了强有力的保障。如十三州水次仓大都集中在黄河中下游地区,这一区域是隋王朝统治的核心区域,针对这一区域的自然灾害适时地开仓赈灾,可以在化解灾荒的同时安定民生,进而稳定有可能引发的动荡不安的局势。

---

[1] 唐·魏徵等《隋书·食货志》,北京:中华书局1973年版,第684页。

其三,隋文帝在不同的区域兴修河渠,为隋炀帝建立以洛阳为中心的运河交通体系奠定了坚实的基础。如隋文帝在汉代石门堰的基础上兴修汴口及相关航道,在邗沟旧道的基础上开辟新航道等,为隋炀帝开挖了洛阳以东联系江淮的通济渠奠定了坚实的基础;又如隋文帝利用旧运道加强河东、河北漕运,在一定程度上维护了黄河以北的漕运通道,为隋炀帝兴修永济渠提供了必要的条件;等等。在这中间,隋炀帝能够在很短的时间内完成通济渠、永渠济、江南河等宏大的水利工程的建设,建立以洛阳为中心的水上交通枢纽,是以隋文帝河渠建设及漕运成果为前提的。进而言之,在隋炀帝以前,隋文帝利用前代的成果,在不同区域兴修的河渠已基本上具备了联系南北的漕运能力。经过建设,这些漕运通道恢复及重新投入使用后,为隋炀帝建立以洛阳为中心的水上交通枢纽提供必要的条件。从这个角度看,隋代水上交通建设的蓝图实际上是由隋文帝提出的,站在历史的高度,隋文帝兴修河渠及加强漕运揭开了隋炀帝从事河渠建设的序幕。

第一节 隋代以前关中的漕运形势

追溯建都关中粮食短缺的历史,在北周之前就已经发生。究其原因,南北分治后,在多种因素的作用下,关中人口进入快速增长期。与此同时,关中地域狭小,耕地有限,人口增长导致粮食及物资方面的需求增加。史称:"时百姓承平日久,虽数遭水旱,而户口岁增。诸州调物,每岁河南自潼关,河北自蒲坂,达于京师,相属于路,昼夜不绝者数月。"① 为了应对关中日益严重的粮食危机,隋文帝在北周的基础上增加调粮额度,采取了加强河南和河北漕运的措施。

北周的河南漕运主要由黄河、汴渠和关中渭水等航线构成。河南漕运关中的航线是先将河南各地的粮食通过不同的航道如汴渠等运至黄河沿线,然后沿黄河西经三门峡、陕州(在今河南陕县西南)等地运入潼关(在今陕西潼关),经此入渭水抵运长安。

河南一向有狭义和广义之分。狭义上的河南,是指秦代的三川郡即汉代的河南郡(在今河南洛阳)。汉高祖二年(前205),刘邦改秦三川郡为河南郡,河南郡与关中相邻,是拱卫关中的战略要地。广义上的河南,是指西自函谷关(在今河南灵宝北),东至大海,南濒淮河,北临黄河的广大区域。追溯历史,广义上的河南概念出现在隋唐。如开皇二年(582)隋文帝"置河南道行台省"②,扩大了汉代河南郡的范围。贞观元年(627),唐太宗为加强行政管理

---

① 唐·魏徵等《隋书·食货志》,北京:中华书局1973年版,第681—682页。
② 唐·魏徵等《隋书·地理志中》,北京:中华书局1973年版,第834页。

建河南道,如史有"始于山河形便,分为十道"①之说。建河南道以后扩大了"河南"的范围。经此,广义上的河南包括了河南、山东全境,以及江苏、安徽的北部等。

陕州是河南黄河漕运的重要节点,具体的地理位置在三门峡的西面、潼关的东面。在关中及长安粮食严重短缺及需要依赖关东的前提下,陕州一直是维护北周粮食安全的战略支撑点。如杜佑叙述陕州的历史沿革时指出:"陕州(凡河北诸州县,并冀州之域,余则荆河州之域。今理陕县),周公、召公分陕之所。……战国时属韩。秦属三川郡。汉属弘农郡,后汉因之。后魏置陕州及恒农郡。后周又置陕州及崤郡(置兵于此,备齐)。隋文帝时,郡废;炀帝初,州废,以其地属河南郡。"②李吉甫亦记载道:"《禹贡》豫州之域。周为二伯分陕之地,《公羊传》曰:'自陕以东,周公主之。自陕以西,召公主之。'又为古之虢国,今平陆县地是也。战国时为魏地,后属韩。秦并天下,属三川郡。汉为弘农郡之陕县,自汉至宋不改。后魏孝文帝太和十一年,置陕州,以显祖献文皇帝讳'弘',改为恒农郡。十八年,罢陕州。孝武帝永熙中重置,西魏文帝大统三年,又罢州。周明帝复置,屯兵于此以备齐。隋大业三年复罢,以其地属河南郡。"③北周重点经营陕州的原因有二:一是陕州是黄河漕运关中的必经之地,京畿地区的粮食安全是涉及政权稳定的大事,如果丢失陕州的话,粮食补给线将被切断;二是北周取代西魏建都长安后,因黄河以北有取代东魏的北齐政权,为了防止北齐攻取陕州,北周采取了屯兵陕州的策略。隋王朝取代北周后,因北齐不复存在,遂取消行政建制,以陕州属河南郡。

北周开辟的河北漕运主要由黄河、汾水、河北诸渠和关中渭水航线等构成。汾水是黄河的第二大支流,《山海经》有"西流注于河"和"西南注河"等两种说法。《山海经·北山经》云:"《北次二经》之首,在河之东,其首枕汾,其名曰管涔之山。其上无木而多草,其下多玉。汾水出焉,而西流注于河。"④《山海经·海内东经》又云:"汾水出上窳北,而西南注河,入皮氏南。"⑤两种说法均受到后人的关注,其中,赞成汾水"西南注河"的有班固等。如班固交代汾阳水文地理时记载道:"汾阳,北山,汾水所出,西南至汾阴入河,过郡二,行千三百四十里,冀州浸。"⑥赞成汾水"西流注于河"的有胡渭等。胡渭记载道:"汾水出太原汾阳县管涔山,西南流至汾阴县北,而西注于河。"⑦从表面上看,两种说法多有矛盾。其实,两者间的分歧主要是因为看问题的视角不同造成的。

---

① 后晋·刘昫等《旧唐书·地理志一》,北京:中华书局1975年版,第1384页。
② 唐·杜佑《通典·州郡七》,杭州:浙江古籍出版社1988年版,第940页。
③ 唐·李吉甫《元和郡县图志·河南道二》(贺次君点校),北京:中华书局1983年版,第155页。
④ 袁珂校注《山海经校注》,上海:上海古籍出版社1980年版,第79页。
⑤ 同④,第333页。
⑥ 汉·班固《汉书·地理志上》,北京:中华书局1962年版,第1552页。
⑦ 清·胡渭《禹贡锥指》(邹逸麟整理),上海:上海古籍出版社2006年版,第441页。

郦道元在肯定《山海经》"西流注于河"的说法时，又称汾水"西南流"。如郦道元论述道："《山海经》曰：《北次二经》之首，在河之东，其东，首枕汾，其名曰管涔之山，其上无木而多草，其下多玉，汾水出焉，而西流注于河。……汾水又南，径汾阳县故城东。川土宽平，岠山夷水。《地理志》曰：汾水出汾阳县北山，西南流者也。"①纪昀亦有与郦道元相类似的观点。如纪昀考证道："考《水经注》汾水出太原汾阳县北管涔山，南流与东西温溪合。以今地舆考之，自汶阳至临汾县东皆南流。自此而南，西流经曲沃县，所谓故绛也。由曲沃至河津、荣河诸县，则皆西流，蔡《传》未为明晰。"②此处的"汶阳"系笔误，应为汾阳（在今山西汾阳）。原来，两种说法并不矛盾，是因为叙述视点不同造成的。其中，汾水"西南注河"，主要是从宏观的角度叙述的。汾水发源于汾阳管涔山，管涔山在黄河的东北方，汾水入河口在河东，以此为视点，自然是"西南注河"；汾水"西流注于河"，主要是从微观的角度叙述的。汾水经曲沃（在今山西曲沃）后，受山形制约继续向西横流。

需要补充的是，前人叙述管涔山的地理方位时有不同的说法。如魏徵等叙述静乐县的历史沿革时指出："旧曰岢岚。开皇十八年改为汾源，大业四年改焉。有长城。有汾阳宫。有关官。有管涔山、天池、汾水。"③李吉甫亦指出："管涔山，在县北一百三十里。汾水源出焉。初，刘曜隐于此山，山神使二童子献剑于曜曰：'管涔山王使谒赵皇帝献剑。'"④所谓"在县北一百三十里"，指管涔山在静乐县北面一百三十里的地方。这一说法与班固等人的说法有明显的不同。胡渭论述道："《山海经》曰：管涔之山，汾水出焉，西流注于河。《十三州志》曰'出武州之燕京山'，亦管涔之异名也。按：今静乐县在太原府西北二百二十里，本汉汾阳县地。《地理志》：汾阳北山，汾水所出，西南至汾阴入河，过郡二，行千三百四十里。管涔山一名燕京山，《淮南子》'汾出燕京'是也。《隋志》静乐县有管涔山。《元和志》云：在县北一百三十里。"⑤根据这些论述当知，两种说法是一致的，之所以有不同的表述，是由古今行政区划归属发生变化造成的。

汾水是一条古老的航线，自河东经汾水可深入到河北的腹地。在北周开辟绕道河东的河北航线之前，自关东漕运关中主要走黄河航线。然而，走黄河必经三门峡，为避开三门峡风险，北周开辟了绕道河东的河北航线。这条航线开辟后，进一步确认了河东在河北漕运中的地位。如河东与关中一水之隔，自汾水渡黄河入渭水后便可进入关中，与此同时，又可沿汾水等航线深入到河北腹地。胡渭论述道："以今舆地言之，静乐、阳曲、太原、清源、交城、文

---

① 北魏·郦道元《水经注·汾水》，杨守敬、熊会贞疏，段熙仲点校，陈桥驿复校《水经注疏》上册，南京：江苏古籍出版社1989年版，第523—525页。
② 清·纪昀等《钦定四库全书总目》（四库全书研究所整理），北京：中华书局1997年版，第174页。
③ 唐·魏徵等《隋书·地理志中》，北京：中华书局1973年版，第853页。
④ 唐·李吉甫《元和郡县图志·河东道三》（贺次君点校），北京：中华书局1983年版，第396页。
⑤ 清·胡渭《禹贡锥指》（邹逸麟整理），上海：上海古籍出版社2006年版，第31页。

水、祁县、(并属山西太原府。)平遥、汾阳、介休、孝义、(并属汾州府。)灵石、汾西、霍州、赵城、洪洞、临汾、襄陵、太平、绛州、曲沃、稷山、河津、荣河(并属平阳府。)诸州县界中,皆汾水之所经也。"①时至清代,秦汉时期位于皮氏(在今山西河津西)、汾阴(在今山西运城西南)一带的汾水入河口已经消失,在水文、气候等诸多因素的影响下,贯穿山西南北的汾水形成了河津(在今山西河津)、荣河(在今山西万荣)等新的入河口。清代的汾水入河口虽然与秦汉时期的汾水入河口多有差异,但汾水始终是河东与黄河航线相连的重要通道。在这中间,汾水作为联系河北与黄河互补的复式航线,②或可利用入黄河口如淇口等入汾水进入河东,或利用河北河渠自沁水等入黄河,或可自河北由不同的航线入黄河再进入河东,随后自河东渡河进入关中。

作为历史名词,"河北"同样有广义和狭义之分。广义上的河北是指冀州。夏、商、周三代虽有不同的九州,但均有冀州,且自然地理区域大体相同。丘浚论述道:"古者言九州者有三。《禹贡》之冀、兖、青、徐、扬、荆、豫、梁、雍,夏制也。《尔雅》之冀、幽、营、兖、徐、扬、荆、豫、雍,商制也。《职方》之扬、荆、豫、青、兖、雍、幽、冀、并,周制也。商有幽营而无《禹贡》之青梁。周有幽并而无《禹贡》之徐梁。此三代九州之不同也。然此皆三代以前,封建之制也。后世郡县亦不异焉。"③按照丘浚的说法,《尚书·禹贡》《尔雅·释地》《周礼·职方》分别记载了夏、商、周三代不同名称的九州。夏、商、周三代所说的九州虽有不同的名称,但冀州始终在九州之列。狭义上的河北有两指:一是指陕州以东的黄河北岸,这一区域与狭义上的河南即汉代河南郡形成对应关系;二是指秦灭魏时建立的河东郡,其中包括汉代析秦河东郡建立的河内郡,这一区域明显小于三代的冀州。

西周时期,冀州又称"河内",如《周礼·夏官司马·职方》有"河内曰冀州"④语。时至春秋,冀州被并入晋国的版图。《吕氏春秋·有始览》云:"两河之间为冀州,晋也。"⑤"两河之间"包括哪些区域?郭璞注《尔雅·释地》"两河间曰冀"云:"自东河至西河。"⑥邢昺疏、郭璞注云:"孔安国云:此州帝都,不说境界,以馀州所至,即可知。以其《禹贡》'兖州'云济、河,自东河以东也;'豫州'云荆、河,自南河以南也;'雍州'云西河,自西河以西也。明东河之西,西河之东,南河之北,是冀州之境也。言东河、西河、南河者,皆据帝都冀州而言也。案:《禹贡》导河自积石、龙门南流,谓之西河。至于华阴,折而东,经底柱、孟津、过洛汭,皆东

---

① 清·胡渭《禹贡锥指》(邹逸麟整理),上海:上海古籍出版社2006年版,第33页。
② 马端临记载道:"汾水出太原,南入河。"(元·马端临《文献通考·封建考五》,杭州:浙江古籍出版社1988年版,第2092页)。
③ 明·丘浚《大学衍义补·分民之牧》(林冠群、周济夫校点),北京:京华出版社1999年版,第187页。
④ 清·阮元《十三经注疏·周礼注疏》,北京:中华书局1980年版,第863页。
⑤ 秦·吕不韦《吕氏春秋·有始览》,《诸子集成》第6册,上海:上海书店1986年版,第125页。
⑥ 清·阮元《十三经注疏·尔雅注疏》,北京:中华书局1980年版,第2614页。

流,谓之南河。至于大伾,折而北流,过降水,至于大陆,又北播为九河,同为逆河,入于海,谓之东河。此惟云两河者,从可知。"①按照这一说法,冀州即河内的区域范围是,西与雍州接壤,东与兖州接壤,南与豫州接壤。

三家分晋以后,冀州原有的区域一分为二:一部归韩,一部归魏。如李吉甫记载道:"《禹贡》冀州之域,覃怀之地。周为畿内及卫、邢、雍三国。春秋时属晋,七国时属韩、魏二国。秦兼天下,灭韩为三川郡,灭魏为河东郡,今州为三川郡之北境,河东郡之东境。楚、汉之际,项羽立司马卬为殷王,王河内。高帝二年,卬降,以其地为河内郡,领县一十八,理怀。后汉世祖南定河内,难其守,邓禹举寇恂。世祖谓恂曰:'河内殷富,吾将因是而起。昔高祖留萧何镇关中,吾今委卿以河内。'恂遂伐淇园之竹,理矢百余万,养马三千匹,收租四百万斛以给军事,由是东汉之业济焉。晋河内郡,移理野王。隋开皇三年罢郡,置怀州。"②秦国翦灭韩、魏两国后,在冀州归韩的区域设置三川郡(秦郡,一说治所雒阳,在今河南洛阳;一说治所荥阳,在今河南荥阳东北),在冀州归魏的区域设置河东郡(秦郡,治所安邑,在今山西夏县北。晋移治蒲坂,在今山西永济东南)。楚汉之争时,项羽将冀州即秦河东郡分为西魏和殷等两个行政区域,立魏豹为西魏王,领河东;又立赵将司马卬为殷王,领河内。

从战国到秦汉,在各种势力的争夺下,冀州被分割成不同的区划,然而,不管发生什么样的变化,旧有的称谓却在秦汉以后建立的行政区划中留下了深深的印记。胡渭论述道:"古者河北之地,皆谓之河内。自战国魏始有河内、河东之别,而秦、汉因之以置郡。……(《史记正义》云:古帝王之都多在河东、河北,故呼河北为河内,河南为河外。又云:河从龙门南至华阴,东至卫州,东北入海。曲绕冀州,故言河内。盖自大河以北,总谓之河内,而非若今之但以怀州为河内也。)"③胡渭所说的"河北"虽然可称"河内",但小于有"河内"之称的冀州。如战国时期,魏国领受的冀州部分有"河内""河东"等称。此后,汉王朝设置了河东、河内、河南三郡。如汉高祖二年,司马卬降汉,在其辖区内设置河内郡(汉郡,治所野王县,在今河南沁阳)。在这一沿革中,汉代的河内郡仅有秦代河东郡的一半。此后,汉王朝在除河内郡以外的冀州旧地分别建河东郡和河南郡。司马迁记载道:"昔唐人都河东,殷人都河内,周人都河南。夫三河在天下之中,若鼎足,王者所更居也,建国各数百千岁。"④三郡合称"三河",是唐尧以后历代统治者重点经营的统治中心。

汉代"三河"的得名既有沿袭秦汉以前旧称的一面,又有因自然地理相称的一面,具体可从三方面讲:一是韩、魏两国瓜分冀州以后,"河内"专指魏国控制的冀州部分区域,很显然,

---

① 清·阮元《十三经注疏·尔雅注疏》,北京:中华书局1980年版,第2614页。
② 唐·李吉甫《元和郡县图志·河北道一》(贺次君点校),北京:中华书局1983年版,第443页。
③ 清·胡渭《禹贡锥指》(邹逸麟整理),上海:上海古籍出版社2006年版,第15页。
④ 汉·司马迁《史记·货殖列传》,北京:中华书局1982年版,第3262—3263页。

这一区域明显地小于冀州的别称"河内";二是魏国控制的与雍州接壤的黄河东岸一向有"河东"之称("河东"是一个自然地理概念,黄河行经晋陕大峡谷时,由北向南将黄土高原切割成东西两大部分,其中,黄河西岸属雍州,东岸属冀州);三是战国后期,"河内"专指秦河东郡的东部。黄河经晋陕大峡谷后自西向东,随后顺势向北再向东,经此,黄河形成了"U"形的大弯。为此,人们形象地把在"U"形大弯内的区域即河东东部和河北之间的区域称为"河内"。《孟子·梁惠王上》云:"河内凶,则移其民于河东,移其粟于河内。河东凶亦然。"司马迁记载道:"六年,韩、魏、赵、卫、楚共击秦,取寿陵。秦出兵,五国兵罢。拔卫,迫东郡,其君角率其支属徙居野王,阻其山以保魏之河内。"①从孟子和司马迁等人的记载中得知,战国后期,"河内"已成为与"河东"相对应的地理概念。这一时期,从河东析分出来的河内虽然不是行政区划,但它却为汉代析分秦代河东郡,建立汉代的河东郡和河内郡奠定了基础。在历史的变迁中,河内作为行政区划有广义和狭义之分,广义的河内是冀州的别称,狭义的河内是汉代在河东郡基础上析出的河内郡。

北周时期的河北漕运以河东为节点。所谓"河北自蒲坂,达于京师",是说北周的河北漕运以汾水为航线,自蒲坂(在今山西永济)东渡黄河入关中。北周的河北漕运主要有两条航线:一是自河北沿曹操兴修的白沟南下经淇口入黄河,随后自黄河入汾水抵蒲坂;二是自曹操兴修的河北河渠入滹沱河,随后自滹沱河入汾水,至蒲坂渡黄河进入关中。后来,在加强河北漕运的过程中隋文帝采用了这两条航线。如隋文帝河北漕运是在建卫州黎阳仓的基础上进行的。顾祖禹考证道:"隋开皇三年置黎阳仓,漕河北之粟以输京师。……《括地志》:'黎阳城西南有故仓城,相传袁绍聚粟之所,亦即隋开皇中置仓处也。'是时黎阳城盖在大伾以东矣。"②开皇三年(583),隋文帝建黎阳仓,旨在"漕河北之粟以输京师"。黎阳仓建在卫州,是接应河北漕粮南下的中转仓。史称:"后魏置黎阳郡,后置黎州。开皇初州郡并废。十六年又置黎州,大业初罢。有仓。有关官。有大伾山、枉人山。"③隋代卫州系因袭后魏黎阳郡建制而来,黎阳县(汉县,在今河南浚县东北)的西南有旧仓城,其仓城是隋文帝建黎阳仓的基础。胡渭亦考证道:"黎阳,汉属魏郡,其故城在今大名府浚县东北,大伾山在县东南二里。"④卫州黎阳仓建在黎阳山,黎阳县及黎阳仓因山得名。

卫州境内重要的河流有淇水等,建安时期(196—219),曹操开白沟,以淇水为主要的补给水源。史有曹操"遏淇水入白沟以通粮道"⑤之说,白沟是河北重要的漕运通道,在河北漕运中占有重要的席位。如郦道元记载道:"淇水又南,历枋堰,旧淇水东南流,径黎阳县界南

---

① 汉·司马迁《史记·秦始皇本纪》,北京:中华书局1982年版,第224页。
② 清·顾祖禹《读史方舆纪要·北直七》(贺次君、施和金点校),北京:中华书局2005年版,第716页。
③ 唐·魏徵等《隋书·地理志中》,北京:中华书局1973年版,第848页。
④ 清·胡渭《禹贡锥指》(邹逸麟整理),上海:上海古籍出版社2006年版,第451页。
⑤ 晋·陈寿《三国志·魏书》,北京:中华书局1959年版,第25页。

入河。《地理志》曰：淇水出共，东至黎阳入河。《沟洫志》曰：遮害亭西一十八里至淇水口是也。汉建安九年，魏武王于水口，下大枋木以成堰，遏淇水东入白沟，以通漕运，故时人号其处为枋头。"①又记载道："今河内共北山，淇水出焉，东至魏郡黎阳入河，近所谓降水也。"②乐史亦记载道："白沟起在卫县，南出大河，北入魏郡。"③沿白沟南下可入黄河，沿黄河西行，或可取道汾水走河东渡河入关中，或沿白沟继续北上进入河北魏郡（在今河北临漳西南）等。

北周及隋初的河北漕运线路大体相同，综合前代文献，河东成为面向关东的漕运节点主要是由四个方面的原因决定的。

其一，河东有汾水航线，早在春秋时期，河东已是从秦国到晋国的航线节点。这条漕运通道西起渭水航线，串连起关中及长安，自渭口东渡黄河后可抵达河东，随后经汾水远通冀州及河北各地，从而在降低运输成本的过程中拉近了从秦都雍城（在今陕西凤翔雍城一带）到晋都绛城（在今山西曲沃侯马一带）的距离。如郦道元记载道："《山海经》曰：《北次二经》之首，在河之东，其东，首枕汾，其名曰管涔之山，其上无木而多草，其下多玉，汾水出焉，而西流注于河。……汾水又南，径汾阳县故城东。川土宽平，峘山夷水。《地理志》曰：汾水出汾阳县北山，西南流者也。汉高帝十一年，封靳强为侯国，后立屯农，积粟所在，谓之羊肠仓。山有羊肠坂，在晋阳西北，石磴萦委，若羊肠焉，故仓坂取名矣。汉永平中治呼沱石臼河。按司马彪《后汉郡国志》：常山南行唐县有石臼谷。盖欲乘呼沱之水，转山东之漕，自都虑至羊肠仓，将凭汾水以漕太原，用实秦晋。"④汾水与不同区域的河渠相通，可串连起黄河以北的广大区域。这条航线曲折迂回，但运输成本低于陆运和水陆联运。具体可以三方面讲：以河东为节点，可扩大漕运范围，并转运来自黄河航线的漕粮即来自河北和河南的漕粮。从这样的角度看，开辟河东航线是北周稳定关中及长安政治秩序的有力措施，有着划时代的意义。

其二，广义上的河北即黄河以北地区，有东汉末年即建安时期曹操兴修白沟等河渠，这些河渠横亘北方或与漳水、潞水、淇水、沁水、济水、滹沱河等相通，或与汾水相连，以水上交通的形式将河东、河北等不同的区域串连起来。具体地讲，一是汾水、漳水、潞水等是流经冀州及河北各地的重要河流，如《周礼·夏官司马·职方》有"河内曰冀州，其山镇曰霍山，其

---

① 北魏·郦道元《水经注·淇水》，杨守敬、熊会贞疏，段熙仲点校，陈桥驿复校《水经注疏》上册，南京：江苏古籍出版社1989年版，第857—858页。
② 北魏·郦道元《水经注·浊漳水》，杨守敬、熊会贞疏，段熙仲点校，陈桥驿复校《水经注疏》上册，南京：江苏古籍出版社1989年版，第957页。
③ 宋·乐史《太平寰宇记·河北道五》（王文楚等校点）第3册，北京：中华书局2007年版，第1156页。
④ 北魏·郦道元《水经注·汾水》，杨守敬、熊会贞疏，段熙仲点校，陈桥驿复校《水经注疏》上册，南京：江苏古籍出版社1989年版，第523—526页。

泽薮曰杨纡,其川漳,其浸汾、潞"①等语。二是河东除了有汾水通航外,又有淇水、沁水等有漕运能力的运河。具体地讲,曹操兴修白沟时以淇水为补给水源,在连接不同河渠的过程中,改变了河北各地的交通状况,进而扩大了漕运范围。李吉甫记载道:"后汉世祖南定河内,难其守,邓禹举寇恂。世祖谓恂曰:'河内殷富,吾将因是而起。昔高祖留萧何镇关中,吾今委卿以河内。'恂遂伐淇园之竹,理矢百余万,养马三千匹,收租四百万斛以给军事,由是东汉之业济焉。"②东汉时期的河内郡,只是秦统一六国前河东郡的一部分,"淇园"是淇水沿岸的竹园,如《诗·卫风·淇奥》有"瞻彼淇奥,绿竹猗猗"可证。淇水水势浩大,有漕运能力,如《诗·卫风·氓》有"淇水汤汤"可证。三是河东境内有沁水,沁水既是黄河的支流,同时又是连接黄河以北的不可或缺的航线。《山海经·北山经》云:"又北二百里,曰谒戾之山,其上多松柏,有金玉。沁水出焉,南流注于河。其东有林焉,名曰丹林。丹林之水出焉,南流注于河。婴侯之水出焉,北流注于汜水。"③《山海经·海内东经》又云:"沁水出井陉山东,东南注河,入怀东南。"④沁水在南下注入黄河的同时,又可自怀(汉县野王,在今河南沁阳)入汾水,进而沿汾水航线抵达河东。史称:"四年,发河北诸郡百余万众,引沁水,南达于河,北通涿郡。"⑤大业四年(608),隋炀帝"发河北诸郡""引沁水"兴修永济渠,这一作为从侧面说明了沁水是沟通河北各地的重要航线。四是沁水与济水(泲水)相通,沿济水可入黄河。胡渭考证道:"《沁水篇》云:沁水东过武德县南,积为坡,有朱沟水注之。其水上承沁水于沁水县西北,自方口东南流,奉沟水右出焉。又东南流,右泄为沙沟水,东径隰城北、殷城南,而东南注于陂。陂水又东南流入河。先儒亦咸谓是为泲渠,故班固及阚骃并言'泲水至武德入河'。按沙沟即奉沟之下流,古济水由此入河,故谓之泲渠。沙沟当在今武陟县界也。"⑥在黄河改道截断济水之前,济水既是南下入河的重要航道,同时也是进入河东的重要航道。

其三,经过汉王朝的开发,河东已成为关中不可或缺的粮食生产基地和漕运中转地。史称:"时大司农中丞耿寿昌以善为算能商功利,得幸于上,五凤中奏言:'故事,岁漕关东谷四百万斛以给京师,用卒六万人。宜籴三辅、弘农、河东、上党、太原郡谷足供京师,可以省关东漕卒过半。'"⑦经过有意识和有计划地建设,河东成为建都关中长安时就近取粮的基地。除此之外,河东又有汾水等与上党郡(秦郡,在今山西长治)、太原郡(秦郡,在今山西太原)等地相通,为以河东为航段节点运粮西入关中提供了极大的方便。李吉甫叙述沁州的历史沿

---

① 清·阮元《十三经注疏·周礼注疏》,北京:中华书局1980年版,第863页。
② 唐·李吉甫《元和郡县图志·河北道一》(贺次君点校),北京:中华书局1983年版,第443页。
③ 袁珂校注《山海经校注》,上海:上海古籍出版社1980年版,第91页。
④ 同③,第333页。
⑤ 唐·魏徵等《隋书·食货志》,北京:中华书局1973年版,第687页。
⑥ 清·胡渭《禹贡锥指》(邹逸麟整理),上海:上海古籍出版社2006年版,第589页。
⑦ 汉·班固《汉书·食货志上》,北京:中华书局1962年版,第1141页。

革时记载道:"《禹贡》冀州之域。春秋时其地属晋,战国时属韩,在秦为上党郡地。今州即汉上党郡之谷远县地也,隋开皇十六年于此置沁州,因州东沁水为名。大业二年省沁州,武德元年重置。"①这条航线可以自汾水入沁水,将河东郡与上党郡、太原郡等连接起来,从而有效地扩大了漕运范围。

其四,以河东为航段节点,可以避开风险,改变黄河漕运受阻于三门峡的局面。郦道元注《水经·沁水》"又东过武德县南,又东南至荥阳县北,东入于河"时考证道:"沁水于县南,水积为陂,通结数湖,有朱沟水注之。其水上承沁水于沁水县西北,自方口东南流,奉沟水右出焉。又东南流,右泄为沙沟水也。其水又东南,于野王城西,枝渠左出焉,以周城溉,东径野王城南,又屈径其城东,而北注沁水。朱沟自枝渠东南,径州城南,又东径怀城南,又东径殷城北。郭缘生《述征记》曰:河之北岸,河内怀县有殷城。或谓楚、汉之际,殷王卬治之,非也。余按《竹书纪年》云:秦师伐郑,次于怀,城殷,即是城也。然则殷之为名久矣,知非从卬始。昔刘琨以郭默为殷州刺史,督缘河诸军事,治此。朱沟水又东南注于湖。湖水右纳沙沟水。"②汉代在秦河东郡的基础上建河东郡和河内郡以后,野王(在今河南沁阳)成为河内郡的重镇,沁水经此与黄河相通。由于黄河即河南漕运不畅,北周在采用春秋古法和汉代旧法的基础上加强了河东漕运。反过来说,如果黄河航线畅通的话,完全没有必要开辟以河东为节点的河北航线。

建立河南、河北漕运机制后,北周虽然暂时摆脱了"时天下户口岁增,京辅及三河,地少而人众,衣食不给"③的困境,然而,没有从根本上解除关中及长安日益严重的粮食及物资危机。一是受水文、气候、自然地理等条件的制约,以黄河为主航线的漕运始终处于艰难的状态。如受航道水位变化的影响,黄河漕运时断时续;如枯水季节来临时,河道淤沙给黄河漕运带来极大的困难;又如黄河漕运西入关中时须经三门峡,④三门峡水流湍急、暗礁密布,容易船毁人亡,给黄河漕运设置了难以逾越的障碍。二是自河北调粮绕道河东虽可避开三门峡,但同样受到水文变化等方面的制约。如季节不同,汾水等航道有不同的水位,水位的高低直接影响到漕运。三是自河北到河东的航线蜿蜒曲折,在延长水运时间的同时增加了运输成本。如自河北走水路到河东,或南下经淇口入黄河,再自黄河入沁水、汾水等北上至河东;或沿建安时期曹操在河北开凿的河渠,入汾水、沁水等至河东。这些航线受自然地理条件的限制,沿途曲折多弯,增加了航程和运输时间。从这个角度看,北周开辟的河南和河北

---

① 唐·李吉甫《元和郡县图志·河东道二》(贺次君点校),北京:中华书局1983年版,第380页。
② 北魏·郦道元《水经注·沁水》,杨守敬、熊会贞疏,段熙仲点校,陈桥驿复校《水经注疏》上册,南京:江苏古籍出版社1989年版,第843—844页。
③ 唐·魏徵等《隋书·食货志》,北京:中华书局1973年版,第682页。
④ 史有"又东过陕县底柱山,山在河中,水分流包山而过,湍急多覆溺舟船"之说(宋·郑樵《通志·地理志一》,杭州:浙江古籍出版社1988年版,第544页)。

航线实际上是两条运输成本高昂且极不经济的路线,有待于改善。

第二节　隋初水次仓分布与分级接运

　　北周一朝遇到的关中粮食短缺、漕运不利等问题,同时也是隋王朝建都关中及长安以后面临的大问题。史称:"时天下户口岁增,京辅及三河,地少而人众,衣食不给。议者咸欲徙就宽乡。其年冬,帝命诸州考使议之。又令尚书,以其事策问四方贡士,竟无长算。"①为解除关中及长安日益严重的粮食危机,隋文帝针对"四方贡士,竟无长算"的情况,提出了为隋王朝做长远打算的措施。在这中间,主要采取了兴修河渠、建水次仓和开辟漕转(水陆联运)等措施。

　　开皇三年,建造水次仓是隋文帝加强漕运的重要举措。史称:"开皇三年,朝廷以京师仓廪尚虚,议为水旱之备,于是诏于蒲、陕、虢、熊、伊、洛、郑、怀、邵、卫、汴、许、汝等水次十三州,置募运米丁。又于卫州置黎阳仓,洛州置河阳仓,陕州置常平仓,华州置广通仓,转相灌注。漕关东及汾、晋之粟,以给京师。"②"水次"指"水运之次","次"本指中途驻足休息,此指船只中途靠岸停泊。顾名思义,水次仓指建造在航线两岸的可供中转的粮食储存仓。"转相灌注",是指根据各地交通情况,将粮食集中到与之方便漕运的水次仓,随后走水路分级接运(分航段转运)储存在水次仓中的粮食。

　　在建造水次仓的过程中,隋文帝采取分步骤和分区域进行的措施。一是建造了蒲州(在今山西永济蒲州老城东南)等州的水次仓。按《隋书·食货志》所说的"水次十三州"中的"汝州"是伊州的新称,去其重,应为十二州。李吉甫在叙述伊州的历史沿革时指出:"秦属三川郡,在汉为河南郡之梁县地也。隋开皇四年,自陆浑县界移伊州理于此,大业二年改为汝州,三年改为襄城郡。隋乱陷贼,武德四年讨平王世充,复为伊州,贞观八年改为汝州。"③另,《隋书·地理志》中有"开皇初改为伊州,大业初改曰汝州"④之说,据此可知,《隋书·食货志》将伊州与汝州同列,系笔误或疏忽所致。二是在黄河两岸重点建造了卫州(在今河南淇县)、洛州(在今河南洛阳)、陕州(在今河南陕县)和华州(在今陕西华县)等四大水次仓。结合"水次十三州"等语,如果继续去其重,那么,只有华州水次仓不在《隋书·食货志》记载的范围。从这样的角度看,开皇三年,隋文帝建水次仓的地点共涉及十三州。关于这一点,

---

① 唐·魏徵等《隋书·食货志》,北京:中华书局1973年版,第682页。
② 同①,第683页。
③ 唐·李吉甫《元和郡县图志·河南道二》(贺次君点校),北京:中华书局1983年版,第165页。
④ 唐·魏徵等《隋书·地理志中》,北京:中华书局1973年版,第837页。

前人多有认识。如丘浚明确地指出:"隋于蒲陕等十三州,募运米丁,又于卫、陕等州置仓,转相灌注,漕粟以给京师。"①此为不刊之论。

在廷议的基础上,隋文帝着力推行建造水次仓及分级接运等政策,在一定程度上改变了隋初漕运不畅的现状。一是水次仓与分级接运拧结在一起,突破了通航时间受水文、航道水位等限制的局面。如根据不同区域不同航段的通航情况,既可选择适当的时间起运和入仓,又可根据需要在某航段通航时再度起运和入仓。二是通过分级接运及不断地入仓和出仓,可将远离关中的粮食运至靠近关中的水次仓。三是不同航段有不同的水位,可在甲航段畅行的船只未必能在乙航段上畅通无阻,通过选择其他航线,可以绕过受阻的航段,利用沿线的水次仓继续运粮。四是以不同区域的水次仓为节点,可选择不同的漕运通道接近关中。如当某一航段因水文等变化无法继续通航时,可选择其他的航线并利用相应区域的水次仓进行转运。与此同时,也可以接近漕运终点的水次仓为新的起运点,将水运转为陆运或水陆联运,以应对突发事件。五是不同的航段有不同的水文,负责漕运的船工不可能熟悉所有的航段水文,通过分级接运可使船工在熟悉水文情况的航段航行,防止不测事件发生,减少运粮时的中途损失。如汝州(在今河南汝州)境内有淮河的支流汝水,自汝水运粮入黄河路途遥远,如果船工只熟悉汝水、不熟悉黄河水文的话,那么,往往会因不熟悉一些航段的水文将会出现船毁人亡的事故。分级接运实行后,以水次仓为节点,船工只要在熟悉水文的航段航行,完全可以从容地应对各种复杂的水文情况。六是分级接运与水次仓拧结在一起,除了有为政治中心服务的功能外,还有战略储备、赈灾救荒等功能。通过利用这些水次仓,根据需要向不同的区域转运粮食及战略物资。

分级接运除了受水文、航道水位等制约外,还受日航程的制约。所谓日航程,是指船只行驶一天的航程,有上水和下水之分。章如愚记载道:"水行之程,舟之重者,溯河日三十里,江四十里,余水四十五里;空舟溯河四十里,江五十里,余水六十里;沿流之舟即轻重同制,河日一百五十里,江一百里,余水七十里。"②章如愚虽然说的是唐代的漕运规则,但唐袭隋制,可将其作为隋代漕运时日航程的重要参考。作为漕运的基本单元,日航程往往是船只靠岸休息和船工补给生活所需的重要节点。与此同时,一些与区域政治、经济中心相关的日航程节点又是分级接运和水次仓建造的重点区域。具体地讲,河北漕运是隋代漕运的重要组成部分,自河北至河东及进入关中路途遥远,日航程节点是建造水次仓的地点和实行分级接运时必须考虑的因素。如在汾水、沁水、黄河及不同河渠互通的前提下,河北漕运虽说是以蒲

---

① 明·丘浚《大学衍义补·漕挽之宜上》(林冠群、周济夫校点),北京:京华出版社1999年版,第303页。

② 宋·章如愚《群书考索后集·财赋门》,《四库全书》第937册,上海:上海古籍出版社1987年版,第782页。

州(在今山西永济)、汾州(在今山西汾阳)、晋州(在今山西临汾)等水次仓为节点,但同时又是以日航程为节点进行分段接运的。又如河南漕运涉及黄河和淮河两大水系,两大水系在不同的季节有着不同的水文和通航能力,要想提高效率,只有在关注日航程的基础上,才能有效地发挥河南各州郡水次仓的作用。进而言之,重要的日航程节点作为分级接运的节点,是建造水次仓的重要区域。隋文帝在关中、河东、河北、河南等地建造水次仓和实施分级转运之策的过程中,需要利用自然形成的日航程节点缩短航程,以确保政治中心区域的粮食安全。

隋文帝建水次仓及分级接运的漕运方案实施后,受到后人的高度关注。如章潢在肯定这一漕运法则及对后世的影响时说道:"漕之法,莫善于转般,莫不善于直达。稽之于古,汉漕关东山东之粟,悉从渭而上,故河东有粮仓泾仓,荥阳有敖仓。河南以东,置漕舟五百艘,则知东方诸郡其粟自远而致者,皆至三河交卸,给节而入都矣。迨后魏邸阁之法立,历代相因。在唐,则于水次,有集津仓,有洛口,又有含嘉仓,有河阴仓。水通则随近转运,否则,暂寓以待。以及江南之运积杨州,汴河之运积河阴,河船之运积河中,操舟便宜,无有倾覆,唐之运于斯为盛。在宋,东京之制度,四方之运者,谓之船般仓,曰永丰,曰通济,曰富国等。凡十仓,则受淮江所运,谓之里河。曰永济,曰永富者,受淮、孟等州所运,谓之西河。曰广济等者,受颖、寿等州所运,谓之河南。曰广积,曰广储者,则受漕濮所运,谓之北河。又置搬运仓于真、楚、泗三州,而江南之船至三仓而止,汴船转输京师。故大中祥符间,岁漕至七百万石,可谓极矣。一达直达,久涉岁月,奸费互作,而委积发运,名浮于实,遂启边人之乱。元都幽燕,变为海运,而白河一道接运备至。在河西则有仓十四,通州则有仓十三,河仓则十有七,是皆重于转般也。我国家监于前代,其漕运之敖仓,在京通者则有总督大监户部尚书或侍郎,巡仓则有御史,拨粮则有员外郎,监收则有主事,以至仓使攒典,各有人焉。所以统储天下之粟,以资国用也。在淮、徐、临、德者监收亦有大监,亦有主事,以至仓使攒典,亦各有人焉。所以分储天下之粟,以待转运也。"[①]从隋代到明代,漕运法则虽多有变化,但大体上遵循了隋代确立的分级接运传统,并以此为善法。分级接运的优点是,可根据不同水系的水位变化情况或起运或入仓,在尽可能地接近漕运终点的过程中,破解航线不畅导致漕运受阻的难题。

从地理分布地点看,隋文帝建水次仓主要有五个特点和作用。

其一,十三州水次仓分布在黄河沿岸,涉及十三个州郡。其中,卫州(在今河南淇县)属河北,蒲州(在今山西永济蒲州老城东南)、邵州(在今山西垣曲古城南)属河东,华州(在今陕西华县)、虢州(在今河南灵宝)、陕州(在今河南陕县)属关中,熊州(在今河南宜阳韩城)、

---

① 明·章潢《图书编·漕运各仓总论》,《四库全书》第971册,上海:上海古籍出版社1987年版,第673—674页。

伊州即汝州（在今河南汝州）、洛州（在今河南洛阳东北）、郑州（在今河南荥阳汜水）、怀州（在今河南沁阳）、汴州（在今河南开封）、许州（在今河南许昌魏都）等属河南。十三州水次仓除个别之外，大部分建在黄河沿岸或黄河与其支流交汇的河口上。这一情况表明，黄河虽有三门峡等航段妨碍漕运，但依旧是关中与关东联系的快捷通道。在水运成本低于陆运和漕转（水陆联运）的前提下，黄河漕运有着不可替代的作用。

其二，河南是建造水次仓的重点区域。与河东等自然地理区域相比，河南区域广袤，腹地有七个州郡与黄河航线相通，在这一区域建造水次仓可以最大限度地提高漕运效率。一是河南紧靠关中，选择适当的地点建水次仓，可以缩短漕运时间；二是河南的七个州郡处于黄河和淮河流域之间，水资源丰富，有着其他地区无法比拟的农业生产条件，特别是经过历朝历代不断地开发，境内的河渠与河流互通，在与黄河航线相交的过程中形成了复式航线，为根据水文变化等选择适当的航线进行漕运提供了便利；三是河南的主要产粮区在三门峡以东，受季节、气候、地理等自然条件的制约，七个州郡的航道有不同的水文、水位和通航条件等，为摆脱不利因素的制约，需要采取分级接运的措施。与此同时，为提高分级接运的效率，需要在河南不同的州郡建水次仓。

其三，十三州水次仓大都建在与州郡治所相关的航段节点上。十三个州郡分布在黄河中下游流域的航段节点上，与相应区域的河渠形成了互通的关系。这种互通关系一方面为其成为水陆交通枢纽奠定了基础，另一方面伴随着行政区划不断细化的进程，这些航段节点有可能率先成为州郡治所，即区域行政中心和经济中心。在这中间，水次仓凭借区位优势和水陆交通上的优势，形成了以区域中心城市为漕运节点的布局。这些中心城市既有向其腹地辐射的能力，为调集纵深地区的粮食及赋税提供方便，同时为在这些区域建造可供中转的水次仓提供了必要的条件。客观地讲，黄河中下游地区的农田水利建设是在河渠建设的过程中得到完善的，一些与航段节点相关的区域特别是在历史中形成的水陆交通枢纽，往往既是重要的农业产区，同时又是城市建设的重点区域。因这些区域是重要的粮食生产基地，凭借其水运能力势必要成为水次仓重点建设的区域。从这样的角度看，航段节点既是在河渠建设的历史中形成的，同时又是在城市及水次仓建设的过程中得到加强的。

其四，《隋书·食货志》叙述隋文帝下诏建设水次仓时，重点强调了建造卫、洛、陕、华等四州水次仓的情况。卫州等四州水次仓大都集中在黄河沿线及与黄河交汇的河口，由此可以得出的结论是：建水次仓涉及的区域虽有十三州，但卫州的黎阳仓、洛州的河阳仓、陕州的常平仓和华州的广通仓是重点建设的对象。史有"隋于卫州置黎阳仓，洛州置河阳仓，陕州置常平仓，华州置广运仓"①之说，卫州水次仓建在淇口、洛州水次仓建在洛口、华州水次仓

---

① 后晋·刘昫等《旧唐书·职官志三》，北京：中华书局1975年版，第1890页。

建在渭口等,这些水次仓为实行分级接运奠定了坚实的基础。如以洛州河阳仓为接运点,在接纳黄河漕粮的同时,走陆路避开三门峡后可再入黄河航线;以陕州常平仓为接运点,沿黄河可进入渭水;以华州广通仓为接运点,可自渭水经富民渠等进入关中。在分级接运的过程中,这些超大型的水次仓既有确保关中及长安粮食安全的功能,同时又有战略储备、赈灾救荒、维护隋王朝政治稳定等功能。

其五,隋文帝建造水次仓时,充分利用了前代的旧仓。王鸣盛论述道:"秦都关中,故于敖置仓以为溯河入渭地。后楚汉交战,郦食其劝汉坚守敖仓之粟(见《汉书》本传),北方土坚燥,掘土为窖,藏粟至百余年不坏,而何学士焯云:'闻中州人言秦人因土山窖粟其下,不与今他处仓廪等。'然则此仓本自有异,且西汉都关中,东汉都洛阳,魏晋及北魏皆因之,至隋唐又都关中,敖仓转输为便,所以历代因之。"①隋代郑州(在今河南荥阳汜水)水次仓的基础是秦汉时期的敖仓,敖仓位于鸿沟与黄河的交汇口,有良好的水运条件。顾祖禹考证道:"隋开皇三年置黎阳仓,漕河北之粟以输京师。……《括地志》:'黎阳城西南有故仓城,相传袁绍取粟之所,亦即隋开皇中置仓处也。'是时黎阳城盖在大伾以东矣。"②卫州黎阳仓亦是在旧仓的基础上建造的。隋文帝充分利用黄河及河渠沿线的旧仓建水次仓,极大地方便了漕运。

汾州水次仓的基础是汉代的羊肠仓,汉代引汾水屯田取得重要成果后,为方便搬转,就地建造了粮仓羊肠仓。郦道元记载道:"径汾阳县故城东。川土宽平,峘山夷水。《地理志》曰:汾水出汾阳县北山,西南流者也。汉高帝十一年,封靳强为侯国,后立屯农,积粟所在,谓之羊肠仓。山有羊肠坂,在晋阳西北,石磴萦委,若羊肠焉,故坂取名矣。汉永平中治呼沱石臼河。按司马彪《后汉·郡国志》:常山南行唐县有石臼谷。盖欲乘呼沱之水,转山东之漕,自都虑至羊肠仓,将凭汾水以漕太原,用实秦、晋。苦役连年,转运所经,凡三百八十九隘,死者无算。拜邓训为谒者,监护水功。训隐括知其难立,具言肃宗。肃宗从之,全活数千人。和熹邓后之立,叔父陔以为训积善所致也。即此羊肠仓也。又南径秀容城东。《魏土地记》曰:秀容胡人徙居之,立秀容护军治,东去汾水六十里,南与酸水合,水源西出少阳之山,东南流注于汾水。汾水又南出山,东南流,洛阴水注之,水出新兴郡,西流,径洛阴城北。又西径盂县故城南。"③这一记载详细地论述了汉代建造羊肠仓的前因后果,因羊肠仓靠近汾水,可利用汾水进行漕转。

从地理位置及行政区划沿革看,汾阳旧属汾州,在太原盆地的西缘、吕梁山的东麓。根据郦道元交代的这一地理方位,当知羊肠仓在晋阳(在今山西太原晋源)西北,位于汾州和晋

---

① 清·王鸣盛《十七史商榷·〈新〉〈旧唐书〉十七》(黄曙辉点校),上海:上海古籍出版社2013年版,第1216页。
② 清·顾祖禹《读史方舆纪要·北直七》(贺次君、施和金点校),北京:中华书局2005年版,第716页。
③ 北魏·郦道元《水经注·汾水》,杨守敬、熊会贞疏,段熙仲点校,陈桥驿复校《水经注疏》上册,南京:江苏古籍出版社1989年版,第525—528页。

州之间羊肠坂即羊肠古道。羊肠古道是自黄河流域进入海河流域的战略通道,有很高的军事价值。李吉甫论述道:"羊肠山,在县东南五十三里。石磴萦委若羊肠,后魏于此立仓,今岭上有故石墟,俗云太武帝避暑之所。《地理志》上党,壶关亦有羊肠陂,在今潞州界,不谓此也。"①李吉甫认为,羊肠仓是由北魏创立,这一说法与郦道元的多有不同。其实,两人的说法都没有错误。南北分治以后,北魏在汉代粮仓的基础上建造了新仓。所谓"县东南",指在交城(在今山西吕梁交城)的东南。如胡渭考证道:"汉立屯农,积粟在斯,谓之羊肠仓。山有羊肠坂,在晋阳西北,石磴萦委,若羊肠焉。按:汾阳故城在今阳曲县西北。《元和志》:羊肠山在交城县东南五十二里。"②从表面上看,李吉甫和胡渭交代羊肠仓的地理方位似有不同,其实是一致的,是因叙述视点不同造成的。

所谓"凭汾水以漕太原",是指利用汾水漕运太原一带的粮食。所谓"用实秦、晋",是指利用春秋时期秦国运粮到晋国的航线即"泛舟之役"的航线。这条航线可自关中的渭水入黄河,经河东,随后自河东入汾水远及太原。或可自太原沿汾水至河东,自河东渡黄河入渭水入关中。进而言之,如果关中等地发生粮荒或战争的话,可从水路调运河东等地的粮食支援关中即河西;如果河东及河北等地发生粮荒或战争的话,亦可从水路调运关中的粮食支援河东及河北等地。郑樵论述道:"汶水,出太原汾阳县北管涔山。汾阳,今太原治阳曲也。东南过晋阳县东,晋水从县南东流入焉。又南与文水合。又西南过高梁,高梁今属洪洞。遂西行过临汾,又西过绛县西四十里虒祈宫北,又西过王泽,有浍水从东来入焉。又西至汾阴县北,西入于河。汾阴今河中荣河县也。班云:汾水西南行千三百四十里,冀州浸也。"③汉代羊肠仓建在汾水沿岸,汾水远通汾州、晋州,这些情况的存在均为隋文帝建立汾水航线,远通汾州、晋州等地进行漕运创造了必要的条件。

在水次仓建设的过程中,隋王朝充分利用了分布各地的旧仓,其中,历朝历代建造的常平仓是利用的重点。史家叙述常平仓的历史沿革时论述道:"汉宣帝时,始置常平仓,以平岁之凶穰。后汉改为常满仓,晋曰常平,后魏曰邸合仓。隋于卫州置黎阳仓,洛州置河阳仓,陕州置常平仓,华州置广运仓,转相委输,漕关东之粟,以给京师。"④建造常平仓的历史,可以上溯到汉宣帝时期。由于常平仓有救灾救荒及稳定社会秩序的功能,因此,受到后世统治者的高度重视,进而成为政权建设中的不可或缺的内容。进而言之,在政权更迭以后,行政区划及水陆交通没有发生大变化的前提下,常平仓基本上得到保留和利用。除此之外,因黄河中下游地区一直是农业经济发达地区,一直是统治者重点经营的区域,这样一来,这一区划

---

① 唐·李吉甫《元和郡县图志·河东道二》(贺次君点校),北京:中华书局1983年版,第372页。
② 清·胡渭《禹贡锥指》(邹逸麟整理),上海:上海古籍出版社2006年版,第31页。
③ 宋·郑樵《通志·地理略》,杭州:浙江古籍出版社1988年版,第543页。
④ 后晋·刘昫等《旧唐书·职官志三》,北京:中华书局1975年版,第1890页。

遂成为常平仓建设的重点区域。进而言之,由于黄河中下游地区有发达的农田灌溉体系和水运体系,这些都为隋文帝利用已有的常平仓建造水次仓提供了必要的先决条件。与此同时,加强这一区域的水次仓建设,通过建立新的漕运机制及转输秩序,以沿途水次仓为接运点,可以改变依靠黄河进行漕运的单一格局。在这中间,有意识选择不同的漕运路径,通过采用水陆联运和绕道河东等措施实现了漕运多元化的目标,在一定程度上解除了因漕运不畅带来的危机。

需要补充的是,秦汉时期的郡县制在后世行政区划沿革的过程中,出现了改郡为州和改州为郡的历史。时至隋代,先后出现隋文帝改郡为州和隋炀帝改州为郡的情况。如王鸣盛考证隋唐郡州互变及互称的历史时论述道:"《旧·地志》云:'高祖受命,改郡为州,太守并称刺史。'案唐虞分州,三代相沿,秦变为郡,遂革州名,而汉复称之,以州统郡,州大郡小,其分封者为国,兼用周秦之制也。历魏晋及南北朝,而冀、兖等名犹在,隋大业三年始改州为郡,置司隶刺史,以纠郡守,自此以后,九州、十二州之名不复用矣。唐高祖又改郡为州,三代之州兼唐数郡或数十郡之地,唐之州与三代之州大异,汉之刺史统唐数郡或数十郡之地,唐乃以郡守为刺史,时异势殊,其沿革不同如此。但《旧志》惟胪列各州,其下说本古某郡而已,《新唐书·地理志》则云京兆府京兆郡云云,华州华阴郡云云,同州冯翊郡云云,每州必州名、郡名并举之,河南则云河南府河南郡,陕州则云陕州陕郡,州郡名同者犹必并举之,而其中亦间有但列州名者,故于渭州下特发例云:'凡乾元后所置州皆无郡名。'据此,则乾元以前凡州皆兼郡名也。《旧志》乃但列州名,显系脱漏,此《旧》之不如《新》者。"①王鸣盛所说甚明,隋文帝改郡为州的目的是加强郡守的行政权,提高行政效率。此后,隋炀帝改州为郡,另设司隶刺史的目的是加强对郡守的监察,将权力集中到中央。从这样的角度看,隋文帝改郡为州与隋炀帝改州为郡有着不同的意图,两者之间有着很大的区别。不过,撇开州郡长官拥有的行政权大小不论,仅就管辖的政区而言,隋文帝时的州和隋炀帝时的郡是一致的。之所以提出这一问题,目的是为了叙述的方便,强调隋代的州名与郡名的一致性,以免引起不必要的混乱。

第三节　隋文帝兴修关中河渠

隋王朝取代北周后,建立了自关东西入关中的漕运通道。在此前两百多年的南北分治过程中,游牧民族入主中原将黄河中下游沿岸改成了牧场,破坏了业已建立的水上交通运输

---

① 清·王鸣盛《十七史商榷·〈新〉〈旧唐书〉十》(黄曙辉点校),上海:上海古籍出版社2013年版,第1101—1102页。

体系。再加上开皇三年建水次仓实行分级接运以后,也没能从根本上改变"重关四塞,水陆艰难"的局面,为此,隋文帝于开皇四年(584)下达了兴修河渠的诏书:"京邑所居,五方辐凑,重关四塞,水陆艰难。大河之流,波澜东注,百川海渎,万里交通。虽三门之下,或有危虑,但发自小平,陆运至陕,还从河水,入于渭川,兼及上流,控引汾、晋,舟车来去,为益殊广。而渭川水力,大小无常,流浅沙深,即成阻阂。计其途路,数百而已,动移气序,不能往复,泛舟之役,人亦劳止。朕君临区宇,兴利除害,公私之弊,情实愍之。故东发潼关,西引渭水,因藉人力,开通漕渠,量事计功,易可成就。已令工匠,巡历渠道,观地理之宜,审终久之义,一得开凿,万代无毁。可使官及私家,方舟巨舫,晨昏漕运,沿溯不停,旬日之功,堪省亿万。诚知时当炎暑,动致疲勤,然不有暂劳,安能永逸。宣告人庶,知朕意焉。"①

如果说开皇元年(581)兴修富民渠拉开了隋王朝兴修河渠的序幕,那么,开皇四年隋文帝颁布诏书则明确地发出了在全国范围兴修河渠的动员令。在这中间,兴修河渠与恢复漕运相辅相成,承担了隋文帝以粮食安全稳定关中、以关中及长安控制全国的意图,落实了隋文帝结束南北分治及建设大一统王朝的战略构想。从另一个层面看,兴修富民渠和建水次仓以后,虽然在一定程度上克服了关中漕运时的困难,然而,要想彻底地解除关中及长安日益严重的粮食危机,就必须建立一条从关东到关中的畅达的漕运通道。为了实现这一高远的目标,隋文帝明确地表达了重点发展漕运的诉求,决心将河渠建设的范围从关中扩展到关东及其河东、河北、河南、江淮等地。进而言之,兴修不同区域的河渠,实际上是建水次仓和实行分级接运的延续,两者相辅相成,是互为依托的配套工程。经过有计划的施工和重点建设,隋文帝终于建立了一条"可使官及私家,方舟巨舫,晨昏漕运,沿溯不停,旬日之功,堪省亿万"的水上交通线。客观地讲,这条水上交通线建成后,从政治、经济、文化等方面加强了关中与关东的联系。

关中河渠建设始于隋王朝取代北周之时,可分开皇元年兴修富民渠和开皇四年兴修广通渠等两个时段。

开皇元年隋文帝令郭衍兴修关中富民渠,是隋王朝兴修关中河渠的起点。关中原本是"天府之国"②,由于人口剧增,自身的粮产已无法满足关中日益增长的需求。在关中粮产满足不了京畿地区的需求时,唯一的途径是从关东调粮。然而,从关中到关东的路途十分遥

---

① 唐·魏徵等《隋书·食货志》,北京:中华书局1973年版,第683—684页。
② 史称:"刘敬说高帝曰:'都关中。'上疑之。左右大臣皆山东人,多劝上都洛阳:'洛阳东有成皋,西有崤黾,倍河,向伊洛,其固亦足恃。'留侯曰:'洛阳虽有此固,其中小,不过数百里,田地薄,四面受敌,此非用武之国也。夫关中左崤函,右陇蜀,沃野千里,南有巴蜀之饶,北有胡苑之利,阻三面而守,独以一面东制诸侯。诸侯安定,河渭漕挽天下,西给京师;诸侯有变,顺流而下,足以委输。此所谓金城千里,天府之国也,刘敬说是也。'于是高帝即日驾,西都关中。"(汉·司马迁《史记·留侯世家》,北京:中华书局1982年版,第2043—2044页)。

远,再加上一些航段的通航能力有限,因此,只有在分段兴修的基础上,才能恢复关中与关东相接的漕运通道。与其他航段相比,此时自河东至关中的航线尚有漕运能力,根据这一情况,恢复荒废已久的关中漕运已成为迫在眉睫的大事。

秦汉以降,关中水运以渭水漕运通道,如史有"河渭漕挽天下,西给京师"①之说。在隋王朝兴修富民渠以前,渭水是关中水运的主要航道。然而,受水文、地理等制约,时至隋代,因水位下降及泥沙堵塞航道,渭水已出现断航的情况,乃至于发生了"以渭水多沙,流乍深乍浅,漕运者苦之"②的现象。对此,黄盛璋先生精辟地论述道:"渭河自西汉以来就存在着问题,主要是水量少与泥沙多,其次则洪水期与枯水量悬殊很大,这两个现象到了六世纪末年已经表现相当显著,十一世纪中叶渭河一般就不通舟楫,仅能行驶木筏,和现在差不了多少。"③退一步讲,即便是隋初的渭水有可供漕运的水位,但河道曲折迂回,也是一条十分不经济的航线。针对这些情况,郭衍奉隋文帝之命兴修了富民渠。史称:"征为开漕渠大监。部率水工,凿渠引渭水,经大兴城北,东至于潼关,漕运四百余里。关内赖之,名之曰富民渠。"④兴修富民渠时,郭衍主要采取了以渭水为补给水源、以汉代漕渠为基本运道的方案,通过这一举措试图改善关中的漕运条件。

富民渠建成后,初步改变了关中的漕运条件。如渭水曲折多弯,通过裁弯取直,富民渠将原有的航程缩短为四百里。遗憾的是,富民渠毕竟是仓促上马的工程,虽然提高了关中的漕运能力,但终因以黄土为地质构造的河岸不断地坍塌、泥沙积淀堵塞航道等,仅过去一年便陷入瘫痪,彻底地失去了通航的能力。究其原因,主要是因为富民渠的补给水源大部分来自渭水及支流。枯水季节来临时,渭水及支流的流量严重不足,给引水入运带来困难;丰水季节来临时,渭水及支流携带大量的泥沙冲入航道,亦给富民渠带来灾难性的后果。渭水在秦岭北坡的下方,并接纳自秦岭北坡注入渭水的支流,富民渠建在秦岭和渭水主河道之间,引渭入运的补给水源主要来自渭水及支流,此外,渭水行经的区域是黄土高原,当渭水携带泥沙和自秦岭冲刷下来的泥沙汇合在一起冲入运道时,富民渠终因泥沙淤积航道、航道干浅及缺少航行时的最低水位,出现了无法水运的情况。

开皇二年,苏孝慈奉命重修富民渠。从表面上看,苏孝慈重修的重点集中在改造淤沙严重的航道即渭水与黄河相接航道的方面,似乎与全面重修富民渠没有关系。其实,这一工程是富民渠的重大改造工程。渭水与黄河交汇的河口作为自关东西入关中的漕运咽喉,同时也是富民渠接纳黄河漕运自渭水入渠的咽喉。与其他区域相比,位于黄土高原的河口地带

---

① 汉·司马迁《史记·留侯世家》,北京:中华书局1982年版,第2044页。
② 唐·魏徵等《隋书·苏孝慈传》,北京:中华书局1973年版,第1259页。
③ 黄盛璋《历史地理论集·历史上的渭河水运》,北京:人民出版社1982年版,第169页。
④ 唐·魏徵等《隋书·郭衍传》,北京:中华书局1973年版,第1469页。

最容易出现泥沙淤积、河岸坍塌等情况,进而影响到漕运,这样一来,河口地带势必要成为需要重点整治的区域。史有"以渭水多沙,流乍深乍浅,漕运者苦之,于是决渭水为渠以属河,令孝慈督其役"①之说,以此与郭衍"凿渠引渭水,经大兴城北,东至于潼关"②等语对读的话,则不难发现,苏孝慈"督其役"的渭水改造工程实际上是富民渠的改建工程。所谓"决渭水为渠以属河",是说苏孝慈改造富民渠的工程主要集中在渭水入河的河口一带。这一事实表明,富民渠只是隋文帝为应对关中漕运不畅采取的应急性措施,因仓促上马,收到的成效有限。

尽管如此,富民渠的存在依旧有三个方面的意义:一是富民渠以渭水为补给水源,在利用渭水航道的基础上建成了一条联系关中各地、经渭口入黄河的航线,改善了关中的漕运现状,通过缩短航程提升了漕船自渭口进入关中及长安等地的速度;二是富民渠是有综合功能的河渠,在加强漕运的同时,提高了排洪防涝等方面的能力,提高了关中的农田灌溉水平,建成了一批旱涝保收的高产田,减轻了漕运压力;三是富民渠为开皇四年在关中兴修广通渠奠定了坚实的基础,为缓解关中漕运不畅带来的粮食危机做出了重要的贡献。如果没有富民渠这一基础的话,那么,要想在短时间内建成广通渠将十分困难。当然,富民渠的作用又是有限的。即便是富民渠全面地改善了关中的漕运条件,也只是解决了关中漕运时遇到的问题,不可能彻底地解决关东漕运受制于黄河漕运的局面。

开皇四年,宇文恺奉命兴修广通渠,对改变关中的漕运环境有着特殊的作用。起初,关中漕运一直受制于渭水,在此之前,虽然兴修了富民渠,但没有从根本上消除关中漕运的障碍。进而言之,即使是河东及关东各地的漕粮运入关中,因关中没有畅达的漕运条件,也势必要影响到长安的粮食安全。根据这一情况,需要在利用黄河、渭水河道及在富民渠的基础上,重建已有的关中漕运体系。史称:"于是命宇文恺率水工凿渠,引渭水,自大兴城东至潼关,三百余里,名曰广通渠。"③在兴修广通渠的过程中,宇文恺采取了开挖新航道、改造旧航道即富民渠等措施。继兴修富民渠以后兴修广通渠的行为表明,隋文帝兴修富民渠没能达到改善关中漕运条件的预期目标,为此,隋文帝不得不下令兴修广通渠,试图通过扩大补给水源、改造航道、改造航线,以及从不同的地点引灞水、浐水入运等行为,重新建立关中的漕运秩序。

从兴修富民渠到广通渠,虽然只有四年的时间,但隋文帝对河渠的认识已发生重大的变化。具体地讲,兴修富民渠之时正是隋王朝初立之时,在这一百废待举的节骨眼儿上兴修富民渠,虽有提高关中漕运能力、恢复关中农业生产等意图,但实际情况是,富民渠是一项仓促

---

① 唐·魏徵等《隋书·苏孝慈传》,北京:中华书局1973年版,第1259页。
② 唐·魏徵等《隋书·郭衍传》,北京:中华书局1973年版,第1469页。
③ 唐·魏徵等《隋书·食货志》,北京:中华书局1973年版,第684页。

上马的工程,因缺少必要的规划没能达到预期的效果,特别是投入使用后淤沙严重,导致航道淤塞,很快处于废弃的状态。那么,怎样才能稳定关中及长安的政治和经济秩序呢? 为了重新打通关中联系关东的漕运通道,隋文帝做出了兴修广通渠的决定。这一举措虽说与隋定都长安需要关东漕运的支持有着密切的关系,但更重要的是,隋文帝试图以此为契机建立将关中和关东连成一片的漕运系统,达到以关中控制关东进而全国的战略目标。

广通渠建成后,进一步地表达了隋文帝"转运通利"的诉求。客观地讲,这一诉求与开挖富民渠时兼顾关中的水上交通及灌溉农田等想法已有了本质性的区别。广通渠兴修的意义在于,以此为起点把发展关中漕运、加强与关东的经济联系放到了重要的位置上,在疏通关中漕运通道的基础上,将兴修河渠的范围拓展到关东,以缓解日益扩大的国用需求。从这样的角度看,从提高关中及长安的漕运能力入手,在整修旧航道和开辟新航线的基础上兴修了广通渠,实际上是隋王朝加强河渠建设的具体措施,是隋王朝以快捷的水上交通形式强化大一统的措施。

后世研究关中漕运时,多有将广通渠和富民渠视为同一条河渠的认识。如王应麟在《玉海》中记载道:"《隋·食货志》:文帝以渭水多沙,深浅不常,漕者常苦之。开皇四年六月壬子,诏左庶子宇文恺帅水工凿引渭水,自大兴城东至潼关三百里,名广通渠,漕运通利,关内赖之(三年华州置广通仓)。……《苏孝慈传》:上于陕州置常平仓转输京,下以渭水多沙流,乍深乍浅,漕运者苦之。于是决渭之为渠,以属河令,孝慈督役。《郭衍传》:开皇元年为开漕渠大监,率水工凿渠引渭水,经大兴城北东至潼关,漕运四百余里,关中赖之,名富人渠。"① 王应麟依据史料作《玉海》叙述隋文帝兴修关中河渠的情况时,专门设立了"隋广通渠、漕渠、富人渠"这一条目。按:以"富人渠"一词称谓富民渠,系后世避唐太宗李世民之讳所致。很显然,王应麟是将广通渠和富人渠(富民渠)视为同一条河渠的。这一观点直接延续至今,并得到广泛认同。如辛德勇论述道:"漕渠开成后,最初被命名为广通渠,又名富民渠。"② 其实,这一观点多有不准确之处,广通渠和富民渠虽有共同的航道,但不能视为同一条河渠。因两者多有区别,现辨析如下。

其一,如果广通渠和富民渠是同一条河渠的话,两条河渠的长度应该相同。然而,《隋书·郭衍传》称富民渠"漕运四百余里",与此同时,《隋书·食货志》又称广通渠长"三百余里",两者有明显的差别。《隋书》的撰写者魏徵等是由隋入唐的重臣,十分熟悉旧朝的掌故及历史。魏徵等称两渠有不同的长度和名称,这一叙述表明,早在由隋入唐之际,人们已将富民渠和广通渠视为两条不同的河渠。

---

① 宋·王应麟《玉海·地理》,南京:江苏古籍出版社;上海:上海书店,1987年版,第428页。
② 辛德勇《隋唐时期陕西航运之地理研究》,《陕西师范大学学报》(哲学社会科学版)2008年11月,第37卷,第6期,第78页。

第一编　隋代编

其二,史家明确地指出,两渠有不同的开挖时间和不同的开挖者。如《隋书》认为,富民渠始修于开皇元年,广通渠兴修于开皇四年。兴修富民渠的主持者是郭衍、苏孝慈,兴修广通渠的主持者是宇文恺。

其三,富民渠和广通渠虽然与大兴城相通,但起点不同。具体地讲,富民渠的起点在大兴城的城北,广通渠的起点在大兴城的城东。

既然富民渠和广通渠不是同一条河渠,为什么还会出现把富民渠和广通渠视为一条河渠的情况呢?或者说,隋代以后,人们在叙述关中河渠时为什么只提广通渠不提富民渠呢?这里面有四个因素在起作用。

其一,富民渠与广通渠是在改造渭水航道的过程中兴修的,两渠有相互重叠的航道。如富民渠"经大兴城北,东至于潼关",广通渠"自大兴城东至潼关",起点虽然不同,但均至潼关入黄河。又如富民渠有"决渭水为渠以属河"的航段,广通渠有"决渭水达河,以通运漕"①及"自渭达河以通运漕"②的航段,据此当知,两渠有相同的航段。再如开皇三年,隋文帝诏令在华州(在今陕西华阴市境内)建造水次仓广通仓,故史有"开皇三年,……华州置广通仓"③之说。广通仓建造在富民渠与渭水交汇处,距渭口(渭水入黄河处)不远。开皇四年,隋文帝开广通渠,继续以广通仓为漕运中转仓。因两者有相同的航线和漕运中转仓,亦可知兴修广通渠时利用了富民渠的航道。这样一来,很容易出现富民渠和广通渠混称的情况。

其二,早在隋代就已出现同一河渠有不同称谓的情况。具体地讲,富民渠又可以"广通渠"相称。史有开皇元年郭衍"征为开漕渠大监。部率水工,凿渠引渭水,经大兴城北,东至于潼关,……名之曰富民渠"④之说,郭衍奉命开挖富民渠,被隋文帝任命为"漕渠大监",当知富民渠有"漕渠"之称;又如史有开皇四年六月宇文恺兴修广通渠,同年九月隋文帝"幸霸水,观漕渠"⑤,据此当知,广通渠亦有"漕渠"之称。史家以"漕渠"统称富民渠和广通渠,从侧面说明了隋代已出现将富民渠和广通渠视为同一河渠的情况。

其三,富民渠和广通渠的共同基础是汉武帝时期开挖的关中漕渠。胡渭论述道:"隋开皇中,宇文恺引渭为广通渠,自大兴至潼关亦三百余里,与汉渠同。参诸易氏所言,自万年县北至华阴永丰仓,凡二百九十五里,其数亦适相符。然则自长安以东,古渭水之经流,当行今渭水之北,不知何代渐堙,而遂以漕渠为经流。其自峦城以下,则后魏时犹未改,又不知何年渐堙,而徙从峦城之南,与漕渠合而为一。据汉船司空城在今华阴县东北五十里,而隋、唐之永丰仓在今县东北三十五里,则渭口亦移而南,非昔之渭口矣(《雍录》云:渭口在华阴县东

---

① 唐·魏徵等《隋书·宇文恺传》,北京:中华书局1973年版,第1587页。
② 唐·魏徵等《隋书·高祖纪上》,北京:中华书局1973年版,第21页。
③ 唐·魏徵等《隋书·食货志》,北京:中华书局1973年版,第683页。
④ 唐·魏徵等《隋书·郭衍传》,北京:中华书局1973年版,第1469页。
⑤ 同②,第22页。

北三十五里)。窃疑今洛水自朝邑赵渡镇南入河处,即古之渭汭。但漕渠自长安旁南山而东,至河裁三百余里,而渭水行漕渠之北者,不知如何潆洄曲折,乃有九百里之远。此则古记已亡,郦元亦无从考核,而其议则不可以不存也。"①胡渭强调广通渠"与汉渠同",道出了广通渠是在汉代漕渠的基础上兴修的事实。此外,富民渠和广通渠不但多有重合的航线,而且均有"漕渠"这一共同的名称,据此可以推论,富民渠是在汉代漕渠的基础上兴修的,这样一来,以"广通渠"统称富民渠和广通渠自然在情理之中。

其四,兴修广通渠以后,富民渠不再是关中漕运的主航线,乃至于它被逐步地淡出了人们的视野。史称:"隋主以渭水多沙,深浅不常,漕者苦之,六月,壬子,诏太子左庶子宇文恺帅水工凿渠,引渭水,自大兴城东至潼关三百余里,名曰广通渠。漕运通利,关内赖之。"②广通渠比富民渠短一百多里,引入新的补给水源后,成功地解决了航道淤沙、干浅、曲折迂回等问题,这样一来,富民渠的漕运功能明显地减弱,因此,出现以"广通渠"统称广通渠和富民渠的现象。

灞水、浐水等与渭水一道,都是广通渠不可或缺的补给水源。如杜佑论述灞水、浐水等与万年县的关系时提道:"汉有万年,属左冯翊,今在栎阳东北二十五里栎阳故城是。至后周,始于长安城中置万年县。隋改为大兴县。武德初,复旧。有白鹿原,亦谓之上霸陵也。有轵道,秦子婴降处。有少陵原,则汉宣许后陵。霸水、浐水,则荆溪、独柳水下流也。渭水。御宿川,汉武帝游观,尝宿此川,故名之。汉南陵县城,在今县东南二十四里。又有汉杜城,则周之杜伯国地。更始墓,在今县东北。长乐本浐,乃隋文帝更名。"③李吉甫叙述万年县旧治时指出:"本汉旧县,属冯翊,在今栎阳县东北三十五里。"④李吉甫的生活年代略迟于杜佑,两人叙述万年县与栎阳县的地理方位完全一致,略有不同的是,万年县与栎阳县故城的距离相差十里。出现这样的差异可能是因为计算上的讹误造成的,基本上可以忽略不计。

北周时期,万年县的治所已移往长安。隋代的行政建制主要沿袭北周,在这中间,又改万年县为"大兴县"。此后,隋文帝为改造长安旧城建造了大兴城,经此,大兴县成为长安新都大兴城的一部分。宇文恺兴修广通渠时曾"引渭水,自大兴城东",从史料中看,除了有渭水经过大兴城的城东外,同时又从不同的方位引灞水和浐水等。灞水、浐水等补入广通渠这一举措实施后影响有两方面:一是拓展了广通渠的水源结构,通过增加流量,有效地解决了航道干浅、水位下降、航道淤沙等不利于水运的大问题;二是建立了一条"自万年县北至华阴永丰仓,凡二百九十五里"的新航线。这条航线以大兴城东的灞桥(在今陕西西安灞桥)为

---

① 清·胡渭《禹贡锥指》(邹逸麟整理),上海:上海古籍出版社2006年版,第631页。
② 宋·司马光《资治通鉴·陈纪十》(邬国义校点),上海:上海古籍出版社1997年版,第1590页。
③ 唐·杜佑《通典·州郡三》,杭州:浙江古籍出版社1988年版,第916页。
④ 唐·李吉甫《元和郡县图志·关内道一》(贺次君点校),北京:中华书局1983年版,第3页。

新起点,向南经大兴城南,随后沿终南山东行,沿途有灞水、浐水等补给航道水位,途经万年、临潼、新丰、渭南、华县、华阴等地,到达渭水汇入黄河的河口,进而经潼关与黄河主航道相连。

灞水、浐水等成为广通渠的新水源,还可以从隋文帝营造长安新王城大兴城及开龙首渠等行为中得到进一步证明。隋夺取天下后,为改变长安老城破旧的形象,开始以老城东南方向的龙首原为中心营造大兴城。开皇二年六月,高颎等奉命在龙首原营造新王城,是以龙首原"川原秀丽,卉物滋阜,卜食相土,宜建都邑"①为前提的。在营造的过程中,高颎等开挖了龙首渠(浐水渠)等河渠。如程大昌引《长安志》记载道:"龙首渠者,隋城外东南角有龙首堰。隋文帝自北堰分浐水北流,至长乐陂西北分为二渠。其西渠自永嘉坊西南流经兴庆宫。"②龙首渠在隋代王城大兴城的东南,以浐水为北流,这一方位与广通渠引浐水入运的方位大体一致。又如徐松叙述龙首渠与隋唐长安城即大兴城之间的关系时指出:"龙首渠一名浐水渠,隋开皇三年开。自东南龙首堰下,支分浐水,北流至长乐坡(坡在通化门东七里,临浐水,自坡之北可望汉长乐宫,故名长乐坡。)西北,分为二渠,东渠北流,经通化门外至京城东北隅,折而西流,入东内苑为龙首池,余水经大明宫前下马桥下。西渠曲而西南流,经通化门南,西流入城,经永嘉坊南,又西南入兴庆宫垣,注龙池,又出而西流,经胜业坊、崇仁坊景龙观,又西入皇城,经少府监南,屈而北流,又经都水监、东宫仆寺(《长安志》作太仆寺,误。)、内坊之西,又北流入宫城长乐门,又北注为山水池,又北注为东海。贞元十三年,又自永嘉之西北,分支至大宁坊太清宫前。"③龙首渠位于大兴城的东南,这一区域有浐水、灞水等,广通渠"自大兴城东至潼关",据此,广通渠与龙首渠、富民渠等串联在一起,增强了大兴城的水上交通运输能力。

第四节　河东、河南、河北与黄河漕运

广通渠虽疏通了关中的漕运通道,但不等于黄河漕运可以畅通无阻,针对这一情况,隋文帝把兴修河渠的主战场移到了河东、河南、河北等区域。

改造和兴修河东河渠是隋文帝加强自关东漕运关中的重要举措。河东与关中隔黄河相望,同时有自汾水渡黄河入渭水的航线。在这中间,河东除了有优良的漕运条件外,还因水资源十分丰富有其他地区无法比拟的农业生产条件。因此,河东在汉武帝时期已是关中倚

---

① 唐·魏徵等《隋书·高祖纪上》,北京:中华书局1973年版,第17页。
② 宋·程大昌《雍录·兴庆池》(黄永年点校),北京:中华书局2002年版,第80页。
③ 清·徐松撰,张穆校补《唐两京城坊考·龙首渠》,北京:中华书局1985年版,第127—128页。

重的粮食生产基地,甚至可以说,汉王朝以后,建都关中及长安的历朝历代均十分重视河东拱卫关中的作用。如北周恢复河东航线,隋文帝在蒲州(在今山西永济老城东南)、邵州(在今山西垣曲古城镇南)建水次仓等,这些均强调了河东漕运支持关中的重要性。

更重要的是,在黄河漕运受阻于三门峡砥柱山的前提下,如果以河东为转运节点,还可以建立自河北、河南等自然地理区域绕道河东的航线,改变单纯地依靠黄河航线自三门峡漕运关中的布局。如在考证河东航线的重要性及与关中的关系时,胡渭论述道:"渭汭在河之西岸,华阴、朝邑、韩城之地皆是也。东与蒲州荣河分水,此言雍之贡道,故特以西岸言之。韩汝节云:今蒲州,舜所都也。渭水之北,今朝邑县南境,渭水至此东入河,折而北三十里即蒲州,故舟皆会于渭北。今按北船出龙门,至荣河县北汾水入河处,便当东转溯汾,无缘更顺流而下,至朝邑与南船会也。且禹告成当尧时,帝都平阳,距蒲坂三百余田,韩成北连龙门,东对汾口,南北贡船相会当在其间,曷为引蒲州以证乎?"①这里所说的"渭汭",是指渭水与黄河相通的河口。渭水与黄河交汇时,形成了华阴(在今陕西华阴)、朝邑(在今陕西大荔朝邑镇)、韩城(在今陕西韩城)等河口,沿这些河口经黄河入汾水可进入河东蒲州。此外,在北周及隋文帝将河东漕运扩展到河北以前,河北漕运大都以黄河为主航线。开辟经河东入关中的河北航线后,河北漕运或可自河北经汾水取道河东,或可自黄河入汾水取道河东渡河入关中。与此同时,邻近河东的部分河南区域亦可走避开黄河三门峡的航线,采用绕道河东的航线西入关中。

河东重镇蒲州是隋代改秦汉河东郡为州以后的别称。李吉甫论述河东郡的历史沿革时记载道:"按今州,本帝舜所都蒲坂也。春秋时,为魏、耿、杨、芮之地。《左传》曰:'晋献公灭魏以赐毕万。'服虔注曰:'魏在晋之蒲坂。'毕万之后,十代至文侯,列为诸侯,至惠王僭号称王,至王假为秦所灭。今州即秦河东郡地也。汉元年,项羽封魏豹为西魏王,王河东,都平阳。二年,豹降,从汉王在荥阳,请归侍亲疾,至则绝河津反为楚,尽有太原上党地。九月,韩信房豹,定魏地,置河东、上党、太原郡。文帝时,季布为河东守,文帝谓曰:'河东吾股肱郡,故特召君耳。'后魏太武帝于今州理置雍州,延和元年改雍州为秦州。周明帝改秦州为蒲州,因蒲坂以为名。隋大业三年罢州,又置河东郡。"②在政治中心建在黄河中下游地区的进程中,河东一直是各方政治势力反复争夺的对象。李吉甫叙述邵州及王屋县的历史沿革时记载道:"本周时召康公之采邑,汉为垣县地,后魏献文帝分垣县置长平县,周明帝改为王屋县,因山为名,仍于县置王屋郡。天和元年,又为西怀州。隋开皇三年,改为邵州。大业三年,废邵州,以县属怀州。显庆二年,割属河南府。"③叙述邵州治所垣县(在今山西垣曲古城镇南)

---

① 清·胡渭《禹贡锥指》(邹逸麟整理),上海:上海古籍出版社2006年版,第331页。
② 唐·李吉甫《元和郡县图志·河东道一》(贺次君点校),北京:中华书局1983年版,第323页。
③ 同②,第135页。

的历史沿革时又记载道:"本汉县,属河东郡。后魏献文帝皇兴四年,置邵州及白水县。周明帝武成元年,改白水为亳城县,隋大业三年改亳城为垣县,属绛郡。武德元年属邵州,九年属绛州,贞元三年割属陕州。县枕黄河。"①历史上的河东曾是传说时代帝舜的国都,秦统一六国前,夺取河东后在此建立了河东郡。楚汉之争时,河东一度是西魏王魏豹的封地。韩信平定魏地后,汉高祖刘邦重新设置河东郡。后魏太武帝一朝,先改河东郡为雍州,延和元年(432)又改称秦州。时至北周明帝二年(558),又"因蒲坂以为名"改秦州为蒲州,意在恢复旧称。开皇十六年(596),隋文帝移蒲坂县于蒲州东,并在蒲坂故城设河东县。大业三年(607),隋炀帝罢蒲州恢复河东郡旧称。隋代,河东郡下辖河东、桑泉、汾阴、龙门、芮城、安邑、夏、河北、猗氏、虞乡等十县,史有河东县"旧曰蒲坂县,置河东郡。开皇初郡废,十六年析置河东县。大业初置河东郡,并蒲坂人"②之说,故河东县是隋王朝蒲州的治所。在历史的变迁中,秦汉时期的河东郡已析分为蒲州等不同的行政区划。顾炎武记载道:"河东、山西,一地也。唐之京师在关中,而其东则河,故谓之河东。元之京师在蓟门,而其西则山,故谓之山西。各自其畿甸之所近而言之也。"③按照这一说法,广义上的河东指山西全境。以此为考察秦汉河东郡历史沿革的依据,那么,隋代的河东除了指蒲州、邵州外,还包括汾水沿岸的汾州(今山西汾阳)、晋州(在今山西临汾)等行政区划。进而言之,自秦汉以后,河东析出不同的行政区划,因此,在论述隋代河东在漕运中的地位时,需要注意到河东作为历史行政区划的变化。

从地理方位上看,河东位于黄河东岸及山西南部,黄河流经山西和陕西之间时,受崇山峻岭的限制呈南北流向。这一区域包括蒲州、邵州、汾州、晋州等黄河东岸及汾水沿岸的州郡。除此之外,黄河自蒲州流经陕西东部、山西南部和河南西部后,在两岸崇山峻岭的制约下,始由南北向转折为东西向。在这中间,黄河经过这一区域时的大方向虽说是向东,但又一度向北,将河东以东的相邻区域兜在其中,因此,这一区域又有"河内"之称。当然,从大的方面讲,广义上的河东包括河内。黄河经河内以后转向东流,以黄河为分界线,黄河以北遂有"河北"之称,黄河以南遂有"河南"之称。时至东汉,因建都洛阳,将河东、河内和河南视为京畿,并有"三河"之称。

汾水是河东漕运的主航线,以汾水为航线除了可就近转运蒲州、邵州的粮食等西入关中外,还可转运汾州、晋州等地的粮食,并沿水路深入到河北的腹地。如李吉甫论汾州的历史沿革时指出:"《禹贡》冀州之域。其在虞舜十二州及周,皆属并州。春秋时为晋地,后属魏,

---

① 唐·李吉甫《元和郡县图志·河东道一》(贺次君点校),北京:中华书局1983年版,第161页。
② 唐·魏徵等《隋书·地理志中》,北京:中华书局1973年版,第850页。
③ 清·顾炎武《日知录》卷三一,黄汝成集释《日知录集释》(栾保群、吕宗力校点),上海:上海古籍出版社2006年版,第1722页。

谓之西河,子夏居西河,吴起为西河守,皆谓此也。秦属太原郡。汉武帝元朔四年置西河郡,领县三十六,理富昌县是也。后汉徙理离石,即今石州离石县也。献帝末荒废,魏黄初二年,乃于汉兹氏县置西河郡,即今州理是也。晋惠帝时,为刘元海所攻破,郡遂废。后魏孝文帝太和八年,复于兹氏旧城置西河郡,属吐京镇。按吐京镇,今隰州西北九十里石楼县是也,十二年改吐京镇为汾州,西河郡仍属焉。明帝时为胡贼所破,因北移西河郡理平阳界,高齐又于此城置南朔州。周武帝废南朔州,宣帝于此置汾州。隋大业三年废汾州,还于隰城县置西河郡,皇朝初改为浩州,武德三年又改浩州为汾州。"①在地理及政区沿革的过程中,汾州成为各方政治势力争夺的要地与其是重要的农业产区,有着便利的水上交通密不可分。李吉甫叙述晋州的历史沿革时记载道:"《禹贡》冀州之域,即尧、舜、禹所都平阳也。春秋时其地属晋,战国时属韩,后韩将冯亭以上党降赵,又属赵。在秦为河东郡地,今州即汉河东郡之平阳县也。永嘉之乱,刘元海僭号称汉,建都于此。《前赵录》曰:'太史令宣于循之言于元海曰:"蒲子崎岖,非可久安。平阳唐尧昔都,愿陛下都之。"于是迁都平阳。'后魏太武帝于此置东雍州,孝明帝改为唐州,寻又改为晋州,因晋国以为名也。高齐武成帝于此置行台,周武帝平齐,置晋州总管。义旗初建改为平阳郡,武德元年罢郡,置晋州,三年为总管府,四年为都督府,贞观六年废府,复为晋州。"②

同样的道理,晋州成为各方政治势力争夺的战略要地,既与有丰富的产物相关,又与交通区位相关。在这中间,隋文帝建蒲州、邵州等水次仓,旨在从国家战略需要的角度重点发展漕运。在这一过程中,以水次仓为航段节点,以汾水等为航线,既可以将河东的漕运范围扩展到汾州、晋州等地,又可以将航线延展到河南、河北等区域,进而破解自河北、河南等地进行漕运时,必走黄河经三门峡西入关中的困局。从某种意义上讲,河东漕运担负起了及时仓储和适时起运的重要责任,在一定程度上维护了隋文帝以粮食安全稳定关中及长安政治和经济秩序的意图。

这一时期,河东主要有四条航线与关中相通,这些航线以河东及其水次仓为节点,可深入到不同的区域,进而为关中的粮食安全服务。

其一,自河东北上进入汾州、晋州等地的汾水航线。汾州、晋州在河东的北面,史有"控引汾、晋,舟车来去"③之说。这条古已有之的航线重新开始使用后,加强了河东与汾水沿线州郡之间的联系,为漕运"汾、晋之粟,以给京师"奠定了坚实的基础。

其二,自河北经汾水等进入河东的航线。以河东重镇蒲州为中转站,充分发挥了汾水在漕运中的作用。建安时期,曹操通过兴修河渠,建立了以邺城(在今河北临漳西南)为中心的

---

① 唐·李吉甫《元和郡县图志·河东道二》(贺次君点校),北京:中华书局1983年版,第376—377页。
② 同①,第336—337页。
③ 唐·魏徵等《隋书·食货志》,北京:中华书局1973年版,第683页。

河北漕运机制。河东与河北毗邻,沿曹操兴修的河渠可经汾水进入河东,随后自河东渡河,经渭口入广通渠进入关中。以河东为节点,通过汾水连接河北各地的河渠,可以将漕运的范围延伸到河北。史有"诸州调物,每岁河南自潼关,河北自蒲坂,达于京师,相属于路,昼夜不绝者数月"①之说,从侧面印证了河东航线有不可替代的作用。

其三,自河南入黄河经汾水、沁水进入河东的航线。汴渠即鸿沟的东流是联系黄河和淮河两条重要航线的航段节点。具体地讲,自汴渠向西经汴口可入黄河航线,沿汴渠向东可以深入到河南的腹地并进入淮河的支流泗水,进而远及淮河及长江,如史有"荥阳下引河东南为鸿沟,以通宋、郑、陈、蔡、曹、卫,与济、汝、淮、泗会"②之说。客观地讲,这条古老的航线既是关东联系关中的重要航道,同时也是漕运关中的重要通道。郑樵论河东与黄河航线的关系时记载道:"又南过龙门,有汾水从东来入焉。龙门县今隶河中。又南过夏阳梁山之东,又南过汾阴县西,郃阳县东,又南过蒲阪县雷首山西,蒲阪今河东也,有涑水从东北来入焉。又南过华阴县潼关,渭水从西来入焉。遂转而东,过河北县,今陕州平陆也。"③沿汾水取道河东渡河进入关中,是一条避开三门峡风险的航线。这一航线开辟后,提升了河东在隋代漕运中的地位。

其四,河南、河北、河内等三个区域分布在黄河两岸,如果以汾水、沁水等为航线,均可抵达河东蒲州。具体地讲,三个区域有黄河不同的支流贯穿其境,沿这些支流均可进入黄河航线。沿黄河入淇口或经曹操兴建的枋头北上,可以深入到河北的腹地。河北各地除了有南下入黄河的航线外,又有经河内及汾水、沁水可抵河东的航线。史有"汾阳,北山,汾水所出,西南至汾阴入河"④之说,沿汾水至汾阴(在今山西万荣西南),有一条南下入河的航线。除此之外,又可以自沁水进入黄河,并且可自沁水进入汾水。如郦道元记载道:"沁水南径石门,世谓之沁口。《魏土地记》曰:河内郡野王县。西七十里,有沁水,左径沁水城西,附城东南流也。"⑤野王县(在今河南沁阳)旧属河东,汉建河内郡(在今河南武陟西南),野王是其属县;西晋调整行政区划,将河内郡的治所迁往野王;隋代设怀州,以野王为怀州治所,同时将其改称为"河内县"。胡渭进一步考证道:"沁水源出山西沁州沁源县之绵山,穿太行而东南流,历济源、河内、修武,至武陟县东一里入河,名南买口。"⑥南买口又称"沁口",这些情况表明,河东有汾水、沁水等不同的漕运通道与黄河相接,河东航线开辟后,河南漕运除了可走

---

① 唐·魏徵等《隋书·食货志》,北京:中华书局1973年版,第681—682页。
② 汉·司马迁《史记·河渠书》,北京:中华书局1982年版,第1407页。
③ 宋·郑樵《通志·地理志一》,杭州:浙江古籍出版社1988年版,第544页。
④ 汉·班固《汉书·地理志上》,北京:中华书局1962年版,第1552页。
⑤ 北魏·郦道元《水经注·沁水》,杨守敬、熊会贞疏,段熙仲点校,陈桥驿复校《水经注疏》上册,南京:江苏古籍出版社1989年版,第826页。
⑥ 清·胡渭《禹贡锥指》(邹逸麟整理),上海:上海古籍出版社2006年版,第455页。

黄河外,又可自黄河入汾水、沁水等绕道河东。隋文帝以河东及沿途水次仓为分级转运的中转站,旨在破解自关东漕运关中必走三门峡的困局。经此,沿汴渠可入黄河,经黄河可入河东。从某种意义上讲,隋文帝在河南各州建水次仓时,已有取道河东的构想。

四条与河东漕运紧密相连的航线开辟后,虽然增加了航程,但建立了绕过三门峡天险的漕运新航线。这些航线在消解三门峡风险的过程中,通过探索新路径,在一定程度上改变了关东漕运关中时不利的局面。如走汾水、沁水、黄河等航线,可串连河南、河北、河内等区域。在这中间,以河东为节点,建立了数条绕过三门峡进行漕运的复式航线,从而为解除关中及长安的粮食危机做出了巨大的贡献。

河东成为关中及长安的粮食供给基地,与两汉以后的历代统治者积极地开发河东有着密切的关系。开发河东的先决条件是,河东气候温润,水资源丰富,一直有良好的农业生产条件。从历时的角度看,开发河东农业,前后经历了四个阶段。

第一阶段发生在西汉时期。在关中及长安国用不断扩大的过程中,为就近取粮,汉武帝通过兴修河渠等措施,重点发展了皮氏、汾阴、蒲坂等河东地区的农业。史有汉武帝"穿渠引汾溉皮氏、汾阴下,引河溉汾阴、蒲坂下"①之说,通过引水灌溉、改造农田、提高单位面积产量,河东地区承担起供粮关中及长安的责任。

第二阶段发生在东汉时期。光武帝刘秀建都洛阳后,河东与河南、河内一道,成为洛阳依托的屏障,在此基础上,"三河"成为东汉重点经营的地区。史有"昔唐人都河东,殷人都河内,周人都河南。夫三河在天下之中,若鼎足,王者所更居也"②之说,洛阳与河东相邻,且有水路相通。以黄河为中间航段,一头经汾水、沁水等可入河东,一头经洛水及阳渠可入洛阳,同时自汝水可进入淮河流域。如永元十年(98)三月,汉和帝在诏书中写道:"堤防沟渠,所以顺助地理,通利壅塞。今废慢懈弛,不以为负。刺史、二千石其随宜疏导。勿因缘妄发,以为烦扰,将显行其罚。"③因河渠"今废慢懈弛,不以为负",故汉和帝下达了"随宜疏导"的诏书。河东濒临黄河和汾水,水文变化的程度远远地超过其他地区,根据这一情况,汉和帝下达疏导河渠的诏书中,应包括恢复河东河渠的水运和灌溉等功能。元初二年(115)二月,汉安帝"诏三辅、河内、河东、上党、赵国、太原各修理旧渠,通利水道,以溉公私田畴"④。"修理旧渠,通利水道",点明了重建水上交通的必要性和重要性,这里自然包括重修河东的水上

---

① 汉·司马迁《史记·河渠书》,北京:中华书局1982年版,第1410页。
② 汉·司马迁《史记·货殖列传》,北京:中华书局1982年版,第3262—3263页。
③ 刘宋·范晔《后汉书·孝和孝殇帝纪》,北京:中华书局1965年版,第184页。
④ 刘宋·范晔《后汉书·孝安帝纪》,北京:中华书局1965年版,第222页。

交通。"以溉公私田畴",是说兴修农田灌溉设施是重修河渠的重要内容。① 进而言之,汉和帝强调的疏导河渠,包括水上交通建设和农田水利基础设施等不同的层面。

第三阶段发生在曹魏后期,曹魏定都洛阳后,司马懿的弟弟司马孚任典农中郎将,为发展河内郡(在今河南沁阳)农业,在野王兴修了沁水石门等水利工程。郦道元记载道:"沁水南径石门,世谓之沁口。《魏土地记》曰:河内郡野王县西七十里,有沁水,左径沁水城西,附城东南流也。石门是晋安平献王司马孚之为魏野王典农中郎将之所造也。按其《表》云:臣孚言:臣被明诏,兴河内水利。"②检索文献,司马孚任"河内典农"③即典农中郎将一职,当发生在曹丕一朝(220—226)。曹魏重点经营河东,为北周及隋初以河东为粮食生产基地提供了先决条件。

第四阶段发生在北周和隋王朝建立之初。北周保定二年(562)正月,周武帝在蒲州和同州(在今陕西渭南大荔)等地兴修灌溉渠,通过开挖河渠、兴修水利设施初步改善了当地的农业生产条件。史称:"武帝保定二年正月,初于蒲州开河渠,同州开龙首渠,以广溉灌。"④通过开渠扩大农田灌溉面积,进一步提升了河东即蒲州粮食生产基地的地位。按:同州属关中,姑且不论。在这一记载中,虽然没有明确地说出蒲州引水的对象和范围,但联系汉代"穿渠引汾溉皮氏、汾阴下,引河溉汾阴、蒲坂下"等语看,应该是在开挖河渠的过程中,引汾水和黄河水进行农田灌溉等。隋文帝取代北周后,卢贲任怀州刺史。为了改善农业生产条件,卢贲在怀州兴修了灌溉农田的水利设施。史有"决沁水东注,名曰利民渠,又派入温县,名曰温润渠,以溉舄卤,民赖其利"⑤之说,怀州即河内郡下辖温县(在今河南温县)等,温县境内有沁水等。由于汾水、沁水、黄河是河东联系关中、关东的重要航线,因此,北周兴修蒲州河渠、卢贲兴修怀州利民渠等除了有加强农田灌溉的意图外,很可能还包括重修汾水、沁水、黄河航线等事宜。

东汉以后,历史进入三国时期,中经西晋短暂统一,很快进入南北分治时期。因游牧民族不太关心农田水利及水上交通建设,北方即黄河中下游地区在游牧民族的控制下,大都改

---

① 按:王应麟《玉海》"汉灵轵渠、成国渠、湋渠、昆明渠。修旧渠"条云:"《黄图》:汉圆丘,在昆明故渠南。《水经注》:渭水东合昆明故渠。《后·西羌传》虞诩曰:雍州厥田惟上,因渠以溉,水舂河漕,用功省,而军粮足。《后纪》:和帝永元十年三月壬戌诏曰:堤防、沟渠所以顺地理通利、壅塞,刺史二千石其随宜疏导。安帝元初二年二月辛酉诏:三辅、河内、河东、上党、赵国、太原,各修旧渠,通利水道,以溉公私田畴。"(宋·王应麟《玉海·地理》,南京:江苏古籍出版社1987年版,第418页)汉光武帝刘秀定都洛阳,进一步提升了河东的战略地位,河东物产丰富,是重点经营的农业区。
② 北魏·郦道元《水经注·沁水》,杨守敬、熊会贞疏,段熙仲点校,陈桥驿复校《水经注疏》上册,南京:江苏古籍出版社1989年版,第826页。
③ 唐·房玄龄等《晋书·宗室传》,北京:中华书局1974年版,第1082页。
④ 唐·魏徵等《隋书·食货志》,北京:中华书局1973年版,第680页。
⑤ 唐·魏徵等《隋书·卢贲传》,北京:中华书局1973年版,第1143页。

为牧场,因此这一区域的河渠建设基本上处于停滞的状态,甚至没有大的作为。这样一来,在缺少维修和管理的前提下,势必要出现航道不便通航等一系列的问题。

　　隋王朝建立后,河东作为关中及长安供粮基地的身份得到进一步确认。河东除了有自汾水入黄河、自黄河入渭水进入关中的航线外,同时又有自河北漕运绕道河东的航线。这两条航线以河东为节点,成为关东西入关中的不可或缺的漕运通道。从这样的角度看,河东一带的河渠建设受到隋文帝的重视是必然的。遗憾的是,因文献缺载,今人对隋初兴修河东河渠的情况多有忽略。其实,从"已令工匠,巡历渠道,观地理之宜,审终久之义,一得开凿,万代无毁。可使官及私家,方舟巨舫,晨昏漕运,沿溯不停"①等语中,完全可以触摸到隋文帝兴修河东河渠的脉搏。进而言之,当河东成为关中及长安的供粮基地及不可或缺的漕运通道时,如何保证河东航线畅通无阻,自然是隋文帝必须着手解决的大问题。所谓"巡历渠道,观地理之宜",是指巡视河渠,从地理地貌的角度考察各地河渠的通航能力。这里自然包括考察河东的水运条件和整修河东航线。因为只有这样,才有可能实现"方舟巨舫,晨昏漕运,沿溯不停"的目标。

　　河东漕运虽说以汾水为主航线,但同时受到黄河的制约。在黄河水文变化及其过度取水发展农田灌溉的过程中,黄河多次改道直接影响到汾水的通航能力。如隋初"漕关东及汾、晋之粟,以给京师"②的航线,到开皇四年已出现航线损毁的情况。为此,隋文帝兴修了从蒲州到晋阳(在今山西太原晋源)的航线,并重点疏浚了晋阳东南的晋水航道。

　　晋阳在晋水的北岸,晋水是汾水的支流。《山海经·北山经》云:"又北五十里,曰县雍之山,……晋水出焉,而东南流注于汾水。"③郦道元记载道:"《山海经》曰:县瓮之山,晋水出焉。今在县之西南。昔智伯遏晋水以灌晋阳,其川上溯,后人踵其遗迹,蓄以为沼,沼西际山枕水,有唐叔虞祠。……沼水分为二派,北渎,即智氏故渠也。昔在战国,襄子保晋阳,智氏防山以水之,城不没者三版,与韩魏望叹于此,故智氏用亡。其渎乘高,东北注入晋阳城,以周园溉。汉末,赤眉之难,太原郡掾刘茂,负太守孙福,匿于城门西下空穴中。其夜奔盂,即是处也。东南出城流,注于汾水也。其南渎,于石塘之下伏流,径旧溪东南出,径晋阳城南。城在晋水之阳,故曰晋阳矣。《经》书:晋荀吴帅师败狄于大卤。杜预曰:大卤,晋阳县也。为晋之旧都。《春秋·定公十三年》,赵鞅以晋阳叛,后乃为赵矣。其水又东南流,入于汾。"④春秋时期,智伯开渠引晋水灌溉晋阳,至此,形成了晋水自晋阳东南出城入汾水的水道。在前人论述的基础上,李吉甫进一步指出:"晋水,源出县西南悬瓮山。《水经注》曰:'晋水出

---

① 唐·魏徵等《隋书·食货志》,北京:中华书局1973年版,第684页。
② 同①,第683页。
③ 袁珂校注《山海经校注》,上海:上海古籍出版社1980年版,第80页。
④ 北魏·郦道元《水经注·晋水》,杨守敬、熊会贞疏,段熙仲点校,陈桥驿复校《水经注疏》上册,南京:江苏古籍出版社1989年版,第608—611页。

悬瓮山,东过其县南。昔智伯遏晋水灌晋阳,城不没者三版,后人踵其遗迹,蓄以为沼。沼水分为二派,其北渎即智氏故渠也,其渎乘高东北注入晋阳城,以周灌溉,东南出城注入汾水。其南渎,于石塘下伏流,东南出晋阳城南,又东南入于汾。'今按晋水初泉出处,砌石为塘,自塘东分为三派:其北一派名智伯渠,东北流入州城中,出城入汾水;其次派东流经晋泽南,又东流入汾水,此二派即郦道元所言分为二派者也;其南派,隋开皇四年开,东南流入汾水。"①所谓"县西南",是指山西阳曲县西南。这条河渠因"又东南入于汾"成为隋文帝开渠时利用的对象。时至清代,在郦道元和李吉甫等的基础上,胡渭亦考证道:"太原郡治晋阳城。《尚书》所谓'既修太原'者也。大而高平者,谓之太原。晋水出晋阳县西瓮山。《山海经》曰:县瓮之山,晋水出焉。今在县之西南。昔智伯遏晋水以灌晋阳,其川上溯,后人踵其遗迹,蓄以为沼,沼西有唐叔虞祠。晋水又东过其县南,分为二派,北渎即智氏故渠,乘高东北注入晋阳城,以周园溉,东南出城注于汾水也。其南渎于石塘之下,伏流,径旧溪东南,出径晋阳城南,又东南入于汾。《汉志》:龙山在晋阳县西北,晋水所出,东入汾。《元和志》:悬瓮山,一名龙山,在晋阳县西南十二里。晋水初泉出处,砌石为塘,自塘东分为三派:其北一派,名智伯渠,东北流入州城中,出城入汾水;其次派,东流径晋泽南,又东入汾,此即郦元所言分为二派者也;其南派,隋开皇四年开,东南流入汾水。汾水北自阳曲县界流入,经县东二里。"②这里有两点值得注意:一是自智伯以后,晋水在晋阳的东南入汾,改变了原有的水文;二是隋文帝兴修以晋阳为中心的河渠,打通了从蒲州到晋阳的航线。

需要补充的是,智伯引水灌晋阳一事,史家多有记载,分别见于《国语》《战国策》等先秦著作。有趣的是,司马迁叙述智伯引水灌晋阳的事迹时,一是以《赵世家》为汾水,二是以《魏世家》为晋水。由此引出的问题是,智伯引水灌晋阳,究竟引的是汾水还是晋水。阎若璩考证道:"余尝往来于平阳、夏县,而悟《通鉴》二语具为妙解。盖汾水并可以灌安邑,至绛水灌之又不待云;绛水并可以灌平阳,至汾水灌之又不待云。交错互举,总见水之为害溥尔。《国语》襄子走晋阳,围而灌之,未及何水。《战国策》实以晋水,《史记》实以汾水,又《赵世家》为汾水,《魏世家》晋水。李弘宪疑莫能定,不知二水皆是也。盖智伯决晋水以灌城,至今犹名智伯渠。然亦岂有舍近而且大之汾水不引,以并注者乎? 此亦惟熟其山川,始知耕问奴、织问婢,岂不信哉?"③按照阎若璩的说法,智伯灌晋阳引汾水和晋水。

依据文献,兴修汾水航线主要是在晋阳一带进行的。将晋阳纳入河东漕运的范围有两个先决条件:一是经过历代的开发,晋阳一带已成为重要的产粮区,与此同时,又有晋水与汾水相通,特别是自"智伯遏晋水灌晋阳"的事件发生后,已有现成的水道可为兴修新的漕运通

---

① 唐·李吉甫《元和郡县图志·河东道二》(贺次君点校),北京:中华书局1983年版,第364页。
② 清·胡渭《禹贡锥指》(邹逸麟整理),上海:上海古籍出版社2006年版,第31—32页。
③ 清·阎若璩《尚书古文疏证》(黄怀信、吕翙欣校点),上海:上海古籍出版社2010年版,第411页。

道做必要的铺垫;二是永平(58—75)中,汉明帝围绕着晋阳兴修了从都虑到羊肠仓的漕运通道。郦道元阐释道:"《地理志》曰:汾水出汾阳县北山,西南流者也。汉高帝十一年,封靳强为侯国,后立屯农,积粟所在,谓之羊肠仓。山有羊肠坂,在晋阳西北,石磴萦委,若羊肠焉,故仓坂取名矣。汉永平中治呼沱石臼河。按司马彪《后汉郡国志》:常山南行唐县有石臼谷。盖欲乘呼沱之水,转山东之漕,自都虑至羊肠仓,将凭汾水以漕太原,用实秦晋。苦役连年,转运所经,凡三百八十九隘,死者无算。拜邓训为谒者,监护水功。训隐括知其难立,具言肃宗。肃宗从之,全活数千人。"①汉明帝一朝,整治滹沱河、石臼河的目的,是为了打通汾水、滹沱河、石臼河与太原之间的漕运通道。因遇到许多意想不到的困难,这一航道建设长期处于无法完工的状态。根据这一情况,汉章帝建初三年(78),邓训奉命监领这一事务。通过实地考察沿途水文受太行山地理环境制约等情况,邓训得出了"大功难立"的结论,为此,向朝廷提出放弃兴修这一河渠的主张。根据邓训的意见,汉肃宗(汉章帝)下诏,罢除了"从都虑至羊肠仓"的河渠之役,决定改用驴车从陆路运粮。

尽管汉明帝一朝兴修的晋阳河渠没能竣工,但它却为隋文帝兴修晋阳一带的河渠,建立以蒲州为中转站、以汾州、晋州为腹地的河东地区的漕运大通道奠定了坚实的基础。进而言之,晋阳河渠是兴修河东河渠的一部分,由于河东蒲州一带的汾水有良好的通漕条件不需要大规模地整治,因此,河东河渠兴修的重点主要集中在晋阳一带。

与其他区域相比,河南的漕运任务最重。如在隋文帝建造的十三州水次仓中,其中有七个州的水次仓建在河南。河南境内水运发达,有以黄河和汴渠为主的漕运通道,其中,黄河是联系自关东至关中的水上通道,汴渠是联系黄河和淮河流域之间的水上通道。如果黄河和汴渠畅通的话,完全可以承担起关中及长安粮食安全的责任。然而,黄河漕运受到三门峡砥柱山的制约,无法建立自河入渭的航线。此外,汴渠补给水源主要来自黄河,故汴渠漕运一直受到黄河水文变化的制约。这样一来,隋文帝兴修河南地区的河渠时,势必要把重点放到黄河和汴渠方面。

从水文地理形势上看,黄河漕运主要有陕州、三门峡、豫西峡谷、豫西峡谷以东等四个航段。其中,陕州航段西起潼关(在今陕西渭南潼关北)、东到陕州,这一航段受两岸山峦的制约,河面宽阔,水道相对稳定,逆流而上虽有难度,但航道基本畅通;三门峡航段西起陕州、东到三门峡,这一航段在北岸中条山和南岸崤山的挟制下河面猛然收缩,因落差大,矗立在中央的砥柱山如同两根巨大的石柱将黄河分成三股,自西向东呼啸而下,给漕运造成极大的困难;豫西峡谷航段西起三门峡、东至五户滩(在今山西垣曲西),这一航段的河面虽然放宽,但巨石矗立其中,故多有急流和浅滩,是仅次于三门峡的又一漕运天险;豫西峡谷以东航段西

---

① 北魏·郦道元《水经注·汾水》,杨守敬、熊会贞疏,段熙仲点校,陈桥驿复校《水经注疏》上册,南京:江苏古籍出版社1989年版,第525—526页。

起五户滩、东至汴州(在今河南开封)以东,这一航段水流舒缓。胡渭论述道:"今陕州东一百六十里有五户滩,在河中,为湍激之处。自此而东,河流稍为宽衍。"①黄河出豫西峡谷后,其以东航段除受枯水季节的影响外,其他时段均可通航,可谓是黄河漕运通航条件最好的航段。

比较黄河漕运中的四个航段,其中,三门峡航段和豫西峡谷航段的漕运难度最大。正因为如此,三门峡航段和豫西峡谷航段势必要成为重点整治的对象。从历时的角度看,治理砥柱山始于先秦。郦道元记载道:"砥柱,山名也。昔禹治洪水,山陵当水者凿之,故破山以通河。河水分流,包山而过,山见水中,若柱然,故曰砥柱也。三穿既决,水流疏分,指状表目,亦谓之三门矣。山在虢城东北,大阳城东也。"②按照这样的说法,开凿砥柱山应始自大禹治水之时。然而,晏婴有"以入砥柱之中流"(《晏子春秋·内篇谏下》)之说,据此可知,如果以晏婴生活的时代为节点,此时的砥柱山应没有出现"山陵当水者凿之,故破山以通河"的情况,亦可知此时黄河的水文不同于后世,或者说三门峡天险形成的时间当发生在晏子生活的时代以后。尽管如此,前人大都把开砥柱山即形成三门峡的时间与大禹治水联系在一起。如李吉甫记载道:"底柱山,俗名三门山,在县东北五十里黄河中。《禹贡》曰:'导河积石,至于龙门,东至于底柱。'河水分流包山,山见水中,若柱然也。又以禹理洪水,山陵当水者,破之以通河。三穿既决,河出其间,有似于门,故亦谓之三门。"③所谓"县东",是指在硖石县(在今河南陕县石壕)的东面。顾祖禹叙述砥柱山的地理方位时指出:"底柱山,在平阳府解州平陆县东南五十里,西去河南陕州四十里。"④胡渭进一步论述道:"底柱山在平陆县东南五十里,陕州东四十里大河中,最北有两柱相对,距岸而立,是谓三门。"⑤平陆(在今山西运城平陆)北靠中条山,南濒黄河。从表面上看,顾祖禹、胡渭的说法与李吉甫的说法似有不同,其实是一致的,只是叙述的视点及建立的坐标略有不同罢了。

三门峡以东至五户滩是黄河的豫西峡谷航段。黄河进入豫西峡谷后,一方面因落差形成的激流拍打着河道突起的巨石形成巨大的旋涡;另一方面激流离开峡谷的约束进一步放宽河面后,在水位落差的制约下沿途出现了十九个水流迅急的浅滩。激流、浅滩、礁石、旋涡等拧结在一起,在一定程度上给豫西峡谷漕运制造了障碍。如郦道元记载道:"自砥柱以下,五户已上。其间一百二十里,河中竦石杰出,势连襄陆,盖亦禹凿以通河,疑此阏流也。其山

---

① 清·胡渭《禹贡锥指》(邹逸麟整理),上海:上海古籍出版社2006年版,第445页。
② 北魏·郦道元《水经注·河水四》,杨守敬、熊会贞疏,段熙仲点校,陈桥驿复校《水经注疏》上册,南京:江苏古籍出版社1989年版,第355—356页。
③ 唐·李吉甫《元和郡县图志·河南道二》(贺次君点校),北京:中华书局1983年版,第157—158页。
④ 清·顾祖禹《读史方舆纪要·山西一》(贺次君、施和金点校),北京:中华书局2005年版,第1784页
⑤ 同①,第347页。

虽辟,尚梗湍流,激石云洄,漫波怒溢,合有一十九滩,水流迅急,势同三峡,破害舟船,自古所患。"①豫西峡谷航段是黄河漕运的又一瓶颈。

为了消解三门峡和豫西峡谷阻碍黄河漕运的障碍,针对黄河水文受当时自然条件的影响发生新的变化等情况,前人采取了一系列的治理措施。如郦道元记载道:"汉鸿嘉四年,杨焉言:从河上下,患砥柱隘,可镌广之。上乃令焉镌之,裁没水中,不能复去,而令水益湍怒,害甚平日。魏景初二年二月,帝遣都督沙丘部,监运谏议大夫寇慈,帅工五千人,岁常修治,以平河阻。晋泰始三年正月,武帝遣监运大中大夫赵国都匠中郎将河东乐世,帅众五千余人,修治河滩,事见《五户祠铭》。虽世代加功,水流濗济,涛波尚屯,及其商舟是次,鲜不踟蹰难济,故有众峡诸滩之言。"②李吉甫亦记载道:"黄河,西自陕县界流入,东经砥柱,《水经注》曰:'(后)魏景(明中)[初二年],帝遣谏议大夫寇慈,帅工五千人,岁时修理,以平河阻。'"③从汉代起,为改善黄河漕运的条件,历代统治者采取了各种方案重点治理了三门峡和豫西峡谷的运道。在这中间,因施工困难,改造后的三门峡航线不但没能提高运力,反而运力处于不断下降的态势。如自砥柱山凿下的石块因无法及时地清理,乃至于开凿下来的石块或凭空而落影响拉纤,或直接滚入河道并堆积其中,在阻挡水流下泄的过程中加大了水位落差,进而增加了水运的难度。

与三门峡砥柱山相比,豫西峡谷航段的治理治似乎要简单一些。豫西峡谷虽有激流、浅滩、礁石、旋涡等,但只要在沿岸开凿供拉纤使用的栈道,便可以解决漕运逆行时的诸多问题。卫斯先生论述栈道在豫西峡谷漕运中的作用时指出:"如此恢宏的历史画卷,在2000多年的反复凿刻、反复修改后,历经风雨沧桑,今天仍能展现在世人面前,实属不易!它是一部镌刻在山石上的史书,真实而永久地记录了我国自秦汉以来黄河漕运的历史。它是一项旷日持久、宏伟浩大的工程,在历史上曾起过转漕东南租粟、以给长安京师,和转漕河东盐、以销往东南各地的作用。豫西峡谷古黄河栈道的使用,实际上一直延续到1958年三门峡大坝修建以前,才结束了它的历史使命。……1958年,中国科学院考古研究所关于三门峡古代漕运遗迹的调查报告发表后,史念海教授根据当时的考古资料所提供的证据,指出:'现存的栈道遗迹至迟是在东汉桓帝和平元年(公元150年)以前开凿的,魏晋时期继续开凿的栈道,绵延分布在黄河的左岸,大致已足够供这段挽船之用。这种开凿工程在隋初还进行过,成就可能不大。'但1997年所发现东汉建武十一年(公元35年)题记,又比东汉桓帝和平元年提前了115年。何况这些题记都是镌刻在重复凿修过的栈道岩壁上的。说明黄河栈道的开凿至

---

① 北魏·郦道元《水经注·河水四》,杨守敬、熊会贞疏,段熙仲点校,陈桥驿复校《水经注疏》上册,南京:江苏古籍出版社1989年版,第359页。
② 同①,第359—360页。
③ 唐·李吉甫《元和郡县图志·河南道二》(贺次君点校),北京:中华书局1983年版,第158页。

迟在西汉时期就已开始。"①从西汉起,经过长时间的治理,豫西峡谷基本上消除了漕运时的障碍。在这中间,豫西峡谷虽然是黄河漕运的拦路虎,但采取兴修栈道等措施后具有了一定的通航条件。从这样的角度看,黄河漕运真正的瓶颈是三门峡砥柱山。

黄河航线是自关东至关中的快捷通道。隋代以前,黄河漕运虽受制于三门峡,但通过疏浚航道和建设供纤夫行走的栈道,黄河航线基本贯通。如史有汉武帝一朝"山东漕益岁六百万石"②之说,汉王朝建都关中长安后,黄河漕运担负着调运关东及江淮租米西入关中的使命。问题是,在同样是经过三门峡砥柱山才能西入关中的前提下,为什么汉代能逾越这一障碍,而隋代无法逾越呢? 其实,出现这样的情况与气候导致水文变化有着密切的关系。具体地讲,汉代处在中国古代的第二个温暖期,隋代处在中国古代的第二个寒冷期和第三个温暖期交替的时代。两相对比,当知汉代黄河流域的气温较高,降雨量充沛;隋代黄河流域的气温低于前者,且降雨量无常。竺可桢先生论述道:"汉武帝刘彻时(公元前140—87年),司马迁作《史记》,其中《货殖传》描写了当时经济作物的地理分布:'蜀汉江陵千树橘;……陈夏千亩漆;齐鲁千亩桑麻;渭川千亩竹。'按橘、漆、竹皆为亚热带植物,当时繁殖的地方如橘之在江陵,桑之在齐鲁,竹之在渭川,漆之在陈夏,均已在这类植物现时分布限度的北界或超出北界,一阅今日我国植物分布图,便可知司马迁时亚热带植物的北界比现时推向北方。……第六世纪末至第十世纪初,是隋唐(公元589—907年)统一时代。中国气候在第七世纪的中期变得和暖,公元650、669和678年的冬季,国都长安无雪无冰。"③因降雨量充沛,汉代的黄河通航条件要明显地好于隋代。然而,隋代的气候开始由寒冷变温暖,在全年降雨量无常的前提下,黄河水文因之发生了巨大的变化。这样一来,自三门峡砥柱山漕运关中的难度明显地增大。

陆运的成本远远地高于水运,在采取多种措施后依旧无法保证关中及长安的粮食安全的前提下,如能打通三门峡砥柱山的话,那么,隋代的河南、河北漕运只要沿黄河航线便可顺利地进入关中,根本无须绕道河东。为了实现贯通黄河漕运的梦想,隋文帝明知开凿砥柱山有很大的难度,但还是颁发了"诏凿底柱"④的诏令。胡渭记载这一事件时论述道:"底柱之险不减于龙门,自古患之。汉武帝时,河东守番系言漕从山东西,岁百余万石,更底柱之艰,败亡甚多。成帝鸿嘉四年,使杨焉镌广之,而水益湍怒,为害甚于故。魏、晋之世,两经修治,功卒不集。隋开皇十五年,诏凿底柱。"⑤开皇十五年(595),隋文帝下达开凿砥柱山的诏令,

---

① 卫斯《豫西峡谷中的古黄河栈道与历史上的"三门"漕运》,http://www.kaogu.cssn.cn/2006 - 05 - 25.
② 汉·司马迁《史记·平准书》,北京:中华书局1982年版,第1441页。
③ 竺可桢《中国近五千年来气候变迁的初步研究》,《中国科学》1973年,第2期,第173—174页。
④ 唐·魏徵等《隋书·高祖纪下》,北京:中华书局1973年版,第40页。
⑤ 清·胡渭《禹贡锥指》(邹逸麟整理),上海:上海古籍出版社2006年版,第446页。

旨在改善三门峡的通航条件,恢复中断已久的黄河漕运。然而,这一工程的难度太大,乃至于隋炀帝大业七年(611)发生"厎柱山崩,偃河逆流数十里"①的事件,为此,隋文帝开凿砥柱山(厎柱山)的成果很快化为乌有。

第五节　汴渠漕运与洛阳漕转

汴渠是一条沿黄河深入到河南腹地的航线,这一航线在荥阳(在今河南荥阳)境内自黄河开汴口,远通淮河流域。然而,黄河水文变化无常,且迁徙不定,大量的泥沙淤积汴口,给汴渠漕运带来困难。这样一来,当河南成为隋王朝征收漕粮的重点区域时,重点兴修汴口及与汴口相关的航道遂成为当务之急。

汴渠的基础是鸿沟,自开鸿沟以后,黄河以南逐步形成了以鸿沟为主航线,远通淮河水域的漕运机制。史有"荥阳下引河东南为鸿沟,以通宋、郑、陈、蔡、曹、卫,与济、汝、淮、泗会"②之说,春秋时期,鸿沟建立了自黄河联系淮河水系的水上交通。时至东汉,黄河改道后多次毁坏鸿沟,为此,王景、王吴等人用筑堤的方法将浚仪渠(汴渠)从黄河水道中分离出来。郦道元记载道:"济水分河,东南流。汉明帝之世,司空伏恭荐乐浪人王景,字仲通,好学多艺,善能治水。显宗诏与谒者王吴始作浚仪渠。吴用景法,水乃不害,此即景、吴所修故渎也。渠流东注浚仪,故复谓之浚仪渠。"③王景、王吴等兴修浚仪渠以后,改善了自黄河远通江淮的漕运条件。

继王景、王吴等兴修汴渠以后,曹操兴修睢阳渠,西晋及南北朝分治时期又多次重修汴渠的不同航段,重新打通了面向淮河流域的航线。可以说,这些举动都为隋文帝在前人的基础上,重修汴口及汴渠提供了必要的条件。史称:"汉明帝时,乐浪人王景、谒者王吴始作浚仪渠,盖循河沟故渎也。渠成流注浚仪,故以浚仪县为名。灵帝建宁四年,于敖城西北垒石为门,以遏渠口,故世谓之石门。渠外东合济水,济与河、渠浑涛东注,至敖山北,渠水至此又兼邲之水,即《春秋》晋、楚战于邲。邲又音汳,即'汴'字,古人避'反'字,改从'汴'字。渠水又东经荥阳北,旃然水自县东流入汴水。郑州荥阳县西二十里三皇山上,有二广武城,二城相去百余步,汴水自两城间小涧中东流而出,而济流自兹乃绝。唯汴渠首受旃然水,谓之鸿渠。东晋太和中,桓温北伐前燕,将通之,不果。义熙十三年,刘裕西征姚秦,复浚此渠,始

---

① 唐·魏徵等《隋书·炀帝纪上》,北京:中华书局1973年版,第76页。
② 汉·司马迁《史记·河渠书》,北京:中华书局1982年版,第1407页。
③ 北魏·郦道元《水经注·济水一》,杨守敬、熊会贞疏,段熙仲点校,陈桥驿复校《水经注疏》上册,南京:江苏古籍出版社1989年版,第649—650页。

有湍流奔注,而岸善溃塞,裕更疏凿而漕运焉。……昔孝文时,贾谊言'汉以江、淮为奉地',谓鱼、盐、谷、帛,多出东南。至五凤中,耿寿昌奏:'故事,岁增关东谷四百万斛以给京师。'亦多自此渠漕运。"①所谓"循河沟故渎",是指黄河改道毁坏鸿沟运道后,王景、王吴恢复了鸿沟旧有的运道。所谓"渠水至此又兼邲之水",是指兴修鸿沟时利用了邲水。因"邲又音汳",为了避讳,改"邲"为"汴",从此,鸿沟有了"汴渠"这一称谓。所谓"于敖城西北垒石为门,以遏渠口",是指王景、王吴等将鸿沟从黄河中分离出来时,重点兴修了汴渠与黄河交汇的河口汴口。

历史上的汴口,分别有"石门""石门渠""石门堰""汴口堰"等称谓。乐史叙述汴渠及汴口的历史沿革时记载道:"汴渠,在县南二百五十步。首受黄河,一名通济渠,一名蒗荡渠,《汉书》谓荥阳漕渠,如淳曰:'今砾溪口是也。'《水经》云:'河水又东过荥阳北,蒗荡渠出焉。'郦道元注云:'大禹塞荥泽,开渠以通淮、泗。'又《后汉书》:'初,平帝时,河、汴决坏,未及得修。汴渠东侵,日月弥广,水门故处,皆在河中。永平十二年,议修汴渠,乃引乐浪人王景,问治水形便。景陈其利害,应对敏给,帝善之,乃赐景《山海经》《河渠书》《禹贡图》,及钱帛秘物。遂发卒数十万,遣景与将作谒者王吴修渠筑堤,起自荥阳,东至千乘海口千余里。景乃商度地势,凿山截涧,防遏冲要,疏决壅积,十里立一水门,令更相洄注,无复溃漏之患。明年,渠成。帝亲巡行,诏滨河郡国置河堤员吏,如西京旧制。'顺帝阳嘉中,又自汴口以东,缘河积石为堰,通淮,亦名金堤。灵帝建宁中又增修石门,以遏渠口。又《坤元录》云:'自宋武北征之后,复皆堙塞。隋大业元年更令开导,名为通济渠,西通河、洛,南达江、淮。炀帝游江、淮,于此泛龙舟至江都,其交、广、荆、扬、益、越等州运漕,即此渠也。'梁王堰,在县西二十里,又名梁公堰。本汉平帝时,汴河决坏,至明帝永平中,乃令王景理梁堤,其后通塞,各计朝代。隋开皇七年,使梁睿增修古堰,遏河入汴,故谓之梁公堰。"②所谓"县南",是指河阴县南。所谓"自汴口以东,缘河积石为堰",是指为加固汴口,专门建造了汴口以东航段的石堤。所谓"理梁堤",是指专门兴修了汴口及与汴口相连的汴渠河道。从王景、王吴"修渠筑堤"到汉顺帝"缘河积石为堰"、汉灵帝"增修石门",再到开皇七年隋文帝"使梁睿增修古堰",当知汴口始终是重修汴渠的重点工程。同时亦可知,汴口工程分别由河口和石门堰(石门渠)等两大工程构成。

关于汴口工程由河口和石门堰等两大工程构成,前人多有认识。如李吉甫记载道:"汴渠,在县南二百五十步,亦名蒗荡渠。禹塞荥阳,开渠以通淮、泗。后汉初,汴河决坏,明帝永平中命王景修渠筑堤,十里立一水门,令更相注,洄无复溃漏之患。自宋武北征之后,复皆堙塞。隋炀帝大业元年更令开导,名通济渠,自洛阳西苑引谷、洛水达于河,自板渚引河入汴

---

① 元·脱脱等《宋史·河渠志三》,北京:中华书局1985年版,第2318—2319页。
② 宋·乐史《太平寰宇记·河北道一》(王文楚等校点),北京:中华书局2007年版,第1082—1083页。

口,又从大梁之东引汴水入于泗,达于淮,自江都宫入于海。"①从"引河入汴口"等语中当知,汴口工程不仅仅是重修河口一带的水利设施,还包括重修与之相关的航道。胡渭进一步论述道:"荥泽至周时已导为川,与陶丘复出之济相接,然河、济犹未通波。及周之衰,有于荥阳下引河东南为鸿沟,与济、汝、淮、泗会者,而河始与济乱。鸿沟首受河处一名蒗荡渠(《水经》:河水合汜水,又东过荥阳县,蒗荡渠出焉。),亦名汴渠(《后汉·明帝纪》修汴渠注云:即蒗荡渠也。汴自荥阳首受河,所谓石门,在荥阳山北一里。),又名通济渠(《元和志》:汴渠在河阴县南二百步,亦名蒗荡渠。大业元年更开导,名通济渠。),即今河阴县西二十里之石门渠也。"②如果将"汴自荥阳首受河,所谓石门"与"石门渠"等语对读,亦可证汴口工程由重修河口、石门渠两大工程构成。在这中间,重修汴口的重点区域集中在自黄河引水经荥泽的航段。

汴口又称"汴口堰",梁睿重修后,又称"梁公堰""梁王堰"。杜佑记载道:"其汴口堰在县西二十里,又名梁公堰。隋文帝开皇七年,使梁睿增筑汉古堰,遏河入汴也。"③所谓"汴口堰在县西二十里",是指新修的汴口即在汴渠入黄河的河口一带兴修的新堤,在河阴县(在今河南荥阳北)以西二十里的地方。所谓"梁睿增筑汉古堰",是指开皇七年在汉代兴修石门堰的基础上,梁睿兴修了汴口与汴口相关的堤岸及航段。除了唐代宰相杜佑详细地记载了梁睿修汴口堰这一事件外,唐代的另一宰相李吉甫也记载了这一事件。如李吉甫记载道:"汴口堰,在县西二十里。又名梁公堰,隋文帝开皇七年,使梁睿增筑汉古堰,遏河入汴也。"④汴口是汴渠进入黄河航线的重要节点,受黄河水道左右摇摆等影响,需要不断地采取疏浚航道和加固等措施。为了适时起运和加强航道管理,唐玄宗又于开元二十二年(734)在汴口专门修筑了河阴仓,与此同时,又析汜水、武陟、荥泽三县建河阴县。如李吉甫有河阴县"本汉荥阳县地,开元二十二年以地当汴河口,分汜水、荥泽、武陟三县地于输场东置,以便运漕,即侍中裴耀卿所立"⑤之说。不过,杜佑将其定在开元二十三年(735),如杜佑有"开元二十三年,分汜水、荥泽、武陟三县地,于输场东置,以便运漕,即裴侍中耀卿立"⑥之说。这一系列的情况表明,在唐代建河阴县之前,汴口及其相应航段已是隋文帝重点建设的对象。唐代在梁睿的基础上重修汴口时,有《唐重开梁公堰碑》《唐开梁公堰颂》《唐梁公堰碑阴记》等碑文记载了这一事件,遗憾的是,三篇碑文均已失传,甚至不见于《全唐文》,只是在宋代赵明诚的《金石录》中有存目。

---

① 唐·李吉甫《元和郡县图志·河南道一》(贺次君点校),北京:中华书局1983年版,第137页。
② 清·胡渭《禹贡锥指》(邹逸麟整理),上海:上海古籍出版社2006年版,第592页。
③ 唐·杜佑《通典·州郡七》,杭州:浙江古籍出版社1988年版,第940页。
④ 同①。
⑤ 同①,第136页。
⑥ 唐·杜佑《通典·州郡七》,杭州:浙江古籍出版社1988年版,第940页。

汴口是汴渠入黄河进行漕运的关键性工程，汴渠一头连接黄河，一头远接淮泗，汴口畅通与否直接关系到汴渠与黄河、淮泗相通，以及确保关中及长安粮食安全的大问题。李吉甫记载道："隋炀帝大业元年更令开导，名通济渠，自洛阳西苑引谷、洛水达于河，自板渚引河入汴口，又从大梁之东引汴水入于泗，达于淮，自江都宫入于海。"①继梁睿以后，隋炀帝兴修通济渠时又重修了汴口。史称："有梁公堰，在河、汴间，开元二年，河南尹李杰因故渠浚之，以便漕运。"②唐玄宗开元二年(714)，在隋代的基础上李杰再次重修汴口。从隋唐两代反复兴修汴口的记载中可以得出结论：梁睿重修汴口堰是隋文帝恢复河南漕运的重要举措。杜佑记载道："三皇山，亦曰嶤鄗山，上有三城，即是刘项相持处也。……其汴渠在县南二百五十步。坤元录云：'亦名莨荡渠，今名通济渠，首受黄河。'《汉书》有荥阳漕渠，如淳曰'今砾溪口'是也。《水经》云：'河水又东过荥阳北，莨荡渠出焉。'郦道元注云：'大禹塞荧泽，开渠以通淮泗。'《后汉书》云：'初，平帝时，河汴决坏，明帝永平中，乃令王景理渠堤。'《坤元录》又云：'自宋武北征之后，复皆湮塞。隋炀帝大业元年，更令开导，名通济渠。西通河洛，南达江淮。炀帝巡幸，每泛舟而往江都焉。其交、广、荆、益、扬、越等州，运漕商旅，往来不绝。'其汴口堰在县西二十里，又名梁公堰。"③按：此处"荧泽"当为"荥泽"。隋文帝令梁睿修汴口，目的是恢复汴渠的漕运功能，加强黄河与淮河流域之间政治、经济等的联系。进而言之，梁睿重修汴口及石门渠以后，打通了从汴渠进入黄河的运道，重建了黄河以南与黄河相通的漕运通道。如果没有梁睿重修汴口及相关航段之举的话，那么，隋炀帝将很难在很短的时间内完成疏浚通济渠航道的工程，唐代亦很难在很短的时间内重开汴口。

隋文帝采取漕转之策，发生在黄河漕运不通、河东及河北漕运受限的前提下。隋代漕转主要有小平(在今河南孟津县西北)和洛阳等两个接运点。自小平漕转，是指关东漕运以黄河为主航线，从水路运粮至小平，随后绕过三门峡砥柱山运粮至陕州，再从陕州(在今河南三门峡陕州区)入黄河入渭水入长安；自洛阳漕转，是指自洛阳改走山路绕过三门峡运粮抵陕州，随后沿黄河入渭水再入关中及长安。在这中间，两条漕转线路的交汇点是陕州，漕转至陕州后沿黄河西行经虢州、华州至潼关入渭水，然后自渭水入富民渠或广通渠运粮至长安等地。

自小平漕转是隋初自关东漕运关中时无法回避的线路。具体地讲，开皇四年隋文帝颁布了"虽三门之下，或有危虑，但发自小平，陆运至陕，还从河水，入于渭川，兼及上流，控引汾、晋，舟车来去，为益殊广"④的诏书。从语气上看，"但发自小平，陆运至陕"，是陈述已经

① 唐·李吉甫《元和郡县图志·河南道一》(贺次君点校)，北京：中华书局1983年版，第137页。

② 宋·欧阳修等《新唐书·地理志三》，北京：中华书局1975年版，第1010页。

③ 唐·杜佑《通典·州郡七》，杭州：浙江古籍出版社1988年版，第940页。

④ 唐·魏徵等《隋书·食货志》，北京：中华书局1973年版，第683页。

发生的事情,是说黄河漕运至小平后弃船登陆,沿山路运至陕州,至陕州后可走黄河运道,也可走崤函古道,如贾谊《过秦论》有"秦孝公据殽函之固,……(六国)常以十倍之地,百万之众,叩关而攻秦"之说可证。以此推论,以小平为漕转接应点可能有更早的历史,很可能在春秋战国时期已经存在,起码说,在隋取代北周之前已经存在。

漕转涉及隋王朝国家安全的大事,为确保关中及长安的粮食安全,隋文帝建立自小平漕转这一接应点以后,又鼓励老百姓参与漕转,建立一条自洛阳漕转的新线。史称:"隋开皇三年,……又募人能于洛阳运米四十石,经砥柱达于常平仓者,免其征戍,以此通转运,亦非巢籴。"①李吉甫亦记载道:"隋开皇三年,遣仓部侍郎韦瓒,自蒲、陕以东,募人能于洛阳运米四十石,经底柱之险,达于常平者,免其征戍。"②洛阳是隋文帝开辟的又一条西入关中的漕转线路,这条漕转线路开辟后,自洛阳出发走山路绕过三门峡砥柱山,可将粮食运至陕州常平仓。所谓"又遣仓部侍郎韦瓒,向蒲、陕以东,募人能于洛阳运米四十石,经砥柱之险,达于常平者,免其征戍"③,目的是发动民间力量开辟一条与自小平漕转的互补新线,以此来提升关中及长安粮食安全的系数。史称:"漕关东及汾、晋之粟,以给京师。又遣仓部侍郎韦瓒,向蒲、陕以东,募人能于洛阳运米四十石。经底柱之险,达于常平者,免其征戍。"④建立自洛阳漕转的新线发生在开辟河东漕运以后,这条漕转新线与河东漕运形成呼应之势,在一定程度上保证了输粮入关中的额度。

发动民间力量建立洛阳这一漕转接应点,是由洛阳在关东的交通位置和经济地理地位决定的。西周以降,经过长时期的水陆交通建设,洛阳已成为关东四通八达的商贸重镇。如史有"洛阳东贾齐、鲁,南贾梁、楚"⑤之说,又有"洛居天下之中,行者四面而至,苟不惑其涂路,则千里虽远,行无不至"⑥之说,"河洛之地,世称朝市。上则于天,阴阳所会;下纪于地,职贡路均。圣人以万物阜安,乃建王国"⑦之说。又如北魏以洛阳为都时,曾在建春门外谷水一侧的明悬尼寺东建立了以常满仓为主的租场,这一租场以汴渠、黄河等为航线,负责接受来自淮河流域的租米和赋税,如史有"寺东有中朝时常满仓(高祖令为租场),天下贡赋所聚蓄也"⑧之说。经过长时间的建设,洛阳已成为重要的粮仓,为调集河南以外地区的租米和赋税提供了方便。进而言之,凭借交通和区域地理位置上的优势,洛阳具备了建立漕转接

---

① 唐·李林甫等《唐六典·太府寺》(陈仲夫点校),北京:中华书局1992年版,第547页。
② 唐·李吉甫《元和郡县图志·河南道二》(贺次君点校),北京:中华书局1983年版,第158页。
③ 唐·魏徵等《隋书·食货志》,北京:中华书局1973年版,第683页。
④ 元·马端临《文献通考·国用考三》,杭州:浙江古籍出版社1988年版,第240—241页。
⑤ 汉·司马迁《史记·货殖列传》,北京:中华书局1982年版,第3265—3279页。
⑥ 元·马端临《文献通考·经籍考三十七》,杭州:浙江古籍出版社1988年版,第1726页。
⑦ 唐·令狐德棻等《周书·宣帝纪》,北京:中华书局1971年版,第117页。
⑧ 北魏·杨衒之《洛阳伽蓝记·城东》,杨勇校笺《洛阳伽蓝记校笺》,北京:中华书局2006年版,第70页。

应点的必要条件。

从水上交通形势上看,洛阳既有阳渠这一对外联络的水上通道,同时又近接黄河、汴渠等航线。以洛阳为水上交通枢纽可深入到黄河以北、黄河以南等区域。洛阳作为河南重镇,因有兴修河渠的成果如继承了汉魏以来河渠建设的成果,因此形成了面向江淮的漕运的能力。具体地讲,在隋文帝建造的十三州水次仓中,其中,有七个州的水次仓建在河南,其余各州的水次仓大部分建在黄河沿线,个别的建在淮河流域,这些都为建立洛阳这一漕转接应点提供了必要的条件。此外,洛阳的腹地河南是重要的产粮区,如地处淮河流域的汝州等与洛阳相邻,除了可就近运粮到洛阳外,又可沿汝水、泗水、颖水等深入到淮河流域。如果泥古不化地继续以小平为漕转接应点的话,则会增加汝州等地的漕转费用。

从另一个层面看,洛阳取代小平成为官方确认的漕转中心,当发生在隋炀帝大规模地兴修河渠、建立以洛阳为中心的水运机制以后。隋炀帝建设洛阳这一交通枢纽,以水上交通的形式加强了洛阳与黄河、通济渠及淮河流域的联系。史称:"凡都已东租纳含嘉仓,自含嘉转运以实京太仓。自洛至陕为陆运,自陕至京为水运,置使,以监充之。"①唐王朝设置相应的职官,将隋代洛阳民运漕转接应点改造为官运漕运接应点,从侧面说明了唐代建立自洛阳漕转的机制主要沿袭了隋文帝的做法。进而言之,洛阳由民间漕转接应点成为官方确认的漕转接应点,虽与隋炀帝建设洛阳这一水陆交通枢纽有密切的关系,与唐代以洛阳为东都有密切的关系,但以洛阳为漕转接应点则发生在隋文帝一朝。

建立小平和洛阳等两个漕转接应点在一定程度上缓解了关中及长安的粮食危机。如史念海先生论述道:"隋初,由关东运来的漕粮,就是在小平(在今河南孟津县西北)开始陆运,通过殽、函山路运到陕郡(今河南陕县),再转从水运,循河西上。……在小平以东的洛口就转入洛水,运到洛阳,然后再陆运到陕州(即陕郡)。在洛阳,隋时置有河阳仓,唐时置有含嘉仓,都是为了存储和运输漕粮的方便。"②自小平和洛阳漕转虽增加了运输成本,但因避开了三门峡砥柱山天险,从而提高了运粮西入关中的安全系数。

客观地讲,建立小平和洛阳等漕转接应点的原因有三点:一是与黄河漕运不济受阻三门峡等因素相关;二是与河东漕运能力有限以及河北漕运绕道河东受到诸多限制相关;三是黄河漕运不畅,隋文帝被迫择地建水次仓并采用分级接运相关。史称:"开皇三年,朝廷以京师仓廪尚虚,议为水旱之备,于是诏于蒲、陕、虢、熊、伊、洛、郑、怀、邵、卫、汴、许、汝等水次十三州,置募运米丁。又于卫州置黎阳仓,洛州置河阳仓,陕州置常平仓,华州置广通仓,转相灌注。漕关东及汾、晋之粟,以给京师。"③小平和洛阳作为隋文帝开辟的两个漕转接应点,在

---

① 后晋·刘昫等《旧唐书·职官志二》,北京:中华书局1975年版,第1828页。
② 史念海《河山集》,北京:生活·读书·新知三联书店1963年版,第233页。
③ 唐·魏徵等《隋书·食货志》,北京:中华书局1973年版,第683页。

与黄河及其航线相通的河渠相互配合中,在与水次仓搬转及分级接运等措施的相辅相成中,在兴修关中及关东河渠的活动中,为保证关中及长安的粮食安全做出了巨大的贡献。

需要补充的是,建立小平和洛阳等两个漕转接应点是不得已而为之的策略,是因为无法解决关中及长安粮荒时被迫采取的措施。在陆运成本远远地高于水运的背景下,以小平为漕转接应点,将漕运改为水陆联运虽然可以成功地避开三门峡砥柱山天险,但要付出高昂的代价。此外,自洛阳抵陕州的陆运里程虽然缩短了自小平抵陕州的里程,然而,攀走崎岖不平的山路进行转输同样充满了艰辛,甚至可以说,其艰难程度绝对不低于沿崤函古栈道走三门峡砥柱山时遇到的困难。基于这个缘故,隋文帝开辟洛阳这一漕转线路时,不可能放心地把关中及长安的粮食安全完全寄托在发动民间力量的方面。从这样的角度看,建小平和洛阳漕转接应点,实际上是由漕运受制于三门峡砥柱山等引起的,是隋文帝开辟河东航线、建造水次仓、兴修河渠等进行漕运的补充措施。这些措施虽然可以缓解关中及长安日益严重的粮食危机,但不能解除所有的危机,乃至于关中一旦发生大面积的自然灾害,隋文帝只能用古法即异地"就食"的方法来消除关中粮食危机。

第六节　江淮漕运与重修邗沟

重修和改造邗沟旧道是隋文帝经营江淮及长江以南的重要举措。具体地讲,邗沟一直是自黄河流域远通江淮的航线,具有很高的战略价值,为了恢复其漕运能力,隋文帝在历代兴修邗沟的基础上重修及改造了这一航线。

从历时的角度看,自春秋吴国开挖邗沟以后,历代统治者不遗余力地重修邗沟,目的是确保这一联系南北的交通主干线能够畅通无阻。如郦道元记载道:"昔吴将伐齐,北霸中国,自广陵城东南筑邗城,城下掘深沟,谓之韩江,亦曰邗溟沟,自江东北通射阳湖。《地理志》所谓渠水也,西北至末口入淮。自永和中,江都水断,其水上承欧阳,引江入埭,六十里至广陵城,楚、汉之间为东阳郡。高祖六年为荆国,十一年为吴城,即吴王濞所筑也。景帝四年,更名江都。武帝元狩三年,更曰广陵。王莽更名郡曰江平,县曰定安。城东水上有梁,谓之洛桥。中渎水自广陵北出武广湖东,陆阳湖西。二湖东西相直五里,水出其间,下注樊梁湖。旧道东北出,至博芝、射阳二湖。西北出夹邪,乃至山阳矣。至永和中,患湖道多风。陈敏因穿樊梁湖北口,下注津湖径渡,渡十二里,方达北口,真至夹邪。兴宁中,复以津湖多风,又自湖之南口,沿东岸二十里,穿渠入北口,自后行者不复由湖。故蒋济《三州论》曰:淮湖纡远,水陆异路,山阳不通,陈登穿沟,更凿马濑,百里渡湖者也。自广陵出山阳白马湖,径山阳城西,即射阳县之故城也。应劭曰:在射水之阳。汉高祖六年,封楚左令尹项缠为侯国也。王莽更之曰监淮亭。世祖建武十五年,封子荆为山阳公,治此,十七年为王国。城本北中郎将庾希所镇。中渎水又东,谓之山阳浦,又东入淮,谓之山阳口者也。"①春秋后期,吴王夫差在充分利用淮河下游水道的基础上,兴修了一头联系长江一头联系淮河的邗沟。秦汉大一统帝国建立以后,这条航线成为自黄河流域进入淮河流域、长江流域最繁忙的航线。之所以邗沟会成为最为繁忙的航线,是因为这一航线有着其他航线无法比拟的便利和快捷。所以,为了加强黄河流域与长江流域之间的联系,历朝历代均十分重视邗沟的维修事务。在这中间,或疏浚航道,或筑堰蓄水保持航道水位,或航线改道等,历代统治者为维护邗沟做出了积极的贡献。

隋文帝三次对邗沟进行重修及改造。第一次重修及改造邗沟发生在开皇四年。史称:"开皇初,议伐陈,以寿有思理,奉使于淮浦监修船舰,以强济见称。四年,参督漕渠之役,授尚书主爵侍郎。"②以"漕渠"称谓邗沟,旨在强调它的漕运功能③;以"漕渠之役"称谓这一重修及改造工程,旨在强调其工程规模浩大。在重修及改造邗沟航线的过程中,元寿主要采取了两个措施。一是在疏浚旧道的基础上,对曲折迂回的航线采取了裁弯取直的措施。如李吉甫引《纪胜楚州》记载道:"渎水,今谓之山阳渎,即邗沟也。旧水道屈曲,隋文帝重加修,水颇通利。"④为防止航道干浅和泄水,吴王夫差修邗沟时,有意保留了曲折迂回的水道。当然,也可能与快速投入使用、没有作长远的规划相关。值得注意的是,"水道屈曲"虽然可以减缓水流下泄的速度,可维持航道水位,但这一做法却增加了航程,降低了航运效率。根据这一情况,元寿采取了裁弯取直、疏浚航道等措施。这一事实表明,元寿改造邗沟时,主要是利用沿线河流湖泊自然形成的水道,以疏导为主,以开挖为辅。如利用淮河下行时形成的河流和湖泊水道,利用由广陵潮回灌广陵后形成的河流和湖泊,规划和建设"就其境内之地引江水以通湖"⑤水道。二是在历代建造堰埭即拦河坝的基础上,采取加固沿途堰埭等一系列的措施。

---

① 北魏·郦道元《水经注·淮水》,杨守敬、熊会贞疏,段熙仲点校,陈桥驿复校《水经注疏》下册,南京:江苏古籍出版社1989年版,第2555—2560页。
② 唐·魏徵等《隋书·元寿传》,北京:中华书局1973年版,第1497页。
③ 所谓"漕渠",除了特指汉武帝在关中开凿的漕渠外,又指所有的由人工开凿的以运粮为主的河渠。如顾祖禹考证道:"漕河,在城西二里。自江口至城南水门凡九里,又南经丹阳县至吕城堰百二十四里。相传秦凿京岘东南以泄王气,即漕渠之始。"(清·顾祖禹《读史方舆纪要·南直七》(贺次君、施和金点校),北京:中华书局2005年版,第1255页)根据这一情况,凡有漕运功能的河渠均有"漕渠"之称。
④ 唐·李吉甫《元和郡县图志·淮南道》逸文卷二(贺次君点校),北京:中华书局1983年版,第1075页。
⑤ 清·阎若璩《尚书古文疏证》(黄怀信、吕翊欣校点),上海:上海古籍出版社2010年版,第449页。

具体地讲,从东汉"引洛水为漕"①即"张纯堰洛水以通漕"②起,为防止因高程(航道底部的海拔高度)不同引起的航道快速泄水,历代重修者在其沿线水位落差大的航段节点建造了一系列的堰埭。追溯建造堰埭的历史,可以从吴王夫差开邗沟说起,为了消除邗沟航线的水位落差,吴王夫差采取了多种措施,其中的一项重要措施是利用水道的自然弯曲来减小水流下泄的速度。时至后世,人们发现仅仅依靠水道的自然弯曲,无法从根本上解决因高程不同引起的水流下泄过速的问题,与此同时,又因航线曲折效率低下,根据这一情况,主要采取了建造堰埭及加固河堤等措施。建造堰埭以后,通过拦水控制水流速度有效地保持了航道水位,从而解决了因水流下泄过快导致航道干浅等一系列问题。时至隋代,元寿发现了邗沟利用自然水道多弯的弊病,认为既然已有堰埭控制区间水位,那么,完全可以采取裁弯取直的措施对原有的航道进行改造。经过改造,极大地提高了邗沟漕运的效率。

第二次重修及改造邗沟发生在开皇七年。史有"于扬州开山阳渎,以通运漕"③之说,司马光在《资治通鉴》中肯定了这一说法。如司马光记载道:"隋发丁男十万余人修长城,二旬而罢。夏,四月,于扬州开山阳渎以通运。"④在这里,司马光以偏居江南的陈王朝为正统,将时间定在陈后主祯明元年(587)。其实,祯明元年就是开皇七年。王应麟亦记载道:"七年四月庚戌,于扬州开山阳渎以通运漕。"⑤根据这次记载,此次重修工程是以扬州为起点,以淮阴为终点。具体地讲,"于扬州",明确地交代了扬州是邗沟整治的起点。"山阳渎"在淮阴郡即楚州(在今江苏淮安)境内,故可知邗沟整治以淮阴为终点。因邗沟至淮阴末口入淮,故又可知此次重修的范围为邗沟全线。

起初,邗沟入淮的河口是淮阴末口,经过整修以及改建后入淮口移到了宝应(在今江苏宝应)的北面。如王应麟考证道:"《左传》:'吴城邗沟,通江、淮。'注云:'于邗江筑城穿沟,东北通射阳湖,西北至末口入淮,通粮道也,今广陵韩江是。'(隋开邗沟,自山阳至扬子入江,渠广四十步,自楚州宝应县北流入淮。)"⑥王应麟称"自楚州宝应县北流入淮"虽然是在叙述隋炀帝重开邗沟以后的情况,但因其是在隋文帝改造邗沟的基础上进行的,因此,可以此为依据,当知隋文帝重修运道后,邗沟的入淮河口已经改变地点。

历史上的宝应曾是楚州淮阴郡的属县,汉代建县,与山阳县毗邻。唐肃宗时出现了"上

---

① 刘宋·范晔《后汉书·张纯传》,北京:中华书局1965年版,第1195页。
② 北魏·郦道元《水经注·谷水》,杨守敬、熊会贞疏,段熙仲点校,陈桥驿复校《水经注疏》中册,南京:江苏古籍出版社1989年版,第1403页。
③ 唐·魏徵等《隋书·高祖纪上》,北京:中华书局1973年版,第25页。
④ 宋·司马光《资治通鉴·陈纪十》(邬国义校点),上海:上海古籍出版社1997年版,第1594页。
⑤ 宋·王应麟《玉海·地理》,南京:江苏古籍出版社1987年版,第428页。
⑥ 宋·王应麟《困学纪闻·通济渠,谷,洛水,板渚,邗沟》(栾保群、田松青、吕宗力校点),上海:上海古籍出版社2008年版,第1802页。

天降宝,献自楚州,因以体元,叶乎五纪。其元年宜改为宝应"①的情况,故有"上元三年以获定国宝更名"②之说,为此,唐肃宗改元"宝应"。与此同时,宝应元年(762),其献宝地点安宜县亦改称"宝应县"。如李吉甫引《纪胜楚州》叙述宝应县时记载道:"本汉平安县故地,后为安宜县。"③自汉平安县析出建安宜县以后,因"上天降宝,献自楚州"故又改名。马端临叙述宝应时亦指出:"本安宜县,唐宝应年间改。"④从地理方位上看,所谓"自楚州宝应县北流入淮",应在山阳即汉县射阳境内。如胡渭考证道:"《汉志》:江都,渠水首受江,北至射阳入湖。《水经注》:中渎水首受江,自广陵至山阳入淮。……杜预云:自射阳西北至末口入淮。……又程大昌云:邗沟南起江,而北通射阳湖,以抵末口入淮者,吴故渠也。隋开皇七年,开山阳渎以通漕运,比射阳末口则为西矣。"⑤经此,邗沟入淮有了与淮阴末口相对应的新的河口即射阳末口即山阳末口。起初,邗沟的航线是这样的,自邗城经高邮、宝应等抵射阳湖西北,沿自射阳湖西北开挖的水道抵淮阴末口。隋文帝"开山阳渎"后,邗沟入淮口改到了射阳。在这里,胡渭以程大昌的论述为依据,强调经隋炀帝改造后邗沟有两个入淮河口即两个末口。在这中间,因新的入淮河口有"射阳末口"之称,因可省称为"末口",故后世出现了将射阳末口误认为是淮阴末口的情况。其实,末口有两个,一是郦道元所说的淮阴末口,二是隋文帝新开入淮口射阳末口即山阳末口,其中,淮阴末口"比射阳末口则为西矣",射阳末口则在"自楚州宝应县北流入淮"的地点。

射阳是山阳的旧称。史称:"汉射阳县地,属临淮郡。晋置山阳郡,改为山阳县。武德四年,置东楚州。八年,去'东'字,治于此县。县东南有射阳湖。"⑥郦道元交代山阳政区沿革及水文形势时记载道:"自广陵出山阳白马湖,径山阳城西,即射阳县之故城也。应劭曰:在射水之阳。汉高祖六年,封楚左令尹项缠为侯国也。王莽更之曰监淮亭。世祖建武十五年,封子荆为山阳公,治此,十七年为王国。城本北中郎将庾希所镇。中渎水又东,谓之山阳浦,又东入淮,谓之山阳口者也。"⑦淮河流向东南时有不同的水道,其中,经淮河山阳口及山阳浦下行是其流向东南的主要水道。如胡渭论述道:"《左传》:哀九年,吴城邗(音寒),沟通江、淮。《杜注》云:于邗江筑城,穿沟,东北通射阳湖,西北至末(一作宋)口入淮,通粮道也。今广陵韩江是。《吴越春秋》:吴将伐齐,自广陵阙江通淮,亦曰渠水。《汉志》:江都县有渠

---

① 后晋·刘昫等《旧唐书·肃宗纪》,北京:中华书局1975年版,第263页。
② 宋·欧阳修等《新唐书·地理志五》,北京:中华书局1975年版,第1052页。
③ 唐·李吉甫《元和郡县图志·淮南道》(贺次君点校),北京:中华书局1983年版,第1075页。
④ 元·马端临《文献通考·舆地考四》,杭州:浙江古籍出版社1988年版,第2497页。
⑤ 清·胡渭《禹贡锥指》(邹逸麟整理),上海:上海古籍出版社2006年版,第194页。
⑥ 后晋·刘昫等《旧唐书·地理志三》,北京:中华书局1975年版,第1573页。
⑦ 北魏·郦道元《水经注·淮水》,杨守敬、熊会贞疏,段熙仲点校,陈桥驿复校《水经注疏》下册,南京:江苏古籍出版社1989年版,第2559—2560页。

水,首受江,北至射阳入湖是也。又名中渎水,《水经注》:中渎水首受江于江都县,县城临江,昔吴将伐齐,北霸中国,自广陵城东南筑邗城,城下掘深沟,谓之韩江,亦曰邗溟沟。自广陵出山阳白马湖,径山阳城西,又东谓之山阳浦,又东入淮,谓之山阳口是也。山阳本汉射阳县,属临淮郡。晋义熙中,改曰山阳县,射阳湖在县东南八十里,县西有山阳渎,即古邗沟,其县北五里之北神堰,即古末口也。"①杜预注《左传·哀公九年》"吴城邗,沟通江、淮(于邗江筑城穿沟,东北通射阳湖,西北至末口入淮,通粮道也)。"②郦道元记载道:"淮水右岸,即淮阴也。城西二里有公路浦,昔袁术向九江,将东奔袁谭,路出斯浦,因以为名焉。又东径淮阴县故城北。北临淮水,汉高帝六年,封韩信为侯国。王莽之嘉信也。昔韩信去下乡而钓于此处也。城东有两冢:西者,即漂母冢也,周回数百步,高十余丈。昔漂母食信于淮阴,信王下邳,盖投金增陵以报母矣。东一陵即信母冢也。县有中渎水,首受江于广陵郡之江都县。县城临江,应劭《地理风俗记》曰:县为一都之会,故曰江都也。县有江水祠,俗谓之伍相庙也。子胥但配食耳,岁三祭,与五岳同。旧江水道也。昔吴将伐齐,北霸中国,自广陵城东南筑邗城,城下掘深沟,谓之韩江,亦曰邗溟沟,自江东北通射阳湖。《地理志》所谓渠水也,西北至末口入淮。"③从杜预、郦道元的记载中当知邗沟入淮口末口在淮阴,与山阳县北五里的北神堰是两个地方。在改造邗沟建射阳末口过程中,隋文帝利用了山阳浦及山阳口这一入淮水道。在历代重修及改造运道的过程中,邗沟分别有了韩江、渠水、中渎水、邗溟沟、山阳浦、山阳渎等称谓。

隋文帝重修邗沟时,为什么要改造原有的航线采取自山阳末口即射阳末口入淮之策呢?其实,道理很简单,政区调整及变化后,山阳在江淮漕运中的地位提升,为此,需要在改造旧航线的基础上建立新的航段节点。史家叙述山阳沿革时指出:"旧置山阳郡,开皇初郡废。十二年置楚州,大业初州废。有后魏淮阴郡,东魏改为淮州,后齐并鲁、富陵立怀恩县,后周改曰寿张,又侨立东平郡。开皇元年改郡为淮阴,并立楚州,寻废郡,更改县曰淮阴。大业初州废,县并入焉。"④淮阴成为山阳的属地后,山阳成为邗沟入淮的第一重镇,与北面的宿豫县(今江苏宿豫)接壤。如李吉甫记载道:"淮水,入县境南,与楚州山阳县分中流为界。"⑤在这一过程中,如果不能及时地改造航线及加强山阳的地位,将会导致放弃江淮漕运咽喉的后果。王应麟论述道:"祖逖屯淮阴。《通典》:刘隗镇守。今楚州县。《南齐志》:永和中,荀羡云:淮阴旧镇,地形都要,水陆交通,易以观衅,沃野有开殖之利,方舟运漕无他屯阻,乃营立

---

① 清·胡渭《禹贡锥指》(邹逸麟整理),上海:上海古籍出版社2006年版,第192—193页。
② 清·阮元《十三经注疏·春秋左传正义》,北京:中华书局1980年版,第2165页。
③ 北魏·郦道元《水经注·淮水》,杨守敬、熊会贞疏,段熙仲点校,陈桥驿复校《水经注疏》下册,南京:江苏古籍出版社1989年版,第2553—2555页。
④ 唐·魏徵等《隋书·地理志下》,北京:中华书局1973年版,第873页。
⑤ 唐·李吉甫《元和郡县图志·河南道五》(贺次君点校),北京:中华书局1983年版,第231页。

城池(《寰宇记》:故淮阴县城,在山阳县)。本朝陈敏曰:楚州为南北襟喉。长淮二千余里,河道通北方者五:淮、汴、涡、颍、蔡是也。其通南方以入江者,唯楚州运河一处。周世宗自北神堰凿老鹳河,通战舰,入大江,而唐遂失淮南之地。徐宗偃曰:山阳,南北必争之地,我得之可以控制山东(清河口去州五十里。绍兴初,韩世忠屯重兵。)。"①"楚州运河"是邗沟在后世的别称,陈敏生活在宋代,《宋史》有记载。针对戍守清河口抵抗金兵南下的做法,陈敏提出了加固楚州城池的意见,他述道:"金兵每出清河,必遣人马先自上流潜渡,今欲必守其地,宜先修楚州城池,盖楚州为南北襟喉,彼此必争之地。长淮二千余里,河道通北方者五,清、汴、涡、颍、蔡是也;通南方以入江者,惟楚州运河耳。北人舟舰自五河而下,将谋渡江,非得楚州运河,无缘自达。昔周世宗自楚州北神堰凿老鹳河,通战舰以入大江,南唐遂失两淮之地。由此言之,楚州实为南朝司命,愿朝廷留意。"②尽管陈敏是就宋代的形势论山阳在邗沟中的地位,但完全可以移来说明隋文帝重修邗沟时关注山阳航段的情况。进而言之,淮阴成为山阳的属地后,需要在改造航线的基础上提升山阳的漕运地位。

第三次重修及改造邗沟发生在仁寿四年(604)。李吉甫引《纪胜扬州》记载道:"茱萸湾,在县东北九里。隋仁寿四年开,以通漕运。其侧有茱萸村,因以为名。"③茱萸湾在扬州东北,在此疏浚航道及建漕运码头,目的是进一步提升扬州航段的漕运能力。从某种意义上讲,兴修茱萸湾可视为"于扬州开山阳渎"的延续。隋文帝去世的时间是仁寿四年七月,隋炀帝即位后的当年沿用了这一年号,这样一来,仁寿四年兴修茱萸湾之举有可能延续到隋炀帝一朝。

改造及重修邗沟有着非同一般的意义。从开皇四年到仁寿四年,隋文帝三次重修及改造邗沟意义重大。一是提升了邗沟运兵运粮的能力,通过就地取粮即充分利用当地的资源,加快了灭陈的步伐。如从"议伐陈""奉使于淮浦监修船舰,以强济见称"等语中不难发现,重修邗沟传达了隋王朝南下征陈及实现南北统一的信息。如李吉甫引《纪胜楚州》记载道:"故仓城,东南接州城。隋开皇初将伐陈,因旧城储畜军粮,有逾百万,迄于大业末,常有积谷,隋乱荒废。"④经过建设,楚州淮阴郡成为江淮之间的重要仓城,这一仓城在伐陈的过程中发挥了重要作用。二是密切了关中、关东与江淮的联系,传达了隋文帝以关中控制江淮以远区域的意志。史称:"况长淮分天下之中,北达河、泗,南通大江,西接汝、蔡,东近沧溟,乃江淮之要津,漕渠之喉吻。"⑤邗沟是江淮漕运的咽喉,与贯穿黄淮地区的汴渠相通,航线重

---

① 宋·王应麟《通鉴地理通释·淮阴》(傅林祥点校),北京:中华书局2013年版,第365页。
② 元·脱脱等《宋史·陈敏传》,北京:中华书局1985年版,第12183页。
③ 唐·李吉甫《元和郡县图志·淮南道》(贺次君点校),北京:中华书局1983年版,第1073页。
④ 同③,第1075页。
⑤ 明·席书编次,明·朱家相增修《漕船志·建置》(荀德麟等点校),北京:方志出版社2006年版,第33页。

开后加强了关东、关中与江淮的联系。三是改造邗沟及提高运力与建水次仓、分级接运、兴修关东河渠等相互为用,在稳定关中及长安的政治、经济形势的同时,实现稳定全国的政治秩序和发展经济的构想。

如果说第一次重修及改造邗沟与隋王朝准备南下征陈相关的话,那么,第二次和第三次重修邗沟则与实施国家战略储备,应对自然灾害有着直接的关系。史称:"五年五月,工部尚书、襄阳县公长孙平奏曰:'古者三年耕而余一年之积,九年作而有三年之储,虽水旱为灾,而人无菜色,皆由劝导有方,蓄积先备故也。去年亢阳,关内不熟,陛下哀愍黎元,甚于赤子。运山东之粟,置常平之官,开发仓廪,普加赈赐。少食之人,莫不丰足。鸿恩大德,前古未比。其强宗富室,家道有余者,皆竞出私财,递相赒赡。此乃风行草偃,从化而然。但经国之理,须存定式。'于是奏令诸州百姓及军人,劝课当社,共立义仓。收获之日,随其所得,观课出粟及麦,于当社造仓窖贮之。即委社司,执帐检校,每年收积,勿使损败。若时或不熟,当社有饥馑者,即以此谷赈给。自是诸州储峙委积。其后关中连年大旱,而青、兖、汴、许、曹、亳、陈、仁、谯、豫、郑、洛、伊、颍、邙等州大水,百姓饥馑。高祖乃命苏威等,分道开仓赈给。又命司农丞王亶,发广通之粟三百余万石,以拯关中,又发故城中周代旧粟,贱粜与人。买牛驴六千余头,分给尤贫者,令往关东就食。"①碰巧的是,开皇五年(585)长孙平提出加强战略储备后,关中连年大旱,与此同时,关东的重要农业产区青、兖等十五州亦接连发生水灾。在主要的产粮区受灾的情况下,隋文帝一方面利用广通仓、北周旧仓等放粮赈灾,以稳定关中的政治局势;另一方面则"买牛驴六千余头,分给尤贫者,令往关东就食"。这些措施虽在一定程度上缓解了关中的粮食危机,但关中和关东重要的农产区同时发生灾害,则在一定程度上摧毁了隋文帝业已建立的漕运及漕转体系。进而言之,在关东因自然灾害严重缺粮的前提下,要想解除关中及关东主要粮食产区日益加重的粮食危机,从江淮调粮已成为刻不容缓的大事。

从大的方面讲,华州广通仓储存的粮食主要来自河东、河南、河北等地,在这些区域纷纷受灾的前提下,关中及关东的粮食需求只能取自江淮。在这中间,重修邗沟除了与伐陈相关外,更重要的是,自北方先进的农业技术传到南方后,江淮地区的农业生产水平已逐步赶上甚至是超过黄河流域的农业生产水平。进而言之,因邗沟是联系淮河流域和长江流域唯一的水上通道,为提升漕运能力,隋文帝再次下令重修邗沟是必然的。

重修及改造邗沟不仅仅解除了关中、关东严重缺粮的危机,更重要的是,这一举措通过恢复水运能力,起到了自北向南控制江淮的作用。重修及改造邗沟可加快南北政治、经济交流和融合的程度,有效地消除因南北分治造成的隔膜和文化上的断裂。从这样的角度看,隋炀帝在全国范围内兴修河渠,实际上是隋文帝兴修河渠的延续。

---

① 唐·魏徵等《隋书·食货志》,北京:中华书局1973年版,第684页。

第二章 隋朝东都洛阳的交通建设及漕运

为解除漕转不利可能引发的政治危机，大业元年（605）三月，隋炀帝着手营造东都洛阳，表达了政治中心东移的诉求①。营造东都主要由洛阳新城、宫苑和水陆交通枢纽等三大工程构成，三大工程同时开工，在一定程度上反映了东都建设是在兴修河渠及加强漕运的过程中完成的。

兴修河渠及加强漕运是在洛阳水陆交通枢纽建设的过程中完成的，洛阳交通枢纽建设主要有五大工程。一是大业元年三月，兴修通济渠包括邗沟等工程。在这中间，兴修自洛阳远通江淮的通济渠的目的，是因为营造洛阳新城及宫苑亟须打通联系东南及岭南的航线，恢复自黄河流域，中经淮河流域到长江流域的漕运通道；二是在兴修通济渠的同时兴建洛阳漕运码头，漕运码头投入使用后，在为新城、宫苑建设提供服务的同时，加强了洛阳在漕转中的地位；三是大业四年（608）一月兴修永济渠，建立了自洛阳渡河北上远及涿郡及辽东的漕运通道，这条漕运大通道建成后加强了中央与黄河以北的联系；四是兴修沿通济渠、永济渠等堤岸展开的"御道"，建设了数条与水路平行的陆路，在与水上交通互为补充的过程中，加强了中央对地方的控制；五是大业六年（610）冬重建江南河，提升了三吴地区（指吴郡、吴兴郡和会稽郡，包括江苏、浙江和上海全境）的漕运能力。五大工程相继完工后，在改善交通面貌的同时，突出了东都洛阳的水陆交通枢纽的地位，并泽及后代。

以江南河竣工为标志，宣告隋王朝河渠建设取得了巨大的成功。具体地讲，通济渠、永济渠、江南河相互连接，与隋文帝兴修的关中河渠广通渠等相连，宣告洛阳这一水陆交通枢纽的全面建成。经此，建成了一条西入关中，东至江淮、长江沿岸及东南沿海，北抵涿郡，南至余杭的航线。这条长达四千多里的航线，在沟通钱塘江以北、黄河以北各水系的同时，改变了相关区域的水文、地理等，扩大了漕运范围。一是通济渠、永济渠及江南河等互通后，把西京长安、东都洛阳、荥阳（郑州）、浚仪（汴州）、梁郡（宋州）、彭城（徐州）、淮阴郡（楚州）、江都（扬州）、吴郡（苏州）、余杭（杭州）、魏郡（相州）、汲郡（卫州）、河内（怀州）、河东（蒲

---

① 司马光叙述这一事件时，有大业五年"春，正月，丙子，改东京为东都"之说（宋·司马光《资治通鉴·隋纪五》，邬国义校点，上海：上海古籍出版社1997年版，第1639页）。

州)、赵郡(赵州)、涿郡(幽州)等重镇连接起来,加强了各政区之间政治、经济、文化等方面的联系;二是改变了不同区域的水文、地理等,如永济渠在与黄河交汇的同时,将属于不同水系的河流截入运渠,改变了相关区域的水文、地理等,对后世产生了深远的影响;三是新的水陆交通建设重新规划后,改变了已有的交通状况,如河渠建设与御道建设拧结在一起,在改变政区交通的同时,为区域政治中心向航线沿岸迁移提供了必要的条件,进而带动了纵深区域的社会经济发展。

在东都洛阳三大工程建设中,水陆交通枢纽建设的时间最长。如同样是以大业元年三月为起点,到大业二年(606)一月,洛阳新城、宫苑建设已顺利完工。如果以大业六年冬建成江南河为洛阳水陆交通枢纽建成的下限,那么,洛阳水陆交通枢纽工程建设竣工的时间差不多滞后了近五年的时间。隋炀帝即位后,兴修了通济渠(包括邗沟)、永济渠、江南河等。兴修三渠的共同特点是,在旧渠的基础上拓宽和加深航道,使之相互连接并且具有了"通龙舟"的能力。如通济渠"水阔四十步,可通龙舟",永济渠"其衡广,亦以龙舟为则"①,江南河"广十余丈,使可通龙舟"②。秦汉以后,一步为五尺。所谓"水阔四十步",是指通济渠的宽度达二百尺。又如李吉甫有永济渠"阔一百七十尺,深二丈四尺"③之说,又有永济渠"广深与汴等"④之说,航道疏浚后,永济渠的宽度和深度与通济渠(汴渠)的大体相当。三渠拓宽和加深航道及互通后,出现了"上自江都御龙舟入通济渠,遂幸于涿郡"⑤的情况。进而言之,在建设洛阳这一水陆交通枢纽的过程中,隋炀帝通过利用旧渠最大限度地减少了投资成本,建成了通济渠、永济渠、江南河等贯穿南北的三大河渠。三大河渠充分地利用旧渠的水资源,实现了拓宽和加深航道的目标。

此外,水陆交通枢纽工程建设包括兴修河渠及漕运码头等,涉及不同的政区,其工程量之大和艰难的程度超过前两项工程。由于三大工程相互关联,鉴于此,有必要从建造洛阳新城及宫苑等情况入手,来关注三大工程与漕运的关系。那么,隋炀帝为什么要营造东都洛阳?为什么要建造以洛阳为中心的水陆交通枢纽?营造东都洛阳与漕运有什么样的内在关系?这些都需要做进一步地辨析。

---

① 宋·程大昌《禹贡后论·汴》,《四库全书》第56册,上海:上海古籍出版社1987年版,第116页。
② 宋·司马光《资治通鉴·隋纪五》(邬国义校点),上海:上海古籍出版社1997年版,第1642页。
③ 唐·李吉甫《元和郡县图志·河北道一》(贺次君点校),北京:中华书局1983年版,第466页。
④ 宋·李焘《续资治通鉴长编·真宗大中祥符五年》,北京:中华书局2004年版,第1753页。
⑤ 唐·魏徵等《隋书·炀帝纪上》,北京:中华书局1973年版,第75页。

第一编　隋代编

第一节　东都洛阳规划与洛水

营造东都洛阳表达了隋王朝政治中心区域东移的战略意图。在此之前,隋文帝兴修关中广通渠,建造水次仓打通黄河漕运,经营河东、河北、河南等三河地区的漕运,重修面向东南及江淮的汴渠、邗沟等的基本诉求是以漕运保关中的粮食安全,进而以粮食安全稳定关中的政治和经济局势。然而,受黄河三门峡的制约,漕运成本太大。更重要的是,大一统的专制王朝建立后,统治区域从黄河流域扩大到长江流域,在这样的前提下,如何稳定关中以外的关东局势？如何在缩短漕运里程及减少漕运成本的基础上,对长江流域的广大区域实施有效的统治？这些都成了隋王朝东都建设必须关注的问题。

东都洛阳是隋王朝的第二个政治中心,那么,是谁提出建设东都洛阳构想的呢？前人有两种看法:一种观点认为是隋文帝提出了营造东都洛阳的主张,隋炀帝即位后正式启动;另一种观点认为是隋炀帝提出了营造东都的主张,并付诸实施。根据这一情况,现辨析如下。

其一,魏徵等认为是隋文帝提出了营造东都洛阳的主张。如《隋书·炀帝纪》叙述仁寿四年(604)十一月的事件时,迻录了隋炀帝的诏书。其诏云:"然洛邑自古之都,王畿之内,天地之所合,阴阳之所和。控以三河,固以四塞,水陆通,贡赋等。故汉祖曰:'吾行天下多矣,唯见洛阳。'自古皇王,何尝不留意,所不都者盖有由焉。或以九州未一,或以困其府库,作洛之制所以未暇也。我有隋之始,便欲创兹怀、洛,日复一日,越暨于今。念兹在兹,兴言感哽！朕肃膺宝历,纂临万邦,遵而不失,心奉先志。"①这段文字表达了三层含义:一是洛阳一向有"控以三河,固以四塞,水陆通,贡赋等"的地理交通形势,是历代王朝重点经营的区域;二是"我有隋之始,便欲创兹怀、洛"等语,透露了早在隋文帝杨坚取代北周建立隋王朝之初,因漕运不济影响到关中政治稳定,隋文帝杨坚就已萌生了在方便漕运的怀州(在今河南沁阳)或洛州(在今河南洛阳东北)建造东都的打算;三是隋炀帝以"心奉先志"宣告天下,明确地表达了营造东都为遵循先帝之举。据此,营造东都的想法应始于隋文帝建隋之时。

其二,李吉甫认为是隋炀帝提出了营造东都的主张。李吉甫记载道:"初,炀帝尝登邙山,观伊阙,顾曰:'此非龙门邪？自古何因不建都于此？'仆射苏威对曰:'自古非不知,以俟陛下。'帝大悦,遂议都焉。其宫室台殿,皆宇文恺所创也。恺巧思绝伦,因此制造颇穷奢丽,前代都邑莫之比焉。"②按照这一说法,营造东都是隋炀帝游邙山以后提出的,由宇文恺负责设计并施工的。

---

① 唐·魏徵等《隋书·炀帝纪上》,北京:中华书局1973年版,第61页。
② 唐·李吉甫《元和郡县图志·河南道一》(贺次君点校),北京:中华书局1983年版,第130页。

细绎两说,魏徵的说法应比李吉甫的说法更为可靠。一是魏徵由隋入唐,十分熟悉隋代的事迹。史称:"贞观二年,迁秘书监,参预朝政。征以丧乱之后,典章纷杂,奏引学者校定四部书。数年之间,秘府图籍,粲然毕备。"①又称:"贞观中,令狐德棻、魏徵相次为秘书监,上言经籍亡逸,请行购募,并奏引学士校定。群书大备。"②典章以政治制度为核心,其中包括礼乐制度、职官制度、律法制度等;秘府图籍以皇家及政府档案为主,其中包括文书、舆图、图书等。唐太宗贞观二年(628),魏徵迁秘书监并参预朝政,负责校订和整理唐代以前的典章、秘府图籍等事务。史有"唐袭隋制"之说,历经丧乱后,北魏、北周及隋代建立的典章制度及可为现实所用的秘府图籍等大都"亡逸"或散落民间,这样一来,遂给唐王朝沿袭隋承北魏、北周建立的政治制度带来了困难。出于为现实政治服务的目的,魏徵向朝廷提出了整理典章、秘府图籍的请求,并遵循唐太宗旨意采取"购募"等措施,对其进行了校订和分类整理。通过校订和整理,魏徵澄清了隋及隋以前的政治活动史,初步实现了前代典章、秘府图籍等为唐王朝所用的意图,从而增加了编纂《隋书》的可靠性。李吉甫生活在中唐,其生活年代明显滞后于魏徵。从这个角度看,魏徵《隋书》中的记载应更为可靠。二是唐太宗下诏由魏徵总领编修南北朝分治时期的诸史,为魏徵查阅及利用隋代及隋代以前的典章、秘府图籍及文书档案等提供了必要的条件。史称:"初,有诏遣令狐德棻、岑文本撰《周史》,孔颖达、许敬宗撰《隋史》,姚思廉撰《梁》《陈史》,李百药撰《齐史》。征受诏总加撰定,多所损益,务存简正。《隋史》序论,皆征所作,《梁》《陈》《齐》各为总论,时称良史。"③在广泛调阅文书档案的过程中,魏徵亲自把关,各史的编纂质量得到了大幅度提高,因而有了"良史"之说。所谓"良史",是指魏徵总领各史定稿事务后,遵循了"不虚美,不隐恶"④秉笔直书的治史原则,以"多所损益,务存简正"为大要。进而言之,《隋书》有"良史"之称,与魏徵利用校订和整理的前代典章、秘府图籍有密切的关系。如参与《隋书》编纂的李延寿作《北史》时,迻录了隋炀帝登基后的诏书:"然洛邑自古之都,王畿之内,天地之所合,阴阳之所和,控以三河,固以四塞,水陆通,贡赋等。故汉祖曰:'吾行天下多矣,唯见洛阳。'自古皇王,何尝不留意,所不都者,盖有由焉。或以九州未一,或以困其府库,作雒之制,所以未暇也。我有隋之始,便欲创兹怀、洛,日复一日,越暨于今。念兹在兹,兴言感哽。朕肃膺宝历,纂临万邦,遵而不失,心奉先志。"⑤这段文字与魏徵《隋书·炀帝纪上》中的文字完全相同。从魏徵主持校订和整理前代典章、秘府图籍等人生经历看,隋炀帝下达营造东都的诏书应来自隋宫文书及档案,其中的真实性及可靠性不应受到怀疑。进而言之,魏徵没有必要伪造隋炀帝的诏书,故意将提

---

① 后晋·刘昫等《旧唐书·魏徵传》,北京:中华书局1975年版,第2548页。
② 后晋·刘昫等《旧唐书·经籍志上》,北京:中华书局1975年版,第1962页。
③ 同①,第2549—2550页。
④ 汉·班固《汉书·司马迁传》,北京:中华书局1962年版,第2738页。
⑤ 唐·李延寿《北史·隋本纪下》,北京:中华书局1974年版,第441页。

出营造东都的主张安到隋文帝的头上,相反,会格外地尊重历史。三是自关东漕运关中,因有黄河三门峡这一天险受到严重的制约。在这中间,隋文帝杨坚以禅让的方式取代北周,首先面临着遭受北周王室清算的危机,在这样的背景下,为了有效地监督北周梦想复辟的旧势力,隋文帝不得不继续定都长安。然而,关中地域窄小,自身的农业产出满足不了人口大幅度增长后的粮食需求,为保证关中及长安的政治稳定及粮食安全不得不采取措施,在不同区域兴修河渠,建造水次仓及加强黄河漕运等。由于向关中及长安输送漕粮的成本太高,这样一来,势必要萌生将政治中心东移的想法,将新的政治中心建在方便漕运的地点,与其他地区相比,洛阳自然是理想的地点。

隋炀帝何时正式动工营造东都的?前人主要有两种说法:一说是大业元年三月开始营造,如魏徵等有大业元年隋炀帝"三月丁未,诏尚书令杨素、纳言杨达、将作大匠宇文恺营建东京"①之说;一说是仁寿四年十一月开始营造,如李吉甫记载道:"仁寿四年,炀帝诏杨素营东京,大业二年,新都成,遂徙居,今洛阳宫是也。其宫北据邙山,南直伊阙之口,洛水贯都,有河汉之象,东去故城一十八里。"②隋文帝仁寿四年七月去世,隋炀帝登基后的当年沿用了旧年号,并于仁寿四年十一月下达了兴建东都的诏书。史有"其月还京师,因从驾幸洛阳,以素领营东京大监"③之说,当知仁寿四年十一月杨素奉命跟从隋炀帝到洛阳巡视,据此可证,李吉甫所说的"炀帝诏杨素营东京"应发生在仁寿四年十一月以后。

比较这两种说法,当以魏徵等《隋书》中的记载更为可靠。这样说,主要基于五个方面的原因。一是《隋书》的编纂者主要利用隋代的文书档案,史料来源相对可靠。二是魏徵是由隋入唐的人物,亲身经历了隋代的许多重大事件,其生活年代比《元和郡县图志》的作者李吉甫早一百七十多年。三是仁寿四年十一月隋炀帝虽然下达了营造东都的诏书,但不可能在缺少规划的前提下盲目动工。四是隋文帝去世仅一个月的时间,发生了汉王杨谅以并州(在今山西太原)为大本营的造反问鼎中原的事件,在稳定政治局势压倒一切的前提下,不可能在平叛的紧要关头将营造东都提到议事日程上来。史称:"四年七月,高祖崩,上即皇帝位于仁寿宫。八月,奉梓宫还京师。并州总管汉王谅举兵反,诏尚书左仆射杨素讨平之。九月乙巳,以备身将军崔彭为左领军大将军。十一月乙未,幸洛阳。丙申,发丁男数十万掘堑,自龙门东接长平、汲郡,抵临清关,度河,至浚仪、襄城,达于上洛,以置关防。"④为了平叛,仁寿四年十一月,隋炀帝亲赴洛阳,征发丁男数十万,挖掘壕沟及建立以洛阳为中心的防卫体系等,在这一紧要关头,隋炀帝分身无术,不可能立即着手东都建设。五是平叛以后,为了防止汉

---

① 唐·魏徵等《隋书·炀帝纪上》,北京:中华书局1973年版,第63页。
② 唐·李吉甫《元和郡县图志·河南道一》(贺次君点校),北京:中华书局1983年版,第129—130页。
③ 唐·魏徵等《隋书·杨素传》,北京:中华书局1973年版,第1291页。
④ 同①,第60页。

王杨谅的残余死灰复燃及谋反事件再度发生,隋炀帝采取了迁并州人口到河南实施监控的措施,在这一节骨眼上,隋炀帝不可能立即进行东都建设。如隋炀帝在营造东都的诏书中写道:"今者汉王谅悖逆,毒被山东,遂使州县或沦非所。此由关河悬远,兵不赴急,加以并州移户复在河南。周迁殷人,意在于此。况复南服遐远,东夏殷大,因机顺动,今也其时。群司百辟,佥谐厥议。但成周墟堵,弗堪葺宇。今可于伊、洛营建东京,便即设官分职,以为民极也。"①迁并州人口到洛阳,需要时日,不可能在很短的时间内完成。从这样的角度看,大业元年三月正式营造东都的记载应该更为可靠。尽管如此,李吉甫的记载也是有认识和参考价值的。如"东去故城一十八里",在指明东都洛阳的地理方位的同时,还交代了东都洛阳是一座有别于汉魏洛阳城的新城,这一记载可补《隋书》中的不足。

东都洛阳建设由新城、宫苑、水陆交通枢纽等三大工程构成,三大工程有同时开工的特点。这一行为表明,在设计洛阳新城蓝图时,规划者已明确地提出了建设洛阳这一漕运中心的构想。具体地讲,东都洛阳规划图是由宇文恺完成的,他是兴修广通渠工程的主持者,在兴修广通渠的过程中,他建立了以长安为中心的漕运秩序。奉命规划东都洛阳时,自然会综合诸多因素,有意将洛阳新城建成漕运中心。事实上,宇文恺规划东都新城时也是将洛水纳入城市建设之中的,可以说,在洛阳新城的洛水沿岸建漕运码头,打通了黄河漕运,进而在兴修通济渠、永济渠、江南河等过程中,建立了贯穿四方的漕运体系,全面地强化了洛阳水陆交通的枢纽地位。

隋东都新城建设主要由城垣、坊、市、街道等构成,在城市规划中明确地透露了加强漕运的信息。如袁枢在综合前人诸说的基础上记载道:"炀帝大业元年春三月丁未,诏杨素与纳言杨达、将作大匠宇文恺营建东京,每月役丁二百万人,徙洛州郭内居民及诸州富商大贾数万户以实之。废二崤道,开菱册道。敕宇文恺与内史舍人封德彝等营显仁宫,南接皂涧,北跨洛滨。发大江之南、五岭以北奇材异石,输之洛阳。又求海内嘉木异草,珍禽奇兽,以实园苑。辛亥,命尚书右丞皇甫议发河南、淮北诸郡民,前后百余万,开通济渠。自西苑引谷、洛水达于河。复自板渚引河历荥泽入汴。又自大梁之东引汴水入泗达于淮。又发淮南民十余万开邗沟,自山阳至杨子入江。渠广四十步,渠旁皆筑御道,树以柳,自长安至江都置离宫四十余所。"②如果以"徙豫州郭下居民以实之"为城市建设竣工的标志,以显仁宫为东都宫苑建设的发端,以通济渠为河渠建设的先导,以菱册道为陆路交通建设的初始,以河渠御道为洛阳向外辐射的陆运主干线,那么,东都新城、宫苑和水陆交通枢纽等三大工程与兴修河渠及加强漕运息息相关。如洛阳漕运码头建设及兴修河渠属于优先建设的工程,通过建设漕运码头及兴修河渠,目的是以此担负起转运营造东都新城的城垣、坊、市、街道、宫苑等建筑

---

① 唐·魏徵等《隋书·炀帝纪上》,北京:中华书局1973年版,第61页。
② 宋·袁枢《通鉴纪事本末·炀帝亡隋》,北京:中华书局1964年版,第2339—2340页。

材料的重任。从这样的角度看,宇文恺设计营建东都新城的方案是以建设洛阳水陆交通枢纽为先导的,同时也是与漕运紧密地联系在一起的。

遗憾的是,史家叙述营造东都计划时,往往从新城和宫苑建设说起,这样一来,似乎东都新城和宫苑建设才是东都洛阳率先建设或重点建设的工程。史称:"炀帝即位,迁都洛阳,以恺为营东都副监,寻迁将作大匠。恺揣帝心在宏侈,于是东京制度穷极壮丽。帝大悦之,进位开府,拜工部尚书。"①这一史述有意不提漕运码头建设及河渠建设,只提迎合隋炀帝"宏侈"之心,这样一来,遂使东都洛阳水陆交通枢纽建设、河渠建设的重要性淹没在新城和宫苑建设之中。其实,营造东都的主要目的是通过兴修河渠加强漕转,以洛阳拱卫长安,在控制黄河中下游地区的基础上,实现经营江淮及长江以远的战略目标。从这样的角度看,改变关中漕运不济,在关东建立新的漕转中心,通过兴修河渠加强漕运才是根本。进而言之,新城和宫苑建设与漕运码头、河渠建设即水陆交通枢纽建设是东都建设的有机组成部分,三者缺一不可。如新城"东去故城一十八里",将洛水纳入其中,从一个侧面确认了新城和宫苑建设与漕运间的关系。

前人叙述新城周回时,提出了"六十九里"和"五十二里"等说法。其一,韦述、刘昫等认为,东都城垣周回为六十九里。韦述记载道:"东面十五里二百一十步,南面十五里七十步,西面十二里一百二十步,北面七里二十步,周回六十九里二百一十步。"②如果按照韦述所提供的数据进行计算的话,东都的城垣周长应为五十一里六十步,这一数字明显低于"周回六十九里二百十步"。那么,为什么会出现这样的误差呢?是不是韦述的计算出了问题?其实不然,这里涉及两个方面:一是新城"周回六十九里"是将"洛水贯都"形成的长度计算在内的;二是洛水将东都新城分割成南北两大城区后,城周虽有六十九里,但实际建造的城垣长度只有五十一里六十步。如刘昫记载道:"隋大业元年,自故洛城西移十八里置新都,今都城是也。北据邙山,南对伊阙,洛水贯都,有河汉之象。都城南北十五里二百八十步,东西十五里七十步,周围六十九里三百二十步。都内纵横各十街,街分一百三坊、二市。每坊纵横三百步,开东西二门。"③刘昫计算东都城垣的周回时,比韦述所说的多出一百一十步,这一数字可忽略不计。宇文恺规划东都时,有意自故城西移十八里,目的是将原本从城边划过的洛水改造为从城中穿过的漕运通道。从这样的角度看,韦述、刘昫所说的城周是指城垣,没有将洛水跨城部分的长度计算在内。进而言之,宇文恺将东都新城向洛阳故城西移十八里以后,洛水贯穿城中,并将新城分成南北两个部分,这样一来,南北之间的城垣既可把洛水计算在内,也可以将其除去。其二,顾祖禹、徐松等认为东都新城的周回为五十二里。如顾祖禹

---

① 唐·魏徵等《隋书·宇文恺传》,北京:中华书局1973年版,第1588页。
② 唐·韦述《两京新记》,辛德勇《两京新记辑校》,西安:三秦出版社2006年版,第80页。
③ 后晋·刘昫等《旧唐书·地理志一》,北京:中华书局1975年版,第1420—1421页。

在迻录历代文献时提出了东都"周五十二里九十六步"①的观点,这一观点提出后,对徐松产生了影响。如徐松在广征文献的基础上进一步论述道:"东京城,隋大业元年筑,曰罗郭城。……前直伊阙,后倚邙山,东出瀍水之东,西出涧水之西,洛水贯都,有河汉之象焉(按《三辅黄图》云:始皇筑咸阳宫,端门四达,以象紫宫,引渭水贯都,以象天汉。则炀帝盖仿秦之为也)。周五十二里(韦述《记》曰:东面十五里二百一十步,南面十五里七十步,西面十二里一百二十步,北面七里二十步,周回六十九里二百十步。《新书·地理志》曰:东西五千六百十步,南北五千四百七十步,西连苑,北自东城而东二千五百四十步,周二万五千五十步,其崇丈有八尺。《六典》注作西面连苑,距上阳宫七里,北面距徽安门七里。张鷟《判》:有大匠吴淳,掌造东都罗城,墙高九仞,隍深五丈)。……城内纵横各十街(《河南志》引韦述《记》曰:定鼎门街广百步,上东、建春二横街七十五步,长夏、厚载、永通、徽安、安喜及当左掖门等街,各广六二步,余小街各广三十一步)。凡坊一百十三,市三(隋曰里一百三,市三。唐改曰坊。《河南志》引韦述《记》曰:每坊东西南北各广三百步,开十字街,四出趋门。《通鉴》:魏景明二年,司州牧广阳王嘉请筑洛阳三百二十三坊,各方三百步,诏发畿内夫五万人筑之,四旬而罢。按唐时坊一百十三,则魏时坊或兼城外数之,或字误也。又按唐之三市,皆非堕三市之旧,隋无西市,唐无东市)。当皇城端门之南,渡天津桥,至定鼎门,南北大街曰定鼎街。"②通过考证,徐松维护了顾祖禹的观点,进而得出了东都新城"周五十二里"的观点。

值得注意的是,顾祖禹、徐松等考证东都新城周回时没有完全否定韦述、刘昫等人的观点,相反,还引录了他们的观点作为论述的依据。这一情况表明,顾祖禹、徐松所说的东都新城"周五十二里",是指城垣建造的实际长度,与新城的周回是两回事。如顾祖禹叙述东都城垣"周五十二里九十六步"时,以夹注的方式迻录了刘昫"都城南北十五里二百八十步,东西十五里七十步,周回六十九里三百二十步"③之说;徐松称其"周五十二里"时,以夹注迻录了韦述"周回六十九里二百十步"的说法。从表面上看,顾祖禹、徐松的说法与韦述、刘昫的说法似有很大的不同,其实,他们的叙述是一致的。如韦述认为,新城建造的城垣为五十一里六十步,取其约数,可将其视为五十二里。从这样的角度看,韦述的记载与顾祖禹、徐松所说没有本质上的区别,只是强调的侧重点不同。

从另一个层面看,顾祖禹、徐松等强调东都洛阳城垣"周五十二里"是有深意的,其中,一个重要的原因应与他们认为东都洛阳城的规模应小于隋西京大兴城的规模相关。那么,大兴城有多大的规模呢?李林甫等记载道:"今京城,隋文帝开皇二年六月诏左仆射高颎所置,

---

① 清·顾祖禹《读史方舆纪要·河南三》(贺次君、施和金点校),北京:中华书局2005年版,第2219页。
② 清·徐松撰,张穆校补《唐两京城坊考·外郭城》,北京:中华书局1985年版,第145—147页。
③ 同①。

南直终南山子午谷,北据渭水,东临浐川,西次沣水。太子左庶子宇文恺创制规谋,将作大匠刘龙、工部尚书贺娄子干、太府少卿高龙义并充检校。至三年三月,移入新都焉,名曰大兴城。东西十八里一百一十五步。南北十五里一百七十五步,墙高一丈八尺。"①如果将西京大兴城的四边周长相加的话,大兴城城垣周长应略多于六十七里,取其约数,为六十七里。李林甫的生活年代去隋王朝不远,所述当有所本。刘昫等撰《旧唐书》时采用了这一说法。刘昫记载道:"隋开皇二年,自汉长安故城东南移二十里置新都,今京师是也。城东西十八里一百五十步,南北十五里一百七十五步。"②这一记载主要承袭了李林甫的说法,对此,后世史家多表示赞同。如欧阳修等重新编修唐史时,《新唐书·地理志》中有大兴城"其长六千六百六十五步,广五千五百七十五步,周二万四千一百二十步"③之说。徐松进一步考证道:"外郭城,隋曰大兴城,唐曰长安城,亦曰京师城。前直子午谷,后枕龙首山,左临灞岸,右抵沣水。东西一十八里一百一十五步(《旧书·地理志》云:长六千六百六十五步。按当作'六千五百九十五步。'),南北一十五里一百七十五步(《地理志》:广五千五百七十五步。),周六十七里(《地理志》:周二万四千一百二十步。),其崇一丈八尺(隋开皇二年筑。永徽四年,率天下口税一钱,更筑之。开元十八年四月,筑西京外郭。)。"④从张九龄、刘昫到欧阳修、徐松,可谓是众口一词,完全可以证明大兴城城垣的周回为六十七里。

这里提出的问题是,既然西京大兴城的周回只有六十七里,那么,周回六十九里的东都洛阳则超过大兴城。按照古代的制度,国都有彰显皇权至上的功能,其建设规模应超过所有的城市。如果大兴城的城周低于东都的话,那么,势必要违背古制。或许是受这一观念的支配,顾祖禹、徐松等人更愿意持东都城垣及规模低于大兴城的观点,更愿意得出东都城垣"周五十二里"的结论。

从表面上看,顾祖禹、徐松等人的观点似乎多有道理。然而,根据中国科学院考古研究所、洛阳考古工作队等多次发掘和调查隋唐洛阳城遗址的情况看,韦述、刘昫等人说法应更为准确和符合实际情况⑤。具体地讲,如果把洛水穿城等水道计算在内的话,那么,新城周回的实际长度应与韦述等所述的"周回六十九里"大体相当。如李林甫等记载道:"隋炀帝大业元年诏左仆射杨素、右庶子宇文恺移故都创造也。南直伊阙之口,北倚邙山之塞,东出

---

① 唐·李林甫等《唐六典·尚书工部》(陈仲夫点校),北京:中华书局1992年版,第216页。
② 后晋·刘昫等《旧唐书·地理志一》,北京:中华书局1975年版,第1394页。
③ 宋·欧阳修等《新唐书·地理志一》,北京:中华书局1975年版,第961页。
④ 清·徐松撰,张穆校补《唐两京城坊考·西京》,北京:中华书局1985年版,第33页。
⑤ 1954年,中国科学院考古研究所开始对隋唐洛阳遗址进行勘探,1959年调查了宫城、皇城等平面布局,1960年至1965年调查了街道、里坊等位置。此后,中国社会科学院考古研究所、洛阳博物馆和洛阳市文物工作队又多次对隋唐洛阳城遗址进行发掘,基本可以确定隋唐洛阳城的规模与韦述、刘昫的记载大体相当(详细记载参见《隋唐洛阳城—1959~2001年考古发掘报告》,中国社会科学院考古研究所编著,北京:文物出版社2014年版)。

瀍水之东,西出涧水之西,洛水贯都,有河、汉之象焉。东去故都十八里。"①在建设的过程中,东都洛阳的城垣除了有"北据邙山,南对伊阙,洛水贯都"的形势外,同时又有"西拒王城,东越瀍涧,南跨洛川,北逾谷水"②的形势。因洛水贯穿东都,又有瀍水、涧水、谷水入城,这样一来,东都城垣的实际长度应小于城周的长度,很可能与计算东都周回时,没有将跨城洛水等计算在内相关。

既然东都确实有"周回六十九里"的规模,如果大兴城只有"周六十七里"的规模,岂不是违反了古制?其实,大兴城的周回超过七十里。具体地讲,唐代长安城的基础是隋代大兴城,因史家没有明确地说唐王朝扩建了大兴城,故唐长安城的规模应与隋大兴城的规模相当。那么,隋代大兴城的规模有多大呢?一九五七年,中国科学院考古研究所组建唐城发掘队,对唐代长安城进行考古勘探及发掘。时至一九六一年十二月十一日,经过四年多的勘测和重点发掘,提出了唐长安城城垣超过七十一里的说法③。据此完全可以推论,隋大兴城的周回亦有七十多里,应超过东都"周回六十九里"的规模。

需要补充的是,既然东都小于大兴城,应如何理解"东京制度穷极壮丽"④"炀皇嗣守鸿基,国家殷富,雅爱宏玩,肆情方骋,初造东都,穷诸巨丽"⑤等说法呢?从史料上看,所谓"穷极壮丽""穷诸巨丽",应是指东都宫苑建设的规模远远地超过了大兴城宫苑建设的规模,或者说东都宫苑比大兴城的宫苑更加富丽堂皇。或许正因为如此,东都宫苑建成后,隋炀帝竟然不愿意再回到长安。史称:"既营建洛邑,帝无心京师,乃于东都固本里北,起天经宫,以游高祖衣冠,四时致祭。"⑥这一记载道出的一个事实是:豪华的东都宫苑是隋炀帝"无心京师"的原因。

第二节 东都三大工程建设与漕运

东都洛阳是隋王朝举国家之力建设的大工程,在建造的过程中充分地展示了依托漕运的特点。具体地讲,东都建设的三大工程规模宏大,与新城、宫苑建设相比,参与洛阳水陆交通枢纽建设包括兴修河渠、漕运码头建设的人数最多,史有"发河南诸郡男女百余万,开通济

---

① 唐·李林甫等《唐六典·尚书工部》(陈仲夫点校),北京:中华书局,1992年版,第219—220页。
② 唐·杜宝《大业杂记》,辛德勇《大业杂记辑校》,西安:三秦出版社,2006年版,第3页。
③ 参见马得志《唐代长安城考古记略》,《考古》1963年,第11期。
④ 唐·魏徵等《隋书·宇文恺传》,北京:中华书局1973年版,第1588页。
⑤ 唐·魏徵等《隋书·食货志》,北京:中华书局1973年版,第672页。
⑥ 唐·魏徵等《隋书·礼仪志二》,北京:中华书局1973年版,第139页。

渠,自西苑引谷、洛水达于河,自板渚引河通于淮"①之说。

通济渠成为优先建设的项目,与建筑材料需要漕运及长江以远区域的支持息息相关。如唐初,张玄素叙述乾元殿建筑用材的情况时感慨道:"臣又尝见隋室初造此殿,楹栋宏壮,大木非随近所有,多从豫章采来,二千人拽一柱,其下施毂,皆以生铁为之,若用木轮,便即火出。略计一柱,已用数十万功,则余费又过倍于此。"②从"二千人拽一柱"及"略计一柱,已用数十万功"等情况看,乾元殿建造的规模之大超出了人们的想象。如乾元殿的梁柱需要到数千里之外的豫章(在今江西南昌)砍伐,需要走水路运往东都洛阳,在这中间,既需要通过自然水道,又需要利用新修的通济渠,这样一来,为漕转服务的河渠建设遂担负起东都宫苑建设的重任。

从另一个层面看,乾元殿只是隋东都显仁宫中的一座宫殿,由此及彼,不难得出东都宫苑建设规模十分宏大的结论,同时可以看到东都宫苑建设需要东南的支持。大业元年三月兴修显仁宫及苑囿时,宇文恺等实施了"采海内奇禽异兽草木之类,以实园苑"③的方案。显仁宫及苑囿延绵数百里,极尽奢华,甚至建有供隋炀帝游赏射猎的附属设施,史有"南逼南山,北临洛水,宫北有射堂、官马坊"④之说。在建造显仁宫及苑囿时,各类建筑材料主要是通过通济渠这一航线输入洛阳的。如司马光综合前人诸说时记载道:"敕宇文恺与内史舍人封德彝等营显仁宫,南接皂涧,北跨洛滨。发大江之南、五岭以北奇材异石,输之洛阳。又求海内嘉木异草,珍禽奇兽,以实园苑。"⑤一般认为,"五岭"是指横亘在江西、湖南、两广之间的大庾岭、骑田岭、都庞岭、萌渚岭和越城岭。宫苑中所用的"奇材异石"主要取自长江以南、五岭以北等边远地区,"嘉木异草,珍禽奇兽"则取自全国各地。

建造显仁宫及苑囿以后,隋炀帝又建造了规模宏大的西苑。史称:"五月,筑西苑,周二百里。其内为海,周十余里,为方丈、蓬莱、瀛洲诸山,高出水百余尺,台观宫殿,罗络山上,向背如神。海北有龙鳞渠,萦纡注海内。缘渠作十六院,门皆临渠,每院以四品夫人主之,堂殿楼观,穷极华丽。宫树秋冬雕落,则剪彩为华叶,缀于枝条,色渝则易以新者,常如阳春。沼内亦剪彩为荷芰菱芡,乘舆游幸,则去冰而布之。"⑥西苑建筑别具一格,除了有"台观宫殿,罗络山上,向背如神"雄伟之势外,又有"缘渠作十六院,门皆临渠"江南水乡的雅韵。

在建造西苑的过程中,主要采取了引谷水、洛水入苑的措施,在突出西苑建设以水为特点的同时,重点解决了建筑材料需要东南及长江流域支持的难题。如史家叙述通济渠的起

---

① 唐·魏徵等《隋书·炀帝纪上》,北京:中华书局1973年版,第63页。
② 唐·吴兢《贞观政要集校·纳谏》(谢保成集校),北京:中华书局2003年版,第95页。
③ 同①。
④ 清·徐松撰、张穆校补《唐两京城坊考·神都苑》,北京:中华书局1985年版,第144页。
⑤ 宋·司马光《资治通鉴·隋纪四》(邬国义校点),上海:上海古籍出版社1997年版,第1632页。
⑥ 同⑤。

点时有"引谷、洛水,自苑西入,而东注于洛"①之说,西苑成为通济渠的起点,从一个侧面揭示了西苑建设与漕运的关系。如果没有这一漕运通道,要想建成周二百里的西苑是不可能的。西苑规模宏大,远远地超过长安的宫苑。如史家叙述隋文帝一朝建造的长安苑囿时记载道:"禁苑,在皇城之北。苑城东西二十七里,南北三十里,东至灞水,西连故长安城,南连京城,北枕渭水。苑内离宫、亭、观二十四所。汉长安故城东西十三里,亦隶入苑中。苑置西南监及总监,以掌种植。"②如果与隋炀帝建造的显仁宫苑囿及西苑等相比,隋文帝一朝建造的长安苑囿可谓是小巫见大巫了。将通济渠的起点设在西苑,说明了宫苑建设与河渠建设密不可分。

除了宫苑建设需要依托漕运外,更重要的是,在东都新城建设的过程中,强调了加强漕运的理念。如徐松诠释"当皇城端门之南,渡天津桥,至定鼎门,南北大街曰定鼎街"等语时考证道:"亦曰天门街,又曰天津街,或曰天街。《河南志》引韦述《记》曰:自端门至定鼎门七里一百三十七步,隋时种樱桃、石榴、榆、柳,中为御道,通泉流渠,今杂植槐、柳等树两行。"③天津街的一侧是天津桥,天津桥是架在洛水之上的浮桥,连结新城南北两大城区及街区。在建设的过程中,规划者有意关照漕运,将洛水贯穿于两大城区之间。史有"河北诸郡送工艺户陪东都,三千余家。于建阳门东道北置十二坊,北临洛水,给艺户居住"④之说,这里的"河北诸郡",是指黄河以北的州郡。有一技之长的匠人落户东都后,依洛水而居,在提升东都工匠技艺水平的同时,形成了沿建阳门东道展开的制造和销售手工业产品市场。建阳门是洛阳重要的漕运码头,十二坊北临洛水,在这里安置河北各州郡的匠人及建手工业市场,目的是方便商品流通和集散。

此外,为了充实东都的人口和提升其经济地位,在迁徙河北诸郡工匠的同时,隋炀帝又采取了两个措施:一是将周边的人口迁至东都的外城;二是将各地的富商大贾迁至东都新城,如史有"徙豫州郭下居人以实之。……徙天下富商大贾数万家于东京"⑤之说,又有"徙洛州郭内人及天下诸州富商大贾数万家,以实之"⑥之说。豫州和洛州是指同一政区。如史家叙述河南郡行政区划沿革时有"旧置洛州。大业元年移都,改曰豫州"⑦之说,李吉甫亦有大业二年"又改洛州为豫州,置牧"⑧之说,据此可知,"徙豫州郭下居民"和"徙洛州郭内居

---

① 唐·魏徵等《隋书·食货志》,北京:中华书局1973年版,第686页。
② 后晋·刘昫等《旧唐书·地理志一》,北京:中华书局1975年版,第1394页。
③ 清·徐松撰,张穆校补《唐两京城坊考·外郭城》卷五,北京:中华书局1985年版,第147页。
④ 唐·杜宝《大业杂记》,辛德勇《大业杂记辑校》,西安:三秦出版社2006年版,第27页。
⑤ 唐·魏徵等《隋书·炀帝纪上》,北京:中华书局1973年版,第63页。
⑥ 同①。
⑦ 唐·魏徵等《隋书·地理志中》,北京:中华书局1973年版,第834页。
⑧ 唐·李吉甫《元和郡县图志·河南道一》(贺次君点校),北京:中华书局1983年版,第130页。

民"是指将洛阳周边的人口迁到新城的外城。在这中间,"天下诸州富商大贾数万家"迁入东都后,与工匠即艺户结合在一块,促进了产销市场的形成。与此同时,产销市场壮大发展后,利用河渠及水陆交通枢纽建设的成果,将各类手工业制品源源不断地输出,造就了东都的商贸繁华。从这样的角度看,洛水贯穿东都,是发展漕运及建设其水陆交通枢纽的有机组成部分。

东都三大工程具有同时开工的特点,新城、宫苑建设需要以漕运为支撑,这样一来,通济渠在新城、宫苑建设中负有特殊的使命。可以说,如果没有通济渠及时地运送建筑材料及物资的话,那么,东都及街区、宫苑建设要想在十个月内完成将是一句空话。如果考虑到永济渠、江南河兴修的时间较晚,与洛阳新城、宫苑建设不在同一层面上,当知在东都建设的过程中,通济渠是优先建设的工程,同时也是投入人力、物力和财力最大的工程。为完成东都三大工程,隋炀帝几乎征用了全国所有的男丁。史有"以尚书令杨素为营作大监,每月役丁二百万人"①之说,"每月役丁二百万",是指每个月到东都服劳役的男丁有二百万人。史有"二年春正月辛酉,东京成,赐监督者各有差"②之说,从大业元年三月兴工,到第二年正月完工,东都建设共进行了十个月。由于每月役丁二百万人,从理论上讲,参加到东都建设行列的男丁应该有两千万人。

问题是,大业元年有多少男丁?检索文献,不见大业元年的记载,只有大业五年(609)有关于户籍人口的详细记载。史称:"五年,平定吐谷浑,更置四郡。大凡郡一百九十,县一千二百五十五,户八百九十万七千五百四十六,口四千六百一十万九千九百五十六。"③如果以一户两丁进行计算,大业五年的男丁数额应略低于一千八百万。一般来说,在没有发生特大自然灾害和战争的年代,人口应处于自然增长的势态,这样一来,大业五年的户籍人口及男丁应高于大业元年。此外,大业元年男丁数额不超过一千八百万,还与隋炀帝改变隋文帝一以男子二十一岁成丁的政策相关,隋炀帝实施"男子以二十二成丁"④之策后,男丁服役的年龄上调一岁,男丁数额应有所减少。综合这些情况,可进一步证明大业元年的男丁应低于一千八百万人。如果以十个月为东都建设工期,以"每月役丁二百万"计算的话,即使是全国的男丁统统到东都服役,起码说,还有二百万以上的缺口。更重要的是,隋文帝一朝规定了"岁役功不过二十日"⑤的政策,如果"岁役"以二十天为基本单位,那么,十个月的建造工期则应征用三千万男丁,由此势必要产生一千二百万男丁的缺口。据此可知,要想从根本上解决人力不足与东都建设之间的矛盾,只能采取的办法是,或延长服役的时间,或增加轮换的次数,或

---

① 唐·魏徵等《隋书·食货志》,北京:中华书局1973年版,第686页。
② 唐·魏徵等《隋书·炀帝纪上》,北京:中华书局1973年版,第65页。
③ 唐·魏徵等《隋书·地理志上》,北京:中华书局1973年版,第808页。
④ 同①。
⑤ 唐·李延寿《北史·隋本纪上》,北京:中华书局1974年版,第408页。

扩大服役的范围。

史有"发河南诸郡男女百余万,开通济渠,自西苑引谷、洛水达于河,自板渚引河通于淮"①之说,这里所说的"男女",应指将未成年男子和妇女纳入服劳役的范围。这一记载透露了三个信息:一是建造东都的三大工程启动后,因新城、宫苑建设需要向全国各地调集不同类别的建筑材料,为了把长江以南的建筑材料及时地运往东都,需要把兴修通济渠放到了优先的位置上;二是东都三大工程需要"每月役丁二百万",在劳力严重匮乏及需要通济渠支持的关口,只能扩大服役范围,动员男丁以外的劳力加入兴修河渠的行列;三是东都三大建设是一个整体,由于新城、宫苑建设需要漕运的支持,这样一来,通济渠自然是东都建设中耗费人力、财力和物力最多的工程。假定"发河南诸郡男女百余万"中的男丁占总数的一半,只有五十万的话,似乎表明参加兴修通济渠的男丁只占到东都建设"每月役丁二百万"的四分之一。但实际情况是,这里不包括洛阳水陆交通枢纽建设如新城街区漕运通道建设,也不包括兴修新城时需要整修洛水航线,也不包括兴修宫苑时建设漕运码头等,如果把这些也计算在内,那么,在建设洛阳水陆交通枢纽及打通东南漕运通道的过程中,兴修通济渠占用的男丁应该是最大数。进而言之,所谓"每月役丁二百万",其中应有一半的役丁在从事通济渠建设。

一般认为,"始以妇人从役"一事发生在兴修永济渠之时。史称:"明年,帝北巡狩。又兴众百万,北筑长城,西距榆林,东至紫河,绵亘千余里,死者太半。四年,发河北诸郡百余万众,引沁水,南达于河,北通涿郡。自是以丁男不供,始以妇人从役。"②郑樵进一步重申道:"炀帝大业元年,发河南诸郡男女百余万,开通济渠,自西苑引谷、洛水达于河,又引河通于淮、海,自是天下利于转输。四年,又发河北诸郡百余万众,开永济渠,引沁水南达于河,北通涿郡。自是丁男不供,始以妇人从役。"③根据《隋书》及郑樵等的记载,"始以妇人从役"似发生在大业四年,因男丁匮乏,兴修永济渠时,只得将女性劳力纳入服役的范围。其实,这一说法欠妥,诚如前面所说东都三大工程同时开工时,男丁服役已经出现很大的缺口,需要调用其他的劳力来弥补不足。进而言之,如果说营造东都时"每月役丁二百万"尚没有征用女性劳力的话,那么,北筑长城只需要一百万男丁,则更不需要女性劳力参与了。从这样的角度看,征发妇女参加劳役应始于东都三大工程同时开工之时。

对此,唐人似乎已认识到这一问题。如杜佑论述道:"登极之初,即建洛邑,每月役丁二百万人。导洛至河及淮,又引沁水达河北,通涿郡,筑长城东西千余里,皆征百万余人。丁男

---

① 唐·魏徵等《隋书·炀帝纪上》,北京:中华书局1973年版,第63页。
② 唐·魏徵等《隋书·食货志》,北京:中华书局1973年版,第687页。
③ 宋·郑樵《通志·食货略》,杭州:浙江古籍出版社1988年版,第747页。

不充,以妇人兼,役而死者大半。"①在这一叙述中,杜佑强调了三个问题:一是东都建设"每月役丁二百万人";二是兴修通济渠、永济渠、筑长城各征百万余人;三是这些工程先后开工,致使"丁男不充",乃至于出现了"以妇人兼"的局面。细绎这一叙述,不难发现,杜佑是把东都建设与兴修通济渠、永济渠、筑长城视为同一整体的。进而言之,出现"以妇人兼"即动用女性劳力应始于东都建设。当然,杜佑在发表这一看法的同时,也关注到"始以妇人从役"发生在大业四年兴修永济渠的情况。如杜佑又记载道:"四年,又发河北诸郡百余万众,开永济渠,引沁水南达于河,北通涿郡(今范阳郡。涿,竹角反),自是丁男不供,始以妇人从役。"②由此提出的问题是,"始以妇人从役"究竟是发生在大业元年建设东都之时,还是发生在大业四年兴修永济渠之时?为此,需要做进一步地辨析。检索文献,"始以妇人从役"应发生在大业元年建设东都之时。关于这点,可以从五个方面得到证明。

其一,隋代实行府兵制,男丁有从军戍守的义务。从军是男丁服役的主要义务,隋取代北周以后,政局不稳,内忧外患十分严重,这样一来,需要保持一支强大的军事力量。隋初军队究竟有多大的规模?因文献缺载,似乎难于说清,不过,有超过百万的大军当不成问题。如大业八年(612)征高丽,隋炀帝调动了一百一十多万大军,史有"总一百一十三万三千八百,号二百万,其馈运者倍之。癸未,第一军发,终四十日,引师乃尽,旌旗亘千里。近古出师之盛,未之有也"③之说可证。以此为参照系数,当知隋王朝每年从军戍守的男丁不会低于一百五十万。在这样的前提下,因东都建设"每月役丁二百万",又因同时兴修长达二千多里的通济渠,出现男丁严重匮乏的情况是必然的。进而言之,隋代"丁男不供,始以妇人从役",应在大业元年东都建设及兴修通济渠时已经发生。

其二,隋代土地赋税以北魏、北周均田制为基础主要实行租庸调制。租庸调制度明确地规定,凡五十岁以上的男丁可以不服劳役。史有"岁役功不过二十日,不役者收庸"④之说,因缴纳一定数量的绢、布等可以代役,这样一来,势必要减少男丁服役的人数。更重要的是,东都建设工程浩大,除了需要延长服役时间和增加轮换次数外,还需要加大额外征收的力度。史有"课天下诸州,各贡草木花果、奇禽异兽于其中"⑤之说,所谓"课天下诸州",是指在不减少赋税的基础上,征收东都宫苑建设的专项费用,要求各州进贡供宫苑使用的建筑材料和装点宫苑的奇禽异兽等。在征调男丁参与到东都建设行列的同时,各州收集这些上贡之物时均需要男丁的参与。这些都表明,在东都建设及兴修通济渠之时,隋代已发生了男丁不足的情况,应发生了"始以妇人从役"之事。

---

① 唐·杜佑《通典·食货七》,杭州:浙江古籍出版社1988年版,第40页。
② 唐·杜佑《通典·食货十》,杭州:浙江古籍出版社1988年版,第56页。
③ 唐·魏徵等《隋书·炀帝纪下》,北京:中华书局1973年版,第81—82页。
④ 唐·李延寿《北史·隋本纪上》,北京:中华书局1974年版,第408页。
⑤ 唐·魏徵等《隋书·食货志》,北京:中华书局1973年版,第686页。

其三，男丁匮乏，早在大业元年三月从事东都建设时便已初露端倪。史有"又命黄门侍郎王弘，上仪同于士澄，往江南诸州采大木，引至东都。所经州县，递送往返，首尾相属，不绝者千里。而东都役使促迫，僵仆而毙者，十四五焉。每月载死丁，东至城皋，北至河阳，车相望于道"①之说，大部分的男丁到东都服役以后，各州县所余男丁已经不多，然而，运送东都建设物资需要大量的劳力，所谓"所经州县，递送往返，首尾相属，不绝者千里"，从侧面了透露了为运送物资到东都，征用其他的劳力已是必然。如果再考虑到"而东都役使促迫，僵仆而毙者，十四五焉。每月载死丁，东至城皋，北至河阳，车相望于道"等情况，当知无休止地动用劳力而导致出现男丁严重不足的局面。进而言之，为了弥补役丁不足造成的缺口，唯一的办法是打破原有的服役制度，采取征用女性劳力的办法。

其四，男丁匮乏，还与隋炀帝好大喜功、用兵西北有着密切的联系。如裴矩奉命监管张掖互市时，窥知隋炀帝有吞并西域之心，为此，查访西域山川、风俗、物产，撰写《西域图记》上书朝廷，并提出吞并吐谷浑的意见。史称："大业初，西域诸蕃款张掖塞与中国互市，炀帝遣矩监其事。矩知帝方勤远略，欲吞并夷狄，乃访西域风俗及山川险易、君长姓族、物产服章，撰《西域图记》三卷，入朝奏之。帝大悦，赐物五百段。每日引至御座，顾问西方之事。矩盛言西域多珍宝及吐谷浑可并之状，帝信之，仍委以经略。"②隋炀帝决定用兵西北及打击吐谷浑一事，几乎与建造东都同时发生。史称："炀帝即位，伏允遣其子顺来朝。时铁勒犯塞，帝遣将军冯孝慈出敦煌以御之，孝慈战不利。铁勒遣使谢罪，请降，帝遣黄门侍郎裴矩慰抚之，讽令击吐谷浑以自效。铁勒许诺，即勒兵袭吐谷浑，大败之。伏允东走，保西平境。帝复令观王雄出浇河、许公宇文述出西平以掩之，大破其众。伏允遁逃，部落来降者十万余口。六畜三十余万。述追之急，伏允惧，南遁于山谷间。其故地皆空，自西平临羌城以西，且末以东，祁连以南，雪山以北，东西四千里，南北二千里，皆为隋有。"③经过多次出兵，隋炀帝终于将西域并入大隋版图，但西北用兵却耗费了大量的国力。进而言之，在东都建设"每月役丁二百万"的前提下，隋炀帝穷兵黩武征伐吐谷浑，势必要造成男丁极度短缺的局面。

其五，男丁匮乏早在隋文帝一朝已初露端倪。如隋文帝一朝兴修河渠、建造水次仓、建造仁寿宫、扩充武备等都加剧了男丁匮乏的程度；如魏徵总结隋王朝速亡的原因时，除了注意到营造东都促成其速亡的原因外，又特别提出了隋王朝的两代君主滥用民力和武力的观点。史称："十三年，帝命杨素出，于岐州北造仁寿宫。素遂夷山堙谷，营构观宇，崇台累榭，宛转相属。役使严急，丁夫多死，疲敝颠仆者，推填坑坎，覆以土石，因而筑为平地。死者以

---

① 唐·魏徵《隋书·食货志》，北京：中华书局1973年版，第686页。
② 后晋·刘昫等《旧唐书·裴矩传》，北京：中华书局1975年版，第2406页。
③ 唐·魏徵等《隋书·西域传》，北京：中华书局1973年版，第1844—1845页。

万数。"①开皇十三年(593),杨素奉命建仁寿宫,从"夷山堙谷,营构观宇,崇台累榭,宛转相属"等语中当知,仁寿宫的规模宏大;从"死者以万数"等语中当知,兴修时动用了大量的男丁,出现了"丁夫多死,疲敝颠仆者,推填坑坎,覆以土石,因而筑为平地。死者以万数"的情况。魏徵追溯隋王朝滥用民力的历史时,提出了隋文帝建造仁寿宫时已经发生的观点。李吉甫记载道:"麟游县,……隋于此置西麟州,营仁寿宫。……九成宫,在县西一里。即隋文帝所置仁寿宫,每岁避暑,春往冬还。义宁元年废宫,置立郡县。贞观五年复修旧宫,以为避暑之所,改名九成宫。"②仁寿宫建在麟游(在今陕西宝鸡麟游)境内,为了建造一座供隋文帝避暑的宫殿,动用的丁夫达到了惊人的程度。魏徵论述道:"宇文恺学艺兼该,思理通赡,规矩之妙,参踪班、尔,当时制度,咸取则焉。其起仁寿宫,营建洛邑,要求时幸,穷侈极丽,使文皇失德,炀帝亡身,危乱之源,抑亦此之由。"③魏徵的这一论述有两个要点:一是兴建仁寿宫"使文皇失德",明确地指出隋王朝耗费民力"其起仁寿宫",也就是说,因滥用民力,男丁匮乏在隋文帝一朝已经发生;二是重点批判宇文恺的行为,认为宇文恺协助杨素建仁寿宫以后,"要求时幸,穷侈极丽,使文皇失德,炀帝亡身,危乱之源,抑亦此之由",为隋王朝耗尽国力走向灭亡埋下了伏线。进而言之,"始以妇人从役"发生在大业元年建设东都之时已是历史的必然。

唐得天下以后,因隋鉴不远,士人以强烈的忧患意识和历史使命感,特别注意研究隋亡的原因及前朝倾覆的原因④。史称:"及迁都,上以恺有巧思,诏领营新都副监。高颎虽总大纲,凡所规画,皆出于恺。后决渭水达河,以通运漕,诏恺总督其事。后拜莱州刺史,甚有能名。兄忻被诛,除名于家,久不得调。会朝廷以鲁班故道久绝不行,令恺修复之。既而上建仁寿宫,访可任者,右仆射杨素言恺有巧思,上然之,于是检校将作大匠。岁余,拜仁寿宫监,授仪同三司,寻为将作少监。文献皇后崩,恺与杨素营山陵事,上善之,复爵安平郡公,邑千户。炀帝即位,迁都洛阳,以恺为营东都副监,寻迁将作大匠。恺揣帝心在宏侈,于是东京制度穷极壮丽。帝大悦之,进位开府,拜工部尚书。"⑤这一记载有四个要点:一是宇文恺曾任

---

① 唐·魏徵等《隋书·食货志》,北京:中华书局1973年版,第682—683页。
② 唐·李吉甫《元和郡县图志·关内道二》(贺次君点校),北京:中华书局1983年版,第42页。
③ 唐·魏徵等《隋书·宇文恺传》,北京:中华书局1973年版,第1599页。
④ 像汉代关心秦亡天下的原因那样,唐王朝十分注意研究隋亡的原因。汉以秦为鉴的论述,可参见张强《西汉"过秦"思潮的发生和发展》,《淮阴师范学院学报》2004年第1期;张强《陆贾与〈过秦论〉》,《光明日报》(理论版)2001年9月25日。唐以隋为鉴的事迹比比皆是,贞观四年(630)唐太宗打算重修乾元殿时,给事中张玄素劝谏道:"臣又尝见隋室初造此殿,楹栋宏壮,大木非随近所有,多从豫章采来,二千人拽一柱,其下施毂,皆用生铁为之,若用木轮,便即火出。略计一柱,已用数十万功,则余费又过倍于此。臣闻阿房成,秦人散;章华就,楚众离;乾元毕工,隋人解体。且以陛下今时功力,何如隋日?承凋残之后,役疮痍之人,费亿万之功,袭百王之弊,以此言之,恐甚于炀帝远矣。深愿陛下思之,无为由余所笑,则天下幸甚。"(唐·吴兢《贞观政要·纳谏》,北京:中华书局2003年版,第95—96页)。
⑤ 同③,第1587—1588页。

营新都副监一职,是杨素的副手,同时是隋长安大兴城的设计师;二是宇文恺兴修了关中漕渠和鲁班故道;三是在杨素的领导下,宇文恺参与了兴建仁寿宫的工程;四是在杨素的领导下,宇文恺成为东都建设的主要负责人。在建设的过程中,隋文帝明知建仁寿宫时"役使严急,丁夫多死",甚至多有责怪之意。然而,杨素不但没有受到处罚,反而受到嘉奖,史有"谓素为忠"①之说。或许是从杨素迎合隋文帝的行为中受到启发,宇文恺竭力地迎合隋炀帝的"宏侈"之心,把东都宫苑建设放到首位。从这样的角度看,隋亡应与隋两代君主滥用民力、武力等有直接的关系。千里堤防溃于蚁穴,如果隋代君主能收敛"穷侈极丽"之心,控制仁寿宫、东都等的建设规模,只是兴修有漕转能力的河渠,那么,隋王朝可能不会速亡。

除此之外,在强调隋亡与"穷侈极丽"相关时,魏徵特意强调了"宏放之主"与"好事之臣"之间的遇合,认为无休止地耗用大量的民力,是加快隋王朝灭亡根本原因。如魏徵论述道:"自古开远夷,通绝域,必因宏放之主,皆起好事之臣。张骞凿空于前,班超投笔于后,或结之以重宝,或慑之以利剑,投躯万死之地,以要一旦之功,皆由主尚来远之名,臣殉轻生之节。是知上之所好,下必有甚者也。炀帝规摹宏侈,掩吞秦、汉,裴矩方进《西域图记》以荡其心,故万乘亲出玉门关,置伊吾、且末,而关右暨于流沙,骚然无聊生矣。若使北狄无虞,东夷告捷,必将修轮台之戍,筑乌垒之城,求大秦之明珠,致条支之鸟卵,往来转输,将何以堪其敝哉!古者哲王之制,方五千里,务安诸夏,不事要荒。岂威不能加,德不能被?盖不以四夷劳中国,不以无用害有用也。是以秦戍五岭,汉事三边,或道殣相望,或户口减半。隋室恃其强盛,亦狼狈于青海。此皆一人失其道,故亿兆罹其毒。若深思即叙之义,固辞都护之请,返其千里之马,不求白狼之贡,则七戎九夷,候风重译,虽无辽东之捷,岂及江都之祸乎!"②按:这段写在《隋书·西域传》的文字,又见于李延寿编撰的《北史·西域传》,两段文字除了个别词语不同外,整个叙述完全一致。出现这样的情况,主要是李延寿编撰《北史·西域传》时利用了魏徵编修《隋书》时的成果。唐太宗诏修梁、陈、北齐、周、隋、五代史时,魏徵总领编修事务。史有"征受诏总加撰定,多所损益,务存简正。《隋史》序论,皆征所作,《梁》《陈》《齐》各为总论"③之说。李延寿编撰《北史》时,魏徵奉诏主持编修的梁、陈、北齐、周、隋等史均已修成,这样一来,遂为李延寿编修《北史》时采纳其成果提供了方便,如李延寿有"十七年,尚书右仆射褚遂良时以谏议大夫奉敕修《隋书》十志,复准敕召延寿撰录,因此遍得披寻。时五代史既未出,延寿不敢使人抄录"④等语为证。综合这些情况,可充分证明在东都建设之前或同时,男丁正常的服役秩序已被打破,男丁服役已将无法应对日趋扩大的服役需

---

① 唐·魏徵等《隋书·食货志》,北京:中华书局1973年版,第683页。
② 唐·魏徵等《隋书·西域传》,北京:中华书局1973年版,第1859—1860页。
③ 后晋·刘昫等《旧唐书·魏徵传》,北京:中华书局1975年版,第2550页。
④ 唐·李延寿《北史·序传》,北京:中华书局1974年版,第3343—3344页。

求。在这中间，因漕运是东都建设的保障工程，又因二百万男丁入洛从事东都建设，再加上兴修通济渠涉及的范围极广，这样一来，"始以妇人从役"应与兴修通济渠及漕运相关。

第三节　洛阳漕运码头的建设

　　东都的漕运码头主要分布在西苑、洛水沿岸，其中，汉魏洛阳故城的东门是最大的漕运码头。西苑在东都新城的西面，是通济渠的起点。西苑虽然建有码头，但那只是皇家的御用码头，出于安全方面的考虑，不可能在西苑建造全面开放的漕运码头。此外，东都由新城和汉魏洛阳故城即老城等两个部分构成，新城在老城的西面，西苑又在新城的西面，如果以西苑为漕运码头，势必要增加航程，不利于漕转，故只能沿用洛阳原有的漕运码头来重点解决自关东漕运关中时的难题。

　　洛阳一向是兵家必争之地，时至隋代，汉魏洛阳故城多遭破坏。面对这一形势，宇文恺规划建设方案时，采取了在河南县境内另造新城的方案。胡渭论述道："(隋东都城即今河南府治，前直伊阙之口，后依邙山之塞。自周敬王、汉光武、魏文帝、晋武帝、后魏孝文帝皆都故洛城，至是西移十八里置都城焉。)而通济之渠复起，(《隋书》：炀帝大业元年，开通济渠，自西苑引谷、洛水，达于河；自板渚引河通于淮。)"①从"至是西移十八里置都城焉"等语中可知，东都新城建在汉魏洛阳故城以西十八里的地方。

　　水陆交通枢纽建设是东都建设的重要内容，为了突出其漕运功能，宇文恺进行城市规划时采取了将洛水贯穿城中的方案。史称："隋大业元年，自故洛城西移十八里置新都，今都城是也。北据邙山，南对伊阙，洛水贯都，有河汉之象。都城南北十五里二百八十步，东西十五里七十步，周围六十九里三百二十步。都内纵横各十街，街分一百三坊、二市。每坊纵横三百步，开东西二门。"②洛水贯穿新城，为利用隋代以前的河渠行运提供了便利。顾祖禹论述道："隋大业元年改营东京，城前直伊阙之口，后依邙山之塞，东出瀍水之东，西逾涧水之西，洛水贯其中，……河南、洛阳于是合而为一。"③胡渭亦有"隋大业元年，改建东都，并河南、洛阳而一之"④之说。东都新城虽在河南县，但新城在向洛水沿岸扩张时已与汉魏故都洛阳连成一片。因东都新城有南北两大城区，这两大城区与汉魏洛阳故城相连，从而形成了新旧三大城区。由于汉魏故城本身依洛水而建，又由于洛水贯穿东都新城，再加上隋代以前洛水已

---

① 清·胡渭《禹贡锥指》(邹逸麟整理)，上海：上海古籍出版社2006年版，第249页。
② 后晋·刘昫等《旧唐书·地理志一》，北京：中华书局1975年版，第1420—1421页。
③ 清·顾祖禹《读史方舆纪要·河南三》(贺次君、施和金点校)，北京：中华书局2005年版，第2219页。
④ 同①。

是洛阳重要的漕运通道,这样一来,东都的漕运码头集中在洛水沿岸乃是历史的必然,同时也为利用新城和旧城之间的洛水进行漕运铺平了道路。

隋建东都以前,洛阳漕运主要由环绕洛阳的阳渠和洛水航线构成。阳渠是洛阳入洛水再入黄河的唯一航线。从东周到隋前,阳渠多有毁坏,但阳渠至洛阳东门入洛、至洛口入黄河的漕运通道不变。洛阳水文变化始于周灵王之时,如《山海经·中山经》有"涧水出于其阴,西北流注于谷水"①之说,杜佑有"周灵王时,谷洛斗,毁王宫,则《左传》齐庄公遣师城郏是也。在今城之西。按此谷水本涧水,自后遂更名矣。经今城之苑中,入于洛"②之说。在前人的基础上,王应麟进一步论述道:"《周语》'谷、洛斗',注云:'洛在王城之南,谷在王城之北,东入于瀍。至灵王时,谷水盛出于王城之西,而南流合于洛水。'"③周灵王以后,洛阳水文多次发生变化。胡渭考证道:"涧、谷二源至新安东而合流,自下得通称,古谓之涧,周室东迁,谓之谷,而涧之名遂晦。《周语》:灵王二十二年谷、洛斗,将毁王宫。王欲壅之,太子晋谏曰:不可,引共工、伯鲧之事以为戒。王弗听,卒壅之。韦昭注云:斗者,两水格有似于斗。洛在王城之南,谷在王城之北,东入于瀍。至灵王时,谷水盛,出于王城之西,而南流合于洛水,毁王城西南,将及王宫,故齐人城郏。壅之者,壅防谷水使北出也。郭缘生《述征记》曰:谷、洛二水,本于王城东北合流,所谓谷、洛斗也。今城之东南缺千步,世又谓谷、洛斗处。郦道元引韦昭语以折缘生之谬。愚谓郭固失之,而韦亦未为得也。谷水出王城之西,而南合于洛水者,其故道也。灵王时,偶值暴水大至,两川相触如格斗然,故谓之斗。非谷水本由城北入瀍,而今忽改道由城西入洛也。使谷水本由城北而东入于瀍,则《洛诰》何以指王城为涧水东邪!且使谷水故道果在城北,则灵王壅之使北出,是为复禹之迹。太子晋亦何为引共、鲧防川之害,以戒王哉!此理甚明,不待多辩。道元言灵王壅谷,其遗堰三堤尚存,今亦不可得详。窃意此三堤者,皆在王城之西北,当时堰谷水使东出于城北与瀍水会,折而南,历城东至千金堨处,又南入洛。此盖自灵王以迄西汉谷水会洛之故道也。何以知之?以东汉作堨于河南城东十五里知之也。使谷水不由此入洛,堨何为在此乎?道元云:河南城西北谷水之右有石碛,碛南出为死谷。颍容《春秋条例》言:西城梁门枯水处,世谓之死谷是也。死谷云者,以其有渎而无水,盖即灵王壅谷后,城西所存之枯渠矣。《方舆纪要》云:自东汉引谷、洛之水以通漕,而瀍、谷非复故道。曹魏文明之世,大营宫殿,分引支流,灌注苑囿。延及晋代,川谷渐移。及元魏迁都,更加营治。大约时所务者,都邑之漕渠而已。……于时又以谷、洛二水周匝都城为急,故复引谷南流以会洛,从城西绕城而南,以达城东,经偃师、巩县之间,而注于

---

① 袁珂校注《山海经校注》,上海:上海古籍出版社1980年版,第137页。
② 唐·杜佑《通典·州郡七》,杭州:浙江古籍出版社1988年版,第939页。
③ 宋·王应麟《困学纪闻·通济渠,谷、洛水,板渚,邗沟》(栾保群、田松青、吕宗力校点),上海:上海古籍出版社2008年版,第1802页。

洛口,其于千金、九曲之故迹,又未尝过而问矣。"①周灵王以后,历两汉、魏晋、北魏及隋,洛阳一带的黄河水文前后发生过五次变化,可以说,每一次的水文变化都牵动着洛阳及洛水的水文变化。进而言之,黄河的水文变化在一定程度上改变洛阳的水文环境,成为重建洛阳漕运秩序的重要原因。如胡渭论述道:"瀍、涧水道之变,自东周始。灵王壅谷使东出,一变也;东汉引水为漕渠,二变也;魏、晋引水灌苑囿,三变也;元魏决湖注瀍水,四变也;隋炀引水匝都城,五变也。"②在黄河水文变化的带动下,洛阳一带的水文发生了变化,因此需要根据不同时期的特点重修河渠,重建漕运秩序。然而,洛阳周边的水文虽然发生变化,但阳渠自洛阳东门入洛水,随后"经偃师、巩县之间,而注于洛口"的漕运通道基本上没有大的变化。由于阳渠是隋代以前洛阳面向江淮的唯一航线,又由于隋炀帝建设东都时将洛水贯穿城中,这样一来,兴修通济渠及洛阳漕运码头时,一方面充分地利用了阳渠入洛入河的漕运通道,一方面有计划地利用了汉魏洛阳故城东门的漕运码头。

为恢复东都漕运,隋炀帝兴修通济渠时改造了阳渠航线。李吉甫叙述汉魏洛阳城与洛水的关系时写道:"洛水,在县西南三里。西自苑内上阳之南弥漫东流,宇文恺筑斜堤束令东北流。当水冲,捺堰九折,形如偃月,谓之月陂,今虽渐坏,尚有存者。"③"县西南"指隋洛阳县西南,这一地方原属汉魏洛阳故城。胡渭论述道:"《元和志》:洛水在洛阳县西南三里。西自苑内上阳之南,弥漫东流,宇文恺斜堤束令东北流,形如偃月,谓之月坡。伊水在河南县东南十八里。瀍水在河南县西北六十里,西从新安县东流入县界。又曰通津渠在河南县南三里。隋分洛水西北,名千步碛渠者,东北流入洛。"④以水文变化为依据,宇文恺修复了汉魏洛阳故城的阳渠航线。在这中间,通过修复汉魏故城阳渠原有的漕运通道,在利用建春门漕运设施及码头的基础上,形成了经阳渠、洛水入黄河,再入汴渠,面向江淮的航线。由于"河南、洛阳于是合而为一",汉魏故城的阳渠沿线遂成为重要的漕运码头。

阳渠是洛阳北入黄河的唯一的漕运通道。如储光羲在《洛阳东门送别》诗中写道:"东城别故人,腊月迟芳辰。不惜孤舟去,其如两地春。"⑤如诗题所示,储光羲是在洛阳东门送别友人的。诗中的"东城"指汉魏洛阳故城,因隋东都新城在西,故称。又如李绅在《重入洛阳东门》诗中写道:"商颜重命伊川叟,时事知非入洛人。连野碧流通御苑,满阶(一作街)秋草过天津。"⑥结合诗题,李绅是走水路入洛阳东门的。"御苑"指隋炀帝建造的东都西苑,李绅自东门向西张望,看到"连野碧流通御苑"的情景,与此同时,又看到御苑的秋草远接洛水

---

① 清·胡渭《禹贡锥指》(邹逸麟整理),上海:上海古籍出版社2006年版,第248—249页。
② 同①,第250页。
③ 唐·李吉甫《元和郡县图志·河南道一》(贺次君点校),北京:中华书局1983年版,第131页。
④ 同①,第249—250页。
⑤ 唐·储光羲《洛阳东门送别》,中华书局《全唐诗》,北京:中华书局1960年版,第1410页。
⑥ 唐·李绅《重入洛阳东门》,中华书局《全唐诗》,北京:中华书局1960年版,第5488页。

上架设的天津桥。从储光羲、李绅共同强调"洛阳东门"的话语中当知,汉魏洛阳故城的东门是隋东都重要的漕运码头。进而言之,隋代东都漕运沿用了汉魏旧渠阳渠,并且继续沿用汉魏洛阳故城东门的漕运码头。

隋代东都的东门共有三座,新城与旧城"合而为一"后,东都东门建春门虽与汉魏故城的东门建春门在同一地点,因以东都新城为主城区及地理坐标,故汉魏故城东门原有的称谓发生了变化。如杨衒之交代洛阳东门情况时记载道:"东面有三门:北头第一门曰建春门(汉曰上东门。阮籍诗曰,'步出上东门',是也。魏晋曰建春门,高祖因而不改。),次南曰东阳门(汉曰中东门,魏晋曰东阳门,高祖因而不改。),次南曰青阳门(汉曰望京门,魏、晋清明门,高祖改为青阳门。)"①北魏时期的洛阳沿袭了汉魏时期的洛阳故城,其东门及建春门的地理方位没有发生变化。李林甫等叙述隋东都东门时记载道:"东都城左成皋,右函谷,前伊阙,后邙山。南面三门:中曰定鼎,左曰长夏,右曰厚载。东面三门:中曰建春,南曰永通,北曰上东。北面二门:东曰安喜,西曰徽安。"②隋建东都时虽将汉魏洛阳故城包括在内,因新城是东都的地理坐标,因此,汉魏时期的洛阳东门及建春门的方位发生了变化。具体地讲,汉魏时期的建春门在洛阳城东的北头,隋唐时期的建春门已成为洛阳东门中间的一座。

建春门是隋东都对外联络的漕运码头,凡是走水路入东都,建春门是唯一的自洛水入阳渠的通道。追溯历史,建春门一带成为漕运码头可上溯到东汉。胡渭释"屈南径建春门石桥下"语云:"东城之北头一门,即上东门也。桥之右柱铭云:阳嘉四年,诏书以城下漕渠东通河、济,南引江、淮,方贡委输,所由而至,使中谒者马宪监作。其水依石柱文,自乐道里屈而东出阳渠也。"③从"所由而至"中当知,建春门早在东汉时期已是阳渠面向江淮的漕运码头。此后,魏晋、北魏建都洛阳沿用了这一漕运码头。史有咸宁二年(276)九月"起太仓于城东"④之说,晋武帝将太仓即中央粮库建在城东,是因阳渠环绕洛阳,故城东有漕运之利。

北魏建都洛阳,袭用了西晋在阳渠沿线建造的太仓(中央粮库)。杨衒之记载道:"建春门内御道南,有勾盾、典农、籍田三署。籍田南有司农寺。御道北有空地,拟作东宫,晋中朝时太仓处也。"⑤西晋以阳渠为航线,太仓在洛阳建春门内,如史有"寺东有中朝时常满仓(高祖令为租场),天下贡赋所聚蓄也"⑥之说,"寺东"指明悬尼寺。杨衒之记载道:"明悬尼寺,彭城武宣王勰所立也。在建春门外石桥南(谷水周围绕城,至建春门外,东入阳渠石桥。桥有四柱,在道南铭云:'汉阳嘉四年将作大匠马宪造。'逮我孝昌三年,大雨颓桥,柱始埋没。

---

① 北魏·杨衒之《洛阳伽蓝记·序》,杨勇校笺《洛阳伽蓝记校笺》,北京:中华书局2006年版,第2页。
② 唐·李林甫等《唐六典·尚书工部》(陈仲夫点校),北京:中华书局1992年版,第219页。
③ 清·胡渭《禹贡锥指》(邹逸麟整理),上海:上海古籍出版社2006年版,第248页。
④ 唐·房玄龄等《晋书·武帝纪》,北京:中华书局1974年版,第66页。
⑤ 北魏·杨衒之《洛阳伽蓝记·城内》,杨勇校笺《洛阳伽蓝记校笺》,北京:中华书局2006年版,第62页。
⑥ 同⑤,第70页。

道北二柱,至今犹存。衔之案刘澄之《山川古今记》、戴延之《西征记》并云:'晋太康元年造。'此则失之远矣。)。"①西晋建造的太仓由不同的粮库组成,其中,常满仓是重要的粮仓。早在东汉,建春门已是阳渠入河远通江淮的交通枢纽及漕运码头,并具有接纳来自江淮租米和赋税的能力。北魏袭用晋太仓及漕运码头以后,以建设租场即接纳各地的租米及赋税为标志,在建春门一带扩建了有不同功能的漕运码头及租场等。

从汉魏到北魏,建春门一直是洛阳面向江淮的漕运码头。时至隋兴修通济渠,这一航线继续承担着江淮及东南漕运的重任。在这中间,隋王朝利用汉魏故城建春门一带的设施兴修了上东街、建春街。如韦述有"上东、建春二横街七十五步"②之说,魏晋时期的建春门是东汉"上东门"的别称。上东街、建春街与东市相邻,东市是隋东都重要的商品集散地,因此,隋王朝建造东市及兴修通济渠时,沿用了阳渠在建春门一带的漕运码头。如胡渭考证通济渠"自西苑引谷、洛水,达于河;自板渚引河通于淮。于时又以谷、洛二水周匝都城为急,故复引谷南流以会洛,从城西绕城而南,以达城东,经偃师、巩县之间,而注于洛口"③之说,又有"又东径偃师城南,又东注于洛。盖即张纯之所穿。《洛水篇》云:洛水东过偃师县南,又北阳渠水注之是也"④之说,从"从城西绕城而南,以达城东"中可知,隋兴修通济渠时,充分利用了东汉阳渠,利用了自阳渠沿洛水东行经偃师、自巩县经洛口入黄河的航线。这条航线重建后,建春门成为自通济渠或自永济渠入洛阳的必经之地,与此同时,建春门作为漕运码头的地位得到再度的宣示。

除了建春门之外,城南津阳门等也是隋东都联系江淮及东南的不可或缺的漕运码头。胡渭释"屈南径建春门石桥下。盖即王梁之所引,道元所谓旧渎者也;一在洛阳城南,自阊阖门南历西阳门、西明门,屈东历津阳门、宣阳门、平昌门、开阳门"语时考证道:"南城之东头一门,故建阳门也。谷水于城东南隅枝分,北注径青阳门东,又北径东阳门东,又北径故太仓西,又北入洛阳沟。青阳,东城之南头一门,故清明门,东阳城之正东门,故中东门也。"⑤通济渠重开后,恢复了阳渠的漕运能力,为从汉魏故城东门建春门等到南门津阳门等建立漕运码头铺平了道路。杨衔之叙述洛阳南门四门的情况时记载道:"南面有四门:东头第一门曰开阳门(初,汉光武迁都洛阳,作此门始成,而未有名,忽夜中有柱自来在楼上。后琅琊郡开阳县言南门一柱飞去,使来视之,则是也。遂以'开阳'为名。自魏及晋,因而不改,高祖亦然。),次西曰平昌门(汉曰平门,魏晋曰平昌门,高祖因而不改。),次西曰宣阳门(汉曰小苑

---

① 北魏·杨衔之《洛阳伽蓝记·城东》,杨勇校笺《洛阳伽蓝记校笺》,北京:中华书局2006年版,第70页。
② 唐·韦述《两京新记》,辛德勇《两京新记辑校》,西安:三秦出版社2006年版,第80页。
③ 清·胡渭《禹贡锥指》(邹逸麟整理),上海:上海古籍出版社2006年版,第249页。
④ 同③,第248页。
⑤ 同④。

门,魏晋曰宣阳门,高祖因而不改。)。"①因阳渠串连起东门建春门和南门津阳门等,这样一来,东都的漕运码头虽以建春门为主,与洛水航线相关的汉魏洛阳故城阳渠沿岸亦有集散漕运货物的功能。

第四节 隋炀帝与漕运通道的建设

大业元年三月,隋炀帝兴修通济渠揭开了东都洛阳水陆交通枢纽建设的序幕。史称:"开渠,引谷、洛水,自苑西入,而东注于洛。又自板渚引河,达于淮海,谓之御河。"②杜佑记载道:"炀帝大业元年,发河南诸郡男女百余万,开通济渠,自西苑引谷、洛水达于河,又引河通于淮海,自是天下利于转输。"③在河渠建设的过程中,隋王朝采取了自东都西苑开渠的方案。胡三省注《资治通鉴·隋纪四》"自西苑引谷、洛水达于河"等语时总结道:"是岁营建东京,东去故都十八里,南直伊阙之口,北倚邙山之塞,东出瀍水之东,西出涧水之西;其城西面连苑,距上阳宫七里,苑墙周回一百二十六里,北拒北邙,西至孝水,南带洛水支渠,谷、洛二水会于其间,故自苑引之为渠,以达于河。"④自东都皇家园林西苑开渠目的主要是为了方便引谷水、洛水入运,经此,通济渠形成了以西苑为起点,经黄河入淮,再经邗沟(山阳渎)入长江,远接江南河及长江沿岸的航线,进而形成面向江淮及深入到长江腹地的漕运能力。

隋炀帝把兴修通济渠放到河渠建设的优先位置上,主要出于两个原因。一是东都及宫苑建设的大型建材等主要来自江南及长江以远的区域,为此,需要打通江淮航线寻求吴越及长江腹地,甚至是五岭以北的支援,如史有"往江南诸州采大木,引至东都"⑤之说,又有"发大江之南、五岭以北奇材异石,输之洛阳。又求海内嘉木异草,珍禽奇兽,以实园苑"⑥之说。五岭是长江水系和珠江水系的分水岭,指湘、桂之间的越城岭、都庞岭、萌渚岭、赣南的骑田岭,以及赣、粤之间的大庾岭。在这中间,邗沟是连接江淮之间的交通要道,是自黄河流域入淮入江的重要节点,承担着东都建设及运输长江以南建材的重任。这样一来,兴修以洛阳为起点通往长江流域的航线时,势必要把改造江淮航线即重修邗沟纳入兴修通济渠的范围。二是隋承北周之绪,建都长安。定都长安后,关中及长安粮食严重短缺,需要农业经济发达

---

① 北魏·杨衒之《洛阳伽蓝记·序》,杨勇校笺《洛阳伽蓝记校笺》,北京:中华书局2006年版,第2页。
② 唐·魏徵等《隋书·食货志》,北京:中华书局1973年版,第686页。
③ 唐·杜佑《通典·食货十》,杭州:浙江古籍出版社1988年版,第56页。
④ 宋·司马光《资治通鉴·隋纪四》(胡三省音注),北京:中华书局1956年版,第5618页。
⑤ 同②。
⑥ 宋·司马光《资治通鉴·隋纪四》(邬国义校点),上海:上海古籍出版社1997年版,第1632页。

地区江淮的支持。史有"京辅及三河,地少而人众,衣食不给"①之说,在农业经济中心向江淮转移的紧要关口,再加上漕运关中受到三门峡的阻碍等客观原因,建立以洛阳为中心的漕转秩序已刻不容缓。在这中间,隋炀帝启动建造东都的计划,利用旧有的河渠兴修通济渠,揭开了洛阳水陆交通枢纽建设的序幕,表达了以东都控制关东、江淮、长江以远地区,支持关中及长安的政治诉求。

邗沟是通济渠通江达海的重要组成部分,在隋文帝改造邗沟的基础上,隋炀帝重修了邗沟。司马光《资治通鉴·隋纪四》叙述大业元年三月开通济渠的情况时记载道:"辛亥,命尚书右丞皇甫议发河南、淮北诸郡民,前后百余万,开通济渠。自西苑引谷、洛水达于河,复自板渚引河历荥泽入汴,又自大梁之东引汴水入泗,达于淮。又发淮南民十余万开邗沟,自山阳至杨子入江。"②《通志》是《资治通鉴》的初名,司马光编撰八卷献书朝廷时有"臣少好史学,病其烦冗,常欲删取其要,为编年一书"③等说。袁枢交代《资治通鉴》纪事本末时记载道:"炀帝大业元年春三月丁未,诏杨素与纳言杨达、将作大匠宇文恺营建东京,……辛亥,命尚书右丞皇甫议发河南、淮北诸郡民,前后百余万,开通济渠。自西苑引谷、洛水达于河。复自板渚引河历荥泽入汴。又自大梁之东引汴水入泗达于淮。又发淮南民十余万开邗沟,自山阳至杨子入江。"④根据司马光、袁枢的记载,可以得出三个结论:一是兴修通济渠及邗沟是同时进行的,其时间发生同在大业元年三月;二是隋炀帝兴修河渠时是把邗沟视为通济渠的一部分而建的;三是元代有"隋炀帝大业三年,……又发淮南兵夫十余万开邗沟"⑤之说,这一记载明显有误,应以司马光、袁枢的记载为准。

在隋炀帝重修邗沟以前,隋文帝曾三次改造邗沟航道。由此提出的问题是:既然隋文帝一朝已改善了江淮之间的水运条件,为什么时隔不久,隋炀帝还要重修和整治邗沟呢?从文献记载的角度看,这里面主要有三个方面的原因。

其一,隋炀帝整治邗沟的重点主要集中在拓宽航道方面。隋文帝重修邗沟时虽然改善了邗沟的通航条件,但航道狭窄,漕运能力受到限制,不利于通航。如史有隋炀帝开邗沟"自山阳至扬子入江。渠广四十步"⑥之说,在隋文帝的基础上,隋炀帝将三百余里的邗沟航道拓宽为"渠广四十步",从而消解了漕运中的瓶颈。

其二,隋炀帝一朝,淮河和长江的水文继续发生变化,为了保证漕运,需要根据新的水文

---

① 唐·魏徵等《隋书·食货志》,北京:中华书局1973年版,第682页。
② 宋·司马光《资治通鉴·隋纪四》(邬国义校点),上海:上海古籍出版社1997年版,第1632页。
③ 宋·司马光《进通志表》,李文泽、霞绍晖校点整理《司马光集》,成都:四川大学出版社2010年版,第1197页。
④ 宋·袁枢《通鉴纪事本末·炀帝亡隋》,北京:中华书局1964年版,第2339—2340页。
⑤ 元·脱脱等《宋史·河渠志三》,北京:中华书局1985年版,第2319页。
⑥ 同②。

情况重修邗沟。阎若璩论述道:"吴之劳民力不亦甚哉!然观《明一统志》邗沟旧水道屈曲,逮隋大业初始开广之,则仍有不尽用其力之意。《左氏》特下一'沟'字,吴草庐不得其解,谓江、淮之间掘一横沟,两端筑堤,壅水于中以行舟耳。二水实未通流,亦如上朱子非流水也之说,岂其然?"①所谓"二水实未通流",是指吴王夫差兴修邗沟时,淮河下行至邗城的水道与江潮形成的水道互不相通。因"二水实未通流",故漕运能力受到一定程度的限制。此后,历代重修虽提高了邗沟的通航能力,但江淮水文复杂,漕运能力受到限制。如胡渭考证道:"郦道元云:晋永和中,江都水断,其水上承欧阳,引江入埭。则邗沟之首受江处固已改矣,而水之北流如故也。据史所称则南流当起隋世。又程大昌云:邗沟南起江,而北通射阳湖,以抵末口入淮者,吴故渠也。隋开皇七年,开山阳渎以通漕运,比射阳末口则为西矣。八年,数道伐陈,燕营舟师,乃不出淮,而出东海。则山阳之渎,虽稍增广,犹不胜战舰。至大业初,大发淮南兵夫十余万,开邗沟自山阳至扬子入江,三百余里,水阔四十步,可通龙舟,而后淮始达江也(《宋史·河渠志》一诏云:邗沟曾为吴王濞所开广。不知何据。)。由是言之,则淮、湖之水,南流入江,实自炀帝大业初始。盖沟阔至四十步,而又变曲为直,北水南奔,浩瀚倍常,江流反为其所遏,而不能北入。朱子所以云:自高邮入江,不得为溯也。李习之不知水流已改,故其来南也,有溯江之说,与古时暗合,在当时却相反。"②在隋王朝依赖江淮的程度不断加深的背景下,提升自江淮及长江以远联系关东、关中的漕运能力,是隋炀帝兴修通济渠时必须面对的大问题。这一时期,淮河和长江发生新的水文变化,为此,隋炀帝再次改造邗沟。进而言之,邗沟是联系江淮的快捷通道,特别是兴建东都及宫苑时亟须江淮以远区域的支援,这样一来,根据水文变化及时地重修邗沟已不可避免。

其三,隋文帝重修改造邗沟后,虽改善了邗沟的通航条件,但始终无法解决邗沟入淮河口水位落差太大的问题。为提高邗沟运力,隋炀帝在拓宽航道的基础上采取了疏浚及恢复淮阴末口漕运的做法。曾巩论述道:"隋炀帝大业二年,诏尚书左丞皇甫谊发河南男女百万开汴水,起荥泽入淮千余里,仍自汴河为通济渠。又发淮南兵夫十余万开邗沟,自山阳、淮阴至扬子江三百余里,水面广四十步,而后行幸焉。自是天下利于转输。"③《宋史·河渠志三》载:"又发淮南兵夫十余万开邗沟,自山阳淮至于扬子江三百余里,水面阔四十步,而后行幸焉。自后天下利于转输。"④所谓"山阳淮",是指邗沟自淮入江有山阳和淮阴等两个航段节点。此说与曾巩"自山阳、淮阴至扬子江三百余里"同义。如果以邗沟初始航线论之,山阳是以邗城为起点至淮阴末口入淮航线的节点,因此,没有必要专门强调山阳。如果邗沟新航线

---

① 清·阎若璩《尚书古文疏证》(黄怀信、吕翊欣校点),上海:上海古籍出版社2010年版,第450页。
② 清·胡渭《禹贡锥指》(邹逸麟整理),上海:上海古籍出版社2006年版,第194—195页。
③ 宋·曾巩《河渠》,《隆平集校证》(王瑞来校证),北京:中华书局2012年版,第128页。
④ 元·脱脱等《宋史·河渠志三》,北京:中华书局1985年版,第2319页。

即山阳渎论之,因自山阳末口入淮,自淮阴末口入淮的航线不再使用,那么,也没有必要专门强调淮阴这一航段节点。很显然,曾巩声称邗沟即山阳渎"自山阳、淮阴至扬子江"的潜台词是自山阳末口入淮或入邗沟的新航线开通后,自淮阴末口入淮或至江都宫入江的旧航线依旧存在。进而言之,隋炀帝在隋文帝的基础上重修邗沟后,邗沟即山阳渎入淮除了使用山阳末口之外,自淮阴末口入淮的航线继续使用。隋炀帝重修邗沟后,恢复使用淮阴末口这一航线主要有三个原因。

一是自邗沟开启江淮漕运后,淮阴末口一直有着不可替代的作用。东晋谢灵运叙述道:"发津潭而迥迈,逗白马以憩舻。贯射阳而望邗沟,济通淮而落角城。城陂陁兮淮惊波,平原远兮路交过。"①角城在什么地方?郦道元叙述淮河与淮阴水文关系时指出:"淮、泗之会,即角城也。……淮水右岸,即淮阴也。"②杜佑释角城时指出:"安帝义熙中置,亦在宿迁县界。"③义熙是晋安帝司马德宗的年号。李吉甫引《通释》称:"淮水入宿迁县,南与县分中流为界。"④政区变化后,淮阴省入山阳县,成为山阳的一部分,这样一来,宿迁的南界遂与山阳接壤。胡渭释泗水"又东径角城北,而东南流注于淮"时指出:"角城县故城在今清河县西南。"⑤角城故城在清河县西南,"清河县"是淮阴县在南宋时的新称。据此,当知淮阴末口是入邗沟的河口。高闾在《论淮南不宜留戍表》中叙述道:"寿阳、盱眙、淮阴,淮南之源本也。三镇不克其一,而留兵守郡,不可自全明矣。既逼敌之大镇,隔深淮之险,少置兵不足以自固,多留众粮运难可充。又欲修渠通漕,路必由于泗口;溯淮而上,须经角城。淮阴大镇,舟船素畜,敌因先积之资,以拒始行之路。若元戎旋斾,兵士挫怯,夏雨水长,救援实难。忠勇虽奋,事不可济。淮阴东接山阳,南通江表,兼近江都、海西之资,西有盱眙、寿阳之镇。"⑥由于"淮阴东接山阳,南通江表,兼近江都、海西之资",是不可忽视的战略要地,因此,隋炀帝重修邗沟后需要继续利用这一航段节点进行漕运。

二是隋文帝改造邗沟后,自山阳末口上行入淮或下行入邗沟时必经山阳湾。山阳湾水位落差大,船只容易翻覆。史称:"初,楚州北山阳湾尤迅急,多有沈溺之患。雍熙中,转运使刘蟠议开沙河,以避淮水之险,未克而受代。乔维岳继之,开河自楚州至淮阴,凡六十里,舟行便之。"⑦由于"山阳湾尤迅急,多有沈溺之患",乔维岳不得不采取"开河自楚州至淮阴"

---

① 晋·谢灵运《撰征赋》,顾绍柏校注《谢灵运集校注》,郑州:中州古籍出版社1987年版,第255页。
② 北魏·郦道元《水经注·淮水》,杨守敬、熊会贞疏,段熙仲点校,陈桥驿复校《水经注疏》下册,南京:江苏古籍出版社1989年版,第2552—2553页。
③ 唐·杜佑《通典·州郡一》,杭州:浙江古籍出版社1988年版,第908页。
④ 唐·李吉甫《元和郡县图志·淮南道》(贺次君点校),北京:中华书局1983年版,第1075页。
⑤ 清·胡渭《禹贡锥指》(邹逸麟整理),上海:上海古籍出版社2006年版,第141页。
⑥ 北齐·魏收《魏书·高闾传》,北京:中华书局1974年版,第1207页。
⑦ 元·脱脱等《宋史·河渠志六》,北京:中华书局1985年版,第2379页。

的措施,并继续使用淮阴末口。这里尽管是说宋代的情况,但因宋代的淮河水文与隋唐时的水文大体一致,因此,可以移来说明隋代自山阳末口的漕运情况。

三是恢复使用淮阴末口入淮及入邗沟,起码在唐玄宗开元年间(713—741)已经发生。宋太宗赵炅询问广济渠(通济渠在唐代的新称)的来历时,参知政事张洎答道:"开元末,河南采访使、汴州刺史齐浣,以江、淮漕运经淮水波涛有沉损,遂浚广济渠下流,自泗州虹县至楚州淮阴县北八十里合于淮,逾时毕功。既而水流迅急,行旅艰险,寻乃废停,却由旧河。"①由于自山阳渎入淮没有从根本上解决"水流迅急,行旅艰险"等问题,故汴州刺史齐浣采用了"寻乃废停,却由旧河"的漕运方案。这里虽然是说唐代邗沟漕运的情况,但从一个侧面道出了隋文帝开邗沟新航线即山阳渎以后的实际情况。隋炀帝拓宽邗沟航道并使用山阳末口这一新航线后,淮阴末口航线继续存在,依旧是邗沟漕运时不可或缺的航线。出现这样的情况,主要是由山阳、淮阴在邗沟即山阳渎漕运中的地位决定的。为保证漕运,隋炀帝需要在利用山阳末口的基础上,发掘淮阴末口利用的价值。经此,隋代江淮漕运形成或自山阳末口入淮,或自淮阴末口入淮的复线。

兴修通济渠及疏浚邗沟以后,隋炀帝于大业四年决定在黄河支流沁水开凿一条南下入黄河、北上入涿郡的航线。史称:"四年春正月乙巳,诏发河北诸郡男女百余万开永济渠,引沁水南达于河,北通涿郡。"②又称:"四年,发河北诸郡百余万众,引沁水,南达于河,北通涿郡。自是以丁男不供,始以妇人从役。"③司马光亦记载道:"诏发河北诸军百余万众穿永济渠,引沁水南达于河,北通涿郡。丁男不供,始役妇人。"④诚如前面所述,"始以妇人从役"早在建造东都时已经发生。那么,应该如何理解大业四年发生的"始以妇人从役"呢?因文献记载不明,可以做出的推测是,此前"始以妇人从役"属于临时征用,经此成为制度。所谓"河北诸郡",泛指黄河以北各郡州,主要指怀州、魏州、相州、博州、卫州、贝州、澶州等,如史有"自隋季丧乱,群盗初附,权置州郡,倍于开皇、大业之间,贞观元年,悉令并省。始于山河形便,分为十道"⑤之说。惩隋之败,唐王朝加强政区监察,将天下分为包括河北道在内的十道。然而,隋唐两代的政区变化不大,故完全可以唐代监察区论之。所谓"引沁水南达于河",是指开辟引沁水南下入河的运道。所谓"北通涿郡",是指沿永济渠引沁入运,沿这条新航线北上可以抵达涿郡。

永济渠是一条联系黄河以北的漕运通道,对隋王朝来说,开通这条航线有着特殊的战略意义。开通永济渠以后,在裴矩的建议下,隋炀帝将征辽东即讨伐高丽一事提到了议事日程

---

① 元·脱脱等《宋史·河渠志三》,北京:中华书局1985年版,第2319—2320页。
② 唐·魏徵等《隋书·炀帝纪上》,北京:中华书局1973年版,第70页。
③ 唐·魏徵等《隋书·食货志》,北京:中华书局1973年版,第687页。
④ 宋·司马光《资治通鉴·隋纪五》(邬国义校点),上海:上海古籍出版社1997年版,第1638页。
⑤ 后晋·刘昫等《旧唐书·地理志一》,北京:中华书局1975年版,第1384页。

上。史称:"时高丽遣使先通于突厥,启民不敢隐,引之见帝。矩因奏曰:'高丽之地,本孤竹国也,周代以之封箕子,汉时分为三郡,晋氏亦统辽东。今乃不臣,列为外域,故先帝欲征之久矣,但以杨谅不肖,师出无功。当陛下时,安得不有事于此,使冠带之境,仍为蛮貊之乡乎?今其使者朝于突厥,亲见启民从化,必惧皇灵之远畅,虑后服之先亡,胁令入朝,当可致也。请面诏其使还本国,遣诏其王令速朝觐。不然者,当率突厥即日诛之。'帝纳焉。高丽不用命,始建征辽之策。"①在裴矩的建议下,好大喜功的隋炀帝决定讨伐高丽,试图恢复汉魏时期的疆土。

在经营辽东的过程中,隋炀帝充分利用了贯穿南北的漕运大通道永济渠和通济渠。史称:"乙亥,上自江都御龙舟入通济渠,遂幸于涿郡。壬午,诏曰:'武有七德,先之以安民。政有六本,兴之以教义。高丽高元,亏失藩礼,将欲问罪辽左,恢宣胜略。虽怀伐国,仍事省方。今往涿郡,巡抚民俗。其河北诸郡及山西、山东年九十已上者,版授太守,八十者,授县令。'"②所谓"上自江都御龙舟入通济渠",是说大业七年(611)二月乙亥隋炀帝自江都乘龙舟启程北上,自邗沟入淮河,随后自徐城汴口沿通济渠北入黄河,又经沁口入永济渠北上抵涿郡。杜佑记载道:"七年冬,大会涿郡。分江淮南兵配骁卫大将军来护儿,别以舟师济沧海,舳舻数百里,并载军粮,期与大兵会于平壤。"③司马光亦记载道:"壬午,下诏讨高丽。敕幽州总管元弘嗣往东莱海口造船三百艘,官吏督役,昼夜立水中,略不敢息,自腰以下皆生蛆,死者什三四。夏,四月,庚午,车驾至涿郡之临朔宫,文武从官九品以上,并令给宅安置。先是,诏总征天下之兵,无问远近,俱会于涿。又发江淮以南水手一万人,弩手三万人,岭南排镩手三万人,于是四远奔赴如流。五月,敕河南、淮南、江南造戎车五万乘送高阳,供载衣甲幔幕,令兵士自挽之,发河南、北民夫以供军须。秋,七月,发江、淮以南民夫及船运黎阳及洛口诸仓米至涿郡,舳舻相次千余里,载兵甲及攻取之具,往还在道常数十万人,填咽于道,昼夜不绝,死者相枕,臭秽盈路,天下骚动。"④隋炀帝以涿郡为集结地,发动了征伐高丽的战争,试图恢复南北朝分治以后失去的辽东。在这中间,通济渠和永济渠在漕运中发挥了重要的作用,如将河北黎阳仓、洛阳洛口诸仓的粮食运往涿郡。此外,通济渠和永济渠在保证运兵运粮的同时,还将沿线的人力、物力和财力纳入了保证后勤补给的范围。从这样的角度看,如果通济渠和永济渠不能实现互通的话,那么,将无法在很短的时间内调集河北、江淮的粮食等物资支援征讨高丽的战役。

隋炀帝征讨高丽共进行了三次,如果以大业七年二月筹集粮草军备等将其集结到涿郡

---

① 后晋·刘昫等《旧唐书·裴矩传》,北京:中华书局1975年版,第2407—2408页。
② 唐·魏徵等《隋书·炀帝纪上》,北京:中华书局1973年版,第75—76页。
③ 唐·杜佑《通典·食货十》,杭州:浙江古籍出版社1988年版,第56页。
④ 宋·司马光《资治通鉴·隋纪五》(邹国义校点),上海:上海古籍出版社1997年版,第1643页。

算起,到大业十年(614)四月第三次征伐高丽,这场延续三年之久的战争可谓是耗尽了隋王朝的国力。在这中间,如果说东都建设透露了隋炀帝滥用国力的信息,那么,三次讨伐高丽则把隋王朝拖向了死亡的深渊。袁枢记载道:"七年春二月乙亥,帝自江都行幸涿郡。壬午,下诏讨高丽。敕幽州总管元弘嗣往东莱海口造船三百艘。官吏督役,昼夜立水中,略不敢息,自腰以下皆生蛆,死者什三四。夏四月庚午,车驾至涿郡之临朔宫,文武从官九品以上,并令给宅安置。先是,诏总征天下之兵,无问远近,俱会于涿。又发江、淮以南水手一万人,弩手三万人,岭南排镩手三万人,于是四远奔赴如流。五月,敕河南、淮南、江南造戎车五万乘送高阳,供载衣甲幔幕,令兵士自挽之,发河南、北民夫以供军须。秋七月,发江、淮以南民夫及船,运黎阳及洛口诸仓米至涿郡。舳舻相次千余里,载兵甲及攻取之具,往还在道,常数十万人,填咽于道,昼夜不绝,死者相枕,臭秽盈路,天下骚动。"①袁枢忠实地记录了大业七年第一次讨伐高丽的情况,从"舳舻相次千余里,载兵甲及攻取之具,往还在道,常数十万人,填咽于道,昼夜不绝,死者相枕,臭秽盈路"等叙述中不难发现:一是此次征伐采取了水陆并进的措施,充分地利用了兴修的永济渠和通济渠等;二是隋炀帝无节制地滥用国力已到了令人发指的地步。遗憾的是,第一次讨伐终因指挥失误及战术不当归于失败,为此,隋炀帝不得不再次动用国力,接连进行第二次和第三次讨伐战争。魏徵评论道:"负其富强之资,思逞无厌之欲,狭殷、周之制度,尚秦、汉之规摹。恃才矜己,傲狠明德,内怀险躁,外示凝简,盛冠服以饰其奸,除谏官以掩其过。淫荒无度,法令滋章,教绝四维,刑参五虐,锄诛骨肉,屠剿忠良,受赏者莫见其功,为戮者不知其罪。骄怒之兵屡动,土木之功不息,频出朔方,三驾辽左,旌旗万里,征税百端,猾吏侵渔,人不堪命。乃急令暴条以扰之,严刑峻法以临之,甲兵威武以董之,自是海内骚然,无聊生矣。"②为了追求"穷极壮丽",隋炀帝没有节制地耗费国力如建造东都及宫苑、修河渠、筑国道、经营西域、讨伐高丽等,终于激起民愤,导致身死江都。

从另一个层面看,虽然三次征伐高丽把隋王朝拖入了死亡的深渊,但通济渠、永济渠在维护南北统一中的作用可见一斑,甚至是泽及后世。如唐王朝有效地控制江淮、黄河中下游南北地区,维护政治稳定、社会经济发展,与通济渠和永济渠漕运的支持密不可分。

为进一步提升河渠在国家战略中的作用,隋炀帝采取了"河畔筑御道,树以柳"③的措施。所谓"河畔筑御道",是指沿河堤建一条与水路平行的陆路交通线。所谓"树以柳",是指为防止河堤坍塌破坏道路和航线,采取了种柳固堤固路的措施。傅泽洪记载道:"大业元年,发河南道诸州郡兵夫五十余万开通济渠。自河起荥泽入淮千余里,又发淮南诸州郡丁夫十余万开邗沟,自山阳淮至于扬子入江三百余里,水面阔四十步,造龙舟,两岸为大道,种榆

---

① 宋·袁枢《通鉴纪事本末·隋讨高丽》,北京:中华书局1964年版,第2331页。
② 唐·魏徵等《隋书·炀帝纪下》,北京:中华书局1973年版,第95—96页。
③ 唐·魏徵等《隋书·食货志》,北京:中华书局1973年版,第686页。

柳,自东郡至江都二千余里,树荫相交。每两驿置一宫为停顿之所,自京师至江都,离宫四十余所。"①这条河堤大道沿通济渠分布在江淮及黄河以北沿线,有效地加强了沿线地区政治、经济等方面的联系。在这中间,"每两驿置一宫为停顿之所",既为南下北上的官员提供了必要的休息停顿场所,同时还具有收集情报的功能,可以将不同区域的民情及时地上报中央,以便采取必要的措施。

沿河堤筑路即兴修"御道",是隋炀帝加强交通建设的一大发明。兴修"御道"应始自大业元年重修邗沟之时,此后,延展到通济渠的全线。如袁枢记载道:"又发淮南民十余万开邗沟,自山阳至扬子入江。渠广四十步,渠旁皆筑御道,树以柳,自长安至江都置离宫四十余所。"②重修邗沟时,隋炀帝采取了"渠旁皆筑御道"的措施。结合"两岸为大道,种榆柳,自东郡至江都二千余里,树荫相交"等语,当知"御道"在邗沟沿线兴修后,又延展到通济渠的沿线,从而形成了自洛阳至扬州水陆平行的交通体系。

自通济渠沿线兴修"御道"后,"御道"建设又延展到永济渠。袁枢记载道:"七年春二月己未,上升钓台,临扬子津,大宴百僚。乙亥,帝自江都行幸涿郡,御龙舟,渡河入永济渠,仍敕选部、门下、内史、御史四司之官于(前)船[前]选补,其受选者三千余人,或徒步随船三千余里,不得处分,冻馁疲顿,因而致死者什一二。壬午,下诏讨高丽。"③在叙述"渡河入永济渠"时,省略了"上自江都御龙舟入通济渠"这一环节。当隋炀帝"御龙舟入通济渠"奔涿郡时,出现了"或徒步随船三千余里"的情况。从这一叙述中当知,永济渠沿线建有与之平行的河堤大道。通过沿河堤筑路,隋炀帝提升了河渠建设的质量,改善了隋代水陆交通的面貌。此外,"自长安至江都置离宫四十余所",沿河堤筑路有可能涉及隋文帝在关中兴修的广通渠。

需要补充的是,御道建设除了指与河渠平行及相伴而行的陆路外,还包括联系不同方向的国道。具体地讲,为加强东都洛阳与西京长安的联系,隋炀帝采取了"废二崤道,开菱册道"④的措施;为加强西北与东北之间的交通联系,采取了"发榆林北境,至于其牙,又东达于蓟,长三千里,广百步,举国就役而开御道"⑤的措施;为加强河北与山西之间的交通联系,采取了"发河北十余郡丁男凿太行山,达于并州,以通驰道"⑥等措施。在这里,开凿的国道虽然有"菱册道""驰道"等不同的名称,但从"举国就役而开御道"一语中当知,这些国道可统称为"御道"。这些国道或作为洛阳水陆交通枢纽建设的一部分,或作为国道在不同区域的

---

① 清·傅泽洪《行水金鉴·运河水》,《四库全书》第581册,上海:上海古籍出版社1987年版,第439页。
② 宋·袁枢《通鉴纪事本末·炀帝亡隋》,北京:中华书局1964年版,第2340页。
③ 同②,第2347页。
④ 宋·司马光《资治通鉴·隋纪四》(邬国义校点),上海:上海古籍出版社1997年版,第1632页。
⑤ 唐·魏徵等《隋书·长孙晟传》,北京:中华书局1973年版,第1336页。
⑥ 唐·魏徵等《隋书·炀帝纪上》,北京:中华书局1973年版,第68页。

延伸,最大限度地改善了隋王朝现有的水陆交通状况,加强了不同区域间的经济等联系,进而在更大的范围建立了漕转体系。如杜佑记载道:"五年,于西域之地,置西海、鄯善、且末等郡,(逐吐谷浑得其地,并在今酒泉、张掖、晋昌郡之北。今悉为北狄之地。鄯音善。且,子余反。)谪天下罪人,配为戍卒,大开屯田,发四方诸郡运粮以给之。"①在加强水陆交通建设的同时,隋炀帝一朝又采取屯田之策,从而缓解了漕运压力。

大业六年的冬天,隋炀帝兴修了江南河。江南河是三吴地区的重要河渠,一直是三吴地区不可或缺的交通。南北分治时期,经过开发,三吴已成为农业经济最发达的地区。隋统一南北后,三吴的经济地位进一步上升,在这一背景下,隋炀帝萌生了巡视江南及会稽山(在今浙江绍兴境内)的念头。史称:"敕穿江南河,自京口至余杭,八百余里,广十余丈,使可通龙舟,并置驿宫、草顿,欲东巡会稽。"②大业六年的冬天,隋炀帝对江南河原有航道进行了改造,重修了自京口(在今江苏镇江)至余杭(在今浙江杭州)的长八百多里江南河。通过疏浚和拓宽航道,江南河形成了"广十余丈"的航道,提升了三吴地区的漕运能力。在这中间,史家不提沿江南河兴修"御道"一事表明三吴地区水网密布,只能发展水上交通,无法建立与之配套的陆路交通,如史有"水行山处,以船为车,以楫为马"③之说。

江南河的基础包括四个部分:一是吴古故水道,二是越国伐吴时在吴国境内开挖的航道,三是秦丹徒水道等,四是南朝时期开挖兴修的水道。如魏嵩山、王文楚先生论述道:"早在春秋时期,北抵长江,南迄钱塘江,贯通三江、五湖,已有渠道可通,而这条渠道即是江南运河的前身。"④张守节注《史记·吴太伯世家》"执吾眼置之吴东门"语时,引《吴俗传》有"子胥亡后,越从松江北开渠至横山东北,筑城伐吴"⑤之说。客观地讲,能在很短的时间内完成江南河的重修工程,是因为三吴地区一直有良好的航运条件:一是春秋时期吴国境内开挖的以阖闾大城为中心的运河,这些运河从历史的角度构建了江南河的骨架;二是秦始皇南巡兴修丹徒水道时,将吴运河的入江口从渔浦(在今江苏江阴利港)移到了京口,为隋炀帝进一步确认以京口为入江河口的江南水运机制奠定了基础;三是两汉、三国及南北朝时期,前人多次重修三吴地区的河渠。江南河重修工程为隋炀帝利用历代兴修江南河的成果提供了便利条件,经过重新疏浚和改造,隋炀帝建成了自京口经丹徒、丹阳、武进、常州、无锡、苏州、吴县、吴江等地绕至太湖东,随后自浙江嘉兴、湖州抵余杭,渡钱塘江后向东至余姚等地的水上通道。

---

① 唐·杜佑《通典·食货十》,杭州:浙江古籍出版社1988年版,第56页。
② 宋·司马光《资治通鉴·隋纪五》(邬国义校点),上海:上海古籍出版社1997年版,第1642页。
③ 汉·赵晔《吴越春秋·勾践伐吴外传》(苗麓校点),南京:江苏古籍出版社1999年版,第176页。
④ 魏嵩山、王文楚《江南运河的形成及其演变过程》,《中华文史论丛》1979年第2辑(总第十辑),上海:上海古籍出版社1979年版,第306页。
⑤ 汉·司马迁《史记·吴太伯世家》,北京:中华书局1982年版,第1473页。

通济渠及邗沟一头联系黄河,一头联系江淮,密切了黄河与江淮及长江沿线的联系;江南河一头联系长江,一头联系钱塘江,除了加强长江与钱塘江流域的联系外,还建立了从海上连接华南的交通;永济渠一头联系黄河,一头联系以清河为主的水系,为海河水系的诞生奠定了基础。程大昌评论隋炀帝开河渠之功时论述道:"展汴渠使广且长者,炀帝也。原其所起,隋文实有其意矣。史记文帝尝命梁睿于河阴之西,立石堰,遏河水入汴,则岂专炀帝自为之欤? 后世不以一劳永逸为功,而独深罪之者,以其主为燕游焉。尔是以君子恶居下流也,不独汴也。淮不通江,江不通浙,其凿而通之,因古迹而便漕运者皆帝,帝实成之也。江之通淮,以邗沟沟吴,创也。吴将伐齐,自广陵城东南筑邗城,并城掘沟,沟之远,南起江,而北通射阳湖,以抵末口淮者,吴故也。隋开皇七年,开山阳渎以通漕运。山阳,今楚州也。比射阳末口,则为西矣。至其八年,数道伐陈燕荣舟师,乃不出淮而出东海。则山阳之渎,虽稍增广,犹不胜战舰。至大业元年,大发淮南兵夫十余万开邗沟,自山阳至杨子入江,三百余里,水阔四十步,可通龙舟,而江始入淮也。江之通浙也,亦自大业六年也。方其开凿,亦以能胜龙舟为则,自京口至余杭郡八百余里,水皆阔十余丈,命之曰江南河。将绝浙游会稽,既不果行,世罕言之。方大业三年,炀之还,自达计跋谷也。于河之北又有永济渠之役,导沁水东北合渠,以达涿郡二千余里,其衡广,亦以龙舟为则,世名'御河'者是也。然则炀帝之兴大役,自长城五关之外,由幽燕以至浙江。自有天地以来,四渎之水不能南北相灌者,炀皆创意成之,其虐用人力如此,至于一经开凿而不可遂废,其功亦大。岂可不聚着以资经画者之案阅欤?"①程大昌在论述隋炀帝开河渠之功时主要涉及两点:一是注意到隋文帝在河渠建设方面的贡献;二是站在历史的高度,论述了隋炀帝兴修通济渠、邗沟、永济渠和江南河的历史之功。

从地理方位上看,通济渠(包括江淮之间的邗沟)与江南河有更加紧密的联系。具体地讲,伴随着江淮成为新兴农业经济体,江淮漕运畅通与否已直接关系到隋王朝政治的稳定和经济的发展。在这中间,永济渠似乎独立于这一漕运体系之外。其实不然,结束南北分治后,河北地区与永济渠的灌溉、排洪防涝、改良土壤等功能拧结在一起,一跃成为隋王朝黄河以北的重要经济体。这一经济体与江淮经济体相辅相成,遥相呼应,共同承担了征辽东时调集粮食及战略物资的使命。在这中间,一方面沿河渠兴修"御道"即建设陆路交通,另一方面又在跨越不同水系的过程中建构了与陆路相辅相成的水上大交通。如自永济渠南下入河入通济渠,可自通济渠渡江入江南河,这一贯穿东西南北的大交通形成后,促进了不同区域在经济、文化等方面的交流。

---

① 宋·程大昌《禹贡后论·汴》,《四库全书》第 56 册,上海:上海古籍出版社 1987 年版,第 115—116 页。

第三章　通济渠的航段节点及东南漕运

隋炀帝兴修通济渠是在黄河流量丰沛、河道相对稳定的背景下进行的。晋室南渡后，游牧民族入主中原，在黄河中下游沿岸采取了毁农田、建牧场的政策。客观地讲，这一举动一方面严重地破坏了农耕民族的生产及生活方式，另一方面因减速少取水灌溉农田，以至黄河中下游两岸的生态在一定程度上得到恢复。如东汉、魏晋时期一直是黄河改道、决口和漫溢的高频期，南北分治后，游牧民族占据相关的黄河沿岸后，将其改造成千里牧场。因恢复了沿岸的自然生态，黄河中下游的河道进入了相对稳定期，很少发生改道，与此同时，沿岸植被恢复后，黄河流量增大，遂为隋炀帝兴修通济渠、永济渠等解决"关河悬远，兵不赴急"[①]等提供了充足的水资源，创造了必要的条件。

与其他河渠相比，建设通济渠或重修汴渠有着特殊的意义，主要表现在四个方面：一是通济渠联系东南，在黄河中下游地区农业经济处于衰败的背景下，江淮农业经济的迅速崛起提升了通济渠的战略价值；二是通济渠跨越黄河、淮河两大水系，打通了进入长江水系的航线，可以借长江航线控制沿岸地区，控制巴蜀之地及长江腹地，甚至可以控制岭南等地区；三是自通济渠过长江可进入江南河，将三吴地区纳入漕运范围，为后世依靠东南漕运奠定了基础；四是淮河是通济渠不可或缺的航段，为后世榷盐及重点征榷淮盐创造了必要的条件。安史之乱后，刘晏改革漕政，实施以盐利保漕运之策，全面地提升了淮盐的历史地位，在这中间，淮盐不但在国家财政中的发挥着重要的作用，而且成为历代专制王朝寻求政治稳定和经济发展的特殊商品。

[①] 唐·魏徵等《隋书·炀帝纪上》，北京：中华书局1973年版，第61页。

第一节　通济渠的终点及淮河航线

《隋书》中叙述通济渠终点时提出了两个说法。一是《隋书·炀帝纪上》有通济渠"通于淮"①之说，明确地说通济渠的终点在入淮的河口；二是《隋书·食货志》有"开渠，引谷、洛水，自苑西入，而东注于洛。又自板渚引河，达于淮海"②之说，又说通济渠的终点是在淮海。由此提出的问题是："通于淮"与"达于淮海"之间能画等号吗？如果不能，那么，"通于淮"是在什么地点？"达于淮海"又在什么地点？

所谓"通于淮"，是指通济渠至徐城汴口入淮，徐城汴口是通济渠的终点。如李翱记载道："庚子，出洛下河，止汴梁口，遂泛汴流，通河于淮。……丙辰，次泗州，见刺史假舟，转淮上河如扬州。庚申，下汴渠入淮，风帆及盱眙。"③唐宪宗元和四年（809），李翱走水路自洛中沿通济渠入岭南，以泗州（在今江苏盱眙淮河镇）为下榻之处。泗州指唐代泗州移治后的临淮县治。"次泗州"，是说徐城汴口是通济渠的入淮处。从这样的角度看，徐城汴口是通济渠的终点。胡渭论述道："导徐城西北徐陂，东南注于淮。今泗州西北三十里有徐县故城，古徐国。"④从"下汴渠入淮，风帆及盱眙"中当知，徐城汴口即泗州移治后的临淮县治与盱眙隔淮河相望。孟元老进一步记载道："中曰汴河，自西京洛口分水入京城，东去至泗州，入淮，运东南之粮，凡东南方物，自此入京城，公私仰给焉。"⑤从汴河"东去至泗州，入淮"中可进一步证实泗州移治后的治所临淮是通济渠的终点。顾祖禹考证通济渠与泗州及盱眙的关系时指出："淮水在泗州城南一里，淮之南岸去盱眙县城北二里，两城相距凡七里，自昔为淮流衿束之处，战守所必资也。汴水自河南境流经泗城东，而合于淮，亦谓之汴口。"⑥唐宋以后，人们在叙述通济渠时，大都沿用"汴渠""汴河"等旧称。从"汴水自河南境流经泗城东，而合于淮"中可证明，通济渠的终点是在徐城汴口。进而言之，顾祖禹所说的泗州是指徐城汴口，与唐代移治前的泗州治所宿豫没有关系。同时可证明，隋代的通济渠不包括淮河航线和邗沟航线。

---

① 史有大业元年三月"开通济渠，自西苑引谷、洛水达于河，自板渚引河通于淮"之说（唐·魏徵等《隋书·炀帝纪上》，北京：中华书局1973年版，第63页）。
② 唐·魏徵等《隋书·食货志》，北京：中华书局1973年版，第686页。
③ 唐·李翱《来南录》，清·董诰《全唐文》卷六三八，北京：中华书局1983年版，第6442页。
④ 清·胡渭《禹贡锥指》（邹逸麟整理），上海：上海古籍出版社2006年版，第615页。
⑤ 宋·孟元老《东京梦华录·河道》，北京：中国商业出版社1982年版，第7—8页。
⑥ 清·顾祖禹《读史方舆纪要·川渎异同四》（贺次君、施和金点校），北京：中华书局2005年版，第5434页。

值得注意的是,后世论述通济渠自徐城进入淮河的河口时,分别有"汴口""泗口"等称谓。出现这样的情况,主要是由两个原因造成的:

其一,通济渠的基础是东汉王景、王吴兴修的汴渠,汴渠行经徐城入淮,因河渠交汇,一向有以小名大的规则,故这一河口有"徐城汴口"之称,又可简称为"汴口"。古代命名河口时,凡支流或别流与主流交汇处,均以支流或别流的名称命名;如果支流或别流同时与两条河流交汇,则不同的河口会有相同的名称。后来,这一命名方法延展到河渠与河流交汇的河口,凡河渠与河流交汇的河口一律用河渠的名称命名。如汴渠入淮口徐城汴口与东汉汴渠引黄河入汴的汴口虽然在两个地方,因其分别与黄河、淮河交汇,因此有相同的名称。汴渠自徐城汴口通往江淮的航线有悠久的历史,如司马迁叙述先秦河渠情况时就有"荥阳下引河东南为鸿沟,以通宋、郑、陈、蔡、曹、卫,与济、汝、淮、泗会。……东方则通(鸿)沟江淮之间"①等语。早在兴修鸿沟时,自黄河入淮河入泗水的航线已经建立,其中,自徐城入淮的鸿沟航线是自黄河进入淮河的重要通道,如项梁渡江沿邗沟进军北上时,曾在盱眙整休,随后自盱眙"渡淮"②逐鹿中原,就是走这条航线。王景、王吴开汴渠的目的是为了恢复鸿沟入淮的航线,经此,徐城汴口再度成为自汴渠入淮,由淮入邗沟的交通要道。可以说,这条航线恢复后即成为联系南北交通的要道,不但承担着经营江淮及运兵运粮的重任,同时也是商品流通的大通道,在南北商贸往来中扮演着重要角色。从秦汉到隋开通济渠以前,徐城汴口一直是面向江淮进行漕运时不可或缺的航段节点。

其二,泗州移治徐城旧地临淮以后,徐城汴口始有"泗州汴口"之称,随后,又因泗州汴口简称为"泗口"。在隋炀帝兴修通济渠以前,汴渠自黄河通往江淮的航线主要是在利用泗水和淮河水道的过程中实现的。王应麟考证道:"《通典》:'泗州宿迁县,(《郡县志》:淮水入县境,南与楚州山阳县分中流为界。)晋太宁中,兖州刺史刘遐自彭城退屯泗口,即此。'(褚裒伐赵,直指泗口,径赴彭城。殷浩进屯泗口;谢玄救彭城,军于泗口。)《水经》:'淮水东北至下邳淮阴县西,泗水从西北来流注之。'《注》:'淮、泗之会,即角城也。左右两川,翼夹二水,决入之所,谓泗口也(泗水又东南得睢水口。泗水又径宿预城之西。梁将张惠绍北入,水军所次。今城在泗水之中。')(《舆地广记》:'宿迁县,秦下相县地。晋元帝督运军储,以为邸阁,因置宿豫县。唐改宿迁。宋朝太平兴国七年属淮阳军。'胡文定公曰:'欲固下流,必守淮泗。'汉条侯击吴、楚,邓都尉曰:'使轻兵绝淮泗,塞吴饷道。'条侯从其策。泗水出袭庆府泗水县,至宿迁县入淮。《演繁露》曰:'泗,即今谓南清河也。'《禹贡广记》曰:'今盱眙军相对即泗口也。自清河口而上者吕梁,自涡口而上者谯梁,自颍口而上者蔡河。')"③淮河和泗

---

① 汉·司马迁《史记·河渠书》,北京:中华书局1982年版,第1407页。
② 汉·司马迁《史记·项羽本纪》,北京:中华书局1982年版,第298页。
③ 宋·王应麟《通鉴地理通释·泗口》(傅林祥点校),北京:中华书局2013年版,第365—366页。

水在不同的区域交汇,形成了四个泗口,分别在彭城(在今江苏徐州)、宿豫(在今江苏宿豫)、南清河(在今江苏淮阴)、泗州(在今江苏盱眙)境内。

通济渠开通以后,徐城汴口再度成为自黄河入淮泗远及长江腹地的战略要地。郑樵论述道:"邗沟水,一名韩江,一名邗溟沟。吴将伐齐霸中国,故于广陵城东南筑邗城,城下掘深沟,东北通射阳湖,西北至末口入淮,通江于淮,以便粮道。邗城今在扬州江都,末口在楚州山阳,而射阳湖亦在楚州。然此乃旧通江淮之道,后来以湖道多风,晋永和中,陈敏更由津湖,兴宁中复以津湖多风,又自湖之南沿东岸二十里穿渠入北口,北口即末口,自后行者不复由湖。然自末口入淮,又自彼溯淮达盱眙,然后入汴,犹有淮患。宋朝复穿,令径达盱眙入汴。"①盱眙在徐城汴口的对岸,隋开通济渠改造自黄河进入江淮的航线后,徐城汴口成为自黄河流域入淮入邗沟的咽喉要地,成为自淮北进入江淮时不可或缺的航段节点,这样一来,必然要成为重点经营的对象。

时至唐代,徐城汴口在南北交通中的地位进一步彰显,成为自黄河通往江淮的咽喉。长安四年(704),武则天析徐城县建临淮县,提升了徐城汴口在南北漕运中的地位。开元二十三年(735),泗州原有的治所沉入洪水之中,出于管控及加强漕运方面的需要,唐玄宗将泗州治所从宿预县移到临淮县的治所。史家叙述泗州行政区划的历史沿革时指出:"隋下邳郡。武德四年,置泗州,领宿预、徐城、淮阳三县。……长安四年,置临淮县。开元二十三年,自宿预移治所于临淮。"②李吉甫叙述临淮县及徐城县沿革时进一步指出:"本汉徐县地,长安四年分徐城南界两乡于沙塾村置临淮县,南临淮水,西枕汴河。开元二十三年,自宿迁移于今理。……本徐子国也,周穆王末,徐君偃好行仁义,视物如伤,东夷归之者四十余国。周穆王闻徐君威德日远,乘八骏马,使造父御之,发楚师,袭其不备,大破之,杀偃王。其子遂北徙彭城原东山之下,百姓归之,号曰徐山。按山今在下邳县界。楚、汉之际,项羽置东阳郡。汉诛英布,置徐县,属临淮郡。后汉以临淮郡合于东海,明帝又分东海为下邳国,理于此。晋太康三年,复置徐县,属临淮郡。梁于此置高平郡及高平县,隋开皇十八年改为徐城县,属泗州,理大徐城,大业四年移于今理。"③泗州移治临淮后,徐城汴口因移治始有"泗州汴口"之称,稍后又称为"泗口"。

徐城旧地的"泗州汴口"简称为"泗口",主要是因移治造成的。如中唐李绅《却入泗口》有"洪河一派清淮接,堤草芦花万里秋"④诗句,又如唐懿宗咸通九年(868)十一月,庞勋率部围攻泗州,令狐绹令李湘驰援,史有"贼攻泗州势急,淮南节度使令狐绹虑失泗口,为贼奔冲,

---

① 宋·郑樵《通志·地理略》,杭州:浙江古籍出版社1988年版,第541页。
② 后晋·刘昫等《旧唐书·地理志一》,北京:中华书局1975年版,第1444页。
③ 唐·李吉甫《元和郡县图志·河南道五》(贺次君点校),北京:中华书局1983年版,第231—232页。
④ 唐·李绅《却入泗口》,中华书局《全唐诗》,北京:中华书局1960年版,第5488页。

乃令大将李湘赴援"①可证,再如徐铉为南唐后主李煜代笔作《左领军将军孔昌祚可泗州刺史制》时,中有"朕以长淮北偏,隔阂戎夏。惟彼泗口,实当要冲"②等语,这些都充分证明了唐代移泗州治所到临淮以后,徐城汴口始有"泗州汴口"之称,进而有"泗口"之称。进而言之,徐城汴口有"泗口"这一称谓实际上是唐代泗州移临淮以后的事。

唐代移泗州治到徐城汴口即临淮县治主要有两个原因。一是梁将张惠绍为固守泗州治所宿豫,采取了引泗环城的方案,虽然起到了加固城防的作用,但为泗水淹城埋下了隐患。如李吉甫有"旧州城,梁将张惠绍北伐军所次,凭固斯城,堑其罗城,引水环之,今城在泗水之中"③之说。泗水淹没宿豫后,徐城汴口在漕运中的地位日益彰显,在这样的前提下,唐王朝移泗州治到徐城汴口,并建临淮县。二是隋唐以前,徐城汴口是汴渠入淮的漕运咽喉。如东汉时期,徐城汴口是汴渠自黄河流域入淮的河口,处于自此入淮入邗沟的要冲。如晋初杜预在给王浚的书信中,写下了"自江入淮,逾于泗汴,溯河而上,振旅还都,亦旷世一事也"④等语,在这封书信中,杜预强调了徐城汴口在漕运中的地位。胡渭阐释道:"故王浚伐吴,杜预与之书曰:足下当径取秣陵,自江入淮,逾于泗、汴,溯河而上,振旅还都。浚舟师之盛,古今绝伦,而自泗、汴溯河,可以班师。则汴水之大小,当不减于今。又足以见秦、汉、魏、晋皆有此水道,非炀帝创开也。"⑤隋建成通济渠以后,徐城汴口的战略地位进一步提升,故唐王朝析徐城旧地建临淮,试图加强对徐城汴口的控制。进而言之,徐城汴口一头连接汴渠及通济渠,一头连接淮河及邗沟,既是自黄河流域进入淮河流域和远及长江沿岸的漕运节点,同时也是控制南北的战略要地。

从春秋开鸿沟到隋兴修通济渠以前,经过历代的兴修,自黄河入淮或自淮河入黄河形成了五条重要的航线。如宋代王应麟在《通鉴地理通释》一书中引本朝陈敏语指出:"长淮二千余里,河道通北方者五:淮、汴、涡、颍、蔡是也。"⑥五条水道中,鸿沟及汴渠(包括通济渠)入淮是最重要的航线。

晋室南渡后,徐城汴口成为南北双方争夺的战略要地。史有"时石勒侵逼淮泗,帝备求良将可以式遏边境者,公卿举敦,除征虏将军、徐州刺史,镇泗口。及勒寇彭城,敦自度力不能支,与征北将军王邃退保盱眙,贼势遂张,淮北诸郡多为所陷"⑦之说,自无法固守徐州泗

----

① 后晋·刘昫等《旧唐书·懿宗纪》,北京:中华书局1975年版,第663—664页。
② 宋·徐铉《左领军将军孔昌祚可泗州刺史制》,清·董诰《全唐文》卷八八〇,北京:中华书局1983年版,第9200页。
③ 唐·李吉甫《元和郡县图志·河南道五》(贺次君点校),北京:中华书局1983年版,第231页。
④ 唐·房玄龄等《晋书·王浚传》,北京:中华书局1974年版,第1210页。
⑤ 清·胡渭《禹贡锥指》(邹逸麟整理),上海:上海古籍出版社2006年版,第144页。
⑥ 宋·王应麟《通鉴地理通释·淮阴》(傅林祥点校),北京:中华书局2013年版,第365页。
⑦ 唐·房玄龄等《晋书·卞敦传》,北京:中华书局1974年版,第1874页。

口后,王邃退保徐城汴口对岸的盱眙,完全可以证明徐城汴口是南北攻防的战略要点。当时南北攻防的战略要地有寿阳、盱眙、淮阴,三地均是扼守南北漕运通道的咽喉。如高闾在《论淮南不宜留戍表》一文中写道:"寿阳、盱眙、淮阴,淮南之源本也。三镇不克其一,而留兵守郡,不可自全明矣。既逼敌之大镇,隔深淮之险,少置兵不足以自固,多留众粮运难可充。又欲修渠通漕,路必由于泗口;溯淮而上,须经角城。淮阴大镇,舟船素畜,敌因先积之资,以拒始行之路。若元戎旋旆,兵士挫怯,夏雨水长,救援实难。忠勇虽奋,事不可济。淮阴东接山阳,南通江表,兼近江都、海西之资,西有盱眙、寿阳之镇。"①这里所说的"泗口"虽然与徐城旧地汴口无关,但由于前有"寿阳、盱眙、淮阴,淮南之源本也"等语,可进一步证明盱眙淮河对岸的徐城汴口已成为战争双方争夺的要地。

开皇八年(588),徐城汴口再度受到关注。为阻止隋文帝伐陈,陈将樊毅在泗口建军事要塞。史称:"陈将樊毅筑城于泗口,素击走之,夷毅所筑。宣帝即位,袭父爵临贞县公,以弟约为安成公。寻从韦孝宽徇淮南,索别下盱眙、钟离。"②这里所说的"泗口",是指在东楚州境内的泗口(在今江苏淮阴码头镇),与徐城汴口无关。杨素久攻不下,被迫经营盱眙、钟离(在今安徽凤阳临淮关东)。从这一事件中可知,经营盱眙、钟离是为了保证汴渠畅通,保证盱眙对岸的徐城汴口的安全。进而言之,经营盱眙、钟离的目的是为了扼守漕运通道,保证粮草供给,掌握战争的主动权。由于徐城汴口是汴渠通往江淮时重要的航段节点,又由于这一区间的航道有较好的通航条件,这样一来,隋炀帝兴修通济渠恢复漕运时势必要选择这一航线。

所谓"达于淮海",是指通济渠至江都(在今江苏扬州瓜洲一带)入江并经长江航线东入大海。杜佑记载道:"炀帝大业元年,发河南诸郡男女百余万,开通济渠,自西苑引谷、洛水达于河,又引河通于淮海,自是天下利于转输。"③在这里,"淮海"是扬州的代名词。孔安国注《尚书·禹贡》"淮海惟扬州"语云:"北据淮,南距海。"《禹贡》时代,九州之中的扬州主要由荆州以东的江南和淮河以南的江北等区域构成。如邢昺注释《尔雅·释地》"江南曰杨州"语云:"《周礼》:'东南曰杨州。'《禹贡》:'淮海惟扬州。'孔安国云:'北据淮,南距海。'然则杨州之境,跨江北至淮。此云江南者,举远大而言也。"④前面几处文献中出现的"杨州"是"扬州"的异写。春秋以后,《禹贡》所说的扬州已成为不同的政区,不再横跨大江南北。然而,不管政区发生什么样的变化,位于长江北岸的江都始终是《禹贡》扬州的核心区域。如在吴王夫差开邗沟以前,自吴越之地或长江沿线北上,唯一的快捷通道是"沿于江海,达于淮

---

① 北齐·魏收《魏书·高闾传》,北京:中华书局1974年版,第1207页。
② 唐·魏徵等《隋书·杨素传》,北京:中华书局1973年版,第1282页。
③ 唐·杜佑《通典·食货十》,杭州:浙江古籍出版社1988年版,第56页。
④ 清·阮元《十三经注疏·尔雅注疏》,北京:中华书局1980年版,第2614页。

泗""浮于淮泗,达于河"(《尚书·禹贡》)。与其他区域相比,地处扬州中心地带的江都一向有通江海、达淮泗的地理交通优势,这样一来,自然可以"淮海"相称。《尚书·禹贡》以"淮海"称扬州以后,不管江淮水文及水上交通发生了什么样的变化,处于扬州中心地带的江都始终保留着"淮海"这一称谓。邗沟建成后,长江漕运可自江都沿邗沟抵末口(在今江苏淮阴码头镇境内)入淮,不必再绕道海上。

隋调整政区后,江都郡治所在江阳(在今江苏扬州)。史家叙述江都郡治所江阳县沿革时指出:"旧曰广陵,后齐置广陵、江阳二郡。开皇初郡废,十八年改县为邗江,大业初更名江阳。有江都宫、扬子宫。"①广陵改称"江阳"后,隋炀帝在境内建造行宫江都宫。李吉甫记载道:"隋炀帝大业元年更令开导,名通济渠,自洛阳西苑引谷、洛水达于河,自板渚引河入汴口,又从大梁之东引汴水入于泗,达于淮,自江都宫入于海。"②李吉甫是中唐人,曾任淮南节度使(治所扬州),在任期间,他为提升邗沟的漕运能力兴修了平津堰。所谓"自江都宫入于海",是指通济渠至江都宫附近入江。魏文帝曹丕南下征吴时自江都浦水入江,史有广陵"有江都浦水,魏文帝伐吴出此,见江涛盛壮,叹云:'天所以限南北也。'"③之说,长江是南北交通的天然屏障。李吉甫引《纪胜扬州》有"旧阔四十余里,今阔十八里"④之说,"旧阔"指隋代以前自江都渡江的长江水文。李吉甫以"海"称江,是因为在隋唐长江水文变化之前,从江都渡江到对岸的润州(在今江苏镇江),直线距离四十多里。如王昌龄咏广陵时有"秋色明海县,寒烟生里闾"⑤等诗句,因江都一带的长江宽阔,故江都有"海县"之称。"自江都宫入于海"实际上是《隋书·食货志》"达于淮海"以及杜佑"引河通于淮海"的详解,是指通济渠在江都宫一带入江。

在历史水文变迁的过程中,邗沟的入江河口经历了多次变化。如王鸣盛考证道:"愚谓江都浦水与《汉志》广陵国江都渠水首受江者,疑皆即邗沟,亦即瓜洲,但此道直至隋炀帝始开,曹丕征吴时尚浅狭(可见后第七十九卷),彼欲亲御龙舟,率水师入江,此道不能容也。《魏志》述丕之临江观兵,水道冰,舟不得入江,仍谓舟不能取瓜步路入江,非谓瓜洲。"⑥所谓"此道直至隋炀帝始开",是指隋炀帝兴修通济渠时拓宽了邗沟至瓜洲入江的航道,并将这一入江航线固定下来。王鸣盛进一步论述道:"愚谓《汉志》江都渠水即夫差邗沟,疑亦即今瓜洲,《南齐书》《志》所云江都浦水亦即夫差邗沟,疑亦即今瓜洲,曹丕不过到此耀兵以眷惧吴

---

① 唐·魏徵等《隋书·地理志下》,北京:中华书局1973年版,第873页。
② 唐·李吉甫《元和郡县图志·河南道一》(贺次君点校),北京:中华书局1983年版,第137页。
③ 梁·萧子显《南齐书·州郡志上》,北京:中华书局1972年版,第255页。
④ 唐·李吉甫《元和郡县图志·淮南道》(贺次君点校),北京:中华书局1983年版,第1072页。
⑤ 唐·王昌龄《客广陵》,中华书局《全唐诗》,北京:中华书局1960年版,第1439页。
⑥ 清·王鸣盛《十七史商榷·〈南史〉合〈宋〉〈齐〉〈梁〉〈陈书〉六》(黄曙辉点校),上海:上海书店出版社2005年版,第450页。

人耳。若《魏志》所谓大寒,舟不得入江者,必即指瓜步在今六合者,丕既耀兵,或者从此发想绕瓜步回远六十里径渡江窥建业,或有此事,若谓即欲从邗沟问渡,因水冰始引还,则断无此理,盖邗沟自隋始开通深阔,然南北济渡仍不取此路,仍行瓜步,直至齐浣方改从瓜洲,则曹魏时必不发从此渡江之想。"①隋炀帝改造邗沟航线及拓宽航道后,瓜洲成为邗沟沿江都浦水渡江的中转站。

通济渠延长到邗沟后,是以扬子渡口为入江河口的。胡仔引《蔡宽夫诗话》记载道:"润州大江本与今扬子桥为对岸,而瓜洲乃江中一洲耳,故潮水悉通扬州城中。"②扬子渡口在扬子桥一带,与江心洲瓜洲隔江相望。李吉甫引《寰宇记》记载道:"瓜洲镇,在县南四十里江滨。昔为瓜洲村,盖扬子江中之沙碛也,状如瓜字,遥接扬子渡口,自开元以来渐为南北襟喉之地。"③所谓"遥接扬子渡口",是指江心洲瓜洲与江北的扬子渡口相望。起初,瓜洲是长江泥沙淤积后形成的江心洲。隋代以前,因江都到润州(在今江苏镇江)的江面宽阔,船只渡江主要取道瓜步(在今江苏南京六合)。通济渠建立"自江都宫入于海"的航线后,为了避开长江风浪,渡江时大都以瓜洲为中转站,这样一来,与瓜洲隔江相望的扬子渡口遂成为不可或缺的渡口。瓜洲"渐为南北襟喉之地",主要的原因是为了缩短绕道瓜步的航程,如史有"润州北界隔吴江,至瓜步沙尾,纤汇六十里,船绕瓜步,多为风涛之所漂损"④之说。然而,长江风高浪急,再加上江面宽阔,无论是在江都渡江至润州,还是在润州渡江至江都,都有巨大的风险,为此,需要有瓜洲这样的江心洲作为中转站及避风港来保证航行的安全。当时的情况是,从江都渡江到润州的直线距离超过四十里,受水流、风向等客观因素的影响,需要利用瓜洲在江中建避风港。

唐玄宗开元二十六年(738),为解决江面宽阔、渡江时因风浪过大船只容易翻覆等不利于漕运的问题,润州刺史齐浣在扬州南开挖伊娄河,史有"润州刺史齐浣开伊娄河于扬州南瓜洲浦"⑤之说,又有"润州北界隔吴江,至瓜步沙尾,纤汇六十里,船绕瓜步,多为风涛之所漂损。浣乃移其漕路,于京口塘下直渡江二十里,又开伊娄河二十五里,即达扬子县"⑥之说。扬子县(在今江苏仪征)旧属扬州,是长江沿岸的重要渡口。开耀元年(681),唐高宗析扬州在扬子镇建扬子县,如史有"开耀元年正月十二日,废扬子镇为县"⑦之说。在析分扬州

---

① 清·王鸣盛《十七史商榷·〈新旧唐书〉十一》(黄曙辉点校),上海:上海书店出版社2005年版,第688页。
② 宋·胡仔《苕溪渔隐丛话·前集》(廖德明校点),北京:人民文学出版社1962年版,第162页。
③ 唐·李吉甫《元和郡县图志·淮南道》(贺次君点校),北京:中华书局1983年版,第1072页。
④ 后晋·刘昫等《旧唐书·文苑中》,北京:中华书局1975年版,第5038页。
⑤ 后晋·刘昫等《旧唐书·玄宗纪下》,北京:中华书局1975年版,第210页。
⑥ 同④。
⑦ 宋·王溥《唐会要·州县改置下》,北京:中华书局1955年版,第1270页。

的基础上建扬子县,其目的是为了建立一条新航线,以改变南北漕运不畅的局面。

需要补充的是,伊娄河开通后,旧有的漕运通道依旧存在。在此基础上,分别形成了自扬子渡口以江心洲瓜洲为中继站渡江、自伊娄河渡江和绕道六合(在今江苏南京六合)渡江等三条航线。

唐玄宗以后,江都和润州之间的江面变窄。时至中唐即李吉甫生活的年代,江面仅剩十八里。长江水文变化后,自江都宫扬子渡口入江的航线已远离长江北岸。如胡仔引《蔡宽夫诗话》记载道:"李绅《与李频诗》云:'鸬鹚山头片云晴,扬州城里见潮生。'以为自大历后潮信始不通。今瓜洲既与扬子桥相连,自扬子距江尚三十里,瓜洲以闸为限,则不惟潮不至扬州,亦自不至扬子矣。山川形势,固有时迁易,大抵江中多积沙,初自水底将涌聚,傍江居人多能以水色验之,渐涨而出水,初谓之涂泥地,已而生小黄花,而谓之黄花杂草地,其相去迟速不常,近不过三五年者,自黄花变而生芦苇,则绵亘数十里,皆为良田,其为利不赀矣。"①所谓"今瓜洲既与扬子桥相连",是指唐代宗大历(766—779)以后,原本距扬子桥三十里的江心洲瓜洲已与长江北岸连成一片。胡渭论述道:"杨子江旧阔四十里,瓜洲本江中一洲。今北与杨子桥相连,而江面仅七八里。"②瓜洲与江北连成一片后,因江面变窄,航行时的风险大大地降低,故再自伊娄河渡江或绕道瓜步已没有必要。

在这样的前提下,根据长江水文的新变化,唐代统治者开通了自扬子渡口至瓜洲的新运道。在这中间,通过改造航线,瓜洲在江淮之间的漕运地位空前提升,从而出现了"渐为南北襟喉之地"的局面。如白居易《长相思》有"汴水流,泗水流,流到瓜洲古渡头"③等诗句,皮日休《汴河怀古》有"万艘龙舸绿丝间,载到扬州尽不还"④等诗句,司马光有通济渠"渠广四十步,渠旁皆筑御道,树以柳。自长安至江都"⑤等语。从唐宋两代的诗文中得知,自瓜洲成为南北及江淮漕运的重要渡口后,自伊娄河入江或自瓜步渡江南下的两条航线逐渐废弃。

从另一个层面看,无论是在兴修通济渠以前,还是兴修通济渠以后,邗沟一直是沟通江淮及联系长江流域的唯一的漕运通道,一向有独立存在的价值。或许正因为如此,史家于隋末唐初提出通济渠"通于淮"的说法,成为人们认识通济渠长度的重要看法。尽管如此,"达于淮海"这一说法也是隋末唐初的重要观点,其中,将邗沟视为通济渠一部分的看法在《隋书》《北史》等文献中多有表达,如《隋书·炀帝纪上》有"遣黄门侍郎王弘、上仪同于士澄往江南采木,造龙舟、凤舸、黄龙、赤舰、楼船等数万艘"⑥等语,《北史·隋本纪下》有"遣黄门侍

---

① 宋·胡仔《苕溪渔隐丛话·前集》(廖德明校点),北京:人民文学出版社1962年版,第162页。
② 清·胡渭《禹贡锥指》(邹逸麟整理),上海:上海古籍出版社2006年版,第574页。
③ 唐·白居易《长相思》,《白居易集》(顾学颉点校),北京:中华书局1979年版,第1534页。
④ 唐·皮日休《汴河怀古二首》,中华书局《全唐诗》,北京:中华书局1960年版,第7099页。
⑤ 宋·司马光《资治通鉴·隋纪四》(邬国义校点),上海:上海古籍出版社1997年版,第1632页。
⑥ 唐·魏徵等《隋书·炀帝纪上》,北京:中华书局1973年版,第63—64页。

郎王弘、上仪同于士澄往江南采木,造龙舟、凤䌽、黄龙、赤舰楼船等数万艘"①等语。如果将这些记载与《隋书·食货志》中的"又自板渚引河,达于淮海,谓之御河。河畔筑御道,树以柳。又命黄门侍郎王弘、上仪同于士澄,往江南诸州采大木,引至东都。所经州县,递送往返,首尾相属,不绝者千里"②等语进行对照,当知隋唐叙述通济渠的长度时已把邗沟计算在内。事实上,这一认识也一直影响到后世,如晚唐皮日休《太湖诗序》有"浮汴渠至扬州"③之说。

据统计,通济渠"通于淮"即以东都西苑为起点,又以徐城汴口即唐代的泗州临淮汴口为终点,全长约一千六百里;与此同时,通济渠"达于淮海"即以西苑为起点,又以江都宫即扬子渡口为终点,全长二千二百多里,如唐代李翱有"自洛州下黄河、汴梁过淮,至淮阴一千八百有三十里,顺流。自淮阴至邵伯三百有五十里,逆流。自邵伯至江九十里"④等语可证。在这中间,因"通于淮"的通济渠没有将邗沟及淮河航段计算在内,故比"达于淮海"的通济渠少六百多里。

根据这一情况,完全可以将"通于淮"的通济渠称之为"狭义通济渠","达于淮海"的通济渠则可称之为"广义通济渠"。狭义通济渠以东都西苑为起点,在充分利用汉魏阳渠运道的基础上,引谷水、洛水补充航道水位及以洛水为基本航道,随后经偃师(在今河南偃师)等地抵洛口(在今河南巩义东北)入黄河,随后自黄河航线行经板渚即板城渚口入汴渠,然后再沿汴渠旧道至徐城汴口即泗州汴口入淮河。洛口既是汉代阳渠入黄河的河口,也是通济渠开通后入黄河的河口。如程大昌论述洛水与黄河水文的关系时指出:"洛水至洛州巩县东北入河。其曰洛汭者,洛既北入于河,河之南,洛之北,其两间为汭也。汭之为言,在洛水之内也。"⑤阳渠本指环绕汉魏洛阳故城的河渠,从周王朝经营洛邑开阳渠,阳渠已兼有漕运和城防功能。阳渠有狭义和广义之分:狭义上的阳渠,是指环绕汉魏洛阳故城的河渠;广义上的阳渠,是指自洛阳绕城段进入洛水至洛口入河的航段。具体地讲,通济渠自洛口入河前的航线是指广义阳渠的航线,自板渚入汴后的航线主要沿用东汉王景、王吴兴修的汴渠。从这样的角度看,广义的通济渠包括三个航线:一是包括狭义通济渠;二是包括入淮后沿淮河入洪泽湖,至淮阴末口入邗沟旧道或自射阳末口入邗沟的航线;三是沿邗沟至江都宫扬子渡口入江的航线。

---

① 唐·李延寿《北史·隋本纪下》,北京:中华书局1974年版,第443页。
② 唐·魏徵等《隋书·食货志》,北京:中华书局1973年版,第686页。
③ 唐·皮日休《太湖诗并序》,中华书局《全唐诗》,北京:中华书局1960年版,第7034页。
④ 唐·李翱《来南录》,清·董诰《全唐文》卷六三八,北京:中华书局1983年版,第6443页。
⑤ 宋·程大昌《禹贡山川地理图·洛汭》,《四库全书》第56册,上海:上海古籍出版社1987年版,第123页。

第二节　通济渠的起点及其航段

前人论述通济渠的长度及行经路线时,多有不同的看法。由于这里涉及利用自然水道引水入运,如何在旧河渠的基础上兴修新航线,以及航段节点等诸多问题,为此,有必要作专门的论述。

魏徵《隋书·炀帝纪》有大业元年三月"发河南诸郡男女百余万,开通济渠,自西苑引谷、洛水达于河,自板渚引河通于淮"①之说,这一记载将通济渠分成两个航段:一是以洛阳为起点的航段,二是以板渚为起点的航段。

以洛阳为起点的洛阳航段,是指"自西苑引谷、洛水达于河"的航段。这一航段以洛阳西苑为起点,引谷水、洛水补入运道,提高水位后,沿阳渠至洛口(黄河与洛水交汇处,在今河南巩义东北)入黄河,随后沿黄河东行至板渚。所谓"西苑",是指东都西面的皇家园林。"板渚"是"板城渚口"的略称,是黄河在板城一带的渡口及漕运码头。郦道元《水经注》有"河水又东,径板城北,有津,谓之板城渚口"②之说,胡渭注云:"有津谓之板城渚口。按板渚在汜水县东北二十里,即板城渚。隋大业初,开通济渠,自板渚引河,历荥阳入汴是也。"③板城渚口,在板城北(在今河南荥阳汜水)。史有"隋汴受河在板城渚口,而板渚之"④之说,"隋汴"指通济渠,这一叙述表明汴渠与鸿沟是通济渠的基础。板城渚口既是自洛阳经洛水入黄河航线的节点,又是自黄河进入黄河以北和以南区域的漕运码头。郦道元记载道:"洛水又北,阳渠水注之。《竹书纪年》,晋襄公六年,洛绝于泂(右面换向),即此处也。"⑤胡渭注郦道元"阳渠水注之"时论述道:"《竹书纪年》:晋襄公六年,洛绝于泂(右面换向)。即此处也。按今偃师县南有通济渠,故阳渠也。隋时尝修导之,名曰通济。"⑥在兴修通济渠洛阳段时,隋炀帝采取了利用阳渠"修导"的方案。

以板渚为起点的板渚航段,是指"自板渚引河通于淮"的航段。通济渠的这一航段以板渚为起点,引河入运远通淮河。遗憾的是,魏徵等人的记载过于简略,故需要引录司马光的

---

① 唐·魏徵等《隋书·炀帝纪上》,北京:中华书局1973年版,第63页。
② 北魏·郦道元《水经注·河水五》,杨守敬、熊会贞疏,段熙仲点校,陈桥驿复校《水经注疏》上册,南京:江苏古籍出版社1989年版,第402页。
③ 清·胡渭《禹贡锥指》(邹逸麟整理),上海:上海古籍出版社2006年版,第453页。
④ 宋·程大昌《禹贡论·禹贡山川地理图·隋汴首末》,《四库全书》第56册,上海:上海古籍出版社1987年版,第165页。
⑤ 北魏·郦道元《水经注·洛水》,杨守敬、熊会贞疏,段熙仲点校,陈桥驿复校《水经注疏》上册,南京:江苏古籍出版社1989年版,第1322页。
⑥ 同③,第635页。

记载做参考。司马光记载道:"命尚书右丞皇甫议发河南、淮北诸郡民,前后百余万,开通济渠。自西苑引谷、洛水达于河,复自板渚引河历荥泽入汴,又自大梁之东引汴水入泗,达于淮。"①司马光强调了"自板渚引河历荥泽入汴"和"自大梁之东引汴水入泗,达于淮"等环节,可谓是"自板渚引河通于淮"的补充。王应麟论述道:"《通典·州郡七》:'汴渠在河南府河阴县南二百五十步,今名通济渠。隋炀帝开导,西通河、洛,南达江、淮(河阴后属孟州)。汴州有通济渠,隋炀帝开引黄河水以通江、淮漕运,兼引汴水,即浪宕渠也(《隋志》:在浚仪县)。'《九域志》:'汴水,古通济渠也。在开封县。'"②汴渠是通济渠的基础,在兴修的过程中,隋炀帝对汴渠航线进行了改造,形成了自皇家园林西苑开渠引谷水、洛水,经阳渠、洛水北入黄河,随后自黄河板渚沿汴渠航道入淮河的航线。

以司马光的叙述为逻辑起点,所谓"复自板渚引河历荥泽入汴",是指通济渠板渚段以板渚为起点,中经荥泽,自荥泽入汴口再进入汴渠。所谓"入汴",是指通济渠自板渚引黄河入荥泽后,经荥泽入汴渠旧道。所谓"又自大梁之东引汴水入泗,达于淮",是指沿汴渠东行至大梁(在今河南开封),随后东行入泗入淮。按照这一说法,隋炀帝兴修通济渠时,利用了荥泽和汴渠。如史有"开通济渠,自西苑引谷、洛水达于河,自板渚引河通于淮"③之说,从叙述内容看,魏徵等在这里省略了一个环节,这就是"自板渚引河通于淮"时,有引黄河入荥泽之举,沿荥泽进入旧运道汴渠后远通淮河水系。

根据司马光的描述,通济渠自板渚东行的航线是自板渚入汴渠,在利用汴渠及鸿沟航线的基础上,中经大梁,随后自大梁东行远通淮河水系。司马光深得司马迁作《史记》之法,他在述史时采取了寓论断于叙述之中的笔法。如顾炎武评论司马迁作《史记》时指出:"古人作史,有不待论断而于序事之中即见其指者,惟太史公能之。"④这一论述完全可移来评论司马光作《资治通鉴》时采用的笔法。在叙述的过程中,司马光除了承认板渚是通济渠自黄河向东的节点外,还关注到板渚以东的大梁在通济渠中的特殊地位。乐史记载道:"通济渠,在县南二里。隋大业元年以汴水迁曲,回复稍难,自大梁城西南凿渠引汴水入,号通济渠。……琵琶沟,在县南十一里。西从中牟县界流入通济渠。隋炀帝欲幸江都,自大梁城西南凿渠,引汴水入,即莨荡渠也。《旧图经》云:'形似琵琶,故名。'"⑤如果将前后文联系起来看,板渚以东的大梁是通济渠继续东行的重要节点。

---

① 宋·司马光《资治通鉴·隋纪四》(邬国义校点),上海:上海古籍出版社1997年版,第1632页。
② 宋·王应麟《困学纪闻·通济渠,谷、洛水,板渚,邗沟》(栾保群、田松青、吕宗力校点),上海:上海古籍出版社2008年版,第1801—1802页。
③ 唐·魏徵等《隋书·炀帝纪上》,北京:中华书局1973年版,第63页。
④ 清·顾炎武《日知录·史记於序事中寓论断》,黄汝成集释《日知录集释》(栾保群、吕宗力校点),上海:上海古籍出版社2006年版,第1429页。
⑤ 宋·乐史《太平寰宇记·河南道一》(王文楚等校点),北京:中华书局2007年版,第5页。

以司马光的叙述为补充,大梁应是通济渠入淮的第三个航段起点。然而,将狭义通济渠划分为三个航段也多有不合理的地方。具体地讲,狭义通济渠以大梁为节点,向东入淮的航程约一千二百里,这一航程是大梁以西洛阳段和板渚段总和的三倍。尽管如此,魏徵等提出通济渠"自西苑引谷、洛水达于河,自板渚引河通于淮"的观点后,却得到了后世普遍的认可,如李延寿《北史·隋本纪》有"发河南诸郡男女七百万开通济渠,自西苑引谷、洛水达于河,自板渚引河通于淮"[1]之说,据此可知,魏徵等记载通济渠入淮的航线时,没有关注到通济渠入淮有哪些航段节点的情况。

在历史的表述中,除了《隋书·炀帝纪》有"自西苑引谷、洛水达于河,自板渚引河通于淮"之说外,《隋书·食货志》又有"开渠,引谷、洛水,自苑西入,而东注于洛。又自板渚引河,达于淮海"[2]之说。所谓"自苑西入",是指在西苑西开渠引谷水、洛水入运。随后自板渚引河"达于淮海"。如果以通济渠"又自板渚引河,达于淮海"为据,通济渠自大梁向东,航程约一千八百里,这一航程是大梁以西洛阳段和板渚段总和的四倍半。耐人寻味的是,无论通济渠的终点是"通于淮"还是"达于淮海",两种说法均出自《隋书》。出现这样的情况,可能与其纪、志出自不同人的手笔相关,对通济渠有不同的认识相关。然而,不管通济渠的终点在何处,两说的共同认识是:板渚是通济渠东行时重要的航段节点。

如果以起始地命名的话,通济渠可分为洛阳段和板渚段。然而,狭义通济渠约一千六百里,板渚以西的航线约二百里,板渚以东的航线约一千四百里。其中,板渚以东的航程是板渚以西的七倍。广义通济渠约二千二百多里,板渚以东的航程是板渚以西的十倍。从这样的角度看,这一划分方式明显欠妥,故不能以板渚为节点将通济渠分为东西两个航段,应该有更加科学合理的划分方式。由此提出的问题是:大梁以东的航段应如何划分?都有哪些航段节点?为此,有必要结合通济渠兴修前后的情况,重新审视通济渠与鸿沟、汴渠的关系,审视通济渠水文特点、航段节点及航线等问题。

承接魏徵等史学家的观点,李吉甫在关注通济渠的长度及行经线路时又提出了新的看法。李吉甫论述道:"隋炀帝大业元年更令开导,名通济渠,自洛阳西苑引谷、洛水达于河,自板渚引河入汴口,又从大梁之东引汴水入于泗,达于淮,自江都宫入于海。"[3]历史上的江都宫在什么地方?王祎引《广陵志》考证道:"唐扬子县,在江都县南十五里,旧临江,故邗沟自扬子入江。"[4]如将"自江都宫入于海"与"邗沟自扬子入江"对读的话,江都宫应在唐县扬子县境内。从表面上看,李吉甫称通济渠"自江都宫入于海"与《隋书·食货志》"达于淮海"的

---

[1] 唐·李延寿《北史·隋本纪下》,北京:中华书局1974年版,第443页。
[2] 唐·魏徵等《隋书·食货志》,北京:中华书局1973年版,第686页。
[3] 唐·李吉甫《元和郡县图志·河南道一》(贺次君点校),北京:中华书局1983年版,第137页。
[4] 明·王祎《大事记续编》卷四八,《四库全书》第334册,上海:上海古籍出版社1987年版,第10页。

记载完全一致。然而,李吉甫强调了通济渠"从大梁之东引汴水入于泗"这一环节,很显然,这一叙述比《隋书》更为详细。此外,通济渠是在什么地方入泗的,又是如何"达于淮"的?玩味语意,当知大梁以东的通济渠有不同的航段节点。

所谓"又从大梁之东引汴水入于泗",是说通济渠自大梁向东有"入泗"这一环节。西晋杜预给王浚的书信中有"自江入淮,逾于泗汴,溯河而上,振旅还都,亦旷世一事也"①等语,当知王浚伐吴时汴渠畅通。胡渭考证道:"故王浚伐吴,杜预与之书曰:足下当径取秣陵,自江入淮,逾于泗、汴,溯河而上,振旅还都。浚舟师之盛,古今绝伦,而自泗、汴溯河,可以班师。则汴水之大小,当不减于今。又足以见秦、汉、魏、晋皆有此水道,非炀帝创开也。"②按照这一说法,大梁是通济渠自板渚向东的又一航段节点。

隋前大梁以东的汴渠航线有梁郡和彭城(在今江苏徐州)等航段节点,郦道元有彭城"襟汳带泗,东北为二水之会也"③语可证。隋开通济渠以后,大梁以东至梁郡(在今河南商丘睢阳区)主要沿用秦、汉、魏、晋时期的旧道及汴渠。自梁郡东南开新航线后,采取了不再以彭城为航段节点的入泗方案。如顾祖禹考证道:"今考汴河故道,自河阴县东北十里广武涧中,东南流过阳武、中牟县界,至开封府城南,东流过陈留杞县北,又东过睢州北、考城县南、宁陵县北,而东经归德府城南。自隋以前,自归德府界东北流,达虞城、夏邑县北而入南直徐州界,过砀县北,萧县南,至徐州北合于泗。自隋以后,则由归德府境东南流,达夏邑、永城县南而入凤阳府宿州界,东南流经灵璧县及虹县南,至泗州两城间而合于淮。"④"归德"指梁郡,是五代时期后唐出现的新称。隋开通济渠改建了梁郡即归德以东的航线,在这中间,通济渠自大梁东至梁郡的航线与汴渠航线完全相同,其中,自开封(大梁)东行经陈留(在今河南开封陈留镇)、杞县、睢州(在今河南睢县)、考城(在今河南民权林七西南)、宁陵、归德是通济渠和汴渠的共线。随后,以梁郡为起点开辟了至宿州的新航线。

新航线开辟后,原有的汴渠即自梁郡东北经虞城、夏邑、砀山、萧县、徐州入泗的航线废弃不用,形成了自梁郡东南沿途经夏邑、永城、宿州、灵璧、虹县(在今安徽泗县)、泗州入淮的航线。史称:"陈留,鲁渠水首受狼汤渠,东至阳夏,入涡渠。"⑤"狼汤渠",是蒗荡渠的异写;"鲁渠",指睢水;"涡渠",指淮河支流涡水。沿蒗荡渠向东至阳夏(在今河南太康)可入淮河支流涡水和泗水等。阳夏与梁郡、淮阳相邻,淮阳境内有泗水,这样一来,遂为以梁郡为节点

---

① 唐·房玄龄等《晋书·王浚传》,北京:中华书局1974年版,第1210页。
② 清·胡渭《禹贡锥指》(邹逸麟整理),上海:上海古籍出版社2006年版,第144页。
③ 北魏·郦道元《水经注·阴沟水、汳水、获水》,杨守敬、熊会贞疏,段熙仲点校,陈桥驿复校《水经注疏》中册,南京:江苏古籍出版社1989年版,第1992页。
④ 清·顾祖禹《读史方舆纪要·河南一》(贺次君、施和金点校),北京:中华书局2005年版,第2110页。
⑤ 汉·班固《汉书·地理志上》,北京:中华书局1962年版,第1558页。

兴修新航线奠定了基础。进而言之，如果以大梁为通济渠自板渚东行入汴的第一个航段节点，那么"大梁之东引汴水入于泗"的第二个起点应在梁郡。

通济渠自梁郡以东绕过徐州开辟新航道，主要是因汴渠徐州段有吕梁之险，不利漕运造成的。在这中间，取道夏邑、永城、宿州等地，主要与这一区域有不同的水道入泗有着内在的联系。班固叙述浚仪（在今河南开封）水文时指出："故大梁。魏惠王自安邑徙此。睢水首受狼汤水，东至取虑入泗，过郡四，行千三百六十里。"①"狼汤水"是鸿沟的别称，取虑是秦县（在今安徽灵璧东北高楼镇潼郡村）。隋前既有至徐州入泗的汴渠航线，同时也有自取虑入泗即鸿沟及汴渠通向东南的航线。这一自取虑入泗的航线为通济渠利用秦汉以降及隋文帝兴修河渠的成果，取道宿州、灵璧等及利用泗水进行漕运提供了必要的条件。具体地讲，隋前漕运自梁郡东行，既有沿获水（汴水下流）经谯郡（在今河南商丘梁园区）的入泗水道，又有历代兴修的河渠行经其中。班固叙述汉代蒙县水文概况时指出："获水首受甾获渠，东北至彭城入泗，过郡五，行五百五十里。"②《水经》有"汳水出阴沟于浚仪县北。……东至梁郡蒙县为获水，余波南入睢阳城中。……获水出汳水于梁郡蒙县北"③等语，"汳水"是鸿沟的下流，鸿沟是汴渠的基础。睢阳（在今河南商丘睢阳区）境内有曹魏兴修的淮阳渠、广漕渠、百尺渠等，淮阳渠等与淮河支流颍水、涡水、泗水、汝水等相通，这些情况的存在为废弃汴渠至徐州入泗的航线提供了充分的条件。

梁郡以东，宿州是通济渠绕过徐州的另一个航段节点。宿州成为政区与埇桥（在今安徽宿州淮海路小隅口）成为通济渠"引汴水入于泗"的要冲息息相关。如唐代宗大历年间，藩镇李正己谋反，"将断江、淮路，令兵守埇桥、涡口。江、淮进奏舡千余只，泊涡下不敢过"④。安史之乱后，唐王朝命悬一线，东南漕运成为唐王朝赖以喘息的生命线。由于埇桥位于南北漕运的要冲，为此，唐宪宗于元和四年调整政区设宿州，以增强控制漕运通道的力度。

政区调整后，宿州下辖符离、蕲县、虹县等三县。李吉甫叙述宿州沿革时记载道："本徐州苻离县也，元和四年，以其地南临汴河，有埇桥为舳舻之会，运漕所历，防虞是资。又以蕲县北属徐州，疆界阔远，有诏割苻离、蕲县及泗州之虹县置宿州，取古宿国为名也。"⑤文中所说的"汴河"是通济渠在唐代的别称，"苻离"是"符离"的异写。史家叙述宿州地理沿革时指出："徐州之符离县也。元和四年正月敕，以徐州之符离置宿州，仍割徐州之蕲、泗州之虹。九年，又割亳州之临涣等三县属宿州。大和三年，徐泗观察使崔群，奏罢宿州，四县各归本

---

① 汉·班固《汉书·地理志上》，北京：中华书局1962年版，第1559页。
② 汉·班固《汉书·地理志下》，北京：中华书局1962年版，第1636页。
③ 北魏·郦道元《水经注·阴沟水、汳水、获水》，杨守敬、熊会贞疏，段熙仲点校，陈桥驿复校《水经注疏》中册，南京：江苏古籍出版社1989年版，第1957—1975页。
④ 后晋·刘昫等《旧唐书·张万福传》，北京：中华书局1975年版，第4076页。
⑤ 唐·李吉甫《元和郡县图志·河南道五》（贺次君点校），北京：中华书局1983年版，第228页。

属。至七年敕,宜准元和四年正月敕,复置宿州于埇桥,在徐之南界汴水上,当舟车之要。"①埇桥是通济渠入泗入淮时的咽喉,控制着"东南流经灵璧县及虹县南,至泗州"的要道,进而在"入于泗,达于淮"的漕运中扮演非同一般的角色。从这样的角度看,自宿州经灵璧、虹县至徐城汴口即泗州汴口入淮,可视为通济渠的又一航段节点。这一航段以宿州埇桥为起点,终点是在徐城汴口。

徐城汴口是广义通济渠入淮的又一节点,这一节点以入淮为起点,沿途经淮河、洪泽湖至淮阴末口或山阳末口。如顾祖禹有淮河"由泗城而东三十里,龟山峙焉。淮流至此,乃盘折而北。又二十余里而洪泽、阜陵、泥墩、万家诸湖环汇于淮之东岸"②之说,"州城"指泗州治所临淮,自泗州入淮后,沿淮河下行经龟山、洪泽湖等至淮阴末口或山阳末口。在明万历六年(1578)潘季驯筑高家堰束水攻沙以前,洪泽湖一直是淮河下行水道。时至宋代,淮阴旧地设清河县。胡渭论述道:"清河在淮安府西少北五十里。淮水去县五里。洪泽湖在县南六十里。洪泽镇西长八十里,接盱眙县界。"③撇开政区变化不论,当知淮河航段是通济渠的重要组成部分。这一航段以徐城汴口为起点,以淮阴末口或山阳末口为终点。进而言之,后世因水文变化,淮河入邗沟的航线多有改建,主要是把从淮阴末口入邗沟的地点改到楚州山阳(在今江苏淮安)境内的山阳末口。在这中间,自徐城汴口(泗水入淮的河口,在今江苏盱眙淮河镇)入淮至淮阴末口或山阳末口的航段及邗沟航段已纳入通济渠的范围。

通济渠"自江都宫入于海"的航段主要沿用了邗沟航线。这一航段以淮阴末口或山阳末口为起点,以江都宫一带的扬子桥为终点。从大的方面讲,隋文帝改造邗沟后,形成了淮河至山阳末口入邗沟的航线。此后,隋炀帝又在隋文帝的基础上拓宽了航道。至此,自淮河入邗沟分别有自淮阴末口入邗沟和自山阳末口入邗沟的复线。

以李吉甫的论述为基础,结合不同时期留存的文献,完全可以将广义通济渠划分为洛阳段、板渚段、大梁段、梁郡段、宿州段、淮河段、邗沟段等七个航段。平心而论,这一划分应比《隋书》中的划分方式更为合理。

在这中间,广义通济渠的七个航段虽有不同的长度,但各航段有相对一致的水文。洛阳段航线主要由阳渠、洛水、黄河航线构成,这一航段的补给水源主要来自黄河水系,如洛水、谷水、涧水等;板渚段以汴渠为基本航线,汴渠自黄河开渠后,主要以黄河为补给水源,同时又以黄河截济以后汇聚成的荥泽为补给水源;大梁段以汴渠为基本航线,以黄河为主要补给水源,同时兼及淮河水系梁郡段即绕过徐州的航段主要以历代开辟的航线为基础,其航道的

---

① 后晋·刘昫等《旧唐书·地理志一》,北京:中华书局1975年版,第1448—1449页。
② 清·顾祖禹《读史方舆纪要·川渎异同四》(贺次君、施和金点校),北京:中华书局2005年版,第5434页。
③ 清·胡渭《禹贡锥指》(邹逸麟整理),上海:上海古籍出版社2006年版,第618页。

主要补给水源涉及黄河和淮河两大水系;梁郡境内的淮河水系与黄河水系构成错综复杂的关系,淮河水系如泗水等也为通济渠梁郡航段提供了丰富的补给水源;宿州段主要以淮河支流泗水、沂水、濉水等淮河支流为补给水源或运道;淮河段主要是利用淮河水道建立的航线;邗沟段主要利用了淮河及淮河水系历史形成的水道,主要以淮河水系为补给水源。从这样的角度看,广义上的通济渠实际上是由七个水文航段构成的,这一航线开通后,从水上加强了黄河流域与淮河流域的联系,恢复了自洛阳远通淮河,至江都宫入江及深入到长江沿岸的航线。

古今地名多有变化,如果以今天的地名论之,广义通济渠以洛阳西苑为起点,经阳渠至偃师入洛水,经洛口入黄河,随后沿黄河入荥口,经荥泽沿汴渠东行,沿途经河南开封、杞县、睢县、宁陵、商丘等地,随后自河南商丘、夏邑、永城等,行经安徽宿州、灵璧、泗县等地,至江苏泗洪、盱眙入淮河,然后沿淮河东行经洪泽湖入末口,经邗沟至扬州入江。其中,通济渠自盱眙入淮入邗沟的航线是这样的:从盱眙淮河镇入淮后,沿淮河航道顺流入洪泽湖,从洪泽湖沿淮水下游航道至淮阴末口或山阳末口入邗沟再入江。

不过,宋代开龟山运河后,通济渠自淮入邗沟的河口再度发生变化。如宋神宗赵顼元丰六年(1083),为避开淮河风险,有意利用淮河下泄时形成的水道,在龟山(在今江苏洪泽老子山镇龟山村)临淮的背面开龟山运河,从而建成了从龟山到山阳(在今江苏淮安)的漕运通道,这一运道建成后,成功地避开了自淮河下行经洪泽湖航线时可能遇到的风浪,保证了航运安全。按:此时的洪泽湖是淮河下行水道的一部分,这一航段水面宽阔,风高浪急,船只行驶其中十分容易发生翻覆的危险,从而增加了漕运的难度。胡渭论述道:"盱眙在州南五里。水去县二里,有长沙洲,长二里,淮水泛涨,赖以捍御。县西南一里有上龟山。县东北三十里有下龟山,为龟山镇。其下有运河,一名新河。宋初发运使许元自淮阴开新河,属之洪泽,避长淮之险,凡四十九里。久而湮涩。熙宁四年,发运副使皮公弼修泗州洪泽河六十里,以避漕运涉淮风涛之患。元丰六年,发运使罗拯复欲自洪泽而上,凿龟山里河,以达于淮。会发运使蒋之奇入对,建言,上有清汴,下有洪泽,中间风波之险,不过百里。宜自龟山蛇浦下属洪泽,凿左肋为复河,取淮为源,不置闸堰,可免风涛覆溺之虞。议者以为便,遂成之,亘五十七里有奇,广十五丈,深丈有五尺。南渡后寝废。"①龟山运河建设从宋神宗熙宁四年(1071)开始,到元丰六年正式投入使用,前后经历了两个阶段。在龟山运河建成以前,通济渠入淮后必经洪泽湖才能进入邗沟。开龟山运河即沿淮河左岸"凿左肋为复河,取淮为源"以后,建成了避开自洪泽湖至淮阴末口或山阳末口入邗沟的航段,形成了自淮入邗沟的新河口。遗憾的是,宋室南渡后,淮河以北为金所占据,从而使这条贯穿南北的漕运通道失去了

---

① 清·胡渭《禹贡锥指》(邹逸麟整理),上海:上海古籍出版社2006年版,第618页。

存在的价值。进而言之,这条漕运通道丧失作用发生在宋室南渡以后,故胡渭有"南渡后寝废"之说,正因为如此,龟山运河逐步地淡出了人们的视野。

第三节 历荥泽入汴及彭城漕运

隋开通济渠时,为什么会形成"历荥泽入汴"的航段呢?为了充分地说明这一问题,有必要从荥泽的水文情况说起。

起初,荥泽是济水下行时的水道。黄河改道截断济水后,济水留在黄河南岸即荥阳境内的旧水道,遂成为鸿沟的利用对象。史有荥阳"有狼汤渠,首受沛,东南至陈入颍"①之说,此处的"狼汤渠"即鸿沟,"沛"即济水,所谓"首受沛",是指黄河改道后,留在黄河南岸的济水河道成为开鸿沟时利用的航线。

汉武帝元光三年(前132),黄河在瓠子口(在今河南濮阳西南)决堤。此次决堤引起黄河水文的变化,进而成为汉成帝建始四年(前29)和王莽始建国三年(11)两次黄河改道的前因,两次黄河改道的直接后果是鸿沟被黄河吞没。为了消弭水患,王景、王吴筑堤兴修汴渠及浚仪渠,有意识地将鸿沟旧道从黄河中分离出来,从而建成了自板渚引河途经荥泽的汴渠航线。胡渭论述道:"济水故渎即《汉志》所谓'东南至武德入河'者,盖禹迹也。第五卷《河水注》云:成皋大伾山在河内修武、武德之界,济、沇之水与荥播泽,出入自此,即《经》所谓'济水从北来注之'者。今济水自温县入河,不于此也。所入者奉沟水耳,即济、沇之故渎矣。……济水于武德入河,南直成皋,今汜水、河阴之界是也。其后由温县入河,则南直巩县,所谓津渠势改,不与昔同者也。今其故道又尽陷河中,济水唯从枝津之合溴水者,至孟县东南入河(见《怀庆府志》),南直孟津县,其流益短矣,由大禹而来,济水入河之道凡再变。"②黄河改道截断济水后,位于黄河以南的济水潴积成的湖泊即荥泽。黄镇成记载道:"鸿沟,一名官度水,一名蒗荡渠,今谓之汴河。大禹塞荥泽,开之以引河水,东南通淮、泗。"③荥泽成为湖泊是因济水下行时被黄河截断,在这一前提下,呈东西走向的荥泽成为鸿沟"东南通淮、泗"利用的对象。

荥泽狭长,呈东西走向,是鸿沟自黄河下行时利用的重要水道。乐史论述道:"汴渠,在县南二百五十步。首受黄河,一名通济渠,一名蒗荡渠,《汉书》谓荥阳漕渠,如淳曰:'今砾溪口是也。'《水经》云:'河水又东过荥阳北,蒗荡渠出焉。'郦道元注云:'大禹塞荥泽,开渠以

---

① 汉·班固《汉书·地理志上》,北京:中华书局1962年版,第1555页。
② 清·胡渭《禹贡锥指》(邹逸麟整理),上海:上海古籍出版社2006版,第588—589页。
③ 元·黄镇成《尚书通考》,《四库全书》第62册,上海:上海古籍出版社1987年版,第175页。

通淮、泗。'又《后汉书》：'初，平帝时，河、汴决坏，未及得修。汴渠东侵，日月弥广，水门故处，皆在河中。永平十二年，议修汴渠，乃引乐浪人王景，问治水形便。景陈其利害，应对敏给，帝善之，乃赐景《山海经》《河渠书》《禹贡图》，及钱帛秘物。遂发卒数十万，遣景与将作谒者王吴修渠筑堤，起自荥阳，东至千乘海口千余里。景乃商度地势，凿山截涧，防遏冲要，疏决壅积，十里立一水门，令更相洄注，无复遗漏之患。明年，渠成。帝亲巡行，诏滨河郡国置河堤员吏，如西京旧制。'顺帝阳嘉中，又自汴口以东，缘河积石为堰，通淮，亦名金堤。灵帝建宁中又增修石门，以遏渠口。又《坤元录》云：'自宋武北征之后，复皆堙塞。隋大业元年更令开导，名为通济渠，西通河、洛，南达江、淮。炀帝游江、淮，于此泛龙舟至江都，其交、广、荆、扬、益、越等州运漕，即此渠也。'梁王堰，在县西二十里，又名梁公堰。本汉平帝时，汴河决坏，至明帝永平中，乃令王景理梁堤，其后通塞，各计朝代。隋开皇七年，使梁睿增修古堰，遏河入汴，故谓之梁公堰。"①鸿沟建成后，受自然气候变化、水文变化、黄河改道、滥用黄河水资源等因素的影响，航道一再地淤塞不通。由于鸿沟是自黄河流域进入江淮的漕运通道，有着特殊的战略意义，为此，出现了屡废屡建的情况。

  从后世的情况看，恢复鸿沟漕运的最大工程当推汴渠。永平十二年（69）四月，汉平帝"遣将作谒者王吴修汴渠，自荥阳至于千乘海口"②之说，王吴兴修了"自荥阳至于千乘海口"的航线，其中包括河济相斗后向低凹处汇聚的湖泊荥泽。王吴等为恢复鸿沟漕运，主要采取了两个兴修方案：一是以荥泽为入黄河的航段，自靠近黄河的一侧开河口引水，以防止黄河强劲的水势危及汴渠航道的安全；二是用筑堤的方法将鸿沟旧道从黄河中分离出来。重点兴修了从荥阳荥口即板城渚口到浚仪（在今河南开封）一带的航线。如郦道元记载道："汉明帝之世，司空伏恭荐乐浪人王景，字仲通，好学多艺，善能治水。显宗诏与谒者王吴始作浚仪渠。吴用景法，水乃不害，此即景、吴所修故渎也。渠流东注浚仪，故复谓之浚仪渠也。"③因这一航线在浚仪以西又以浚仪为终点，故有"浚仪渠"之称。兴修了自浚仪向东入泗入淮的航线。王吴等恢复鸿沟漕运的基本前提是"河、汴决坏""汴渠东侵，日月弥广"。在这样的条件下，如果任黄河肆虐，不仅仅威胁黄河流域的民生，还会阻断漕运。李吉甫记载道："汴渠，在县南二百五十步，亦名莨荡渠。禹塞荥泽，开渠以通淮、泗。后汉初，汴河决坏，明帝永平中命王景修渠筑堤，十里立一水门，令更相注，回无复溃漏之患。自宋武北征之后，复皆堙塞。隋炀帝大业元年更令开导，名通济渠，自洛阳西苑引谷、洛水达于河，自板渚引河入汴口，又从大梁之东引汴水入于泗，达于淮，自江都宫入于海。"④刘裕北伐后，汴渠再度淤

---

① 宋·乐史《太平寰宇记·河北道一》（王文楚等校点），北京：中华书局2007年版，第1082—1083页。
② 刘宋·范晔《后汉书·明帝纪》，北京：中华书局1965年版，第114页。
③ 北魏·郦道元《水经注·济水一》，杨守敬、熊会贞疏，段熙仲点校，陈桥驿复校《水经注疏》上册，南京：江苏古籍出版社1989年版，第649—650页。
④ 唐·李吉甫《元和郡县图志·河南道一》（贺次君点校），北京：中华书局1983年版，第137页。

塞,为此,隋炀帝兴修通济渠改善了自黄河入汴入淮的漕运条件。

鸿沟是汴渠的基础,这一情况决定了后世修复其航线时需要以荥泽为起点。徐文靖论述道:"《通考》曰:世言炀帝开汴渠以幸扬州(隋大业三年,诏发河南男女万丁开汴水,起荥泽入淮千余里)。考《禹贡》:言尧都冀州,居河下流而入都贡赋重于用民力,故每州必记入河之水,独淮与河无相通之道。求之故迹而不得,乃疑汴渠自禹以来有之,不起于隋世。既久远,或名鸿沟,或名汴渠(鸿沟在今郑州荥阳县),大概皆自河入淮,故淮河引江湖之舟,以达于冀也。今据《后汉书》,则平帝时已有汴渠。曰:河汴决坏,则谓输受之所也。官渡,直黄河也。故袁曹相距,沮授曰:悠悠黄河,吾其济乎?汴渠自禹来有之,此不易之论也。又《国策》:苏子说魏王曰:大王之地东有鸿沟,陈汝南则鸿沟之名,亦不自秦始也。"①以大禹开鸿沟为逻辑起点,前人较为一致的观点是:汉平帝时,在鸿沟及荥泽的基础上兴修了汴渠;汉顺帝时,改造了汴口以东的河堤;汉灵帝时,重点兴修了黄河入汴的河口即石门工程;隋文帝时,梁睿在石门的基础上重修了古堰。所谓"使梁睿增修古堰,遏河入汴,故谓之梁公堰",与司马光的"复自板渚引河历荥泽入汴"②多有对应性,从这样的角度看,"遏河入汴"实际上是"引河历荥泽入汴"的别解。

荥泽在荥阳的东面,它既是汴渠与黄河相接的河口,又是汴渠不可或缺的航段。具体地讲,这一航段自黄河经荥口入荥泽后至汴口,随后自汴口东行抵达大梁。如《尚书·禹贡》有"荥波既猪"之说,郑注:"今塞为平地,荥阳民犹谓其处为荥泽,在其县东。"③起初荥泽是济水潴积后形成的湖泊,后来,其主要水源来自黄河,东汉时枯竭。郦道元记载道:"济水又东,径荥泽北,故荥水所都也。京相璠曰:荥泽在荥阳县东南,与济隧合。济隧上承河水于卷县北河,南径卷县故城东,又南径衡雍城西。《春秋左传·襄公十一年》,诸侯伐郑,西济于济隧。杜预阙其地,而曰水名也。京相璠曰:郑地也。言济水自荥泽中北流,至垣雍西,与出河之济会,南出新郑百里。斯盖荥、播、河、济,往复径通矣。出河之济,即阴沟之上源也,济隧绝焉。故世亦或谓其故道为十字沟,自于岑造八激堤于河阴,水脉径断,故渎难寻。又南会于荥泽,然水既断,民谓其处为荥泽。"④荥泽与黄河相接的河口有"荥口"之称,因在板城渚口,又有"板渚"或"板渚口"之称。与此同时,荥泽与汴渠相连的另一端则有"汴口"之称。胡渭指出:"按今县西南十二里有荥阳故城,汉县也。昔时泽在荥阳县东,今则在荥泽县南矣。郑、杜说是。荥泽西北距荥口二十余里,其间必有水道相通,而志家不详。余按《水经注》:黄水自京县东北流,入荥泽,下为船塘,俗谓郑城陂,东西四十里,南北二十里。《穆天子

---

① 清·徐文靖《禹贡会笺》,《四库全书》第 68 册,上海:上海古籍出版社 1987 年版,第 308—309 页。
② 宋·司马光《资治通鉴·隋纪四》(邬国义校点),上海:上海古籍出版社 1997 年版,第 1632 页。
③ 清·阮元《十三经注疏·尚书正义》,北京:中华书局 1980 年版,第 150 页。
④ 北魏·郦道元《水经注·济水一》,杨守敬、熊会贞疏,段熙仲点校,陈桥驿复校《水经注疏》上册,南京:江苏古籍出版社 1989 年版,第 671—672 页。

传》曰'浮于荥水,乃奏广乐'是也,北流注于济水。此皆昔人导泽为川之路,泽水从此北出而为荥渎,故谓之荥口。"①荥泽东西长几十里,是鸿沟及汴渠利用的天然水道。

汴渠容易受到损坏的航段主要集中在自板渚开渠引黄河入荥泽,经大梁入泗之前的航段上。根据黄河的水文特点,兴修通济渠的重点工程集中在四个方面:一是兴修自板渚引黄河入荥泽的河口(荥口);二是兴修东西长约四十里的荥泽航段;三是兴修自荥泽入汴的河口(汴口),四是兴修大梁以东汴渠入泗航段。如胡三省注《资治通鉴·隋纪四》"复自板渚引河历荥泽入汴"语时交代道:"板渚在虎牢之东。《水经》:河水东合氾水,又东过板城,北有津谓之板城渚口。又东过荥阳县,蒗荡渠出焉,是渠南出为汴水,汉之荥阳石门即其地也。《隋志》:荥阳郡荥泽县,开皇四年置,曰广武,仁寿元年改焉。"②在兴修的四大工程中,其中有三大工程涉及荥泽,这样一来,隋炀帝兴修通济渠时,势必要将修复荥泽一带的航线视为重点工程。出现这样的情况,是因为黄河截断济水后,荥泽的水文变化直接影响到黄河改道及迁徙,再加上荥泽一带的地质以容易坍塌的黄土构成,黄河泥沙及沿岸坍塌直接左右到汴渠畅通与否,这样一来,要想恢复汴渠远及江淮的漕运能力,需要重点修复荥口、荥泽、汴口等。史有"诏尚书左丞相皇甫谊发河南男女百万开汴水,起荥泽入淮千余里,乃为通济渠"③之说,从动员一百多万的人力投入修复汴渠航线的表述中,当知疏浚及重建航道十分艰辛,绝非是一蹴而就的简单工程。

沿鸿沟即汴渠东行入泗,彭城是不可或缺的航段节点。从水文形势看,鸿沟入泗必经吕县境内的吕梁(在今江苏徐州铜山伊庄吕梁)。王应麟记载道:"盖泗水至吕县,积石为梁,故号吕梁。"④吕梁地理形势险要,可谓是位于汴渠以泗水为主要航线的要冲。隋代以前,经过历代的兴修和不断地改线,汴渠自大梁东行入泗入淮时,可分为东西两条航线。程大昌论述道:"临淮之汴即今泗州,隋、梁、唐及本朝因之者是也。彭城之汴即大渠东派,正名为汳,而分流为获,暨至彭城之北,而东向以入于泗者也。鸿沟西派,先东派有之。"⑤在先秦时期开通鸿沟入泗航线即鸿沟东线以前,鸿沟西线已经存在。阎若璩论述道:"又按:《疏证》第二卷'"生浮于淮、泗,达于河,""河"不如"菏"',谓蔡传为未然,兹因讨论济水,亦觉其说通故。《禹贡图注》曰:'淮与泗相连,淮可以入泗。自泗而往则有两途,或由灉以达河,灉出于河而入于泗者也;或由济以达河,济出于河而合于泗者也。'余请证以古事,一《王浚列传》杜预与书曰:'自江入淮,逾于泗、汴,溯河而上,振旅还都。'此由淮而泗,由泗而汴,由汴而河之道也,西道也。一《沟洫志》荥阳下引'河东南为鸿沟,以通宋、郑、陈、蔡、曹、卫,与济、汝、

---

① 清·胡渭《禹贡锥指》(邹逸麟整理),上海:上海古籍出版社 2006 年版,第 595 页。
② 宋·司马光《资治通鉴·隋纪四》(胡三省音注),北京:中华书局 1956 年版,第 5618 页。
③ 元·脱脱等《宋史·河渠志三》,北京:中华书局 1985 年版,第 2319 页。
④ 宋·王应麟《通鉴地理通释·吕梁》(傅林祥点校),北京:中华书局 2013 年版,第 384 页。
⑤ 宋·程大昌《禹贡论上·菏》,《四库全书》第 56 册,上海:上海古籍出版社 1987 年版,第 74 页。

淮、泗会'。此由淮而泗,由泗而济,由济而河之道也,东道也。虽古来舟楫由此固多,而着见史籍者仅此。"①鸿沟东线成为联系江淮的重要航线,这决定了汴渠至彭城必取道吕梁。

南北分治时,政治斗争以军事斗争为表征,吕梁成为不同政权争夺的战略要地。晋废帝太和四年(369),桓温北伐,彭城一带的水路不通,故采取了"乃凿巨野三百余里以通舟运,自清水入河"②的措施;晋孝武帝司马曜太元九年(384),谢玄北伐,重点改造了吕梁一带的运道,如史有"玄患水道险涩,粮运艰难,用督护闻人奭谋,堰吕梁水,树栅,立七埭为派,拥二岸之流,以利运漕,自此公私利便"③之说;晋安帝义熙十三年(417),刘裕北伐"自洛入河,开汴渠以归"④,再度把兴修汴渠提到议事日程上,其中包括修复吕梁一带的运道。桓温、谢玄、刘裕北伐时,疏浚汴渠虽说是因为航道淤塞,但更重要的原因是与彭城航段有吕梁之险成为漕运的瓶颈相关。郦道元引《续述征记》记载道:"晋义熙中,刘公遣周超之自彭城缘汳故沟,斩树穿道七百余里,以开水路,停薄于此,故兹坞流称矣。"⑤所谓"自彭城缘汳故沟",是指刘裕利用汳水(鸿沟)兴修了汴渠及彭城吕梁一带的航道。李吉甫记载道:"汴渠,在县南二百五十步,亦名蒗荡渠。禹塞荥泽,开渠以通淮、泗。后汉初,汴河决坏,明帝永平中命王景修渠筑堤,十里立一水门,令更相注,回无复溃漏之患。自宋武北征之后,复皆埋塞。"⑥结合"自洛入河,开汴渠以归"等语看,刘裕重开运道的原因主要是汴渠"埋塞"及吕梁航段不通,为此,重点修复了荥口以东至彭城之间的汴渠航线。

在这一过程中,彭城至吕梁之间的航段始终是汴渠修复的重点。程大昌考证道:"晋大和四年,桓温北伐慕容暐,舟运至巨野不能达河,乃创凿三百里,自清水以入。夫清水即清河也,温所凿水至今目为亘水者是也,使隋汴已有其迹,何用溯泗而上,又凿三百里平地乎?义熙中刘裕北伐,凡再其师皆以舟其先,一举乃浮淮以入于泗,则知未有隋汴也。师至下邳即舍舟而徒,裕知泗上之汴亦塞,而吕梁之险难越,故不容更以舟进之也,北至临朐,设虚声以惧燕人。亦止曰:轻兵自海道,以至不复诡言。江淮正以江无径进之道,故假海道言之。其后,裕在彭城方图再举,遣周超之自彭城,缘汳故沟斩水,穿道七百余里而后舟师,始得发彭城经陈留,以至荥渎,又凿邗渠以道漕运,而从王镇恶始得以艨冲小舰,溯河渭,以至长安,由此言之,则隋以前,凡自江入淮,必沿海;自淮而入河、汳,必溯泗。兵师所经,史随载之据最

---

① 清·阎若璩《尚书古文疏证》(黄怀信、吕翊欣校点),上海:上海古籍出版社2010年版,第408页。
② 唐·房玄龄等《晋书·桓温传》,北京:中华书局1974年版,第2576页。
③ 唐·房玄龄等《晋书·谢玄传》,北京:中华书局1974年版,第2083页。
④ 梁·沈约《宋书·武帝纪中》,北京:中华书局1974年版,第44页。
⑤ 北魏·郦道元《水经注·阴沟水、汳水、获水》,杨守敬、熊会贞疏,段熙仲点校,陈桥驿复校《水经注疏》中册,南京:江苏古籍出版社1989年版,第1965—1966页。
⑥ 唐·李吉甫《元和郡县图志·河南道一》(贺次君点校),北京:中华书局1983年版,第137页。

明确。"①桓温"凿巨野三百余里以通舟运",主要是因为汴渠彭城航段淤塞不通;刘裕"缘汳故沟斩水,穿道七百余里而后舟师,始得发彭城经陈留,以至荥渎",也是因为汴渠至彭城的航段不通。在这样的前提下,桓温开"桓公沟",打通自金乡(今山东金乡)至巨野(今山东巨野)入黄河的航线。刘裕则因"知泗上之汴亦塞",在疏浚汴渠的基础上重点修复了彭城至吕梁的运道。

隋炀帝兴修通济渠时,除了利用鸿沟及汴渠通泗水和淮河的旧道外,又利用了桓温、谢玄、刘裕等开辟的新航线。程大昌考证鸿沟、汴渠与通济渠的关系时论述道:"其曰:禹于荥泽塞其淫水而引河,以通淮泗是也。且史迁之言曰:九州既疏,诸夏乂安,功施乎三代。自时厥后,荥阳下引河东南为鸿沟。其曰:三代以后,则不独非禹,且尚不起三代也,而况概举而归之,隋其可乎?王浚之董舟师也,杜预遗之书曰:足下自江入淮逾于泗汴,溯河而上,振旅还都,亦旷世盛事,浚之舟师古无比盛,其大舟连舫至方百二十步,正使已有,隋汴亦不能容,而又其时之谓汴泗,皆指彭城入泗者,言之益知其不胜矣。况其上泗必道吕梁,吕梁甚隘且险,至春冬浅涩,须排沙浚港,舟乃得行,而谓浚回师能溯以上河,皆预夸言,岂有实也。近世苏氏意谓预习地理,言必不妄,遂疑此时隋汴已有规模,又疑禹尝经始其事世久,殆史失其传,尔以臣详考实不然也。且晋初江未通淮,邗虽有沟,不经隋凿,舟师亦不能以与淮通,是则自江入淮,必当沿海。"②东晋以降,汴渠受损严重,且泥沙直接淤塞航道,为恢复汴渠漕运,彭城及吕梁成为反复修复的对象。李吉甫记载道:"吕梁,在县东南五十七里。盖泗水至吕县,积石为梁,故号吕梁。陈将吴明彻以舟师破下邳,进屯吕梁,堰泗水为灌徐州。周将军乌丸轨、达奚长孺率兵救援,轨取车轮数百,连锁贯之,横断水路,然后募壮士夜决堰。至明,陈人始觉,溃乱争归,至连锁之处,生擒明彻。"③在修复与破坏同时并存的前提下,为摆脱"吕梁甚隘且险,至春冬浅涩"的困境,隋修通济渠时采取了绕过彭城建立新航线的方案。进而言之,在沿用和改造旧航线时,隋炀帝通过改线及拓宽航道,采取绕过彭城及吕梁的措施,提高了相关航段的漕运能力。

兴修通济渠梁郡段采取绕行彭城及吕梁方案,是以大梁以东有汴渠复线和自然水道为客观条件的。一是大梁南有鸿沟南道沙水(蔡河)通汝水等入淮的水道;二是从大梁到梁郡(治所睢阳,今河南商丘睢阳区)、谯郡(治所谯县,今安徽亳州),有涡水、颍水等入淮的水道;三是梁郡睢阳有泗水入淮的水道。三道水道的同时存在为开辟绕过彭城及吕梁的航线奠定了坚实的基础。李吉甫叙述浚仪即大梁水文形势时指出:"琵琶沟水,西自中牟县界流

---

① 宋·程大昌《禹贡后论·汴》,《四库全书》第56册,上海:上海古籍出版社1987年版,第115页。
② 同①,第114页。
③ 唐·李吉甫《元和郡县图志·河南道五》(贺次君点校),北京:中华书局1983年版,第225—226页。

入通济渠。隋炀帝欲幸江都,自大梁城西南凿渠,引汴水,即蒗宕渠也。"①大梁境内有鸿沟南流沙水,在其西南凿渠"引汴水"实为引沙水。此外,自大梁南下入沙水后,可经不同的航线入涡水、颍水、泗水,随后经不同的水道入淮。郑樵有"自浚仪县东经陈留、梁、谯、沛、彭城县,入泗水"②之说,其中,自涡水、颍水等入淮的水道就是谯梁水道。史有谢玄"率冠军将军桓石虔径造涡、颍,经略旧都"③之说,所谓"径造涡、颍",是指谢玄率军自淮河入谯梁水道后,经涡水、颍水入汴渠,经黄河入洛,将军事斗争指向旧都洛阳。

谯梁水道是一条自梁郡到谯郡的航线,同时也是隋前自黄河流域入淮河流域,中经大梁的重要航线。从这样的角度看,自大梁东行入泗入淮时是有不同的漕运通道构成的。这一复式航线的存在,为通济渠建立一条绕过彭城及吕梁的入淮航线提供了必备的条件。程大昌考证道:"梁东之汳,初不能甚大。自经隋人展凿之后,受河注淮,纵贯数州,昔之为颍,为涡。为汳者,始觉回远,又甚狭小,世人便隋汴之径而大也,遂以为非禹则莫适,为此其误非独今日也,自郦道元辈已然。其曰:禹于荥泽塞其滛水而引河,以通淮泗是也。"④从"自经隋人展凿之后,受河注淮纵贯数州,昔之为颍,为涡"等语中当知,隋开通济渠利用谯梁水道建立了自梁郡东南绕过彭城的航线。从"以通淮泗"等语中当知,隋开通济渠利用了鸿沟及汴渠通泗入淮的旧航道。

唐代以后,因水文变化,通济渠出现了重修和改道等情况。在这中间,通济渠虽然开辟了自梁郡东南绕过彭城的新航线,但彭城境内的汴渠航线并没有被废弃。胡渭论述道:"古汴水东流经彭城县北,而东入于泗。唐贞元中,韩愈佐徐州幕,有诗云'汴水交流郡城角',是其时汴水犹于州城东北隅合泗入淮也,不知何年改流从夏邑、永城、宿州、灵璧、虹县至泗州两城间而入于淮。宋时东南之漕,率由此以达京师,南渡后渐堙。元泰定初,河行故汴渠,仍于徐州合泗水,至清口入淮,而泗州之汴口遂废。"⑤胡渭虽然无法说出"改流从夏邑、永城、宿州、灵璧、虹县至泗州两城间而入于淮"的准确时间,但结合顾祖禹等人的论述,当知自梁郡绕过彭城的航线应是开通济渠时的航线。这条航线开通后使用了七百多年,其中,北宋"东南之漕"一直使用这条航线,如胡渭有"宋初河道与唐、五代略同"⑥之说。时至元泰定年间(1323—1328),恢复使用汴渠经彭城的航线,通济渠绕过彭城的航线才退出历史舞台。

除此之外,通济渠开通后,汴渠经彭城入泗的航线一直在使用,甚至可以说,在唐德宗贞元(785—805)以前已恢复使用。之所以这样,与彭城一带的运道利用菏水有着密切的关系。

---

① 唐·李吉甫《元和郡县图志·河南道三》(贺次君点校),北京:中华书局1983年版,第177页。
② 宋·郑樵《通志·地理略》,杭州:浙江古籍出版社1988年版,第542页。
③ 唐·房玄龄等《晋书·谢玄传》,北京:中华书局1974年版,第2082—2083页。
④ 宋·程大昌《禹贡后论·汴》,《四库全书》第56册,上海:上海古籍出版社1987年版,第114页。
⑤ 清·胡渭《禹贡锥指》(邹逸麟整理),上海:上海古籍出版社2006年版,第618页。
⑥ 同⑤,第502页。

郑樵记载道："济水，从荥阳县北，又东过敖山北，又东合荥渎，荥渎今无水。又东，索水入焉。又东过阳武县北，又东过封丘县，又东过酸枣县之乌巢泽北，又东过乘氏县南，分为菏水。"①在开通济渠以前，吴王夫差兴修的菏水是南下入淮的重要航线。菏水以济水、泗水为主要补给水源及运道，沟通了湖陆（在今山东鱼台东谷亭）和金乡（在今山东金乡）之间的联系，汴渠至彭城入泗，彭城与湖陆、金乡毗邻，湖陆、金乡境内的湖泊为彭城一带的运道提供了丰富的水资源。或许正因为如此，通济渠开辟绕过彭城的新航线以后，原有的航线依旧有使用的价值。

隋王朝建成自梁郡至宿州的新航线后，彭城的战略地位及交通地位虽然下降，但因有漕运旧道，再加上有护卫埇桥漕运的能力，故依旧是控制淮北及东南的重镇。如乐史引《十道志》记载道："自南北朝，彭城为要害之地，隋凿御河已来，南控埇桥，以扼梁、泗，历古名镇，莫重于斯。"②通济渠开辟自梁郡至埇桥的新航线以后，彭城在东南漕运中的地位并没有削弱。如李吉甫叙述彭城及交通地理沿革时论述道："秦并天下，为泗水郡。楚、汉之际，楚怀王自盱眙徙都之。后项羽迁怀王于郴，自立为西楚霸王，又都于此。汉改泗水郡为沛郡，又分沛郡立楚国。按楚国，即今州理是也。宣帝地节元年，更为彭城郡，寻复为楚国。自汉以来，或理彭城，或理下邳。晋氏南迁，又于淮南侨立徐州，安帝始分淮北为北徐州。宋永初二年，加淮南徐州曰南徐州，而改北徐州曰徐州。明帝时，淮北入魏。梁初暂收，太清之后寻复入魏，徐州复理彭城，仍立彭城郡。高齐及后周不改。隋开皇二年，于此置总管，罢郡，其所领县，并属徐州。十四年，废总管府为彭城郡。隋乱陷贼，武德四年讨平王世充，改置徐州总管府，七年改为都督，贞观十七年罢都督。初，宋高祖经略中原，以彭城险要，置府于此。至文帝时，王玄谟又上表曰：'彭城南界大淮，左右清、汴，城隍峻整，襟卫周固。自淮已西，襄阳已北，经途三千，达于齐岱，六州之人，三十万户，常得安全，实由此镇。'后魏大将军尉元上表曰：'彭城，宋之要藩，南师来侵，莫不用之以陵诸夏。《舆地志》云，郡城由来非攻所能拔。'按自隋氏凿汴以来，彭城南控埇桥，以扼汴路，故其镇尤重。"③隋改造梁郡至彭城的入泗航线后，彭城境内的汴渠航线继续存在，再加上因有控制埇桥的能力，故自北向南经营江淮时，彭城的战略地位依旧不可动摇。

在兴修通济渠板渚航段、大梁航段、梁郡航段等过程中，隋炀帝或以泗水为主要的补给水源，或借用泗水航道，在此基础上，梁郡航段即绕过彭城的航段有可能利用了菏水。郑樵叙述泗水与菏水的水文情况时记载道："其源出泗水县，西南流，有洙水入焉。又西南至方与

---

① 宋·郑樵《通志·地理略》，杭州：浙江古籍出版社1988年版，第543页。
② 宋·乐史《太平寰宇记·河南道十五》（王文楚等校点）第1册，北京：中华书局2007年版，第295页。
③ 唐·李吉甫《元和郡县图志·河南道五》（贺次君点校），北京：中华书局1983年版，第223—224页。

县,菏水入焉。其水出乘氏,班固亦谓之泗水。方与,今单州鱼台。又云,有漷水至高平湖陆,入泗水。又南至彭城,名曰沛水,有睢水入焉。又西南至下邳,沂水入焉。又南至楚州山阳入淮,此水今人谓之清河。或云:泗水出郓州梁山泊睢水。杜云:'首受汴水。'班云:'首受蒗荡水。'疑蒗荡即汴也。自浚仪县东经陈留、梁、谯、沛、彭城县,入泗水。浚仪,近改为祥符。班云:行千三百六十里。"①起初,汴渠经彭城入泗水,隋建通济渠绕过彭城南下的航线后,必经彭城地界。由此,可以得出三个结论:一是汴渠经彭城的航线并没有废弃;二是汴渠和通济渠经过彭城地界时有河道沟通;三是菏水,包括利用泗水建立的航道。这样一来,遂为通济渠兴修梁郡至宿州的航线,以及利用以泗水为表征的菏水及其水资源提供了可能。

关于这一点,前人有充分的认识。程大昌论述道:"及隋人凿汴,发郑而贯梁、宋,以直达于淮,于是,彭城入泗故道遂废,皆其可考者也。然而,《水经》叙汳乃渠,水过渠以后,支派之一尔。东汉以来,则统大概诸水,悉以名之,其称谓之大至能该奄。古济则以《水经》所载,未究本,始臣于是求之班固,而知汳之得名,比它诸水最后也。《地理志》:河南、陈留两郡蒗荡渠之派有三,发荥阳而入颍者正渠也,于地为河南。于三渠为最西,故因以为渠首也。陈留之水,其号鲁渠而入于涡,又号睢。而入于取虑者,则渠之派也,此其入颍、入涡、入取虑,与《水经》所取三派皆同。若夫《水经》指以为汳者,在固之书未之立派也。然则汳之名,安能以该诸水乎?特有不可晓者。永平之诏,既用汴该济,则固不应不知有汴矣。其《地理志》独无汴派,亦无汴名,岂非固前汉舆图所载乎?非东汉语矣。然是渠也,源起荥阳,而固预于荥泽上流,谓其受沛,亦见其失,而臣于是又知济派不明久矣。不待至永平之诏,桑钦之书乃始差误也。……战国及汉,知此时凡名鸿沟者,率西派也。盖彭城之汳,直郡之北而东向,以入于泗。楚汉定约,鸿沟之西当属汉,而羽都彭城则在沟之西,不应约言。若指颍、沙言之,则东西得位矣。史迁所记,荥阳漕渠通宋、郑、陈、蔡、曹、卫,与济、汝、淮、泗会于楚,所指当亦此派。盖古以江陵为南楚,陈为东楚,彭城为西楚,若该漕渠所通诸水而中楚境,以言之淮,淮其为交会之地乎?蔡之通淮也,以汝;宋、郑、陈之通淮也,以涡、颍;曹、卫之通淮也,以济、泗。若主入淮之颍,而会四方漕路,则于楚为中,若主彭城之汴则偏矣。由是言之,此二者皆指西派,明也。然而,未有隋人之汴,则西派为正流。及隋汴既成,则东派盛。而官渡之水,不能与之比大矣。"②从"及隋人凿汴,发郑而贯梁、宋,以直达于淮,于是,彭城入泗故道遂废"等语中可得知三个信息点:一是隋开通济渠利用了春秋鸿沟及东汉汴渠;二是开通济渠时,对"彭城入泗故道"多有利用和改造;三是"盖彭城之汳,直郡之北而东向,以入于泗"句说明泗水是汴渠的一部分。在此基础上,隋炀帝开通济渠利用了鸿沟、汴渠及泗水通淮的航线。

综上所述,在利用鸿沟及汴渠开通济渠时,隋炀帝对隋前的水道及航线多有舍取。在兴

---

① 宋·郑樵《通志·地理略》,杭州:浙江古籍出版社1988年版,第542页。
② 宋·程大昌《禹贡后论·汴》,《四库全书》第56册,上海:上海古籍出版社1987年版,第112—113页。

修通济渠的过程中隋炀帝充分利用了前人的成果,主要表现在五个方面。

其一,利用了隋前及隋文帝兴修河渠的成果。史有"汉明帝时,乐浪人王景、谒者王吴始作浚仪渠,盖循河沟故渎也。渠成流注浚仪,故以浚仪县为名。灵帝建宁四年,于敖城西北垒石为门,以遏渠口,故世谓之石门。渠外东合济水,济与河、渠浑涛东注,至敖山北,渠水至此又兼邲之水,即《春秋》晋、楚战于邲。邲又音汳,即'汴'字,古人避'反'字,改从'汴'字。渠水又东经荥阳北,旃然水自县东流入汴水。郑州荥阳县西二十里三皇山上,有二广武城,二城相去百余步,汴水自两城间小涧中东流而出,而济流自兹乃绝。唯汴渠首受旃然水,谓之鸿渠。东晋太和中,桓温北伐前燕,将通之,不果。义熙十三年,刘裕西征姚秦,复浚此渠,始有湍流奔注,而岸善溃塞,裕更疏凿而漕运焉。隋炀帝大业三年,诏尚书左丞相皇甫谊发河南男女百万开汴水,起荥泽入淮千余里,乃为通济渠"①之说。

其二,隋炀帝重修汴河(通济渠)重建浚仪以东的航道时,利用了建安时期及魏晋时期的成果。如建安七年(202)曹操兴修睢阳渠,魏文帝黄初(220—226)中邓艾重修石门渠,正始二年(241)至四年,邓艾兴修广漕渠、淮阳渠、百尺渠。这些河渠或沿用了东汉汴渠即浚仪渠的旧航道,或在先秦鸿沟旧道的基础兴修了新航线,或开辟了自浚仪(在今河南开封)以东与淮北、淮南相接的新航道。客观地讲,这些航线的建设,除了在淮北、淮南地区构成丰富的水上交通网络外,还为隋炀帝兴修通济渠奠定了坚实的基础。

其三,隋炀帝兴修通济渠时,针对水文变化及旧有的运道情况做出了新的选择。如针对汴河东段偏北及入泗水后必经徐州洪、吕梁洪等情况,开辟了从永城入泗,绕过徐州洪、吕梁洪"悬水三十仞,流沫九十里"②的新航线。如胡渭引《元和郡县图志》时指出:"泗水在彭城县东,去县十步。今徐州即彭城,百步洪在州东南二里,泗水所经也。水中若有限石,悬流迅急,乱石激涛,凡数里始静,俗名徐州洪。……吕梁在彭城县东南五十七里。按徐州北有吕梁故城。《州志》:吕梁山在州东南五十里山下,即吕梁洪也。有上下二洪,相距凡七里,巨石齿列,波涛汹涌。"③针对漕运徐州洪、吕梁洪等地时经常会发生毁船的事件,隋炀帝兴修通济渠时,有意采用了开辟新航道的方案。这一新方案就是,利用旧有的航线开辟从浚仪绕过徐州的新航道。由于这一航线所经过的区域地势较为平缓,比降度不大,开辟后提高了航运的安全系数。具体地讲,开辟新航道入淮入邗沟时采取了裁弯取直的方案,明显地缩短了原有航线的航程。

其四,通济渠开启自黄河进入江淮的航线,串联起经济发达、人口密集的地区,加强了黄

---

① 元·脱脱等《宋史·河渠志三》,北京:中华书局1985年版,第2318—2319页。
② 北魏·郦道元《水经注·泗水》,杨守敬、熊会贞疏,段熙仲点校,陈桥驿复校《水经注疏》中册,南京:江苏古籍出版社1989年版,第2148页。
③ 清·胡渭《禹贡锥指》(邹逸麟整理),上海:上海古籍出版社2006年版,第141页。

河与淮河,以及长江流域之间的政治、经济、文化等方面的联系。如通济渠以长江航线即"江漕"为纽带,除了可深入长江流域的腹地与益州(在今四川成都)等相连外,还可远及华南交、广、闽等地,进入珠江水系。通济渠建成后,向东经泗水进入淮河,越过淮河后经邗沟入长江,既可从水上与吴越相通,又可远接长江流域,进而与湘江流域串联在一起,沿湘江水系从陆路或水路与华南地区的交州、广州及闽中相连。李吉甫记载道:"隋炀帝大业元年更令开导,名通济渠,自洛阳西苑引谷、洛水达于河,自板渚引河入汴口,又从大梁之东引汴水入于泗,达于淮,自江都宫入于海。亦谓之御河,河畔筑御道,树之以柳,炀帝巡幸,乘龙舟而往江都。自扬、益、湘南至交、广、闽中等州,公家运漕,私行商旅,舳舻相继。隋氏作之虽劳,后代实受其利焉。"①通济渠以洛阳为漕转中心,经阳渠入洛水,自洛水入黄河,再入汴渠抵大梁,抵大梁后可自梁郡等经宿州、泗州等地入淮,随后自淮河经末口入邗沟远通长江。经此,通济渠为政治中心建在黄河流域,经济上寻求淮河流域及长江流域的支持铺平了道路。除此之外,沿通济渠沿岸开"御道",陆路与水路遥相呼应,在建设沿线水陆交通枢纽的过程中,提升了水陆联运或漕转的能力。

其五,通济渠与永济渠以黄河航线为中间航线实现互通后,将黄河以南和黄河以北连成一片,形成了"若渭、洛、汾、济、漳、淇、淮、汉,皆亘达方域,通济舳舻"②的水上大交通。与此同时,因通济渠又与江南河相通,由此形成了跨越浙江(钱塘江)从海上联系闽中、岭南等地的交通线。这一水上大交通除了将黄河两岸纳入漕运的范围外,同时又将不同的水系纳入了漕运的范围,同时促进了海河水系的形成。如章如愚论述通济渠开能的意义时指出:"《禹贡》:汴水,大河不辍,为治世患。而汴渠规橅不出,于禹而转输之利,乃有益于后世。然则河水入汴,炀帝为之也。后世不以一劳永逸为功,而独深罪炀帝者,以其主为燕游耳。不独汴也,淮不通江,江不通浙,其凿而通之,因古迹以便漕运,皆炀帝实成之。"③这一论述大体上道出了兴修通济渠的意义,可以说,这一航线开通后与永济渠等航线拧结在一起,将各大水系串连起来,在将自然水道和人工运道相互作用的过程中,加强了不同区域间的联系,从而促进了相关区域社会经济的发展。

总之,隋朝建设通济渠有着非同一般的意义。通济渠、永济渠和江南河等互通后,在与"御道"相互呼应的过程中,通过建设不同区域的水陆交通枢纽,改变了原有的交通布局,为河渠沿线城市的兴起铺平了道路,为新的区域政治中心的建设提供了必要的条件。

---

① 唐·李吉甫《元和郡县图志·河南道一》(贺次君点校),北京:中华书局1983年版,第137页。
② 后晋·刘昫等《旧唐书·职官志二》,北京:中华书局1975年版,第1841页。
③ 宋·章如愚《群书考索·六经门》,《四库全书》第936册,上海:上海古籍出版社1987年版,第20页。

第四章　永济渠引水济运及漕运

大业四年,隋炀帝征发河北各郡的军民兴修永济渠,将河渠建设的主战场转移到了黄河以北。严耕望先生研究永济渠的交通价值时论述道:"按永济渠在唐代交通运输上之价值诚不若通济渠之显著。然此渠不但为联系东都洛阳与东北重镇幽州之直接渠道,且由沧、德航海至平州(今卢龙治)与辽东,或亦可由独流口(今天津西静海西北独流镇)东北循曹操所开泉州渠及新河故渎通漕平州。故隋氏用兵辽东,以黎阳(今浚县东)为漕运中心;唐代前期,为备突厥、契丹,军粮馈运亦藉此渠。如陈子昂《上军国机要事》(《全唐文》二一一)云,'即日江南、淮南诸州租船数千艘已至巩、洛,计有百余万斛,所司使敕往幽州,纳充军粮。'此必取永济渠水运无疑。故安史之乱起,清河(今县)尚丰积有备边之军资,称为天下之北库也。是则此渠对于当时东北交通实具有不可轻忽之重大作用。"①在建设永济渠的过程中,隋炀帝实现了三个目标:一是通过利用隋前河渠及自然水道,改善了自东都洛阳"北通涿郡"的漕运条件,建成了一条自东都直抵幽、燕的战略大通道;二是实现了与通济渠等河渠的互通,建立了一条贯穿东西南北的漕运通道,为远征辽东奠定了基础;三是在加强水运的同时兴修"御道",使水运和陆运拧结在一起,加强了政治统治核心区域及不同区域之间的政治、经济等方面的联系。

与通济渠、江南河相比,永济渠兴修的难度最大,主要表现在两个方面:一是永济渠建在黄河以北,永济渠经过的区域是黄河泛滥及改道的高频区,受到黄河水文的支配和左右,黄河改道往往会引起相关区域的水文变化,从而增加了兴修永济渠的难度;二是永济渠自南向北,截断了自西向东且有不同入海口的河流,由于将这些河流统一到独流口经小直沽入海,在破坏原有水系的同时,加大了兴修永济渠的工程量。

---

① 严耕望《唐代交通图考·隋唐永济渠》第五卷,上海:上海古籍出版社2007年版,第1589页。

第一节　永济渠引沁入运

以现存的文献论之,隋炀帝兴修永济渠的事迹初见于《隋书》《北史》等,其中,《隋书》有两见,均强调了兴修永济渠发生在大业四年(608)这一时间节点。《隋书·炀帝纪上》云:"四年春正月乙巳,诏发河北诸郡男女百余万开永济渠,引沁水南达于河,北通涿郡。"①永济渠开工建设发生在大业四年一月。《隋书·食货志》云:"四年,发河北诸郡百余万众,引沁水,南达于河,北通涿郡。自是以丁男不供,始以妇人从役。"②《北史·隋本纪下》亦云:"四年春正月乙巳,诏发河北诸郡男女百余万开永济渠,引沁水南达于河,北通涿郡。"③李延寿除了参加《隋书》的编撰工作外,又编撰了《北史》。魏徵、李延寿等生活在隋末唐初,十分熟悉隋代故事,且修《隋书》《北史》时以历史档案及文书等为基本依据,故两书的可信度远超过其他的文献。稍有欠缺的是,两部史书的记载过于简略,再加上出现了"《隋志》兼综南北朝事,而无河渠。唐新旧二史,亦不志河渠"④的情况,由此带来的问题是,永济渠"引沁水南达于河,北通涿郡"虽说是建立了一条经黄河入河北远及涿郡的航线,但隋炀帝是如何开通这条漕运通道的呢?或者说,开永济渠时是如何利用隋代以前的河渠及自然水道的?永济渠沿途都经过哪些地点?由于缺少必要的记载,因此出现了众说纷纭的情况,进而给研究永济渠自黄河北岸开渠以后的水文、航线等带来了诸多的困难。

沁水是黄河的第二大支流,本身有南下汇入黄河的沁口,既然如此,为什么开永济渠时还要"引沁水南达于河"呢?这一叙述依旧有不明之处。此外,继魏徵、李延寿等之后,杜宝提出了"引汾水入河"的新说,如他在《大业杂记》中写道:"敕开永济渠,引汾水入河,又自汾水东北开渠,合渠水至于涿郡二千余里,通龙舟。"⑤这一说法提出后虽受到很多人的质疑,但受到后人的关注。如清代傅泽洪撰《行水金鉴》时,再度重申了杜宝的观点⑥。由此提出的问题是,永济渠究竟是自沁口入河,还是自汾口入河?

率先对杜宝之说提出质疑的是司马光。司马光注"四年正月穿永济渠"语时论述道:

---

① 唐·魏徵等《隋书·炀帝纪上》,北京:中华书局1973年版,第70页。
② 唐·魏徵等《隋书·食货志》,北京:中华书局1973年版,第687页。
③ 唐·李延寿《北史·隋本纪下》,北京:中华书局1974年版,第450页。
④ 清·胡渭《禹贡锥指》(邹逸麟整理),上海:上海古籍出版社2006年版,第500页。
⑤ 按:辛德勇校勘时将"引汾水入河,又自汾水东北开渠"改为"引沁水入河,又自沁水东北开渠"(辛德勇《大业杂记辑校》,西安:三秦出版社2006年版,第26页)。
⑥ 傅泽洪引杜宝《大业杂记》云:"敕开永济渠,引汾水入河,又自汾水东北开渠,合渠水至于涿郡二千余里,通龙舟。"(清·傅泽洪《行水金鉴·运河水》,《四库全书》第581册,上海:上海古籍出版社1987年版,第439页)。

"《杂记》：三年六月敕开永济渠，引汾水入河，于汾水东北开渠，合渠水至于涿郡二千余里，通龙舟。按：永济渠即今御河未尝通汾水，《杂记》误也。"①"御河"是永济渠的别称，司马光史述时沿袭了魏徵、李延寿等人的观点，明确地批驳了杜宝之说。

永济渠为什么"未尝通汾水"，又是如何"引沁水南达于河"的？司马光没有做出明确的交代。稍后，胡三省注《资治通鉴·隋纪五》"大业四年春，正月，乙巳，诏发河北诸军百余万穿永济渠，引沁水南达于河，北通涿郡"时考证道："《班志》：沁水出上党谷远县羊头山世靡谷。师古曰：今至怀州武陟县界入河。谷远，隋为沁源县。……《考异》曰：《杂记》：'三年六月，敕开永济渠，引汾水入河，于汾水东北开渠，合渠水至于涿郡二千余里，通龙舟。'按永济渠即今御河，未尝通汾水，《杂记》误也。"②胡三省生活在宋元之际，在重申司马光的观点时，特意引录了唐代颜师古"今至怀州武陟县界入河"等语，明确地指出永济渠至武陟（今河南武陟）入河。

然而，永济渠自黄河北岸武陟境内开渠，为什么是引沁水入运，而不是引汾水入运？为此，需要做进一步澄清，因为只有排除了开渠时引汾入运的可能性，才能真正地揭开永济渠引沁水入运的原因。

汾水的入河口又称"汾阴"，春秋以前，"汾阴"有二指：一是泛指汾水南岸，二是特指的汾水入河口。《山海经·海内东经》云："汾水出上窳北，而西南注河，入皮氏南。"③以"西南注河，入皮氏南"为坐标，当知在《山海经》产生的年代，汾阴隶属皮氏。郦道元引《水经》"又西至汾阴县北，西注于河"语阐释道："水南有长阜，背汾带河，阜长四五里，广二里余，高十丈。汾水历其阴，西入河，《汉书》谓之汾阴脽，应劭曰：脽，丘类也。汾阴男子公孙祥望气，宝物之精上见，祥言之于武帝，武帝于水获宝鼎焉，迁于甘泉宫，改其年曰元鼎，即此处也。"④因汾阴位于河口，扼守交通要道，是不可多得的战略要地，故汉王朝析皮氏建汾阴县。不过，从"汾水历其阴，西入河"等语中当知，汾阴已由泛指的汾水南岸衍化为汾水入河口这一特指。

春秋时，汾阴属于晋国，与四塞之地秦国隔黄河相望。当时，从秦都雍城出发，有一条经渭水自潼关渡河入汾水，沿汾水入晋都绛城的航线。鲁僖公十三年（前647），晋国遇到了前所未有的粮荒，秦国利用这条航线发动"泛舟之役"，解除了晋国的饥荒。孔颖达注《左传·僖公十三年》"秦于是乎输粟于晋，自雍及绛相继，命之曰泛舟之役"语云："秦都雍，雍临渭。

---

① 宋·司马光《资治通鉴考异·隋纪》，《四库全书》第311册，上海：上海古籍出版社1987年版，第86页。
② 宋·司马光《资治通鉴·隋纪五》（胡三省音注），北京：中华书局1956年版，第5636页。
③ 袁珂校注《山海经校注》，上海：上海古籍出版社1980年版，第333页。
④ 北魏·郦道元《水经注·汾水》，杨守敬、熊会贞疏，段熙仲点校，陈桥驿复校《水经注疏》上册，南京：江苏古籍出版社1989年版，第563—564页。

晋都绛,绛临汾。渭水从雍而东,至弘农华阴县入河。从河逆流而北上,至河东汾阴县乃东入汾,逆流东行而通绛。"①所谓"至河东汾阴县乃东入汾",实际上是指渡河后自汾阴入汾水,然后,逆流东行进入晋都绛城。在这里,孔颖达是以汉代以后的行政区划谈论先秦政区,因此,所说的"汾阴县"实为"汾阴"之误。尽管如此,孔颖达充分注意到汾阴是汾水汇入黄河的河口,依旧是有认识价值的。

  皮氏作为地名,初指皮氏建立的国家,皮氏灭亡后衍化为政区。《竹书纪年》有"帝不降……三十五年,殷灭皮氏"②等语。夏帝不降三十五年(前1783),为扩张领土,殷国灭掉皮氏。殷灭皮氏,与皮氏发生内乱有直接的关系,《逸周书·史记解》有"信不行,义不立,则哲士凌君政。禁而生乱,皮氏以亡"③之说。时至春秋,皮氏成为周王朝卿士樊皮的封邑。樊皮与周王同宗,姬姓,受封后以皮为姓氏,故采邑有"皮氏邑"之称,同时又可简称为"皮氏"。如郑樵论述道:"《世谱》,樊皮字仲文。此则以名为氏,不以字为氏也。"④稍后,晋国经营河东,兼并皮氏。韩、赵、魏三家分晋后,皮氏隶属魏国。此后,因"合纵连衡",以皮氏旧地为中心的河东,成为战国七雄即各方政治势力争夺的对象。在这一过程中,地处关中的秦国为了向东扩张,以汾阴邑即汾水入河口为据点攫取皮氏旧地,进而占领了整个河东。史有秦惠文王九年(前319)"渡河,取汾阴、皮氏"⑤之说,这里所说的"汾阴"是指三家分晋以前魏国在汾水入河口建立的军事要塞汾阴邑,与后来的县级建制没有关系。如《竹书纪年》有"十七年,魏文侯伐秦至郑,还筑汾阴、合阳"⑥之说,早在魏文侯十七年(前429),汾阴作为进取关中或关东的战略要地,已成为重要的军事要塞。

  秦以汾阴邑为据点占领河东后建皮氏县,如史有"秦置为皮氏县"⑦之说。是时,汾阴邑属皮氏。由于汾阴邑扼守汾水入河的河口,既是自关中经营河东的天然屏障,同时又是自关中经河东进入河北以远的别道。因其战略地位日益彰显,汉王朝代秦以后,析皮氏,以汾阴邑为治所建汾阴县,如《汉书·地理志》叙述以皮氏为中心的河东郡下属各县时,汾阴作为新县已与皮氏并列。

  汉有"汾水所出,西南至汾阴入河"⑧之说,如果与《山海经·海内东经》汾水"西南注

---

① 清·阮元《十三经注疏·春秋左传正义》,北京:中华书局1980年版,第1803页。
② 方诗铭、王修龄《古本竹书纪年辑证》,上海:上海古籍出版社2005年版,第219页。
③ 不著撰者《逸周书·史记解》,黄怀信、张懋镕、田旭东《逸周书汇校集注》,上海:上海古籍出版社2007年版,第945—946页。
④ 宋·郑樵《通志·氏族略》,杭州:浙江古籍出版社1988年版,第464页。
⑤ 汉·司马迁《史记·秦本纪》,北京:中华书局1982年版,第206页。
⑥ 王国维《今本竹书纪年疏证》,方诗铭、王修龄《古本竹书纪年辑证》,上海:上海古籍出版社2005年版,第278页。
⑦ 清·阮元《十三经注疏·春秋左传正义》,北京:中华书局1980年版,第335页。
⑧ 汉·班固《汉书·地理志上》,北京:中华书局1962年版,第1552页。

河,入皮氏南"等语对读的话,似表明汾水分别有皮氏、汾阴等两个河口入河。如果再将皮氏一县析分为数县或改称新称等情况计算在内,似表明汾水入河有更多的河口。其实,汾水入河只有皮氏南一个河口。出现这样的情况,主要是由政区不断地细化即一县析分为数县造成的。

从政区沿革的角度看,河东春秋时属晋,战国时属魏,此后,在各种政治势力的反复争夺中,河东有不同的归属。如秦取河东后,置河东郡(在今山西夏县北)。汉代以后,河东政区又多有沿革和析分。李吉甫记载道:"汉元年,项羽封魏豹为西魏王,王河东,都平阳。二年,豹降,从汉王在荥阳,请归侍亲疾,至则绝河津反为楚,尽有太原上党地。九月,韩信虏豹,定魏地,置河东、上党、太原郡。文帝时,季布为河东守,文帝谓曰:'河东吾股肱郡,故特召君耳。'后魏太武帝于今州理置雍州,延和元年改雍州为秦州。周明帝改秦州为蒲州,因蒲坂以为名。隋大业三年罢州,又置河东郡。"①汉高祖二年(前205),韩信取魏地后,河东郡再度析分,然而,不管政区发生什么样的变化,河东郡主要是在皮氏旧地的基础上建立起来的。

秦汉以后,皮氏多次析分并改名,史有"秦置为皮氏县,汉属河东郡。后魏太武帝改皮氏为龙门县"②之说。魏徵等叙述隋河东郡治所河东县沿革时记载道:"旧曰蒲坂县,置河东郡。开皇初郡废,十六年析置河东县。大业初置河东郡,并蒲坂入。"③开皇十六年(596),隋文帝析蒲坂建河东县;大业二年(606),隋炀帝合并河东、蒲坂建河东县。杜佑注《史记·河渠书》"穿渠引汾溉皮氏、汾阴下,引河溉汾阴、蒲坂下"语云:"皮氏,今龙门县地,属绛郡。汾阴,今宝鼎县地。蒲坂,今河东县地。并属河东郡。"④汾阴自皮氏析出后,几经沿革,至唐代有了"宝鼎县"这一新称。李吉甫记载道:"本汉汾阴县也,属河东郡。刘元海时废汾阴县入蒲坂县。后魏孝文帝复置汾阴县,开元十一年,改为宝鼎县。"⑤前赵刘渊(字符海)时,省汾阴县入蒲坂县;北魏孝文帝一朝,又将汾阴县从蒲坂县中析出并单独建县。大业二年,隋炀帝省蒲坂入河东县。李吉甫叙述河东县沿革时指出:"本汉蒲坂县地也,属河东郡。隋开皇三年罢郡,县仍属蒲州。十六年,移蒲坂县于城东,仍于今理别置河东县,大业二年省蒲坂县入河东县。"⑥胡渭亦论述道:"自后魏太平真君七年,改汉河东皮氏县曰龙门县,而龙门之名遂被于东岸。故颜师古注《司马迁传》曰:龙门山,其西在今同州韩城县北,其东在今蒲州龙门县北也。龙门县宋改曰河津县,县西北二十五里有龙门山,盖即壶口之南支,古时东岸

---

① 唐·李吉甫《元和郡县图志·河东道一》(贺次君点校),北京:中华书局1983年版,第323页。
② 同①,第335页。
③ 唐·魏徵等《隋书·地理志中》,北京:中华书局1973年版,第850页。
④ 唐·杜佑《通典·食货二》,杭州:浙江古籍出版社1988年版,第17页。
⑤ 同①,第327页。
⑥ 同①,第325页。

无龙门之名也。"①北魏太平真君七年(446),河东县改称龙门县。此后,宋代改龙门县为河津县。在政区沿革的过程中,因汾阴县与蒲坂县发生联系,又因蒲坂县与河东县发生联系,这样一来,汾阴县亦与河东县发生联系。

在政区沿革的过程中,皮氏不但析分为皮氏、汾阴、蒲坂、河东等数县,而且出现了龙门县、宝鼎县、河津县等新称。在这中间,不管政区发生什么样的变化,其中,由皮氏旧县析出的新县均属河东郡。胡渭论述道:"水南有长阜,背汾带河,长四五里,广二里余,高十丈,汾水历其阴,西入河。《汉书》谓之汾阴脽。应劭曰:脽,丘类也。按《汉书》:武帝元鼎四年立后土祠于汾阴脽上。脽音谁。今荣河县北有汾阴故城。唐改汾阴曰宝鼎。《元和志》:汾水在宝鼎县北二十五里。旧经后土祠下,西注于河。明隆庆四年东徙,由河津县葫芦滩南入河。"②政区变化及出现新称后,在一定程度上给人们关注汾水入河的地点带来了极大的困扰,尽管如此,汾水的入河口始终在汉县汾阴境内。进而言之,在明穆宗隆庆四年(1570)汾水水文变化以前,汾水的入河口即汾口是在皮氏的旧地汾阴。胡渭注《水经注》"河水自皮氏县西,又南出龙门口,汾水从东来注之"等语时论述道:"汾水出太原汾阳县管涔山,西南流至汾阴县北,而西注于河。"③在这中间,胡渭交代汾水西注入河的地点与《山海经·海内东经》汾水"西南注河,入皮氏南"、班固"汾水所出,西南至汾阴入河"地点相同。从这样的角度看,后世叙述汾口时出现不同的说法,主要是因政区变化及出现新称造成的。

汾水在黄河西边,流经地点大都在晋国旧地。如顾祖禹论述道:"汾水源出太原府静乐县北百四十里管涔山,南流经府城西,太原县城东,微折而西经清源县及交城县东南,又经文水县东南及祁县西南境而入汾州府平遥县界,经县西及汾州府东,又南经孝义县东,介休县西,而入平阳府霍州灵石县境。经县城及霍州之西,又南历汾西县东及赵城县、洪洞县西,又南经平阳府城西及襄陵县、太平县之东,又南经曲沃县西境,折而西经绛州南,又西历稷山县、河津县南,至荣河县北而入于大河。《周·职方》:'冀州浸汾、潞。'(潞水即漳水,见北直大川。)《诗》:'彼汾沮洳。'《左传》:'子产曰:"台骀能业其官,宣汾、洮,帝用嘉之,封诸汾川。"'《战国策》:'汾水可以灌平阳。'(俗作'绛水',误。)晋太元末拓跋珪取燕并州,遣将略地汾州。又周、齐相击争汾北之地,周主邕围晋州,军于汾曲。唐取关中,自汾而西。宋围太原,壅汾、晋二水灌之。《汉志》注:'汾水经郡二,(太原、河东也。)行千三百四十里。'《唐六典》:'汾水,河东之大川也。'"④从地理水文形势上看,汾水与贯穿河北诸郡的永济渠没有发生直接的联系。如史有"化及大怒,其食又尽,乃渡永济渠,与密战于童山之下,自辰达酉,

---

① 清·胡渭《禹贡锥指》(邹逸麟整理),上海:上海古籍出版社2006年版,第344页。
② 同①,第33页。
③ 同①,第441页。
④ 清·顾祖禹《读史方舆纪要·山西一》(贺次君、施和金点校),北京:中华书局2005年版,第1790—1791页。

密为流矢所中,顿于汲县。化及掠汲郡,北趣魏县"①之说,隋末,宇文化及与李密大战发生在永济渠沿岸,涉及的地点有汲县、汲郡、魏县等。客观地讲,这一区域是清水、漳水等经过的区域,与汾水经过的区域没有关系。

后世水文虽有变化,但汾水流经的政区大体未变。如胡渭论汾水经过的区域时指出:"以今舆地言之,静乐、阳曲、太原、清源、交城、文水、祁县(并属山西太原府)、平遥、汾阳、介休、孝义(并属汾州府)、灵石、汾西、霍州、赵城、洪洞、临汾、襄陵、太平、绛州、曲沃、稷山、河津、荣河(并属平阳府)诸州县界中,皆汾水之所经也。"②从这一论述中当知,永济渠流经的地点与汾水经过的区域没有关系。当然,隋清源县(在今山西清徐)境内有永济渠,似表明有引汾入运的可能。顾祖禹叙述清源县与汾水的关系时写道:"县东五里。自太原县流入界,又南经此。有米阳渡,流阔八十余步,路出徐沟。又县东十二里有永济渠,则引汾灌田处也。汾水又西南流入交城县界。"③清源县地近太原,境内的永济渠只是与隋炀帝兴修的永济渠同名,与河北漕运没有关系,且清源县的永济渠只有灌溉能力,无法开渠引水南下入河,故可忽略不计。

综合前人的开永济渠的相关论述,我们认为,司马光、胡三省等人的观点是正确的,即隋炀帝采取了引沁水入运的观点是正确的,据此,完全可以排除杜宝引汾水入运的说法理由有四点。一是隋开永济渠的目的是建立以洛阳为中心、以涿郡为漕转重镇的漕运通道,表达了经营河北诸郡、涿郡及辽东的愿望。在这样的前提下,无须绕道河东,采取"自汾水东北开渠"的方案。二是汾阴在洛阳的西北,汾水入河处位于晋陕分界线,黄河流经晋陕之间时呈南北向,至潼关转弯东行,须经三门峡砥柱山天险。如果在河东开渠,将无法以经济的手段建立直通河北的漕运通道,且无法避开三门峡不利漕运的风险。三是汾水发源于静乐县境内的管涔山,自东向西在汾阴注入呈南北流向的黄河。汾水呈东西流向,主要河段穿行在太行山之中,在这样的前提下,太行山脉势必要成为开渠引水南下的天然障碍,因此,汾水不可能成为永济渠取水入运的河流。四是永济渠在黄河北岸开渠为什么是"引沁",而不是"引汾"? 严耕望先生结合杜宝《大业杂记》中的记载进一步辨析道:"'汾'为'沁'之形讹,'渠水'盖'清水'之形讹。此云'于汾水东北开渠',最为详明。即分沁水为两支,主流仍南达于河,开渠分津之支流东合清水,北通涿郡也。"④原来,永济渠建立自沁口北上的漕运通道时,采取了"开渠分津之支流东合清水"的方案。从这样的角度看,永济渠"引沁水南达于河"有两层含义:一是利用沁口建立永济渠与黄河漕运的关系;二是利用沁水枝津开渠引沁入白

---

① 唐·魏徵等《隋书·李密传》,北京:中华书局1973年版,第1631页。
② 清·胡渭《禹贡锥指》(邹逸麟整理),上海:上海古籍出版社2006年版,第33页。
③ 清·顾祖禹《读史方舆纪要·山西二》(贺次君、施和金点校),北京:中华书局2005年版,第1824页。
④ 严耕望《唐代交通图考·隋唐永济渠》第五卷,上海:上海古籍出版社2007年版,第1590页。

沟,随后东合清水(济水)等。根据这些情况,永济渠建设只能是引沁水而不是引汾水。

第二节 永济渠的起点与终点

胡三省注"引沁水南达于河"引颜师古"今至怀州武陟县界入河"语表明,沁水的入河口即沁口在武陟境内。然而,颜师古及胡三省的说法与班固沁水"东南至荥阳入河"①的说法多有不一致的地方。那么,哪种说法更为可靠呢?为此,有必要从政区沿革的角度进行考证。

隋代沁源县初为汉代的谷远县(在今山西沁源),史有"汉谷远县。州所治。后魏改为沁源"②之说。隋取代北周后,延续了后魏(北魏)的旧称及行政区划。前人论述沁水发源地时,分别有谷远和涅县(在今山西武乡故城)两说。如班固叙述谷远县水文情况时记载道:"羊头山世靡谷,沁水所出,东南至荥阳入河,过郡三,行九百七十里。"③沁水有自沁源至荥阳的水道,隋代在此开永济渠,自然有南下入河的便利条件。如郦道元记载道:"沁水出上党。涅县谒戾山。沁水即少水也,或言出谷远县羊头山世靡谷。三源奇注,径泻一隍,又南会三水,历落出,左右近溪,参差翼注之也。"④郦道元认为,沁水有涅县和谷远两源,这一说法与班固多有不同,可备一说。涅县是汉县,北魏时改置阳城县,阳城是沁水南下经荥阳入河的节点。

颜师古注《汉书·地理志》"沁水所出,东南至荥阳入河"等语云:"今沁水至怀州武陟县界入河。此云至荥阳,疑传写错误。"⑤颜师古认为,沁水在黄河北岸,荥阳在黄河南岸,故沁水只能在黄河北岸的武陟(在今河南焦作武陟)入河。李吉甫叙述武陟政区沿革的历史时论述道:"本汉怀县地,隋开皇十六年分修武县置武陟县,理武德故城,今县东二十里武德故城是也,属殷州。皇朝因之,贞观元年省殷州,属怀州。沁水,在县东一里。"⑥黄河水文经过多次变化后,时至隋唐,武陟在黄河北岸,荥阳在黄河南岸,基于这样的原因,颜师古对班固的说法提出了质疑。

其实,班固的说法没错。从班固生活的时代到北魏,沁水入河一带的黄河水文基本上没

---

① 汉·班固《汉书·地理志上》,北京:中华书局1962年版,第1553页。
② 后晋·刘昫等《旧唐书·地理志二》,北京:中华书局1975年版,第1479页。
③ 同①。
④ 北魏·郦道元《水经注·沁水》,杨守敬、熊会贞疏,段熙仲点校,陈桥驿复校《水经注疏》上册,南京:江苏古籍出版社1989年版,第818—819页。
⑤ 同①,第1554页。
⑥ 唐·李吉甫《元和郡县图志·河北道一》(贺次君点校),北京:中华书局1983年版,第445页。

有发生变化。如桑钦《水经》有沁水"又东过武德县南,又东南至荥阳县北,东入于河"①等语,这一记载与班固的记载相同。前人论述《水经》的作者时有桑钦之说,其中,班固《汉书·地理志》两次引用了桑钦的撰述。据此,桑钦生活的年代应早于班固。不过,纪昀等又有《水经》的作者"大抵三国时人"②之说。撇开两人的生活时代孰早孰晚不论,从他们一致的表达中当知,隋唐以前沁水的确有至荥阳入河的水道。更重要的是,郦道元作《水经注》时采用了桑钦的说法,并作出详细的解释。郦道元是北魏人,他在《水经注》中以沁水"又东南至荥阳县北,东入于河"为前提,详细地描述了这一水道的行经地点,没有说沁水在其他地点入河的情况,这些情况可充分证明从班固到北魏郦道生活的时代,沁水入河一带的黄河水文没有发生大的变化。如靳辅叙述汉代沁河水文时论述道:"沁河,出沁源县羊头山世靡谷,南流至阳城县与获泽水合,又南与丹水合,又东过武陟,又东南至荥阳县北,入于河。"③靳辅重申了班固、《水经》作者及郦道元的观点,强调了沁水下行东经武陟至荥阳北入河的环节。据此可知,汉代的武陟与荥阳相邻,均在黄河北岸。进而言之,汉代到北魏,沁水至荥阳北入河当不成问题。据此亦可知,颜师古以隋唐水文质疑班固的观点多有不妥之处。

　　黄河迁徙势必要引起水文变化,水文变化势必要引起政区的变化。胡渭论述道:"自周定王五年河徙,从宿胥口东行漯川,至长寿津,始与漯别,其津以西漯水之故道,悉为河所占,而上游较短矣。然河之故渎不经东武阳,亦不经高唐。迨汉成帝建始末,河决馆陶(属魏郡),由东武阳绝漯水而东北,至高唐,又绝漯水,东北至千乘入海,虽尝塞治而故道犹存。王莽始建国三年,复决于此。莽为元城冢墓计,不堤塞。明帝永平中,王景修之,遂为大河之经流。自是委粟津以西漯水之故道,又为河所占,上游益短矣。漯水一出于武阳,再出于高唐,据成帝后言之耳。"④从周定王五年(前602)起,黄河多次迁徙直接影响到政区的变化。如沁水曾有"又东过武陟,又东南至荥阳县北,入于河"的河道,黄河改道截断济水后,已经将原有的荥阳政区分割成河北和河南两块,甚至是多块。汉成帝建始四年(前29)和王莽始建国三年(11),黄河两次改道致使政区发生巨大的变化。从表面上看,两次黄河改道是自馆陶(在今河北馆陶)决口,似与荥阳一带的黄河水文变迁关系不大。其实不然,从汉平帝永平十二年(69)夏四月"遣将作谒者王吴修汴渠,自荥阳至于千乘海口"⑤等情况看,黄河两次自馆陶决口已引起荥阳一带的黄河水文变化及政区变化,并且把荥阳原有的政区分割为河北、河南

---

① 北魏·郦道元《水经注·沁水》,杨守敬、熊会贞疏,段熙仲点校,陈桥驿复校《水经注疏》上册,南京:江苏古籍出版社1989年版,第843页。
② 清·纪昀等《钦定四库全书总目》(四库全书研究所整理),北京:中华书局1997年版,第946页。
③ 清·靳辅《治河奏绩书·川泽考》,《四库全书》第579册,上海:上海古籍出版社1987年版,第616页。
④ 清·胡渭《禹贡锥指》(邹逸麟整理),上海:上海古籍出版社2006年版,第82—83页。
⑤ 刘宋·范晔《后汉书·明帝纪》,北京:中华书局1965年版,第114页。

两块。李吉甫叙述唐县河阴沿革时有"本汉荥阳县地,开元二十二年以地当汴河口,分汜水、荥泽、武陟三县地于输场东置,以便运漕"①之说,武陟在黄河北岸,汜水、荥泽在黄河南岸,三地隔河相望,两岸三地均有漕运码头,负责接运来自黄河南北的漕粮及货物。

唐玄宗开元二十二年(734),在黄河改道后的荥阳析地建河阴县一事表明,荥阳留在黄河北岸的旧地已归属武陟。在这一过程中,因黄河改道,致使沁水入河的地点亦移到了武陟即荥阳留在黄河北岸的旧地。此后,因自然地理变化,政区重新划分,黄河北岸的荥阳旧地被并入武陟。这样一来,在武陟境内的沁口既是永济渠入河漕运的重要河口,同时也是自沁口沿沁水枝津向东开渠的节点。从这样的角度看,沁水至武陟入河的区域实际上是荥阳留在黄河北岸的区域。颜师古以唐代水文及政区论述汉代和汉代以前的情况,沁水自然无法越过黄河到荥阳北入河。进而言之,在汉代黄河多次改道以前,沁水下行时完全有可能经武陟、荥阳北,再东行入黄河。

关于黄河北岸的荥阳旧地因黄河改道并入武陟的说法虽说没有找到明确的文献记载,然而,从前人的论述中完全可以理出线索。顾祖禹考证沁水与沁源的关系时指出:"沁水源出沁州沁源县北百里绵山东谷,西南流经平阳府岳阳县东,又折而东南,经泽州沁水县东,又南经阳城县东而入河南怀庆府界,历济源县东北,又南经府城北,又东经武陟县东,修武县西,而入于大河。《汉志》《注》:沁水出谷远县(即今沁源县)羊头山世靡谷(贾氏曰:'谷远北山上。'),东南至荥阳入河,过郡三(上党、河内、河南也。颜师古曰:'沁水至武陟县界入河,此云荥阳,疑转写之误。'),行九百七十里。曹魏末司马孚言:'沁水源出铜鞮山(沁州,故铜鞮县也),屈曲周围水道九百里,天时霖雨,每致泛滥,请累石为门,蓄泄以时。'隋大业四年开永济渠,引沁水南入河,北通涿郡,亦曰御河。《唐六典》:'河东道大川曰沁水。'唐乾元初李嗣业军河内,安庆绪将蔡希德等自邺涉沁水攻之,为嗣业所拒,还走。金贞祐三年迁汴,议开沁水便运道。近时议者多以引沁水入卫河可济运军,然沁水流阔势急,又穿太行而南,多沙易淤,冬春之间深不盈尺,夏秋淫潦,往往泛溢为害,故怀、卫间常堤塞以防其冲决。"②很有意思的是,顾祖禹论述沁水南下入河的情况时,先以班固的记载为正文,后以颜师古的论述为注文并作参考。客观地讲,这一叙述是有深意的。它表明顾祖禹已充分注意到不同时期的黄河水文变化,如在强调班固沁水"东南至荥阳入河"③的前提下,同时关注到颜师古的质疑。从这样的角度看,顾祖禹所说的沁水"历济源县东北,南经府城北,又东经武陟县东,修武县西,而入于大河",主要是因为后世如唐代政区变化后,沁水已在武陟东和修武西

---

① 唐·李吉甫《元和郡县图志·河南道一》(贺次君点校),北京:中华书局1983年版,第136页。
② 清·顾祖禹《读史方舆纪要·山西一》(贺次君、施和金点校),北京:中华书局2005年版,第1791页。
③ 汉·班固《汉书·地理志上》,北京:中华书局1962年版,第1553页。

之间的区域汇入黄河。这一叙述恰好说明了黄河水文变化引起政区变化后，荥阳留在黄河以北的区域并入武陟。胡渭论述道："河自蒲州过雷首山，折而东，经芮城、平陆、垣曲及河南怀庆府之济源、孟县、温县、武陟，卫辉府之获嘉、新乡、汲县，是为南河，与豫分界。"①这一论述可进一步证明黄河改道经武陟，沁水至武陟入河。然而，在黄河改道前，武陟一度与荥阳相邻，只是改道后，政区重新划分，武陟与荥阳已隔河相望。

  胡渭注《水经》"又东过成皋县北，济水从北来注之"论述道："河水自洛口，又东，左径平皋县南，又东径怀县南，济水故道之所入，与成皋分河水。按平皋废县在今温县东。怀县故城在今武陟县西南。"②黄河截断济水之前，温县与荥阳相邻。黄河改道截断济水后，武陟成为沁水的入河处，与此同时，温县也到了黄河北岸即荥阳新政区的对岸。这一情况似可进一步证明，沁水至武陟入河的区域旧属荥阳。进而言之，在汉成帝建始四年和王莽始建国三年黄河两次改道以前，沁水经荥阳东行后入河当没有疑义。郦道元记载道："《尚书·禹贡》曰：过洛汭至大伾者也。郑康成曰：地肱也。沇出伾际矣。在河内修武、武德之界。济沇之水与荥播泽出入自此，然则大伾即是山矣。伾北即《经》所谓济水从北来注之者也。今沇水自温县入河，不于此也。所入者奉沟水耳，即济沇之故渎矣。"③黄河水文变化后，荥泽即郦道元所说的"荥播泽"在黄河南岸，这一情况已与《禹贡》时期荥播泽在黄河北岸的大伾山（在今河南鹤壁浚县东）一带有很大的不同。"沇水"是济水的别称，所谓"今沇水自温县入黄河"，是指济水自温县入黄河。在这一过程中，黄河改道虽将温县和荥阳新政区分隔到黄河两岸，但沁水、济水在黄河北岸的水道基本未变。进而言之，原本自荥阳东行的济水因与黄河相斗出现了经荥阳北入黄河的水道，这一水道形成后，对黄河水文变化产生了重大的影响，进而引起政区变化。

  追溯历史，汉代以前的黄河两岸政区变化是由周定王五年（前602）黄河迁徙及改道引起的。从战国中期到汉武帝元光三年（前132）黄河决堤以前这两百多年中，由于齐、赵、魏三国在各自的辖区兴修堤防，因此，黄河水道处于大体稳定的状态。在这一过程中，除了战争引起政区归属方面的变化外，基本上没有出现因黄河迁徙及改道重新划分政区的情况。如谭其骧先生论述道："约在前四世纪四十年代左右，齐与赵魏各在当时的河道即《汉志》河的东西两岸修筑了绵亘数百里的堤防，此后，《禹贡》《山经》河即断流，专走《汉志》河，一直沿袭到汉代。"④汉武帝即位后，因气候变化及过度地取水灌溉农田等，黄河迁徙及改道进入

---

① 清·胡渭《禹贡锥指》（邹逸麟整理），上海：上海古籍出版社2006年版，第17页。
② 同①，第453页。
③ 北魏·郦道元《水经注·河水五》，杨守敬、熊会贞疏，段熙仲点校，陈桥驿复校《水经注疏》上册，南京：江苏古籍出版社1989年版，第395—396页。
④ 谭其骧《西汉以前的黄河下游河道》，《历史地理》（创刊号），上海：上海人民出版社1981年版，第64页。

了前所未有的高频期。

从另一个层面看,汉代以后,黄河以北和黄河以南政区不断地调整和多次重新划分与汉武帝元光三年、汉成帝建始四年和王莽始建国三年等三次黄河改道有着直接的关系。一是汉成帝建始四年、王莽始建国三年的两次黄河改道是由汉武帝元光三年黄河在瓠子口(在今河南濮阳西南)决堤引起的。黄河自瓠子口决堤后,引起后来的两次黄河大改道,在这一过程中,因黄河两次大改道,在漫溢的过程中向低处汇积,将同一政区分割成两块甚至是数块,致使相关的政区必须要根据黄河水文的变化进行调整。二是汉成帝建始四年、王莽始建国三年的两次黄河改道直接影响到东汉、南北朝、隋唐时期的政区变化。如王景、王吴筑堤修汴渠及浚仪渠的举措即将鸿沟旧道从黄河中分离出来,完全是因为汉成帝建始四年和王莽始建国三年黄河两次改道引起的。在这中间,筑堤修渠之举虽有治河及恢复运道的意图,但黄河迁徙引起政区变化是必然的。从这样的角度看,同一政区被分割成不同区域后,尽管上游地区的沁口即沁水南下入河口没有发生变化,但因政区变化,故沁水入河的河口有了新的表述方式。

永济渠的起点在什么地方?魏徵、李延寿等人有永济渠"引沁水南达于河"之说,杜宝有永济渠引沁"合渠水至于涿郡二千余里"①之说,程大昌有"于河之北又有永济渠之役,导沁水东北合渠,以达涿郡二千余里"②之说,颜师古亦有"今沁水至怀州武陟县界入河"③之说,综合诸说,永济渠的起点自然是在武陟境内的沁口。进而言之,隋炀帝开永济渠时取之现成,以沁口为联系黄河漕运的河口,在此基础上沿沁水枝津开渠,引沁水"合渠水"即利用黄河以北旧有的河渠开辟航线。

不过,魏徵、李延寿等又有永济渠以洛口(在今河南巩义东北)为起点的说法。《隋书·阎毗传》云:"将兴辽东之役,自洛口开渠,达于涿郡,以通运漕。毗督其役。明年,兼领右翊卫长史,营建临朔宫。及征辽东,以本官领武贲郎将,典宿卫。"④按照这一说法,永济渠是由阎毗负责督造的。此外,李延寿的《北史·阎毗传》亦有与《隋书·阎毗传》相同的记载⑤。这一情况表明,"自洛口开渠"不可能是"自沁口开渠"即"引沁水,南达于河"的笔误。洛口在黄河南岸,是汉代阳渠及隋代通济渠以洛阳为起点,以洛水为基本运道的北上入河的河

---

① 辛德勇《大业杂记辑校》,西安:三秦出版社2006年版,第26页。
② 宋·程大昌《禹贡后论·汴》,《四库全书》第56册,上海:上海古籍出版社1987年版,第116页。
③ 汉·班固《汉书·地理志上》,北京:中华书局1962年版,第1554页。
④ 唐·魏徵等《隋书·阎毗传》,北京:中华书局1973年版,第1595页。
⑤ 史称:"将兴辽东之役,自洛口开渠,达于涿郡,以通运漕。毗督其役。明年,兼领右翊卫长史,营建临朔宫。及征辽东,以本官领武贲郎将,典宿卫。"(唐·魏徵等《隋书·阎毗传》,北京:中华书局1973年版,第1595页)又称:"将兴辽东之役,自洛口开渠达涿郡以通漕,毗督其役。明年,兼领右翊卫长史,营建临朔宫。及征辽东,以本官领武贲郎将,典宿卫。"(唐·李延寿《北史·阎毗传》,北京:中华书局1974年版,第2185页)。

口。沁口在黄河北岸,是沁水南下入河的河口,也是永济渠渡河北上入沁,中经武陟小原村、红荆口入白沟的河口。从地理方位上看,洛口与沁口在黄河南北两岸遥相呼应。根据这一情况,"自洛口开渠"应与疏浚黄河及在黄河北岸引沁开渠没有任何关系。玩味语意,这一表述很可能与自洛口到东都洛阳之间的航道出现淤塞,为恢复漕运,需要重点疏浚存在着某种内在的联系。或者说,从洛口到洛阳的航段是通济渠和永济渠的共同使用的航线,为了进一步提高这一共线的漕运能力,需要对原有的航线进行必要的改造。从这样的角度看,永济渠的起点应以东都洛阳为起点,其中,自东都洛阳到洛口之间的航段是永济渠和通济渠的共线,两渠有共同的起点。此外,因"自洛口开渠,达于涿郡,以通运漕",永济渠这条贯穿南北的航线开通后,极大地方便了运兵运粮,为征辽东提供了方便,同时也带动了沿岸社会经济的发展。

这样说,可能更符合永济渠和通济渠建设的实际情况。隋炀帝营造东都后,洛阳成为隋王朝的第二个政治中心。继兴修通济渠以后,因洛阳漕转中心建设的需要,特别是经营河北诸郡、涿郡及辽东等北部及东北部地区的需要,为此,兴修永济渠便顺理成章地提到了议事日程。具体地讲,在洛口开渠与漕运码头选址及建设,与建立永济渠和通济渠有着某种内在的联系,同时也与重点经营东都洛阳有内在的联系。如洛阳是隋王朝刻意建造的漕转中心,通过洛阳既可经营统治中心区域河北、河南,同时可控制江淮,远及长江流域。进而言之,通济渠经营的目标是黄河以南、江淮及长江以南等区域,永济渠经营的目标是黄河以北、涿郡及辽东等区域。要想全面地控制这些区域,需要在更大的范围内建立一条联系东西南北不同方向的战略大通道,需要重点建立通济渠与永济渠的互通关系。在这中间,以黄河为连接线,建立永济渠与通济渠互通的关系便成为当务之急。

从另一个层面看,永济渠与通济渠隔黄河相望,如果加强洛口建设,以洛口为中转站既可加强东都洛阳漕转中心的地位,又可或渡河北上或顺流东下,从水上加强河北、河南及江淮之间的联系。至于前人论述永济渠时,只提黄河以北的航线,不提黄河以南的航线,很可能与兴修通济渠在先,即自洛阳入河的航线已经开通,因此,不需要专门或再次提出之间有着某种内在的联系。其实,从"自洛口开渠"的情况看,永济渠有黄河南岸的兴修工程,因此,计算永济渠的长度同样应以东都洛阳为起点。在这中间,自东都西苑经洛口入河的航线实际上是永济渠和通济渠的共用航线。进而言之,两渠以黄河或沿线的漕运码头为互通的连接点,渡河北上经沁口进入永济渠,可"北通涿郡";沿黄河南岸入汴进入通济渠,可"达于淮海",与长江航线相接。

永济渠的终点在什么地方?魏徵《隋书》、李延寿《北史》叙述永济渠时分别有"北通涿郡"的记载。按理说,史家言之凿凿,涿郡治所是永济渠的终点当不成问题。然而,历史上的涿郡治所多有变化,这样一来,永济渠"北通涿郡",究竟是以汉代涿郡治所涿县(在今河北涿州）为终点，还是以蓟县（在今天津蓟州区）为终点？遂给后人留下了疑问。

其一，在行政区划沿革的过程中，涿郡出现了以涿县或以蓟县为治所的情况。起初，涿郡是汉郡。史有"高帝六年，分燕，置涿郡"①之说，汉高祖六年（前202），刘邦为了加强对北地的控制，析分广阳郡南部、巨鹿郡北部及恒山郡一部建立了涿郡。初建时，涿县是首县及涿郡治所，范阳是其属县。元封五年（前106），为了加强监察，汉武帝设十三州刺史部，如史有"初置刺史部十三州"②之说。是时，涿郡隶幽州刺史部。汉章帝（75—88年在位）一朝，改涿郡为范阳郡，如史有"汉高帝置涿郡，后汉章帝改"③之说。泰始元年（265），晋武帝在范阳郡的基础上建立范阳国，并封司马绥为范阳王，如史有"汉置涿郡。魏文更名范阳郡。武帝置国，封宣帝弟子绥为王"④之说。时至南北朝分治时期，涿郡数易其名，辖区也多次变动。这一时期的大趋势是政区细化，由一郡析分成数郡，汉代涿郡的辖县已分属不同的政区。如北魏时缩小后的涿郡以"范阳郡"相称，并以涿县为首县。开皇三年（583），因户籍锐减，隋文帝简化行政，将州、郡、县三级政区合并为州、县两级，经此，涿郡及由涿郡析出的范阳郡同时隶属幽州。大业三年（607），户籍人口增加后，隋炀帝在旧制的基础上析置新的州、县两级建制，与此同时，又改州为郡，史有"高祖受终，惟新朝政，开皇三年，遂废诸郡。泊于九载，廓定江表，寻以户口滋多，析置州县。炀帝嗣位，又平林邑，更置三州。既而并省诸州，寻即改州为郡"⑤之说。此外，从西晋到隋王朝代周，幽州一直是北方的军事重镇，在这中间，蓟县成为幽州刺史的治所。史有"自晋至隋，幽州刺史皆以蓟为治所"⑥之说，又有蓟县"'旧置燕郡，开皇初废，大业初置涿郡'涿县'旧置范阳郡，开皇初郡废'"⑦之说。开皇三年，隋文帝取消郡级建制，这样一来，燕郡、范阳郡均隶属幽州，因以蓟县为幽州治所，故涿县不再是范阳郡的治所。大业三年，隋炀帝改州为郡，幽州因此改为涿郡，沿袭旧制，蓟县成为涿郡的治所。大业四年，隋炀帝开永济渠，因蓟县是"古之燕国都"⑧，故永济渠"北通涿郡"的终点应在燕国国都蓟城。从这样的角度看，永济渠的终点应该在隋炀帝改州为郡后的涿郡治所蓟县，不应该在旧治所涿县。

其二，从政区沿革及析分的过程看，前人论述永济渠"北通涿郡"时之所以会产生以涿县为终点的错误认识，主要是由三个方面的原因造成的：一是在政区不断地细化及分合的历史

---

① 宋·徐天麟《西汉会要·方域一》，上海：上海古籍出版社2006年版，第739页。
② 汉·班固《汉书·武帝纪》，北京：中华书局1962年版，第197页。
③ 北齐·魏收《魏书·地形志上》，北京：中华书局1974年版，第2476页。
④ 唐·房玄龄等《晋书·地理志上》，北京：中华书局1974年版，第425页。
⑤ 唐·魏徵等《隋书·地理志上》，北京：中华书局1973年版，第807页。
⑥ 后晋·刘昫等《旧唐书·地理志二》，北京：中华书局1975年版，第1516页。
⑦ 唐·魏徵等《隋书·地理志中》，北京：中华书局1973年版，第857页。
⑧ 同⑥。

进程中,涿县作为涿郡即范阳郡治所的时间最长,或许正因为如此,后世遂出现了在涿郡即范阳郡和涿县之间划等号的情况;二是隋文帝改三级为二级政区后,涿县和蓟县同时隶属幽州,且两县相去不远,史有"涿县、良乡与广阳国蓟县,今在幽州"①之说可证,这样一来,遂出现了误以为涿县是永济渠终点的情况;三是隋王朝速亡,人们论述永济渠经过的区域时,大都以唐代的建制叙述隋代的政区。史有"汉涿郡之涿县也,郡所治。曹魏文帝改为范阳郡。晋为范阳国,后魏为范阳郡,隋为涿县。武德七年,改为范阳县。大历四年,复于县置涿州"②之说,又如杜佑注永济渠"通涿郡"等语时有"今范阳郡"③之说,这样一来,因同一个地方有不同的名称,十分容易造成混淆和误解,特别是入唐以后,涿县一度升格为涿州,此后又改称"范阳县",除此之外,隋炀帝一朝调整政区时改州为郡之举,再加上范阳郡是涿郡的别称,等等。在政区不断变化的过程中,遂出现了以涿县为隋代涿郡治所的情况,进而出现了错将涿郡即范阳郡治所涿县视为永济渠终点的情况。

其三,永济渠"北通涿郡"的地点是指蓟县,还可以从隋炀帝乘龙舟抵蓟县的事件中得到证明。大业七年(611)二月,隋炀帝突发奇想,乘龙舟自江都起程抵达蓟县。当时的行程是这样的:隋炀帝沿通济渠入淮渡黄河后,沿永济渠抵达蓟县,到达蓟县后下榻临朔宫,随后乘车到蓟县南桑干河筑社稷坛祭祀。史称:"大业七年,征辽东,炀帝遣诸将,于蓟城南桑干河上,筑社稷二坛,设方壝,行宜社礼。帝斋于临朔宫怀荒殿,预告官及侍从,各斋于其所。十二卫士并斋。帝衮冕玉辂,备法驾。礼毕,御金辂,服通天冠,还宫。又于宫南类上帝,积柴于燎坛,设高祖位于东方。帝服大裘以冕,乘玉辂,祭奠玉帛,并如宜社。诸军受胙毕,帝就位,观燎,乃出。又于蓟城北设坛,祭马祖于其上,亦有燎。又于其日,使有司并祭先牧及马步,无钟鼓之乐。众军将发,帝御临朔宫,亲授节度。"④隋炀帝在桑干河筑社稷坛举行祭祀大礼,主要的目的是誓师征伐辽东。司马光叙述这一事件时明确地交代道:"二月,己未,上升钓台,临杨子津,大宴百僚。乙亥,帝自江都行幸涿郡,御龙舟,渡河入永济渠,……夏,四月,庚午,车驾至涿郡之临朔宫,文武从官九品以上,并令给宅安置。先是,诏总征天下之兵,无问远近,俱会于涿。"⑤从"帝自江都行幸涿郡,御龙舟,渡河入永济渠,……车驾至涿郡之临朔宫"等叙述中不难发现,隋炀帝是乘船到涿郡的,随后,又是乘车到临朔宫。如果进一步追究的话,则隋炀帝"行幸涿郡"及"车驾至涿郡之临朔宫"都发生在蓟县。王祎《大事记续编》引"大业七年春二月乙亥,帝御龙舟入通济渠。夏四月庚午,至临朔宫,征天下兵会涿郡,

---

① 后晋·刘昫等《旧唐书·天文志下》,北京:中华书局1975年版,第1316页。
② 后晋·刘昫等《旧唐书·地理志二》,北京:中华书局1975年版,第1517页。
③ 唐·杜佑《通典·食货十》,杭州:浙江古籍出版社1988年版,第56页。
④ 唐·魏徵等《隋书·礼仪志三》,北京:中华书局1973年版,第160页。
⑤ 宋·司马光《资治通鉴·隋纪五》(邬国义校点),上海:上海古籍出版社1997年版,第1643页。

伐高丽……《解题》曰:按《唐志》,临朔宫,在幽州蓟县。"①史有蓟县有"有故隋临朔宫"②之说,又有隋炀帝"至涿郡之临朔宫"③之说,在蓟县境内的临朔宫是隋炀帝舍舟登陆下榻的行宫,结合文献记载,当知隋炀帝是走水路到蓟县的,同时也表明永济渠"北通涿郡"的终点是蓟县。

其四,如果以武陟入河口沁口为起点,永济渠"北通涿郡"共有两千多里的航程。如果再加上从东都洛阳到武陟沁口的两百多里的航程,永济渠起码有两千两百多里的航程。有趣的是,如果以汉代涿郡治所涿县为终点进行计算的话,那么,从洛阳到涿县的距离仅有一千八百里,如范晔交代汉王朝建涿郡时有"高帝置。洛阳东北千八百里"④之说。汉代涿郡的治所是涿县,在这中间,即便是考虑到水路曲折迂回等因素,从武陟沁口到涿县航程亦不可能达到两千里。进而言之,汉县涿县不可能是永济渠的终点。然而,如果以隋代涿郡治所蓟县进行计算的话,那么,从洛阳到蓟县的路程则有两千二百多里。如史有渔阳郡"秦置。洛阳东北二千里"⑤之说。隋代重新划分政区后,渔阳郡取消建制后省入涿郡,如史有"渔阳在幽州"⑥之说。如果考虑到水路曲折迂回,那么,以武陟沁口为永济渠的起点,至涿郡蓟县则有两千余里。从这样的角度看,永济渠"北通涿郡"不可能以汉代涿县为终点,只能以蓟县为终点。

第三节 永济渠河北航段与引水

永济渠黄河以北的航线由不同的航段构成。如果以起点论之,永济渠黄河以北的航线主要有沁口、汲县(在今河南卫辉)、馆陶(在今河北馆陶)、独流口(在今天津静海独流镇)等四个航段。皮日休有"隋之疏淇汴、凿太行"⑦之说,司马光有"诏发河北诸军百余万众穿永济渠,引沁水南达于河,北通涿郡。丁男不供,始役妇人"⑧之说,从"疏淇汴,凿太行"以及"始役妇人"等情况看,兴修永济渠的难度明显地超过了兴修通济渠(包括邗沟)和江南河的难度。此外,严耕望先生有"永济渠之工程实多循汉魏北朝之旧河道"⑨之说,隋炀帝兴修永

---

① 明·王祎《大事记续编》,《四库全书》第334册,上海:上海古籍出版社1987年版,第15页。
② 宋·欧阳修等《新唐书·地理志三》,北京:中华书局1975年版,第1019页。
③ 唐·魏徵等《隋书·炀帝纪上》,北京:中华书局1973年版,第76页。
④ 刘宋·范晔《后汉书·郡国志五》,北京:中华书局1965年版,第3526页。
⑤ 同④,第3528页。
⑥ 后晋·刘昫等《旧唐书·天文志下》,北京:中华书局1975年版,第1316页。
⑦ 唐·皮日休《汴河铭》,唐·皮日休《皮子文薮》,北京:中华书局1959年版,第44页。
⑧ 宋·司马光《资治通鉴·隋纪五》(邬国义校点),上海:上海古籍出版社1997年版,第1638页。
⑨ 严耕望《唐代交通图考·隋唐永济渠》,上海:上海古籍出版社2007年版,第1622页。

济渠时,一是以汉魏以来兴修的白沟、泉州渠、平虏渠等河渠为基础;二是主要采取了引沁水、济水、清水、淇水、漳水、洹水、屯氏河、屯氏别河、浮水、潞水、桑干水、滹沱水、鲍丘水、沽水、潞水等入运或借用水道济运的措施。

永济渠沁口航段以沁口为起点,经武陟小原村东北、红荆口(在今河南获嘉荆嘴)至汲县入白沟(卫河)。明代卫辉府治在汲县,汲县是汉县。晋武帝泰始二年(266),建汲郡,汲县成为郡治;隋、唐、宋三代,汲县或为州治,或为郡治;元代建行中书省制,汲县成为路治。在兴修永济渠以前,沁水在武陟小原村东北分流,主流南下至沁口入河;支流至红荆口。隋修永济渠时,利用沁水入河前的河道,建成了自黄河运道入沁口,经武陟小原村、红荆口至汲县入白沟的航线。

永济渠沁水航段即自沁口经武陟小原村,行经红荆口至汲县入白沟的航线一直存在。史称:"沁河,出山西沁源县绵山东谷。穿太行山,东南流三十里入河南境。绕河内县东北,又东南至武陟县,与黄河会而东注,达徐州以济漕。其支流自武陟红荆口,经卫辉入卫河。元郭守敬言:'沁余水引至武陟,北流合御河灌田。'此沁入卫之故迹也。"[1]这一史述强调了三个方面的内容:一是交代了沁水的发源地及其穿太行山经河内(在今河南沁阳)东北的情况;二是沁水有一条自武陟沁口入河,经黄河运道后入通济渠抵徐州的航线;三是沁水有"支流自武陟红荆口,经卫辉入卫河"的河道。唐代以后,这条漕运通道即永济渠沁口航段被废弃不用,主要与政治中心东移或北上相关。如宋代政治中心东移汴梁(在今河南开封)及元代政治中心北移大都(在今北京)后,汴梁以西及永济渠沁口航段不再担负主要的漕运任务,这样一来,永济渠沁口航段即武陟至卫辉的渠道不再受到重视。尽管如此,永济渠沁口航段及引沁工程依然存在,甚至到了元代依旧有利用的价值,如郭守敬曾提出利用永济渠沁口航段及引沁工程灌溉农田的建议,故有"北流合御河灌田"之说。此外,今人以前人诸说为依据,在实地考察的基础上对永济渠沁口航段进行了复原。[2] 综合这些情况,周梦旸提出永济渠经武陟小原村、红荆口至汲县入白沟的航线确实是存在的。

永济渠沁口航段主要由三大工程构成:一是在武陟小原村东北建造分水工程,通过控制沁水南下入河的流量,有效地增加了沁水枝津自武陟小原村入白沟的流量;二是沿沁水枝津开渠,采取了拓宽加深水道的措施。通过拓宽加深自武陟小原村至红荆口的水道,改善了这一航段的通航条件;三是开挖新渠,建立了自红荆口引沁至汲县入白沟的航道。严耕望先生论述道:"即分沁水为两支,主流仍南达于河,开渠分津之支流东合清水,北通涿郡也。"[3]所

---

[1] 清·张廷玉等《明史·河渠志五》,北京:中华书局1974年版,第2132页。

[2] 仇晓东、何凡能、刘浩龙、肖冉、邓清海《永济渠渠首段流路复原》,《地理科学进展》2017年4月,第4期。

[3] 严耕望《唐代交通图考·隋唐永济渠》第五卷,上海:上海古籍出版社2007年版,第1590页。

谓"开渠分津之支流",是指在武陟小原村一带开渠,分部分沁水入沁水的枝津。从表面上看,利用沁水枝津拓宽加深渠道的工程量不大,但沁水含沙量超过黄河,水流放缓后泥沙将淤积航道。这样一来,引沁入运时应维持多大的流量才能实现束水冲沙的目标,便增加了开渠引沁的难度。严耕望先生进一步论述道:"盖沁水虽本入河,然水浊多沙,湍急之势逾于黄河,非加功浚治不能大通漕运。而新开渠道工程尤巨,且其下游长达二千里,虽多循旧河道,然亦当有须增浚处,故分引沁水东流之新渠道,尤为主要工程也。"①如果开渠引沁不畅的话,永济渠将无法全线贯通。进而言之,开渠引沁之所以是永济渠的"主要工程",是因为这一工程成功与否关系到永济渠的畅通与否。

永济渠开渠引沁建成自沁口入河的漕运通道后,结束了隋代以前河北漕运利用白沟自枋头(在今河南淇县东)入河的历史。在这中间,自武陟小原村开渠建立至汲县入白沟的航线后,一是缩短了自洛阳经黄河入枋头北上的航程;二是避开在黄河上航行的风险,可以直接从洛口渡河入沁口,从而提升了洛阳在"北通涿郡"中的战略地位。遗憾的是,终因沁水泥沙太大,时至唐代,自武陟小原村至红荆口的引沁航段已严重淤塞,因此,不得不把永济渠在黄河北岸的起点移到汲县。如明代胡世宁在《陈言治河通运以济国储而救民生疏》一文中写道:"又闻沁水至武陟县红荆口分流一道,六十里,通卫河,近年始塞。是河流因沁可以通卫也,后当国家闲暇之时,亦宜差官踏勘。如红荆口旧河可开,则开,旧河不可开,则于阳武,上下相度地势相应处所离岸十数里开掘一河,北通卫河。"②宋元以后,因政治中心东移汴梁和北上大都,永济渠自武陟沁口到红荆口的航段开始淡出人们的视野,尽管如此,这一航段仍是永济渠重要的航线。

开渠引沁是永济渠的关键工程。沁水是黄河的一级支流,水资源丰富,为永济渠开渠济运及借用其水道提供了充分的条件。郦道元记载道:"沁水又南,历陭氏关,又南与羉羉水合。水出东北巨骏山,乘高泻浪,触石流响,世人因声以纳称。西南流注于沁。沁水又南,与秦川水合。水出巨骏山东,带引众溪,积以成川。又西南,径端氏县故城东,昔韩、赵、魏分晋,迁晋君于端氏县,即此是也。其水南流入于沁水。……沁水南径阳阿县故城西。《魏土地记》曰:建兴郡治阳阿县。郡西四十里有沁水,南流。沁水又南,与濩泽水合,水出濩泽城西白涧岭下,东径濩泽。……濩泽水又东南,注于沁水。沁水又东南,阳阿水左入焉。水北出阳阿川,南流径建兴郡西。又东南流,径午壁亭东,而南入山。其水沿波漱石,漰涧八丈,环涛谷转。西南流,入于沁水。"③沁水自汉县谷远南下,有羉羉水、秦川水、濩泽水、阳阿水

---

① 严耕望《唐代交通图考·隋唐永济渠》第五卷,上海:上海古籍出版社2007年版,第1591页。
② 明·胡世宁《胡端敏奏议·陈言治河通运以济国储而救民生疏》,《四库全书》第428册,上海:上海古籍出版社1987年版,第669页。
③ 北魏·郦道元《水经注·沁水》,杨守敬、熊会贞疏,段熙仲点校,陈桥驿复校《水经注疏》上册,南京:江苏古籍出版社1989年版,第820—825页。

等汇入,途经汉县野王(在今河南沁阳)又有邗水、朱沟枝津、丹水、绝水、泫水、白水、光沟水、朱沟水、沙沟水、陂水等二级或三级河流汇入。① 这些情况表明,沁水因有不同的支流汇入,为永济渠建立自沁水开渠分水入河入白沟的航线,进而提高航道水位创造了必要的条件。

在这一过程中,引济入沁也是兴修永济渠不可忽略的环节。史家叙述济源县(在今河南济源)沿革及水文时有"开皇十六年置。旧有沁水县,后齐废入。有孔山、母山。有济水、瀼水、古原城"②之说,又有沁水县"治沁城。有沁水、济水"③之说。开皇十六年,隋文帝调整行政区划后,在沁水县的基础上建济源县。李吉甫叙述沁水县沿革时指出:"本汉端氏县地,后魏孝庄帝,于此置泰宁郡及东永安县,高齐省郡而县存。隋开皇十八年,改为沁水县。沁水,在县东北五十二里。"④济源县有济水和沁水,这一情况的存在为引济入沁提供了必要的条件。在这中间,在开渠引沁入清河时,对济水多有利用。如郦道元有"盖济水枝渎条分,所在布称,亦兼丹水之目矣"⑤之说,从侧面证明了开渠引沁时对济水多有利用。

前人叙述济水的源头时有东源和西源之说,丰富的水资源为永济渠引济入运打开了方便之门。郦道元记载道:"《山海经》曰:王屋之山㳌水出焉,西北流注于秦泽。郭景纯云:联、沇声相近,即沇水也。潜行地下,至共山南,复出于东丘,今原城东北有东丘城。孔安国曰:泉源为沇,流去为济。……今济水重源出温城西北平地。水有二源,东源出原城东北,昔晋文公伐原,以信而原降,即此城也。俗以济水重源所发,因复谓之济源城。其水南径其城东故县之原乡。杜预曰:沁水县西北有原城者,是也。南流与西源合,西源出原城西。东流水注之,水出西南,东北流注于济。济水又东径原城南,东合北水,乱流东南注,分为二水。一水东南流,俗谓之为衍水,即沇水也。衍、沇声相近,传呼失实也。济水又东南,径缂城北,而出于温矣。"⑥济水西源发源于济源县王屋山,东源发源于原城(夏少康故都,在今河南济源),东源与西源在原城西合流。

除此之外,沁水南流与济水西源在沁水县合流,故郦道元有"南流与西源合"之说。依据前人的论述,李吉甫进一步考证道:"济水,在县西北三里。平地而出,有二源:其东源周回七百步,深不测;西源周回六百八十五步,深一丈,皆缭之以周墙,源出王屋山。《山海经》云:'王屋之山,㳌水出焉。'郭璞注云:'㳌,沇水之源。'《尚书·禹贡》云:'导沇水,东流为济,入

---

① 北魏·郦道元《水经注·沁水》,杨守敬、熊会贞疏,段熙仲点校,陈桥驿复校《水经注疏》上册,南京:江苏古籍出版社1989年版,第818—846页。
② 唐·魏徵等《隋书·地理志中》,北京:中华书局1973年版,第848页。
③ 北齐·魏收《魏书·地形志二上》,北京:中华书局1974年版,第2481页。
④ 唐·李吉甫《元和郡县图志·河东道四》(贺次君点校),北京:中华书局1983年版,第424页。
⑤ 同①,第846页。
⑥ 北魏·郦道元《水经注·济水一》,杨守敬、熊会贞疏,段熙仲点校,陈桥驿复校《水经注疏》上册,南京:江苏古籍出版社1989年版,第626—630页。

于河,溢为荥。'孔安国注云:'济水入河,并流十数里而南截河,又并流数里溢为荥泽。'《汉书》:'道沇水,东流为济,入于河,轶为荥,东出于陶丘北,又东至于荷,又东北会于汶,又北东入于海。'颜师古云'沇水流而为济。截河,又为荥泽。陶丘,在济阴定陶西南。荷即菏泽。过菏泽,又与汶水会,北折而东入于海'也。"①这一记载可以补郦道元叙述中的不足。济源有悠久的建县历史,济水自原城东南流经絺城北至温县(在今河南温县西三十里)入河。

沁水和济水一直有相互连通的水道。郦道元注《水经》沁水"又东过武德县南,又东南至荥阳县北,东入于河"语时论述道:"沁水于县南,水积为陂,通结数湖,有朱沟水注之。其水上承沁水于沁水县西北,自方口东南流,奉沟水右出焉。又东南流,右泄为沙沟水也。其水又东南,于野王城西,枝渠左出焉,以周城溉,东径野王城南,又屈径其城东,而北注沁水。……沙沟水又东,径隰城北,《春秋·僖公二十五年》,取太叔于温,杀之于隰城,是也。京相璠曰:在怀县西南。又径殷城西,东南流入于陂。陂水又直荥阳县北,东南流入于河。先儒亦咸谓是沟为济渠。故班固及阚骃并言济水至武德入河,盖济水枝渎条分,所在布称,亦兼丹水之目矣。"②沁水在武德县南一带潴积成湖泊即"陂"或"陂水"后,下泄为沙沟水。所谓"先儒亦咸谓是沟为济渠",是指陂水即沙沟水至荥阳北入河的水道一向有"济渠"之称。在这里,以"济渠"称谓沙沟水,从一个侧面透露了沁水与济水相通的信息。此外,这里所说的"丹水"是指清水;所谓济水"兼丹水之目",是指济水又有"清水"或"清河"之称。济水又有"沇水""济渠""沇渠"等称。

历史上的济水曾有班固等所说的"至武德入河"即至武陟入河的水道,后来,这一水道成为沁水"至荥阳县北,东入于河"的水道。胡渭论述道:"济水故渎即《汉志》所谓'东南至武德入河'者,盖禹迹也。第五卷《河水注》云:成皋大伾山在河内修武、武德之界,济、沇之水与荥播泽,出入自此,即《经》所谓'济水从北来注之'者。今济水自温县入河,不于此也。所入者奉沟水耳,即济、沇之故渎矣。"③为了进一步地申明这一观点,胡渭又专门引《水经注·沁水》"沁水东过武德县南,积为坡,有朱沟水注之。其水上承沁水于沁水县西北,自方口东南流,奉沟水右出焉。又东南流,右泄为沙沟水,东径隰城北、殷城南,而东注于坡。坡水又东南入河。先儒亦咸谓是沟为沇渠。故班固及阚骃并言'沇水至武德入河'"④等语加以佐证。在这里,胡渭以"济水"强调"沇水",以"济渠"强调"沇渠",旨在说明在历史水文的变迁中同一河流有不同的名称。水文变化后,沁水和济水有了共同的入河水道。沙沟作为载体,它既是沁水下行入河的水道,同时也是济水下行时入河的水道。在这一基础上,胡渭

---

① 唐·李吉甫《元和郡县图志·河南道一》(贺次君点校),北京:中华书局1983年版,第145页。
② 北魏·郦道元《水经注·沁水》,杨守敬、熊会贞疏,段熙仲点校,陈桥驿复校《水经注疏》上册,南京:江苏古籍出版社1989年版,第843—846页。
③ 清·胡渭《禹贡锥指》(邹逸麟整理),上海:上海古籍出版社2006年版,第588—589页。
④ 同③,第589页。

得出了"沙沟即奉沟之下流,古济水由此入河,故谓之沛渠。沙沟当在今武陟县界也"①的结论,进而指出:"济水于武德入河,南直成皋,今氾水、河阴之界是也。其后由温县入河,则南直巩县,所谓津渠势改,不与昔同者也。"②这一观点对于我们认识沁水与济水的关系有着重要的意义。

武德是秦县,秦始皇二十八年(前219)建县;晋怀帝永嘉二年(308),废武德建修武县(在今河南武陟圪垱店大城);开皇十六年,隋文帝析分修武建新立县武陟。李吉甫叙述武陟政区沿革时论述道:"本汉怀县地,隋开皇十六年分修武县置武陟县,理武德故城,今县东二十里武德故城是也,属殷州。皇朝因之,贞观元年省殷州,属怀州。沁水,在县东一里。"③在政区沿革的过程中,武德故城后来成为武陟的治所,沁水行经武德即武陟时与济水发生了联系,在这中间,沁水的枝津沙沟水在"东南注于陂"的过程中因陂泽自东南方向下行与济水发生了联系,进而形成沁水与济水相合以共同的水道汇入黄河的局面。

济水除了有自武陟入河的水道外,还有至温县(在今河南焦作温县)南下入河及北上的水道。郦道元记载道:"济水南流注于河。郭缘生《述征记》曰:济水径河内温县注于河,盖沿历之实证,非为谬说也。济水故渎,于温城西北,东南出,径温城北,又东径虢公冢北。《皇览》曰:虢公冢在温县郭东,济水南大冢是也。济水当王莽之世,川渎枯竭,其后水流径通,津渠势改,寻梁脉水,不与昔同。"④温县与武陟相邻,相距不远,王莽新政(8—23)后期,济水自温县入河的水道出现了干涸,故有"王莽时大旱,遂枯绝"⑤之说。杜佑叙述济源县沿革及济水的关系时指出:"周大夫苏忿生原邑,故城在今县西北。汉轵县地,故城在今县东南。高齐拒周,使斛律光筑关于此。沇水自王屋山顶崖下,澄停不流,至县西二里平地,潜源重发,名济水,东流经温县入河。《尚书》云'济水入于河,溢为荥,东出于陶丘北'是也。按:《后汉·郡国志》云'因王莽末旱,此渠枯涸,济水但入河而已,不复截流而南'。"⑥因大旱,济水至温县入河的河道虽然干涸,甚至出现了"津渠势改",但是济水和沁水互通的河道依然存在,与此同时,自济水北上的水道依然存在,这样一来,遂给永济渠利用济水留下了空间。

需要补充的是,在黄河截断济水以前,济水有独立的入海通道。《尚书·禹贡》:"导沇水东流为济,入于河,溢为荥,东出于陶丘北,又东至于菏,又东北会于汶,又北,东入于海。导淮自桐柏,东会于泗、沂,东入于海。"《禹贡》描述了大禹治水年代的水文,经过导沇,济水

---

① 清·胡渭《禹贡锥指》(邹逸麟整理),上海:上海古籍出版社2006年版,第589页。
② 同①。
③ 唐·李吉甫《元和郡县图志·河北道一》(贺次君点校),北京:中华书局1983年版,第445页。
④ 北魏·郦道元《水经注·济水一》,杨守敬、熊会贞疏,段熙仲点校,陈桥驿复校《水经注疏》上册,南京:江苏古籍出版社1989年版,第637页。
⑤ 刘宋·范晔《后汉书·郡国志一》,北京:中华书局1965年版,第3395页。
⑥ 唐·杜佑《通典·州郡七》,杭州:浙江古籍出版社1988年版,第940页。

除了有行经东北的入海水道外,又有了东流入河的水道。这一水道后来因黄河乱济引起两水相斗,为此,济水南溢为荥泽。尽管如此,济水在东行的过程中始终有着自己独立的水道。郦道元注《水经》济水"又东至乘氏县西,分为二"语记载道:"《春秋左传·僖公三十一年》,分于济。济水百是曹地,东傅东北流,出荷泽。其一水东南流,其一水从县东北流,入巨野泽。南为菏水。北为济渎,径乘氏县,与济渠、濮渠合。北济自济阳县北,东北径煮枣城南。《郡国志》曰:冤朐县有煮枣城,即此也。汉高祖十二年,封革朱为侯国。北济又东北,径冤朐县故城北。又东北,径吕都县故城南,王莽更名之曰祁都也。又东北径定陶县故城北。"①济水行至乘氏(在今山东菏泽巨野龙固)的西面分为两支,其中一支自巨野泽南面析出的菏水与汶水相合。李吉甫进一步考证道:"沇水出今王屋县王屋山,东流至济源县而名济水。荥泽在今郑州荥泽县。定陶,今曹州济阴县也。菏泽在今兖州鱼台县。汶水出今兖州莱芜县。然济水因王莽末旱,渠涸,不复截河南过,今东平、济南、淄川、北海界中有水流入于海,谓之清河,实菏泽、汶水合流,亦曰济河,盖因旧名,非本济水也。而《水经》是和帝已后所撰,乃言济水南过荥泽至于乘氏等县,一依《禹贡》旧道,斯不详之甚也,郦道元又从而注之,尤为纰缪矣。"②李吉甫认为郦道元的说法"纰缪",实际上是因古今水文变化造成的。济水自河南北上的水道干涸后,自巨野泽南溢出的菏水与汶水合流形成新的水道,这一水道遂以"清河"名之。

在这中间,菏水与汶水相合后的清河继续行经东北,与此同时,又析出一支向东。如宋代毛晃阐释道:"《水经》又曰:济水又东,至乘氏县西,分为二。南为菏水,北为济渎。菏水又东,入于泗水,过彭城县北,淮水从西来注之。颜师古曰即菏泽也。"③因这一水道不涉及引沁时利用济水的情况,故可略去不论。不过,王鸣盛以《汉书·地理志》为依据,辨析济水行经区域的论述值得注意。他指出:"'垣,《禹贡》王屋山在东北,沇水所出,东南至武德入河,轶出荥阳北地中,又东至琅槐入海,过郡九,行千八百四十里',此即所谓'导沇水,东流为济'云云者,此志但云垣,而郑康成彼注称东垣,《职方》注及《说文·水部》同,未详。武德入河为禹迹,其后改从温县入河,而河北济源日短,说详《后案》。(何氏《读书记》于河内郡温县下评云:'《续书·郡国志》温下注济水所出,王莽时大旱,遂枯绝。孟坚不载,岂为此邪?'济,四渎之一,孟坚岂有不载?河内、河东相隔一翻纸,读《汉书》太善忘矣。此书误者不悉出,聊一见之。)过郡九,谓河东、河内、河南、济阴、山阳、东郡、平原、勃海、千乘也。"④从交代

---

① 北魏·郦道元《水经注·济水二》,杨守敬、熊会贞疏,段熙仲点校,陈桥驿复校《水经注疏》上册,南京:江苏古籍出版社1989年版,第703—705页。
② 唐·李吉甫《元和郡县图志·河南道一》(贺次君点校),北京:中华书局1983年版,第145页。
③ 宋·毛晃《禹贡指南》,《四库全书》第56册,上海:上海古籍出版社1987年版,第49页。
④ 清·王鸣盛《十七史商榷·〈汉书〉十二》(黄曙辉点校),上海:上海书店出版社2005年版,第126页。

的行经地点看,济水行经东北至东郡、平原、渤海等郡的水道实际上是济水巨野泽南流菏水与汶水相合的清河水道。从这样的角度看,一是永济渠引沁开渠时对济水干涸的水道多有利用,这一水道的存在为永济渠开渠引沁时利用济水提供了充分的条件;二是王莽新朝末年,济水的干流即自巨野泽东北出流的水道干涸后,另外一支即自巨野泽南析出的菏水与汶水相合后的清河是永济渠重点利用的对象。

永济渠汲县航段以汲县为起点,以馆陶(在今河北馆陶)为终点。乐史记载道:"白沟起在卫县,南出大河,北入魏郡。"①建安九年(204),曹操兴修白沟,建成了自卫县(在今河南淇县西南)南下入河,北入魏郡(在今河北临漳西南)的航线。在隋统一南北以前,白沟一直是黄河以北除了黄河以外的又一条漕运通道。这一航线在与泉州渠、平虏渠等相互连接的过程中,可以远通涿郡及辽东等地,取之现成,隋炀帝建永济渠时,充分利用了曹操兴修的白沟等纵横于河北各地的河渠。

前人论述永济渠引水入运或济运的情况时,分别有引清入运和引清、淇二水入运或济运等两种观点。其一,认为永济渠的主要补给水源来自清水(清河),或借用了清水河道。如严耕望先生论述道:"按御河即永济渠,非小河,汲县北逼山区,南距黄河仅十里,故汲县南北,除清水外皆不容另有一河,是此御河亦即指清水而言无疑。此亦隋人开永济渠引入清水之一强证。"②按照这一说法,永济渠自红荆口入白沟以后主要是引清入运或济运,表明清水是永济渠汲县航段利用的主要补给水源。当然,清水也是黄河以北重要的漕运通道。其二,认为永济渠的主要补给水源来自清水和淇水。如李吉甫叙述永济渠时,有"南自汲郡引清、淇二水东北入白沟"③之说。因永济渠在唐代征辽东中发挥重要作用,故其说法应有所本。胡渭论述道:"永济渠即古之清河,《汉志》之国水,《水经》之清、淇二水。曹公自枋头遏其水为白沟,一名白渠。隋炀帝导为永济渠,一名御河,今称卫河者也。"④从李吉甫和胡渭的叙述中当知,隋炀帝兴修永济渠时延续了白沟引清和引淇入运的做法。史有"遏淇水入白沟以通粮道"⑤之说,这一说法似表明隋炀帝在白沟的基础上兴修永济渠时,其主要的补给水源来自淇水。其实不然,早年曹操"遏淇水入白沟"时采取了遏清水和淇水入白沟的方案,在这中间,对清水和淇水原有的河道多有利用。如郦道元注《水经》清水"又东过汲县北"记载道:"又东南径合城南,故三会亭也,以淇、清合河,故受名焉。清水又屈而南,径凤皇台东北,南

---

① 宋·乐史《太平寰宇记·河北道五》(王文楚等校点),北京:中华书局2007年版,第1156页。
② 严耕望《唐代交通图考·隋唐永济渠》第五卷,上海:上海古籍出版社2007年版,第1591页。
③ 唐·李吉甫《元和郡县图志·河北道一》(贺次君点校),北京:中华书局1983年版,第466页。
④ 清·胡渭《禹贡锥指》(邹逸麟整理),上海:上海古籍出版社2006年版,第507页。
⑤ 晋·陈寿《三国志·魏书》,北京:中华书局1959年版,第25页。

注之也。"①清水在汲县东南与淇水汇合，二水合流以后遂有"淇水"之称。

客观地讲，这两种说法都有以偏概全的缺陷。先来看一看严耕望先生的说法，如果视清水合淇、漳、洹、滱、易、涞、濡、沽、滹沱等水入海为同一水系的话，自然可以得出"隋人开永济渠引入清水"的结论。然而，在开永济渠之前，这些河流只有一部分与清水发生联系，有的根本不与清水发生联系，并且有着相对独立的入海口。具体地讲，在曹操开白沟等河渠以前，浮水接纳漳水即北漳水等至浮阳（在今河北沧县东关）东入大海的水道；又如滹沱水有至文安（在今河北廊坊文安）入海的水道；开白沟以后，北漳水、滹沱水等才开始汇入清水。白沟截诸水入清水以后，似乎只有汇入清水才能入海，但实际情况是，永济渠虽然截断了独流口（在今天津静海独流镇）以南河流的入海口，但独流口以北的一些河流依旧有自己的入海口。此外，隋炀帝开永济渠利用了黄河改道后形成的屯氏河等，屯氏河本身有入海的水道。进而言之，兴修白沟及永济渠以后虽然使一些河流失去了各自独立的入海口，并不是所有的河流都以独流口为入海口。从这样的角度看，永济渠经过不同的区域时有不同的补给水源，海河水系的真正形成则要到元代开京杭大运河以后，故不能轻易地得出"隋人开永济渠引入清水"的结论。

此外，白沟是永济渠汲县航段的基本航道，兴修白沟时曾利用了清水故道。郦道元注《水经》清、淇二水合流后"又东入于河"语云："谓之清口即淇河口也，盖互受其名耳。《地理志》魏郡曰：清河水出内黄县南。内黄无清水可来，所有者惟钟是水耳。盖河徙南注，清水渎移，汇流径绝，余目尚存，故东川有清河之称，相嗣不断。曹公开白沟，遏水北注，方复故渎矣。"②在兴修白沟以前，因黄河迁徙，内黄（在今河南内黄）出现了"清水渎移，汇流径绝"的情况。为此，曹操开白沟时采取了"方复故渎"即借用清水故道的方案。这一事实表明，白沟借用清水故道时需要寻找新的水源补给航道，同样的道理，永济渠建设内黄航段时也需要寻找新的补给水源。

从另一个层面看，永济渠以清水和淇水为基本水源的观点似乎全面，但实际情况是，曹操开白沟时除了将清、淇二水视为引水济运的主要对象外，还十分注意引入相关区域的河流湖泊补给航道的水位，或改造其水道使之成为白沟的一部分。从这样的角度看，以清、淇二水为永济渠引水济运的观点依旧有缺陷。更重要的是，永济渠兴修时采取了拓宽和加深航道的措施，从汉魏到隋代黄河以北的水文及航线发生了一定的变化，这样一来，需要根据不断发生的变化引水入运，进而扩大航线的补给水源。

白沟作为永济渠的基础，其补给水源自然是永济渠的补给水源。永济渠汲县航段以汲

---

① 北魏·郦道元《水经注·清水》，杨守敬、熊会贞疏，段熙仲点校，陈桥驿复校《水经注疏》上册，南京：江苏古籍出版社1989年版，第816—817页。

② 同①，第817页。

县为起点入白沟,沿途经获嘉(在今河南获嘉)、内黄、魏县(在今河北魏县)、馆陶等区域及航段节点。由于这些区域有不同的河流湖泊在境内经过,为此,有必要根据白沟水文进一步厘清永济渠的水文。

获嘉是白沟及永济渠自汲县北上的航段节点。李吉甫叙述获嘉历史沿革时指出:"本汉县也,武帝将幸缑氏,至汲县之新中乡,得南越相吕嘉首,因立为获嘉县,属河内郡。前获嘉县理,在今卫州新乡县西南十里获嘉县故城是也,高齐又移于卫州共城,隋自共城移于今理。"①郦道元注《水经》清水"东北过获嘉县北"语云:"清水又东,周新乐城,城在获嘉县故城东北,即汲之新中乡也。"②获嘉是白沟的航段节点,清水是重要的补给水源。乐史记载道:"清水,去县北一里。西自怀州获嘉县界流入,与淇水合,东入白沟。郦道元《水经注》云:'黑山在县北白鹿山东,清水所出。'大河,西从绛郡界入怀州东,又入当县界,南入洛阳,即龙门也。清淇,西自魏郡朝歌县界入,分为二派,一在郡东,一在郡西,俱南流入河。郦道元《水经注》云:'淇水南与清水合而入白沟,右会宿胥,皆故渎之名。'"③黄河改道引起水文及水道变化后,一方面清水与淇水合流南下入河,另一方面清水北上的水道依然存在,这样一来,遂为白沟利用两水合流后的水道及清水北入魏郡的水道奠定了基础。

自获嘉北上必经内黄,内黄是永济渠的又一航段节点。李吉甫叙述内黄与永济渠的关系时指出:"永济渠,本名白渠,隋炀帝导为永济渠,一名御河,北去县二百步。"④内黄境内有不同的河流经过,这些河流起到了补给或调节永济渠水位的作用。郦道元注《水经》淇水"东过内黄县南,为白沟"语云:"淇水又东北,径并阳城西,世谓之辟阳城,非也。即《郡国志》所谓内黄县有并阳聚者也。白沟又北,左合荡水,又东北流,径内黄县故城南。县右对黄泽,《郡国志》曰:县有黄泽者也。《地理风俗记》曰:陈留有外黄,故加内。"⑤淇水水资源丰富,是白沟借水行运的重要对象,如内黄境内的荡水(汤水)、黄泽等河流湖泊是白沟引水济运的对象。

除此之外,洹水等也是白沟及永济渠利用的水资源,甚至有可能是漕运通道。如乐史记载道:"白沟,今名永济渠。《水经》云:白沟与洹水同。"⑥所谓"白沟与洹水同",是指白沟的部分运道就是洹水的河道。史称:"白沟(在内黄县东北。《水经注》云:洹水径内黄县北,东

---

① 唐·李吉甫《元和郡县图志·河北道一》(贺次君点校),北京:中华书局1983年版,第446—447页。
② 北魏·郦道元《水经注·清水》,杨守敬、熊会贞疏,段熙仲点校,陈桥驿复校《水经注疏》上册,南京:江苏古籍出版社1989年版,第812页。
③ 宋·乐史《太平寰宇记·河北道五》(王文楚等校点)第3册,北京:中华书局2007年版,第1154页。
④ 同①,第454页。
⑤ 北魏·郦道元《水经注·淇水》,杨守敬、熊会贞疏,段熙仲点校,陈桥驿复校《水经注疏》上册,南京:江苏古籍出版社1989年版,第864页。
⑥ 宋·乐史《太平寰宇记·河北道三》(王文楚等校点)第3册,北京:中华书局2007年版,第1116页。

流注于白沟。)"①退一步讲,即便是洹水不是白沟航线的一部分,但曹操引洹水济运当不成问题。严耕望先生论述道:"渠水于内黄县境左受汤水与黄泽陂水;于洹水县境,又左受洹水(安阳河)与鸬鹚大陂之水。自此以下,水量益富。"②在这里,严耕望先生以《元和郡县图志》《太平寰宇记》等文献为基本依据,强调了白沟自内黄引水济运的重要性。事实上,内黄的水资源十分丰富,既有汤水、洹水等河流过境,同时境内又有黄泽、鸬鹚陂等湖泊。这些河流及湖泊被引入白沟或使之与白沟相通后,起到了调节永济渠航道水位的作用,进而为航道保持适度的水位及发展漕运提供了基本保证。反过来说,如果没有这些河流或湖泊及时地调节航道的水位,那么白沟的漕运能力将被大大地打了折扣。

自内黄北上,魏县是永济渠至馆陶的航段节点,永济渠经魏县时再度与洹水、漳水(北漳水)等相会,洹水、漳水等补入永济渠后,保证了这一航段的漕运能力,同时也扩大了漕运的范围。如郦道元注《水经》"屈从县东北与洹水合"语云:"白沟自县北径戏阳城东,世谓之羛阳聚。《春秋左传·昭公九年》,晋荀盈如齐逆女,还,卒戏阳,是也。白沟又北,径高城亭东,洹水从西南来注之。又北径问亭东,即魏县界也。魏县故城,应劭曰:魏武侯之别都也。城内有武侯台,王莽之魏城亭也。左与新河合,洹水枝流也。白沟又东北,径铜马城西,盖光武征铜马所筑也,故城得其名矣。白沟又东北,径罗勒城东,又东北,漳水注之,谓之利漕口。自下清漳、白沟、淇河,咸得通称也。"③白沟经魏县时引漳入运,漳水入白沟的河口称"利漕口","利漕口"这一称谓从一个侧面透露了漳水有漕运能力的信息。因"咸得通称",白沟引漳入运后的魏县航线遂有"清漳、白沟、淇河"等称谓。李吉甫叙述魏县与漳河的关系时指出:"旧漳河,在县西北十里。新漳河,在县西北二十里。"④新漳河是相对于旧漳河而言,这一河道很有可能是人工开挖后形成的水道。从水文地理方位上看,新漳河应该是白沟引漳入运时在魏县境内开凿的航道。如郦道元记载道:"汉献帝建安十八年,魏太祖凿渠,引漳水东入清、洹,以通河漕,名曰利漕渠。"⑤很有可能,新漳河在与白沟发生联系的过程中,又与利漕渠发生了某种内在的联系,具体地讲,利漕渠和白沟有共同的补给水源漳水等,同时又有借清水、洹水济运的水道。除此之外,两渠在魏县一带互通。从这样的角度看,永济渠沿白沟开渠时应该对利漕渠在魏县境内的航线多有利用。在这样的前提下,兴修永济渠亦有

---

① 清·王士俊等监修,清·顾栋高等编纂《河南通志·山川上》,《四库全书》第535册,上海:上海古籍出版社1987年版,第200页。
② 严耕望《唐代交通图考·隋唐永济渠》第五卷,上海:上海古籍出版社2007年版,第1611页。
③ 北魏·郦道元《水经注·淇水》,杨守敬、熊会贞疏,段熙仲点校,陈桥驿复校《水经注疏》上册,南京:江苏古籍出版社1989年版,第865—867页。
④ 唐·李吉甫《元和郡县图志·河北道一》(贺次君点校),北京:中华书局1983年版,第449页。
⑤ 北魏·郦道元《水经注·浊漳水》,杨守敬、熊会贞疏,段熙仲点校,陈桥驿复校《水经注疏》上册,南京:江苏古籍出版社1989年版,第952页。

可能利用了利漕渠"引漳水东入清、洹,以通河漕"的渠道。

　　白沟在魏县、曲梁(在今河北永年广府)、列人(在今河北肥乡东北)一带有曲折迂回的航线。魏县与曲梁、列人两县相邻,并在它们的东面。郦道元记载道:"渚、沁二水,东南流注拘涧水,又东入白渠,又东,故渎出焉。一水东为泽渚,曲梁县之鸡泽也。《国语》所谓鸡丘矣。东北通澄湖。白渠故渎南出,所在枝分,右出即邯沟也。历邯沟县故城东,盖因沟以氏县也。《地理风俗记》曰:即裴城西北二十里有邯沟城,故县也。又东径肥乡县故城北。《竹书纪年》曰:梁惠成王八年,伐邯郸取肥者也。《晋书地道记》曰:太康中立,以隶广平也。渠道交径,互相缠縻,与白渠同归,径列人,右会漳津,今无水。《地理志》曰:白渠东至列人入漳,是也。"①"白渠"是白沟的别称,白沟经曲梁、列人等地时,有北漳水及枝津济运,并且有"渠道交径,互相缠縻,与白渠同归"的水道。

　　古代漳水有南漳水和北漳水之分,南漳水在湖北境内,是长江的枝津。北漳水在黄河以北,自西向东汇入黄河。这里撇开南漳水不论,当知渚水、拘涧水、鸡泽、澄湖是漳水即北漳水的支流,这些河流及湖泊从不同的地点汇入北漳,为白沟经过这一区域时引水济运提供了丰富的水资源。如在兴修永济渠的过程中,隋炀帝有意避开曲梁、列人等地,采取了取道魏县的措施。这样做主要有三个原因:一是时至北魏即郦道元生活的时代,列人境内的北漳水已干涸,如果以列人境内原有的白沟航线开永济渠的话,需要兴修引水工程,从其他的区域调集新的补给水源;二是魏县水资源丰富,在其境内开渠可以最大限度地利用该地的水资源,以达到济运的目的,如曲梁、列人在魏县的西面,这一区域的地形是西高东低,在魏县开渠有利于引水入运;三是自魏县开渠北上,可以在裁弯取直的基础上降低修渠的成本和提高水运效率。史称:"会密下有人获罪,亡投化及,具言密情。化及大怒,其食又尽,乃渡永济渠,与密战于童山之下,自辰达酉。密为流矢所中,顿于汲县。化及掠汲郡,北趣魏县,其将陈智略、张童仁等所部兵归于密者,前后相继。初,化及以辎重留于东郡,遣其所署刑部尚书王轨守之。"②隋末,李密与宇文化及在永济渠沿线汲县、魏县、东郡等地展开激战,是因为这些区域在永济渠开通后成为重要的航段节点。在这一过程中,宇文化及之所以"掠汲郡,北趣魏县",是因为曲梁、列人等地已不是永济渠经过的区域,这一情况从一个侧面透露了永济渠开渠对白沟航线多有改造和取舍的信息。

　　自魏县沿永济渠北上必经馆陶。郦道元注《水经》清水"又东北过馆陶县北,又东北过清渊县西"等语云:"白沟水又东北,径赵城西,又北阿难河出焉,盖魏将阿难所导,以利衡渎,

---

① 北魏·郦道元《水经注·浊漳水》,杨守敬、熊会贞疏,段熙仲点校,陈桥驿复校《水经注疏》上册,南京:江苏古籍出版社1989年版,第950—951页。
② 唐·魏徵等《隋书·李密传》,北京:中华书局1973年版,第1631页。

遂有阿难之称矣。"①所谓"以利衡渎",是指北魏将领李阿难在馆陶一带兴修了引漳工程阿难河。从"以利衡渎"等情况看,李阿难导白沟开阿难河的主要目的是为了安定"衡渎"即衡漳,如李吉甫有"衡漳故渎,俗名阿难渠,在县西二百步。盖魏将李阿难所导,故名"②之说。"衡漳"指北漳水。《尚书·禹贡》云:"覃怀底绩,至于衡漳。"孔颖达疏:"衡即古横字,漳水横流入河,故云横漳。"③"县西"指在洺水县西,洺水县指汉县斥漳县(今河北威县),境内有洺水入馆陶。乐史记载道:"白沟水,北接馆陶界,隋炀帝导为永济渠,亦名御河。南自相州洹水县界流入,又北阿难河出焉,盖魏将阿难所导,以利衡渎,故此渎有阿难之称矣。"④洹水县(在今河北魏县西南)有洹水,经此,疏通北漳工程后的阿难河及洺水、洹水等成为永济渠利用的对象。这些河流补入永济渠航道后,通过提高水位提升了永济渠的漕运能力。

综上所述,永济渠汲县航段引水济运的水资源有二:一是利用了白沟利用的水资源,如淇水等;二是利用了白沟以外的水资源,如衡漳等。李垂在《导河形胜书》中写道:"臣请自汲郡东推禹故道,挟御河,减其水势,出大伾、上阳、太行三山之间,复西河故渎,北注入名西、馆陶南,东北合赤河而至于海。因于魏县北析一渠,正北稍西径衡漳,出邢、洺,如《夏书》过洚水,稍东注易水,合百济、会朝河而入于海。大伾而下,黄、御混流,薄山障堤,势不能远。如是则载之高地而北行,百姓获利,匈奴南寇无所入。《禹贡》所谓'夹右碣石入于海',孔安国曰:'河逆上此州界。'"⑤宋代御河的基础是永济渠,李垂虽然是在论述宋代河渠的水文,但这里透露的信息是,隋炀帝兴修永济渠充分利用了沿途的河流。进而言之,永济渠工程的重点是在旧渠的基础上拓宽和加深航道,拓宽和加深航道后需要扩大引水入运的范围,只有充分地利用沿途的河流,才能有效地提高航道水位,才能为漕运提供必要的保障。

永济渠馆陶航段以馆陶为起点,随后在河北、山东之间穿行北上,以独流口为终点。

在兴修永济渠以前,自馆陶北上主要有黄河、屯氏河、清河等三条水道,这三条水道均有漕运功能。如邹逸麟先生论述道:"魏晋南北朝时期自孟津以下至海口,全线可以通

---

① 北魏·郦道元《水经注·淇水》,杨守敬、熊会贞疏,段熙仲点校,陈桥驿复校《水经注疏》上册,南京:江苏古籍出版社1989年版,第867页。
② 唐·李吉甫《元和郡县图志·河东道四》(贺次君点校),北京:中华书局1983年版,第432页。
③ 清·阮元《十三经注疏·尚书正义》,北京:中华书局1980年版,第146页。
④ 宋·乐史《太平寰宇记·河北道三》(王文楚等校点)第3册,北京:中华书局2007年版,第1109页。
⑤ 宋·李焘《续资治通鉴长编·真宗大中祥符五年》,北京:中华书局2004年版,第1752—1753页。《宋史·河渠志一》亦云:"臣请自汲郡东推禹故道,挟御河,较其水势,出大伾、上阳、太行三山之间,复西河故渎,北注大名西、馆陶南,东北合赤河而至于海。因于魏县北析一渠,正北稍西径衡漳直北,下出邢、洺,如《夏书》过洚水,稍东注易水,合百济、会朝河而至于海。大伾而下,黄、御混流,薄山障堤,势不能远。如是则载之高地而北行,百姓获利,而契丹不能南侵矣。《禹贡》所谓'夹右碣石入于海',孔安国曰:'河逆上此州界。'"(元·脱脱等《宋史·河渠志一》,北京:中华书局1985年版,第2261页)。

航。……南北朝隋唐时期从洛阳至济州四渎口的一段黄河是南北水运交通的必然航道。"① 与其他的航线相比,黄河自孟津(在今河南孟津)经馆陶北上的航线历史悠久,甚至可以追溯到汉魏以前。永济渠开通后,以安全可靠的通航条件和强大的运输能力取代了黄河漕运,进而在南北交通中扮演重要的角色。

屯氏河水道包括屯氏别河和张甲河。郦道元记载道:"屯氏故渎水之又东北,屯氏别河出焉。屯氏别河故渎,又东北径信城县,张甲河出焉。《地理志》曰:张甲河首受屯氏别河于信成县者也。张甲河故渎,北绝清河于广宗县,分为二渎。左渎径广宗县故城西,又北径建始县故城东。田融云:赵武帝十二年立建兴郡,治广宗,置建始、兴德五县隶焉。左渎又北,径经城东,缭城西,又径南宫县西,北注绛渎。右渎东北,径广宗县故城南,又东北,径界城亭北,又东北,径长乐郡枣强县故城东。长乐,故信都也。晋太康五年,改从今名。又东北,径广川县,与绛渎水故道合。又东北,径广川县故城西,又东,径棘津亭南。……张甲故渎又东北,至修县,东会清河。《十三州志》曰:张甲河东北至修县,入清漳者也。屯氏别河又东,枝津出焉。东径信成县故城南,又东,径清阳县故城南,清河郡北,魏自清阳徙置也。又东北,径陵乡南,又东北,径东武城县故城南,又东北,径东阳县故城南。《地理志》曰:王莽更之曰胥陵矣。俗人谓之高黎郭,非也。应劭曰:东武城东北三十里有阳乡,故县也。又东,散绝无复津径。屯氏别河又东北,径清河郡南,又东北,径清河故城西。……屯氏别河南渎,自平原东绝大河故渎,又径平原县故城北,枝津右出,东北至安德县界,东会商河。屯氏别河南渎又东北,于平原界,又有枝渠右出,至安德县遂绝。屯氏别河南渎,自平原城北,首受大河故渎东出,亦通谓之笃马河,即《地理志》所谓平原县有笃马河,东北入海,行五百六十里者也。"② 黄河在馆陶决口后形成屯氏河这一北流,此后又自屯氏河形成屯氏别河和张甲河。检索文献,屯氏河、屯氏别河和张甲河行经的区域与清河水道完全相同,这一事实表明,永济渠自馆陶北上时利用屯氏河开渠行运是必然的。

前人较为重要的观点是,永济渠馆陶航段有自馆陶入屯氏河和入清河的两条漕运大通道。李吉甫叙述张桥即永济县水文时指出:"本汉贝丘县地,临清县之南偏,大历七年,田承嗣奏于张桥行市置,西井永济渠,故以为名。永济渠,在县西郭内。阔一百七十尺,深二丈四尺。南自汲郡引清、淇二水东北入白沟,穿此县入临清。按汉武帝时,河决馆陶,分为屯氏河,东北经贝州、冀州而入渤海,此渠盖屯氏古渎,隋氏修之,因名永济。"③这一记载有三个要点:一是永济渠在张桥的西面,航道"阔一百七十尺,深二丈四尺";二是在建设自馆陶经张

---

① 邹逸麟《椿庐史地论稿·东汉以后黄河下游出现长期安流局面问题的再认识》,天津:天津古籍出版社2005年版,第46页。
② 北魏·郦道元《水经注·河水五》,杨守敬、熊会贞疏,段熙仲点校,陈桥驿复校《水经注疏》上册,南京:江苏古籍出版社1989年版,第440—450页。
③ 唐·李吉甫《元和郡县图志·河北道一》(贺次君点校),北京:中华书局1983年版,第466页。

桥至临清的航线时,因永济渠"南自汲郡引清、淇二水东北入白沟,穿此县入临清",又因临清在清河沿岸,故这条航线是一条自馆陶沿白沟开渠再入清河的航线;三是永济渠沿白沟开渠北上建立了一条入"屯氏古渎"即黄河北流屯氏河的航线,故有"此渠盖屯氏古渎,隋氏修之,因名永济"之说。将这三点联系起来看,永济渠自馆陶开渠北上独流口时,应建立了入屯氏河和入清河的两条航线。从自馆陶北上的地点看,屯氏河和清河大体平行,沿途经过的政区大体相同,由此构成了自馆陶至独流口的复式航线。

追溯历史,屯氏河是黄河在馆陶决口形成的北流,其形成与黄河决堤、汉武帝负薪堵塞瓠子口(在今河南濮阳境内)等有着直接的关系。元光三年,黄河在瓠子口决堤,因水势太大,汉武帝放弃了立即堵塞决口的想法。元封元年(前110),黄河水势减弱,汉武帝率军民堵口并修复黄河大堤。堵口成功后,沾沾自喜的汉武帝在瓠子口筑宣房行宫,以示纪念。然而,此举没能彻底地消除黄河水患,仅隔一年,黄河再度在馆陶决口,由此形成北流屯氏河并入海。班固叙述这一事件时写道:"自塞宣房后,河复北决于馆陶,分为屯氏河,东北经魏郡、清河、信都、勃海入海,广深与大河等,故因其自然,不堤塞也。此开通后,馆陶东北四五郡虽时小被水害,而兖州以南六郡无水忧。宣帝地节中,光禄大夫郭昌使行河。北曲三所水流之势皆邪直贝丘县。恐水盛,堤防不能禁,乃各更穿渠,直东,经东郡界中,不令北曲。渠通利,百姓安之。元帝永光五年,河决清河灵鸣犊口,而屯氏河绝。成帝初,清河都尉冯逡奏言:'郡承河下流,与兖州东郡分水为界,城郭所居尤卑下,土壤轻脆易伤。顷所以阔无大害者,以屯氏河通,两川分流也。今屯氏河塞,灵鸣犊口又益不利,独一川兼受数河之任,虽高增堤防,终不能泄。如有霖雨,旬日不霁,必盈溢。灵鸣犊口在清河东界,所在处下,虽令通利,犹不能为魏郡、清河减损水害。禹非不爱民力,以地形有势,故穿九河,今既灭难明,屯氏河不流行七十余年,新绝未久,其处易浚。又其口所居高,于以分(流)杀水力,道里便宜,可复浚以助大河泄暴水,备非常。又地节时郭昌穿直渠,后三岁,河水更从故第二曲间北可六里,复南合。今其曲势复邪直贝丘,百姓寒心,宜复穿渠东行。不豫修治,北决病四五郡,南决病十余郡,然后忧之,晚矣。'事下丞相、御史,白博士许商治《尚书》,善为算,能度功用。遣行视,以为屯氏河盈溢所为,方用度不足,可且勿浚。"①

屯氏河出现后引起了馆陶以北的水文变化,由此形成了"东北经魏郡、清河、信都、勃海入海,广深与大河等"的水道。汉宣帝地节年间(前69—前66),光禄大夫郭昌为加固堤防"乃各更穿渠,直东,经东郡界中,不令北曲",从而开创了"渠通利,百姓安之"的局面。没想到的是,汉元帝永光五年(前39),黄河又在清河灵鸣犊口决堤,并出现"屯氏河绝"的情况,再度引起馆陶以北黄河的水文变化。汉成帝河平元年(前30),冯逡未雨绸缪,提出了疏浚

---

① 汉·班固《汉书·沟洫志》,北京:中华书局1962年版,第1686—1688页。

屯氏河旧道以备黄河暴涨时泄水的建议,然而终因"用度不足",被迫放弃了这一治理方案。

不料,时隔三年即汉成帝建始五年(前28),黄河再次在馆陶及东郡一带决堤,进而影响到四郡三十二县的民生。史称:"后三岁,河果决于馆陶及东郡金堤,泛滥兖、豫,入平原、千乘、济南,凡灌四郡三十二县,水居地十五万余顷,深者三丈,坏败官亭室庐且四万所。御史大夫尹忠对方略疏阔,上切责之,忠自杀。遣大司农非调调均钱谷河决所灌之郡,谒者二人发河南以东漕船五百艘,徙民避水居丘陵,九万七千余口。河堤使者王延世使塞,以竹落长四丈,大九围,盛以小石,两船夹载而下之。三十六日,河堤成。"①王延世在馆陶及东郡筑堤虽然暂时消除了水患,但同时也为黄河水文的进一步变化埋下了伏笔。具体地讲,黄河再次在馆陶决堤,在屯氏河的基础上形成了屯氏别河及张甲河,进而牵动了相关区域的水文变化。

郦道元叙述这一事件的前因后果时写道:"《汉书·沟洫志》曰:自塞宣防,河复北决于馆陶县,分为屯氏河,广深与大河等。成帝之世,河决馆陶及东郡金堤,上使河堤使者王延世塞之,三十六日,堤成。诏以建始五年为河平元年,以延世为光禄大夫。是水亦断。屯氏故渎水之又东北,屯氏别河出焉。屯氏别河故渎,又东北径信城县,张甲河出焉。《地理志》曰:张甲河首受屯氏别河于信成县者也。张甲河故渎,北绝清河于广宗县,分为二渎。"②所谓"屯氏故渎水之又东北,屯氏别河出焉",是说汉成帝河平元年(前28)屯氏河断流不久,因黄河在屯氏河下流的东北方向形成屯氏别河等别流,又在信城县境内形成张甲河,经此,屯氏河遂不再干枯。所谓屯氏别河"又东北径信城县,张甲河出焉",是指屯氏别河行经信城县东北时又析出张甲河。所谓"张甲河故渎,北绝清河于广宗县,分为二渎",是指屯氏别河析出张甲河后,张甲继续北行横渡清河并分为二水。如在郦道元叙述的基础上,胡渭进一步论述道:"大河故渎北出为屯氏河,径馆陶县东。《沟洫志》曰:自塞宣房后,河复北决于馆陶县,分为屯氏河,其故渎又东北,屯氏别河出焉。屯氏别河故渎又东北径信成县,张甲河出焉。《地理志》曰:张甲河首受屯氏别河于信成县者也。张甲故渎北绝清河于广宗县,又东北至修县会清河。屯氏别河自信成城南,东北至绎幕县南分为二渎,其北渎东北至阳信县故城北,而东注于海;南渎自平原城北首受大河故渎东出,亦谓之笃马河,东北至阳信县故城南,东北入海。屯氏河故渎东径灵县北,又东北径鄃县与鸣犊河故渎合。"③胡渭的论述有五个要点:一是黄河决堤后,在馆陶分流并形成屯氏河,其中屯氏别河是自屯氏河析出的别流;二是《汉书·地理志》叙述信成县水文时,有"张甲河首受屯氏别河,东北至蓚入漳水"④之说,

---

① 汉·班固《汉书·沟洫志》,北京:中华书局1962年版,第1688页。
② 北魏·郦道元《水经注·河水五》,杨守敬、熊会贞疏,段熙仲点校,陈桥驿复校《水经注疏》上册,南京:江苏古籍出版社1989年版,第440—441页。
③ 清·胡渭《禹贡锥指》(邹逸麟整理),上海:上海古籍出版社2006年版,第488页。
④ 汉·班固《汉书·地理志上》,北京:中华书局1962年版,第1577页。

由于张甲河自屯氏别河析出,故张甲河是屯氏别河的一部分;三是张甲河至修县会清河,形成了黄河与清河互通的水道;四是屯氏别河即张甲河自信成县至绛幕县(在今山东平原西北王杲铺)分为二渎,经不同地点入海;五是屯氏河与鸣犊河即黄河在清河灵鸣犊口决堤后形成别流至鄃县(在今山东夏津东北)相合。进而言之,屯氏别河形成后,与屯氏河及不同时期的黄河故道拧线在一起,出现了时分时合的水道,进而与清河形成了相互拧结的关系。

班固《汉书·地理志上》叙述馆陶与屯氏河的关系时记载道:"河水别出为屯氏河,东北至章武入海,过郡四,行千五百里。"①秦时,馆陶隶属东郡;汉时,馆陶隶属魏郡;西晋时,馆陶属阳平郡;隋时,馆陶属武阳郡。李吉甫叙述东郡沿革时指出:"战国时为卫、魏二国地。秦灭魏,置东郡,灭赵,置邯郸郡。汉高祖使韩信定河北,以秦邯郸郡之南部东郡之边县置魏郡,即今元城县是也。后汉封曹操为魏王,理邺。前燕慕容暐都邺,其魏郡并理于邺中也。后魏于今州理置贵乡郡,寻省。周宣帝大象二年,又于贵乡郡东界置魏州。隋炀帝大业三年,罢州为武阳郡。隋乱陷贼,武德四年讨平窦建德,改置魏州。"②王鸣盛以秦汉郡治为例叙述屯氏河经过的区域时论述道:"章武属勃海郡,郡治浮阳,即今沧州。过郡四者,东郡、清河、平原、信都也。除去所出之魏郡及入海之勃海郡不数,故但言四郡,若连首尾言之则六郡。"③在这中间,屯氏河(包括屯氏别河)沿途经过的六郡,实际上也是清河甚至是永济渠自馆陶北上时经过的区域。

具体地讲,永济渠屯氏河航线包括屯氏河和屯氏别河。如顾祖禹论述道:"《汉书·沟洫志》:'自塞宣房,河复北决于馆陶县,分为屯氏河,广深与大河等。成帝之世,河复决馆陶及东郡金堤,上使河堤谒者王延世塞之,三十六日堤成。其屯氏别河径馆陶县东,东北出,过魏郡、清河、信都、勃海四郡,至章武入海。'后渐堙废。县西十里有白沟水,亦即宿胥渎故址也。隋炀帝开永济渠,疏白沟入屯氏河,自此谓之卫河。"④永济渠即卫河,如将顾祖禹的论述与王鸣盛的对比一下,当知永济渠自馆陶开渠北上时建立了或入屯氏河或入清河的航线。在这中间,因屯氏河与清河都有自馆陶北上至独流口的水道,又因这两条大体平行的水道拧结在一起并互通,这样一来遂为永济渠建设自馆陶至独流口的屯氏河和清河航线提供了必要的条件。进而言之,永济渠自馆陶北上入屯氏河和入清河航线建成后,可根据水文情况,或取道屯氏河,或取道清河进行漕运。

西汉,黄河自馆陶决口后,形成了黄河、屯氏河、清河等三条大体平行的入海水道。时至

---

① 汉·班固《汉书·地理志上》,北京:中华书局1962年版,第1573页。
② 唐·李吉甫《元和郡县图志·河北道一》(贺次君点校),北京:中华书局1983年版,第447页。
③ 清·王鸣盛《十七史商榷·〈汉书〉十三》(黄曙辉点校),上海:上海古籍出版社2013年版,第205页。
④ 清·顾祖禹《读史方舆纪要·山东五》(贺次君、施和金点校),北京:中华书局2005年版,第1604—1605页。

东汉末年,曹操利用清河等兴修白沟时建立了白沟与黄河、屯氏河的互通关系。由于永济渠的基础是白沟,这样一来,永济渠与黄河及黄河北流屯氏河等实际上一直存在着互通的关系。如顾祖禹论述道:"太和四年桓温伐燕,引舟师自清入河,军于东武阳。后魏曰武阳县,隋因之。"①太和四年(369),桓温讨伐前燕是从清河入黄河北上,进驻东武阳(在今山东莘县莘城南)的。宋代李垂在《导河形胜书》一文中详细地描述了从东汉末年到宋代的水文:"其始作,自大伾西八十里,曹公所开运渠东三十里,引河水正北稍东十里,破伯禹古堤,径牧马陂,从禹故道,又东三十里转大伾西、通利军北,挟白沟,复西大河,北径青丰、大名西,历洹水、魏县东,暨馆陶南,入屯氏故渎,合赤河而北至于海。既而自大伾西新发故渎西岸析一渠,正北稍西五里,广深与汴等,合御河道,通大伾北,即坚壤析一渠,东西二十里,广深与汴等,复东大河。两渠分流,则西三分水,犹得注澶渊旧渠矣。大都河水从西北大河故渎东北,合赤河而达于海,然后于魏县北发御河河西岸析一渠,正北稍西六十里,广深与御河等,合衡漳水。又冀州北界、深州西南三十里决衡漳西岸,限水为门,西北注滹沱,潦则塞之,使东渐渤海,旱则决之,使西灌屯田,有以见备塞限边,形势之利出于中国矣。"②

李垂的这段话有四个要点:一是东汉末年即建安时期,曹操采取"引河水"等措施,建成了"复西大河,北径青丰、大名西、历洹水、魏县东"的白沟航线,又因白沟在不同的地点与黄河交汇,这样一来,遂出现了白沟、清河与黄河互通的情况;二是白沟在馆陶的南面有入屯氏故渎即屯氏河及屯氏别河的水道,与此同时,白沟又以清河为基本补给水源,永济渠开渠时兴修了"南自汲郡引清、淇二水东北入白沟"③的工程,因此,永济渠建立了清河与屯氏河及屯氏别河之间的互通关系;三是屯氏河及屯氏别河与黄河及故道王莽河之间有互通的关系,如沿屯氏河及屯氏别河北上有"合赤河而北至于海"的航线,黄河自故道王莽河即"西北大河故渎"有"合赤河而达于海"的水道;四是李垂根据宋、辽边界形势变化提出改造永济渠航线的计划,主张沿黄河故道开渠建设一条与永济渠相合的水道。具体采取的方案是"自大伾西新发故渎西岸析一渠",随后"合御河道"。与此同时,他又建议"于魏县北发御河河西岸

---

① 清·顾祖禹《读史方舆纪要·山东五》(贺次君、施和金点校),北京:中华书局2005年版,第1619页。
② 宋·李焘《续资治通鉴长编·真宗大中祥符五年》,北京:中华书局2004年版,第1753页。《宋史·河渠志一》载李垂《导河形胜书》时,文字略有不同,现迻录如下:"其始作自大伾西八十里,曹公所开运渠东五里,引河水正北稍东十里,破伯禹古堤,径牧马陂,从禹故道,又东三十里转大伾西、通利军北,挟白沟,复西大河,北径清丰、大名西,历洹水、魏县东,暨馆陶南,入屯氏故渎,合赤河而北至于海。既而自大伾西新发故渎西岸析一渠,正北稍西五里,广深与汴等,合御河道,逼大伾北,即坚壤析一渠,东西二十里,广深与汴等,复东大河。两渠分流,则三四分水,犹得注澶渊旧渠矣。大都河水从西大河故渎东北,合赤河而达于海,然后于魏县北发御河西岸析一渠,正北稍西六十里,广深与御河等,合衡漳水;又冀州北界、深州西南三十里决衡漳西岸,限水为门,西北注滹沱,潦则塞之,使东渐渤海,旱则决之,使西灌屯田,此中国御边之利也。"(元·脱脱等《宋史·河渠志一》,北京:中华书局1985年版,第2261—2262页)。
③ 唐·李吉甫《元和郡县图志·河北道一》(贺次君点校),北京:中华书局1983年版,第466页。

析一渠"建设一条自魏县开渠引永济渠"合衡漳水"的水道,按照李垂的构想,这条水道既有灌溉农田的功能,同时又可以作为宋辽之间的界河。综合李垂的说法考察隋代相关区域的水文情况,当知永济渠自馆陶开渠北上入屯氏河以后,分别有入清河、入黄河等水道,这些水道合在一起,与黄河故道、屯氏别河及张甲河等形成了错综复杂的关系。

需要补充的是,这里之所以以李垂的《导河形胜书》考察隋代永济渠与屯氏河、黄河及故道的关系,虽说是由文献缺载造成的,更重要的是,宋代馆陶一带的水文没有发生大的变化,与隋唐时期的水文大体相同。关于这一点,前人多有认识,如胡渭在考证其水文的过程中得出了"宋初河道与唐、五代略同"[1]结论。在这一论述中,胡渭虽然没有明确地说隋代水文的情况,但值得注意的是,隋代水文与唐初的水文一致,同时又与整个唐代的水文大体相同,故可以将其视为研究隋代水文的重要依据。当然也应该看到,唐王朝的黄河水文的确地发生了某些细微的变化,甚至唐王朝在利用永济渠漕运时,对其航线进行了某些局部性的改变,但黄河以北的水文没有发生根本性的变化,甚至可以说这一区域的水文与北宋初年的情况大体一致。进而言之,在永济渠基本航线没有发生大的变化及改线的情况下,完全可以以北宋初年的水文情况探索隋代永济渠在这一区域的水文情况。从这样的角度看,李垂虽然是叙述东汉末年白沟入屯氏河的情况,并根据他对黄河水文的了解提出宋王朝改造永济渠的建议,但这里透露的信息是,永济渠馆陶段除了有自白沟开渠入屯氏河(包括屯氏别河及张甲河)航线外,又有入清河的航线,与此同时,还与黄河及故道等构成一定的关系。在这中间,永济渠的屯氏河航线和清河航线相辅相成,在互为补充的过程中形成了两条经独流口入海的航线。

除了有屯氏河航线外,永济渠又有自馆陶沿白沟开渠北上入清河的航线。李吉甫在叙述馆陶政区沿革及水文时指出:"本春秋时晋地冠氏邑,陶氏在县西北七里。《尔雅》曰'再成为陶丘'。赵时置馆于其侧,因为县名。汉属魏郡,魏文帝改属阳平郡。石赵移阳平郡理此。周大象二年置屯州,以近屯河为名。隋大业二年废屯州,以县属魏州。大河故渎,俗名王莽河,在县东四里。屯氏河,俗名屯河,在县西二里。白沟水,本名白渠,隋炀帝导为永济渠,亦名御河,西去县十里。"[2]馆陶境内自东向西有黄河故渎即王莽河、黄河北流屯氏河及屯氏别河、白沟等三条水道。馆陶的北面是张桥即唐县永济县,李吉甫有"南自汲郡引清、淇二水东北入白沟,穿此县入临清"[3]之说,因白沟是"隋炀帝导为永济渠"的基础,故自馆陶沿白沟开渠建立了入清河的航线。

前面说过,屯氏河和清河自馆陶北上,有大体平行的水道,且行经大体相同的政区。窥

---

[1] 清·胡渭《禹贡锥指》(邹逸麟整理),上海:上海古籍出版社2006年版,第502页。
[2] 唐·李吉甫《元和郡县图志·河北道一》(贺次君点校),北京:中华书局1983年版,第449—450页。
[3] 同[2],第466页。

一斑可见全豹,现以永济渠清河航线为论述对象,有必要考察一下永济渠自馆陶北上至独流口沿途经过的政区。胡渭论述道:"曹公自枋头遏其水为白沟,一名白渠。隋炀帝导为永济渠,一名御河,今称卫河者也。先是大中祥符四年,河决通利军(治黎阳),合御河,寻经塞治。至是河自州东北三十里商胡埽,决而北径清丰县西(县在今大名府东南九十里),又北径南乐县西(县在今府东南四十里),又北至大名府东北,合永济渠(《元城县志》:卫河在县东北);又东北径冠氏县西北(今冠县北有冠氏故城),又东北径馆陶县西(与平恩县分水。今丘县西有平恩故城,卫河在县东南四十里),又东北径临清县西(《元和志》:永济渠在临清县城西门外),又东北径宗城县东(《水经注》:白沟东北径广宗县东为清河。其故城在今威县界。宋宗城即故广宗,今为广宗、威县地。清河在威县东),又东北径清河县东(今县东有卫河。《广平府志》:清河县有黄河故道,在县北一里,亦名黄芦河,北入南宫县界),又东北径夏津县西北(卫河去县四十里,与清河县分水),又东北径武城县西(县西十里有东武城故城。《水经注》云清河径其西也。今卫河在县西,与清河县分水),又东北径枣强县西(枣强故城在今县东南。熙宁元年,都水监言'近岁冀州而下,河道梗涩,致上下埽岸屡危。今枣强抹岸,冲夺故道,虽创新堤,终非久计',已而枣强埽决,北注瀛),又东径将陵县西北(将陵唐属德州。五代周省长河入焉。宋景祐元年,移将陵治长河镇,改属永静军。永静今景州也。元分将陵地置故城县。今卫河在其南,与恩县分水,又东径德州入吴桥界。《金志》吴桥县有永济渠。吴桥本安陵县,宋景祐二年废入将陵。今卫河在县西二十里也。《宁津志》云:县西三十里有古黄河,自吴桥入,又北入南皮,广可二里,两岸废堤,窿然峭立,居人谓之卧龙冈。盖即永济渠,为宋北流之所经也),又东径修县南(修县今为景州。《州志》云:卫河在州东二十里),又东北径东光县西(《水经注》:清河自胡苏亭,又东北右会大河故渎,径东光县故城西。《寰宇记》云:永济渠在东光县南二百步。'南'盖'西'字之误。《东光新志》云:卫河在县西三里),又东北径南皮县西(《水经注》:清河自南皮县西,又东北无棣沟出焉,东北径盐山东北入海,清河又东北径南皮县故城西。按故城在今县东北,卫河在县西二十里,与交河县分水。元丰五年,河溢沧州南皮上下埽。《通典》云:无棣沟隋末填废。永徽元年,薛大鼎为刺史奏开之,外引鱼盐于海,百姓歌其利),又东北径清池县西,而北与漳水合(《水经注》:清河自浮阳县西,又东北浮水故渎出焉。详见后清河;又东北径浮阳县故城西。按浮阳汉勃海郡治,唐改曰清池,置沧州治焉。《寰宇记》云:永济渠在清池县西三十里。《水经·浊漳篇》云:衡漳自成平县北,又东北入清河,谓之合口。今青县南有合口镇);又东北径乾宁军东(军在今青县南,唐乾宁中析长芦、鲁城二县地置乾宁军,周置永安县为军治。宋改曰乾宁县,大观三年,升军为清州。今为青县。卫河在县东。《寰宇记》云:御河在乾宁县南十步是也。县南二里有中山,山岩耸峙。宋时以黄河所经,呼为碣石,或镌铭其上。元王充耘据以为《禹贡》之碣石,大谬。《水经注》:清河东北过漷邑,漷水出焉。详见《播为九河》下),又东北径独流口,又东至劈地口入于海。"①

根据这一论述,胡渭进一步归纳道:"以今舆地言之,开州、大名、元城(并属直隶大名府)、冠县、馆陶、丘县、临清(并属山东东昌府)、威县、清河(并属直隶广平府)、夏津、武城(并属东昌府)、枣强(属直隶真定府)、故城(属直隶河间府)、恩县(属东昌府)、德州(属山东济南府)、吴桥、景州、东光、南皮、交河、沧州、青县、静海、天津(并属河间府。青县、静海、天津北接顺天府大城、宝坻界)诸州县界中,皆宋时黄河北流之所经也。"②这一叙述对于认识永济渠航线的情况有着重要的参考价值。除此之外,胡渭有"永济渠即古之清河"③之说,同时又有宋代黄河"北流初行永济渠,其后兼混入漳水"④之说,以此为逻辑起点,如果略去自开州、大名、元城到冠县的清河水道不论,那么,"宋时黄河北流之所经"实际上是永济渠自馆陶北上的清河航线。这条航线自馆陶沿清河北上,至独流口沿途经过二十多个县。

胡渭的观点受到今人的重视。如岑仲勉先生论述道:"试检查一下近世卫河的水路,大致还是一样(惟洹水、清河、漳南三条,带有多少疑问,也许道里或图绘未确,否则水道略有改动)。再往上比勘《水经注》九,则淇水合清水后,行经内黄、魏(今大名西少南)、馆陶、平恩(今丘县西)、清渊(今临清西南)、广宗(今威县东)、信乡(今夏津西)、信成(今清河北)、清阳(今清河东)、东武城(今武城西)、复阳(今武城东北)、枣强(今枣强东南)、广川(今枣强东)、历(今故城北)、修(今景县)、东光、南皮、浮阳(今沧县东南)、章武(今沧县东北)等县界内,又和永济渠没甚差异。"⑤从总体上看,岑仲勉先生叙述永济渠自馆陶北上经过的地点与胡渭的大同小异,其中出现一些差异,主要是因为胡渭是以清代地名进行叙述,岑仲勉是以隋唐地名叙述。更重要的是,两人叙述永济渠行经地点时强调了不同的侧重点,故缺少对应性。

稍后,严耕望先生进一步论述道:"其《淇水注》述枋头以东历径故县,有顿丘(今清丰西南二十五里)西,内黄(唐迄今县西北十九里)南,魏县(唐县西约五里)东,馆陶(即唐县)西北,平恩(今丘县西)东,清渊(今临清西南四十里)西,广宗(今威县东二十里)南,(以下称为清河。)信乡(今夏津西)西,信成(今清河西北)西,清阳(今清河东)西,陵乡(在东武城西南七十里)西,东武城(今武城西)西,复阳(今武城东北)西,枣强(今县东南)西,广川(今枣强东三十里)南,历县(今故城北)南,修县(今景县)东南,东光(今县东二十里)西,南皮(今县东北八里)西,浮阳(今沧县东南四十里,或云即唐清池县)西,至泉州县(今武清东南四十

---

① 清·胡渭《禹贡锥指》(邹逸麟整理),上海:上海古籍出版社 2006 年版,第 507—509 页。
② 同①,第 510 页。
③ 同①,第 507 页。
④ 同②。
⑤ 岑仲勉《黄河变迁史》,北京:中华书局 2004 年版,第 310—311 页。

里)北入滹沱。"①在论述的过程中,严耕望先生参考了岑仲勉先生的意见,随后又以胡渭的观点为依据,对永济渠馆陶航段行经的地点及水文进行了必要的补充。

浮阳(在今河北沧县东关)是永济渠馆陶段至独流口之前的重要节点。史称:"汉渤海郡浮阳,今为清池县,属沧州。"②又称:"汉浮阳县,渤海郡所治。隋改为清池县,治郭下。武德四年,属景州。五年,改属东盐州。贞观元年,改属沧州。"③浮阳是汉县,同时是汉渤海郡的治所。隋代改称"清池",如史有"旧曰浮阳,开皇十八年改"④之说。从"治郭下"当知,即便是渤海郡改称"沧州"及浮阳改称"清池",但此县始终是渤海郡或沧州的治所。李吉甫进一步记载道:"本汉浮阳县,属渤海郡,在浮水之阳。后魏属沧州。隋开皇十八年改为清池县,以县东有仵清池,因以为名。"⑤因浮阳在浮水北岸,故名。胡渭亦论述道:"《水经注》:清河自浮阳县西,又东北浮水故渎出焉。……又东北径浮阳县故城西。按浮阳汉勃海郡治,唐改曰清池,置沧州治焉。"⑥胡渭称唐改浮阳为"清池",应有误。不过,不管怎么改名,自汉以后,浮阳始终是永济渠沿线的重镇。

在开永济渠之前,浮水、漳水、滹沱水等在浮阳合流并汇入清河。郦道元注《水经》清河"又东北,过浮阳县西"等语时记载道:"清河东北流,浮水故渎出焉。按《史记》,赵之南界,有浮水出焉。浮水在南,而此有浮阳之称者,盖浮水出入津流,同逆混并,清漳二渎,河之旧道,浮水故迹,又自斯别,是县有浮阳之名也。首受清河于县界,东北径高城县之苑乡城北,又东径章武县之故城南。……浮渎又东北,径汉武帝望海台,又东注于海。应劭曰:浮阳,浮水所出,入海,潮汐往来日再。今沟无复有水也。清河又北,分为二渎,枝分东出,又谓之浮渎。清河又北,径浮阳县故城西,王莽之浮城也。建武十五年,更封骁骑将军平乡侯刘歆为侯国。魏浮阳郡治。又东北,滹沱别渎注焉,谓之合口也。"⑦起初,浮水行经浮阳时有"混并清、漳二渎"的水道,浮阳是入漳水的重要节点;后来浮水旧道为黄河旧道所吞并,故有"河之旧道,浮水故迹"之说;再后来,黄河改道,浮水旧道成为清河水道。在水文变迁的过程中,汉武帝时期的浮水有"径汉武帝望海台,又东注于海"的水道;时至东汉,浮水又有与滹沱河分支交汇的合口。如郑樵记载道:"滹沱水,班云,出代郡卤城,东至文安入海。过郡六,行千三百七十里。按,卤城今代州繁畤县。其水东经定州深泽县东南,即光武所度处,今俗谓之危

---

① 严耕望《唐代交通图考·隋唐永济渠》第五卷,上海:上海古籍出版社2007年版,第1622—1623页。
② 后晋·刘昫等《旧唐书·天文志下》,北京:中华书局1975年版,第1316页。
③ 后晋·刘昫等《旧唐书·地理志二》,北京:中华书局1975年版,第1507页。
④ 唐·魏徵等《隋书·地理志中》,北京:中华书局1973年版,第845页。
⑤ 唐·李吉甫《元和郡县图志·河北道三》(贺次君点校),北京:中华书局1983年版,第518页。
⑥ 清·胡渭《禹贡锥指》(邹逸麟整理),上海:上海古籍出版社2006年版,第509页。
⑦ 北魏·郦道元《水经注·淇水》,杨守敬、熊会贞疏,段熙仲点校,陈桥驿复校《水经注疏》上册,南京:江苏古籍出版社1989年版,第883—886页。

度口。又东过瀛州束城、平舒,开元中卢晖于此引滹沱,东入淇,道溉漕。文安,今隶霸州,若是入海当在沧州界。"①汉代,滹沱水至文安(在今河北廊坊文安)入海。此后,水文发生变化,入海口亦发生变化。

尽管如此,滹沱水行经数郡,有至浮阳即沧州入海的水道当不成问题。于敏中进一步论述道:"《河渠志》所云自霸州界引滹沱水,当因保定、文安原属霸州,统州属而言,非专指州界也。"②这里所说的《河渠志》是指《宋史·河渠志五》,所说的水文情况可参见该书中关于塘泺的记载。按照这一说法,汉代以后的滹沱水应有至浮阳即沧州入海的水道。

从另一个层面看,水文变化后,合口不仅仅是浮水与滹沱水枝津交汇的河口,同时也是自漳水入滹沱水再入清河的河口。郦道元记载道:"衡漳又东,左会虖池别河故渎,又东北合清河,谓之合口。又径南皮县之北皮亭,而东北径浮阳县西,东北注也。"③漳水和滹沱水等合流后,又一同汇入清河。如史家叙述浮阳水文地理时指出:"二汉、晋属勃海。西接漳水,衡水入焉。今谓之合口。有浮水。"④在水文变迁的过程中,合口初指浮水与漳水交汇的河口。后来,浮水故道成为清河水道后又成为漳水与清河交汇的河口。

合口在沧州即浮阳西面的合口镇(今河北沧州青县合口镇)境内。顾祖禹叙述合口镇的地理地位时指出:"在州西。《水经注》:'衡漳水过勃海建成县,又东左会滹沱别河故渎,又东北入清河,谓之合口。'魏收《志》:'浮阳县西接漳水,横水入焉,谓之合口。'"⑤起初,漳水有自浮阳县西入清河的水道。如在考证的基础上胡渭论述道:"御河即卫河,亦名永济渠,今河间府青县南二里有合口镇,为漳、卫合流处。其地有中山,山岩耸峙,悬瀑数十丈,俗呼为高土冈。岂即所谓石山耸立,状如小孤者邪:盖宋时商胡北流,合永济渠,至乾宁军入海(军在青县南,其对岸为沧州)。"⑥漳、卫合流后,又自商胡(今属河南濮阳)接纳黄河北流入永济渠。如胡渭注"又东北径清池县西,而北与漳水合"等语时论述道:"《水经注》:清河自浮阳县西,又东北浮水故渎出焉。……《寰宇记》云:永济渠在清池县西三十里。《水经·浊漳篇》云:衡漳自成平县北,又东北入清河,谓之合口。今青县南有合口镇。"⑦合口是永济渠北上的重要航程节点,在合口镇境内。永济渠经此折向东北后,与独流水(易水)交汇,在此基础上形成了独流口这一河口。这一河口作为重要的中转码头,既有继续北上的水道,同时又

---

① 宋·郑樵《通志·地理略》,杭州:浙江古籍出版社1988年版,第544页。
② 清·于敏中《日下旧闻考·京畿》,北京:北京古籍出版社1981年版,第1955页。
③ 北魏·郦道元《水经注·浊漳水》,杨守敬、熊会贞疏,段熙仲点校,陈桥驿复校《水经注疏》上册,南京:江苏古籍出版社1989年版,第999—1000页。
④ 北齐·魏收《魏书·地形志上》,北京:中华书局1974年版,第2472页。
⑤ 清·顾祖禹《读史方舆纪要·北直四》(贺次君、施和金点校),北京:中华书局2005年版,第580—581页。
⑥ 清·胡渭《禹贡锥指》(邹逸麟整理),上海:上海古籍出版社2006年版,第360—361页。
⑦ 同⑥,第509页。

有东流入海的水道,这两条水道的同时存在,极大地方便了漕运。顾祖禹论述道:"旧志云:黄、御河支流自兴济县北流经县境,又北流入于易水,谓之独流水。《九域志》云:'乾宁军北百二十里有独流口。'五代周显德六年新征契丹,自乾宁军御龙舟而北,至独流口,溯流西至益津关是也。"①所谓"县境",是指在青县(在今河北沧州青县)境内。

与周边地区相比,浮阳地势低凹,平均海拔只有八到九米。这一特殊的地理形势为华北诸水东流入海时在此交汇提供了必要的条件。从历时的角度看,汉代以前,浮阳因河流在此交汇已具备自成水系的条件。遗憾的是,黄河多次改道并在这一区域截断河流,从而改变和延缓了各水系在此形成的时间。隋利用清河及屯氏河开永济渠以后,再将不同的河流纳入运道,强制性地截断河流并引入永济渠,从而迫使有东入大海的河流失去入海口,形成了至独流口东流入海的局面,进而促进了海河水系的形成。具体地讲,永济渠在浮阳一带及浮阳以北至涿郡的区域截断不同的河流入渠提高了航道水位,为其北通涿郡提供了充足的补给水源。在这中间,截流入永济渠及切断诸水向东入海的通道后,又保留独流口这一入海口,从而为海河水系的进一步形成创造了条件,同时也为建立自永济渠至独流口入海的水道提供了必要的条件。如顾祖禹论述滹沱河的历史水文时指出:"自晋州饶阳县流入境,又东南经献县南,交河县北,又东至青县岔河口合于卫河。《志》云:府境有铁灯竿口水,其上流自武强、饶阳之境,汇漳河、滹沱诸流,又北接博野、蠡县沙、滚诸河,下流潴为陂池。纡回散漫,经府境而北,地益平衍,几数百里,通静海直沽以达海。"②本来,滹沱水有"通静海直沽以达海"的入海水道,隋开永济渠后截断滹沱河入海通道以后,滹沱河形成了先入永济渠再东入大海的水道。如《汉书·地理志上》"上党郡"条云:"清漳水所出,东北至邑成入大河,过郡五,行千六百八十里。"③顾祖禹解释"过郡五"有"上党、魏郡、清河、信都、勃海"④之说。起初,漳水是黄河的支流。黄河改道后,漳水入清河。隋开永济渠清河航线后,形成了漳水先入永济渠再东入海的水道。

截断漳水、滹沱水等以后,永济渠自浮阳即清池合口北上,途经乾宁即青县这一航程节点。乐史叙述乾宁军县及水文时指出:"旧名永安县,与军同置在城下,太平兴国七年六月改为乾宁县。御河,在城南一十步。每日潮水两至,其河从沧州南界流入本军界,东北一百九十里入潮河,合流向东七十里,于独流口入海。此水西通淤口、雄、霸等州水路。"⑤永济渠自沧州北上经乾宁县即青县,沿乾宁县东北行一是有独流口东行入海的通道,二是有西通淤口(淤河口)及沿途经雄州(在今河北保定雄县)、霸州(在今河北廊坊永清)等地的航线。

---

① 清·顾祖禹《读史方舆纪要·北直四》(贺次君、施和金点校),北京:中华书局2005年版,第563页。
② 同①,第551—552页。
③ 汉·班固《汉书·地理志上》,北京:中华书局1962年版,第1553页。
④ 清·顾祖禹《读史方舆纪要·北直一》(贺次君、施和金点校),北京:中华书局2005年版,第423页。
⑤ 宋·乐史《太平寰宇记·河北道十七》(王文楚等校点),北京:中华书局2007年版,第1380页。

永济渠自乾宁北上,经汉县雍奴(在今天津武清后巷大宫城)。北魏太武帝太平真君七年(446),以雍奴为渔阳郡治所,并省汉县泉州入雍奴(治所在今天津武清泗村店旧县村),如史有"真君七年并泉州属"①之说。史家叙述雍奴政区沿革时有"后汉雍奴县,属渔阳郡。历代不改。天宝元年,改为武清。"②之语。天宝元年(742),唐玄宗改"雍奴"为"武清"。顾祖禹交代武清地理方位及政区沿革时指出:"州东南九十里。又东南至天津卫百二十里,东至宝坻县九十里。汉置雍奴县,隶渔阳郡,后汉因之。晋属燕国,后魏仍属渔阳郡。隋属幽州,唐因之。天宝初改为武清县。"③据顾祖禹《读史方舆纪要·北直二》,武清水资源丰富,白河(沽河)、潞河、洵河等具有运输能力的河流经过境内。④ 在这一过程中,不管政区如何变化,雍奴始终是自永济渠北上至独流口的重要节点。

从地理形势上看,永济渠经雍奴即唐县武清北入独流口,有一条东行经劈地口入海的航线。郑樵记载道:"清漳水,班云:'出上党沾县大黾谷。'东北过磁州武安,与浊漳合而横流,故名曰衡漳。又东北过洺州曲周、平恩县,又东北过冀州武邑,又东北过弓高县。弓高今为镇,隶永静东光。又东北过成平。成平今为景城镇,隶瀛州乐寿。又东北过故平舒县,东入海。入海者,桑钦说也。班云,至邑成入河,行千六百八十里。"⑤起初,浊漳水中路东北行,沿途经过数地,平舒县(在今河北大城)是永济渠经浊漳水道东行入海的节点。如胡渭注"又东北径独流口,又东至劈地口入于海"等语时论述道:"《水经注》:清河东北至泉州县北入滹沱,又东径漂榆邑故城南,入于海。泉州今宝坻。漂榆城在今静海县北。熙宁元年,都水监言商胡北流,于今二十余年,自澶州下至乾宁军,创堤千有余里,公私劳扰。愿相六塔旧门,并二股河道使东流,徐塞北流。提举河渠王亚等谓:黄、御河一带北行入独流东砦,经乾宁军、沧州等八砦边界,直入大海。其近大海口阔六七百步,深八九丈,三女砦以西阔三四百步,深五六丈。其势愈深,其流愈猛,天所以限契丹。议者欲再开二股,渐闭北流,此乃未尝睹黄河在界河内东流之利也。元丰四年,李立之言自决口相视河流,至乾宁军分入东西两塘,次入界河,于劈地口入海,通流无阻,宜修立东西堤,从之。元祐初,有回河东流之议。范百禄等言:昨按行黄河独流口至界河,又东至海口,熟观河流形势;并缘界河至海口铺砦地分使臣各称:界河未经黄河行流以前,阔一百五十步下至五十步,深一丈五尺下至一丈,自黄河行流之后,今阔至五百四十步,次亦三二百步,深者三丈五尺,次亦二丈。乃知水就下,行疾则自刮除成空而稍深,与汉张戎之论正合。自元丰四年河出大吴,一向就下,渐入界河,行流势如倾建。……按静海县本宋清州地,县境有界河,亦曰潮河,即易、滹沱、巨马三水所会,自

---

① 北齐·魏收《魏书·地形志上》,北京:中华书局1974年版,第2476页。
② 后晋·刘昫等《旧唐书·地理志二》,北京:中华书局1975年版,第1516页。
③ 清·顾祖禹《读史方舆纪要·北直二》(贺次君、施和金点校),北京:中华书局2005年版,第459页。
④ 同③,第460页。
⑤ 宋·郑樵《通志·地理略》,杭州:浙江古籍出版社1988年版,第543—544页。

文安县流经县西北,合卫河入海。塘泺既兴,文安、大城之水,多入白河,其行界河者,唯漳、卫耳。独流口在县北二十里。《九域志》云:乾宁军有独流北、独流东二砦,俱在军北百二十里。即此地也。"①在兴修永济渠以前,浮阳境内有"清河东北至泉州县北入滹沱"的水道,由于曹操兴修泉州渠时利用了这一水道,因此,永济渠沿清河航线北上至泉州县境时,应利用了泉州渠旧道。不过,这一旧道因宋代黄河自商胡(在今河南濮阳东北)决堤北流发生了变化。具体地讲,原先隶属清州的静海(在今天津静海)成为"易、滹沱、巨马三水所会"之地后,三水至文安县(在今河北廊坊文安)西北"合卫河入海"即汇入永济渠入海。检索文献,宋代黄河北流虽然给相关区域的水文带来了变化,但卫河即永济渠至独流口东行至劈地口入海的航线依然存在,因此,胡渭有"北行入独流东砦,经乾宁军、沧州等八砦边界,直入大海"之说。在这中间,劈地口作为海口与独流口等一道承担着内河转海运或海运转内河的漕运重任。

以合口为参照坐标,独流口在合口的东北,劈地口在独流口的东面即青县东北。自劈地口向东是三叉口。劈地口在什么地方? 顾祖禹叙述道:"在县东北。宋元丰四年,河决澶州入御河,李立之言:'臣自决口相视,河流至乾宁军分入东、西两塘,次入界河,于劈地口入海。'其地盖在小直沽东。"②所谓"在县东北",是指在静海县的东北。三叉口在什么地方?胡渭论述道:"劈地口在县东北,又东为三叉口,盖即天津卫东北之三岔河。《志》云:漳、卫水西南自静海县来,经卫北,其流浊。潞水西北自武清县来,经卫北,其流清,至卫东北而合流,又东南出小直沽入于海。天津亦宋清州地也。"③隋代合口距独流口及入海口劈地口不远,只是到了清代,海岸线不断地东移,出现了合口、独流口及劈地口远离新入海口的情况。胡渭论述道:"言今合口御河入海处,北岸有石山,耸立状如小孤山,北俗呼为碣石,古人尝镌铭其上,或云此即古黄河道,谓之逆河,而自海道入河者,碣石亦正在右转屈之间,……御河即卫河,亦名永济渠、今河间府青县南二里有合口镇,为漳、卫合流处。其地有中山,山岩耸峙,悬瀑数十丈,俗呼为高土冈,岂即所谓石山耸立,状如小孤者邪:盖宋时商胡北流,合永济渠,至乾宁军入海(军在青县南,其对岸为沧州)。故金、元之世,流为妄谈,王氏采入《经》解,无识甚矣。"④合口镇位于漳水汇入永济渠的河口,这一情况一直延续到宋代黄河自商胡决堤北流以前。进而言之,黄河的商胡北流侵入永济渠后,致使这一区域的永济渠淹没在黄河水道之中,乃至于到了金、元时代,人们对这一区域的水文变化已无法说得清楚,故产生了一些错误的认识。然而,不管怎么说,合口镇境内的合口是永济渠馆陶航段至独流口的重要

---

① 清·胡渭《禹贡锥指》(邹逸麟整理),上海:上海古籍出版社2006年版,第509—510页。
② 清·顾祖禹《读史方舆纪要·北直四》(贺次君、施和金点校),北京:中华书局2005年版,第566页。
③ 同①,第510页。
④ 清·胡渭《禹贡锥指》(邹逸麟整理),上海:上海古籍出版社2006年版,第360—361页。

航程节点。这一节点通过截流改变了滹沱水、漳水等的流向,致使永济渠馆陶航段承担起诸水经独流口入海的使命,为海河水系的形成及重新建构奠定了基础。

在兴修永济渠以前,因地势低凹,合口、独流口、劈地口等都是黄河以北不同河流汇聚而成的河口。在这中间,这一区域既有来自西南方向的漳水,又有来自西北方向的沽河、潞水等。起初,这些河流在向东临渤海的低凹之地汇聚时,有各自不同的入海通道。永济渠建成后,水文形势发生了变化。具体地讲,南北走向的永济渠在截断不同河流北入涿郡的过程中,迫使行经这一区域的河流先入永济渠,再经独流口,然后东行入海。从这样的角度看,海河水系虽有自身形成的历史,但更重要的是它与永济渠截断这些河流入运及改变其流向有密切的关系,主要表现在两个方面:一是与永济渠馆陶航段截断诸水,迫使这些河流改道,形成只能经独流口东流入海的水文特点;二是与独流口航段即独流口北上至涿郡的航段继续截断相关区域的河流入运,迫使这些河流只能南下经独流口东流入海有密切的关系。这一区域的南北走向的永济渠建成后,改变了馆陶航段和独流口航段的河流走向,通过截流入运改变了原有水系的面貌,进而促进了海河水系的形成。从某种意义上讲,永济渠行经这一区域时改变河流自身的流向,虽然改变了这一区域的交通面貌,但对相应区域水文的破坏作用也是巨大的,甚至可以说,带来的负面效应也是难以诉说和评估的。

永济渠独流口航段以独流口为起点,北上涿郡有东西两条航线:西线是永济渠利用沽河和桑干水等水道开辟的航线,东线是在平虏渠、泉州渠、新河等基础上兴修的航线。此外,永济渠有自独流口东行经劈地口等地入海的航线,这一航线与海运相互连接,可延伸到长江以南的腹地。

西线是永济渠独流口航段的主航线,同时也是隋王朝着力打造的漕运通道,在征伐辽东的过程中,这条漕运通道为运输漕粮及集结军队到涿郡发挥了重要的作用。如严耕望先生论述道:"盖永济渠自幽州(隋涿郡)东南,径安次县城(今县西北四十五里旧州头)东郭外,县本耿桥行市也,在常道故城东五里。又东南径永清县(今县)境(盖东境),又东南至淤口关(今信安)北,注入巨马河。渠水注巨马河后合流,仍称御河、永济渠,东流至独流口。……此段渠道亦可称为永济渠之北段。其流程之西北半段(安次以北)盖因桑干水河道而浚治者,东南半段(安次以南)盖因郦《注》之滹沱枯沟与八丈沟水而浚治者;下入巨马河,自即利用之以为渠道。此段渠道东南合巨马河,至独流口,与由怀、卫东北历魏、贝、德、沧等州而来之永济渠合,形成一条南北通贯之运漕水道也。"[1]客观地讲,这一论述是有认识价值的。永济渠自独流口北入涿郡时,主要采取了利用沽河、桑干河等自然水道的措施。因利用自然水道,故不是直接北上,而是先入呈东西流向的白河,随后经白河入南北流向的桑干河,在这中

---

[1] 严耕望《唐代交通图考·隋唐永济渠》第五卷,上海:上海古籍出版社2007年版,第1626—1627页。

间,沿途经淤口关、永清、安次等地。

从表面上看,利用自然水道行运,采取先西再北的行运方案似乎不太合理。其实不然,出现这样的情况主要是由三个方面的因素决定的:一是因为受地形的制约,只能采取先西再北的兴修方案;二是利用这一水道兴修漕运通道,是因为这一北上涿郡的航线较短,可以缩短绕行平房渠、泉州渠和新河的航程;三是这一航线远离沿海,可以为经营辽东提供战略纵深,为建立涿郡这一震慑北部边疆重镇提供强有力的支援。进而言之,隋兴修永济渠独流口航段时,刻意地打造永济渠独流口航段西线是由多方面的因素决定的。

在利用自然水道行运的过程中,自独流口北上涿郡须先入白河(沽河)。因白河受自然地理等条件的限制,主要呈从西北到东南的流向。这样一来,因利用白河自然形成的水道为运道,沿白河西北行必经淤口关(在今河北霸州信安镇)这一航段节点。如乐史记载道:"隋大业七年征辽,途经于河口,当三河合流之处,割文安、平舒二邑户于河口置丰利县。隋末乱离,百姓南移就是城。"①大业七年,隋炀帝北征辽东时经于河口即淤河口,是因为淤河口位于三河合流之处,是沿永济渠北上的交通要道。根据这一情况,隋炀帝析旧县建丰利县,旨在重视淤河口的战略地位,以便加强相关区域的漕运管理。

关于淤河口的重要性,可以从后世的政区沿革中得到充分证明。具体地讲,唐太宗贞观元年(627)虽有"省丰利入文安"②之举,但因淤河口战略地位十分重要,又在此地建关隘,并建军城即军事要塞派重兵把守。宋王朝取代北周后,为了防止辽军南下,宋太宗太平兴国六年(981)建破虏军,在于口关一带屯兵,并防止金兵南下;宋真宗景德二年(1005),调整军事建制,改破虏军为信安军;金世宗大定七年(1167),降低建制层级改信安军为信安县;金宣宗元光元年(1222),信安县升格为府。元王朝定都大都后,撤销府县建制。顾祖禹论述信安城及淤口关地理形势时指出:"州东五十里。唐置淤口关,后没于契丹。周世宗收复,置淤口寨。宋太平兴国六年置破虏军,景德二年改信安军。金大定七年降为信安县,属霸州,元光初升为镇安府。元府县俱废。"③信安城在霸州东五十里,唐代建城建关的目的是为了保证运道畅通,这一举措表明淤河口在经营幽州涿郡及辽东方面是必经之路。北宋与辽议和,割让燕云十六州以后,北入涿郡的永济渠运道虽然被阻隔,但因淤口关是辽军南下侵宋的交通要道,故成为重点防御的区域。金降低政区层级又升格为府,表明淤口关再度受到重视。元代撤销府县建制,是因为淤口关交通地位下降,失去了作为军事要塞的作用。如京杭大运河开通后,南北航线不再走淤口关,为了提高行政效率采取了取消其建制的措施。尽管如此,从唐、宋两代重点设防的情况看,当知淤口关是永济渠北上的重要通道。如乐史记载道:"古

---

① 宋·乐史《太平寰宇记·河北道十六》(王文楚等校点),北京:中华书局2007年版,第1367页。
② 后晋·刘昫等《旧唐书·地理志二》,北京:中华书局1975年版,第1513页。
③ 清·顾祖禹《读史方舆纪要·北直二》(贺次君、施和金点校),北京:中华书局2005年版,第464页。

淤口关,周显德六年收复关南,于此置寨。"①显德六年(959),周世宗收复关南后,在淤河口设置军寨即军事要塞。稍后,宋代又在此重点防御,这些行为从侧面验证了隋修永济渠后淤河口在南北漕运中的重要性,可谓是有很高的战略价值。

永济渠自淤口关继续西行经永清。永清旧属安次县,如意元年(692),武则天析安次建武隆县;景云元年(710),唐睿宗改"武隆"为"会昌";天宝元年,唐玄宗改"会昌"为"永清",如史有"如意元年,分安次县置武隆县。景云元年,改为会昌县。天宝元年,改为永清"②之说。乐史记载道:"本幽州会昌县地,唐天宝中改为永清县,即古益津关。周显德六年收复三关,遂于益津关建霸州,仍置永清县。"③因地处永济渠要冲,唐代在此建益津关,随后又以此为永清县治所;周世宗显德六年建霸州时以永清为治所,表明永清因永济渠而成为重要的交通要道。事实上,前人对霸州及永清是永济渠北入涿郡的重要节点多有认识,如史有"北至幽州二百里。东南至乾宁军一百四十五里。西南至莫州七十里。东北至当州永清县界孟村三十里,接幽州北界。西北至当州永清县界宋村二十五里,接幽州北界"④之说,从其史述中不难发现,永清实际上是幽州南面的门户,这一叙述从一个侧面证明了永清的重要性。如于敏中引《永清县志》论述道:"郦道元《水经注》:方城县东八十里有益昌县故城,方城为今固安地。《括地志》:方城旧城在今县东南十七里。《唐书·地理志》:如意元年分安次县置武隆县,是则后汉省县以后,当以方城东境、安次西境为今永清地。"⑤永清与安次相邻,永济渠经永清入安次,继续北上可抵涿郡。在这中间,永济渠自淤口关继续西行经永清,是因为永济渠自独流口北上借用了沽河水道,故永济渠自淤口关只能继续西行经永清。

从地理及水文形势看,霸州及永清一带的地势十分低凹。俗话说,水向低处流,不同的河流下行时汇聚到霸州及永清一带进而形成湖泊,遂为引水济运或借用已有水道行运提供了必要的先决条件。具体地讲,自霸州及永清一带开永济渠北行,其目的是利用这一区域的水资源建立北上涿郡的航线。如欧阳修描述这一区域的水资源时,有"河北之地,四方不及千里,而缘边广信、安肃、顺安、雄、霸之间尽为塘水"⑥之说,史家亦有"大河北流,合西山诸水,在深州武强、瀛州乐寿埚,俯瞰雄、霸、莫州及沿边塘泺"⑦之说,因这一区域有丰富的水资源,为了有效地阻止辽国的骑兵在平原地带快速南下,北宋王朝在精心设计的基础上,建

---

① 宋·乐史《太平寰宇记·河北道十七》(王文楚等校点),北京:中华书局2007年版,第1380页。
② 后晋·刘昫等《旧唐书·地理志二》,北京:中华书局1975年版,第1516页。
③ 宋·乐史《太平寰宇记·河北道十六》(王文楚等校点),北京:中华书局2007年版,第1366页。
④ 同③。
⑤ 清·于敏中《日下旧闻考·京畿》,北京:北京古籍出版社1981年版,第2020页。
⑥ 宋·欧阳修《河北奉使奏草》,李逸安点校《欧阳修全集》,北京:中华书局2001年版,第1827页。
⑦ 元·脱脱等《宋史·河渠志三》,北京:中华书局1985年版,第2311页。

成了一条"自边吴淀至泥姑海口,绵亘七州军,屈曲九百里,深不可以舟行,浅不可以徒涉"①的以水代兵的国防线。如马端临论述霸州及水文时指出:"本唐幽州永清县地,后置益津关。晋陷契丹。周复,以其地置霸州,以莫州之文安、瀛州之大城来属。古上谷郡地,濒海,皆斥卤沮洳,东北近三百里,野无所掠,非入寇之径。何承矩曰:'自陶河至泥姑口,屈曲九百里,天设险阻,真地利也,讲习水战之具,大为要害。'"②客观地讲,这些记载虽然是讲北宋时期七州军及霸州与雄州等之间的水文情况,甚至可以说,这一水文与宋王朝有意识地开渠引水建立防线有直接的关系,但毋庸置疑的是,霸州及永清本身就是水资源丰富的地区。可以说,正是有了这样的前提,才为永济渠在霸州及永清一带开渠,借用其河流及湖泊建立北入涿郡的航线提供了必要的条件。从后世记载的情况看,永济渠经霸州及永清时,有一条"东起乾宁军、西信安军永济渠为一水,……东起信安军永济渠,西至霸州莫金口"③的航线。如乐史论永济河(永济渠)时指出:"自霸州永清县界来,经军界,下入淀泊,连海水。"④这里所说的"军界",是指北宋破虏军管辖的北部边界,这一区域与安次西北界相接。破虏军驻守"军界",这些情况从一个侧面说明了永济渠自永清继续北上进入安次的事实。

安次是汉县,入隋后属涿郡即幽州,如史有安次"汉县,属渤海郡,至隋不改。隋属幽州"⑤可证。安次东有永济渠。如乐史叙述安次政区沿革时指出:"本汉旧县,县东枕永济渠。汉武帝以属燕国,王旦有罪,削以属渤海郡。《续汉书·郡国志》安次属广阳郡。唐武德四年移于城东南五十里石梁城置。贞观八年又自石梁城移理今县西五里魏常道城置。开元二十三年又自常道城东移就耿桥行市南置,即今县治是也。"⑥唐高祖武德四年(621)以后,安次多次移治,故顾祖禹有安次旧治"在今县西北。汉旧县也"⑦之说。移治旨在加强永济渠管理,安次水资源十分丰富,境内既有易水与滹沱河相合的水道,同时又有漯水(潞河)与桑干水在此相通的水道。在这中间,漯水和桑干水是永济渠自安次北上涿郡的重点利用的水道。如陈子昂论述道:"即日江南、淮南诸州租船数千艘已至巩、洛,计有百余万斛,所司便勒往幽州,纳充军粮。"⑧"所司便勒往幽州"必经永清。进而言之,自永清西北入安次,安次是自永济渠北入幽州涿郡的重点节点,在接纳及中转江淮漕粮及战略物资等方面扮演了重要的角色。

---

① 元·脱脱等《宋史·河渠志五》,北京:中华书局1985年版,第2359页。
② 元·马端临《文献通考·舆地考二》,杭州:浙江古籍出版社1988年版,第2479页。
③ 同①,第2358页。
④ 宋·乐史《太平寰宇记·河北道十七》(王文楚等校点),北京:中华书局2007年版,第1381页。
⑤ 后晋·刘昫等《旧唐书·地理志二》,北京:中华书局1975年版,第1516页。
⑥ 宋·乐史《太平寰宇记·河北道十八》(王文楚等校点),北京:中华书局2007年版,第1402页。
⑦ 清·顾祖禹《读史方舆纪要·北直二》(贺次君、施和金点校),北京:中华书局2005年版,第453页。
⑧ 唐·陈子昂《上军国机要事》,《陈子昂集》(徐鹏点校),北京:中华书局1960年版,第180—181页。

第一编 隋代编

从水文形势看,永济渠独流口航段自独流口北上与沽河(白河)相合后,重点改造了沽河、桑干河水道,建成了自西北上涿郡的航线即西线。郦道元注《水经》"又东南至泉州县,与清河合,东入于海。清河者,泒河尾也"等语时指出:"沽河又东南径泉州县故城东,王莽之泉调也。沽水又东南合清河也,今无水。清、淇、漳、洹、滱、易、涞、濡、沽、虖池,同归于海,故《经》曰泒河尾也。"①沽河自西北向东南下行时与清河相合,延续了自永济渠馆陶航线经清河继续北上的航线。在这中间,永济渠沿沽河修渠北上截断诸水,改变了诸水原有的入海通道,经此,诸水自北南下汇入永济渠经独流口东流入海。在这中间,沽河是永济渠跨越黄河水系及北上涿郡时率先借用的水道。

沿沽河北上,桑干河是永济渠独流口航段重点利用的水道。史称:"挺至幽州,令燕州司马王安德巡渠通塞。先出幽州库物,市木造船,运米而进。自桑干河下至卢思台,去幽州八百里,逢安德还曰:'自此之外,漕渠壅塞。'挺以北方寒雪,不可更进,遂下米于台侧权贮之,待开岁发春,方事转运,度大兵至,军粮必足,仍驰以闻。太宗不悦,诏挺曰:'兵尚拙速,不贵工迟。朕欲十九年春大举,今言二十年运漕,甚无谓也。'乃遣繁畤令韦怀质往挺所支度军粮,检覆渠水。怀质还奏曰:'挺不先视漕渠,辄集工匠造船,运米即下。至卢思台,方知渠闭,欲进不得,还复水涸,乃便贮之,无达平夷之日。又挺在幽州,日致饮会,实乖至公。陛下明年出师,以臣度之,恐未符圣策。'太宗大怒,令将作少监李道裕代之,仍令治书侍御史唐临驰传械挺赴洛阳,依议除名,仍令白衣散从。"②据此可知,卢思台是漕运的重要支撑点。司马光进一步概括道:"春,正月,韦挺坐不先行视漕渠,运米六百余艘至(虑)[卢]思台侧,浅塞不能进,械送洛阳。丁酉,除名,以将作少监李道裕代之。崔仁师亦坐免官。"③唐太宗贞观十八年(644),韦挺任馈运使,负责转运远征辽东的漕粮及物资时"自桑干河下至卢思台",并因卢思台一带的"漕渠壅塞"被迫停止漕运。从这一叙述中当知,桑干河是永济渠北入涿郡的不可或缺的航线。

卢思台在什么地方?于敏中考证道:"今京城西三十里卢师山,相传为隋沙门卢师驯伏青龙之地。以《唐书》考之,当即卢思台,师乃思之误也。桑干水即卢沟河。"④所谓"桑干水即卢沟河",实际上是指潞河(㶟水),即今天的永定河。韦挺以永济渠为通道,在幽州涿郡筹建了漕运中转站。

汉代涿郡有桑干河,建安时期,桑干河已有漕运能力。如郦道元记载道:"㶟水又东北,径桑干县故城西,又屈径其城北,王莽更名之曰安德也。《魏土地记》曰:代城北九十里有桑

---

① 北魏·郦道元《水经注·沽河》,杨守敬、熊会贞疏,段熙仲点校,陈桥驿复校《水经注疏》中册,南京:江苏古籍出版社1989年版,第1216—1217页。
② 后晋·刘昫等《旧唐书·韦挺传》,北京:中华书局1975年版,第2670—2671页。
③ 宋·司马光《资治通鉴·唐纪十三》(邬国义校点),上海:上海古籍出版社1997年版,第1805页。
④ 清·于敏中《日下旧闻考·郊坰》,北京:北京古籍出版社1981年版,第1718页。

干城。城西渡桑干水,……魏任城王彰以建安二十三年,伐乌丸,入涿郡,逐北,遂至桑干,正于此也。"①桑干县是汉王朝代郡治所(今河北蔚县代王城),今废。从"城西渡桑干水,……魏任城王彰以建安二十三年,伐乌丸,入涿郡,逐北,遂至桑干"等语中当知,建安二十三年(218)任城王曹彰伐乌丸(乌桓),是自汉涿郡起程,沿桑干河进军的,这一记载表明,桑干河北方的大河是有漕运能力的,在经营涿郡以北地区及辽东等地有着特殊的意义和作用。

桑干河自西北流向东南,沿途接纳㶟水(潞河)等。㶟水下行时有祁夷水等注入。如郦道元记载道:"㶟水又东北,径桑干县故城西,又屈径其城北,王莽更名之曰安德也。……㶟水又东流,祁夷水注之,水出平舒县,东径平舒县之故城南泽中。《史记》,赵孝成王十九年,以汾门予燕,易平舒,徐广曰:平舒在代。王莽更名之曰平葆。后汉世祖建武七年,封扬武将军马成为侯国。其水控引众泉,以成一川。《魏土地记》曰:代城西九十里,有平舒城。西南五里,代水所出,东北流,言代水,非也。祁夷水又东北,径兰亭南,又东北,径石门关北,旧道出中山故关也。又东北流,水侧有故池。按《魏土地记》曰:代城西南三十里有代王鱼池,池西北有代王台,东去代城四十里。祁夷水又东北,得飞狐谷,即广野君所谓杜飞狐之口也。苏林据郦公之说,言在上党,即实非也。如淳言在代,是矣。晋建兴中,刘琨自代出飞狐口,奔于安次,即于此道也。《魏土地记》曰:代城南四十里有飞狐关,关水西北流,径南舍亭西,又径句瓅亭西,西北注祁夷水。……祁夷水又北,径桑干故城东,而北流注于㶟水。《地理志》曰:祁夷水出平舒县北,至桑干入治,是也。"②㶟水经桑干县故城时,接纳了自平舒(今河北大城)而来的祁夷水。

隋建立北入涿郡的航线后,㶟水成为永济渠的一部分。郦道元注《水经》㶟水"过广阳蓟县北"语云:"㶟水又东,径广阳县故城北。谢承《后汉书》曰:世祖与铫期出蓟,至广阳,欲南行,即此城也。谓之小广阳。㶟水又东北,径蓟县故城南。《魏土地记》曰:蓟城南七里有清泉河,而不径其北,盖《经》误证矣。昔周武王封尧后于蓟,今城内西北隅有蓟丘,因丘以名邑也,犹鲁之曲阜,齐之营丘矣。"③㶟水东行,先经汉县广阳(在今北京房山广阳),又经蓟县故城南,蓟县故城有蓟丘(在今北京德胜门外西北隅),其故城南七里有清泉河,清泉河东流与㶟水即潞河相会。

㶟水属桑干河水系。郦道元注《水经》㶟水"又东至渔阳雍奴县西,入笥沟"语云:"汉光武建武二年,封颍川太守寇恂为雍奴侯。魏遣张郃、乐进围雍奴,即此城矣。笥沟,潞水之别名也。《魏土地记》曰:清泉河上承桑干河,东流与潞河合。㶟水东入渔阳,所在枝分,故俗谚

---

① 北魏·郦道元《水经注·㶟水》,杨守敬、熊会贞疏,段熙仲点校,陈桥驿复校《水经注疏》中册,南京:江苏古籍出版社1989年版,第1161—1162页。
② 同①,第1161—1169页。
③ 同①,第1192页。

云,高梁无上源,清泉无下尾。盖以高梁微涓浅薄,裁足津通,凭藉涓流,方成川圳。清泉至潞,所在枝分,更为微津,散漫难寻故也。"①雍奴是汉县(在今天津武清后港大宫城),北魏太平真君七年移治后,成为渔阳郡治所(在今天津武清泗村店旧县)。所谓"清泉河上承桑干河",是说清泉河是自桑干河析出的别流,故清泉河有"桑干河"之称。所谓"东流与潞河合",是指桑干河即清泉河东流与潞河相合。两水相合后,下行水道既可称"桑干河",又可称"潞河"。如郦道元有"㶟水自南出山,谓之清泉河,俗亦谓之曰千泉"②之说,因清泉河是㶟水上源,故可以"㶟水"相称。不过,㶟水又是桑干河的上源。如朱彝尊《日下旧闻》引《隋图经》云:"湿水即桑干河,至马陉山为落马河,出山谓之清泉河,亦曰干泉,至雍奴入笥沟,谓之合口。"③引《魏氏土地记》云:"蓟城南七里有清泉河,上承桑干河,东流与潞河合。"④于敏中注云:"郎蔚之《隋图经》云,湿水即桑干河,至马陉山为落马河,出山谓之清泉河。郦道元《水经注》亦云,湿水又东北径蓟县故城南。是清泉河即桑干河之经蓟城南者,非另为一水也。"⑤桑干河包括潞河,经过改造,桑干河及潞河成为永济渠独流口航段的一部分。

永济渠桑干河运道汇入诸水后南下入沽河即白河,形成了两个相互连接的航段。朱彝尊引明王琼《漕河图志》指出:"秦使天下飞刍挽粟,起于黄腄琅琊负海之郡,转输北河。北河盖即白河也。隋炀帝穿永济渠,引沁水北通涿郡,盖自白河入丁字沽,由易水而达于涿也。唐明皇事边功,运青莱之粟浮海以给幽平之兵,盖亦由白河也。宋太平兴国中,于清苑界开徐河、鸡距河入白河,以通关南漕运。元至元中,海运出直沽入白河以抵京师。"⑥以后世的漕运形势言之,所谓"北河",是指京杭大运河北运河航段,北运河航段指京杭大运河从通州到天津的航段。元代兴修北运河航段时,利用了永济渠独流口航段的沽河即白河运道。经此,元代建海运体系形成了"海运出直沽入白河以抵京师"的运道。这一运道开通后,自海上转内河先经沽河即白河再入桑干河,建立了北入大都(在今北京)的漕运通道。

丁字沽在什么地方?顾祖禹记载道:"在天津卫东北五里。自武清县汇白河之水注于直沽。今有丁字沽渡。"⑦在这中间,白河既是北入涿郡的关键航段,同时也是自丁字沽向东经直沽入海的节点。

直沽有大直沽和小直沽之分,直沽初指小直沽,与大直沽一道均为永济渠的入海口。胡

---

① 北魏·郦道元《水经注·㶟水》,杨守敬、熊会贞疏,段熙仲点校,陈桥驿复校《水经注疏》中册,南京:江苏古籍出版社1989年版,第1196—1197页。
② 同①,第1191页。
③ 清·于敏中《日下旧闻考·郊坰》,北京:北京古籍出版社1981年版,第1552页。
④ 同③,第1573页。
⑤ 同④。
⑥ 清·于敏中《日下旧闻考·京畿》,北京:北京古籍出版社1981年版,第1813页。
⑦ 清·顾祖禹《读史方舆纪要·北直四》(贺次君、施和金点校),北京:中华书局2005年版,第565页。

渭考证道:"静海县本宋清州地,县境有界河,亦曰潮河,即易、滹沱、巨马三水所会,自文安县流经县西北,合卫河入海。塘泺既兴,文安、大城之水,多入白河,其行界河者,唯漳、卫耳。独流口在县北二十里。《九域志》云:乾宁军有独流北、独流东二砦,俱在军北百二十里。即此地也。劈地口在县东北,又东为三叉口,盖即天津卫东北之三岔河。《志》云:漳、卫水西南自静海县来,经卫北,其流浊。潞水西北自武清县来,经卫北,其流清,至卫东北而合流,又东南出小直沽入于海。天津亦宋清州地也。"①史有"今小直沽汊河口潮汐往来"②之说,如果将"漳、卫水西南自静海县来,经卫北,其流浊。潞水西北自武清县来,经卫北,其流清,至卫东北而合流,又东南出小直沽入于海"与"三沽者,丁字沽、西沽、直沽"③对读,当知直沽又称"小直沽",即位于三岔河口的直沽为"小直沽",海岸线东移后的新入海口为"大直沽",如史有"直隶卫河、淀河、子牙河、永定河皆汇于天津大直沽入海"④之说。胡渭考证道:"今静海县本汉章武、平舒二县地。县北有漂榆城,清、漳合流经此入海。《寰宇记》云:御河自乾宁军东北九十里入潮河,合流向东七十里于独流口入海。潮河即界河也。县东北九十里有小直沽,天津卫设焉。本汉章武县地。元为静海县之海滨镇。明永乐二年筑城置卫。本朝改卫为镇,小直沽即古沽水。《后魏志》章武县有沽水。《水经》云:沽水东南至泉州县与清河合,东入于海是也。泉州今为宝坻、漷县地。小直沽受南北诸水,东径天津城北,又东南合大直沽,而东注于海。"⑤前人所说甚明,永济渠至独流口入海,是经独流口东行至小直沽入海。

以朱彝尊引《漕河图志》为依据,于敏中论述道:"桑干河自卢沟桥东南流,经固安县杨先务,又经霸州苑家口,合灰河、浑源川、崞川、胡良河、琉璃河、广阳河、盐河至武清县丁字沽,凡四百里,入白河。自杨先务至丁字沽通舟楫。又保定府西北、曹河、徐河、石桥河、一亩泉河、滋河、沙河、鸦儿河、唐河诸水,发源不一,至安州西北十八里合流,总名易水。过安州至雄县南,又名瓦济河。东北经保定县猫儿湾,又会中堡河、长流河、温义河、拒马河、白沟河至霸州苑家口,与桑干河合。自安州至丁字沽四百余里通舟楫。又铁钉竿河自博野县东北流至河间府,数支绕城而北,相合东北流五十余里,至市庄分为二。一自市庄西北十五里流经任丘县南分为二,绕城而北,相合东北流二十余里至武盉淀。一自市庄东北流经东庄桥至武盉淀,二水又合,东北至猫儿湾与桑干河合。自河间府至丁字沽五百余里,任丘县至丁字沽四百余里,俱通舟楫。按此则白河西北可通固安县,又可通安州,东南可通河间府,桑干、易水亦可以漕运无疑矣。"⑥这里虽然是论述清代水文,但可以为作研究隋代永济渠独流口

---

① 清·胡渭《禹贡锥指》(邹逸麟整理),上海:上海古籍出版社2006年版,第510页。
② 明·宋濂等《元史·河渠志一》,北京:中华书局1976年版,第1598页。
③ 清·于敏中《日下旧闻考·京畿》,北京:北京古籍出版社1981年版,第1865页。
④ 赵尔巽等《清史稿·诸王传六》,北京:中华书局1977年版,第9078页。
⑤ 同①,第475—476页。
⑥ 同③,第1813—1814页。

航段水文的重要参考。具体地讲,"桑干、易水亦可以漕运无疑",是说这一航段主要沿用了永济渠借用桑干河和易水河道。在这中间,易水作为引水入运的对象,同时又是永济渠独流口航段利用的航线。如桑干河入白河有"至丁字沽通舟楫"的水道,这一水道实际上是永济渠自独流口北上涿郡时,建成的桑干河和白河相通相接的航线。又如曹河、徐河、石桥河、一亩泉河、滋河、沙河、鸦儿河、唐河等汇入易水,即"至安州西北十八里合流"后形成了一条易水航线。从这样的角度看,永济渠利用桑干河、白河行运时,即以丁字沽为圆心向周边辐射,形成方圆数百余里"俱通舟楫"的运道,其中包括易水。

前人论述永济渠独流口航段时,对易水的作用多有轻视。如严耕望先生指出:"笥沟即沽水,又名潞河,即今北运河,亦即前文之潮河。则郦注之桑干水尾程在今永定河之北,而永济渠之永清以南一段,即在今永定河之西南甚远,故永济渠之幽州至安次一段,盖略循桑干水而浚治者,而安次东南至巨马河一段,则非桑干水故道也。"①在这一论述中,严耕望先生一方面透露了桑干河及潞河为永济渠航线的信息,另一方面又困惑不解地说:"安次东南至巨马河一段,则非桑干水故道。"其实,"非桑干水故道"是指易水。

永济渠自白河即沽河北上有"由易水而达于涿"②的运道,易水是桑干河的枝津,由北易水、中易水、南易水等构成。乐史论述易水与易州关系时指出:"孔山,在州西南四十五里。《水经注》云:'易水又东经孔山北,其山有孔,表里通澈,故名。'山下有穴,出钟乳,尤佳。白马山,在县北一十八里。《郡国志》云:'周时人多学道于白马山。'天宝六年敕改为燕丹山。送荆陉。《九经记》云:'易县西南三十里,即荆轲入秦之路也。'驳牛山。《郡国志》云:'山色黑白斑驳,形如牛,故以为名。易水出其东。'北易水,一名安国河,亦名北易水,源出县西北穷独山中,东南流经武阳故城南,又东入涞水县界。中易水。《水经注》云:'出故安阎乡城谷中,东径五大夫城,又东径易京城,与北易水合流,入巨马河。'《史记》云:'燕太子丹遣荆轲刺秦王,祖送易水之上。'即此处也。鱼丘水。《竹书纪年》云:'晋荀瑶伐中山,取穷鱼之丘。'《水经注》云:'鱼水出鱼山,山有石如巨鱼,水发其下。'濡水,源出县西穷独山南谷。雹水,一名南易水,源出县西南石兽冈。涞水河,一名巨马河,西自蔚州飞狐县界入。《水经注》云:'巨马河,即涞水也。东北经郎山,西望众崖,竞举若鸟翼,立石崭岩,似剑戟之杪。又南径藏刀山下,层岩壁立,直上干霄,远望崖侧,若积刀环。'紫石水。《水经注》曰:'在易县南。'大簧岭。霍原隐此教授之在所,在州北一百九十里。荆卿城,在县西九里,周回二里。"③易水汇入桑干河,桑干河水势大增,成为永济渠漕运时不可或缺的水道。

---

① 严耕望《唐代交通图考·隋唐永济渠》第五卷,上海:上海古籍出版社2007年版,第1627—1628页。
② 明·王琼《漕河图志》,《续修四库全书》第835册,上海:上海古籍出版社2002年版,第586页。
③ 宋·乐史《太平寰宇记·河北道十六》(王文楚等校点),北京:中华书局2007年版,第1358—1359页。

易水作为桑干河的枝津,行经文安(在今河北廊坊文安)时与滹沱河交汇。郦道元注《水经》易水"又东过安次县南"语时记载道:"易水径县南,鄚县故城北,东至文安县,与虖池合。《史记》苏秦曰,燕长城以北,易水以南,正谓此水也。是以班固、阚骃之徒,咸以斯水谓之南易。"①所谓易水经安次南,行经文安时与"虖池合",是说与滹沱河交汇。

此外,易水行经静海县时,与潮河、滹沱河、巨马河等交汇。静海县是宋县,隋代,此地隶属瀛州河间郡,入唐属沧州,入宋属清州。宋徽宗大观二年(1108)在此析地建立靖海县,明洪武元年(1368)改称"静海县"。以后世地理言之,静海位于四水交汇的河口,因此,成为沿永济渠北上的重要节点。如胡渭考证道:"静海县本宋清州地,县境有界河,亦曰潮河,即易、滹沱、巨马三水所会,自文安县流经县西北,合卫河入海。"②这里所说的潮河是指潮白河,潮河与白河自密云河槽村相会,故称"潮白河"。潮白河至文安经静海西北"合卫河入海"的运道,是指永济渠自丁字沽北上时的白河水道。在这里,"三水所会"固然是指易水、滹沱水、巨马河合流后有"潮河"之称,但潮河与白河合流后除了有"潮白河"之称外,又有"白河""沽河"等称。此外,易水、漯水等入桑干河,故均可以"桑干河"相称。继借用沽河即白河水道行运后,永济渠自安次北入涿郡又以桑干河为运道,其中包括易水、漯水等。

再谈谈东线,东线是永济渠独流口航段的另一条航线。这条航线主要沿用了曹操兴修的平虏渠、泉州渠和新河,是隋唐两代征辽东时的漕运大通道。这一通道除了有利用内河漕运的能力外,又有接纳海运的能力。

建安十一年(206),为北征乌桓,曹操采纳董昭的建议兴修了平虏渠和泉州渠。史称:"后袁尚依乌丸蹋顿,太祖将征之。患军粮难致,凿平虏、泉州二渠入海通运,昭所建也。"③又称:"辽西单于蹋顿尤强,为绍所厚,故尚兄弟归之,数入塞为害。公将征之,凿渠,自呼沱入泒水,名平虏渠;又从泃河口凿入潞河,名泉州渠,以通海。"④所谓"自呼沱入泒水",是指开凿平虏渠时将呼沱水(滹沱河)与泒水连接起来;所谓"从泃河口凿入潞河",是指开泉州渠时将泃河与潞河连接起来。平虏渠接滹沱河,泉州渠接潞河,两渠相互连通,构成了与海运相连的航线。

以后世地名论之,泉州渠行经唐县武清。具体地讲,武清东南四十里有汉代泉州县旧治泉州城(在今天津武清西南城上村),汉县泉州的南面有泉州渠遗址。郦道元记载道:"泃水又南,入鲍丘水。又东合泉州渠口故渎,上承滹沱水于泉州县,故以泉州为名。北径泉州县东,又北,径雍奴县东,西去雍奴故城一百二十里。自滹沱北入,其下历水泽一百八十里,入

---

① 北魏·郦道元《水经注·易水》,杨守敬、熊会贞疏,段熙仲点校,陈桥驿复校《水经注疏》上册,南京:江苏古籍出版社1989年版,第1042—1043页。
② 清·胡渭《禹贡锥指》(邹逸麟整理),上海:上海古籍出版社2006年版,第510页。
③ 晋·陈寿《三国志·魏书》,北京:中华书局1959年版,第439页。
④ 同③,第28页。

鲍丘河，谓之泉州口。陈寿《魏志》曰：曹太祖以蹋顿扰边，将征之，从沟口凿渠，径雍奴泉州以通河海者也。"①为征伐袭扰边地的乌桓蹋顿，曹操兴修了有运送军粮及战略物资功能的平虏渠和泉州渠。顾祖禹记载道："建安十一年，曹操将击乌桓，筑平虏渠、泉州渠以通运。《操纪》云：'凿渠自呼沱入泒水名平虏渠，又从泃河口凿入潞河名泉州渠，以通海。'"②泉州和雍奴都是汉县，时至北魏，省泉州入雍奴。因泉州渠是在汉县泉州开渠，故称。泉州渠与平虏渠在泉州县境内相通，其渠口又是滹沱河和鲍丘河交汇的河口，因两河交汇后有入海通道，故成为经营辽西和辽东的战略要地。史称："至德二载正月，玄志令忠臣以步卒三千自雍奴为苇筏过海，贼将石帝庭、乌承洽来拒，忠臣与董竭忠退之，转战累日，遂收鲁城、河间、景城等，大获资粮，以赴本军。"③唐肃宗至德二年（757），李忠臣从雍奴出发，扎苇筏渡海，是说自泉州渠入海插入敌后，这一情况从侧面透露了泉州渠为永济渠所用的信息。隋兴修永济渠后，汉县泉州即唐县武清成为永济渠独流口航段东西两条航线分合点，主要是因其境内有泉州渠和平虏渠相通的渠口。

汉县泉州是幽州渔阳郡南面的边县，隔泒水与渤海郡文安（在今河北廊坊文安）相邻。史称："滹沱河源于西山，由真定、深州、乾宁，与御河合流。"④滹沱河经乾宁与御河即永济渠合流。严耕望先生指出："曹操为运军粮至卢龙、辽西，故于饶阳凿滹沱令北入泒水，使之合流东北向卢龙也。以滹沱较泒水为大，故二水合流即名滹沱，至参户之北入清漳，此郦《注》之滹沱也，实即泒水河道；至于由饶阳南境向东流至昌亭之汉代滹池河道，即《水经》之滹池河道，则水绝淤塞，故郦《注》谓之滹池故渎矣。"⑤谢钟英在《三国疆域志补注》中指出："平虏渠在今直隶天津府沧州南，首起饶阳，东至沧州。泉州渠首起今顺天府武清县南，东北径宝坻，北入泃河。"⑥这一叙述道出了汉县泉州即唐县武清是泉州渠和平虏渠接点的事实。

潞河包括鲍丘水和泃河等，泃河是永济渠独流口航段东线重点利用的对象。郦道元注《水经》"鲍丘水从塞外来，南过渔阳县东。""又南过潞县西。""又南至雍奴县北，屈东入于海。"等语云："鲍丘水出御夷北塞中，南流径九庄岭东，俗谓之大榆河。……鲍丘水入潞，通得潞河之称矣。高梁水注之，水首受㶟水于戾陵堰，……鲍丘水自雍奴县故城西北，旧分笥沟水东出。今笥沟水断，众川东注，混成一渎，东径其县北。又东与泃河合，水出右北平无终县西山、白杨谷。西北流径平谷县，屈西南流，独乐水入焉。……梁河又南，涧于水注之。水

---

① 北魏·郦道元《水经注·鲍丘水》，杨守敬、熊会贞疏，段熙仲点校，陈桥驿复校《水经注疏》中册，南京：江苏古籍出版社1989年版，第1230—1231页。
② 清·顾祖禹《读史方舆纪要·北直二》（贺次君、施和金点校），北京：中华书局2005年版，第460页。
③ 后晋·刘昫等《旧唐书·李忠臣传》，北京：中华书局1975年版，第3940页。
④ 元·脱脱等《宋史·河渠志五》，北京：中华书局1985年版，第2352页。
⑤ 严耕望《唐代交通图考·隋唐永济渠》第五卷，上海：上海古籍出版社2007年版，第1631页。
⑥ 卢弼《三国志集解·董昭传》（钱剑夫整理）第三册，上海：上海古籍出版社2012年版，第1300页。

出东北山,西南流,径土垠县故城东,西南流,入巨梁水,又东南,右合五里水,水发北平城东北五里山,故世以五里名沟。一名田继泉,西流,南屈径北平城东,东南流注巨梁河,乱流入于鲍丘水。自是水之南,南极滹沱,西至泉州、雍奴,东极于海,谓之雍奴薮。其泽野有九十九淀,枝流条分,往往径通,非惟梁河,鲍丘归海者也。"①鲍丘水(今潮河)自塞外南下,沿途经渔阳(在今天津蓟州区)、潞县(在今北京通州东故城村)、雍奴(在今天津武清泗村店旧县村)等地东行入海。潞河发源于密云(在今北京密云),如杜佑有"潞水出今密云郡密云县也"②语。因鲍丘水入潞河"通得潞河之称",故鲍丘水经雍奴故城(在今天津武清后巷大宫城)的水道可称"潞河"。又因潞河经雍奴县北"又东与泃河合",故与泃河交汇后的下行水道亦可称"潞河"。在这中间,鲍丘水东枝笥沟水合泃河以后,又接纳梁河、巨梁河等汇聚成雍奴薮。因鲍丘水入潞河"通得潞河之称",故又可以将雍奴泽视为潞河汇聚鲍丘水等河流后形成的湖泊。

东汉雍奴包括汉县泉州和雍奴两县,因这一区域有丰富的水资源,笥沟水虽然一度出现断流的情况,但这些并不妨碍曹操建立"又从泃河口凿入潞河,名泉州渠,以通海"的漕运通道。时至隋代,因这一运道沿海北上与新河相接,是一条自辽西入辽东的便捷运道,遂成为隋炀帝征辽东时重点利用的对象。进而言之,隋兴修永济渠独流口航段东线时主要利用了曹操兴修的泉州渠和新河等。如唐代征辽东漕转军粮及战略物资时,主要利用了泃河航段,这样一来,遂进行提升了永济渠独流口航段东线的利用价值。这一时期,泃河航段出现了一派繁忙的盛况,这与泃河成为永济渠运道的一部分,并以涿郡为后援基地,在此中转军粮、调运战略物资及筹措征辽东事宜息息相关。

鲍丘水至潞城(在今河北三河西南城子村)东南行入夏谦泽,继续东行与泃河相会并入海。顾炎武辨析夏谦泽与鲍丘水及泃河的关系时指出:"《晋书·载记》:'慕容宝尽徙蓟中府北趋龙城,魏石河头引兵追及之于夏谦泽。'胡三省《通鉴》注:'夏谦泽在蓟北二百余里。'恐非。按《水经注》:'鲍丘水东南流,径潞城南,又东南入夏泽。泽南纡曲渚一十余里,北佩谦泽,眇望无垠也。'下云'鲍丘水又东与泃河合。'《三河志》:'鲍丘河在县西二十五里。源自口外,南流径水庄岭,过密云,合道人溪,至通州之米庄村,合沽水,入泃河。'今三河县西三十里,地名夏店,旧有驿,鲍丘水径其下,而泃河自县城南至宝坻,下入于海。疑夏店之名因古夏泽,其东弥望皆陂泽,与《水经注》正合。自蓟至龙城,此其孔道。宝以丙辰行,魏人以戊午及之,相距二日,适当其地也。"③因鲍丘水先入沽河,后东行与泃河相合并经宝坻(在今天

---

① 北魏·郦道元《水经注·鲍丘水》,杨守敬、熊会贞疏,段熙仲点校,陈桥驿复校《水经注疏》中册,南京:江苏古籍出版社1989年版,第1217—1240页。
② 唐·杜佑《通典·州郡八》,杭州:浙江古籍出版社1988年版,第945页。
③ 清·顾炎武《日知录》卷三一,黄汝成集释《日知录集释》(栾保群、吕宗力校点),上海:上海古籍出版社2006年版,第1750—1751页。

津宝坻)入海,故这一水道后成为永济渠独流口航段东线的一部分。从前人叙述的内容看,起初,鲍丘水"合沽水,入沟河"有入海水道,永济渠独流口航段东线截流后改变了下行入海的水道。

泉州渠在何处入海?近人似有经直沽入海和经乐安亭(在今河北唐山乐亭)入海等两种说法。如顾祖禹论武清与泉州渠的关系时记载道:"在县南,建安十一年,曹操将击乌桓,凿平虏渠、泉州渠以通运。《操纪》云:'凿渠自呼沱入泒水名平虏渠,又从沟河口凿入潞河名泉州渠,以通海。'泒音孤,或曰即直沽也。沟音句。《水经注》:'沟水出无终县西山,西北流过平谷县而东南流,又南流入潞河,又东合泉州渠口,操所凿也。渠东至辽西郡海阳县乐安亭南与濡水合而入海。'"①从表面上看,顾祖禹似说泉州渠有两条入海通道,其实,泉州渠只有经直沽入海的一条通道,另一条"渠东至辽西郡海阳县乐安亭南与濡水合而入海"的通道是指新河入海的海口。出现这样的认识主要是因理解上的偏差造成的。如顾祖禹论直沽水文地理时指出:"县东南百二十里。卫河、白河、丁字沽合流于此。又东南四十里名海口,《通典》谓之三会海口,元延祐三年于此置海津镇。"②"县东南"指武清县东南。本来,泉州渠经直沽入海没有任何疑义,因顾祖禹提出了"或曰即直沽"之说,故很容易引起歧义。其实,顾祖禹引《水经注》"渠东至辽西郡海阳县乐安亭南与濡水合而入海"语,是说泉州渠进入新河后,新河经乐安亭入海。直沽又称"小直沽",如胡渭有"潞水西北自武清县来,经卫北,其流清,至卫东北而合流,又东南出小直沽入于海"③之说。顾祖禹论卫河时指出:"在县城西北。自青县合滹沱河流入境,至小直沽与白河会。东南漕舟悉由此北达,而南北群川尽从小直沽以达于海。"④所谓"在县城西北",是指卫河即永济渠在静海县城西北。小直沽有"丁字沽""汉河口""三叉口""三岔河"等不同的称谓,"从沟河口凿入潞河"后,泉州渠是经直沽即小直沽入海的。在这中间,沽河引水入运及接纳入不同的河流,以唐县武清为节点分成东西两条航线,其中,东线自泉州渠入新河,既可抵辽西,为经营辽东提供运道,同时又可从东面绕行进入涿郡。

新河西起汉县雍奴即唐县武清,东北至辽西乐安亭。郦道元记载道:"濡水自孤竹城东南,径西乡北,瓠沟水注之。水出城东南,东流注濡水。濡水又径牧城南,分为二水。北水枝出,世谓之小濡水也。东径乐安亭北,东南入海。濡水东南流,径乐安亭南,东与新河故渎合。渎自雍奴县承鲍丘水,东出,谓之盐关口。魏太祖征蹋顿,与沟口俱导也,世谓之新河矣。陈寿《魏志》云,以通河海也。新河又东北,绝庚水,又东北出,径右北平,绝巨梁之水,又

---

① 清·顾祖禹《读史方舆纪要·北直二》(贺次君、施和金点校),北京:中华书局2005年版,第460页。
② 同①。
③ 清·胡渭《禹贡锥指·附论历代徙流》(邹逸麟整理),上海:上海古籍出版社2006年版,第510页。
④ 清·顾祖禹《读史方舆纪要·北直四》(贺次君、施和金点校),北京:中华书局2005年版,第565页。

东北径昌县故城北,王莽之淑武也。新河又东,分为二水,枝渎东南入海。新河自枝渠东出,合封大水,谓之交流口。水出新安平县,西南流径新安平县故城西,《地理志》辽西之属县也。又东南流,龙鲜水注之。水出县西北,世谓之马头水,二源俱导,南合一川,东流注封大水。《地理志》曰:龙鲜水东入封大水者也。乱流南会新河,南注于海。《地理志》曰:封大水于海阳县南入海。新河又东出海阳县,与缓虚水会。水出新安平县东北,世谓之大笼川,东南流径令支城西,西南流与新河合,南流注于海。《地理志》曰:缓虚水与封大水皆南入海。新河又东与素河会,谓之白水口。水出令支县之蓝山,南合新河;又东南入海。新河又东至九涠口,枝分南注海。新河又东径海阳县故城南,汉高祖六年,封摇毋余为侯国,《魏土地记》曰:令支城南六十里有海阳城者也。新河又东,与清水会,水出海阳县,东南流径海阳城东,又南合新河,又南流一十许里,西入九涠,注海。新河东绝清水,又东,木究水出焉,南入海。新河又东,左迤为北阳孤淀,淀水右绝新河,南注海。新河又东会于濡。濡水又东南至絫县碣石山。文颖曰:碣石在辽西絫县。王莽之选武也。絫县并属临渝,王莽更临渝为冯德。《地理志》曰:大碣石山在右北平骊成县西南,王莽改曰碣石也。汉武帝亦尝登之,以望巨海,而勒其石于此。"①曹操北征乌桓蹋顿,利用濡水(滦河)兴修了新河。以郦道元所述为依据,严耕望先生叙述了新河行经的地点:"此新河西自今武清县东一百三四十里处,东经宝坻南境,宁河北境,唐山南境(唐河沙河合流处之南),滦宁南境,乐亭城南,与滦河会于县东。盖略与海岸平行而东,去海岸通常不过五十里上下,以避海上风涛之险。"②新河与海岸平行至辽东入海,这一航线后来成为隋唐两代征伐辽东重点利用的运道。进而言之,从曹操"凿渠,自呼沲入泒水,名平虏渠;又从泃河口凿入潞河,名泉州渠,以通海"③到郦道元称"魏太祖征蹋顿,与泃口俱导也,世谓之新河矣"当知,泃口即泃河口是自平虏渠入泉州渠、自泉州渠入新河的节点,经此,三渠相通,将水运范围从河北腹地扩展到辽西和辽东。

继隋以后,唐代再次改造泉州渠和新河,这一行为表明,永济渠独流口航段东线在经营幽州及辽东方面的作用日益彰显。史称:"神龙三年,沧州刺史姜师度于蓟州之北,涨水为沟,以备奚、契丹之寇。又约旧渠,傍海穿漕,号为平虏渠,以避海难运粮。"④又称:"姜师度,魏人也。明经举。神龙初,累迁易州刺史、兼御史中丞,为河北道监察兼支度营田使。师度勤于为政,又有巧思,颇知沟洫之利。始于蓟门之北,涨水为沟,以备奚、契丹之寇。又约魏武旧渠,傍海穿漕,号为平虏渠,以避海艰,粮运者至今利焉。"⑤神龙三年(707),沧州刺史姜

---

① 北魏·郦道元《水经注·濡水》,杨守敬、熊会贞疏,段熙仲点校,陈桥驿复校《水经注疏》中册,南京:江苏古籍出版社1989年版,第1256—1263页。
② 严耕望《唐代交通图考·隋唐永济渠》第五卷,上海:上海古籍出版社2007年版,第1636页。
③ 晋·陈寿《三国志·魏书》,北京:中华书局1959年版,第28页。
④ 后晋·刘昫等《旧唐书·食货志下》,北京:中华书局1975年版,第2113页。
⑤ 后晋·刘昫等《旧唐书·姜师度传》,北京:中华书局1975年版,第4816页。

师度为"以备奚、契丹之寇",一方面在蓟州北引水开渠建防御工事,另一方面又在与海岸线大体平行区域修整河渠,通过"傍海穿漕"开辟了"以避海难运粮"的漕运通道。从姜师度利用"旧渠"兴修新渠的范围看,新渠即平房渠涉及泉州渠和新河。新渠完工后,与海上通道遥相呼应,两者相互为用,进一步提高了这一区域的漕运能力。姜师度兴修新渠上距隋修永济渠约一百年,在长达一百年的时间里,不但运道破损严重,而且政治形势发生变化。为恢复漕运需要重修和改造原有的航道,由此上溯隋利用这一航线征辽东,当知泉州渠和新河是自永济渠独流口航段不可或缺的航线。

永济渠独流口航段东线开通后,加强了独流口的战略地位。杜佑叙述渔阳郡即蓟州治形势时指出:"东至北平郡三百里,南至三会海口一百八十里,西至范阳郡二百十里。"①"三会海口"指三河交汇后的河口即三叉口,其具体地点在武清(在今天津武清)境内。三叉河口的形成与自南而北的清河、自西而东的滹沱河和自北南下的桑干河及沽河有着直接的关系。胡渭论述道:"劈地口在县东北,又东为三叉口,盖即天津卫东北之三岔河。《志》云:漳、卫水西南自静海县来,经卫北,其流浊。潞水西北自武清县来,经卫北,其流清,至卫东北而合流,又东南出小直沽入于海。"②三条大河及支流在三叉口交汇后入海,担负起转输江南海漕的重任。在这中间,永济渠自幽州涿郡南下有东西两条航线,西线沿桑干河、沽河水道南下东行至三会海口;东线经沟河入新河等东行至三会海口。杜甫在《昔游》中写道:"幽燕盛用武,供给亦劳哉。吴门转粟帛,泛海陵蓬莱。肉食三十万,猎射起黄埃。"③唐王朝利用永济渠漕运时开辟了自三会海口入永济渠的航线,这条航线的开通为内河和海运中转集散创造了必要的条件,担负起从海上转运吴地即"吴门"等地的军粮及战略物资的责任。杜甫在《后出塞》一诗中又写道:"渔阳豪侠地,击鼓吹笙竽。云帆转辽海,粳稻来东吴。越罗与楚练,照耀舆台躯。主将位益崇,气骄凌上都。"④所谓"云帆转辽海",是指漕船从江南走海上。所谓"粳米来东吴""越罗与楚练",是指漕米及丝织品来自江南即三国东吴旧地及吴越和楚地。海上航线开通后,永济渠独流口航线的东线在隋唐两代征辽东的过程中扮演了重要的角色。永济渠独流口航段的东西两条航线遥相呼应,以涿郡为屯兵屯粮的后援基地,构成了战略纵深,为经营涿郡及征战辽东提供了强有力的支援。进而言之,东线与西线以独流口及汉县雍奴即唐县武清为中转集散地,为经营涿郡以北地区及辽东提供了基本保障。在这中间,永济渠独流口航段的东西两条航线呈现出前所未有的繁忙的景象。

---

① 唐·杜佑《通典·州郡八》,杭州:浙江古籍出版社1988年版,第949页。
② 清·胡渭《禹贡锥指》(邹逸麟整理),上海:上海古籍出版社2006年版,第510页。
③ 萧涤非主编《杜甫全集校注》,北京:人民文学出版社2014年版,第4111页。
④ 同③,第643页。

第四节　临清航线及清河漕运

　　临清及屯氏河漕运是永济渠馆陶航段不可或缺的一部分,因前人对这一漕运通道多有忽略,为此,有必要专门提出。

　　自馆陶沿永济渠清河航线北上,有一条经清阳即清平进入临清的航线。顾祖禹叙述清平沿革时指出:"府北七十里。北至临清州五十里。汉清阳县地,属清河郡。隋开皇六年改置贝丘县,属贝州。十六年改曰清平县。大业末废。"①隋文帝一朝,清阳县两度改称,移治贝丘(在今山东临清戴湾水城屯村)以后,又改称"清平"。由于清平"北至临清州五十里",不在永济渠沿线,隋炀帝大业末年撤销建制,与此同时,临清成为重点经营的对象。

　　永济渠开通后,临清成为从馆陶到清河县的航程节点。临清受到重视,与它独特的地理交通位置有着密切的关系。追溯历史,临清的母体是汉县清渊,如汉武帝元封五年建县。太和二十一年(497),北魏孝文帝析清渊置临清,史有"太和二十一年置"②之说。此后,清渊与临清时有分合。李吉甫叙述临清沿革时记载道:"本汉清泉县地,后魏孝文帝于此置临清县,属魏郡。高齐省。隋开皇六年复置临清县,属贝州。皇朝因之。贝丘城,在县东南五十里。汉贝丘县城也。城内有丘,高五丈,周回六十八步,城因此为名。……永济渠,在县城西门外。"③开皇六年(586),隋文帝复置临清。隋炀帝开永济渠后,临清成为战略要地。在这中间,唐代为避唐高祖李渊名讳,改清渊县为清泉县,与此同时,因临清成为漕运重镇,清泉县被并入临清。

　　临清成为漕运重镇应发生在西晋以前,甚至可以说,早在建安时期曹操兴修白沟等河渠时,清渊已成为兵家必争之地。顾祖禹论述清渊即临清沿革时指出:"汉县治此,属魏郡。晋属阳平郡。永嘉初苟晞击破群盗汲桑于东武阳,桑退保清渊是也。后魏仍属阳平郡,北齐属清河郡,隋属贝州,唐并入临清县。渊,《晋志》《隋志》俱作'泉',唐人为高祖讳也。"④所谓"永嘉初苟晞击破群盗汲桑于东武阳,桑退保清渊",是指汲桑聚众反抗晋王朝统治,屡屡挫败前来镇压的晋军。晋怀帝永嘉元年(307)八月,苟晞奉命出征大败汲桑,为此,汲桑退守清渊即临清,如史有"苟晞击汲桑于东武阳,大破之。桑退保清渊"⑤之说。在这里,汲桑之所

---

①　清·顾祖禹《读史方舆纪要·山东五》(贺次君、施和金点校),北京:中华书局2005年版,第1599页。
②　北齐·魏收《魏书·地形志上》,北京:中华书局1974年版,第2457页。
③　唐·李吉甫《元和郡县图志·河北道一》(贺次君点校),北京:中华书局1983年版,第465页。
④　同①,第1602页。
⑤　宋·司马光《资治通鉴·晋纪八》(邬国义校点),上海:上海古籍出版社1997年版,第760页。

以要退保清渊,是因为清渊水陆交通发达,有南下进取中原及控制周边的地理优势。具体地讲,清渊有黄河、清河等有水上通道,又有陆路交通,可为运兵运粮提供方便,进而言之,从汲桑"退保清渊"以及隋文帝"复置临清县"等一系列的事件中,完全可以触摸到早在在开通永济渠之前临清已是交通干线的信息。在这样的前提下,永济渠经临清的航线开通后,进一步提升了临清的交通枢纽地位。

临清成为永济渠重要的航程节点,既是在历代河渠建设的过程中实现的,同时也与临清有良好的水运条件即丰富的水资源有着密切的关系。具体地讲,汶河至临清汇入清河后,清河水势增大,提高了漕运能力。顾祖禹论述道:"自北直大名府流经馆陶县界,又东流至此合于汶河。亦谓之清河。应劭曰:'清河在清渊县西北。'是也。自隋以后谓之永济渠。大业十二年遣杨义臣讨群贼张金称于平恩。义臣引兵直抵临清之西,据永济渠为营,寻自馆陶潜济,袭击金称,破斩之。唐光化二年幽州刘仁恭攻魏州,败还汴,魏兵追至临清,拥其众入永济渠,杀溺不可胜计。"①在隋开永济渠之前,清河经馆陶后向东至临清有汶河汇入。所谓"合于汶河,亦谓之清河",是说在临清境内清河与汶河相会。由于永济渠自馆陶北上借清河水道行运,故汶河汇入清河后,继续以"清河"相称。进而言之,所谓"自隋以后,谓之永济渠",是说永济渠经临清时出现了汶河汇入清河的航线,由于这条航线以清河为航线,故又可以"永济渠"相称。除此以外,永济渠开通后,进一步提升了临清的战略地位。如隋大业十二年(616)和唐昭宗光化二年(899)爆发的两场战争表明,经过建设,临清成为漕运的咽喉要道,以此为支撑点自北向南可进取馆陶、魏州等重镇,并获取南下逐鹿中原的机会。

除了汶河与清河在临清境内交汇外,同时又有北漳水、黄河等在临清境内分别与清河交汇。如在隋炀帝开永济渠以前,北漳水是曹操兴修白沟、长明沟、利漕渠、泉州渠等利用的补给水源或借用的航线。谢肇淛论北漳水与卫河的关系时指出:"漳水,源出山西。一出长子县,曰浊漳;一出乐平县,曰清漳,俱东经河南临漳县,分流至馆陶县与卫水合,北流入漕。"②北漳水有两个源头即浊漳和清漳,在其东流的过程中,浊漳和清漳二水同经临漳(今河北邯郸临漳),随后浊漳和清漳二水继续分流,至馆陶汇入卫水即永济渠,进而成为永济渠的补给水源。永济渠有"卫河"或"卫水"之称,一是因为永济渠自黄河以北开渠北上,行经的重要航段在春秋时期卫国的境内;二是引水济运时,永济渠截断的河流主要是流经卫地的河流。正因为如此,永济渠遂有"卫水"之称。

---

① 清·顾祖禹《读史方舆纪要·山东五》(贺次君、施和金点校),北京:中华书局2005年版,第1603页。

② 明·谢肇淛《北河纪余》卷三,《四库全书》第576册,上海:上海古籍出版社1987年版,第763页。

北漳水是黄河以北的重要河流,如顾祖禹引唐代《十道志》有"河北大川曰漳水"①之说。起初,北漳水是黄河的支流,如《山海经·北山经》有"漳水出焉,东流注于河"之说。以北漳水等为代表的黄河以北的河流截入永济渠后,改变了原有的流向。特别是汇入永济渠以后,经独流口汇入大海后成为海河水系的一部分。在这中间,永济渠自沁口折向东北,沿途截断自西向东流的相关河流后,最大限度地改变了河流原有的自然流向(或入黄河,或入大海的流向)。这些河流在不同的地点截入永济渠后,永济渠又行经不同的区域,自沧州即清池至独流口东行入海。从截入不同河流的情况看,兴修永济渠以后,人为地改变了河流原有的流向,为海河水系的形成注入了人为的力量。所谓"至馆陶县与卫水合,北流入漕",是指北漳水至馆陶入卫河即永济渠,随后沿永济渠继续北上入漕河即京杭大运河的南运河。这一记载表明,到了明代,馆陶一带的永济渠虽然继续有漕运能力,但由于相关政区已经不在京杭大运河即主要的漕运通道上,故其政治地位一落千丈,所受到的重视程度也已远远不如隋唐两代。

从另一个层面看,元、明两代建立以京杭大运河为干线的漕运通道后,其中,鲁运河和南运河航段利用了永济渠的部分航线。这一时期,因政治中心北上,漕运方向及依靠的区域发生了变化,故改造了这一漕运通道。薛凤祚论述道:"天津至临清,漕卫交会,资运河及彰卫之水。"②所谓"天津至临清,漕卫交会",是指从天津到临清的鲁运河和南运河航段,利用了经过这一区域的卫河即永济渠,由此形成了新的漕运通道,进而与原有的永济渠即卫河航线交汇。在这一过程中,一方面改造永济渠航线是为了适应新形势下漕运方向变化后的需要,另一方面因永济渠原有的航线与相关区域的河渠拧结在一起可深入到河北腹地,依旧有存在的价值,故没有完全废弃的必要。进而言之,开辟从天津到临清的鲁运河和南运河航线时虽然利用了永济渠,但由于新的漕运通道偏东,故采取了裁弯取直的措施,对永济渠旧道进行了改造或取舍。正因为如此,京杭大运河相关的航段与永济渠遂在不同的地点多点交汇,由此形成了"资运河及彰卫之水"之势。

改造后的永济渠部分航道虽然成为京杭大运河的一部分,但永济渠原有的深入到河北腹地的航线依旧有着漕运功能,通过改造旧航线和兴修新航线,在一定程度上扩大了漕运的范围。顾祖禹考证临清旧治时指出:"今州治。汉清渊县地,后魏太和二十一年始析置临清县,属阳平郡。后齐废。隋复置,属贝州。……《城邑考》:魏置临清县,故城在今州西四十里卫河西岸。宋建炎中河决,移治于今州西南十里卫河南岸。"③在隋开永济渠以前,有黄河、

---

① 清·顾祖禹《读史方舆纪要·北直一》(贺次君、施和金点校),北京:中华书局2005年版,第423页。
② 清·薛凤祚《两河清汇·运河》,《四库全书》第579册,上海:上海古籍出版社1987年版,第359页。
③ 清·顾祖禹《读史方舆纪要·山东五》(贺次君、施和金点校),北京:中华书局2005年版,第1601—1602页。

北漳水、清河、汶水等分别经过临清,因这些东西流向的河流大部分有漕运能力,临清因扼守水陆交通的要冲迅速地崛起,遂为其依托漕运、发展商贸等创造了必要的条件。进而言之,在兴修永济渠以前,凭借陆路交通优势,临清已经成为各地政治势力争夺的要地。

自临清沿永济渠北上可入清河县,清河县既是永济渠的航段节点,同时又是清河郡的治所,以清河县为原点可辐射清河郡的腹地。据《隋书·地理志》,隋清河郡下辖清河、清阳、武城、历亭、漳南、鄃县、临清、清泉、清平、高唐、经城、宗城、博平、茌平等十四县,以清河为治所。①《旧唐书·地理志二》云:"隋为清河郡。武德四年,平窦建德,置贝州,领清河、武城、漳南、历亭、清阳、鄃、夏津七县。六年,移治所于历亭。八年,还于旧治。九年,以废宗州之宗城、经城来属,又以废毛州之临清来属。天宝元年,改为清河郡。乾元元年,复为贝州。"②武德四年,唐高祖李渊析清阳县"分置夏津县"③。谢肇淛论述道:"夏津,春秋为齐晋会盟之要津,汉为鄃县。至隋始置夏津,属贝州,唐属清河郡,宋、金属大名府,元属高唐州,国朝因之,县治在运河东岸四十里。"④检索文献,"至隋始置夏津"的说法明显有误,应以《旧唐书·地理志二》的记载为准。比较隋唐两代清河郡政区范围,唐代清河郡的辖区明显地缩小。然而,不管发生什么样的变化,清河县始终是隋唐两代的清河郡治所。在这中间,因清河郡及大部分属县成为永济渠的航程节点,故清河县的交通枢纽地位得到了进一步的彰显。

一般来说,政区变化是政区不断细分的过程。政区细化及析分为两个或两个以上的平级政区,往往以政区的人口增长、经济地位上升为先导,与此同时,人口增长及经济地位的上升又与政区交通地位的上升有着某种内在的联系。进而言之,政区析分与合并虽说与人口增减、经济总量的升降等联系在一起,但同时也与水陆交通建设改变政区的交通地位有着密不可分的联系。在这一过程中,清河郡的废立及沿革虽说与开通永济渠没有直接的关系,但永济渠开通后造就了清河郡的繁荣却是不争的事实。具体地讲,这条黄金水道开通后,一方面需要在清河郡及属县加强漕运管理,以便为国家的政治、军事、经济、农业生产等活动服务,另一方面以水上交通为依托造就清河郡商贸上的繁荣及经济总量的增加,也为唐代进一步地析分清河郡以及及时地进行政区调整埋下了伏线。从这样的角度看,无论是隋王朝在这一地区析置新县,还是唐王朝调整其政区隶属关系,都在一定程度上反映了永济渠开通后给清河郡政区带来了变化。

清河县是清河郡治所,又在永济渠沿线,自然是重点经营的对象。李吉甫叙述清河县政区沿革时记载道:"本汉信成县地,属清河郡。后汉省信成县置清河县,至隋不改。皇朝因

---

① 唐·魏徵等《隋书·地理志中》,北京:中华书局1973年版,第846—847页。
② 后晋·刘昫等《旧唐书·地理志二》,北京:中华书局1975年版,第1496页。
③ 同②,第1497页。
④ 明·谢肇淛《北河纪余》,《四库全书》第576册,上海:上海古籍出版社1987年版,第766页。

之。……永济渠,东南去县十里。"①清河县受到隋唐两代统治者的重视,与其建立与永济渠之间的联系及漕运地位不断地提升有着密切的关系。在这中间,除了清河县成为永济渠重要的航段节点外,隶属清河郡的武城、鄃县、历亭、漳南等县也在永济渠漕运中扮演着重要的角色。如史家叙述清河县历史沿革时记载道:"旧曰武城,置清河郡。开皇初郡废,改名焉,仍别置武城县。十六年置夏津县,大业初废入,置清河郡。"②这一记载主要强调了三个方面的内容:一是"武城"是清河县的最初的名称,开皇(581—600)初年,隋文帝撤销清河郡,将清河郡治所武城县改称"清河县";二是武城县有了"清河县"这一新称以后,隋文帝又择地兴建新的武城县;三是开皇十六年,隋文帝析分清河县,设置夏津县。大业(605—618)初年,隋炀帝将夏津县并入清河县,并重置清河郡。从隋文帝撤销清河郡建制到隋炀帝恢复清河郡建制的过程中得知,政区建设虽与人口增减等因素联系在一起,但主要与清河郡交通地位的提升有着密切的关系。具体地讲,在开通永济渠以前,清河郡因有清河贯穿境内,沿线的属县已位于交通要道上,永济渠开通后,因利用清河郡境内的清河等为航线,进一步提升了清河郡属县的地位。从这样的角度看,隋炀帝重置清河郡与这一区域有着良好的漕运条件相关,或者说与曹操兴修的白沟及河北诸渠依旧有一定的漕运能力相关,甚至可以说,重置清河郡是为开通永济渠做前期的必要准备。

清河县即汉县武城有着悠久的历史。汉县武城和隋县武城均在永济渠沿线,再加上历史上有不同的武城,故有必要做一澄清。

春秋以降,各诸侯国为了加强武备,分别建立了属于自己的可以储存军械的城邑,在地名沿革的过程中,这些城邑无有"武城"之称。具体地讲,战国以前已有分属晋国、鲁国、秦国和赵国等诸侯的四个武城。《左传·文公八年》云:"夏,秦人伐晋,取武城。"《史记·秦本纪》有"秦伐晋于武城"语,张守节《正义》:"《括地志》云:'故武城一名武平城,在华州郑县东北十三里也。'"③颜师古注《汉书·地理志上》"武城"条解释道:"即《左氏传》所云'(伐秦)[秦伐]晋取武城'者也。"④从隶属关系上看,晋国的武城隶属华州华阴郡,与隋代清河郡的武城即清河县没有关系。汉王朝大一统国家建立后,为了防止不同武城引起混淆的事件发生,采取了在"武城"前面加地理方位的措施。如《史记·仲尼弟子列传》有"曾参南武城人"语,司马贞《索隐》云:"武城属鲁,当时鲁更有北武城,故言南也。"⑤张守节《正义》云:"《括地志》云:'南武城在兖州,子游为宰者。《地理志》云定襄有武城,清河有武城,故此云

---

① 唐·李吉甫《元和郡县图志·河北道一》(贺次君点校),北京:中华书局1983年版,第463—464页。
② 唐·魏徵等《隋书·地理志中》,北京:中华书局1973年版,第846页。
③ 唐·张守节《正义》,汉·司马迁《史记·秦本纪》,北京:中华书局1982年版,第196页。
④ 唐·颜师古《汉书注》,汉·班固《汉书·地理志上》,北京:中华书局1962年版,第1546页。
⑤ 唐·司马贞《史记索隐》,汉·司马迁《史记·仲尼弟子列传》,北京:中华书局1982年版,第2205页。

南武城也.'"①按照这一说法,定襄武城即赵国武城为北武城,清河武城即赵国武城为东武城,兖州武城即鲁国武城为南武城。

从历时的角度看,赵国有定襄和清河等两个武城。起初,清河武城即东武城是赵国为存放军械建造的城邑,战国后期,因齐公子孟尝君有功于赵国,为表彰孟尝君的功劳,清河武城成为孟尝君的封邑,如《战国策·赵策一》有"赵王封孟尝君以武城。孟尝君择舍人以为武城吏"②之说。孟尝君是齐人,故清河武城又可称之为"齐武城"。入汉以后,孟尝君封邑武城成为县级建制,为了以示与其他武城之间的区别,故改称"东武城"。《史记·平原君虞卿列传》云:"平原君相赵惠文王及孝成王,三去相,三复位,封于东武城。"③裴骃《集解》引徐广语称东武城"属清河"。张守节《正义》云:"今贝州武城县也。"④经此,东武城成为汉清河郡的属县,如《汉书·地理志上》有"东武城"条,史有"武城(二汉、晋曰东武城,属,后改。)"⑤之说,又有"武城令,汉旧县,并曰东武城"⑥之说。几经沿革,东武城又省称为"武城",后成为隋县清河县的别称。从地理方位上看,因孟尝君封邑武城在大一统国家的东面,故汉代在此建县时,以"东武城"名之。后来,因政区改名等一系列的因素,北魏又去"东"改称"武城"。此后,又因政区变化等原因,北周移武城治所到信成县境内,并以其为清河郡治。隋取代北周后,因武城即东武城成为清河郡治所,故改称"清河县"。稍后,另置新武城县。如史家叙述隋县武城沿革时记载道:"旧曰东武城。开皇初改武城为清河县,于此置武城。"⑦因新武城县在东武城(清河县)的东边,故也有"东武城"之称。

从水文的角度看,清河郡及属县有不同的河流,这些河流与永济渠或相通,或提供补给水源,或有水运能力,进而形成了不同方向的航线,构成了错综复杂的关系。

其一,清河郡及属县或同时或分别有清河、黄河、黄河北流屯氏河(包括屯氏别河、张甲河)、漳水、沙河等大河从境内经过,如隋县武城"有永济渠河、沙河"⑧,永济渠在清河县西北,其境内除了有清河外,同时又有"引清漳水入此"⑨的水道。"隋分枣强、清平二县地"置漳南县以后,漳南县亦与漳水及永济渠发生联系。如顾祖禹论漳南政区沿革及水文形势时记载道:"王氏曰:'自汉以前,东阳大抵为晋太行山东地,非有城邑也。楚、汉之间始置东阳

---

① 唐·司马贞《史记索隐》,汉·司马迁《史记·仲尼弟子列传》,北京:中华书局1982年版,第2205页。
② 何建章注《战国策注释》,北京:中华书局1990年版,第648页。
③ 汉·司马迁《史记·平原君虞卿列传》,北京:中华书局1982年版,第2365页。
④ 张守节《正义》,汉·司马迁《史记·平原君虞卿列传》,北京:中华书局1982年版,第2365页。
⑤ 北齐·魏收《魏书·地形志上》,北京:中华书局1974年版,第2461页。
⑥ 梁·沈约《宋书·州郡志二》,北京:中华书局1974年版,第1100页。
⑦ 唐·魏徵等《隋书·地理志中》,北京:中华书局1973年版,第847页。
⑧ 宋·王存《元丰九域志·河北路》(王文楚、魏嵩山点校),北京:中华书局1984年版,第73页。
⑨ 清·顾祖禹《读史方舆纪要·北直六》(贺次君、施和金点校),北京:中华书局2005年版,第691页。

郡。'汉置东阳县,属清河郡,后废。隋开皇六年分枣强,清平县地复置东阳县,属贝州。十八年改为漳南县。大业十一年窦建德起兵漳南,既而刘黑闼复举兵于此。唐仍属贝州,宋因之。至和中省县为镇。宋白曰:'漳南,以地居漳水南也。'金人《疆域图》:历亭县有漳南镇,四望平坦,中有高阜,水环其下,即漳水云。"①漳南在漳水的南面,故名。隋调整行政区划,有"分鄃县置历亭县"②之举。顾祖禹论历亭县水文时引宋白语记载道:"历亭县之地,自后魏至高齐皆为鄃县地。隋始置县于永济渠南,遥取汉信都废历县城为名。"③根据这些记载可以得出两个结论:一是清河郡及属县境内的永济渠有利用清河、屯氏河水道兴修的航线;二是清河郡及属县境内的黄河、漳水有水运能力,且在此基础上形成了联系不同方向及政区的水运机制。

其二,清河郡的基本漕运形势是:以永济渠为主要航线,形成南下和北上之势;以黄河、漳水等为次要航线,向东西两侧拓展漕运的空间。可以说,这一特殊的水运形势及结构有效地提升了清河郡及属县的战略地位。如顾祖禹交代东武城即隋县清河县治的地理方位时论述道:"县西四十里。旧志:隋置县于古夏城,唐调露初移置永济渠西。建中初朱滔入魏境,与田悦相攻,拔武城以通德、棣二州,使给军食。朱梁乾化二年镇冀将王德明掠武城至临清,寻为魏博帅杨师厚所破。宋大观中卫河决,始移今治。"④起初,东武城在隋县武城西四十里。唐高宗调露元年(679)迁故治到永济渠的西岸,宋徽宗大观(1107—1110)中再次迁徙。在这一过程中,不管治所因水文变化如何迁徙,但东武城即隋县清河县始终在永济渠的沿岸。从隋唐两代围绕武城、漳南等展开的战争看,这些地点成为兵家争夺之地,与占据交通要冲联系在一起,如朱滔"拔武城以通德、棣二州,使给军食""窦建德起兵漳南,既而刘黑闼复举兵于此"等,都说明了某一区域战略地位的提升与漕运及水陆交通所具有的优势存在着某种内在的必然的联系。

其三,清河郡及属县错落在一起,境内不同的河流在相关的区域交汇,进而在清河郡的属县之间构成了蜿蜒曲折的航线,甚至不同的复式航线。在漕运的过程中,因可选择不同的航线到达同一地点,又因其存在着上水、下水、载重、放空等原因,故分别成为永济渠重要的航程节点。如船只行运时选择不同的地点停靠,主要受日航程距离的支配。其中,日航程的行驶距离主要受顺水、逆水、载重、放空、顺风、逆风、水文变化、是否方便补给等一系列的因素制约。从文献上看,尽管无法找到隋代漕运日航程距离的规则,但隋唐两代的制度大体相同,故可以唐代的日航程作为参考。如唐代漕运有"水行之程,舟之重者,溯河日三十里,江

---

① 清·顾祖禹《读史方舆纪要·山东五》(贺次君、施和金点校),北京:中华书局2005年版,第1607—1608页。
② 后晋·刘昫等《旧唐书·地理志二》,北京:中华书局1975年版,第1497页。
③ 同①,第1607页。
④ 同①,第1609—1610页。

四十里,余水四十五里;空舟溯河四十里,江五十里,余水六十里;沿流之舟即轻重同制,河日一百五十里,江一百里,余水七十里"①的规定,这一漕运日航程制度在一定程度上反映了隋代漕运日航程的情况。检索文献,隋县武城"西至北直清河县六十里,西南至临清州六十里"②,自鄃县析出的历亭县"西至北直清河县百三十里"③。此外,永济渠自武城经历亭县西北五十里,有"自武城县流经此,又北历北直故城县而入德州界"④的航线,同时又有"由临清渡口历清河东鄙而北,其县为夏津,为武城,迤北为故城,恩县之境,为德州,……渡口在临清州北七十里,其地为临清清河、夏津之交"⑤的航线。根据这一情况,当知清河郡各县是永济渠的航程节点。

自清河郡北上,永济渠进入平原郡、信都郡、渤海郡等三郡。胡渭以清代地名叙述时指出,永济渠经枣强、故城、恩县、德州、吴桥、景州、东光、南皮、交河、沧州、青县、静海、天津等地后至独流口,随后有继续北上涿郡的航线和东行入海的水道。胡渭的这一观点问世后,受到岑仲勉、严耕望等先生的高度重视。略有不同的是,岑仲勉先生认为永济渠自浮阳(沧州)经章武(在今河北沧州东北)等地,形成继续北上与滹沱河交汇的河口以及东入大海的航线。严耕望先生则认为,永济渠自浮阳至泉州县(在今天津武清东南四十里)形成与滹沱河交汇的河口,由此形成继续北上经独流口至涿郡和东入大海的航线。客观地讲,三者虽然有一些细微的差异,但从文献上看,这些差异主要是由强调不同的侧重点即古今地名异同造成的。

第五节 屯氏河与永济渠的漕运

自胡渭反复重申"永济渠即古之清河"⑥以后,学界大都接受永济渠以清河为航线的说法。如岑仲勉先生论述道:"我觉得《元和志》所说隋修屯氏古渎而成永济,似乎未尽合于事实。"⑦岑仲勉先生的观点是:自内黄北上至章武(在今河北黄骅常郭镇故县),清河沿途经过的地点与永济渠行经的地点"没甚么差异"⑧,因此,隋炀帝自馆陶开渠北上只能建立永济渠

---

① 宋·章如愚《群书考索后集·财赋门》,《四库全书》第937册,上海:上海古籍出版社1987年版,第782页。
② 清·顾祖禹《读史方舆纪要·山东五》(贺次君、施和金点校),北京:中华书局2005年版,第1609页。
③ 同②,第1607页。
④ 同②,第1608页。
⑤ 明·谢肇淛《北河纪余》,《四库全书》第576册,上海:上海古籍出版社1987年版,第766页。
⑥ 清·胡渭《禹贡锥指》(邹逸麟整理),上海:上海古籍出版社2006年版,第507页。
⑦ 岑仲勉《黄河变迁史》,北京:中华书局2004年版,第311页。
⑧ 同⑦。

入清行运的航线。稍后,在充分关注岑仲勉先生观点的基础上,严耕望先生进一步论述道:"自枋头以东至魏县、馆陶,大抵为白沟故道,清渊、广宗以下,则名清河。取永济渠道与之对照,先循白沟与之相同,东光以北亦相同,惟中间一段有所不同,但河床流程相去不远,而平行东北流也。"①通过论证,严耕望先生得出了"而《元和志》又云馆陶以北盖因汉代屯氏河故渎,殆不足信"②的论断。

平心而论,岑仲勉和严耕望两位先生的说法有明显的错误。这一错误主要集中在两个方面:一是认为西汉后期屯氏河出现河道干枯的现象,故兴修永济渠时不可能借用屯氏河;二是有意无意地将屯氏河狭义化,忽略了屯氏河包括屯氏别河及张甲河的情况。其实,自馆陶北上行经的区域既是清河经过的区域,也是屯氏河和屯氏别河及张甲河行经的区域,特别是到了西汉后期,屯氏河已不再干枯,在这样的前提下,很难否定永济渠有屯氏河航线的说法。更重要的是,李吉甫明确地表达了永济渠入屯氏河的观点。除此之外,严耕望先生在否定永济渠屯氏河航线同时,又说永济渠自馆陶至东光有一条与清河无关的航线。在这样的前提下,如果轻易地否定永济渠屯氏河航线,只承认有清河航线,应该说多有不妥。

梳理前人否定永济渠入屯氏河(包括屯氏别河和张甲河)即有屯氏河航线的观点,主要集中在四个方面:一是早在汉元帝永光五年,屯氏河一度出现了干涸的情况,如史有"河决清河灵鸣犊口,而屯氏河绝"③之说,因屯氏河在永光五年已干涸或断流,故永济渠不可能利用这一水道开辟航线;二是前人认为曹操开白沟主要以清河为航线,白沟是永济渠的基础,这样一来,永济渠没有必要撇开现成的航道不用,另外建设一条费时费工的新航线;三是《元和郡县图志》是一部现存最早的记载永济渠行经各地的著作,在这部著作中李吉甫虽有永济渠建立了屯氏河航线的说法,但更多地方是叙述永济渠清河航线的情况,这样一来,遂给后世研究永济渠航线及水文时造成误区;四是李吉甫虽有"此渠盖屯氏古渎,隋氏修之,因名永济"④之说,但后人大都以为"盖"是表示推测或猜测的副词,因此,得出了屯氏河航线不存在的认识。

其实,上述四个方面的质疑是有一定的缺陷的。这里仅举三例加以说明。一是如果"此渠盖屯氏古渎,隋氏修之,因名永济"中的"盖"是表示推测或猜测的副词,那么自然可以说,李吉甫是对永济渠有屯氏河航线的说法提出质疑。其实,"盖"是连接词,将其当作表示疑问的副词,联系上下文解释不通。二是李吉甫生活的年代正是唐王朝继续使用永济渠的年代,《元和郡县图志》原本是一部有舆图的历史地理著作,如果这部著作的舆图没有失传的话,那

---

① 严耕望《唐代交通图考·隋唐永济渠》第五卷,上海:上海古籍出版社2007年版,第1623页。
② 同①。
③ 汉·班固《汉书·沟洫志》,北京:中华书局1962年版,第1687页。
④ 唐·李吉甫《元和郡县图志·河北道一》(贺次君点校),北京:中华书局1983年版,第466页。

么,因标识出永济渠入屯氏河行运的水道,也许后世不会提出这样的疑问。三是近人论述永济渠北上的航线时大都以胡渭的论述为依据,从而得出了永济渠以清河为基本航线的结论。如胡渭注"又东北径东光县西,……又东北径南皮县西"等语时论述道:"《水经注》:清河自胡苏亭,又东北右会大河故渎,径东光县故城西。《寰宇记》云:永济渠在东光县南二百步。'南'盖'西'字之误。……《水经注》:清河自南皮县西,又东北无棣沟出焉,东北径盐山东北入海,清河又东北径南皮县故城西。按故城在今县东,卫河在县西二十里,与交河县分水。"①胡渭以前人的论述及《水经注》为依据,强调了东光、南皮等是永济渠馆陶航段的节点,进而得出了永济渠以清河为航线的结论。

需要指出的是,胡渭所说的"屯氏古渎"即屯氏河,实际上是黄河故渎的一部分,并有自无棣沟入海的通道。然而,在这一论述中,胡渭虽提到清河在东光与黄河故渎交汇,又提南皮与黄河故渎相近,并声称黄河故渎有经无棣沟入海的通道,但为了强调永济渠与清河的关系,故有意略去不论。其实,永济渠自馆陶北上除了有清河航线外,又有自黄河故渎即屯氏河入海的通道。如杜佑论无棣政区沿革时指出:"汉阳信县地。隋文帝置县,取县南无棣沟为名。永徽元年,薛大鼎为刺史,其沟隋末填废,鼎奏开之,外引鱼盐于海。百姓歌曰:'新河得通舟楫利,直达沧海鱼盐至,向日徒行今骋驷,美哉薛公泽滂被。'《周礼》曰'川曰河',谓此县界。"②无棣沟是永济渠入海的通道,故有唐高宗永徽元年(650)薛大鼎因其"填废"重开运道之说。从这样的角度看,永济渠有一条屯氏河航线当不成问题。为了充分地说明这一问题,现再从十个方面进行辨析。

其一,前人论述馆陶以北永济渠航线时,有以清河为航线和否定屯氏河航线的说法。其中,持永济渠入清河航线说法的认为,永济渠自馆陶沿白沟开渠,建立了经宿胥渎北上入清河的航线,既然已建设了这条航线,因此,没有必要重新开渠建立一条自馆陶入屯氏河的航线。其实,这一认识多有偏差。郦道元记载道:"淇水右合宿胥故渎,渎受河于顿丘县遮害亭东,黎山西北。会淇水处,立石堰遏水,令更东北注。魏武开白沟,因宿胥故渎而加其功也。"③既然白沟能利用黄河故渎宿胥渎开渠,为什么不能利用屯氏河呢?更重要的是,清河与屯氏河平行,两河都有可能成为永济渠借用的航线。如胡渭论述道:"今考《地理志》馆陶县下云:河水别出为屯氏河,东北至章武入海。今馆陶、临清、清平、高唐、景州、南皮、沧州、盐山界中,并有古屯氏河。则屯河行清河之东,大河故渎之西,其为禹河故道理或有之。然鄴县故大河在东北入海。"④自馆陶北上,分别有大河故渎即黄河故道、清河、屯氏河及屯氏

---

① 清·胡渭《禹贡锥指》(邹逸麟整理),上海:上海古籍出版社2006年版,第508页。
② 唐·杜佑《通典·州郡十》,杭州:浙江古籍出版社1988年版,第957页。
③ 北魏·郦道元《水经注·淇水》,杨守敬、熊会贞疏,段熙仲点校,陈桥驿复校《水经注疏》上册,南京:江苏古籍出版社1989年版,第860页。
④ 清·胡渭《禹贡锥指》(邹逸麟整理),上海:上海古籍出版社2006年版,第460页。

别河等三条基本上平行的大河。三条大河经过馆陶时,形成了清河在东、屯氏河及屯氏别河居中、大河故渎在西的水文形势。因屯氏河及屯氏别河自馆陶北上的水道与清河行经的区域大体一致,永济渠自馆陶开渠北上时有可能既建立入清河的运道,也有可能建立入屯氏河的运道。郦道元记载道:"张甲故渎又东北,至修县,东会清河。《十三州志》曰:张甲河东北至修县,入清漳者也。屯氏别河又东,枝津出焉。东径信城县故城南,又东,径清阳县故城南,清河郡北,魏自清阳徙置也。又东北,径陵乡南,又东北,径东武城县故城南,又东北,径东阳县故城南。《地理志》曰:王莽更之曰胥陵矣。俗人谓之高黎郭,非也。应劭曰:东武城东北三十里有阳乡,故县也。又东,散绝无复津径。屯氏别河又东北,径清河郡南,又东北,径清河故城西。"①根据这一情况,似乎不能轻易地否定永济渠入屯氏河的说法。进而言之,胡渭关于白沟是"隋炀帝导为永济渠"②的基础,不与屯氏河相接即"禹河既自宿胥口北行至邺,岂复东行至馆陶,而与屯氏相接哉,其非禹迹亦明矣"③的意见多有欠妥之处。

其二,汉元帝永光五年,屯氏河出现了干涸,但到了隋代已不再干涸,并且具备了行运的基本条件。郦道元记载道:"屯氏河故渎,自别河东径甘陵之信乡县故城南。《地理志》曰:顺帝更名安平。应劭曰:甘陵西北十七里有信乡,故县也。屯氏故渎又东,径甘陵县故城北,又东,径灵县北。又东北,径鄃县。与鸣犊河故渎合,上承大河故渎于灵县南。《地理志》曰:河水自灵县别出为鸣犊河者也。东北径灵县东,东入鄃县,而北合屯氏渎,屯氏渎兼鸣渎之称也。又东,径鄃县故城北,东北合大河故渎,谓之鸣犊口。"④时至北魏,因鸣犊河注入屯氏河,屯氏河已不再干涸。此外,李吉甫在《元和郡县图志》中叙述馆陶以北的水文时,一是拿屯氏河和白沟、永济渠对举,二是拿屯氏河与漳河等对举,三是叙述干枯河道时皆用"枯河"一词以示区别。综合这三点,当知隋开永济渠时屯氏河已有丰富的水资源,不再干枯。检索文献,屯氏河再度有行运的条件当发生在汉成帝建始四年。建始四年,黄河再次在馆陶决堤后,出现了郦道元所说的"屯氏故渎水之又东北,屯氏别河出焉。屯氏别河故渎,又东北径信城县,张甲河出焉"⑤的情况。郦道元生活的年代距隋王朝建立的时间不远,据此,当知隋代的屯氏河(包括屯氏别河和张甲河)已具备开渠行运的条件。

其三,永济渠有入屯氏河航线是前人的重要观点。如顾祖禹论馆陶与永济渠时指出:"县西二里。其旧渠即汉屯氏河也。《水经注》:'大河故渎北出为屯氏河。'《汉书·沟洫志》:'自塞宣房,河复北决于馆陶县,分为屯氏河,广深与大河等。成帝之世,河复决馆陶及

---

① 北魏·郦道元《水经注·河水五》,杨守敬、熊会贞疏,段熙仲点校,陈桥驿复校《水经注疏》上册,南京:江苏古籍出版社1989年版,第445—447页。
② 清·胡渭《禹贡锥指》(邹逸麟整理),上海:上海古籍出版社2006年版,第507页。
③ 同②,第460页。
④ 同①,第453—454页。
⑤ 同①,第440页。

东郡金堤,上使河堤谒者王延世塞之,三十六日堤成。其屯氏别河径馆陶县东,东北出,过魏郡、清河、信都、勃海四郡,至章武入海。'后渐埋废。县西十里有白沟水,亦即宿胥渎故址也。隋炀帝开永济渠,疏白沟入屯氏河,自此谓之卫河。"①顾祖禹的这一论述主要有三个要点:一是"旧渠即汉屯氏河"一语指出旧渠即永济渠以屯氏河为航线;二是屯氏别河是自屯氏河析出的别流,是屯氏河的一部分,它自馆陶东"过魏郡、清河、信都、勃海四郡,至章武入海",其行经的政区与清河行经的政区大体上相同;三是明确地指出永济渠的屯氏河航线是在白沟的基础上兴修的,如指出曹操兴修白沟时利用了"宿胥渎故址"即黄河故渎,同时又指出曹操"疏白沟入屯氏河"。综合这些论述,如果说曹操兴修白沟时改造和利用了宿胥渎、屯氏河水道的话,那么,开永济渠既有利用白沟之举,为什么不可以继续利用白沟屯氏河运道呢?如果开永济渠可利用清河建立航线的话,那么,屯氏河及屯氏别河与清河有大体相同的行经区域,这样一来,兴修永济渠时自然也可以利用屯氏河及屯氏别河建立航线。进而言之,因永济渠自馆陶开渠北上可有不同的选择,故不能轻易地否定永济渠屯氏河及屯氏别河航线的存在。

其四,隋代屯氏河沿线是不同政治势力争夺的战略要地,这一史述从一个侧面反映了屯氏河是永济渠航线的情况。如史有"时渤海高士达、清河张金称并相聚为盗,众已数万,攻陷郡县"②之说,张金称在什么地方"相聚为盗"?司马光解释道:"时鄃人张金称聚众河曲,蓚人高士达聚众于清河境内为盗。"③所谓"河曲",是指"屯氏河之曲"。顾祖禹叙述鄃县水文时指出:"《寰宇记》:'在县北,东流入高唐州界。'又县有河曲,或曰即屯氏河之曲也。隋大业七年鄃人张金称聚众河曲,即此。"④以"疏白沟入屯氏河"为逻辑起点,当知大业七年"鄃人张金称聚众河曲"是指其据守永济渠这一要道。这一记载从侧面证明了永济渠自馆陶开渠引水时,采取了借屯氏河及屯氏别河水道行运的措施。

其五,曹操兴修白沟时,分别建立了屯氏河及屯氏别河与黄河故道宿胥渎、瓠子河、笃马河的互通关系,这些水道均有可能成为永济渠引水济运或行运的对象。具体地讲,一是永济渠利用了宿胥渎。如郦道元记载道:"淇水右合宿胥故渎,渎受河于顿丘县遮害亭东,黎山西北。会淇水处,立石堰遏水,令更东北注。魏武开白沟,因宿胥故渎而加其功也。故苏代曰:

---

① 清·顾祖禹《读史方舆纪要·山东五》(贺次君、施和金点校),北京:中华书局2005年版,第1604—1605页。
② 唐·魏徵等《隋书·杨义臣传》,北京:中华书局1973年版,第1500页。
③ 宋·司马光《资治通鉴·隋纪五》(邬国义校点),上海:上海古籍出版社1997年版,第1644页。
④ 清·顾祖禹《读史方舆纪要·山东五》(贺次君、施和金点校),北京:中华书局2005年版,第1609页。

决宿胥之口,魏无虚、顿丘。即指是渎也。"①这样一来,隋兴修永济渠时利用白沟建立航线,势必要建立自宿胥渎入屯氏河的航线。如顾祖禹论述永济渠即卫河与馆陶的关系时指出:"县西十里有白沟水,亦即宿胥渎故址也。隋炀帝开永济渠,疏白沟入屯氏河,自此谓之卫河。"②在兴修永济渠馆陶航段时,建立了宿胥渎和屯氏河及屯氏别河的互通关系。二是永济渠自馆陶开渠利用了黄河岔流瓠子河,瓠子河具备入屯氏河的条件。顾祖禹论清河县与永济渠及瓠子河的关系时指出:"在县西北十里。引清漳水入此,旧名瓠子渠,隋炀帝征辽改曰永济渠,俗名御河,即卫水也。元人开合运河,卫河渐徙而南,经武城、恩县之西,去县境遂远。"③"瓠子渠"指瓠子河,古代"河""渠"可互置。郦道元注《水经》"瓠子河出东郡濮阳县北河"一语时指出:"县北十里,即瓠河口也。《尚书·禹贡》雷夏既泽,雍、沮,会同。《尔雅》曰:水自河出为雍。许慎曰:雍者,河雍水也。暨汉武帝元光三年,河水南泆,漂害民居。元封二年上使汲仁、郭昌发卒数万人,塞瓠子决河。"④瓠子河自濮阳(在今河南濮阳)南从黄河析出后东行,向低凹处汇聚成巨野泽(在今山东菏泽巨野),其干流自巨野泽西北出流后,折向东北注入济水。如汉武帝元光三年,黄河自瓠子口(在今河南濮阳西南)决堤后,形成了沿瓠子河下注巨野泽的水道。从巨野泽出流后,流向东南注入淮、泗,进入淮河流域。顾祖禹论述瓠子河水文时指出:"州东南七十里。其源自北直之滑县、开州流入界,此其下流也。《史记·河渠书》:'元光中河决瓠子,东南注巨野,通于淮、泗。后二十余载天子自临决河塞之,作《瓠子之歌》。'《汉志》注:'鄄城南有瓠子堤。'州志:故黄河自州东南三十里合瓠子河,同注会通河。州南又有金堤,迤东北抵东阿之安平镇,即汉堤故址也。"⑤所谓"州东南",是指瓠子河自濮州(在今山东菏泽鄄城旧城)东南经过。所谓"故黄河"是指黄河自瓠子河决堤后形成的枝津。黄河自瓠子口决堤后虽然破坏了瓠子河原有的水道,但不影响以其水源补给永济渠。具体地讲,既然白沟可以利用瓠子河水道,当然其水道也可为永济渠所用。更何况,黄河故道"合瓠子河,同注会通河",自瓠子河开渠入屯氏河不是难事。三是笃马河与屯氏河及屯氏别河等相通,是永济渠引水济运的重要对象。如郦道元记载道:"屯氏别河南渎,自平原东绝大河故渎,又径平原县故城北,枝津右出,东北至安德县界,东会商河。屯氏别河南渎又东北,于平原界,又有枝渠右出,至安德县遂绝。屯氏别河南渎,自平原城北,首

---

① 北魏·郦道元《水经注·淇水》,杨守敬、熊会贞疏,段熙仲点校,陈桥驿复校《水经注疏》上册,南京:江苏古籍出版社1989年版,第860页。
② 清·顾祖禹《读史方舆纪要·山东五》(贺次君、施和金点校),北京:中华书局2005年版,第1605页。
③ 清·顾祖禹《读史方舆纪要·北直六》(贺次君、施和金点校),北京:中华书局2005年版,第691页。
④ 北魏·郦道元《水经注·瓠子河》,杨守敬、熊会贞疏,段熙仲点校,陈桥驿复校《水经注疏》中册,南京:江苏古籍出版社1989年版,第2027—2029页。
⑤ 同②,第1613页。

受大河故渎东出,亦通谓之笃马河,即《地理志》所谓平原县有笃马河,东北入海,行五百六十里者也。"①以郦道元的记载为依据,胡渭进一步论述道:"《汉志》,平原县,有笃马河,东北入海,五百六十里。孙禁欲决金堤,令大河入笃马河,即此也"②按照郦道元和胡渭等人的说法,笃马河是黄河的枝津,自屯氏别河析出后有自己的入海口。其实,笃马河是汉代治理黄河时专门兴修的下泄水道。如田雯考证道:"笃马河,汉世所开河也。《汉书·地理志》:平原县有笃马河,东北入海。又《沟洫志》:鸿嘉四年,清河信都河水溢溢。孙禁议决平原金堤间,开通大河,令入故笃马河。许商非之。考《水经》云:屯氏别河南渎,自平原城北首受大河故渎,东出,亦通谓之笃马河。乐史以笃马河为马颊河。自古河湮塞,名称相乱,又复同为马字。后人乃以笃马为马颊河。乐氏不寻其源,漫指为一,循其故道,非也。今州城东,俗尚称马颊河,高唐州亦有马颊河,见于《水经》,至有讹为马家者。马颊本道在徒骇,太史南其数居九河之三,在沧州废清池县东南,为是自河水旁流,后人穿渠引派,因循旧名谓之马颊。若今土河名徒骇河矣。"③通过辨析,田雯认为,笃马河是汉代自屯氏别河南渎开出的新渠。因这条新渠是为了疏导黄河,专门建设了一条有下泄洪水功能的入海通道。进而言之,笃马河与屯氏别河相通,从其论述中当知,永济渠自馆陶开渠有可能利用屯氏河及屯氏别河。

其六,兴修永济渠以前,屯氏河在馆陶一带的水道已成为漳河水道,为隋开永济渠时利用屯氏河水道行运创造了必要的条件,如郦道元引《十三州志》有"张甲河东北至修县,入清漳者也"④之说可证。乐史论信都县(治所在今河北冀州旧城)与白沟的关系时指出:"浊漳水,在州西北六十里。亦谓之白沟。"⑤浊漳水是北漳水的一支,是白沟的一部分,时至隋代时,浊漳水已与屯氏河有互通的关系。顾祖禹论述漳河与馆陶的关系时记载道:"县西南五十里。自北直大名府东北流入县界,经南馆陶镇,又东北经丘县界东合卫河。后魏孝昌三年,源子恭讨葛荣于信都,行至阳平东北漳水曲,荣帅众邀击,败死,即此。志云:今漳河所经,即屯氏河故道也。自河南临漳县分二支,一北流入北直浚县界,一东流入县界。"⑥这一记载明确地说,"今漳河所经,即屯氏河故道也"。据此当知,永济渠开渠入屯氏河,实际上是

---

① 北魏·郦道元《水经注·河水五》,杨守敬、熊会贞疏,段熙仲点校,陈桥驿复校《水经注疏》上册,南京:江苏古籍出版社1989年版,第449—450页。
② 清·胡渭《禹贡锥指》(邹逸麟整理),上海:上海古籍出版社2006年版,第506页。
③ 清·田雯《古欢堂集·长河志籍考》,《四库全书》第1324册,上海:上海古籍出版社1987年版,第485页。
④ 北魏·郦道元《水经注·河水五》,杨守敬、熊会贞疏,段熙仲点校,陈桥驿复校《水经注疏》上册,南京:江苏古籍出版社1989年版,第446页。
⑤ 宋·乐史《太平寰宇记·河北道十二》(王文楚等校点)第3册,北京:中华书局2007年版,第1285页。
⑥ 清·顾祖禹《读史方舆纪要·山东五》(贺次君、施和金点校),北京:中华书局2005年版,第1605页。

采取了引漳入运及借用屯氏河水道的措施。胡渭考证道:"《汉志》杂采古记,故漳、绛二水并存,实一川也。漳、绛本入河,及河徙之后,漳、绛循河故道而下,故郦元云:水流闲关,所在著目,信都复见绛名,而东入于海也。然《汉志》信都之绛水,则又有别。志云:故章河在北,东入海。《禹贡》绛水亦入海。盖县北故漳即禹河之故道,而绛水出其南,则漳水之徙流,郦元所谓绛渎者也。"①永济渠自馆陶北上利用了黄河北河,在这中间,因漳水与屯氏河互通,为建立永济渠屯氏河航线提供了必备的补给水源。

其七,曹操修白沟时利用了漳水、绛水、屯氏河(包括屯氏别河和张甲河)、清河、滹沱河等水体,这些河流经过引导注入永济渠,或成为永济渠行运的水道。如胡渭论述道:"《浊漳注》云:漳水自南宫县故城西(城在今县西北),又北绛渎出焉。今无水。故渎东南径九门城南(城在今藁城县西北二十五里),又东南径南宫城北(《元和志》:绛水故渎在南宫县东南六里),又东南径缭城县故城北(《十三州志》曰:经县东五十里有缭城故县也。按《河水注》云:张甲河左渎北径经城东、缭城西,又径南宫县西,又注绛渎。即此水也。缭城在今南宫县东南,经城在今威县北),左径安城南(故信都之安乡也。今在冀州东南),又东北径辟阳亭(今冀州东南二十五里有辟阳故城),又北径信都城东,散入泽渚(信都城即今冀州治),西至于信都城(句),东连于广川县之张甲故渎,同归于海(今枣强县东三十里有广川故城。《河水注》云:张甲河右渎自广川县东北,径其故城西,又东北至修县东,会清河入漳。'修'与'蓨'同,音条),故《地理志》曰:《禹贡》绛水在信都,东入于海也(《淇水注》云:清河东径修县南,又东北,左与张甲屯绛故渎合,又东北径东光,会大河故渎,又东北径南皮、浮阳,滹沱别渎注焉。《浊漳注》云:漳水会滹沱别渎,又东北入清河,又东北径章武平舒入海。此即信都绛水入海之道也)。盖汉时信都之漳水徙从其县南,故《地志》以此为绛水,而目县北之渎曰故漳河。其后漳又复北道,故《水经》叙漳水仍自信都县西,东北过下博县,而郦元云绛渎今无水。唐人遂谓之枯泽。《通典》云:清河郡经城县界有枯泽渠,北入信都郡界是也。此渠乃漳水一时之徙流,《汉志》以为《禹贡》之绛水,大谬。而杜佑据以分冀、兖之界,自后说《经》者,动称枯泽以证导河之所过,皆班固'禹贡'二字误之也。"②漳水、绛水等因入黄河成为黄河水系的一部分,在此基础上,它们建立了与黄河故渎及屯氏河(包括屯氏别河和张甲河)的关系。具体地讲,一是清河与滹沱河等相汇,增加了流量,为永济渠建立清河航线提供了充要的条件;二是漳水、绛水、清河、屯氏河、滹沱河等大都有通航能力,永济渠经此向不同的地区延伸,建立了纵横交错的交通体系。

其八,永济渠建立入屯氏河的航线,还可以从宋人记载御河(永济渠)经武城等地的情况中得到进一步证明。李焘记载道:"《河渠志》:御河,源出卫州共城县百门泉,导自通利、乾

---

① 清·胡渭《禹贡锥指》(邹逸麟整理),上海:上海古籍出版社2006年版,第462页。
② 同①,第462—463页。

宁入界河，达于海。熙宁二年，议者请于恩州武城县入大河故道，下五股河。诏都水监丞刘彝同程昉相视。而通判冀州王庠谓，开所导入葫芦河为便。彝等以其地浅漫沮洳，用功多，不若开焉乌襕堤历大、小流港，横绝大河，入五股河，以复故道。乃令提举便籴皮公弼、提举常平王广廉再视，而议与彝、昉合。于是发邢、洺、磁、相、赵、真定六州兵夫凡六万浚之。三年四月，河成，赐役兵缗钱有差，八月迁程昉为宫苑副使，余第赏之。四年，命昉为都大提举黄、御等河、同签书外都水丞事，专掌之。"①御河原本在通利、乾宁等地入界河入海，水文变化后，后人在武城一带兴修了入黄河故道的渠道。史称："御河源出卫州共城县百门泉，自通利、乾宁入界河，达于海。神宗熙宁二年九月，刘彝、程昉言：'二股河北流今已闭塞，然御河水由冀州下流，尚当疏导，以绝河患。'先是，议者欲于恩州武城县开御河约二十里，入黄河北流故道，下五股河，故命彝、昉相度。而通判冀州王庠谓，第开见行流处，下接胡卢河，尤便近。彝等又奏：'如庠言，虽于河流为顺，然其间漫浅沮洳，费工犹多，不若开乌栏堤东北至大、小流港，横截黄河，入五股河，复故道，尤便。'遂命河北提举籴便粮草皮公弼、提举常平王广廉按视，二人议协，诏调镇、赵、邢、洺、磁、相州兵夫六万浚之，以寒食后入役。"②这一记载从一个侧面说明了永济渠与屯氏河、屯氏别河及黄河故道等形成了特殊的关系。

其九，前人叙述永济渠自馆陶开渠北上的航线时多有矛盾之处，如李吉甫有"此渠盖屯氏古渎，隋氏修之，因名永济"③之说，又有"永济渠，本名白渠，隋炀帝导为永济渠"④之说，所谓"白渠"，是白沟的别称。前人叙述白沟的补给水源时，主要有取自淇水和清水的说法，这样一来，其矛盾性遂影响到后人对永济渠行经地点的认识。进而言之，李吉甫叙述当时永济渠行经的区域时，多有将数条河流同时并举的情况，这一情况直接影响到后世对永济渠的认识。如李吉甫的叙述长河县（在今山东德州东）政区沿革及水文时指出："本汉广川县地，属信都国。后汉属清河国。魏封裴秀为广川侯。高齐省。隋开皇六年复置，属冀州，九年改属德州。仁寿元年改广川县为长河县。皇朝因之。漳水河，自贝州漳南县流入，在县西二十三里。王莽枯河，东去县五里。永济渠，县西十里。"⑤按照这一说法，黄河故道王莽枯河即王莽河在县东五里，漳河在县西二十三里，永济渠在县西十里，三者之间没有互通关系。然而，如果注意到"今漳河所经，即屯氏河故道"⑥等情况，那么，永济渠与屯氏河、漳河等是有互通关系的，甚至可以说，在历史水文变化的过程中，屯氏河一度消失到漳河即北漳之中。

---

① 宋·李焘《续资治通鉴长编·神宗熙宁三年》，北京：中华书局2004年版，第5149—5150页。
② 元·脱脱等《宋史·河渠志五》，北京：中华书局1985年版，第2353页。
③ 唐·李吉甫《元和郡县图志·河北道一》（贺次君点校），北京：中华书局1983年版，第466页。
④ 同③，第454页。
⑤ 唐·李吉甫《元和郡县图志·河北道二》（贺次君点校），北京：中华书局1983年版，第496页。
⑥ 清·顾祖禹《读史方舆纪要·山东五》（贺次君、施和金点校），北京：中华书局2005年版，第1605页。

进而言之,屯氏河及屯氏别河在不同的区域与不同的河流相通,为永济渠开渠建立屯氏河航线时引水入运或以屯氏河为漕运通道提供了可能。

其十,前人否定永济渠建立屯氏河航线的说法与得出屯氏河就是毛河的错误认识有某种内在的联系。如史有唐高宗武德五年(622)"十二月,皇太子、齐王悉兵战馆陶,黑闼大败,引军走,蹑北至毛州。黑闼整众,背永济渠阵,纵骑搏之,贼赴水死者数千,黑闼遁去"①之说,隋建毛州以馆陶为治所以后,"黑闼整众,背永济渠阵"是指刘黑闼以馆陶为据点,在交通要道永济渠布置前沿阵地。隋代毛州沿袭了北周的建制,如史有周静帝大象二年(580)"分相州阳平郡置毛州"②之说,"毛州"因毛河得名。李吉甫记载道:"周大象二年置屯州,以近屯河为名。隋大业二年废屯州,以县属魏州。"③按照这一说法,毛州是"屯州"之误,"屯河"是屯氏河的略称。不过,检索文献,《隋书》《旧唐书》《新唐书》等皆称"毛州"。然而,李吉甫的说法虽然有误,但指出毛州"以近屯河为名",意即临近屯氏河为名是有道理的。如乐史记载道:"周大象二年置毛州,以近河为称。隋大业二年废毛州,以馆陶县属魏州。"④如果将李吉甫和乐史所述对读的话,乐史所说"以近河为称"实际上是"以近屯河为名"的省略语。

在历史的变迁中,隋代出现了将略称为"屯河"的屯氏河误认为"毛河"的情况,故有了因毛河建立毛州政区的说法。关于这点,早在唐代已有认识。如顾祖禹论馆陶与永济渠及屯氏河航线时指出:"唐武德五年刘黑闼攻魏州未克,太子建成等引兵击之。黑闼惧,夜遁至馆陶,作永济桥,未成,不得渡。齐王元吉以大军至,黑闼使其党王小胡背水而阵,桥成即过桥西,众遂大溃。宋崇宁二年黄河涨,入浸馆陶,败庐舍,屡费修塞。元人通漕于此,明时亦相继修浚,经丘县界至临清,北合于汶河。颜师古曰:'隋置毛州,误以屯氏河为毛河也。'邑志:屯氏故河在县西南五十里。"⑤颜师古是唐代人,顾祖禹引颜师古之说强调了两个内容:一是隋代设置的新政区是毛州,不是屯州;二是毛州境内有屯河即屯氏河,屯氏河不是毛河。进而言之,如果将刘黑闼"背永济渠阵"与颜师古"隋置毛州,误以屯氏河为毛河"对读,完全可以证明永济渠至馆陶北上是有屯氏河航线的。

除此之外,从证据入手,前人对"误以屯氏河为毛河"的观点多有驳斥。如田雯从水文变化的角度考证道:"屯氏河者,《汉书·沟洫志》曰:自塞宣房后,河北决于馆陶,分为屯氏河。元帝元光五年,河决清河灵鸣犊口,而屯氏河绝。成帝初,清河都尉冯逡奏浚屯氏河,以助大

---

① 宋·欧阳修等《新唐书·刘黑闼传》,北京:中华书局1975年版,第3717页。
② 唐·令狐德棻等《周书·静帝纪》,北京:中华书局1971年版,第133页。
③ 唐·李吉甫《元和郡县图志·河北道一》(贺次君点校),北京:中华书局1983年版,第449页。
④ 宋·乐史《太平寰宇记·河北道三》(王文楚等校点)第3册,北京:中华书局2007年版,第1110页。
⑤ 清·顾祖禹《读史方舆纪要·山东五》(贺次君、施和金点校),北京:中华书局2005年版,第1605页。

河泄暴水备非常。《水经》云:大河故渎东径平原县,北径绎幕县(绎幕城,在今平原县西北),西流径平原鬲县。枝津北出,至安陵县遂绝。屯氏别河北渎径重平县,别河南渎径平原县。又有枝渠右出,至安德县遂绝。此屯氏故道及南北二渎之旧迹也。今按:大名府元城县有屯氏。大河故渎俗云王莽河,一名毛河。又,今馆陶县西南,有毛州城遗址尚存。颜师古《汉书注》:屯氏河。隋室分析州县,误以为毛氏河,乃置毛州,失之甚矣。永济渠者,《隋书》:大业四年诏,发河北诸郡男女百余万开永济渠,引沁水南达于河,北通涿郡。七年,帝自江都行幸涿州,渡河入永济渠。又,开元二十八年,刺史卢晖徙永济渠注魏桥,通江淮之货径德州境。又,沧州有永济堤。《金史》:将陵县有永济渠即今州西卫河是。又按:永济渠本决卫水,而《隋书》云:沁水者,沁水源出沁州穿太行达济源,径武陟入黄河。元郭守敬犹言沁河东流至武陟北合入御河,故永济渠总有'御河'之目。《炀帝故事》:自芜城北至涿鹿,皆牙樯锦缆之所经矣。"①田雯与顾祖禹是同时代人,所述屯氏河行经地点与清河行经地点大体相同。这一辨析有五个要点:一是汉元帝元光五年"屯氏河绝"后,汉成帝建始五年因黄河再次在馆陶决堤,屯氏河已不再干涸,因此具备了开渠行运的基本条件;二是毛河指大河故渎即王莽河,与屯氏河有着某种联系,但同时又是两条河流;三是隋代析分政区建立毛州时,出现了将屯氏河"误以为毛氏河,乃置毛州"的情况,因而引起了后人不必要的误解;四是屯氏河可以简称为"屯氏"或"屯河",因"屯"与"毛"形似,故出现了将屯氏河和毛河混为一谈的情况;五是田雯将屯氏河与永济渠放在一起论述,透露了屯氏河属永济渠航线的重要信息。当然应该看到的是,永济渠馆陶航段的水文结构十分复杂,如黄河在不断改道的过程中,黄河、王莽河、屯氏河与清河、漳水等拧结在一起,在馆陶一带构成了错综复杂的水文和航线。

综上所述,永济渠的屯氏河航线是存在的,后世之所以众说纷纭,主要是由文献缺载造成的。如宋代割让燕云十六州(辖区范围主要为今天的京、津、河北北部、山西北部)与辽以后,因分治,永济渠在隋唐时期北通涿郡的通道出现了"渐堙废"的情况。尽管如此,不能因为这一区域的永济渠航线处于"堙废"的状态,便轻易地否定"隋炀帝开永济渠,疏白沟入屯氏河"航线的存在,更不能因为永济渠在宋、辽、金分治后,失去漕运功能便否定它的存在。

从另一个层面看,为什么永济渠自馆陶开渠却要建屯氏河和清河等两条航线?虽然无法窥知具体的原因,但永济渠在这一政区兴修了两条平行北上的航线当不成问题。进而言之,永济渠沿白沟开渠改造馆陶一带的航线后,因同时可自白沟入屯氏河和清河,这样一来,在从事水上交通运输时,完全可以根据不同的需要选择不同的航线。当然,也有这样的可能,因屯氏河包括屯氏别河及张甲河受到黄河的制约,水文极不稳定,再加上泥沙过重,逐步地失去了使用价值。与此同时,清河航线则因很少受到黄河水系的影响,水文处于相对稳定

---

① 清·田雯《古欢堂集·长河志籍考》,《四库全书》第1324册,上海:上海古籍出版社1987年版,第488页。

的状态,故成为永济渠自馆陶开渠北上的基本航线,乃至于近世学者大都持否定永济渠入屯氏河的观点,持赞成永济渠入清河的观点。

尽管如此,从宋以后的形势看,永济渠馆陶航段的屯氏河和清河复式航线有两个方面的意义。其一,永济渠馆陶航段是宋代御河的航线,宋王朝失去燕云十六州后,因其航段东流入海的水道起到界河的作用,故成为抵御辽、金骑兵南下的国防线。如李垂在《导河形胜书》中写道:"其始作自大伾西八十里,曹公所开运渠东五里,引河水正北稍东十里,破伯禹古堤,径牧马陂,从禹故道,又东三十里转大伾西、通利军北,挟白沟,复西大河,北径清丰、大名西,历洹水、魏县东,暨馆陶南,入屯氏故渎,合赤河而北至于海。既而自大伾西新发故渎西岸析一渠,正北稍西五里,广深与汴等,合御河道,逼大伾北,即坚壤析一渠,东西二十里,广深与汴等,复东大河。两渠分流,则三四分水,犹得注澶渊旧渠矣。大都河水从西大河故渎东北,合赤河而达于海,然后于魏县北发御河西岸析一渠,正北稍西六十里,广深与御河等,合衡漳水;又冀州北界、深州西南三十里决衡漳西岸,限水为门,西北注溏沱,潦则塞之,使东渐渤海,旱则决之,使西灌屯田,此中国御边之利也。"①这一论述有三个要点:一是具体地交代了曹操开白沟时的情况,白沟串连了黄河以北的主要政区;二是明确地指出永济渠有入屯氏河的航线,这条航线合赤河以后入海;三是根据当时的水文情况,李垂主张利用永济渠兴修两条自西向东的新渠,这两条新渠既可以水代兵巩固北方防御线,又可灌溉农田以惠及百姓。其二,永济渠馆陶航段成为元明清京杭大运河利用的对象后,经过选择性的改造成为鲁运河和南运河利用的航道。宋代以后,伴随着政治中心的东迁及北上,永济渠馆陶以南的航段因不再是南北漕运的主航线开始失去往日的辉煌。然而,永济渠自馆陶北上的航线因军事斗争及国家政治的需要,则成为宋代御河及元明清京杭大运河重点利用的对象,特别是政治中心北上及江淮漕运成为国家政治生命线以后,在分段建立一条位于东部的南北走向的漕运大通道时,永济渠馆陶航段成为京杭大运河利用的对象。具体地讲,京杭大运河由七个航段构成,其中的鲁运河和南运河航段是在永济渠馆陶航段的基础上兴修的。在这中间,永济渠馆陶航段行经的大部分郡县依旧是重要的航程节点,继续承担着漕运及中转等重任。

第六节　开凿永济渠的意义

永济渠以东都洛阳为起点,以涿郡为终点,沿线可分为洛阳段、沁口段、汲县段、馆陶段、独流口段等五个航段。五个航段连接在一起,改变了黄河以北的交通秩序,扩大了漕运范

---

① 元·脱脱等《宋史·河渠志一》,北京:中华书局1985年版,第2261—2262页。

围。可以说,开通永济渠对后世有着特殊的意义。具体地讲,有八个方面值得注意。

其一,永济渠是一条具有战略意义的漕运通道,这条漕运通道以东都洛阳为起点,行经与通济渠自洛口入河的共线,渡黄河经沁口北上,加强了洛阳与黄河以北的联系,为维护南北统一做出了重要的贡献。如永济渠以白沟为基础,沿途纳入淇水、漳水等河流,同时又以清河、屯氏河、沽河、桑干河等为借用运道,将航线延长到涿郡一带,改善了自黄河北到辽东等地的漕运条件,带动了沿线社会经济的发展;又如永济渠有远征辽东及经营相关区域的功能,有稳定辽东以远政治局势的功能。史称:"大业七年,征辽东,炀帝遣诸将,于蓟城南桑干河上,筑社稷二坛,设方墠,行宜社礼。"①桑干河属永济渠航线的一部分,自南北政权对峙以来,蓟城已成为农耕文明生活区与游牧文明生活区的杂居地,在蓟城南桑干河上建社稷坛"行宜社礼",对宣示农耕文明的成果有着特殊的意义。在这中间,隋炀帝"至涿郡之临朔宫"②,固然与经营涿郡及征辽东相关,但同时表达了他想以涿郡为北方重镇稳定周边政治秩序的决心。

其二,永济渠有控制黄河以北广大区域的功能。隋王朝以永济渠为交通主干线,注重沿线的政区建设及加强航道管理,有效地控制了黄河以北的区域。史称:"帝征辽东,命玄感于黎阳督运。"③黎阳位于永济渠与黄河交汇的节点上,在此地建造仓城和督运粮草虽说与征辽东有直接的关系,但更重要的是,黎阳仓城建设表达了隋王朝以此为据点控制四方的意图。隋末战争围绕着永济渠沿线展开,从一个侧面透露了占据漕运要道、夺取仓城是壮大自身实力的信息。史称:"化及盛修攻具,以逼黎阳仓城,密领轻骑五百驰赴之。仓城兵又出相应,焚其攻具,经夜火不灭。密知化及粮且尽,因伪与和,以敝其众。化及不之悟,大喜,恣其兵食,冀密馈之。会密下有人获罪,亡投化及,具言密情。化及大怒,其食又尽,乃渡永济渠,与密战于童山之下,自辰达酉。密为流矢所中,顿于汲县。"④又称:"金称营于平恩东北,义臣引兵直进抵临清之西,据永济渠为营,去金称营四十里,深沟高垒,不与战。"⑤隋末,黎阳、临清等成为各方势力反复争夺的战略要地,与永济渠开通后沿岸城市及仓城成为兵家必争之地有着不可分割的关系。反过来说,在政治稳定时期,这些仓城则在赈灾救荒中负有特殊的使命。

其三,永济渠与通济渠以黄河为连接线,加强了黄河以北与江淮的经济联系,建成了一条远及长江、淮河、黄河水系,跨越海河水系的漕运大通道。如以黄河漕运为纽带,永济渠和通济渠互通后,实现了隋炀帝以东都为水上交通枢纽贯穿四方交通的构想。在建立贯穿南

---

① 唐·魏徵等《隋书·礼仪志三》,北京:中华书局1973年版,第160页。
② 唐·魏徵等《隋书·炀帝纪上》,北京:中华书局1973年版,第76页。
③ 唐·魏徵等《隋书·杨玄感传》,北京:中华书局1973年版,第1616页。
④ 唐·魏徵等《隋书·李密传》,北京:中华书局1973年版,第1631页。
⑤ 宋·司马光《资治通鉴·隋纪七》(邬国义校点),上海:上海古籍出版社1997年版,第1660页。

北航线的同时,将钱塘江以北的水系及黄河以北的水系纳入了漕运的范围,建立了以永济渠与通济渠为贯穿东西和南北之间的航线,密切了黄河以北与江淮之间的联系。如河北和江淮是隋王朝倚重的两大农业经济区,两渠互通后,加强了河北和江淮农业经济区的联系。皮日休论述道:"则隋之疏淇汴、凿太行、在隋之民、不胜其害也、在唐之民、不胜其利也。今自九河外、复有淇汴、北通涿郡之渔商、南运江都之转输、其为利也博哉。不劳一夫之荷畚、一卒之凿险、而先功巍巍、得非天假暴隋、成我大利哉。"①所谓"北通涿郡之渔商,南运江都之转输"是说唐代坐收隋代之利。遗憾的是,隋王朝短命,没能充分地享用永济渠带来的政治利益和经济利益。王应麟论述道:"四年正月乙巳,开永济渠,引沁水达于河北涿郡。《地理志》荥阳郡:浚仪有通济渠、蔡水。《通典》:通济渠西通河、洛,南达江、淮(又云:魏州魏县白沟水,炀帝引通济渠,亦名御河)。《九域志》:汴水,古通济渠也。《元和志》:通津渠,在河南县南三里,隋大业元年分洛水西北名千步碛,渠东北流入洛水,通济渠自洛阳西苑引谷、洛水,达于河,自板渚引河入汴口,又从大梁之东引汴水入于泗,达于淮,自江都宫入于海,亦谓'御河'。筑御道,植以柳。《国史志》:大名府永济县有永济渠。"②王应麟论隋代河渠时,有意将永济渠和通济渠放在一起是有用心的,其目的是寓论断于叙述之中,强调两渠相通后建立了一条自黄河北上涿郡和自黄河东接江淮的漕运大通道。此外,永济渠在与通济渠相通的过程中,又与长江及长江以南的江南河相通,从而通过漕运有效地控制了黄河流域以外不同的区域。马端临记载道:"七年二月,帝自江都幸涿郡,御龙舟,渡河入永济渠,……是岁,征高丽,车驾驻涿郡。"③大业七年二月,隋炀帝自江都起程收复辽东及征伐高丽,在这中间,永济渠承担起运兵运粮的重任,并在征伐高丽的战争中发挥了重要的作用,与寻求江淮及长江流域的支持密不可分。

其四,永济渠与黄河及黄河以北的各条河流交汇,形成四通八达的航线,极大地改变了原有的水上交通秩序,进一步密切了沿岸地区及城市之间在政治、军事、经济、商贸及文化等方面的联系。如胡渭考证宋代以后永济渠流经相关区域及城市之间的关系时论述道:"《河渠志》:庆历八年,河决澶州商胡埽,决口广五百五十七步。皇祐元年,河合永济渠,注乾宁军。今按:永济渠即古之清河,《汉志》之国水,《水经》之清、淇二水。曹公自枋头遏其水为白沟,一名白渠。隋炀帝导为永济渠,一名御河,今称卫河者也。先是大中祥符四年,河决通利军(治黎阳),合御河,寻经塞治。至是河自州东北三十里商胡埽,决而北径清丰县西(县在今大名府东南九十里),又北径南乐县西(县在今府东南四十里),又北至大名府东北,合永济渠(《元城县志》:卫河在县东北);又东北径冠氏县西北(今冠县北有冠氏故城),又东北

---

① 唐·皮日休《汴河铭》,唐·皮日休《皮子文薮》,北京:中华书局1959年版,第44页。
② 宋·王应麟《玉海·地理》,,南京:江苏古籍出版社1987年版,第429页。
③ 元·马端临《文献通考·王礼考四》,杭州:浙江古籍出版社1988年版,第986页。

径馆陶县西(与平恩县分水。今丘县西有平恩故城,卫河在县东南四十里),又东北径临清县西(《元和志》:永济渠在临清县城西门外),又东北径宗城县东(《水经注》:白沟东北径广宗县东为清河。其故城在今威县界。宋宗城即故广宗,今为广宗、威县地。清河在威县东),又东北径清河县东(今县有卫河。《广平府志》:清河县有黄河故道,在县北一里,亦名黄芦河,北入南宫县界),又东北径夏津县西北(卫河去县四十里,与清河县分水),又东北径武城县西(县西十里有东武城故城。《水经注》云清河径其西也。今卫河在县西,与清河县分水),又东北径枣强县西(枣强故城在今县东南。熙宁元年,都水监言:'近岁冀州而下,河道梗涩,致上下埽岸屡危。今枣强抹岸,冲夺故道,虽创新堤,终非久计。'已而枣强埽决,北注瀛),又东径将陵县西北(将陵唐属德州。五代周省长河入焉。宋景祐元年,移将陵治长河镇,改属永静军。永静今景州也。元分将陵地置故城县。今卫河在其南,与恩县分水,又东径德州入吴桥界。《金志》吴桥县有永济渠。吴桥本安陵县,宋景祐二年发入将陵。今卫河在县西二十里也。《宁津志》云:县西三十里有古黄河,自吴桥入,又北入南皮,广可二里,两岸废堤,窿然峭立,居人谓之卧龙冈。盖即永济渠,为宋北流之所经也),又东径蓨县南(蓨县今为景州。《州志》云:卫河在州东二十里),又东北径东光县西(《水经注》:清河自胡苏亭,又东北右会大河故渎,径东光县故城西。《寰宇记》云:永济渠在东光县南二百步。'南'盖'西'字之误。《东光新志》云:卫河在县西三里),又东北径南皮县西(《水经注》:清河自南皮县西,又东北无棣沟出焉,东北径盐山东北入海,清河又东北径南皮县故城西。按故城在今县东北,卫河在县西二十里,与交河县分水。元丰五年,河溢沧州南皮上下埽。《通典》云:无棣沟隋末填废。永徽元年,薛大鼎为刺史奏开之,外引鱼盐于海,百姓歌其利)。又东北径清池县西,而北与漳水合(《水经注》:清河自浮阳县西,又东北浮水故渎出焉。详见后清河;又东北径浮阳县故城西。按浮阳汉勃海郡治,唐改曰清池,置沧州治焉。《寰宇记》云:永济渠在清池县西三十里。《水经·浊漳篇》云:衡漳自成平县北,又东北入清河,谓之合口。今青县南有合口镇);又东北径乾宁军东(军在今青县南,唐乾宁中析长芦、鲁城二县地置乾宁军,周置永安县为军治。宋改曰乾宁县,大观三年,升军为清州。今为青县。卫河在县东。《寰宇记》云:御河在乾宁县南十步是也。县南二里有中山,山岩耸峙。宋时以黄河所经,呼为碣石,或镌铭其上。元王充耘据以为《禹贡》之碣石,大谬。《水经注》:清河东北过漇邑,漇水出焉。详见《播为九河》下),又东北径独流口,又东至劈地口入于海。"①胡渭依据史料详细地记录了宋代御河经过的地区及城市,由于宋代御河与隋代永济渠在相关区域的航线基本上没有变化,故可以移来考察隋代永济渠经过的区域和城市。永济渠在白沟的基础上兴修入清河与屯氏河的航线后,带动了沿线社会经济的发展。如隋王朝在永济渠沿线调整

---

① 清·胡渭《禹贡锥指》(邹逸麟整理),上海:上海古籍出版社2006年版,第507—509页。

政区建制、提升其政区层级等做法表达了隋朝加强漕运节点城市建设的意图。又如以馆陶为治所建毛州、调整清河郡政区等,在一定程度上反映了永济渠促进相关区域社会经济发展的情况。进而言之,永济渠航线开通后,直接影响唐宋两代在永济渠沿岸建县或建更高层级行政区划。当然也应该看到,北宋割让燕云十六州以后,利用霸州及永清一带的水资源建立国防线,标志着霸州及永清以北的永济渠航线处于荒废状态。在这一过程中,宋仁宗、宋神宗时,黄河数次决口和改道对水上交通有一定的破坏,但永济渠始终在联系河北地区重要航线,以及政治、经济、商贸等方面发挥着重要的作用。

其五,永济渠在维护西京长安的安全方面负有特殊的使命。在开通永济渠以前,隋炀帝为征伐西域,建蒺册道加强了西京长安与东都洛阳之间的联系,如史有"废二崤道,开蒺册道"①之说。二崤道指崤函古道,因受黄河三门峡的制约,这条古道成为关中及长安联系关东及洛阳的唯一的交通要道。大业元年(605),隋炀帝开凿蒺册道,避开了山路崎岖险峻的崤函古道,建成了一条自关中经三门峡向东南沿青龙涧河、雁翎关河、永昌河谷地,转经洛水谷地至洛阳的道路。从表面上看,蒺册道建设在前,永济渠建设在后,两者之间似乎没有太大的联系。然而,永济渠建成后,河北的漕粮通过永济渠及蒺册道漕转,起到了拱卫关中及长安的作用,同时也加强了长安与洛阳之间的联系,加强了长安与河北广大政区间的联系,可以说,永济渠在维护南北统一有着特殊的作用。

其六,永济渠兼有漕运、治河、引水灌溉、排涝防洪等多种功能,河渠建成后促进了沿岸地区农业经济的发展。史称:"《禹贡》九河,在今德州以上河间数百里之地。河入海乃在碣石,此禹时故道也。周定王五年河决,砾溪稍徙而东。至汉元光三年春,河徙,从顿丘东南流,夏复决濮阳瓠子注巨野,通淮泗。自是河徙东郡入勃海,始失禹旧迹屡塞复决迁徙泛滥,班固以为河羡溢害中国尤甚者也。其后河入千乘,而德、棣之河又播为八。汉世所指以为太史马颊者偶合于禹迹,故讫东都至唐,河不为害者千数百年。"②所谓"故讫东都至唐,河不为害者千数百年",是说从汉武帝元光三年到隋唐两代,经过治理,黄河不再发生大的灾害已有一千多年的历史。唐兴三百年,黄河没有大面积地泛滥,与隋开永济渠通过引水入运等方式遏制了黄河泛滥有密切的关系。如永济渠自沁口开渠引沁水等,随后利用黄河故渎修运道等,均有效地制止了黄河可能发生的泛滥,在一定程度上起到了疏导黄河的作用。李维祯叙述道:"隋大业四年,开永济渠,引沁水入御河,溉田二千余顷,乃沁源当阴涝山。水泛涨冲没民田,沿川一望,沙石遍野,非水之,利于河南,而不利于沁也,良由势险难堤耳。"③开永济

---

① 宋·司马光《资治通鉴·隋纪四》(邬国义校点),上海:上海古籍出版社1997年版,第1632页。
② 清·赵弘恩等监修,黄之隽等编纂《江南通志·河渠志》,《四库全书》第508册,上海:上海古籍出版社1987年版,第502—503页。
③ 明·李维祯等纂修《山西通志·沁源县》,《四库全书》第543册,上海:上海古籍出版社1987年版,第121页。

渠引沁入运后,改善了相关区域的农业生产条件。

其七,永济渠对元、明、清三代定都北京,兴修京杭大运河具有重要的意义。如永济渠馆陶航段和独流口航段开通后,为元、明、清三代政治中心北移,利用永济渠、通济渠旧道兴修京杭大运河提供了必要的条件,进而快速地实现了漕运通道的整体东移。此外,永济渠自武清沿白河即沽河北上时,有至小直沽和大直沽入海的通道。这一入海通道形成后,为加强"海漕"经营幽蓟及辽东创造了必要的条件。如元、明、清三代,东南漕运除了可沿内河即京杭大运河入京外,还可自海上入京,这样一来,永济渠的入海口小直沽和大直沽遂成了拱卫政治中心的门户。史家叙述武清直沽的情况时写道:"有直沽,在县东南,卫河、白河、丁字沽合流于此入海。"①又论述道:"武清县自本朝雍正八年分邑之东南一百四十余村归天津县。如直沽、杨柳青等处。"②顾祖禹论小直沽和大直沽时指出:"小直沽,县北九十里。志云:出县北五十里为杨柳青,又十里为当城,又十里为里堡城,又十里为小南湖,又十里即小直沽。其北则白河受北路之水,其南则卫河合南路之水,皆会于此同流入海。天津卫设焉,为京师东面噤喉之地。……大直沽,在县东。志云:出县南十五里有双塘渡,又东五里为古城渡,又七十里至大直沽。今天津卫东南十里即大直沽渡也。小直沽受群川之委流,大直沽又在其东南,地势平衍,群流涨溢,茫无涯涘,故有大直沽之名。又东与小直沽并注于海。"③朱彝尊引顾祖禹《方舆纪要》指出:"直沽在县东南一百二十里,卫河、白河、丁字沽合流于此。又东南四十里名海口,《通典》谓之三会海口。元于此置海津镇。天顺三年,议自小直沽凿河四十里达蓟州,以免海运,每三年一浚,寻罢。"④朱彝尊引《长安客话》又记载道:"三沽者,丁字沽、西沽、直沽,并禹迹疏导之处。其曰丁字沽者,以河形三岔如丁字也,合卫河、白河会于直沽,相萦入海。土人呼直沽曰大直沽。"⑤"大直沽"虽有"直沽"之称,但与小直沽是两个地方。

其八,开凿永济渠是一柄双刃剑,既有维护南北统一、带动沿线地区社会经济发展、促进南北文化交流等方面的作用,同时也破坏了原有的自然水系,给后世带来不尽的灾难。如在兴修永济渠以前,滹沱河等有不同的入海水道,构成了丰富的水系,这些水系成为冀州即河北一带农业发展的支柱。史称:"大雨霖,中山、常山尤甚,滹池泛溢,冲陷山谷。巨松僵拔,浮于滹池,东至渤海,原隰之间皆如山积。"⑥此事发生在后赵石勒二年即晋元帝司马睿大兴三年(320),沿水道东行,滹沱河泛滥的区域东至渤海。永济渠建成后,截断了滹沱河经常山

---

① 清·张廷玉等《明史·地理志一》,北京:中华书局1974年版,第886页。
② 清·于敏中《日下旧闻考·京畿》,北京:北京古籍出版社1981年版,第1857页。
③ 清·顾祖禹《读史方舆纪要·北直四》(贺次君、施和金点校),北京:中华书局2005年版,第565页。
④ 同②,第1864—1865页。
⑤ 同②,第1865页。
⑥ 唐·房玄龄等《晋书·石勒传下》,北京:中华书局1974年版,第2736页。

(在今河北正定)东行至沧州(在今河北沧县)一带的入海水道。如班固记载道:"卤城。(虖池河东至参户入虖池别,过郡九,行千三百四十里,并州川。从河东至文安入海,过郡六,行千三百七十里。)"①滹沱河是北方的大河,途经九郡,所经区域均受到沾溉。程大昌论述道:"夫滹沱源代之卤城,发至渤海之文安,别为一流以入于海。"②"别为一流以入于海"在什么地方?郑樵论述道:"滹沱水,班云,出代郡卤城,东至文安入海。过郡六,行千三百七十里。按,卤城今代州繁畤县。其水东经定州深泽县东南,即光武所度处,今俗谓之危度口。又东过瀛州束城、平舒,开元中卢晖于此引滹沱,东入淇,道溉漕。文安,今隶霸州。若是入海,当在沧州界。"③这一说法指出滹沱河是至沧州一带入海的独立水系。徐文靖论述道:"按徒骇河,《地志》云:滹沱河。《寰宇记》云:在沧州清池南。"④滹沱河东行至清池(汉代治所,在今河北沧县东关)的南面入海。清池是汉县,旧称"浮阳",隋开皇十八年(598)改称,以"清池"名之。

起初,冀州一带有不同的水系。史浩论述道:"冀州,东、西、南三面皆大河,其北则有滹沱、呕夷、涞、易之水,皆东入于海"⑤夏僎亦论述道:"《地理志》:恒水出常山曲阳县。在唐,有恒阳县,卫水出常山灵寿县东北,入滹沱河,今常有灵寿县。恒、卫言既从,谓二水向焉,泛滥漫衍。今治之,尽从其故道也。"⑥在开永济渠以前,滹沱河等皆有独立的入海水道,在此基础上构成了不同的水系。开永济渠以后,这些河流均到独流口入永济渠,乃至于各水系消失在永济渠之中。进而言之,永济渠截断这些河流后,滹沱河等独自入海的水系不再存在。

以独流口(浊流口)为分界线,如果将北方河流分为南北两大区域的话,那么,永济渠截断滹沱河等水系只是破坏了独流口以南的水系。事实上,独流口以北的各个水系也遭到了严重的破坏。乐史记载道:"乾宁县,(四乡。)旧名永安县,与军同置在城下,太平兴国七年六月改为乾宁县。御河,在城南一十步。每日潮水两至,其河从沧州南界流入本军界,东北一百九十里入潮河,合流向东七十里,于浊流口入海。此水西通淤口、雄、霸等州水路。"⑦"御河"是永济渠的别称。从其记载中当知,永济渠在破坏独流口以南的自然水系时,也破坏了独流口以北的自然水系。具体地讲,永济渠馆陶航段和独流口航段截断了沿途东西流向的河流,迫使这些河流入渠后至丁字沽及小直沽入海。由此带来的后果有二:一是改变了各

---

① 汉·班固《汉书·地理志下》,北京:中华书局1962年版,第1622页。
② 宋·程大昌《禹贡论·禹贡论上》,《四库全书》第56册,上海:上海古籍出版社1987年版,第61页。
③ 宋·郑樵《通志·地理略》,杭州:浙江古籍出版社1988年版,第544页。
④ 清·徐文靖《禹贡会笺》,《四库全书》第68册,上海:上海古籍出版社1987年版,第290页。
⑤ 宋·史浩《尚书讲义》,《四库全书》第56册,上海:上海古籍出版社1987年版,第209页。
⑥ 宋·夏僎《尚书详解·禹贡》,《四库全书》第56册,上海:上海古籍出版社1987年版,第521页。
⑦ 宋·乐史《太平寰宇记·河北道十七》(王文楚等校点)第3册,北京:中华书局2007年版,第1380页。

河流原有的入海水道,致使不同的水系并入海河水系;二是截断诸水后,在改变各河流入海方向的同时,致使调节各河流水位的湖泊及湿地逐步消失。湖泊及湿地消失后,改变了相关区域的自然地理环境,给当地百姓带来了难以诉说的灾难。如湖泊及湿地本身有调节气候的功能,消失以后,经过长期的积累,导致整个华北地区成为半干旱地区,甚至一直影响到今日。

第五章 隋代河漕与水次仓分布

在加强漕运的过程中,隋代统治者重点建设了由国家控制的大型水次仓,由于这些水次仓主要沿黄河两岸展开,故有"河漕"之称。"河漕"的提法表明,黄河是隋代时自关东入关中及长安时不可或缺的漕运通道。关中是四塞之地,交通一向不便,连绵不断的崇山峻岭阻隔了从关中到关东的陆路交通,在这样的前提下,最为快捷的运输方式是走黄河航线。进而言之,河漕的最大优势是可最大限度地解决陆路运粮成本消耗太大等问题。如唐代裴耀卿在上疏中写道:"从都至陕,河路艰险,既用陆运,无由广致。若能兼河漕,变陆为水,则所支有余,动盈万计。"①唐代遇到的困难同样也是隋代难以克服的问题,因"河路艰险"须经三门峡,漕船经三门峡时常会发生船毁人亡的事件,在无法从根本上消除这一天险的过程中,隋文帝采取了在黄河两岸建水次仓的办法,试图根据黄河水文来决定起运和入仓的时间来尽可能地减少黄河漕运时的风险,以求最大限度地应对关中及长安日益增长的粮食需求及战略储备的需求。

隋王朝每年运往关中及长安的粮食有多少?因文献缺载,似乎很难说得清楚。不过,以汉武帝"河漕度四百万石,及官自籴乃足"②为参考,再考虑到隋文帝加强河渠建设、沿黄河建水次仓、重点发展河东漕运等,当知隋代河漕的总量不会低于这一水平。如果进一步地考虑到卫州黎阳仓、陕州常平仓等水次仓常年的储粮超过千万石的情况,那么,隋代河漕的总量应远远地超过汉代的水平。

第一节 河漕与十三州水次仓

因关中及长安粮食需求量巨大,为了适时起运及缩短航程,开皇三年(583)隋文帝颁布诏书下令在黄河沿岸十三州建水次仓。史称:"开皇三年,朝廷以京师仓廪尚虚,议为水旱之

---

① 后晋·刘昫等《旧唐书·食货志下》,北京:中华书局1975年版,第2115页。
② 汉·司马迁《史记·平准书》,北京:中华书局1982年版,第1436页。

备,于是诏于蒲、陕、虢、熊、伊、洛、郑、怀、邵、卫、汴、许、汝等水次十三州,置募运米丁。又于卫州置黎阳仓,洛州置河阳仓,陕州置常平仓,华州置广通仓,转相灌注。漕关东及汾、晋之粟,以给京师。"①建水次仓及"转相灌注"是隋文帝极有战略眼光的行为,这里除了与关中及长安面临的粮食需求相关外,还与隋王朝"为水旱之备"有着密切的关系。十三州分属关中、河东、关东等三大自然地理区域。隋文帝在此建水次仓既是按照"以给京师"的漕运路线设计的,同时又是以"转相灌注"即分级接运为依据的,进而考虑到黄河及相关区域的水文情况。在这中间,各州的水次仓建设都具有建在河口和黄河沿岸等两个特点,同时也说明黄河沿岸的黎阳仓、河阳仓、常平仓、广通仓是重点建设的对象。具体地讲,十三州包括卫州、洛州、陕州和华州,史家先说隋文帝下诏在十三州建水次仓,随后又称"于卫州置黎阳仓,洛州置河阳仓,陕州置常平仓,华州置广通仓",据此当知,黎阳仓、河阳仓、常平仓、广通仓是隋文帝重点建设的水次仓。

开皇三年,隋文帝建黎阳仓,如史有"卫州置黎阳仓"②可证。冯智舒注朱熹《资治通鉴纲目》指出:"黎阳仓,在大明府浚县东二里大伾山北麓,乃隋文帝所置。"③黎阳仓在卫州黎阳大伾山(在今河南浚县东南二里)北麓,大伾山又称黎阳山、黎山。郦道元叙述黎阳山与黄河的关系时指出:"晋灼曰:黎山在其南,河水径其东。其山上碑云:县取山之名,取水之阳以为名也。王莽之黎蒸也。今黎山之东北故城,盖黎阳县之故城也。山在城西,城凭山为基,东阻于河。"④黎阳仓东濒黄河,有天然自成的漕运条件。顾祖禹记载道:"黎阳废县,县西二里。又有故城,在今县东北。汉县治此,相传以黎侯失国,寓卫时居此而名。应劭曰:'黎山在其南,河水经其东,县取山之名,水在其阳,故曰黎阳。'……建安四年,曹操与袁绍相持于黎阳。八年,操攻黎阳,败袁谭、袁尚于城下。……隋开皇三年置黎阳仓,漕河北之粟以输京师。……《括地志》:'黎阳城西南有故仓城,相传袁绍聚粟之所,亦即隋开皇中置仓处也。'是时黎阳城盖在大伾以东矣。"⑤建造黎阳仓及仓城的历史,可上溯到东汉末年袁绍占据河北时期。隋代以前,黎阳除了东濒黄河外,又西临曹操兴修的白沟,是黄河与白沟交汇的河口。建安九年(204),曹操征伐袁绍残余势力时曾有"济河,遏淇水入白沟以通粮道"⑥之举。黄河与白沟在黎阳交汇,既可深入到河北腹地,又可沿黄河远及江淮,自然是隋文帝建黎阳

---

① 唐·魏徵等《隋书·食货志》,北京:中华书局1973年版,第683页。
② 同①。
③ 宋·朱熹《资治通鉴纲目》,清·圣祖批《御批资治通鉴纲目》,《四库全书》第690册,上海:上海古籍出版社1987年版,第762页。
④ 北魏·郦道元《水经注·河水五》,杨守敬、熊会贞疏,段熙仲点校,陈桥驿复校《水经注疏》上册,南京:江苏古籍出版社1989年版,第415页。
⑤ 清·顾祖禹《读史方舆纪要·北直七》(贺次君、施和金点校),北京:中华书局2005年版,第716页。
⑥ 晋·陈寿《三国志·魏书》,北京:中华书局1959年版,第25页。

仓的理想之地。

大业四年（608），隋炀帝利用白沟修永济渠以后，因黎阳仓位于黄河与永济渠交汇的河口，负有调集河北各地粮食西入关中、囤积江淮漕粮及调粮北上涿郡等功能，黎阳仓成为隋王朝在河北地区经营的特大型水次仓。当时的漕运线路是这样的：一是黄河以北的粮食集中到黎阳以后，经永济渠入黄河，再从黄河入洛水抵达洛阳，随后经陆路翻越大山绕过三门峡至陕州，再从陕州上船沿黄河入渭水至关中及长安；二是江南漕粮沿长江入邗沟及经淮河航线，自徐城汴口入狭义上的通济渠，随后经通济渠可进入黄河，再从黄河入黎阳仓。正因为如此，黎阳仓作为战略中转仓，在隋炀帝征辽东的过程中扮演了粮草及后勤保障的角色，如史有大业七年隋炀帝征辽东"命玄感于黎阳督运"①，又有大业十年（614）"帝复征辽东，遣敏于黎阳督运"②之说。

从形势上看，以黎阳仓为战略支撑点，可以控制隋王朝政治稳定的核心区域河北、河南两地，有稳定国家政治和经济秩序等方面的作用。如隋末天下大饥，占据黎阳仓可以稳定民心和军心，进而取得战场上的优势。史称："时河南、山东大水，死者将半，隋帝令饥人就食黎阳，开仓赈给。时政教已紊，仓司不时赈给，死者日数万人。勣言于密曰：'天下大乱，本是为饥，今若得黎阳一仓，大事济矣。'密乃遣勣领麾下五千人自原武济河掩袭，即日克之，开仓恣食，一旬之间，胜兵二十万余。经岁余，宇文化及于江都弑逆，拥兵北上，直指东郡。时越王侗即位于东京，赦密之罪，拜为太尉，封魏国公，授勣右武候大将军，命讨化及。密遣勣守仓城，勣于城外掘深沟以固守；化及设攻具，四面攻仓，阻壍不得至城下，勣于壍中为地道出兵击之，大败而去。"③从李勣"今若得黎阳一仓，大事济矣"等语中不难发现，在天下大饥的背景下，要想在政治斗争中获取优势，拥有粮食资源等已成为确立军事优势的必备条件。在这中间，迅速地占领黎阳仓，实施开仓赈灾之策，是争取民心、号召反隋的基本保障。

事实上，黎阳仓的战略地位受到隋末多个军事政治集团的高度关注。史称："俄而宇文化及杀逆，率众自江都北指黎阳，兵十余万。密乃自率步骑二万拒之。会越王侗称尊号，遣使者授密太尉、尚书令、东南道大行台、行军元帅、魏国公，令先平化及，然后入朝辅政。密遣使报谢焉。化及与密相遇，密知其军少食，利在急战，故不与交锋，又遏其归路，使不得西。密遣徐世勣守仓城，化及攻之，不能下。密与化及隔水而语，密数之曰：'卿本匈奴皂隶破野头耳，父兄子弟并受隋室厚恩，富贵累世，至妻公主，光荣隆显，举朝莫二。荷国士之遇者，当须国士报之，岂容主上失德，不能死谏，反因众叛，躬行杀虐，诛及子孙，傍立支庶，擅自尊崇，欲规篡夺，污辱妃后，枉害无辜？不追诸葛瞻之忠诚，乃为霍禹之恶逆。天地所不容，人神所

---

① 唐·魏徵等《隋书·杨玄感传》，北京：中华书局1973年版，第1616页。
② 唐·魏徵等《隋书·李敏传》，北京：中华书局1973年版，第1124页。
③ 后晋·刘昫等《旧唐书·李勣传》，北京：中华书局1975年版，第2483—2484页。

莫佑,拥逼良善,将欲何之!今若速来归我,尚可得全后嗣。'化及默然,俯视良久,乃瞋目大言曰:'共你论相杀事,何须作书语邪?'密谓从者曰:'化及庸懦如此,忽欲图为帝王,斯乃赵高、圣公之流,吾当折杖驱之耳。'化及盛修攻具,以逼黎阳仓城,密领轻骑五百驰赴之。仓城兵又出相应,焚其攻具,经夜火不灭。密知化及粮且尽,因伪与和,以敝其众。化及不之悟,大喜,恣其兵食,冀密馈之。会密下有人获罪,亡投化及,具言密情。化及大怒,其食又尽,乃渡永济渠,与密战于童山之下,自辰达酉。密为流矢所中,顿于汲县。化及掠汲郡,北趣魏县,其将陈智略、张童仁等所部兵归于密者,前后相继。"① 宇文化及自江都北上,将军事斗争的锋芒直指黎阳仓,主要与占据黎阳仓及时地补充粮草等相关。与此同时,李密能打败宇文化及,固然与李密以黎阳仓城为防御工事,实施内外夹击之策密切相关,更重要的是,占据黎阳仓既可获取充足的粮食和军用物资,同时又掌握了放粮赈灾、争取民心的资源。可以说,宇文化及的部属纷纷倒戈投奔李密,主要和黎阳仓有争取民心、有粮食等资源有紧密的联系。

开皇三年,隋文帝建河阳仓,如史有"洛州置河阳仓"②之说。河阳仓在什么地方?史有偃师"有河阳仓"③之说,河阳仓建在偃师(在今河南偃师)北面的邙山,顾祖禹叙述偃师与河阳仓的关系时有"在县北"④语。邙山虽然是一座小山,但在地势低洼的河洛地区已属于高地,选择这一地点建仓主要有三个原因。一是偃师位于洛水的要冲,有洛水和黄河相接的漕运通道。史称:"隋大业元年,自故洛城西移十八里置新都,今都城是也。北据邙山,南对伊阙,洛水贯都,有河汉之象。"⑤大业元年(605),隋炀帝营造东都洛阳。河阳仓位于偃师和洛阳之间,从洛阳出发沿通济渠和永济渠共线入洛水,经偃师可入黄河。二是邙山地势高,干燥通风,有适合储存粮食的自然环境。在这一地点修建水次仓既可保障东都洛阳的粮食安全,为守卫洛阳提供支持,又可在分级接运中缩短漕粮西入长安的行程。三是邙山是高地,在此建仓可居高临下,增强粮仓的守卫能力。

洛阳是长安的门户,与长安互为犄角,重点经营洛阳关系不但涉及关中及长安的安全,而且可以形成居高临下控制关东的态势。与此同时,重点经营河阳仓则关系到洛阳的安全。洛阳是隋王朝的东都即第二个政治中心,经营河阳仓有拱卫东都洛阳的作用。如陈子昂在《谏灵驾入京书》一文中论洛阳形胜时指出:"北对嵩、邙,西望汝海,居祝融之故地,连太昊之遗墟,帝王图迹,纵横左右,……北有太行之险,南有宛、叶之饶,东压江、淮,食湖海之利,

---

① 唐·魏徵等《隋书·李密传》,北京:中华书局1973年版,第1630—1631页。
② 唐·魏徵等《隋书·食货志》,北京:中华书局1973年版,第683页。
③ 唐·魏徵等《隋书·地理志中》,北京:中华书局1973年版,第834页。
④ 清·顾祖禹《读史方舆纪要·河南三》(贺次君、施和金点校),北京:中华书局2005年版,第2244页。
⑤ 后晋·刘昫等《旧唐书·地理志一》,北京:中华书局1975年版,第1420—1421页。

西驰崤、渑,据关河之宝。"①河阳仓有调运和囤积江淮粮草及物资的功能,位于黄河和洛水交汇的河口,除了有拱卫洛阳的作用外,还有"东压江、淮,……西驰崤、渑"的功能。从这样的角度看,与其说河阳仓建在偃师,倒不如说这座水次仓即战略储备仓是东都洛阳及政治中心长安的屏障更为合适。事实上,河阳仓亦是隋王朝的战略要地。如隋末天下大乱时,隋炀帝"遣武贲郎将陈棱攻元务本于黎阳,武卫将军屈突通屯河阳"②,这一事件从一个侧面说明了河阳仓的重要性。

开皇三年,隋文帝建常平仓,如史有"陕州置常平仓"③之说。常平仓建在陕州(治所在今河南三门峡陕县),西俯黄河,因其建在干燥通风的黄土高原上,故又称"太原仓"。常平仓主要负责接纳和仓储从洛阳方向陆运过来的粮食,并根据需要及通航条件及时地把这些粮食装船沿黄河航道运往关中。常平仓即太原仓建在西京长安和东京洛阳之间,如时有"太原仓控两京水陆二运"④之说。常平仓安全与否直接关系到关中及长安粮食安全的大事,故始终是隋王朝重点经营的水次仓。史称:"关中仓廪竭,禁军或自脱巾呼于道曰:'拘吾于军而不给粮,吾罪人也!'上忧之甚,会韩滉运米三万斛至陕,李泌即奏之。上喜,遽至东宫,谓太子曰:'米已至陕,吾父子得生矣!'时禁中不酿,命于坊市取酒为乐。又遣中使谕神策六军,军士皆呼万岁。"⑤唐德宗贞元二年(786)四月,因藩镇割据、航道久塞不通,长安仓储急剧下降,乃至于长安出现了粮食极度匮乏的局面。在这一紧要关头,韩滉运米三万石抵达陕州的消息传入京城。得知这一消息后,唐德宗欣喜若狂,干脆与太子跑到坊市取酒相庆。这一事件虽然发生在唐代,但可移来说明太原仓在维护长安粮食安全中的重要性。

在陕州建常平仓目的是为了方便漕运,通过减少陆运里程以加强漕转。具体地讲,自洛阳走陆路运粮至陕州,是因为"河漕"受阻于三门峡,三门峡水流湍急、暗礁丛生、险滩密布,漕船在峡谷中穿行时常会发生船毁人亡的事件。为了克服这一困难,隋王朝采取了自洛阳走陆路运粮到陕州,自陕州走黄河航线入渭水的措施。史有"开皇三年,朝廷以京师仓廪尚虚,议为水旱之备,……转相灌注。漕关东及汾、晋之粟,以给京师。又遣仓部侍郎韦瓒,向蒲、陕以东,募人能于洛阳运米四十石,经砥柱之险,达于常平者,免其征戍"⑥之说,又有"自太原仓溯河,更无停留,所省巨万"⑦之说,通过转陆运自洛阳运粮绕过三门峡至陕州,又通过自太原仓即常平仓入黄河漕运,大大地降低了运输成本。这一漕转的路线是:漕船经黄河

---

① 后晋·刘昫等《旧唐书·陈子昂传》,北京:中华书局1975年版,第5020页。
② 唐·魏徵等《隋书·杨玄感传》,北京:中华书局1973年版,第1618页。
③ 唐·魏徵等《隋书·食货志》,北京:中华书局1973年版,第683页。
④ 后晋·刘昫等《旧唐书·姜师度传》,北京:中华书局1975年版,第4816页。
⑤ 宋·司马光《资治通鉴·唐纪四十八》(邹国义校点),上海:上海古籍出版社1997年版,第2153页。
⑥ 同③,第683页。
⑦ 后晋·刘昫等《旧唐书·食货志下》,北京:中华书局1975年版,第2115页。

入洛水抵洛阳,随后由民夫负粮走山路运抵陕州,所运粮食或入仓或直接上船入黄河。漕船从陕州起程后沿黄河航道西行经渭口入广通仓或入渭水,随后再沿渭水入广通渠入长安。在这一过程中,选择洛阳为漕转集散地,是因为这一线路可最大限度地降低陆运成本及缩短陆运里程。

常平仓即太原仓是以长安为中心在三门峡西面建造的大型水次仓,同时也是一座与渭口广通仓遥相呼应的水次仓。由于从陕州进入关中的黄河航道有良好的通航条件,再加上常平仓负有保证关中及长安粮食安全的重大责任,因此,常平仓成为隋王朝重点经营的水次仓是必然的。史有"太原蓄巨万之仓"①之说,从巨大的仓储中可知太原仓的重要性。唐玄宗天宝十年(751),"陕郡运船失火,烧米船二百余只"②。唐代漕船载粮的额度为每船一千石,从"烧米船二百余只"中当知,仅停靠在漕运码头有待于起运或入仓的粮食数额就超过二十万石。唐承隋制,隋代漕船的运载量与唐代的大体相当。在隋代水次仓储粮数额远超唐代的前提下,不难想象隋代陕州漕运码头的繁忙程度。

开皇三年,隋文帝建广通仓,如史有"华州置广通仓"③之说。广通仓位于黄河与渭河交汇的河口,大业初年改称"永丰仓"。史称:"坚治汉、隋运渠,起关门,抵长安,通山东租赋。乃绝灞、浐,并渭而东,至永丰仓与渭合。又于长乐坡濒苑墙凿潭于望春楼下,以聚漕舟。"④王应麟亦记载道:"京兆府万年县,隋改为大兴县。广通渠,在华州,置广通仓。(《隋·纪》:'幸灞水,观漕渠。')潼关,在华州华阴县。渭水,在万年县北五十里,东流二百四十里,至华阴县,东北流三十五里,自永丰仓入河,谓之渭口。"⑤广通仓建在黄河与渭河交汇的河口,是进入关中地区后的第一座水次仓。自渭口起程经渭水,广通仓的粮食可直接运入长安等地,这一水次仓既负有转运关东漕粮西入关中的职责,同时也是长安粮食安全的战略储备仓。当时,凡从关东运往关中的漕粮均须经此入仓或再度起运。

广通仓地近潼关,两地相距只有四里。潼关是关中的门户,既扼守自关东进入关中的要道,又俯视黄河北岸的风陵渡。李吉甫记载道:"永丰仓,在县东北三十五里渭河口,隋置。……潼关,在县东北三十九里……上跻高隅,俯视洪流,盘纡峻极,实为天险。河之北岸则风陵津,北至蒲关六十余里。河山之险,逦迤相接,自此西望,川途旷然,盖神明之奥区,帝宅之户牖,百二之固,信非虚言也。"⑥永丰仓即广通仓作为接纳关东漕粮入关中的水次仓,与潼

---

① 后晋·刘昫等《旧唐书·陈子昂传》,北京:中华书局1975年版,第5021页。
② 后晋·刘昫等《旧唐书·玄宗纪下》,北京:中华书局1975年版,第224页。
③ 唐·魏徵等《隋书·食货志》,北京:中华书局1973年版,第683页。
④ 宋·欧阳修等《新唐书·食货志三》,北京:中华书局1975年版,第1367页。
⑤ 宋·王应麟《困学纪闻·考史》(栾保群、田松青、吕宗力校点),上海:上海古籍出版社2008年版,第1799—1800页。
⑥ 唐·李吉甫《元和郡县图志·关内道二》(贺次君点校),北京:中华书局1983年版,第35页。

关互为犄角,是兵家必争之地。

具体地讲,隋末,各方政治势力均认识到永丰仓即广通仓战略位置的重要性。如李子雄劝说杨玄感乘乱进军关中,成就霸业时指出:"东都援军益至,我师屡败,不可久留。不如直入关中,开永丰仓以赈贫乏,三辅可指麾而定。据有府库,东面而争天下,此亦霸王之业。"①从李子雄之论中当知,永丰仓是先取关中再挥师东进经营天下的战略支撑点。又如薛大鼎劝说自太原起兵的李渊放弃经营河东,先取永丰仓,据关中以经营天下。史称:"义旗初建,于龙门谒高祖,因说:'请勿攻河东,从龙门直渡,据永丰仓,传檄远近,则足食足兵。既总天府,据百二之所,斯亦拊背扼喉之计。'高祖深然之。时将士咸请先攻河东,遂从众议。授大将军府察非掾。"②李渊明知薛大鼎先占据永丰仓取关中的建议是经营天下的良策,终因屈从众将之议,推迟了据关中经营天下的时间。司马光叙述这一事件时别有深意地指出:"汾阳薛大鼎说渊:'请勿攻河东,自龙门直济河,据永丰仓,传檄远近,关中可坐取也。'渊将从之。诸将请先攻河东,乃以大鼎为大将军府察非掾。"③相比之下,李世民比其父李渊更有战略眼光。史称:"至河东,关中豪杰争走赴义。太宗请进师入关,取永丰仓以赈穷乏,收群盗以图京师,高祖称善。太宗以前军济河,先定渭北。"④因"太宗以前军济河,先定渭北"的事件发生在薛大鼎献策之后,故李世民挥师入关攻取永丰仓及赈灾安民实际上是在践行薛大鼎的主张。汪籛先生指出:"永丰仓更是河渭转漕、米粮屯聚之中心,尤具军事、经济两方面之价值,是皆兵家之所必争。"⑤透过这一话语,可知攻取永丰仓及占领关中是李渊、李世民父子推翻隋王朝,建立唐王朝的重要举措。

隋文帝沿河建水次仓及加强"河漕"后,在一定程度上缓解了关中及长安面临的粮食危机,成功地解决了"为水旱之备"等大问题。丘濬总结道:"隋于蒲陕等十三州,募运米丁,又于卫、陕等州置仓,转相灌注,漕粟以给京师。盖于凡经过之处,以丁夫递运。要害之处,置仓场收贮,次第运之,以至京师。运丁得以番休,而不久劳。漕船得以回转而不长运。而所漕之粟,亦得以随宜措注,而或发或留也。"⑥这一论述主要强调了五个方面的内容:一是在十三州招募运米的壮丁,从水陆两个方向接纳其腹地或纵深地区的粮食,将其就近运到黄河沿岸的水次仓;二是实行"转相灌注",利用黄河水运成本低廉的优势,将仓粮运往关中及长

---

① 唐·魏徵等《隋书·杨玄感传》,北京:中华书局1973年版,第1618页。
② 后晋·刘昫等《旧唐书·薛大鼎传》,北京:中华书局1975年版,第4787页。
③ 宋·司马光《资治通鉴·隋纪八》(邬国义校点),上海:上海古籍出版社1997年版,第1670页。
④ 后晋·刘昫等《旧唐书·太宗纪上》,北京:中华书局1975年版,第23页。
⑤ 汪籛《唐室之克定关中》,唐长孺等编《汪籛隋唐史论稿》,北京:中国社会科学出版社1981年版,第220页。
⑥ 明·丘濬《大学衍义补·漕挽之宜上》(林冠群、周济夫校点),北京:京华出版社1999年版,第303页。

安,或指定的地点;三是"要害之处,置仓场收贮",在黄河沿岸的河口地区及方便漕运的区域建水次仓,负责仓储各地运来的粮食;四是在"丁夫递运"的基础上采取分段运粮和分航段接运的措施,经此,"运丁得以番休,而不久劳",与此同时,"漕船得以回转而不长运",减轻了运丁漕运时的劳累和提高漕运效率;五是"所漕之粟,亦得以随宜措注,而或发或留",是说根据黄河水文或在行运安全的时机起运,或在不便运输的时节将粮食储存到仓中。隋文帝有意识地拓展水次仓的仓储能力和采取分段运输等一系列的策略对维护国家政治稳定、促进社会经济发展有着积极的意义和作用。更重要的是,隋王朝的水次仓建设及分级接运等措施的实施逐步地演化为制度,给唐代水次仓建设及漕运制度建设规定了基本的方向,进而为唐以后的漕运提供了宝贵的经验。可以说,在隋炀帝建设东都洛阳第二个政治中心以前,在实现"以给京师"的目标中,"河漕"在稳定国家政治、经济秩序中负有特殊的使命。

从另一个层面看,"置仓递运"是与"开河以转漕"联系在一起的。相比之下,哪个更有利可图呢？王夫之以独到的眼光做出了这样的回答:"开河以转漕,置仓以递运,二者孰利？事固有因时因地而各宜,不能守一说以为独得者,然其大概,则亦有一定之得失焉。其迹甚便,其事若简,其效若速,一登之舟,旋运而至,不更劳焉,此转漕之见为利者也。然而其运之也,必为之期,而劳甚矣。闸有启闭,以争水之盈虚,一劳也;时有旱涝,以争天之燥湿,二劳也;水有淤通,以勤人之浚治,三劳也;时有冻沍,以待天之寒温,四劳也;役水次之夫,夺行旅之舟以济浅,五劳也。而又重以涉险飘沈、重赔补运之害,特其一委之水,庸人偷以为安,而见为利耳。"①一方面隋代创立的"置仓递运"为后世所遵守,另一方面由"开河以转漕"带来的弊端也是显而易见的。可以说,开挖河渠不仅仅破坏了自然水系,给自然生态带来了不可估量的灾难,而且还无端地增加许多不应发生的困扰。可以说,兴修有水运、灌溉等多种功能的河渠是一个永远说不完、倒不尽的话题。

第二节 东都洛阳水次仓与漕转

隋炀帝重点经营东都洛阳以后,通过兴修河渠及建立洛阳这一漕转中心,漕运形势发生了一定的变化。具体地讲,为了适应东都洛阳建设的需求,隋炀帝重点兴建了兴洛仓、回洛仓、含嘉仓等,这些大型粮仓集中在洛阳,提升了东都洛阳的战略地位,乃至于形成了洛阳动、天下动的局面。

洛阳一带是水次仓重点建设的区域。继隋文帝在十三州建水次仓及重点建设黎阳仓、

---

① 清·王夫之《读通鉴论·隋文帝》,《续修四库全书》第450册,上海:上海古籍出版社2002年版,第102页。

河阳仓、常平仓、广通仓等以后,隋炀帝又在东都洛阳一带兴建了兴洛仓、回洛仓、含嘉仓等水次仓。从形势上看,隋王朝的重要粮仓之所以多集中在洛阳附近,和当时的漕运路线有着密切的关系。这一做法从一个侧面反映了洛阳是隋代政治中心在关东的屏障,同时也是隋王朝重点经营的关东重镇即第二个政治中心。唐代洛阳尉杨齐哲描述洛阳在漕运中的地位时指出:"神都帑藏储粟,积年充实,淮海漕运,日夕流衍,……长安府库及仓,庶事空缺,皆藉洛京。"①此语虽然就唐代而言,但完全可移来说明隋代的情况。在东都建设的过程中,洛阳有新城和老城之分。在新城正式命名"东京"和改称"东都"之前,老城又有"洛州"之称。如果说隋文帝兴建水次仓的时候与兴修河渠的关系还不够紧密的话,那么,隋炀帝举全国之力兴修河渠并建立以洛阳为中心的水上交通体系则充分地说明了水次仓与河渠沿岸城市建立了更紧密的关系,甚至可以说沿岸城市在漕运的带动下得到了迅速发展。具体地讲,兴洛仓、回洛仓、含嘉仓等与洛阳新城建设几乎同步进行,表明新城在规划之初已考虑到城市与漕运的关系。在这一过程中,洛阳新城建设因兴修河渠及水次仓建设改变了原有的布局,成为典型的依河渠而建的城市。这一时期,以洛阳为漕运中心,除了采纳北魏"于诸州缘河津济,皆官仓贮积,以拟漕运"②之策外,更重要的是从水上加强了与江淮地区的联系,在一定程度上加强了中原与江淮地区及城市之间的经济联系。

大业二年(606),隋炀帝建兴洛仓和回洛仓。兴洛仓在洛水东岸的巩县(在今河南巩县东北),史有巩县"有兴洛仓"③可证,因兴洛仓位于洛水入黄河的河口,又称"洛口仓"。司马光记载道:"冬,十月,诏改修律令。置洛口仓于巩东南原上,筑仓城,周回二十余里,穿三千窖,窖容八千石以还,置监官并镇兵千人。十二月,置回洛仓于洛阳北七里,仓城周回十里,穿三百窖。"④袁枢亦有相同的记载⑤,洛口仓于大业二年十月建成,两个月后回洛仓建成。兴洛仓是大仓,据"穿三千窖,窖容八千石以还",兴洛仓的设计仓储能力应为二千四百万石。回洛仓建在洛阳北洛水沿岸,虽然只有兴洛仓的十分之一,但因靠近洛阳,负有直接为洛阳服务的功能。从这样的角度看,兴洛仓与回洛仓共同负有为东都洛阳提供支援的功能。

兴洛仓建在洛水与黄河交汇的河口洛口,如陈子昂有"太原蓄巨万之仓,洛口积天下之

---

① 宋·王溥《唐会要·行幸》,北京:中华书局1955年版,第518页。
② 唐·魏徵等《隋书·食货志》,北京:中华书局1973年版,第675页。
③ 唐·魏徵等《隋书·地理志中》,北京:中华书局1973年版,第834页。
④ 宋·司马光《资治通鉴·隋纪四》(邬国义校点),上海:上海古籍出版社1997年版,第1634页。
⑤ 袁枢记载道:"冬十月,置洛口仓于巩东南原上,筑仓城,周回二十余里,穿三千窖,窖容八千石以还,置监官并镇兵千人。十二月,置回洛仓于洛阳北七里,仓城周回十里,穿三百窖。"(宋·袁枢《通鉴纪事本末·炀帝亡隋》,北京:中华书局1964年版,第2342页)。

粟"①之说。按照这一说法,洛口仓的规模应与太原仓大体相当。隋炀帝在洛口建洛口仓主要有四个原因:一是在将"河漕"扩大到河渠漕运的过程中,采取分级接运的策略,需要在更大的范围建造有漕运中转功能的水次仓,如史有"巩县置洛口仓,从黄河不入漕洛,即于仓内安置"②之说;二是河南、河北是关东重地,是隋王朝的根基,在此建仓凭借漕运可关照河南、河北两地,为其提供必要的支援;三是水次仓建设除了要保障关中及长安的粮食安全外,还有战略储备、赈灾救荒等功能,需要在方便调粮的区域选点建仓,以应对四方;四是隋炀帝营造东都洛阳将经营涿郡及辽东视为头等目标,在洛口建水次仓方便调运粮食及战略物资。具体地讲,自洛口仓起程沿洛水可入东都洛阳,同时又可接纳自江淮等地运来的漕粮经沁口入永济渠,为经营涿郡及辽东服务。史有大业七年七月"发江、淮以南民夫及船运黎阳及洛口诸仓米至涿郡,舳舻相次千余里"③之说,洛口仓及建在洛阳一带的水次仓与黎阳仓一道承担起了在征伐辽东过程中保障粮草供给的重任。

因背靠洛阳,面向河北和河南,又远及江淮,兴洛仓即洛口仓成为隋王朝重点经营的水次仓,其战略地位十分重要。如司马光记载道:"密开洛口仓散米,无防守典当者,又无文券,取之者随意多少;或离仓之后,力不能致,委弃衢路,自仓城至郭门,米厚数寸,为车马所辇践。群盗来就食者并家属近百万口,无瓮盎,织荆筐淘米,洛水两岸十里之间,望之皆如白沙。"④从"织荆筐淘米,洛水两岸十里之间,望之皆如白沙"等记载中当知,洛口仓储量之丰富在周济灾民、号召反隋方面有着特殊的作用。事实上,隋末,一些有识之士已充分地认识到洛口仓的重要。如针对社会矛盾空前尖锐,政局动荡不安等情况,虞世南力劝隋炀帝趁早派重兵把守洛口仓,以备不测。史称:"帝幸江都,次巩县,世基以盗贼日盛,请发兵屯洛口仓,以备不虞。"⑤面对岌岌可危的政治形势,虞世南劝说隋炀帝派兵把守洛口仓,自然是有先见之明的策略,然而,这一建议没能受到隋炀帝的重视,乃至于酿成大祸,如史有大业十三年二月"贼帅李密、翟让等陷兴洛仓。越王侗遣武贲郎将刘长恭、光禄少卿房崱击之,反为所败,死者十五六。庚子,李密自号魏公,称元年,开仓以振群盗,众至数十万,河南诸郡相继皆陷焉"⑥可证。

兴洛仓即洛口仓有拱卫洛阳的作用。史称:"大业十三年春,密与让领精兵千人出阳城北,逾方山,自罗口袭兴洛仓,破之。开仓恣人所取,老弱襁负,道路不绝,众至数十万。……

---

① 后晋·刘昫等《旧唐书·陈子昂传》,北京:中华书局 1975 年版,第 5021 页。
② 后晋·刘昫等《旧唐书·食货志下》,北京:中华书局 1975 年版,第 2114 页。
③ 宋·司马光《资治通鉴·隋纪五》(邬国义校点),上海:上海古籍出版社 1997 年版,第 1643 页。
④ 宋·司马光《资治通鉴·唐纪二》(邬国义校点),上海:上海古籍出版社 1997 年版,第 1686—1687 页。
⑤ 唐·魏徵等《隋书·虞世南传》,北京:中华书局 1973 年版,第 1573 页。
⑥ 唐·魏徵等《隋书·炀帝纪下》,北京:中华书局 1973 年版,第 92 页。

隋虎贲郎将裴仁基率其子行俨以武牢归密,拜为上柱国,封河东郡公。因遣仁基与孟让率兵三万余人袭回洛仓,破之,入东都,俘掠居人,烧天津桥,东都出兵乘之,仁基等大败,仅以身免。密复亲率兵三万逼东都,将军段达、虎贲郎将高毗刘长林等出兵七万拒之,战于故都城,隋军败走。密复下回洛仓而据之,大修营垒,以逼东都。"①隋末,李密势力不断地壮大与其迅速攻占兴洛仓(洛口仓)、回洛仓等水次仓有直接的关系。当时,人心思变,李密袭取兴洛仓等水次仓以后,采取放粮赈灾等措施受到了饥民的欢迎,与此同时,也吸引了灾民加入到反隋起义的行列。

由于兴洛仓即洛口仓等水次仓是战略要地,为此,李密与隋军围绕着洛阳周边的水次仓爆发了一场又一场大战。史称:"及李密攻陷洛口仓,进逼东都,炀帝特诏世充大发兵,于洛口拒密,前后百余战,未有胜负。又遣就军拜世充为将军,趣令破贼。世充引军渡洛水与李密战,世充军败绩,溺死者万余人,乃率余众归河阳。时天寒大雪,兵士在道冻死者又数万人,比至河阳,才以千数。世充自系狱请罪,越王侗遣使赦之,征还洛阳,置营于含嘉仓城,收合亡散,复得万余人。"②从李密攻占回洛仓到王世充设重兵把守含嘉仓及仓城,以兴洛仓为代表的水次仓已成为不同的政治力量反复较量的战场。

除了洛口仓是隋末各种政治势力争夺或经营的对象外,规模较小的回洛仓也是各方政治势力争夺的对象。如李世民攻王世充,采取令"王君廓自洛口断贼粮道。又遣黄君汉夜从孝水河中下舟师袭回洛城"③的策略。"自洛口断贼粮道"是指占据洛口切断王世充自洛口仓取粮的可能性,"回洛城"是指回洛仓城,袭取回洛仓仓城的目的也是切断其粮道。这些均说明了洛阳一带的水次仓在争夺天下中的作用,同时也说明了以洛口仓为代表的水次仓在逐鹿中原中的重要性。

在这中间,以洛口仓为代表的洛阳周边的水次仓成为隋末各方政治势力或军事集团反复争夺的对象,主要是由四个方面的原因造成的:一是沿黄河及河渠展开的水次仓既有良好的水上交通,同时又有便捷的陆路交通,有灵活机动地调动军队的条件;二是水次仓可以为军队提供丰富的粮源及后勤保障;三是在自然灾害频仍的背景下,占据粮仓赈灾放粮可号召饥民,争取民心;四是隋代的水次仓均建有仓城,本身就是军事要塞。

含嘉仓建于何时? 文献虽然没有明确的记载,但含嘉仓是东都洛阳建设的配套工程,依据大业元年隋炀帝"敕有司于洛阳故王城东营建东京"④等情况,基本上可以确定含嘉仓建造于大业元年。

---

① 后晋·刘昫等《旧唐书·李密传》,北京:中华书局1975年版,第2211—2212页。
② 后晋·刘昫等《旧唐书·王世充传》,北京:中华书局1975年版,第2228—2229页。
③ 后晋·刘昫等《旧唐书·太宗纪上》,北京:中华书局1975年版,第26页。
④ 唐·杜宝《大业杂记》,辛德勇《大业杂记辑校》,西安:三秦出版社2006年版,第2页。

耐人寻味的是,史家叙述隋水次仓时多提到黄河沿岸及洛阳周边的黎阳仓、河阳仓、常平仓、广通仓、兴洛仓、回洛仓等,很少有人提到含嘉仓。其实,含嘉仓规模巨大,后人不提隋代含嘉仓的情况,只提唐代含嘉仓的情况,很可能与唐代继续使用此仓,隋代含嘉仓的记载被淹没在唐代含嘉仓的叙述中,二者有某种内在的联系。从形势上看,含嘉仓除了有保障东都洛阳的粮食需求外,还有中转长安的功能。鉴于此,现梳理如下。

其一,含嘉仓建在东都洛阳的含嘉门外,并构筑了有防御功能的仓城。史有"北即含嘉仓,仓有城,号含嘉城"①之说,因含嘉仓城与东都洛阳含嘉门相连,故名。史称:"世充引军渡洛水与李密战,世充军败绩,溺死者万余人,乃率余众归河阳。时天寒大雪,兵士在道冻死者又数万人,比至河阳,才以千数。世充自系狱请罪,越王侗遣使赦之,征还洛阳,置营于含嘉仓城,收合亡散,复得万余人。"②所谓"置营于含嘉仓城",是指王世充以含嘉仓城为依托建军营与李密对抗,借此守卫洛阳。更重要的是,含嘉仓储粮丰富,既可保障洛阳的粮食需求,又因其仓城本身有防御功能,并与洛阳城互为犄角,因此,含嘉仓及仓城有拱卫洛阳和加强洛阳城防的作用。

其二,含嘉仓是隋王朝在东都洛阳刻意经营的水次仓,仓储虽以租米为主,但同时也储食盐、布帛等。杜宝叙述洛阳宫城内右掖门的子罗仓仓储时指出:"街西有子罗仓,仓有盐二十万石。子罗仓西,有粳米六十余窖,窖别受八千石。"③子罗仓属含嘉仓,据此可知,含嘉仓有储盐等功能。杜佑记载道:"隋氏西京太仓,东京含嘉仓、洛口仓,华州永丰仓,陕州太原仓,储米粟多者千万石,少者不减数百万石。天下义仓又皆充满。京都及并州库布帛各数千万,而锡赉勋庸,并出丰厚,亦魏晋以降之未有。"④杜佑有意将西京太仓、东京含嘉、洛口仓、永丰仓、太原仓等并称,当知含嘉仓的规模与其他各仓大体相当。从"京都及并州库布帛各数千万,而锡赉勋庸"等语中当知,含嘉仓兼有储存布帛等功能,唐玄宗天宝八年(749),含嘉仓储存的粮食为"五百八十三万三千四百石"⑤。以此为基数,结合隋仓"窖容八千石以还"等情况,那么,唐代含嘉仓的仓窖应超过七百三十座。如果再考虑到惩隋之败唐代含嘉仓的规模已缩小,那么,隋代含嘉仓的仓窖应超过唐代,同时其储量也应该高于五百八十多万石。

其三,含嘉仓与回洛仓一道,共同负责接运来自江淮的漕粮及物资。杜佑记载道:"自江淮西北溯鸿沟,悉纳河阴仓。自河阴候水涨涸,漕送含嘉仓,又取晓习河水者,递送纳于太原仓,所谓北运也。自太原仓浮渭以实关中。凡三年,运七百万石,省脚三十万贯。耀卿罢相

---

① 元·佚名《元河南志》(清·徐松辑),《丛书集成续编》第54册,上海:上海书店1994年版,第80页。
② 后晋·刘昫等《旧唐书·王世充传》,北京:中华书局1975年版,第2228—2229页。
③ 唐·杜宝《大业杂记》,辛德勇《大业杂记辑校》,西安:三秦出版社2006年版,第6页。
④ 唐·杜佑《通典·食货七》,杭州:浙江古籍出版社1988年版,第42页。
⑤ 唐·杜佑《通典·食货十二》,杭州:浙江古籍出版社1988年版,第71页。

后,缘边运险涩,颇有欺隐,议者又言其不便,事又停废。"①刘昫等《旧唐书》亦有类似的记载②。河阴仓是唐代建在鸿沟(通济渠)入黄河处的河口仓,在裴耀卿的主持下,唐代漕运改革隋制,在加强沿河诸仓分级接运的过程中,重点建设了河阴仓。唐代分级接运的程序是:一是江淮漕粮沿鸿沟即通济渠至汴口入河阴仓;二是等到适合黄河水运的季节,将漕粮运入含嘉仓;三是由熟悉黄河水文的船夫将漕粮运至太原仓即陕州常平仓;四是自太原仓启程沿黄河入渭"以实关中"。后来因"缘北运险涩",唐代恢复了陆运即自洛阳从陆路运粮到陕州太原仓的制度。然而,不管唐代采取什么样的措施进行漕运改革,含嘉仓负责接运江淮漕粮及物资的职能不变。

其四,含嘉仓是隋代向关中及长安输粮的重要保证仓。史有"凡都已东租纳含嘉仓,自含嘉转运以实京太仓。自洛至陕为陆运,自陕至京为水运,置使,以监充之"③之说,唐代承袭了隋代的漕转制度,并设转运使负责监督漕转事务。从唐代恢复隋代制度即自洛阳陆运陕州太原仓等情况看,含嘉仓应像兴洛仓即洛口仓那样负有接运江淮漕粮的功能。从仓储规模上看,靠近洛阳的回洛仓只有"穿三百窖"的规模,如以"窖容八千石"计算,其仓储只有二百四十万石的容量。很显然,回洛仓的储量无法保证关中及长安的粮食供给及战略储备等方面的需求,为此,还需要有其他的水次仓与回洛仓一道负责漕转的重任。由于洛阳是漕转中心,有四通八达的水运条件,又由于洛阳只有含嘉仓和回洛仓,因此,含嘉仓承担着隋代向关中及长安输粮的重任。

第三节　魏邸阁仓与隋代水次仓

隋代水次仓建设在古代仓廪建设方面有着特殊的意义。隋文帝加强"河漕",将调运不同区域粮食及物资的水次仓有序地分布在黄河沿岸,表达了重点经营河南、河北等区域的意志。在隋文帝建水次仓发展"河漕"的基础上,隋炀帝营造东都洛阳并建立以洛阳为中心的漕转机制,通过建造以洛阳为中心的水次仓,突出了河渠在漕运中的作用。在这中间,通过河渠将漕运的触觉深入到江淮以远的区域,不但加快了商品流通的速度,为不同区域间的政

---

① 唐·杜佑《通典·食货十》,杭州:浙江古籍出版社1988年版,第57页。
② 史称:"自江淮而溯鸿沟,悉纳河阴仓。自河阴送纳含嘉仓,又送纳太原仓,谓之北运。自太原仓浮于渭,以实关中。上大悦。寻以耀卿为黄门侍郎、同中书门下平章事,充江淮、河南转运都使;以郑州刺史崔希逸、河南少尹萧炅为副。凡三年,运七百万石,省陆运之佣四十万贯。旧制,东都含嘉仓积江淮之米,载以大舆而西,至于陕三百里,率两斛计佣钱千,此耀卿所省之数也。"(后晋·刘昫等《旧唐书·食货志下》,北京:中华书局1975年版,第2115—2116页)。
③ 后晋·刘昫等《旧唐书·职官志二》,北京:中华书局1975年版,第1828页。

治、经济、文化等交流注入了生生不息的活力,而且为后世依托粮仓建立新的行政区划及城市提供了必要的条件。

追溯历史,隋代水次仓及漕转机制建设发生在隋文帝时期,在建设的过程中,借鉴了北魏建"邸阁"及加强漕运的经验,也吸收了隋代以前的仓廪建设经验,如在建设水次仓的过程中,有意识地扩大仓储范围,将赈灾、平易粮价及物价等功能纳入仓廪建设的过程中,进而形成了自己的特点。

其一,北魏在水运节点"立邸阁"及"应机漕引"的措施对隋代水次仓建设产生了重要的影响。史称:"自徐扬内附之后,仍世经略江淮,于是转运中州,以实边镇,百姓疲于道路。乃令番戍之兵,营起屯田,又收内郡兵资与民和籴,积为边备。有司又请于水运之次,随便置仓,乃于小平、石门、白马津、漳涯、黑水、济州、陈郡、大梁凡八所,各立邸阁,每军国有须,应机漕引。"①所谓"徐扬",指以徐州(在今江苏徐州)、扬州(在今安徽寿春)为中心区域的淮北。所谓"邸阁",是邸阁仓的省称,本指储存粮食等物资的官仓,此指在漕运码头建造有中转功能的水次仓。北魏孝文帝取淮北之地后,为加强防务采取了屯田之策,与此同时,为了应对经营江淮方面的需求,在黄河及淮河沿岸建造了八座有储存粮食和方便调运的水次仓。王应麟论述道:"孝文太和七年,刁雍请造船二百艘,一运二十万斛。方舟顺流五日而至,轻于车运十倍。"②在千里转运的过程中,漕运成本只有车运的十分之一,根据这一情况,隋文帝将发展漕运提到了议事日程上。

其二,在关注北魏"各立邸阁,每军国有须,应机漕引"成功经验的过程中,隋文帝强化制度,建立了以水次仓为节点的分级接运漕运制度。如王应麟在《玉海》"隋漕运"条中记载道:"开皇三年以仓廪尚虚,议为水旱之备。诏于蒲陕等十三州置募运米丁,卫州置黎阳仓,陕州置常平仓,华州置广通仓,转相灌注,漕关东、汾、晋之粟,以给京师。元魏经略江淮,转运中州,以实边镇。有司请于水运之次随便置仓,立邸阁,凡八所,应机漕引费役征省。"③王应麟别有深意地将隋文帝建水次仓与北魏"立邸阁"放在一起,目的是强调两者之间的承袭关系。如北魏采取"水运之次,随便置仓"的措施对隋文帝建造水次仓时突出"为水旱之备"的思想有着直接的启示作用。又如北魏漕运建邸阁兼顾到"经略江淮,转运中州,以实边镇"等方面,这一思想为隋文帝贯彻"转相灌注,漕关东、汾、晋之粟,以给京师"的意图提供了重要的依据;再如孝文帝太和七年(483),刁雍造船重点发展漕运取得了"轻于车运十倍"的成果,这一成果对隋提高运输效率、降低运输成本,建水次仓以保证京师的粮食安全有重要的借鉴作用。

---

① 北齐·魏收《魏书·食货志》,北京:中华书局1974年版,第2858页。
② 宋·王应麟《玉海·食货》,南京:江苏古籍出版社1987年版,第3342页。
③ 同②。

其三,北魏邸阁仓建设除了有经营江淮的作用外,又有稳定政治、经济秩序等方面的作用。丘浚论述道:"后魏自徐扬州内附之后,经略江淮,转运中州,以实边镇。有司请于水运之次,随便置仓。乃于小平,石门,白马津,漳涯,黑水,济州,陈郡,大梁,凡八所,各立邸阁,每军国有须,应机漕引。臣按:后魏于水运之次,随便置仓,此亦良便。"①丘浚高度评价了北魏"于水运之次,随便置仓"的作为,将其称之为"良便"即应对军国大事的良策。受其影响,隋文帝在黄河沿岸的各州建水次仓:一是承袭北魏"各立邸阁"的做法;二是根据需要形成了自己的漕运特点;三是在继承北魏漕运制度的过程中,隋文帝又根据黄河水文,采取了分级接运的措施。如北魏迁都洛阳,重点防范的对象是南朝,故"每军国有须,应机漕引"主要是通过调集河南、河北等地的粮食,从水路运往江淮前线。隋定都长安后,建水次仓虽然同样有稳定政治、经济秩序的作用,但漕运方向发生了变化,把保证关中及长安的粮食安全放到了首位。

其四,在改革北魏"各立邸阁,每军国有须,应机漕引"制度的过程中,隋文帝设置了管理机构常平监,如史有开皇三年"京师置常平监"②之说。史家叙述隋常平署沿革及职掌时指出:"汉宣帝时,始置常平仓,以平岁之凶穰。后汉改为常满仓,晋曰常平,后魏曰邸合仓。隋于卫州置黎阳仓,洛州置河阳仓,陕州置常平仓,华州置广运仓,转相委输,漕关东之粟,以给京师。"③常平仓主要负责平易粮价、物价及调拨物资等事务,常平监的职能主要集中在赈灾救荒等方面,并负责管理常平仓等事务。杜佑指出:"至管仲相桓公,通轻重之权曰:'岁有凶穰,故谷有贵贱;令有缓急,故物有轻重(上令急于求米,则民重米;缓于求米,则民轻米。所缓则贱,所急则贵)。人君不理,则畜贾游于市(谓贾人之多蓄积也),乘民之不给,百倍其本矣(给,足也,以十取百)。故万乘之国必有万金之贾,千乘之国必有千金之贾者,利有所并也。'"④因常平仓有通过赈灾救荒、平易粮价、物价等作用,可稳定国家的政治秩序和经济秩序等,因而受到了历代统治者的重视。马端论述道:"自李悝平籴至汉耿寿昌为常平仓,元帝以后或废或罢,到宋朝遂为定制。"⑤马端论的这一观点明显存在偏颇,常平仓作为制度建设始于隋文帝设常平署之时。常平署建立后,常平仓与水次仓建设拧结在一起,在漕运保障京师粮食安全及赈灾救荒中发挥了重要的作用。时至唐代,常平仓已成为漕运制度建设的重要方面。武德元年(618),唐高祖在诏书中写道:"宜置常平监官,以均天下之货。市肆腾

---

① 明·丘浚《大学衍义补·漕挽之宜上》(林冠群、周济夫校点),北京:京华出版社1999年版,第303页。
② 唐·魏徵等《隋书·食货志》,北京:中华书局1973年版,第681页。
③ 后晋·刘昫等《旧唐书·职官志三》,北京:中华书局1975年版,第1890页。
④ 唐·杜佑《通典·食货十二》,杭州:浙江古籍出版社1988年版,第67页。
⑤ 元·马端临《文献通考·国用考四》,杭州:浙江古籍出版社1988年版,第255页。

踊,则减价而出;田稼丰羡,则增籴而收。庶使公私俱济,家给人足,抑止兼并,宣通壅滞。"①常平监主要负责监管常平仓,从表面上看,隋常平监的职掌与水次仓漕转似乎没有直接的关系,不过,隋水次仓兼有赈灾救荒等功能,常平监有管理水次仓的职能。李林甫等记载道:"隋开皇三年,于河西勒百姓立堡,营田积谷;京师置常平监。又以仓库尚虚,卫州置黎阳仓,洛州置河阳仓,陕州置常平仓,华州置广通仓,转相委输,漕关东之粟以给京师。又募人能于洛阳运米四十石,经砥柱达于常平仓者,免其征戍,以此通转运,亦非栗余。皇朝垂拱初,两京置常平署,天下诸州亦置之。"②又记载道:"隋初,漕关东之粟以实京邑,卫州黎阳仓、荥阳洛口仓、洛州河阳仓、陕州常平仓、潼关、渭南亦皆有仓,以转运之,各有监官。皇朝因之。"③杜佑亦记载道:"隋文帝开皇三年,卫州置黎阳仓,陕州置常平仓,华州置广通仓,转相灌注,漕关东及汾、晋之粟,以给京师。京师置常平监。"④李林甫、杜佑等有意识地将隋文帝水次仓建设与"京师置常平监"放在一起进行论述,表明常平监的职能与水次仓及漕运是有关联的。如常平监"以均天下之货"时需要利用水次仓进行仓储,货物流转时需要水运的参与,需要漕运人员参与等。

其五,在吸收北魏建邸阁仓经验的基础上,隋文帝制定了在航段节点或河口建造水次仓的制度,以方便漕运。如黎阳仓建在永济渠与淇水及黄河交汇的河口,广通仓(永丰仓)建在广通渠与渭水及黄河交汇的河口,太原仓(常平仓)建在自黄河进入渭水之前的航段节点上。稍后,隋炀帝在营造东都时在东都周边兴建水次仓,有意识地将洛口仓(兴洛仓)、回洛仓、含嘉仓、河阳仓等建在通济渠与洛水及黄河的交汇的河口,进一步提升了水次仓在漕转的作用。史称:"及隋亦在京师,缘河皆有旧仓,所以国用常赡。"⑤沿河建水次仓是隋王朝既定的国策,水次仓沿黄河两岸展开在方便水运的同时,将漕转的范围拓展到两岸的纵深区域。进而言之,选择这些地区建水次仓主要是因为政治中心长安建在关中,其中,黄河及其支流成为漕运关中的基本航线,受区位及地理形势及河流水位等方面的限制和支配,需要在河口地区或航段节点建水次仓。如黄河及其支流在不同的季节有不同的通航能力,受丰水和枯水等季节因素制约,不同航段有不同的通航能力。为解决这些问题,隋代采取了根据水文等情况在河口地区或重要的航段节点建立以便中转的水次仓。除此之外,河北、河南是隋代统治者重点经营的地区,将粮仓分布在黄河两岸,本着就近调粮的原则可以将粮食及时地调往急需的地区。史念海先生指出:"隋朝和唐初关中所需要的粮食,主要供给地是在北方黄河流

---

① 后晋·刘昫等《旧唐书·食货志下》,北京:中华书局1975年版,第2122页。
② 唐·李林甫等《唐六典·太府寺》(陈仲夫点校),北京:中华书局1992年版,第547页。
③ 唐·李林甫等《唐六典·司农寺》(陈仲夫点校),北京:中华书局1992年版,第528页。
④ 唐·杜佑《通典·食货十二》,杭州:浙江古籍出版社1988年版,第70页。
⑤ 同①,第2115页。

域,但却也常转漕东南之粟,以备水旱。"①这一认识大体上道出了隋唐两代的情况。水次仓在维护国家政治稳定等方面具有特殊的意义。同样的道理,水次仓建设的重点地集中在黄河流域,这从侧面反映了黄河流域是隋王朝重点经营的地区。

其六,隋文帝吸收了东魏扩大仓储的经验,隋代水次仓虽以储粮为主,同时又有储藏布帛、食盐等功能。司马光论南北分治的政治形势时指出:"魏自丧乱以来,农商失业,六镇之民相帅内徙,就食齐、晋,欢因之以成霸业。东西分裂,连年战争,河南州郡鞠为茂草,公私困竭,民多饿死。欢命诸州滨河及津、梁皆置仓积谷以相转漕,供军旅,备饥馑,又于幽、瀛、沧、青四州傍海煮盐,军国之费,粗得周赡。至是,东方连岁大稔,谷斛至九钱,山东之民稍复苏息矣。"②在南北分治及东西分裂的前提下,粮食成了"以成霸业"的重要因素。高欢取代北魏建东魏,一是采取"命诸州滨河及津、梁皆置仓积谷以相转漕,供军旅,备饥馑"之策;二是因水次仓储存及转运"傍海煮盐"等物资,在加强转运及转运物资促进商贸往来的过程中,获取了弥补军需亏空的利润,从而起到了安定一方百姓的作用。隋文帝建水次仓以后亦拓展储蓄范围,具体地讲,"为水旱之备"虽以粮食为主,但包括布帛、食盐等有稳定社会作用的物资。隋代司农寺下设太仓令,太仓令下设盐仓督二人。李林甫等记载道:"隋太仓署令二人,米廪督二人,谷仓督四人,盐仓督二人。"③隋代的太仓令除了管米仓、谷仓外,还管盐仓等。盐是国家禁榷物资,设盐仓向不同地区调拨并专营,不但有效地增加了国家财政,而且带动了周边地区社会经济的发展。进而言之,水次仓除了有加强粮食储备、赈灾、保证军需等功能外,还有促进商贸和加强流通及促进社会稳定等功能。

其七,隋代的水次仓既是漕运中转仓,同时又是规模巨大的战略储备仓,除了常年承担关中及长安的粮食供应外,还具有调拨、支持战争、赈灾、平易粮价及物价等功能。客观地讲,沿黄河两岸建水次仓是隋文帝富有战略眼光的决策,这一战略决策提出后受到后世的高度重视。王夫之论述道:"隋沿河置仓,避其险,取其夷,唐仍之,宋又仍之,至政和而始废,其利之可久见矣。取简便而劳于漕挽者,胡元之乱政也。况乎大河之狂澜,方忧其泛滥,而更为导以迂曲淫漫,病徐、兖二州之土乎?隋无德而有政,故不能守天下而固可一天下。以立法而施及唐、宋,盖隋亡而法不亡也,若置仓递运之类是已。"④隋文帝沿黄河建造水次仓以后,因"避其险,取其夷"在保证京师粮食等物资需求的同时,可根据需要将粮食调往不同的区域,为隋代统治者重点经营核心统治区域河南、河北奠定了基础。在接受"沿河置仓"这一成果的过程中,唐、宋两代以水次仓为战略支撑点,有意识地扩展漕运空间,进一步完善了自

---

① 史念海《河山集》,北京:生活·读书·新知三联书店1963年版,第222页。
② 宋·司马光《资治通鉴·梁纪十四》(邬国义校点),上海:上海古籍出版社1997年版,第1423页。
③ 唐·李林甫等《唐六典·司农寺》(陈仲夫点校),北京:中华书局1992年版,第526页。
④ 清·王夫之《读通鉴论·隋文帝》,《续修四库全书》第450册,上海:上海古籍出版社2002年版,第102页。

身的漕运制度建设。

其八,为加强水次仓防卫,隋王朝建造了仓城和由仓兵守卫水次仓制度。然而,建仓城实际上是利弊参半的举措,原因有二:一方面建造仓城可以有效地守卫水次仓,防止事变;另一方面因仓城集中在河口地区即交通要道上,一旦天下大乱,仓城势必要成为各方政治势力首先夺取的战略要地。如黎阳仓是隋王朝最大的水次仓,永济仓是关中地区的最大粮仓,占领前者可动摇关东,占领后者将动摇关中。为此,围绕这两座粮仓即仓城隋军与反隋军展开了激烈的争夺。司马光记载道:"河南、山东大水,饿殍满野,炀帝诏开黎阳仓赈之,吏不时给,死者日数万人。徐世勣言于李密曰:'天下大乱,本为饥馑。今更得黎阳仓,大事济矣。'密遣世勣帅麾下五千人自原武济河,会元宝藏、郝孝德、李文相及洹水贼帅张升、清河贼帅赵君德共袭破黎阳仓,据之,开仓恣民就食,浃旬间,得胜兵二十余万。武安、永安、义阳、弋阳、齐郡相继降密。"①这一论述有三个要点:一是"河南、山东大水,饿殍满野,炀帝诏开黎阳仓赈之",表明黎阳仓有赈灾的功能,是隋王朝重点建设的战略储备仓;二是黎阳仓扼守白河北下河南的要冲,以此为原点既可沿水路北上,又可渡河南下,故隋末天下大乱时徐世勣有"今更得黎阳仓,大事济矣"之说;三是李密占领黎阳仓城后救济灾民赢得拥护,从而迅速地扩张势力,成为一支重要的反隋力量,从一个侧面表明黎阳仓在经略天下中有举足轻重的地位。

需要补充的是,隋末各种政治势力的崛起与否与能否占据水次仓有密切的关系。如李密在隋末各政治军事集团中迅速地崛起并取得军事上的优势,与占据黎阳仓等有着密切的关系。同样的道理,李密兵败亦与不善于利用兴洛仓等粮食资源号召天下有着某种内在的联系。史称:"民食兴洛仓者,给授无检,至负取不胜,委于道,践轹狼扈。密喜,自谓足食。司仓贾润甫谏曰:'人,国本;食,人天。今百姓饥捐,暴骨道路。公虽受命,然赖人之天以固国本。而禀取不节,敖庾之藏有时而匮,粟竭人散,胡仰而成功?'不听。徐世勣数规其违,密内不喜,使出就屯,故下苟且无固志。初,世充乏食,密少帛,请交相易,难之。邴元真好利,阴劝密许焉。后世充士饱,降者益少,密悔而止。"②在这里,李密犯下了两个致命的错误:一是不听贾润甫的劝谏珍惜兴洛仓的粮食,没有认识到反隋的重要原因与饥荒有内在的联系;二是与王世充进行交易,以粮食支持敌对势力,帮助王世充稳定了军心,削弱了自身的力量。

起初,隋文帝建造水次仓及加强"河漕"的本意是:在保证关中及长安粮食安全的基础上"为水旱之备",通过赈灾救荒等手段维护政治稳定和社会秩序。然而,这一初衷到隋末发生了变化。董进泉论述道:"隋末仓储,一方面是引起隋末农民大起义的经济根源,另一方面,也成了覆灭隋王朝的各种政治势力崛起的重大物质因素。各种反隋力量,如薛举、刘武周、罗艺、李子和等,都曾经把攻占仓储作为起义之初的直接目标,用以发动群众,集结力

---

① 宋·司马光《资治通鉴·隋纪八》(邬国义校点),上海:上海古籍出版社1997年版,第1671页。
② 宋·欧阳修等《新唐书·李密传》,北京:中华书局1975年版,第3684页。

量。……当时存在着的极端尖锐的粮食问题,比任何历史人物都更加有力地左右着局势的发展。谁能够在粮食问题上多少满足农民的迫切需要,谁就能取得相对的成功。"①隋炀帝即位后,将无休止地追求个人享受放在首位,他既没有节制地增加仓储,又在水灾严重、人心浮动的情况下不能采取开仓放粮赈灾的措施,这样一来,当老百姓因天灾无以自立时势必要铤而走险。事实上,各种反隋力量将军事斗争的目标集中到攻取水次仓方面,在开仓放粮的过程中号召民众加入反隋的行列,可充分地证明水次仓在反隋战争中有着不可替代的作用。甚至可以说,这些水次仓为反隋力量所利用,成为隋王朝覆灭的重要原因。

需要补充的是,隋代水次仓建设与东晋及南朝没有关系。江南有良好的航运条件,可从水上运粮抵目的地,因此东晋及南朝只重视仓廪建设。史称:"其仓,京都有龙首仓,即石头津仓也,台城内仓,南塘仓,常平仓,东、西太仓,东宫仓,所贮总不过五十余万。在外有豫章仓、钓矶仓、钱塘仓,并是大贮备之处。自余诸州郡台传,亦各有仓。"②东晋仓储规模不大,可能与南方潮湿而不适合大规模贮藏相关。此外,江南水网密布,通过水路可及时地调运不同地区的粮食,因此仓廪分布广泛。

---

① 董进泉《隋末仓储与李密瓦岗军》,《复旦学报》(社会科学版)1982年,第6期,第52—53页。
② 唐·魏徵等《隋书·食货志》,北京:中华书局1973年版,第674—675页。

第二编　唐代编

概　述

李渊建唐以后，继续以长安为都。天下初定，每年自关东运往关中的漕粮仅有二十万石左右。因国用有限，关中的农业经济虽出现了衰势，但只要从相邻的区域调粮就完全可以满足关中及长安的粮食需求。不过，这一情况到了唐高宗一朝以后开始发生变化，黄河中下游农业生产区的租赋及粮食已满足不了日益扩大的国用需求，这样一来，唯一的方案只能是加大江淮漕运的力度。

黄河中下游地区的农业经济出现衰败，是由于战争长期集中在这一区域造成的。从隋末开始，黄河中下游地区成为各方政治势力争夺的主战场，严重地破坏了这一区域的农业生产秩序，与此同时，江淮地区因受战争的影响较小，其农业经济发展水平出现了赶上或超过黄河中下游地区的势头。可以说，两者间的相互消长，是在隋唐两代再度结束南北分治的局面后逐步显示出来的，同时也是在唐高宗以后，赋税重点征收地区由黄河流域转向江淮地区的过程中显示出来的。进而言之，经过南北分治及隋末战争，黄河中下游地区的农业经济遭受了极大的破坏，在恢复的过程中，淮河流域的农业经济率先崛起，再加上长江流域整体经济水平的提升，为赋税及粮食征收的重点区域从黄河中下游地区转向江淮及东南地区提供了强有力的依据。在这一过程中，租赋征收的主要地点向江淮转移诉说的道理是：当江淮经济发展水平赶上及超过黄河中下游地区并取得优势时，唐王朝的租赋需求势必要发生转移。南北分治结束后，关中及中原情结为隋唐两代的政治中心继续建在黄河中下游地区铺平了道路，与此同时，因黄河中下游地区经过战乱及过度开发等已不堪重负，国家的政治稳定和粮食安全等需要江淮的支持已成为历史的必然。在这中间，从倚重黄河中下游地区的租赋到倚重江淮，这一变化是在从量变到部分质变再到质变的过程中逐步积累和显现出来的，同时也是在漕运补给线延长到江淮及深入到长江流域腹地的过程中实现的。

安史之乱爆发后，唐王朝由盛而衰，因战争苦心经营的黄河中下游农业经济区再度受到重创，这样一来，依赖江淮的程度遂进一步地加深。

唐代漕运与隋代有共同的特点，在加强关东漕运的过程中以洛阳为漕转中心。从表面上看，唐代在河渠建设方面似乎没有大的建树，其实，这一认识多有偏颇。唐代虽然继承了隋代兴修河渠的成果，但亦有自己的建树。如果进行归纳的话，唐王朝的河渠建设主要取得了七个方面的成果：一是改善了关中漕运的条件，在隋文帝广通渠的基础上重修了关中河渠；二是重点整治以三门峡为代表的黄河运道，兴修了沿三门峡陆运的山道（三门峡山道是黄河漕运的补充形式，开这条山路目的是绕过三门峡，继续以黄河为漕运通道，将漕粮运入关中）；三是疏浚洛阳以东的汴河（通济渠）航道，并整修自汴入淮的运道；四是整治江淮之间的邗沟；五是改造和修整黄河以北的永济渠运道；六是探索和开辟新的航运通道，开挖新运道建立长江流域与黄河流域的直接联系；七是将斗门技术运用于航道建设。这七个方面大体上反映了唐代河渠建设的运动轨迹，为保证漕运提供了必要的先决条件。

在政治中心需要江淮租赋全面支持的背景下，漕运势必要成为唐王朝关注的大事。在改革隋制的过程中，唐王朝从中央到地方均建立了新的漕运管理制度。这些制度建立后，为后世加强漕运管理及制度建设提供了宝贵的经验。唐代漕运管理制度建设前后经历了四个时期。

第一时期发生在唐初，主要是因袭隋代旧制，没有明确地提出适用于全国范围的漕运管理制度，这一时期属于建立漕运管理制度的探索期。为了减少损失，重点整治黄河漕运的瓶颈三门峡，并沿袭隋制加强黄河漕运及实行洛阳漕转的制度。然而，整治三门峡没能收到预期的效果，此外，在实行自洛阳漕转制度的过程中，李杰等加强过程管理，明确分段运输及接转的职责虽然取得了一定的成效，但陆运接转的能力有限，故没能从根本上扭转漕转不利的局面。

第二时期发生在唐玄宗开元年间（713—741），裴耀卿奉命主持漕运后，建立了一套行之有效的漕运制度，这一时期是唐代漕运管理制度的建立期。在裴耀卿主持漕运事务以前，唐代漕运主要采取直运及民运的方式，从江淮起运到西入长安，因航程长达三千里，运期往往需要长达一年左右的时间，这样一来，严重地耽误了农事，同时因运输能力有限，沿途损耗太大，无法应对关中及长安日益增长的粮食需求，乃至于直接影响社会的稳定。根据这一情况，裴耀卿提出了漕运改革的方案并建立制度：一是针对不同的河渠及航段有不同的水文及漕运受季节限制等情况，或分段运输就地仓储，或等候适合漕运的季节来临时再度起运；二是针对船工不可能熟悉所有航段水文的特点，提出了江不入河、河不入洛、河不入渭的接运方案；三是沿袭隋代水次仓（漕运中转仓）分级接运之策，根据漕运的新特点在沿线的航段节点增设水次仓，建设河口仓，以便及时仓储和分运；四是针对具体航段的水文情况提出航道改造方案，以便进一步加强各航段之间的衔接；五是规定不同航段转输漕粮入水次仓的地点，同时扩大仓储范围，除储粮以外，可储盐、丝帛等物资。这五个方面改革措施拧结在一起相互作用，以挖掘潜力的方式最大限度地保证了漕运。

第三个时期发生在安史之乱以后，这一时期是唐代漕运及制度的变化期。安史之乱爆发后,彻底打破了裴耀卿建立的漕运秩序。为应对租赋严重匮乏带来的政权危机,第五琦采取了榷盐即推行食盐专营专卖政策,扩大了赋税征收的范围,在一定程度上解决了国用不足的难题。然而,在租赋高度依赖江淮及东南的背景下,汴渠破坏严重的依旧无法解除漕运过程中的危机。在这一节骨眼上,刘晏临危受命,将恢复汴渠及黄河漕运提到了议事日程上。为解除漕运危机,刘晏充分利用赋予的权力,在充分肯定裴耀卿漕运成果的过程中,有重点地兴修河渠,恢复了中断已久的江淮漕运。与此同时,刘晏采取综合治理的办法,加强制度建设,提出了以盐利保漕运的方案,通过改革,在应对中央政府财政危机的同时,基本上解除了藩镇割据、吐蕃及回纥入侵等造成的政治危机,进而为唐代漕运及制度建设做出了杰出的贡献。具体地讲,刘晏针对新形势提出了六项漕运改革方案:一是在恢复漕运中,肯定了裴耀卿改革漕政时的成果;二是采取以盐利保漕运措施,如以盐税补贴漕运中的费用,建造坚固的船只实行官运;三是强化漕运过程管理,用编纲(船队)的方法配置一定数额的船工、篙工,由官军押运;四是以"养民"为先,通过赈灾救荒等方式稳定社会秩序及恢复户籍人口,通过恢复户籍人口以保证租赋收入,为漕粮征收提供基本的保障;五是扩大仓储范围,保证国用需求,如利用各地的常平仓在平易粮价的过程中适时地征收粮食,从源头上保证漕运方面的需要;六是利用掌转运方面的权力,在货物集散和流转的过程中有效地增加中央财政。进而言之,漕运改革有力地缓解了唐王朝日趋严重的危机。

第四个时期发生在杨炎推行两税法即实行赋税制度改革时期,这一时期属于漕运管理制度的破坏期。刘晏以后,杨炎推行两税法,将度支即财赋调配权收归中央,这一举措在一定程度上破坏了刘晏建立的漕运管理制度。在这一过程中,建设与破坏并存,作用力和反作用力同时存在,刘晏建立的漕运制度在困难中基本上得到执行。具体地讲,一是刘晏的门人继续贯彻刘晏的理财思想,将漕运放到优先的地位上;二是围绕着撤销转运使和度支归中央展开了争执;三是裴耀卿、刘晏等确立的漕运制度遭受破坏后,李巽等担负起理财及转运等事务,在艰难中继续贯彻刘晏确立的漕运主张;四是藩镇割据致使汴河漕运中断,采取什么样的措施恢复汴河漕运,再度成为人们关注的焦点。进而言之,中唐以后,吐蕃、回纥等入侵关中扩大了漕运的国用需求,与此同时,中央与藩镇割据之间的矛盾冲突等又给漕运提出了新的要求。

唐代河渠建设的最大发明是将斗门技术运用于航道建设之中。起初,斗门是为灌溉农田而建造的控制蓄水和放水的闸门,在河渠建设中,唐王朝将斗门建在航道上,使斗门具有了调节航道水位的功能,初步解决了因水位落差航道泄水不利航行的大问题。在这中间,从简单地利用斗门控制流量进行农田灌溉,到利用斗门调节航道水位,再到在水位落差大的航段建造斗门控制水位落差,在一定程度上改善了漕运受自然条件及水文等支配的状况。

唐王朝以斗门控制河渠航段的水位落差,为后世发明具有现代意义的船闸做出了巨的贡献。现代意义上的船闸由上闸(前闸)和下闸(后闸)两个部分构成,通常建在水位落差大的航段。船只通过时采用开启上闸蓄水和下闸放水的方式,解决了因水位落差大不利于航行的难题。在这中间,唐王朝将斗门技术用于航道建设,通过破除堰埭(在水位落差大的航段建造的拦河坝)提高了河渠的漕运能力。从这样的角度看,唐代将斗门技术运用于航道建设,通过解决航道泄水等问题,提升了唐代河渠建设的水平,对后世漕运、航道管理及船闸技术的运用都产生了深远的影响。

唐代水次仓基本上因袭了隋代的水次仓。不过,有三点值得注意:一是唐代吸取隋末战争的教训,有意缩小水次仓的规模,防止社会动荡时为反叛势力提供充足的粮草;二是重点建设河阴仓,加强汴河(通济渠)漕运中转的能力;三是重点建设洛阳含嘉仓,加强漕转为关中服务。

从另一个层面看,水次仓建在河口及航段节点,为相关区域率先成为区域政治中心提供了可能。在河渠即运河形成贯穿四方的漕运能力以前,粮仓及战略储备仓主要建在远离漕运通道的区域及城市;贯穿四方的漕运大通道建成后,水次仓开始由漕运中转仓嬗变为战略储备仓,凸显了其存在的意义。具体地讲,一是河渠即运河与自然水道互通后,串联起不同的地区,带动了相关区域的经济发展,加快了商品流通的速度;二是水次仓建在河口或重要的航段节点,形成了向周边地区的辐射能力,与此同时,为沿岸城市的兴起和优先发展及快速崛起提供了动力;三是在政治中心和经济中心分离程度加深的过程中,在运输成本低廉的水运形式不断地得到确认的过程中,无论是漕运制度建设还是水次仓建设,都是提高漕运效率的基本保证,这样一来,漕运制度建设势必会得到加强,与此同时,仓廪建设势必要出现向漕运通道沿岸转移的势头。

第一章 关中河渠建设与黄河漕运

李渊代隋建立唐王朝以后,继续定都关中长安。史称:"高祖、太宗之时,用物有节而易赡,水陆漕运,岁不过二十万石,故漕事简。自高宗已后,岁益增多,而功利繁兴,民亦罹其弊矣。"①天下初定,"用物有节而易赡",从唐高祖李渊到唐太宗李世民一朝,每年运往关中的漕粮不超过二十万石,并主要取自黄河中下游地区。这一时期,黄河中下游地区的农业经济虽然因隋末战争出现了衰败的势态,但基本上可应对关中增长的需求及粮食安全,故不需要用漕运的方式寻求江淮以远地区的支援。从大的方面讲,唐初漕运关中主要采取了三个方面的措施:一是在广通渠的基础上建设有漕运、灌溉等综合功能的关中河渠,在提高关中农业生产水平的过程中,加强关东漕运;二是加强关中漕运码头及水次仓建设,为战略储备及赈灾救荒服务;三是重点加强"河漕"即黄河漕运,兴修三门峡漕转工程。三者拧结在一起,旨在保障粮食安全的基础上,保证关中及长安的政治安全。不过,这一情况到了唐高宗以后开始发生变化。如关中及中原地区频繁地发生自然灾害,突厥、吐蕃等不断地入侵须加强西北防御,国家权力机构不断地扩大,社仓及义仓制度遭受破坏等,都加深了依赖江淮漕运的程度,甚至出现了唐王朝文武百官到洛阳"就食"的局面。

第一节 唐初洛阳漕转与江淮漕运

贞观四年(630),唐太宗李世民下诏重修洛阳乾阳殿,表达了经营洛阳的意志。史有"贞观四年,诏发卒修洛阳宫乾阳殿以备巡幸,玄素上书谏"②之说,在张玄素的劝谏下,唐太宗放弃了重修乾阳殿的做法。

从大的方面讲,唐太宗重修洛阳乾阳殿的打算虽然与"以备巡幸"相关,更重要的是与洛阳有方便漕运的交通形势有着某种内在的联系,其中,包含了有意缩短漕运补给线的意图。

---

① 宋·欧阳修等《新唐书·食货志三》,北京:中华书局1975年版,第1365页。
② 后晋·刘昫等《旧唐书·张玄素传》,北京:中华书局1975年版,第2639页。

史家叙述这一事件时记载道:"太宗曰:'卿谓我不如炀帝,何如桀、纣?'对曰:'若此殿卒兴,所谓同归于乱。且陛下初平东都,太上皇敕大殿高门并宜焚毁,陛下以瓦木可用,不宜焚灼,请赐与贫人。事虽不行,然天下翕然,讴歌至德。今若遵旧制,即是隋役复兴。五六年间,趋舍顿异,何以昭示子孙,光敷四海。'太宗叹曰:'我不思量,遂至于此。'顾谓房玄龄曰:'洛阳土中,朝贡道均,朕故修营,意在便于百姓。今玄素上表,实亦可依,后必事理须行,露坐亦复何苦,所有作役,宜即停之。然以卑干尊,古来不易,非其忠直,安能若此。可赐彩二百匹。'侍中魏徵叹曰:'张公论事,遂有回天之力,可谓仁人之言,其利博哉!'累迁太子少詹事,转右庶子。"①这一叙述有三个要点:一是张玄素坚决反对营造乾阳殿,认为隋炀帝大兴土木兴建东都洛阳是亡隋之举,应以此为前车之鉴;二是从"朕故修营,意在便于百姓",似乎已有迁都洛阳的念头,故以重修乾阳殿为先导,表达了经营洛阳的决心;三是从"洛阳土中,朝贡道均"等语中不难发现,唐太宗已清楚地意识到潜在的漕运危机,认为洛阳有现成的水陆交通,可以方便漕运。然而,天下初定,与民休养生息是当务之急,经过张玄素等人的劝谏,唐太宗放弃了重修洛阳乾阳殿的做法。

从另一个层面看,唐太宗放弃重修洛阳乾阳殿的做法,除了顾及民生相关外,还与唐初国用尚简及漕运数额较小有着某种内在的联系。史称:"唐都长安,而关中号称沃野,然其土地狭,所出不足以给京师,备水旱,故常转漕东南之粟。高祖、太宗之时,用物有节而易赡,水陆漕运,岁不过二十万石,故漕事简。自高宗已后,岁益增多,而功利繁兴,民亦罹其弊矣。"②漕运关中虽然艰难,因"岁不过二十万石",故漕运压力不大。尽管如此,关中的粮食安全依赖江淮漕运已是不争的事实。在这中间,无论是唐高祖、唐太宗两朝"岁不过二十万石,故漕事简",还是唐高宗以后"岁益增多",江淮漕运已成为维护京师政治稳定不可或缺的因素。

唐高宗即位后,唐王朝出现了漕运"岁益增多"的形势,其中,漕运岁额不断地加大主要是由五个方面的原因造成的。

其一,关中狭小,"所出不足以给京师"。在自身人口增长和外来人口增长的背景下,加大了粮食需求量。在这中间,一旦关中发生自然灾害,将会扩大粮食需要的缺口。如唐玄宗开元二十一年(733),"关中久雨害稼,京师饥,诏出太仓米二百万石给之"③;又如天宝十二年(753)"八月,京城霖雨,米贵,令出太仓米十万石,减价粜与贫人"④;又如天宝十三年(754)"是秋,霖雨积六十余日,京城垣屋颓坏殆尽,物价暴贵,人多乏食,令出太仓米一百万

---

① 后晋·刘昫等《旧唐书·张玄素传》,北京:中华书局1975年版,第2640—2641页。
② 宋·欧阳修等《新唐书·食货志三》,北京:中华书局1975年版,第1365页。
③ 后晋·刘昫等《旧唐书·玄宗纪上》,北京:中华书局1975年版,第200页。
④ 后晋·刘昫等《旧唐书·玄宗纪下》,北京:中华书局1975年版,第227页。

石,开十场贱粜以济贫民"①,为应对自然灾害,需要从东南及江淮调粮增加战略储备,以便荒年时赈灾救民。

其二,中央官僚机构无休止地扩大,增加了"奉禀之费"及粮食等方面的需求。杜佑记载道:"贞观六年,大省内官,凡文武定员,六百四十有二而已。"②贞观六年,中央政府的定员为六百四十二人,以此为节点,唐王朝的官僚队伍开始进入全面膨胀期。如杜佑记载道:"初,武德中,天下兵革方息,万姓安业,士不求禄,官不充员,吏曹乃移牒州府,课人应集,至则授官,无所退遣。四五年间,求者渐多,方稍有沙汰。贞观中,京师谷贵,始分人于洛州选集,参选者七千人,而得官者六千人。……及武太后临朝,务悦人心,不问贤愚,选集者多收之,职员不足,乃令吏部大置试官以处之,故当时有'车载''斗量'之谣。……及神龙以来,复置员外官二千余人,兼超授闺官为员外官者又千余人。……于是内外盈溢,居无廨署,时人谓之'三无坐处',言宰相、御史及员外官也。时以郑愔为吏部侍郎,大纳货贿,留人过多,无阙注拟,逆用三年阙员,于是纲纪大紊。"③如果说贞观六年(632)尚属简政的话,那么,贞观中,洛州选官猛增六千人则是冗政的开始。武则天临朝称制后,进一步出现了自宰相以下的官员"内外盈溢,居无廨署"的局面。时至唐中宗神龙(705—707)年间,长安的文武官员已是贞观六年的数十倍。是时,卢怀慎叙述道:"今京诸司员外官数十倍,近古未有。谓不必备,则为有余,求其代工,乃多不釐务,而奉禀之费,岁巨亿万,徒竭府藏,岂致治意哉?今民力敝极,河、渭广漕,不给京师,公私耗损,边隅未静。"④因"奉禀之费,岁巨亿万",导致"徒竭府藏"。再加上"今民力敝极,河、渭广漕,不给京师,公私耗损,边隅未静"等因素,这些势必要增加粮食及物资供应等方面的缺口,从而给关东漕运造成巨大的压力。

其三,唐高宗即位后,突厥、吐蕃等一再入侵,为加强西北防御,军队大量地涌入关中及长安,增加了唐王朝调运漕粮及军用物资的额度。唐高宗显庆元年(656),"左卫大将军程知节与贺鲁所部歌逻禄获刺颉发及处月预支俟斤等战于榆幕谷,……程知节与贺鲁男咥运战,斩首数千级,进至怛笃城"⑤;显庆三年(658),"苏定方攻破西突厥沙钵罗可汗贺鲁及咥运、阙啜。贺鲁走石国,副将萧嗣业追擒之"⑥;咸亨元年(670),"夏四月,吐蕃寇陷白州等一十八州,又与于阗合众袭龟兹拨换城,陷之。罢安西四镇。辛亥,以右威卫大将军薛仁贵为逻娑道行军大总管,右卫员外大将军阿史那道真、左卫将军郭待封为副,领兵五万以击吐

---

① 后晋·刘昫等《旧唐书·玄宗纪下》,北京:中华书局1975年版,第229页。
② 唐·杜佑《通典·职官一》,杭州:浙江古籍出版社1988年版,第106页。
③ 唐·杜佑《通典·选举三》,杭州:浙江古籍出版社1988年版,第85页。
④ 宋·欧阳修等《新唐书·卢怀慎传》,北京:中华书局1975年版,第4416页。
⑤ 后晋·刘昫等《旧唐书·高宗纪上》,北京:中华书局1975年版,第76页。
⑥ 同⑤,第78页。

蕃"①;永淳元年,"吐蕃寇柘、松、翼等州。……突厥余党阿史那骨笃禄等招合残众,据黑沙城,入寇并州北境"②等。这样一来,西北用兵只能从关东调运所需的粮食和物资等。

其四,唐高宗以后,黄河中下游地区的自然灾害频仍,迫使自江淮取粮漕运关中及救荒河南、河北等地成为常态。据不完全的统计,从唐高宗乾封二年(667)到永淳元年,在十六年的时间中,冀州、剑南、青、济、河南、河北、关中、山东等地相继发生了水灾、旱灾,蝗灾和地震等。史有"冀州大水,漂坏居人庐舍数千家。并遣使赈给。秋七月,剑南益、泸、巂、茂、陵、邛、雅、绵、翼、维、始、简、资、荣、隆、果、梓、普、遂等一十九州旱,百姓乏绝,总三十六万七千六百九十户,遣司珍大夫路励行存问赈贷。癸巳,冀州大都督府奏,自六月十三日夜降雨,至二十日水深五尺,其夜暴水深一丈已上,坏屋一万四千三百九十区,害田四千四百九十六顷。……青、齐等州海泛溢,又大雨,漂溺居人五千家,……夏四月,以河南、河北旱,遣使赈给。……八月丁卯朔,河南、河北大水,许遭水处往江、淮已南就食。……是春,关内旱,……五月壬寅,置东都苑总监。自丙午连日澍雨,洛水溢,坏天津及中桥、立德、弘教、景行诸坊,溺居民千余家。六月,关中初雨,麦苗涝损,后旱,京兆、岐、陇螟蝗食苗并尽,加以民多疫疠,死者枕藉于路,诏所在官司埋瘗。丁丑,以岐州刺史苏良嗣为雍州长史。京师人相食,……是秋,山东大水,民饥。"③之说;又如唐玄宗开元十四年(726)有"是秋,十五州言旱及霜,五十州言水,河南、河北尤甚,苏、同、常、福四州漂坏庐舍,遣御史中丞宇文融检覆赈给之"④之说,各地频繁地发生自然灾害,直接导致粮食短缺。相比之下,江淮地区发生自然灾害似乎不大,遂成为河南、河北受灾地区的"就食"之地。进而言之,在黄河中下游地区严重缺粮之际,这些都加重了依赖江淮的程度。

其五,社仓及义仓制度遭受严重的破坏,加剧了依赖漕运的程度。唐代社仓及义仓建设与隋代社仓及义仓建设有直接的关系。王应麟论述道:"《食货志》:开皇五年五月,度支尚书长孙平建言:陛下运山东之粟置常平之官,发廪振赐莫不丰足,但经国之理须存定式。奏令诸州劝课,当社共立义仓。收获之日,随所得出粟麦,委社司检校,以备水旱(甲申初,诏州县置仓)。后关中、青、兖等州水旱,命苏威等分道开仓振给。义仓贮民间多费损。十五年二月诏:旱俭先给杂种及远年粟。十六年正月又诏:秦叠等州置社仓。二月诏:社仓准上中下三等税,上户一石,中户七斗,下户四斗(终于开皇人不饥馑)。"⑤起初,为应对自然灾害,唐王朝在各地建立的有赈灾功能的社仓。后来因中央机构无休止地扩大,又因自然灾害、西北用兵、征辽东等,无节制地挪用社仓中的储粮,在破坏社仓制度的同时,进一步加剧了关中依

---

① 后晋·刘昫等《旧唐书·高宗纪下》,北京:中华书局1975年版,第94页。
② 同①,第110页。
③ 同①,第93—110页。
④ 后晋·刘昫等《旧唐书·玄宗纪上》,北京:中华书局1975年版,第190页。
⑤ 宋·王应麟《玉海·食货》,南京:江苏古籍出版社1987年版,第3373页。

赖江淮漕运的程度。史称:"武德元年九月四日,置社仓。其月二十二日诏曰:'特建农圃,本督耕耘,思俾齐民,既康且富。钟庾之量,冀同水火。宜置常平监官,以均天下之货。市肆腾踊,则减价而出;田稼丰羡,则增籴而收。庶使公私俱济,家给人足,抑止兼并,宣通壅滞。'至五年十二月,废常平监官。

贞观二年四月,尚书左丞戴胄上言曰:'水旱凶灾,前圣之所不免。国无九年储蓄,《礼经》之所明诫。今丧乱之后,户口凋残,每岁纳租,未实仓廪。随时出给,才供当年,若有凶灾,将何赈恤?故隋开皇立制,天下之人,节级输粟,多为社仓,终于文皇,得无饥馑。及大业中年,国用不足,并贷社仓之物,以充官费,故至末涂,无以支给。今请自王公已下,爰及众庶,计所垦田稼穑顷亩,至秋熟,准其见在苗以理劝课,尽令出粟。稻麦之乡,亦同此税。各纳所在,为立义仓。若年谷不登,百姓饥馑,当所州县,随便取给。'太宗曰:'既为百姓预作储贮,官为举掌,以备凶年,非朕所须,横生赋敛。利人之事,深是可嘉。宜下所司,议立条制。'户部尚书韩仲良奏:'王公已下垦田,亩纳二升。其粟麦粳稻之属,各依土地。贮之州县,以备凶年。'可之。自是天下州县,始置义仓,每有饥馑,则开仓赈给。以至高宗、则天,数十年间,义仓不许杂用。其后公私窘迫,渐贷义仓支用。自中宗神龙之后,天下义仓费用向尽。"①

唐代社仓及义仓始建于唐高祖武德元年(618),其功能与隋社仓及义仓的功能大体相当。唐代社仓及义仓又称"常平义仓",武德五年(622)十二月有"废常平监官"之举,以此为起点,社仓及义仓因受到轻视削弱了其赈灾救荒的功能。

针对这一情况,贞观二年(628),尚书左丞戴胄提出重建社仓"贮之州县,以备凶年"的主张,这一主张得到了唐太宗的支持,随后"议立条制",经此,社仓及义仓赈灾救荒的功能在一定程度上得到了恢复。然而,很快因国用不足出现了不断挪用社仓及义仓的情况,故在唐高宗一朝由唐太宗建立的"义仓不许杂用"的规定再度遭到破坏。王应麟叙述这一历史时写道:"《会要》(兼用《旧志》):武德元年九月四日,置社仓。贞观中,凶荒则有社仓赈给,不足则徙民就食诸州。贞观二年四月三日,尚书左丞戴胄上言曰:隋开皇之制,天下输粟谓之社仓。及大业中,取充官费。今请自王公以下,计垦田秋熟所在为义仓,岁凶以给民。太宗善之,乃诏亩税二升,粟麦秔稻,随地所宜。宽乡敛以所种,狭乡据青苗簿而督之。耗十四者免其半,耗十七者皆免之。商贾无田者,以其户为九等,出粟自五石至五斗为差,下户不取焉。岁不登,以赈民或贷为种子,至秋而偿(户部尚书韩仲良奏云云。制可之)。高宗永徽二年,正月戊戌,开义仓以赈民。闰九月六日,令率户出粟,上上户五石,余各有差。后稍假义仓以给他费,至神龙中略尽。玄宗即位复置之,开元四年五月二十一日诏,义仓本备饥年赈给,自

---

① 后晋·刘昫等《旧唐书·食货志下》,北京:中华书局1975年版,第2122—2123页。

今以后不得以义仓变造(申赈给之法,严变造之禁)。开元二十五年定式。天宝八载,共六千三百八(《通典》无'八'字),十七万七千六百六十石(陆贽云:历高宗之代,五十六载。人赖其资国步中艰,斯制不弛。开元之际渐复修,崇是知储积备灾,圣王急务也)。元和六年二月癸巳制:宿麦未登,以常平义仓粟二十四万石贷百姓,诸道有乏种粮者用常平义仓米贷之。七年二月壬辰,赈八万石。九年二月丁未,赈三十万石。十二年九月辛卯诏诸道遭水人户,令以义仓赈给。十三年正月,户部侍郎孟简奏常平义仓请减估粜,有司更不收管,州县得专以利百姓。从之。长庆二年闰十月甲寅诏,江淮水旱以常平义仓出粜,以惠贫民。四年三月制,令诸州录事参军专主。开成元年八月,户部奏请公私田亩别纳粟一升添贮义仓。从之。其年十一月,忠武节度使杜悰、天平节度使王源中奏:当道常平义仓,请别置十万石,以备凶年。从之。四年七月丙午,诏曰:义仓防水旱,先给后奏。敕有明文。《韦伦传》请为义仓以捍无年。"①唐高宗以后,因不断地挪作他用即"假义仓以给他费",乃至于出现了"至神龙中略尽"的情况,甚至出现了唐中宗神龙以后,"天下义仓费用向尽"的严重局面,终于导致义仓制度遭受彻底地破坏。在这中间,因关中社仓及义仓已无粮可储,已失去赈灾救荒的功能,这些也加重了江淮漕运的负担。

需要补充的是,因社仓及义仓在稳定社会秩序等方面有特殊的功能。为了应对有可能发生的荒年,以便及时地赈灾救荒,唐玄宗下诏决定恢复义仓。"变造"是一种临时性征收赋税的行为,初兴于东晋,凡遇军国大事,以临时征收赋税的方式来满足需求。唐高宗以后,从义仓征收赋税即挪作他用已成为常态,为此,唐玄宗匡正救敝,决心恢复原有的义仓制度。进而言之,社仓及义仓制度是唐代仓廪建设的补充形式,通过互助自救可以起到稳定社会秩序的作用,一旦破坏将会动摇政治统治的根基。从这样的角度看,唐玄宗重申"义仓本备饥年赈给"的功能,反对"变造",从侧面反映了唐高宗以后社仓及义仓制度遭受破坏是漕运岁额增加的重要原因。

唐高宗以后,在漕运不济及粮食安全受到严重威胁的形势下,唐代君主率文武百官到洛阳利用来自江淮的漕粮"就食"已成为常态。如据《旧唐书·高宗纪》《则天皇后纪》等记载,唐高宗在位共二十七年,其中,有一半的时间滞留在洛阳;武则天临朝称制,在位二十年,其中有十八年住在洛阳。唐高宗和武则天长期滞留洛阳,主要的原因之一便是洛阳有漕运江淮漕粮之便。

关于这点,可以从洛阳县尉杨齐哲的上书中得到进一步证明。长安四年(704)正月,武则天打算趁行幸西凉时移驾长安。杨齐哲劝谏道:"陛下今幸长安也,乃是背逸就劳,破益为损,何者?神都帑藏储粟,积年充实,淮海漕运,日夕流衍,地当六合之中,人悦四方之会。陛

---

① 宋·王应麟《玉海·食货》,南京:江苏古籍出版社1987年版,第3373—3374页。

下居之,国无横费。长安府库及仓,庶事空缺,皆藉洛京,转输价直,非率户征科,其物尽官库酬给,公私糜耗,盖亦滋多。陛下居之,是国有横费,人疲重徭。由此言之,陛下之居长安也,山东之财力日匮。在洛邑也,关西百姓,赋役靡加。背逸就劳,破益为损,殷监不远,伏惟念之。文王敬授民时,所重惟谷。今陛下銮辂以明年正月即涂,岁首是就耕之初,驾行非务农之意,无乃不可乎。"①《册府元龟》亦有相同的记载。② 杨齐哲劝谏武则天不要离开东都洛阳的基本理由是:在春荒季节及黄河漕运艰难的背景下,回驾长安只能是"背逸就劳,破益为损"之举,这样做不但会加重关中的负担,出现"是国有横费,人疲重徭"的局面,更重要的是,因漕运补给线拉长,将给关东带来"财力日匮"的灾难。与长安相比,洛阳有着便利的水运条件,在"淮海漕运,日夕流衍"的过程中,丰富的仓储及自江淮流转过来的物资足以应对巨大的需求。进而言之,杨齐哲劝谏武则天继续留在洛阳,是因为洛阳"帑藏储粟,积年充实",凭借东南漕运有足够的应对朝廷粮食短缺及物资需求的能力。

事实上,关中粮食短缺及漕转不济等给唐王朝经营关中造成了极大的压力。为了稳定国家政治,唐代君主一方面不得不率领文武百官到洛阳"就食";另一方面又不愿轻易地离开关中当"逐粮天子"。司马光叙述唐中宗景龙三年(709)事件时写道:"是岁,关中饥,米斗百钱。运山东、江、淮谷输京师,牛死什八九。群臣多请车驾复幸东都,韦后家本杜陵,不乐东迁,乃使巫觋彭君卿等说上云:'今岁不利东行。'后复有言者,上怒曰:'岂有逐粮天子邪!'乃止。"③其实,唐代君主有"逐粮天子"之称,发生在唐高宗一朝。马端临引东莱吕氏语论述道:"唐西都至岁不登,关中之粟不足以供万乘,荒年则幸东都。自高祖至明皇,不特移民就粟,其在高宗时,且有'逐粮天子'之语。"④唐代君主不愿当"逐粮天子"固然是为了脸面,但更重要的是面对突厥、吐蕃等入侵,他们放弃经营关中及长安则意味着动摇唐王朝的根基。

为了解决这些难题,唐高宗及武则天等主要采取了三个方面的应急措施。一是采用隋代以前的漕转之策,将漕运范围扩大到河东一带,以汾水为航线,从晋州(在今山西运城新绛东南)、绛州(在今山西临汾)等地取粮,渡河入渭至关中及长安。唐高宗咸亨三年(672),在王师顺的建议下开辟了自河东至关中的航线,如史有"咸亨三年,关中饥,监察御史王师顺奏

---

① 宋·王溥《唐会要·行幸》,北京:中华书局1955年版,第518页。
② 宋·王钦若记载道:"陛下今幸长安也,乃是背逸就劳,破益为损,何者? 神都帑藏储粟,积年充实,淮海漕运,日夕流衍,地当六合之中,人悦四方之会。陛下居之,国无横费。长安府库及仓,庶事空缺,皆藉京洛。转输价直,非率户征科,其物尽官库酬给,公私糜耗,盖亦滋多。陛下居之,是国有横费,人疲重徭,由此言之。陛下之居长安也,山东之人财力日匮。在洛邑也,关西百姓,赋役靡加。背逸就劳,破益为损,殷鉴不远,伏惟念之。又王者敬授民时,所重惟谷。今陛下銮辂以明年正月即涂,岁首是就耕之初,驾行非务农之意,无乃不可乎。"(宋·王钦若等《册府元龟·谏诤部》,北京:中华书局1960年版,第6528页)。
③ 宋·司马光《资治通鉴·唐纪二十五》(邬国义校点),上海:上海古籍出版社1997年版,第1927页。
④ 元·马端临《文献通考·国用考四》,杭州:浙江古籍出版社1988年版,第255页。

请运晋、绛州仓粟以赡之。上委以运职。河、渭之间,舟楫相继,会于渭南,自师顺始之也"①之说。二是在洛阳兴建新的漕运码头,扩大停泊区,提高漕运码头接纳漕船的能力,加快江淮漕运入港和出港的速度,如史有武则天大足元年(701)六月"于东都立德坊南穿新潭,安置诸州租船。"②之说。通过兴建新的漕运码头,实行分流,洛阳立德坊码头有了可以同时停泊数百艘漕船的能力,史有唐玄宗开元十四年"秋七月癸丑夜,瀍水暴涨入漕,漂没诸州租船数百艘,溺者甚众"③之说可证。瀍水暴涨冲入洛阳的漕运码头,漂没数百艘漕船的事件表明,扩建后的漕运码头可同时停泊数百艘漕船,其规模之大可窥一斑。三是在隋仓的基础上重点建设洛阳含嘉仓,通过恢复旧仓功能或扩大仓容,为江淮漕运提供必要的保证。

从另一个层面看,唐王朝建都长安后需要来自东南及江淮的漕粮及物资的支援已是铁定的事实,然而,黄河漕运始终受制于三门峡,在无法顺利通行的前提下只能采取自洛阳漕转的方式。史称:"初,江淮漕租米至东都输含嘉仓,以车或驮陆运至陕。而水行来远,多风波覆溺之患,其失尝十七八,故其率一斛得八斗为成劳。而陆运至陕,才三百里,率两斛计佣钱千。民送租者,皆有水陆之直,而河有三门底柱之险。"④由于自黄河漕运处于"失尝十七八"的状态,这样一来,唐王朝不得不继续执行漕转之策。然而,自洛阳转陆运经山路至陕州,虽然只有三百里的路程,但"率两斛计佣钱千"即运送一斛粮食的佣钱为五百文,漕转付出的代价远远地超出想象。

斛是计量单位,一斛等于一石,又等于十斗。唐初,风调雨顺,米价十分低廉。杜佑记载道:"初,自贞观以后,太宗励精为理,至八年、九年,频至丰稔,米斗四五钱,马牛布野,外户动则数月不闭。至十五年,米每斗值两钱。麟德三年,米每斗折五文。"⑤吴兢亦记载道:"贞观十六年,太宗以天下粟价率计斗直五钱,其尤贱处计斗直三钱。"⑥杜佑与吴兢的记载是有认识价值的。这里所说的"钱"与"文"等值。唐高宗麟德三年(666)改元,故指唐高宗乾封元年(666)。在连续丰收的光景下,从唐太宗贞观八年(634)到唐高宗乾封元年,在三十多年的时间里,购米一斗只需四文或五文。如史又有唐高宗麟德二年东都洛阳"是岁大稔,米斗五钱"⑦可证。如果做一对比,当以贞观十五年(641)的粮价最低,此时购米一斗只需两文。此后,粮食的价格多有上扬,如史有唐玄宗开元十三年(725)"时累岁丰稔,东都米斗十钱,

---

① 后晋·刘昫等《旧唐书·食货志下》,北京:中华书局1975年版,第2113页。
② 同①。
③ 后晋·刘昫等《旧唐书·玄宗纪上》,北京:中华书局1975年版,第190页。
④ 宋·欧阳修等《新唐书·食货志三》,北京:中华书局1975年版,第1365页。
⑤ 唐·杜佑《通典·食货七》,杭州:浙江古籍出版社1988年版,第40页。
⑥ 唐·吴兢《贞观政要集校·务农》(谢保成集校),北京:中华书局2003年版,第426页。
⑦ 后晋·刘昫等《旧唐书·高宗纪上》,北京:中华书局1975年版,第87页。

青、齐米斗五钱"①之说。尽管如此,唐玄宗一朝一斗米也只有五文到十文之间。以此进行计算的话,从洛阳到陕州,三百里山路的运粮成本是唐玄宗以前粮价的 10 倍到 25 倍之间。如果再把漕运过程中的各种损耗计算在内的话,那么,自洛阳至陕州经陆路转运的成本应该与自黄河漕运的损耗大体相当。从这样的角度看,如果三门峡航段畅通无阻的话,黄河漕运自然会取得"率一斛得八斗为成劳"的成果。这样一来,打通三门峡,消除黄河漕运瓶颈已是必然之举。

唐王朝自洛阳漕转,实施自水运转陆运的方案有着迫不得已的苦衷。假定黄河漕运没有受阻三门峡的话,那么,完全可以免除因漕转带来的辗转之苦,进而可以最大限度地节省运输成本和时间。郑樵记载道:"旧于河南路运至陕郡太原仓,又运至永丰仓及京师大仓。开元初,河南尹李杰始为陆运使,从含嘉仓至太原仓,置八递场,相去每场四十里。每岁冬初起运八十万石,后至一百万石。每递用车八百乘,分为前后交,两月而毕。其后渐加,至天宝七载,满二百五十万石,每递用车千八百乘,自九月至正月毕。天宝九载九月,河南尹裴迥以递重恐伤牛,于是又以递场为交场,两递简押近水处为宿场。天宝十载九月,相州刺史李南金又上表曰:'臣以旧籍,天下水陆估价车乘有纲运,各令官兵提巡,共五十万。'大率大历之后,以水陆运使兼防押,四十万石,各押入关。"②在三百里陆路递运的过程中,除了要调用六千四百部车辆参与运输外,还需要分成八个递场即八个接运点进行转运,再加上因山路崎岖,需要历时两个月的时间才能绕过三门峡天险。进而言之,如果黄河漕运畅通无阻的话,如果以一船载六百石为基数,有二百艘漕船参与漕运,那么,总量一百万石的粮食在十天之内便可通过三门峡,顺利地运到陕郡,进而由陕郡经黄河运道入渭水进入关中及长安。按:前人有"六百石,是北魏以来航行于黄河中的漕舟的一般载重量"③之说,当然也有例外,如北魏三门都将薛钦叙述黄河漕运时有"造船一艘,计举七百石"④之说,如果以一船载七百石计算的话,再有二百艘船参与漕运,那么,自三门峡至陕郡的漕运时间则会更加短暂。可以说,黄河漕运是一条十分经济的航线。如邹逸麟先生论述道:"《新唐书·食货志》载:'江淮漕租米至东都含嘉仓,以车或驮陆运至陕而水行。'但陆运费用浩大,如开元初河南尹李杰为陆运使,从含嘉仓至太原仓置八递场,每场间隔四十里,每递用车八百乘,八十万石至一百万石的租米,需时二月方能运毕。可见维持这一段陆运在时间上、物力上需要付出很大的耗费,是漕运中最困难的一段。"⑤漕运的优势是显而易见的,这样一来,恢复三门峡漕运势必要成为唐王朝关注的大问题。

---

① 后晋·刘昫等《旧唐书·玄宗纪上》,北京:中华书局 1975 年版,第 189 页。
② 宋·郑樵《通志·食货略》,杭州:浙江古籍出版社 1988 年版,第 748 页。
③ 中国科学院考古研究所编著《三门峡漕运遗迹》,北京:科学出版社 1959 年版,第 67 页。
④ 北齐·魏收《魏书·食货志》,北京:中华书局 1974 年版,第 2858—2859 页。
⑤ 邹逸麟《从含嘉仓的发掘谈隋唐时期的漕运和粮仓》,《文物》1974 年,第 2 期。

第二节　关中河渠建设与漕运

关中河渠建设是唐代漕运的重要组成部分，在关中建设河渠主要有三个目标：一是提高关中漕运的能力，降低运输成本；二是建设有漕运和灌溉等综合能力的河渠，可以扩大关中农田灌溉的面积，提高产量，减少对关东的依赖；三是重点建设关中西部的河渠，可增强运兵运粮的能力，加强西北防御。

一般认为，唐代兴修关中河渠是从升原渠开始的，其实有更早的历史，可上溯到唐高祖武德六年（623），如史有"武德六年，宁民令颜昶引南山水入京城"①之说。

为什么由宁民令颜昶负责引水入京的事务？这要从宁民县政区的沿革说起。唐高祖一朝曾析蓝田县分置建白鹿县、玉山县，此后，又废白鹿县、玉山县并入蓝田县。史称："二年，分万年置芷阳县，分蓝田置白鹿县，……三年，改白鹿为宁人县，分蓝田置玉山县，……贞观元年，废鹿苑入高陵县，废宁人、玉山入蓝田县。"②"二年"指武德二年。"宁人"指宁民县，后世避唐太宗李世民讳所致。史又有"武德二年析置白鹿县，三年更曰宁民，又析蓝田置玉山县，贞观三年皆省。有覆车山。有蓝田关，故峣关。有库谷，谷有关。"③之说。"贞观三年"应是贞观元年（627）的误写。在政区沿革的过程中，唐初统治者以蓝田县为母体进行了多次析分和省入。然而，不管如何析分，宁民县的东南境与唐王朝的政治中心长安城相接。这样一来，由宁民令颜昶负责引水入京事务是必然的。

唐高祖武德六年，颜昶"引南山水入京城"可视为唐王朝兴修关中河渠及发展漕运的起点。为了充分论述这一问题，有必要从分析"引南山水入京城"以前相关区域的地理水文形势入手，来探讨引水入长安与发展漕运之间的内在联系。

其一，宁民令颜昶"引南山水入京城"，与解决长安的生活用水或灌溉农田无关。这样说的原因是，长安水资源丰富，素有"八水绕长安"之说。如司马相如《上林赋》中有"终始霸浐，出入泾渭；酆镐潦潏，纡余委蛇，经营乎其内。荡荡兮八川分流，相背而异态。……（《关中记》曰：'泾、渭、灞、浐、酆、鄗、潦、潏，凡八川。'）"④上林苑在汉长安城郊外，灞、浐等八条河流流经此地。除此之外，灞、浐等又与漆、沮、汧、雍、洛水等相通，进一步丰富了长安的水源结构。胡渭在前人的基础上论述道："或云：关中八川，不数漆沮，即此可以为小于沣、泾之

---

① 宋·欧阳修等《新唐书·地理志一》，北京：中华书局1975年版，第963页。
② 后晋·刘昫等《旧唐书·地理志一》，北京：中华书局1975年版，第1395页。
③ 同①。
④ 汉·司马相如《上林赋》，梁·萧统《文选》上册，上海：商务印书馆1936年版，第159—160页。

证。余曰不然。八川名出《上林赋》,其辞曰:终始灞、浐,出入泾、渭、酆、镐、潦、潏,纡馀委蛇,经营乎其内。此特举与上林地相缠络者言之,故西不及汧、雍,东不及沮、洛,非以漆沮为小而略之也。"①这些情况表明,如果仅仅是引水入京提供生活用水或灌溉农田,用不着舍近求远跑到宁民县去引水。运用排除法,颜昶"引南山水入京城"只能与引水入运及发展关中漕运相关。

其二,"引南山水入京城",是指自宁民县终南山开渠引水至长安。终南山是灞、浐二水的发源地,将终南山省称为"南山",起码发生在汉代以前。如扬雄《长杨赋》有"命右扶风发民入南山"语,李善注:"南山,终南山也。"②张衡《东京赋》有"冠南山"语,李善注:"冠,覆也。终南山在长安南。"③班固《西都赋》有"于是睎秦岭"语,李善注:"秦岭,南山也。《汉书》曰:秦地有南山。"④终南山在长安的南面,故称。灞、浐二水发源于宁民即蓝田终南山。班固记载道:"沂水出蓝田谷,北至霸陵入霸水。霸水亦出蓝田谷,北入渭。(师)古曰兹水,秦穆公更名以章霸功,视子孙。"⑤"沂水"指浐水;霸水古称"兹水",又称"滋水""灞水",两水均发源于蓝田县的蓝田谷。按:"师"是衍文,故用"( )"标识。"视"与"示"同义。如史家考证道:"《汉书·地理志》:南陵县,沂水出蓝田谷,北至霸陵入霸水。《水经注》引此作浐水,盖沂即浐之讹也。"⑥又考证道:"今《汉书》刊本'古曰兹水',上多一'师'字,乃后人所增,误以孟坚本文,为颜氏注文耳。《高祖纪》'视项羽无东意',师古注云:《汉书》多以'视'为'示',古通用字。此'视子孙'之'视',注亦云:读曰示。可证其为《汉书》本文。"⑦后世叙述灞水时,又有其发源"终南山金谷"之说。如郑樵记载道:"灞水,出永兴蓝田县终南山金谷,东经临潼县,北流入渭。……浐水,出永兴蓝田谷,北入于灞。"⑧结合班固等记载,当知"金谷"是蓝田谷的异名。以新名标识旧名,或许与郑樵强调灞、浐二水不同源相关。事实上,前人在叙述蓝田谷时多有不同的表达。如史家叙述浐水时有"源出蓝田县西南谷"之说。史称:"浐水,在咸宁县东南,源出蓝田县西南谷中,北流至县界。又北合灞水入渭水,经浐水出京兆蓝田谷北,入于灞。注《地理志》曰:浐水,出南陵县之蓝田谷西。北流与一水合,水出

---

① 清·胡渭《禹贡锥指》(邹逸麟整理),上海:上海古籍出版社2006年版,第630页。
② 汉·扬雄《长杨赋》,梁·萧统《文选》上册,上海:商务印书馆1936年版,第179页。
③ 汉·张衡《东京赋》,梁·萧统《文选》上册,上海:商务印书馆1936年版,第48页。
④ 汉·班固《西都赋》,梁·萧统《文选》上册,上海:商务印书馆1936年版,第4页。
⑤ 汉·班固《汉书·地理志上》,北京:中华书局1962年版,第1544页。
⑥ 清·和珅等奉敕撰《钦定大清一统志·西安府》,《四库全书》第478册,上海:上海古籍出版社1987年版,第25页。
⑦ 同⑥。
⑧ 宋·郑樵《通志·地理略》,杭州:浙江古籍出版社1988年版,第545页。

西南莽谷，东北流注浐水。又北历蓝田川，北流注于灞水。"①结合班固之说，当知"蓝田县西南谷"是"蓝田谷"的又一称谓，同时亦可证"金谷"就是指蓝田谷。除此之外，灞水和浐水均发源于蓝田山，蓝田山又有"覆车山"之称。如毕沅论述道："蓝田山，在蓝田县东南三十里，一名覆车山。《汉书·地理志》：蓝田山出美玉。《唐书·地理志》：蓝田县覆车山。[郭缘生]《述征记》：'山形如覆车[之象]，故名。'《太平寰宇记》按：'后魏《风土记》：山巅方二里，仙圣游集之所，下有神祠甚严。灞水源出于此。"②结合班固等人的说法，当知蓝田山即车覆山，是终南山的支脉，是灞水和浐水共同的发源地。据此亦可知，所谓颜昶"引南山水入京城"，是指引灞水和浐水入长安。

其三，在颜昶开渠引水至长安以前，灞水与浐水已有通往长安的水道，两水在白鹿原（在今陕西西安灞桥境内）交汇。郦道元记载道："《地理志》曰：浐水出南陵县之蓝田谷，西北流与一水合，水出西南莽谷，东北流，注浐水。浐水又北历蓝田川，北流注于灞水。《地理志》曰：浐水北至灞陵，入灞水。"③又记载道："霸者，水上地名也。古曰滋水矣，秦穆公霸世，更名滋水为霸水，以显霸功。水出蓝田县南蓝田谷。……霸水又左合浐水，历白鹿原东，即霸川之西故芷阳矣。《史记》，秦襄王葬芷阳者是也，谓之霸上。汉文帝葬其上，谓之霸陵，上有四出道以泻水在长安东南三十里。"④将两则记载结合起来看，灞水与浐水在各自北流的过程中至白鹿原东交汇。宋敏求指出："白鹿原，在县东南二十里，自蓝田县界至浐水川，尽东西一十五里。南接终南，北至霸川，尽南北一十里，亦谓之霸上。"⑤所谓"县东南"，指白鹿原在万年县东南。万年县治在长安城，故白鹿原在长安东南，原上有汉文帝陵墓霸陵（在今陕西西安霸桥毛窑院村），霸陵距离汉代长安城只有三十里。史有"秦之咸阳，汉之长安也。隋开皇二年，自汉长安故城东南移二十里置新都，今京师是也"⑥之说，开皇二年（582），隋文帝在汉长安城的基础上建长安新都城即大兴城时，向"东南移二十里置新都"，据此可证，灞水与浐水相合后的河道距唐代长安城只有十里。又因隋文帝在关中开广通渠时利用了汉武帝时期的漕渠，而漕渠利用了灞水和浐水，故又可证颜昶引灞水和浐水入长安与开渠行运有直接的关系。

其四，浐水本身有经万年东的河道，这一河道向北，流四十里后入渭水。史称："《长安

---

① 清·和珅等奉敕撰《钦定大清一统志·西安府》，《四库全书》第478册，上海：上海古籍出版社1987年版，第25页。
② 清·毕沅《关中胜迹图志·名山》，西安：三秦出版社2004年，第45页。
③ 北魏·郦道元《水经注·浐水》，杨守敬、熊会贞疏，段熙仲点校，陈桥驿复校《水经注疏》中册，南京：江苏古籍出版社1989年版，第1449—1450页。
④ 北魏·郦道元《水经注·渭水下》，杨守敬、熊会贞疏，段熙仲点校，陈桥驿复校《水经注疏》中册，南京：江苏古籍出版社1989年版，第1603—1607页。
⑤ 宋·宋敏求《长安志·县一》，《四库全书》第587册，上海：上海古籍出版社1987年版，第153页。
⑥ 后晋·刘昫等《旧唐书·地理志一》，北京：中华书局1975年版，第1394页。

志》:浐水,在万年县东,北流四十里入渭。《游城南记》:少陵东接风凉原,浐水出焉。东北对白鹿原,邢谷水出焉。二水合流入渭。杜甫所谓'登高索浐源'是也。《咸宁县志》:浐水,在城东十里。"①起初,万年县是隋县,初称大兴县,入唐以后改为万年县,后来又改为咸宁县。史称:"隋京兆郡,领大兴、长安、新丰、渭南、郑、华阴、蓝田、鄠、盩厔、始平、武功、上宜、醴泉、泾阳、云阳、三原、宜君、同官、华原、富平、万年、高陵二十二县。武德元年,改为雍州。改大兴为万年,万年为栎阳,分栎阳置平陵,……二年,分万年置芷阳县,分蓝田置白鹿县,……隋大兴县。武德元年,改为万年。乾封元年,分置明堂县,治永乐坊。长安三年废,复并万年。天宝七载,改为咸宁,乾元复旧也。"②又称:"本大兴,武德元年更名。二年析置芷阳县,七年省。总章元年析置明堂县,长安二年省。天宝七载曰咸宁,至德三载复故名。"③因万年治所在隋唐长安城即大兴城永乐坊,故浐水经万年东实指经隋唐长安城东。

其五,灞、浐二水流程虽短,但沿途接纳诸水后有丰富的水资源,况且二水多次相合汇入渭水,从而为颜昶开渠引水建立入渭河的航线提供了必要的条件。史家引录《长安志》语云:"浐水,在县东,北流四十里入渭。又库谷水北流二十五里,合采谷水下流入荆谷水,号浐水。又下流二十五里合灞水,又北流二里入渭。又采谷水自蓝田县西北流三十里入县界,又二十里合库谷水为浐水,又北流四十里入灞水。又石门谷水自蓝田县北流十里入县界合采谷水,又北流十五里合库谷水,为浐水。又荆谷水,一名荆溪,自蓝田流至康村入县界,西流二十里出谷至平川,合库谷、采谷、石门水为荆谷水,一名浐水。"④灞、浐二水入长安时多有分合,构成了错综复杂的水文形势。更重要的是,二水北流时分别接纳诸水,形成了浩大的水势。郦道元记载道:"灞水又左合浐水,历白鹿原东,即霸川之西故芷阳矣。……灞水又北,长水注之。水出杜县白鹿原,其水西北流谓之荆溪。溪水又西北,左合狗枷川水,水有二源。西川上承魄山之斫槃谷,次东有苦谷,二水合而东北流,径风凉原西。《开山图》曰,丽山之西,川中有阜,名曰风凉原,在魄山之阴,雍州之福地。即是原也。其水傍溪北注,原上有汉武帝祠。其水右合东川,水出南山之石门谷,次东有孟谷,次东有大谷,次东有雀谷,次东有土门谷,五水合而西北历风凉原东,又北与西川会,原为二水之会,乱流北径宣帝许后陵东北,去杜陵十里。……其水又北注荆溪,荆溪水又北入霸县,又有温泉入焉。水发自原下,入荆溪水,乱流注于霸,俗谓之浐水,非也。《史记·封禅书》,文帝出长门《注》云,在霸陵县。有故亭,即《郡国志》所谓长门亭也。《史记》云:霸、浐、长水也,虽不在祠典,以近咸阳秦、汉、都,

---

① 清·和珅等奉敕撰《钦定大清一统志·西安府》,《四库全书》第478册,上海:上海古籍出版社1987年版,第25页。
② 后晋·刘昫等《旧唐书·地理志一》,北京:中华书局1975年版,第1395—1396页。
③ 宋·欧阳修等《新唐书·地理志一》,北京:中华书局1975年版,第962页。
④ 清·刘于义等监修,沈青崖等编纂《陕西通志·山川二》,《四库全书》第551册,上海:上海古籍出版社1987年版,第473页。

泾、渭、长水,尽得比大川之礼。"①灞、浐二水虽然不是关中的大川,但有引水济运的基本条件。

其六,汉武帝一朝兴修漕渠时,疏通了自渭水与灞、浐相接的河道,从那时起,与之相关的河道已具备通航的条件。史称:"灞水,在咸宁县东,源出蓝田县谷中,经县东南流至咸宁县界,又北入渭水。《史记·封禅书》:灞、浐、长水、沣、涝、泾、渭,皆非大川,以近咸阳,皆得比山川祠。《汉书·地理志》:南陵县,霸水出蓝田谷,北入渭。古曰兹水,秦穆更名,以章霸功,视子孙。《水经注》:灞水出蓝田县东,又左合浐水,历白鹿原东,又北长水注之,又北会两川,又北故渠左出焉。又北径王莽九庙南,又北径枳道,又北左纳漕渠,又北径秦虎圈东,又北入于渭水。《隋书·高祖纪》:开皇五年,改霸水为滋水。《元和志》:灞水,在万年县东二十里。又蓝田县,灞水东南自商州上洛县界流入,又西北合浐水入渭。《长安志》:霸水,亦名蓝田谷水,即秦岭水之下流也。《图经》曰:源出蓝田东秦岭倒回谷,西北流九十里,出县界,入万年县界骞村,岸阔六十尺。《蓝田县志》:在县东南二十里,近日,居民开种山地,沙石壅积,水发冲入河中,水日散漫,阔于旧,盖数十倍。"②这里所说的"故渠"是指旧渠,所指不明,不过,联系上下文看,应指历代在白鹿原(在今陕西西安灞桥白鹿原)一带兴修的河渠。检索文献,在此兴修的河渠,主要是指隋唐两代利用汉代漕渠兴修的广通渠及兴成渠。"漕渠"是指汉武帝兴修的河渠,因隋广通渠及唐兴成渠亦有"漕渠",故可将其视为汉唐在此兴修河渠的统称。进而言之,从汉武帝修漕渠到隋文帝兴修广通渠,灞、浐二水在关中漕运中始终扮演着引水济运的角色。

其七,时至唐代,灞水和浐水旧有河道遭受了严重的破坏。李吉甫记载道:"霸水,故滋水也,即秦岭水之下流,东南自商州上洛县界流入,又西北合浐水入渭。"③因水文发生变化,此时的灞水有了绕行上洛(在今陕西商洛商州)的水道。不过,更多的研究者还是赞成《水经注》的说法,认为灞水源于蓝田谷。如史家辨析道:"按:灞水之源,据《水经注》,不宜远在上洛境。自隋唐来经流迁徙,故道难寻,故《元和志》以下,其说亦互异。"④这一辨析虽然旨在维护灞水源于蓝田谷的说法,但从"经流迁徙,故道难寻"中当知,灞水水道已发生重大的变化。与此同时,浐水河道也发生了重大变化。史称:"又按:《水经注》:霸水先合浐水于白鹿原东,又北荆溪水合,狗枷川注之。二水未尝相混,且辩之曰:俗谓之浐水,非也。自《魏书·地形志》以出苦谷者为浐水始,与《水经注》异。唐宋以来,故道莫辨,大抵荆溪、狗枷及上

---

① 北魏·郦道元《水经注·渭水下》,杨守敬、熊会贞疏,段熙仲点校,陈桥驿复校《水经注疏》中册,南京:江苏古籍出版社1989年版,第1606—1612页。
② 清·和珅等奉敕撰《钦定大清一统志·西安府》,《四库全书》第478册,上海:上海古籍出版社1987年版,第25页。
③ 唐·李吉甫《元和郡县图志·关内道一》(贺次君点校),北京:中华书局1983年版,第16页。
④ 同②。

流诸水,皆目为浐源矣。"①从"唐宋以来,故道莫辨"中当知,时至唐代,灞、浐水道发生了变异。如胡渭论述道:"灞、浐旧合流入渭,自隋堰浐水为渠,而二水亦离故道。"②隋修广通渠时采取堰浐水之策,改变了灞、浐二水的水道。这样一来,要想引水济运,则需要重新修整其水道。

综上所述,"引南山水入京城",实为引水济运及恢复关中漕运之举。这一时期,灞水和浐水的河道已发生很大的变异。客观地讲,其河道变化除了与自身水文变化相关外,还与汉代兴修漕渠及隋文帝兴修广通渠等改变其水道有着密切的关系。

除此之外,灞水和浐水河道发生变化还与长安一带的地质变化有着密切的关系。具体地讲,长安位于秦岭和渭水之间的断裂带上,伴随着地壳运动,秦岭沿断裂带不断地上升,渭水在水力的作用下沿断裂带不断地沉降,这样一来,两者相对高度发生变化后,在一定程度上毁坏了灞、浐二水入渭的河道。在这一过程中,灞水和浐水凭借丰富的水资源,不断地把沿途台地的泥沙带入渭水,不但加快了渭水泥沙淤积的速度,而且在毁坏自身水道的过程中给广通渠漕运带来了巨大的困难。史有"渭川水力,大小无常,流浅沙深,即成阻阁"③之说,渭水泥沙不断地淤积航道,给恢复广通渠漕运提出了清除航道淤沙的要求。蓝田在终南山脚下,地势高于长安,在此开渠束水即引灞、浐二水入渭及入广通渠,可以通过增加水能收到束水攻沙的效果。从这样的角度看,颜昶开渠"引南山水入京城"实际上是发展关中漕运的重要举措,故可以将其视为唐代兴修关中河渠的起点。

继颜昶兴修引水工程以后,唐代的关中河渠建设进入了全面展开期,并取得了三个标志性的成果:兴修五节堰和升原渠等,打通了从关中西部到长安的漕运通道;兴修兴成渠和敷水渠等,打通了从长安到关中东部与黄河相接的航线;重点建设长安一带的漕运码头,为及时地储存来自江南、江淮、河东粮食及物资提供了安全保证。可以说,三者相互拧结在一起,改善了关中西部的漕运条件和农业生产条件,为稳定唐王朝的政治秩序和经济秩序提供了强有力的支持。

唐高祖武德八年(625),姜行本在陇州开五节堰引水入运,建成了与汉魏成国渠相连的运道,初步改善了关中西部的漕运条件。史称:"武德八年十二月,水部郎中姜行本请于陇州开五节堰,引水通运,许之。"④又称:"有五节堰,引陇川水通漕,武德八年,水部郎中姜行本开,后废。"⑤所谓"开五节堰",是指自陇州(在今甘肃陇县)建造五座堤坝即拦河坝蓄积洴

---

① 清·和珅等奉敕撰《钦定大清一统志·西安府》,《四库全书》第478册,上海:上海古籍出版社1987年版,第25页。
② 清·胡渭《禹贡锥指》(邹逸麟整理),上海:上海古籍出版社2006年版,第630页。
③ 唐·魏徵等《隋书·食货志》,北京:中华书局1973年版,第683页。
④ 后晋·刘昫等《旧唐书·食货志下》,北京:中华书局1975年版,第2113页。
⑤ 宋·欧阳修等《新唐书·地理志一》,北京:中华书局1975年版,第968页。

水(今称千河)。为什么开五节堰以后可以"引水通运"呢？从水文的角度看,主要是通过建堰遏水,通过建五座堤坝,将汧水从低处引往高处,在此基础上形成通运的条件。

从另一个层面看,"引水通运"自然是指自陇州开渠引陇川水即汧水至陈仓(在今陕西宝鸡陈仓)。然而,如果仅仅是开通陇州至陈仓的运道,那么,将失去"引陇川水通漕"的意义。如郦道元有"渭水又东会成国故渠。渠,魏尚书左仆射卫臻征蜀所开也。号成国渠,引以浇田。其渎上承汧水于陈仓东。东径郿及武功、槐里县北"①之说,在姜行本开五节堰将运道延长到陇州以前,曹魏成国渠一直是关中西部重要的航线。从这样的角度看,姜行本开五节堰的目的是引汧水至陈仓东与曹魏成国渠相接,将关中西部的运道从陈仓东延长到陇州一带,进而建立从陇州经陈仓东入长安的漕运通道。

继姜行本开五节堰以后,唐王朝又在曹魏成国渠的基础上重点兴修了位于关中西部即长安以西的升原渠。杜佑记载道:"大唐咸亨三年,于岐州陈仓县东南开渠,引渭水入升原渠,通船栰至京故城。"②"京故城"是指汉惠帝兴建的长安城,如杜佑有"京故城,即长安城,汉惠帝所筑,在今大兴城之西北苑中"③之说。李吉甫亦记载道:"咸亨三年,于县东南开渠,引渭水入升原渠,通船至京故城。"④所谓"县东南",是指陈仓东南。结合以上的论述,"引渭水入升原渠"除了包括引渭水外,同时还包括引汧水,如前人有升原渠"东流入咸阳,其原出汧水"⑤之说。综合杜佑和李吉甫等人的记载,主要有三个要点:一是升原渠兴修于唐高宗咸亨三年;二是升原渠的渠首在陈仓东南,以渭水和汧水为主要的补给水源;三是升原渠是关中西部的漕运大通道,这条航线既可以行船又可放木筏即木排。由于可放木筏,当知这条漕运通道的水位落差较大。按:升原渠引汧水时,利用了姜行本开五节堰"引陇川水通漕"的成果。如郑樵记载道:"渭水,旧云:出陇西首阳县渭首亭南鸟鼠山。首阳唐省入渭源,隶渭州,今隶熙州,在州之东。其水东过陇州汧源,汧水从西北来入焉。"⑥汧水本有自汧源入渭的水道,经过姜行本开五节堰"引陇川水通漕",自汧源至陈仓的汧水航线成为升原渠行运的重要航段。

不过,自欧阳修等编撰《新唐书》以后,出现了唐懿宗咸通三年(862)兴修升原渠的说法。如欧阳修等叙述宝鸡沿革时记载道:"本陈仓,至德二载更名。东有渠引渭水入升原渠,

---

① 北魏·郦道元《水经注·渭水下》,杨守敬、熊会贞疏,段熙仲点校,陈桥驿复校《水经注疏》中册,南京:江苏古籍出版社1989年版,第1618—1619页。
② 唐·杜佑《通典·食货十》,杭州:浙江古籍出版社1988年版,第56页。
③ 同③。
④ 唐·李吉甫《元和郡县图志·关内道二》(贺次君点校),北京:中华书局1983年版,第43页。
⑤ 宋·宋敏求《长安志·县四》,《四库全书》第587册,上海:上海古籍出版社1987年版,第175页。
⑥ 宋·郑樵《通志·地理略》,杭州:浙江古籍出版社1988年版,第545页。

通长安故城,咸通三年开。西南有大散关,有宝鸡山。"①或许因欧阳修的记载有一定的权威性,稍后,乐史、王应麟等沿袭了欧阳修的观点。如乐史记载道:"咸通三年于县东南开渠,引渭水入升原渠,通船筏至京故城。(即长安城,汉惠帝所筑,在今大兴县之西北苑中也。)"②王应麟记载道:"《地理志》:岐州(凤翔)宝鸡(本陈仓),东有渠,引渭水入升原渠,通长安故城,咸通三年开。"③欧阳修等人的观点虽然得到乐史等人的赞同,但宋代王钦若、郑樵等明确地表达了赞成杜佑、李吉甫之说的看法。王钦若记载道:"咸亨三年,于岐州陈仓县东南开渠,引渭水入升原渠,通船栰京故城。(京故城即故长安城,汉惠帝所筑,在今大兴城之西北苑中。)"④郑樵亦记载道:"唐咸亨三年,于岐州陈仓县东南开渠,引渭水入升原渠,通船栰,至长安故渠。"⑤那么,到底是杜佑、李吉甫等人的观点正确呢?还是欧阳修等人的观点正确呢?

两相对比,当以杜佑、李吉甫的记载更为准确。一是杜佑、李吉甫以当代人的身份叙述当代事,这一记载应比宋人更为可靠。二是杜佑和李吉甫的生活年代大体相当,且两人叙述的文字或完全相同,或大体相同,应有较为一致的史料来源。三是《新唐书·地理志一》叙述唐代兴修升原渠时前后有矛盾。在同书同篇中,欧阳修等叙述虢县沿革时指出:"贞观八年省入岐山,天授二年复置。东北十里有高泉渠,如意元年开,引水入县城。又西北有升原渠,引汧水至咸阳,垂拱初运岐、陇水入京城。"⑥如果升原渠开通的时间是在咸通三年,这条"引汧水至咸阳"的运道不可能在垂拱初便有"入京城"的航线。垂拱(685—688)是武则天的年号,前后共四年,"垂拱初",应指垂拱元年。根据这一记载,完全可以证明升原渠"咸通三年开"有误,其开凿时间应在垂拱初以前。四是武则天以前,唐代君主年号中以"咸"字打头的只有唐高宗"咸亨"年号,很可能因这一年号与唐懿宗"咸通"年号中均有"咸"字,故在不经意间出现抄录方面的错误。故张英等订讹道:"唐咸亨三年,于岐州陈仓县东南开渠,引渭水入升原渠,通船栰至京故城。(故城即长安城,汉惠帝所筑,在今大兴城之西北苑中。)"⑦此说可作为重要的参考。如顾祖禹论述升原渠"垂拱初开运岐、陇木入京城"时,有"又咸通三年复开升原渠,引渭水注焉,通长安故城是也"⑧之说,似可证咸通三年有开升原渠之举。不

---

① 宋·欧阳修等《新唐书·地理志一》,北京:中华书局1975年版,第967页。
② 宋·乐史《太平寰宇记·关西道六》(王文楚等校点)第2册,北京:中华书局2007年版,第641页。
③ 宋·王应麟《玉海·地理》,南京:江苏古籍出版社1987年版,第437页。
④ 宋·王钦若等《册府元龟·邦计部》,北京:中华书局1960年版,第5950页。
⑤ 宋·郑樵《通志·食货略》,杭州:浙江古籍出版社1988年版,第747页。
⑥ 同①。
⑦ 清·张英、王士禛、王惔等奉敕撰《渊鉴类函·政术部十四》,《四库全书》第985册,上海:上海古籍出版社1987年版,第627页。
⑧ 清·顾祖禹《读史方舆纪要·陕西四》(贺次君、施和金点校),北京:中华书局2005年版,第2645页。

过,此时的唐王朝已处于风雨飘摇之中,是否还有能力重修升原渠恐怕要打大大的折扣。尽管如此,亦可备一说,然而,这只是"复开",故咸亨三年开升原渠应更为合理。

此外,《新唐书·地理志一》叙述升原渠功能时亦有错讹之处。如欧阳修等有"垂拱初运岐、陇水入京城"之说,长安水资源丰富,完全没有必要到陇州一带引水入京。根据这一情况,王应麟做出了纠正。王应麟指出:"《地理志》:岐州(凤翔)宝鸡(本陈仓),东有渠,引渭水入升原渠,通长安故城,咸通三年开。虢州东北十里有高泉渠,如意元年开,引水入县城。又西北有升原渠,引汧水至咸阳,垂拱初运岐、陇木入京城。"①对照王应麟所说,"运岐、陇水"应为"运岐、陇木"之误。就是说,兴修升原渠的主要目的是为了运木材,打通从陇州中经岐山到长安的运道,进而将自岐山(在今陕西岐山,在陈仓东)、陇州(在今甘肃陇县,陇县东临千阳,南接陈仓,东接岐山)一带砍伐的木材运往京城长安。清代有升原渠"在兴平县南。《长安志》:在县南十五里,西自武功县流入县界,凡六十里,溉田七十余顷,东流入咸阳。唐垂拱初运岐陇米,今涸"②之说,清人将"水"改为"米",应该与发现"运岐、陇水"一语不合情理相关,因此,从形误入手,将"水"改为"米",其实,这一改动也有错误,当以王应麟所说为准。

升原渠是一条具有漕运、灌溉农田、改造土壤、防洪排涝等综合功能的河渠。宋敏求叙述升原渠经关中腹地兴平县(在今陕西兴平)时记载道:"升原渠,在县南十五里。西自武功县流入县界,凡六十里,溉田七十余顷。"③其实,升原渠灌溉的农田远不止兴平境内的七十余顷农田,灌溉面积还包括升原渠沿途经过的关中地区。如升原渠自陈仓东行,沿途经过扶风县、郿县、长安县等地,这些区域均属于升原渠的灌溉范围。如史家引《古渠图》叙述道:"升原渠,在县东自宝鸡流入,又东流入扶风县界。通济渠,在县东三十里,引渭水自宝鸡县流入,又东流入郿县界。"④更重要的是,升原渠在建设的过程中利用了汉魏成国渠旧道,成国渠本身就是一条有灌溉、漕运等综合能力的河渠。史家引《古渠图》叙述道:"升原渠,在县西北。自兴平县流入县界,合成国渠入渭。"⑤升原渠与成国渠相通后,既扩大了相关区域的农田灌溉面积,起到改造土壤、排涝防洪等作用,同时也改善了关中西部的水运条件,提升了关中漕运的整体水平。

按照杜佑、李吉甫的说法,升原渠渠首在陈仓东南。以此为认识的逻辑起点,势必要把

---

① 宋·王应麟《玉海·地理》,南京:江苏古籍出版社1987年版,第437页。
② 清·和珅等奉敕撰《钦定大清一统志·西安府》,《四库全书》第478册,上海:上海古籍出版社1987年版,第32页。
③ 宋·宋敏求《长安志·县四》,《四库全书》第587册,上海:上海古籍出版社1987年版,第175页。
④ 清·刘于义等监修《陕西通志·水利二》,《四库全书》第553册,上海:上海古籍出版社1987年版,第307—308页。
⑤ 同④,第264页。

陈仓西北方向的陇州撇在外面。其实,五节堰和升原渠两个相互关联的工程,完全可以把姜行本在陇州兴修五节堰"引陇川水通漕"视为兴修升原渠的初始阶段。问题是,唐代兴修升原渠是如何引水入运的?现根据史料做一些必要的补充。

其一,姜行本开五节堰时,似乎已有了利用汉魏成国渠进行水运及东入长安的构想,否则将无法解释"引水通运"之说。具体地讲,五节堰开辟自陇州至陈仓的汧水运道,打通了与曹魏成国渠相接的航线。事实上,研究者也是把五节堰视为升原渠一部分的。宋敏求指出:"升原渠,在县南一十五里。西自武功县流入县界,凡六十里,溉田七十余顷。东流入咸阳,其原出汧水,自凤翔虢县城西北原流至武亭,合流数里,西南至六门堰东成国渠,合流西南出县界,以其升原而流,故名之。"①"县南"指陈仓县南。这里所说的"六门堰"虽与五节堰无关,但同样具有筑坝蓄水及抬高水位的功能,同样有"升原而流"的能力,故可以把姜行本开五节堰视为兴修升原渠的前期工程。顾祖禹记载道:"升原渠,在县东。《唐志》:'县有升原渠,引汧水注之,东至咸阳,垂拱初开运岐、陇木入京城。'又咸通三年复开升原渠,引渭水注焉,通长安故城是也。"②"县东"指在宝鸡即陈仓县东。如果把"引汧水注之"与"垂拱初开运岐、陇木入京城"联系起来,应该说,顾祖禹是把姜行本建五节堰引汧水行运计算在兴修升原渠之内的。辛德勇先生亦论述道:"升原渠是唐代初年开挖的一条运输渠道,这条渠道并不完全是新开的,它主要是修复、利用了汉魏时期的成国渠旧渠道。……唐代改造利用成国渠的工程,是在唐高祖武德八年十二月,由水部郎中姜行本奏请施行的。姜行本在汧源县(今甘肃陇县)境的汧水(今千河)上修筑五节堰,引汧水东流,以通水运,名为升原渠。"③在这里,辛德勇先生直接把五节堰"引水通运"说成是兴修升原渠,客观地讲,是有认识价值的。

其二,如果没有姜行本开五节堰之举,那么,仅仅在陈仓一带利用汉魏成国渠兴修升原渠,将无法实现"垂拱初运岐、陇木入京城"这一目标。从这样的角度看,只有将升原渠的航线延长到陇州,才有可能将岐山、陇州一带砍伐的木材运往长安。根据这一情况,升原渠虽然是在曹魏成国渠的基础上兴修的,但其起点已延长到了陇州。具体地讲,升原渠的起点延长到陇州后,因曹魏成国渠在陈仓交汇后继续东行,中经郿县(在今陕西眉县),随后又沿汉代成国渠旧道经武功、槐里等地向东经咸阳东入长安。在这中间,郿县既是汉代成国渠的起点,同时也是升原渠重要的航段节点。进而言之,升原渠建成后,加强了长安与关中西部战略要地陈仓、陇州等之间的联系,特别是将运道的起点延长到陇州以后,改变了关中水运只有东部航线的局面,改变了关中漕运以黄河联系河东、以渭水联系关东的布局。

---

① 宋·宋敏求《长安志·县四》,《四库全书》第587册,上海:上海古籍出版社1987年版,第175页。
② 清·顾祖禹《读史方舆纪要·陕西四》(贺次君、施和金点校),北京:中华书局2005年版,第2645页。
③ 辛德勇《隋唐时期陕西航运之地理研究》,《陕西师范大学学报》(哲学社会科学版)2008年,第6期,第79页。

其三,曹魏成国渠的基础是汉代成国渠。班固记载道:"郿,成国渠首受渭,东北至上林入蒙笼渠。"①经过曹魏卫臻的改造,汉代成国渠已具备行运的条件。汉代成国渠的渠首在郿县,以渭水为主要补给水源,沿途接纳诸水。如郑樵记载道:"渭水,旧云:出陇西首阳县渭首亭南鸟鼠山。首阳唐省入渭源,隶渭州,今隶熙州,在州之东。其水东过陇州汧源,汧水从西北来入焉。又东过凤翔郿县,斜水从南来入焉。又东过槐里县南,涝水入焉。槐里今永兴兴平县。又东北过咸阳县,沣水入焉。又东北过高陵,泾水入焉。又东北过富平县,漆水入焉。又东,洛水入焉。又东过临潼县,灞水入焉。又东至船司空县入河。船司空后省入华阴,今隶华州。班云:渭水行千八百七十里。"②在汉渠的基础上,卫臻征蜀时将成国渠渠首延长到陈仓东,建成了一条西起陈仓东、西至上林苑入蒙笼渠的运道。然而,后世只强调其灌溉功能,致使曹魏成国渠和唐代升原渠的水运能力受到不应有的忽视。史称:"成国渠,在县北一里,西自武功界流入县界,凡六十里,溉田二百四十余顷。又东流入咸阳界即古白渠也(《长安志》)。成国故渠径槐里县北,又东径汉武帝茂陵南,又东径茂陵县故城南,又东径龙泉北,又东径姜原北(《水经注》)。升原渠,在县南十五里,西自武功县流入县界,凡六十里,溉田七十余顷,在六门堰东,合成国渠,东流入咸阳(按:六门堰乃武功、兴平二县界)。"③唐代升原渠的基础是曹魏成国渠,因曹魏成国渠本身有水运能力,故升原渠"在六门堰东,合成国渠,东流入咸阳"的水道,实际上是建设了一条有水运、灌溉、排洪防涝等综合能力的航线。

其四,从水源结构上看,汧水是升原渠和曹魏成国渠的重要补给水源。史有升原渠"引汧水至咸阳"之说,这一情况充分说明了历史上的汧水曾有丰富的水资源,是渭水的重要支流。此外,曹魏成国渠亦自陈仓引汧水至咸阳,如史有"青龙元年,开成国渠自陈仓至槐里"④之说。槐里,汉县,治所在陕西兴平东南。由于升原渠和曹魏成国渠有共同的水源和共同的渠道,因此,唐代兴修升原渠时把改造成国渠放到了首要的位置上。进而言之,汉魏时期的成国渠与唐代的升原渠有共同的水源、行经线路及终点。

其五,升原渠沿线水资源丰富。姜行本建五节堰引汧水入运时,同时又引入弦蒲薮、汭水、泾水等济运,从而丰富了升原渠的水源结构,如史有陈仓"北有蒲谷乡弦中谷,雍州弦蒲薮。汧水出西北,入渭。芮水出西北,东入泾"⑤之说。杜佑论陇州治所汧源县与弦蒲薮之

---

① 汉·班固《汉书·地理志上》,北京:中华书局1962年版,第1547页。
② 宋·郑樵《通志·地理略》,杭州:浙江古籍出版社1988年版,第545页。
③ 清·刘于义等监修《陕西通志·水利一》,《四库全书》第553册,上海:上海古籍出版社1987年版,第265页。
④ 唐·房玄龄等《晋书·食货志》,北京:中华书局1974年版,第785页。
⑤ 汉·班固《汉书·地理志上》,北京:中华书局1962年版,第1547页。

间的关系时指出:"汉汧源县,故城在今县南。有弦蒲薮、汧水、汧山,陇山一曰陇坻。"①汧水源出陕西陇县西北汧山的南麓,沿途经汧阳(在今陕西千阳)、凤翔(在今陕西凤翔)、岐山(在今陕西宝鸡岐山)等地,在接纳诸流的过程中至陈仓入渭。郦道元论渭水与汧水等关系时记载道:"言又东,汧、杆二水入焉。余按诸地志,汧水出汧县西北,阚骃《十三州志》与此同,复以汧水为鱼龙水,尽以其津流径通,而更摄其通称矣。渭水东入散关。……水出汧县之蒲谷乡弦中谷,决为弦蒲薮。《尔雅》曰:水决之泽为汧。汧之为名,实兼斯举。水有二源,一水出县西山,世谓之小陇山,岩障高险,不通轨辙。……其水东北流,历涧,注以成渊,潭涨不测。出五色鱼,俗以为灵,而莫敢采捕,因谓是水为龙鱼水,自下亦通谓之龙鱼川。川水东径汧县故城北,《史记》,秦文公东猎汧田,因遂都其地,是也。又东历泽,乱流为一。右得白龙泉,泉径五尺,源穴奋通。沦漪四泄,东北流,注于汧。汧水又东,会一水,水发南山西侧。俗以此山为吴山,三峰霞举,叠秀云天,崩峦倾返,山顶相捍,望之恒有落势。《地理志》曰:吴山在县西,古文以为汧山也。《国语》所谓西虞矣。山下石穴,广四尺,高七尺,水溢石空,悬波侧注,潣溽震荡,发源成川,北流注于汧。自水会上下,咸谓之龙鱼川。汧水又东南,径隃糜县故城南。王莽之扶亭也。昔郭歆耻王莽之征,而遁迹于斯。建武四年,光武封耿况为侯国矣。汧水东南历慈山,东南径郁夷县北,平阳故城南。《史记》秦宁公二年,徙平阳。徐广曰:故郿之平阳亭也。城北有《汉邠州刺史赵融碑》,灵帝建宁元年立。汧水又东流,注于渭水。"②弦蒲薮是汧水在汧县(汧源县)蒲谷乡弦中谷汇聚成的湖泊,这一湖泊有调节汧水水位等方面的功能,如姜行本开五节堰"引水通运"实际上是将近在咫尺的弦蒲薮引入运道。张廷玉等交待陇州地理形势时记载道:"又西南有岍山,汧水出焉。南有吴山,即吴岳,古文以为岍山。西南有白环谷,白环水出焉。西有弦蒲薮,汭水出焉,下流合于泾水。南有渭水。"③明、清两代,弦蒲薮依旧陇州境内重要的湖泊,这一湖泊在补充和调节汧水、渭水水位中有着不可替代的作用。

其六,升原渠与白渠相通,白渠有补给升原渠的功能。宋敏求考证道:"成国渠,在县北一里西,自武功县界流入县界,凡六十里,溉田二百四十余顷。东流入咸阳县界,即古白渠也。《水经注》曰:成国故渠,故魏尚书右仆射卫臻征蜀所开也。上承汧水于陈仓东,东过郿及武功、槐里县(按《唐石记》:咸通十三年夏四月戊子,京兆府奏修六门堰,毕,其渠合韦川、莫谷、香谷、武安四水,溉武功、兴平、咸阳、高陵等县田二万余顷,俗号渭白渠。言其利与泾、白相上下,又曰成国渠,见《汉书·地理志》)。元魏时,仆射卫臻征蜀,复开以溉田。大统十三

---

① 唐·杜佑《通典·州郡三》,杭州:浙江古籍出版社1988年版,第917页。
② 北魏·郦道元《水经注·渭水上》,杨守敬、熊会贞疏,段熙仲点校,陈桥驿复校《水经注疏》中册,南京:江苏古籍出版社1989年版,第1502—1515页。
③ 清·张廷玉等《明史·地理志三》,北京:中华书局1974年版,第999页。

年,魏始筑堰置六斗门以节水。贞观中,役九州,夫匠沈铁牛、铁剑以御魑魅,始就其功。永徽四年,右仆射于志宁治之。寻于圣历中,敕稷州刺史张知謇修焉,始通武安水。久视元年,副西京留守雍州长史薛季昶得许公稚者缚土牛以杀水势,春官郎中薛稷刻石叙之。咸通十一年七月,咸阳县民薄逵等上言:六门淤塞,缘渠之地二十年不得水耕耨,而其官岁以水籍为税,请假钱二万八千九百八十贯,以为修堰工作之费,候水通流,追钱各户,以还京兆府。为之奏。乃诏借内藏钱以充,命中使董其事,又令本县官专之,后记役。凡用万万千缗,云今涸)。"①所谓"县北",是指陈仓县北。白渠的主要补给水源是泾水,同时沮水、浊水、漆水等也是其补给水源。继姜行本自陇州开渠引汧水入运后,唐代为恢复成国渠的灌溉等能力,对成国渠进行了多次改造和重修,当不同的水源汇聚到升原渠时,遂提高了升原渠的行运能力。经过唐太宗贞观(627—649)中、唐高宗永徽四年(653)、武则天圣历二年(699)、久视元年(700)等时期的重修,汉魏成国渠恢复了漕运、灌溉等功能,又经过改造,成国渠在与升原渠相合的过程中,引韦川、莫谷、香谷、武安等水补给渠道,使其同时具有了水运、灌溉、排洪防涝等功能。此外,唐懿宗咸通十一年(870)有重修之举,从这样的角度看,升原渠一直是唐王朝关中西部重要的航线。

  需要提出的疑问是,既然曹魏成国渠和唐代升原渠的起点同样是在陈仓,为什么会有不同的取水口? 郦道元认为曹魏成国渠的取水口是在陈仓的东面,如史有"其渎上承汧水于陈仓东"②之说。既然唐代升原渠利用了曹魏成国渠旧道,那么,直接用旧有的取水口岂不是方便,何必要舍近求远呢? 出现这样的情况,主要是河道水文发生变化造成的。如辛德勇先生论述道:"这个渠首的位置,比魏晋时期在陈仓东面的渠口向上游移动了许多。渠口向上游移动,很可能于(与)汧水河床的下切有关。"③这一论述合理地解释了曹魏成国渠与唐代升原渠取水口不一的原因。

  综上所述,兴修升原渠对改善关中西部的水运条件有着重大的意义,主要表现在三个方面:一是唐高祖武德八年开五节堰以后,姜行本将成国渠的起点从陈仓东南延长到汧源县,在此基础上建成了一条同时具有水运、灌溉、排洪防涝、改良土壤等综合功能的水道;二是唐高宗咸亨三年,在姜行本的基础上兴修升原渠,通过加强水运重点解决了长安建设、日常生活等方面的木材需求;三是升原渠通渭水,在与渭水及隋广通渠等相接的过程中,形成了贯穿关中西部和东部的航线。具体地讲,升原渠与韦坚开挖的兴成渠相接后,这条航线经渭口

---

① 宋·宋敏求《长安志·县四》,《四库全书》第587册,上海:上海古籍出版社1987年版,第174—175页。
② 北魏·郦道元《水经注·渭水下》,杨守敬、熊会贞疏,段熙仲点校,陈桥驿复校《水经注疏》中册,南京:江苏古籍出版社1989年版,第1619页。
③ 辛德勇《隋唐时期陕西航运之地理研究》,《陕西师范大学学报》(哲学社会科学版)2008年,第37卷,第6期,第79页。

入黄河,形成了一条联系关东的航线,进而从水路将关中的西部与东部串连起来,在一定程度上满足了唐王朝经营关中的战略需求。史有唐德宗贞元十六年(795)十一月,"以东渭桥纳给使徐班,兼白渠、漕渠及升原、城国等渠堰使。"①之说,升原渠与兴成渠串连后,极大地改善了关中的漕运条件,为唐王朝加强西北防备提供了一条快捷的运输通道。

第三节 兴成渠与漕运码头广运潭

从政治形势上看,仅仅兴修面向关中西部及运兵运粮的升原渠是远远不够的,要想从根本上解决关中日益增长的粮食及物资需求,必须重点建设面向关东的河渠。章如愚论汉唐时期的漕运特点时指出:"汉初漕运,高后、文、景时,中都所用者省,岁计不过数十万石而足,是时,漕运之法亦未讲。到得武帝,官多徒役众,在关中之粟四百万犹不足给之,所以郑当时开漕渠、六辅渠之类。盖缘当时用粟之多,漕法不得不讲。然当汉之漕在武帝时,诸侯王尚未尽输天下之粟,至武、宣以后,诸侯王削弱,方尽输天下之粟,汉之东南漕运,至此始详。当高帝之初,天子之州郡与诸侯封疆相间杂,诸侯各据其利,粟不及于天子。是时,所谓淮南东道皆天子奉地,如贾生说是汉初如此。至汉武帝时,亦大概有名而无实,其发运粟入关,当时尚未论江淮。到得唐时,方论江淮,何故? 汉会稽之地去中国封疆辽远,开垦者多,粟不入京都,以京都之粟尚不自全,何况诸侯自封殖? 且如吴王濞作乱,枚乘之说,言京都之仓不如吴之富,以此知当时诸侯殖利自丰,不是运江淮之粟。到唐时,全倚办江淮之粟。"②在唐王朝依赖关东及江淮漕运已成基本定局的背景下,加强关中东部的漕运通道建设已成当务之急。

起初,隋文帝兴修广通渠改善了关中东部的漕运条件,问题是,广通渠以渭水为基本航线。然而,渭水泥沙不断地淤塞航道,很快给其漕运带来了困难。那么,为什么唐高宗以前关中漕运与航运不畅之间的矛盾不大呢? 究其原因,主要是有三个方面的因素:一是泥沙淤积需要一个过程,隋文帝开广通渠时清理了航道中的泥沙,在一定程度上延缓了泥沙淤塞航道的时间;二是隋炀帝登基后主要在东都洛阳处理朝政,故渭水淤塞广通渠及航道干浅等基本上可以忽略不问,故没有采取及时清沙的措施;三是唐建都长安以后,每年自关东运往关中及长安的粮食不超过二十万石,因这一时期疏浚航道与漕运之间的矛盾不大,故不需要立即把疏浚广通渠及恢复关中漕运的事宜提到议事日程上来。然而,这一情况到了唐高宗时

---

① 宋·王溥《唐会要·疏凿利人》,北京:中华书局1955年版,第1621页。
② 宋·章如愚《群书考索后集·财赋门》,《四库全书》第937册,上海:上海古籍出版社1987年版,第779—780页。

发生了重大的变化,如史有"自高宗已后,岁益增多"①之说,因长安人口剧增及西北防务等方面的粮食和物资需求越来越大,这样一来,整顿关中的漕运秩序及疏浚广通渠遂成为刻不容缓的大事。

唐王朝重点整治关中东部的漕运通道,即恢复关中与关东的漕运通道是从开挖敷水渠开始的。如史家叙述华阴与敷水渠的关系时指出:"西二十四里有敷水渠,开元二年,姜师度凿,以泄水害,五年,刺史樊忱复凿之,使通渭漕。"②开元二年(714),为了改善渭水及广通渠的漕运条件,姜师度在华阴(在今陕西华阴)西二十四里处开挖了渭水泄洪渠即敷水渠。通过建设泄水渠及调节渭水流量,初步改善了渭水的通航条件。开元五年(717),华州刺史樊忱拓宽敷水渠水道,使之具有了航运能力。从地点上看,敷水渠是广通渠在华阴境内的复线,这一复线建成后通过泄水提升了华阴一带的漕运能力,改善了自关东漕运关中的条件。

开挖及改造敷水渠表明,关中漕运需要重点改造的是关中东部至长安的航道。然而,仅仅改造广通渠与黄河相接的渭口是无法从根本上恢复关中漕运的,还需要全面清除堵塞广通渠的淤沙,并对其进行改造。史称:"天宝元年三月,擢为陕郡太守、水陆转运使。自西汉及隋,有运渠自关门西抵长安,以通山东租赋。奏请于咸阳拥渭水作兴成堰,截灞、浐水傍渭东注,至关西永丰仓下与渭合。于长安东九里长乐坡下、浐水之上架苑墙,东面有望春楼,楼下穿广运潭以通舟楫,二年而成。"③唐玄宗天宝元年(742),韦坚将改造广通渠即兴修兴成渠提到议事日程。从史述的内容看,修建兴成渠主要有三大工程:一是在咸阳修建兴成堰;二是全面改造广通渠,包括重点改造广通渠华阴航段;三是在长安兴建漕运码头广运潭。

前人叙述兴成渠兴修的时间时,似有不同的看法。如欧阳修等记载道:"有漕渠,自苑西引渭水,因古渠会灞、浐,经广运潭至县入渭,天宝三载韦坚开。"④按:欧阳修所说的"古渠"指汉代漕渠,其中,包括隋文帝在汉漕渠基础上兴修的广通渠。又按:这里所说的"漕渠"指兴成渠。这一记载似表明,韦坚开兴成渠的时间发生在天宝三年。其实,所谓"天宝三载韦坚开",是指广运潭建成投入使用的时间。如史家叙述天宝元年唐玄宗的事迹时有"是岁,命陕郡太守韦坚引浐水开广运潭于望春亭之东,以通河、渭"⑤之说,又有"天宝三载,韦坚代萧炅,以浐水作广运潭于望春楼之东,而藏舟焉"⑥之说,故兴成渠修建的时间起点是天宝元年,天宝三年是广运潭建成即兴成渠全面竣工的时间。韦坚担任陕郡太守、水陆转运使的职务发生在天宝元年三月,据此可知,这一时间应是韦坚受命修建兴成渠的起点。

---

① 宋·欧阳修等《新唐书·食货志三》,北京:中华书局1975年版,第1365页。
② 宋·欧阳修等《新唐书·地理志一》,北京:中华书局1975年版,第964页。
③ 后晋·刘昫等《旧唐书·韦坚传》,北京:中华书局1975年版,第3222页。
④ 同②。
⑤ 后晋·刘昫等《旧唐书·玄宗纪下》,北京:中华书局1975年版,第216页。
⑥ 后晋·刘昫等《旧唐书·食货志下》,北京:中华书局1975年版,第2116页。

兴成渠建设之所以需要长达三年才能完工，主要有三方面的原因：一是要建兴成堰，兴成堰建设包括开渠引水及筑堤蓄水等系列工程；二是要重点建设漕运码头广运潭，广运潭建设包括开渠引浐水及漕船停泊区等工程；三是广通渠"自大兴城东至潼关，三百余里"①，需要全面清沙和改建运道等。鉴于这些原因，兴成渠建设需要一定的时间。在这中间，韦坚以天宝元年三月建兴成堰为起点，以疏浚广通渠和建成广运潭为终点，建设兴成渠的时间一直从天宝元年延续到天宝三年。

检索文献，前人又有天宝九年开通兴成渠之说。如徐松引宋代崔敦礼《广运潭铭序》认为韦坚整治广通渠的时间发生在天宝九年（750）。如徐松记载道："宋崔敦礼《广运潭铭序》云：唐天宝纪元之九年，陕郡太守韦坚有请治汉、隋运渠，起关门抵长安，以运山东之赋，有诏从之。乃绝灞、浐，并渭而东，至永丰仓复与渭合，又凿潭于望春楼下以聚舟。越二年潭成，天子临幸嘉焉，锡名'广运'。"②这一记载时间应与字体的形误相关，即"纪元之九年"应为"纪元之元年"。在这里，徐松以讹传讹，应该说不可信，之所以出现这样的误差，可能与"九"字与"元"字形似有关，因此，应以天宝元年为准。

此外，天宝元年，韦坚开兴成渠可以李齐物开三门运渠为证。兴成渠与三门运渠是两个连续性的工程，两大工程有同步进行的特点，因为仅仅恢复关东的黄河漕运是不够的，还需要恢复关中漕运。那么，李齐物是何时开三门运渠的？史有开元二十九年（741）"陕州刺史李齐物避三门河路急峻，于其北凿石渠通运船"③之说，又有"天宝元年，太守李齐物开三门以利漕运"④之说。此外，司马光《资治通鉴·唐纪三十一·天宝元年》亦有"陕州刺史李齐物穿三门运渠，辛未，渠成"⑤之说，据此，开元二十九年李齐物开三门峡新渠，直到第二年的一月即天宝元年一月辛未才完工。据《旧唐书》《新唐书》本传等，韦坚任陕郡太守兼水陆转运使一职的时间发生在天宝元年三月。史称："齐物入为鸿胪卿，以长安令韦坚代之，兼水陆运使。坚治汉、隋运渠，起关门，抵长安，通山东租赋。乃绝灞、浐，并渭而东，至永丰仓与渭合。"⑥李齐物入朝后，时任长安令的韦坚接任陕郡太守及水陆转运使等职。因职务之便，韦坚将整治关中旧渠及建兴成渠放到首要位置上。进而，在黄河漕运得到基本恢复的前提下，及时地治理关中运道自然是顺理成章的事。从这样的角度看，韦坚兴修兴成渠实际上是李齐物"开三门以利漕运"的延续，据此可进一步证明，韦坚开兴成渠当发生在天宝元年。

兴成堰是兴成渠建设的首要工程。韦坚的兴修方案是：在咸阳筑坝拦截灞水和浐水，将

---

① 唐·魏徵等《隋书·食货志》，北京：中华书局1973年版，第684页。
② 清·徐松撰、张穆校补《唐两京城坊考·三苑》，北京：中华书局1985年版，第30—31页。
③ 唐·杜佑《通典·食货十》，杭州：浙江古籍出版社1988年版，第308页。
④ 宋·欧阳修等《新唐书·地理志二》，北京：中华书局1975年版，第985页。
⑤ 宋·司马光《资治通鉴·唐纪三十一》（邬国义校点），上海：上海古籍出版社1997年版，第1987页。
⑥ 宋·欧阳修等《新唐书·食货志三》，北京：中华书局1975年版，第1367页。

所蓄之水从渭水东面注入广通渠。因筑堰蓄水时采取了加固航道的措施，故广通渠咸阳航段有"兴成堰"之称，同时疏浚后的广通渠亦有"兴成渠"之称。

与汉漕渠及隋广通渠相比，兴成堰引灞、浐二水济运的地点发生了变化。以《册府元龟·邦计部·河渠二》所录文献为基本依据，①辛德勇先生论述道："汉代和隋代的漕渠，都是在灞、浐二水合流处以下绝灞而过，可是，兴成渠却是在灞水和浐水两条河流的交汇处以上横截二水。"②兴成渠截水的具体地点在咸阳以西十八里处，如史有"咸阳令韩辽请开兴成渠。旧漕在咸阳县西十八里"③之说，王钦若有"咸阳县令韩辽请开兴城堰旧漕，漕在县西十八里"④之说可证。

由此提出的问题是，韦坚因汉漕渠及隋广通渠疏浚运道，为什么要建兴成堰及改变取水口呢？其中，有四个方面原因值得注意。一是在唐玄宗登基之前，泥沙大量地淤积航道给广通渠漕运带来了巨大的困难。关中的地理形势是，西高东低。渭水自西向东至潼关（在今陕西潼关）汇入黄河，要想恢复关中漕运需要清理航道中的淤沙，需要用增大流量等办法补给运道及冲刷泥沙。二是在汉漕渠基础上兴修的广通渠主要建立了渭水航线，渭水穿行在关中的黄土高原之间，且东西落差大，河道多沙，泥沙十分容易沉积在河道之中，进而堵塞运道威胁到漕运。如广通渠在灞、浐二水合流以后的地点截水，无法从根本上清除渭水从上游地区带来的泥沙。这样一来，当枯水季节来临时，渭水的流速进一步放缓，泥沙势必要大量地淤积河道，致使航道干浅而无法行运。为改变这一局面，需要选择新的地点束水冲沙。三是在咸阳西堰水，是因为咸阳西背靠咸阳原（台地，西起武功漆水，东至泾、渭交汇处），地势高于长安，在此建堰蓄水可增加水能，调节入运的流量，利用水位落差形成冲沙之势。四是灞、浐二水发源于终南山，终南山一向有良好的植被，其含沙量远远地低于渭水，在咸阳西截取二水及束水，可利用水位落差加大冲沙的力度。

改造广通渠是兴成渠建设的关键工程，如欧阳修等史述时有"自苑西引渭水，因古渠会灞、浐，经广运潭至县入渭"⑤之说。透过这一叙述，当知兴成渠兴修的范围已超出隋广通渠兴修的范围。具体地讲，一是"自苑西引渭水，因古渠会灞、浐"，指建设兴成渠时将其航线延长到长安皇家林苑以西的咸阳境内；二是透过"古渠"一词，可知兴成渠是在汉代漕渠及隋广渠通的基础上兴修的；三是"经广运潭至县入渭"，透露了兴成渠以长安皇家宫苑广运潭为节点，至华阴入渭的信息。按：至华阴"入渭"以后的自渭水入黄河的航段依旧属于兴成渠航

---

① 宋·王钦若等《册府元龟·邦计部》，北京：中华书局1960年版，第5947—5958页。
② 辛德勇《隋唐时期陕西航运之地理研究》，《陕西师范大学学报》（哲学社会科学版）2008年，第37卷，第6期，第78页。
③ 后晋·刘昫等《旧唐书·李石传》，北京：中华书局1975年版，第4485页。
④ 宋·王钦若等《册府元龟·邦计部》，北京：中华书局1960年版，第5971页。
⑤ 宋·欧阳修等《新唐书·地理志一》，北京：中华书局1975年版，第964页。

线。如史有"漕渠,在渭南县北一里,自临潼县来入郑县界"①之说,郑县,秦县,后入华阴。这里强调"入渭",是因为自华阴以西的渭水有相对稳定的通航条件,不需要重点改造。又按:因华阴"西二十四里有敷水渠,开元二年,姜师度凿,以泄水害,五年,刺史樊忱复凿之,使通渭漕"②,在兴修兴成渠的过程中,韦坚利用了早年姜师度、樊忱等兴修的敷水渠。如王应麟记载道:"京兆府万年县,隋改为大兴县。广通渠,在华州,置广通仓(《隋·纪》:幸霸水,观漕渠)。潼关,在华州华阴县。渭水,在万年县北五十里,东流二百四十里,至华阴县,东北流三十五里,自永丰仓入河,谓之渭口。"③兴成渠全线贯通后,取得了"天宝中,每岁水陆运米二百五十万石入关"④的成果。

从表面上看,兴成渠是在改造隋广通渠的过程中完成的。史称:"漕渠。在华州及华阴县北。《隋书·食货志》:开皇三年,命宇文恺凿渠引渭水,自大兴城东至潼关三百里,名广通渠。《元和志》:天宝三年,左常侍兼陕州刺史韦坚开漕河,自苑西引渭水因古渠,至华阴入渭漕,永丰及三门仓米以给京师。每夏大雨辄涨,大历后渐不通舟。"⑤兴成渠以隋广通渠为基础,建成后打通了渭水入黄河的航线。当然,唐代宗大历(766—779)以后,兴成渠再度出现运道不通的局面。这一情况恰好说明了关中水文复杂,在渭水的基础上整修运道是件长期的事。

其实,在改造广通渠的过程中,兴成渠又是以汉漕渠为基础的。史称:"漕渠,在府城南。自昆明池东傍南山东至河,汉所穿,隋唐复开之。《史记·河渠书》:元光中,郑当时为大农。言异时关东漕粟从渭中上,度六月而罢,而渠下民田万余顷又可得以溉。天子以为然,令齐人水工徐伯表,发卒数万人穿漕渠,三岁而通。以漕,大便利。其后漕稍多,而渠下之民颇得以溉田。《水经注》:昆明故渠上承昆明池东口,东径河池陂北,又东合沈水,亦曰漕渠。又东径长安县南,东径明堂南,又东而北屈,径青门外,与沈水支渠会。分为二渠。一水径杨桥下北注渭。其一渠东径虎圈南,而东入霸。又明苑南又北分为二渠。又此渠上流开六小渠,又漕渠绝霸右出,东径霸城北,又东径子楚陵北,又东径新丰县,右会故渠,上承霸水,东北径霸县故城南,又东北径刘更始冢西,又东径新丰县,又合漕渠。汉大司农郑当时所开也。今源自昆明池南傍山原东至于河,且田且漕,大以为便。《隋书·食货志》:开皇四年,命宇文恺率

---

① 清·和珅等奉敕撰《钦定大清一统志·西安府》,《四库全书》第478册,上海:上海古籍出版社1987年版,第31页。
② 宋·欧阳修等《新唐书·地理志一》,北京:中华书局1975年版,第964页。
③ 宋·王应麟《困学纪闻·考史》(栾保群、田松青、吕宗力校点),上海:上海古籍出版社2008年版,第1799—1800页。
④ 唐·杜佑《通典·食货十》,杭州:浙江古籍出版社1988年版,第57页。
⑤ 清·和珅等奉敕撰《钦定大清一统志·同州府》,《四库全书》第478册,上海:上海古籍出版社1987年版,第315页。

水工凿渠,引渭水自大兴城东至潼关三百余里,名曰广通渠。……又《食货志》:开元中,长安令韦坚兼水陆运使,治汉隋运渠,起关门抵长安,通山东租赋,乃绝灞、浐并渭,而东至永丰仓与渭合。又于长乐陂濒苑墙凿潭,于望春楼下,以聚漕舟。赐其潭名广运潭。"①汉代漕渠有"自昆明池东傍南山东至河"的运道,广通渠及兴成渠行经的区域与之大体相同,故史家有"汉所穿,隋唐复开之"的说法。关于这一点,前人有充分的认识,如史有"坚治汉、隋运渠"②之说可证。从这样的角度看,针对汉漕渠及隋广通渠航道不断发生淤塞、决堤等情况,韦坚兴修兴成渠时通过开渠引水、筑堰等措施对其进行了改造,重新打通了关中漕运的通道。

开广运潭是修建兴成渠的收官工程。兴成渠修建后,唐玄宗下令韦坚建造与之相关的漕运码头。杜佑记载道:"天宝三年,左常侍兼陕州刺史韦坚开漕河,自苑西引渭水,因古渠至华阴入渭,引永丰仓及三门仓米以给京师,名曰广运潭。以坚为天下转运使(灞、浐二水会于漕渠,每忧大雨,辄皆填淤。大历之后,渐不通舟)。天宝中,每岁水陆运米二百五十万石入关。"③兴成渠开通后虽然解决了关中漕运中的难题,但还需要解决漕粮上岸入仓的问题,这样一来,建广运潭这一漕运码头则是必然之举。史称:"于长安城东九里长乐坡下、浐水之上架苑墙,东面有望春楼,楼下穿广运潭以通舟楫,二年而成。"④如以天宝三年(744)为建成广运潭的时间下限,当知广运潭漕运码头建设历时两年。这一叙述与天宝元年始建广运潭并不矛盾,"二年"应指广运潭实际建造的时间。这一工程之所以要耗时长达两年的时间,是因为广运潭是一座规模巨大的漕运码头群。

韦坚引浐水到长乐坡下建广运潭后方便了停泊,提高了漕运效率,保证了关中及长安粮食安全和物资供应方面的需求。欧阳修等叙述万年县与望春宫的关系时记载道:"有南望春宫,临浐水,西岸有北望春宫,宫东有广运潭。"⑤广运潭在浐水西岸,望春宫东南。史有"东面有望春楼,楼下穿广运潭以通舟楫"⑥之说,又有"命陕郡太守韦坚引浐水开广运潭于望春亭之东"⑦之说,望春亭就是望春楼即望春宫。不过,唐代在万年县(治所在长安城内)境内的宫苑有南望春宫和北望春宫。史家叙述治所在长安城内的万年县与广运潭的关系时指出:"有南望春宫,临浐水,西岸有北望春宫,宫东有广运潭。"⑧结合这一记载,当知"广运潭于望春楼之东"是指广运潭在浐水的西岸,北望春宫的东面。

---

① 清·和珅等奉敕撰《钦定大清一统志·西安府》,《四库全书》第478册,上海:上海古籍出版社1987年版,第31页。
② 宋·欧阳修等《新唐书·食货志三》,北京:中华书局1975年版,第1367页。
③ 唐·杜佑《通典·食货十》,杭州:浙江古籍出版社1988年版,第57页。
④ 后晋·刘昫等《旧唐书·韦坚传》,北京:中华书局1975年版,第3222页。
⑤ 宋·欧阳修等《新唐书·地理志一》,北京:中华书局1975年版,第962页。
⑥ 同④。
⑦ 后晋·刘昫等《旧唐书·玄宗纪下》,北京:中华书局1975年版,第216页。
⑧ 同⑤。

广运潭是开通兴成渠的标志性成果。广运潭建成后,或许是为了讨唐玄宗的欢心,又或许是为了表功,韦坚举行了隆重的庆典活动:一是在停泊码头的船只上张贴来自各郡的标签;二是把来自各郡的宝货即富有地方特色的手工业制品和土特产放到船头上展出;三是举办盛大的歌舞表演。唐玄宗参加庆典后大加赞赏,并给漕运码头取了个"广运潭"的名字。顾名思义,"广运潭"表达了漕通四方之义。

欧阳修根据史料记载描述了当时庆典时歌舞表演的盛况。史称:"又于长乐坡濒苑墙凿潭于望春楼下,以聚漕舟。坚因使诸舟各揭其郡名,陈其土地所产宝货诸奇物于栿上。先时民间唱俚歌曰'得体纥那邪'。其后得宝符于桃林,于是陕县尉崔成甫更《得体歌》为《得宝弘农野》。坚命舟人为吴、楚服,大笠、广袖、芒屦以歌之。成甫又广之为歌辞十阕,自衣缺后绿衣、锦半臂、红抹额,立第一船为号头以唱,集两县妇女百余人,鲜服靓妆,鸣鼓吹笛以和之。众艘以次辏楼下,天子望见大悦,赐其潭名曰广运潭。是岁,漕山东粟四百万石。自裴耀卿言漕事,进用者常兼转运之职,而韦坚为最。"①韦坚是如何安排这一盛会的?来自各州郡的船只都摆放了哪些具有地方特色的宝货?欧阳修没有详细地描述。幸好,《旧唐书·韦坚传》有细致的记载:"坚预于东京、汴、宋取小斛底船三二百只置于潭侧,其船皆署牌表之。若广陵郡船,即于栿背上堆积广陵所出锦、镜、铜器、海味;丹阳郡船,即京口绫衫段;晋陵郡船,即折造官端绫绣,会稽郡船,即铜器、罗、吴绫、绛纱;南海郡船,即玳瑁、真珠、象牙、沉香;豫章郡船,即名瓷、酒器、茶釜、茶铛、茶碗;宣城郡船,即空青石、纸笔、黄连;始安郡船,即蕉葛、蚺蛇胆、翡翠。船中皆有米,吴郡即三破糯米、方丈绫。凡数十郡。驾船人皆大笠子、宽袖衫、芒屦,如吴、楚之制。"②在广运潭漕运码头停泊的船只来自各地,有的甚至超出长江流域,远及南海等地。标明起始地的漕船,涉及广陵郡、丹阳郡、晋陵郡、会稽郡、南海郡、豫章郡、宣城郡、始安郡、吴郡等地,在漕船上展示的手工业制品有锦、镜、铜器、绫缎、瓷器、酒器、茶具、笔墨纸张、玉器等。客观地讲,将来自全国各地的手工业制品等堆放于停泊在广运潭码头的船只上,虽有精心策划的色彩,未必能反映当时漕运的真实情况,甚至包含了许多虚假的成分,不过,这一事件的本身说明了韦坚重修关中漕运通道后,再度打开关中与关东及江淮地区的水上交通。从这样的角度看,长安通漕是件值得大书特书的事情,这条航道除了具有漕运功能外,还促进了不同区域的商贸往来,如南海郡的象牙就是通过海外贸易获取的。从南海郡献象牙一事中当知,关中与其他不同区域的河渠串连在一起,成功地扩大了漕运的范围,同时也加快了商品流通的速度,为长安再度成为国际贸易中心城市奠定了坚实的基础。

从另一个层面看,在长乐坡开挖广运潭,与长乐坡有良好的水陆交通有密切的关系。史

---

① 宋·欧阳修等《新唐书·食货志三》,北京:中华书局1975年版,第1367页。
② 后晋·刘昫等《旧唐书·韦坚传》,北京:中华书局1975年版,第3222—3223页。

称:"贞元九年十二月,故太尉西平郡王太师晟,备礼葬于凤政原。是日,废朝。上御南望春宫临祭,令中使宣吊于柩车。文武常参官,皆素服送至长乐坡,哭拜于路。"①百官素服送李晟灵柩到长乐坡,是因为长乐坡是长安重要的漕运码头。李晟安葬在凤政原,凤政原在东渭桥北(在今陕西西安东北高陵榆楚乡马北)。朝廷百官护送李晟的灵柩到长乐坡,是因为从长乐坡乘船到东渭桥十分方便,可迅速抵达凤政原。李吉甫叙述万年县与长乐坡的交通位置时指出:"长乐坡,在县东北十二里。即浐川之西岸,旧名浐坂,隋文帝恶其名,改曰长乐坡。故轵道,在县东北一十六里,即秦王子婴降沛公之处也。"②《史记·秦始皇本纪》云:"子婴即系颈以组,白马素车,奉天子玺符,降轵道旁。"裴骃引苏林语:"亭名,在长安东十三里。"③"轵道"是秦王朝在关中兴修的驰道。如《战国策·赵策二》有"夫秦下轵道(《秦纪》注:亭名,在霸陵。)则南阳动"语。④ 所谓"亭",是驿亭的省称,驿亭即驿站,驿站是供传递文书和来往官员中途食宿和换马的地方,轵道亭建在灞桥(在今陕西西安灞桥)一带,此处地势开阔,既是秦国都咸阳东面的门户,同时也是秦集结军队挥师出关的誓师地。所谓"秦下轵道则南阳动",是说秦国将军事斗争的锋芒指向关东六国时需要走轵道,并经轵道亭出关,进而震动楚国的门户南阳(在今河南南阳)。当时,能与秦一争天下的只有楚、齐两国,秦破坏楚、齐同盟后,秦把军事斗争的锋芒指向楚国。进而言之,轵道是秦国在关中兴修的交通干线,轵道亭是秦都咸阳的咽喉,如秦末子婴出降,是在轵道亭迎接刘邦入关中的。秦以后,虽经改朝换代,但轵道始终是关中的交通干线。从这样的角度看,唐德宗贞元九年(793)朝廷百官护送李晟的灵柩到长乐坡,是因为长乐坡是长安的水陆交通枢纽。

灞桥即轵道亭是长安的门户,同时也是自关东西入长安的必经之地。程大昌指出:"唐都城外郭东面三门,在最北者为通化门。德宗尝御此门亲迎御书章敬寺额。裴度赴蔡州,宪宗送度于此。李晟自东渭桥移壁光泰门,以薄都城(光泰门在通化门北小城之东门)。门东七里,有长乐坡,下临浐水,本名浐阪,隋文帝恶其名音与反同,故改阪为坡。自其北可望汉长乐宫,故名长乐坡也。"⑤长乐坡即灞桥是水陆交通要道,长乐坡码头与东渭桥码头相通,有良好的陆路交通条件,是长安及关中与关东联系的水陆交通枢纽。

可与长乐坡广运潭相媲美的长安漕运码头是东渭桥。与广运潭相比,东渭桥漕运码头的交通地位更为重要。李林甫等记载道:"凡天下造舟之梁四(河三,洛一。河则蒲津;大阳;盟津,一名河阳,洛则孝义也),石柱之梁四(洛三,灞一。洛则天津、永济、中桥,灞则灞桥也),木柱之梁三(皆渭川也。便桥、中渭桥、东渭桥,此举京都之冲要也),巨梁十有一,皆国

---

① 宋·王溥《唐会要·葬》,北京:中华书局1955年版,第694页。
② 唐·李吉甫《元和郡县图志·关内道一》(贺次君点校),北京:中华书局1983年版,第4页。
③ 刘宋·裴骃《史记集解》,汉·司马迁《史记·秦始皇本纪》,北京:中华书局1982年版,第276页。
④ 宋·鲍彪《战国策注》,《四库全书》第406册,上海:上海古籍出版社1987年版,第600页。
⑤ 宋·程大昌《雍录·通化门》(黄永年点校),北京:中华书局2002年版,第156页。

工修之。其余皆所管州县随时营葺。"①所谓"巨梁十有一,皆国工修之",是指十一座超大型的桥梁是由第一流的桥梁专家设计和第一流的工匠建造的。其中,建造的木柱桥有三座,并全部架设在渭水之上。程大昌考证道:"秦、汉、唐架渭者凡三桥:在咸阳西十里者名便桥,汉武帝造。在咸阳东南二十二里者为中渭桥,秦始皇造。在万年县东四十里者为东渭桥,东渭桥也者,不知始于何世矣。"②今人比程大昌幸运,当地居民于1967年挖土取沙时发现了《东渭桥记》残碑,③从残缺的碑文中可以清楚地得知东渭桥建于唐玄宗开元九年(721)。1981年9月至1982年10月,陕西文物管理委员会与高陵文化馆在全面调查的基础上对遗址进行了有计划的钻探和发掘,进而查明了东渭桥遗址分布在陕西高陵县耿针白家嘴村的范围和基本情况。从这样的角度看,东渭桥是通往长安的交通要道,与此同时,东渭桥又是长安重要的漕运码头,故成为唐王朝刻意经营的对象。唐德宗贞元(785—805)年间,李观在《东渭桥铭》一文中写道"惟渭之广,洪流浩渺。惟桥之永,赤龙夭矫。车者如户,舟者如徽。石成五色,天可补阙。木从绳直,地可梁绝。天地之险,舟梁之说。"④因渭水浩瀚,故李观有"惟渭之广,洪流浩渺"之说。又因东渭桥变天堑为通途,渭水是关中漕运的主航线,故李观用"车者如户,舟者如徽"等语形容东渭桥繁忙的景象。可以说,这一叙述真实地反映了东渭桥在长安水陆交通中的重要地位。

东渭桥是长安联系关东水陆交通的咽喉,其畅通与否直接关系到唐王朝的政治稳定和社会安定。贞元二年(786),"又以岁饥,浙江东西道入运米每年七十五万石,今更令两税折纳米一百万石,委两浙节度使韩滉运送一百万石至东渭桥;其淮南濠寿旨米、洪潭屯米,委淮南节度使杜亚运送二十万石至东渭桥"⑤。一百二十万石的粮食同时在东渭桥上岸,当知东渭桥是一座繁忙的漕运码头。沈亚之描述东渭桥的情况时写道:"渭水东附河输流,逶迤于帝垣之后。倚垣而跨为梁者三,名分中东西,天廩居最东。内淮江之粟,而群曹百卫,于是仰给。"⑥生活在唐宣宗时代的诗人李频在《东渭桥晚眺》中写道:"秦地有吴洲,千樯渭曲头。"⑦即便是晚唐,东渭桥漕运之繁忙依旧可与盛唐媲美。

几乎是在韦坚兴修兴成渠及三大工程的同时,京兆尹韩朝宗建设了一条通往长安的新运渠。史有唐玄宗天宝元年"京兆尹韩朝宗又分渭水入自金光门,置潭于西市之西街,以贮

---

① 唐·李林甫等《唐六典·尚书工部》(陈仲夫点校),北京:中华书局1992年版,第226页。
② 宋·程大昌《雍录·三渭桥》(黄永年点校),北京:中华书局2002年版,第124页。
③ 按:残碑内容及介绍可参见董国柱《陕西高陵县耿镇出土唐〈东渭桥记〉残碑》(《考古与文物》1984年,第4期),该文附有《东渭桥记》残碑拓片碑影图版。
④ 唐·李观《东渭桥铭》,清·董诰《全唐文》卷五三五,北京:中华书局1983年版,第5431页。
⑤ 后晋·刘昫等《旧唐书·崔造传》,北京:中华书局1975年版,第3626页。
⑥ 唐·沈亚之《东渭桥给纳使新厅记》,清·董诰等《全唐文》卷七三六,北京:中华书局1983年版,第7602页。
⑦ 唐·李频《东渭桥晚眺》,中华书局《全唐诗》,北京:中华书局1960年版,第6814页。

材木"①之说,又有"天宝初,召为京兆尹,分渭水入金光门,汇为潭,以通西市材木"②之说,又有"天宝二年,尹韩朝宗引渭水入金光门,置潭于西市,以贮材木"③之说。先撇开利用城外运道的情况不论,当知此渠的重点是兴修长安城内的运道和建造专门供装卸和贮藏木材的漕运码头。金光门是长安西城门的中门,西市是长安商贸活动及商品交易的场所。史家叙述言之凿凿,很显然,在长安成为国际商贸大都市及各项需求日趋扩大的背景下,粮食需求固然是重要方面,日常生活用柴也成了必须解决的大问题。为应对这一局面,韩朝宗开渠至金光门,在长安商贸集散地西市一带掘潭建造贮存木材的专用码头,其中应与木材交易相关。

问题是,运往长安的木材取自何处?史述虽然不明,但依旧有线索可寻。《新唐书·地理志一》"长安"条记载道:"南五十里太和谷有太和宫,武德八年置,贞观十年废,二十一年复置,曰翠微宫,笼山为苑,元和中以为翠微寺。有子午关。天宝二年,尹韩朝宗引渭水入金光门,置潭于西市,以贮材木。大历元年,尹黎干自南山开漕渠抵景风、延喜门,入苑以漕炭薪。"④这一记载提供了四个方面的信息:一是将韩朝宗开渠与黎干开渠放在一起,表明两者之间多有联系;二是史有"干度开漕渠,兴南山谷口,尾入于苑,以便运载"⑤之说,据此,韩朝宗开渠也应在南山即终南山谷口一带;三是黎干"自南山开漕渠"是为了"以漕炭薪",由此反观韩朝宗"置潭于西市,以贮材木"的行为,应该说,韩朝宗开渠与黎干开渠目的一致;四是翠微宫曾是皇家园林,周边有丰富的木材,因取材的主要目的为了解决长安所需的"炭薪",基本不涉及建筑用材。由于要求不高,故可取就近到终南山翠微宫一带伐取木材。然而,一个问题解决了,另一个问题却接踵而至:没有节制地砍伐给长安一带自然生态带来的破坏是十分严重的,甚至可以说,唐代以后,长安一带水土流失不断地加剧与就近砍伐有着直接的关系。

需要补证的是,史家叙述韩朝宗开渠有"分渭水入自金光门"之说,然而,南山只有潏水,渭水远离南山,故"分渭水"实为引潏水入运。李善注司马相如《上林赋》"酆镐潦潏"语云:"潏水出杜陵,今名沈水。自南山黄子陂西北流经至昆明池入渭。"⑥既然是到南山砍伐木材,自然是引潏水入运,不应该是引渭水入运。徐松明确地指出:"漕渠,天宝元年开。京兆尹韩朝宗分潏水(按渠盖潏、交之水,《旧书》作分渭水,非是),入自金光门,置潭于西市之街,以贮材木。永泰二年,京兆尹黎干以京城薪炭不给,又自西市引渠,经光德坊京兆府东,

---

① 后晋·刘昫等《旧唐书·玄宗纪下》,北京:中华书局1975年版,第216页。
② 宋·欧阳修等《新唐书·韩朝宗传》,北京:中华书局1975年版,第4273页。
③ 宋·欧阳修等《新唐书·地理志一》,北京:中华书局1975年版,第962页。
④ 同③。
⑤ 宋·欧阳修等《新唐书·黎干传》,北京:中华书局1975年版,第4721页。
⑥ 梁·萧统《文选》上册,上海:商务印书馆1936年版,第160页。

至开化坊荐福寺东街,北至务本坊国子监东,由子城东街,逾景风、延喜门入苑。渠阔八尺,深一丈(《旧纪》:渠成,上御安福门观之)。"①引潏水等入运后,韩朝宗建成了西入长安的运道,并在长安城建造了贮存木材的专用码头,唐代宗永泰二年即大历元年(766),黎干继承了韩朝宗开渠的成果,将运道从城西延长到长安城东荐福寺一带,建成了从城西到城东的新航线。

黎干重修运道,与韩朝宗原先兴修的漕渠经过二十多年的使用再度不通有着密切的关系。史称:"俄迁京兆尹,颇以治称。京师苦樵薪乏,干度开漕渠,兴南山谷口,尾入于苑,以便运载。帝为御安福门观之。干密具舸船作倡优水嬉,冀以媚帝。久之,渠不就。"②这一通往长安城东荐福寺、国子监等地的新航线很快失去了通航能力。王应麟进一步记载道:"《地理志》:京兆府长安,大历元年尹黎干自南山开漕渠,抵景风、延喜门入苑以漕薪炭。《会要》:永泰二年(即大历元)七月十日凿运木,渠自京兆府直东至荐福寺东街北,至国子监东,至子城东街正北,逾景风门、延喜门入于苑,阔八尺,深丈余。"③

需要补充说明的是,韩朝宗是在旧渠的基础上开渠的。这样说,是因为黎干兴修的引潏水入金光门的运道是在汉代漕渠的基础上兴修的。史称:"《长安志》:漕河,在长安县南十五里。自万年县界来,径县界五里入渭,武宗元光六年穿。又黎干所凿渠,径京兆府直东至荐福寺东街,北至国子监,正东至子城东街,并逾景风、延喜门入苑。"④由此观之,韩朝宗兴修运渠时亦利用了汉代的漕渠。

河渠整治是长期的事。韦坚堰灞、浐二水虽暂时解决了渠道淤沙及航道干浅等问题,但淤沙始终是困扰关中漕运的大问题。唐代宗大历以后,因泥沙淤积导致航道干浅,兴成渠再次失去了通航能力。唐文宗开成元年(836),咸阳令韩辽向朝廷提出了整修兴成渠的建议。史称:"咸阳令韩辽请开兴成渠。旧漕在咸阳县西十八里,东达永丰仓,自秦、汉以来疏凿,其后堙废。昨辽计度,用功不多。此漕若成,自咸阳抵潼关,三百里内无车挽之勤,则辕下牛尽得归耕,永利秦中矣。"⑤韩辽上疏后,时任宰相李固言认为立即整修航道将有误农时,主张先缓一缓。然而,兴成渠淤塞后,被迫改用牛车运粮,这一举动已严重地影响到关中地区的农业生产。为缓解由此带来的危机,唐文宗支持了韩辽的想法,令其立即着手修建兴成渠。史称:"秦、汉时故漕兴成堰,东达永丰仓,咸阳县令韩辽请疏之,自咸阳抵潼关三百里,可以罢车挽之劳。宰相李固言以为非时,文宗曰:'苟利于人,阴阳拘忌,非朕所顾也。'议遂决。

---

① 清·徐松撰、张穆校补《唐两京城坊考·漕渠》,北京:中华书局1985年版,第129页。
② 宋·欧阳修等《新唐书·黎干传》,北京:中华书局1975年版,第4721页。
③ 宋·王应麟《玉海·地理》,南京:江苏古籍出版社1988年版,第431页。
④ 清·和珅等奉敕撰《钦定大清一统志·西安府》,《四库全书》第478册,上海:上海古籍出版社1987年版,第31页。
⑤ 后晋·刘昫等《旧唐书·李石传》,北京:中华书局1975年版,第4485页。

堰成，罢挽车之牛以供农耕，关中赖其利。"①兴成渠建成后，其同时兼有航运、灌溉、改良土壤等功能，从而提高了关中农业生产的水平。

  这里有三个问题需要提出来进行讨论。一是《旧唐书》《新唐书》叙述韩辽疏浚兴成渠时，以"秦、汉"旧渠称谓兴成渠。这一说法似乎要撇清唐代兴成渠与隋代广通渠之间的关系。其实，兴成渠是在秦汉旧渠及隋广通渠的基础上兴修的。之所以这样表述，主要是为了强调韩辽重修兴成渠时利用了秦郑国渠、汉漕渠的旧道，如史有唐代宗大历十三年（778）"泾水拥隔，请开郑、白支渠，复秦、汉故道以溉民田"②之说。二是"堰成，罢挽车之牛以供农耕，关中赖其利"，"堰"是指兴成渠，强调"堰"应与韩辽重点整修兴成堰及兴成堰一带的渠道相关。三是由咸阳令提出修建兴成渠之议，恰好说明了从咸阳到长安的航段是兴成渠通航的关键，完全可以反证韦坚在此筑兴成堰的必要性。

  唐代在长安城新修的河渠除了漕渠外，还在隋代的基础上整修了龙首渠、永安渠、清明渠等。尽管龙首渠等没有航运能力，但有灌溉农田和美化长安等作用。程大昌指出："唐以渠导水入城者三：一曰龙首渠，自城东南导浐至长乐坡，酾为二渠，其一北流入苑，其一经通化门、兴庆宫自皇城入太极宫。二曰永安渠，导交水自大安坊西街入城，北流入苑注渭。三曰清明渠，导水自大安坊东街入城，由皇城入太极宫，及至大明宫则在龙首山上，水不可导矣。大明宫之东有东苑，即在龙首山尽处。地既低下，故东苑中有龙首池，言其资龙首渠水以实池也。"③这一叙述大体上道出了三渠在长安经过的情况。唐代龙首渠是在隋代旧渠的基础上开挖的。如程大昌进一步指出："《志》又曰：'龙首渠者，隋城外东南角有龙首堰，隋文帝自北堰分浐水北流至长乐陂西北，分为二渠，其西渠自永嘉坊西南流经兴庆宫。'吕《图》亦着浐水入兴庆池路。则是兴庆之能变平地以为龙池者，实引浐之力也，人力胜而旧池改，故始时数尺，久乃数顷不难也。"④史称："龙首渠，在长安县东北，由咸宁县流入。《长安志》：龙首渠，一名浐水渠。隋开皇三年，自东南龙首堰下分支浐水，北流至长乐坡西北，分为二渠。东北流入苑西，渠屈而西南流，经通化门南，西流入城经永嘉坊。又西南流经兴庆宫，又西流经胜业坊、崇仁坊、景龙观，又西入皇城，径少府监南，屈而北流，又径都水监、太仆寺、内坊之西，又北流出城。《宋史·陈尧咨传》：长安地斥卤，无甘泉。尧咨疏龙首渠注城中，民利之。《玉海》：唐时导水入城之渠有三：一曰龙首渠，二曰永安渠，三曰清明渠。"⑤前人对龙首渠、永安渠、清明渠三渠行经长安的路线作了充分的描绘，其中以龙首渠的描绘最为详细。

---

  ① 宋·欧阳修等《新唐书·食货志三》，北京：中华书局1975年版，第1371页。
  ② 宋·欧阳修等《新唐书·黎干传》，北京：中华书局1975年版，第4721页。
  ③ 宋·程大昌《雍录·唐都城导水》，北京：中华书局2002年版，第118页。
  ④ 宋·程大昌《雍录·兴庆池》，北京：中华书局2002年版，第80页。
  ⑤ 清·和珅等奉敕撰《钦定大清一统志·西安府》，《四库全书》第478册，上海：上海古籍出版社1987年版，第32页。

第四节　三门峡与黄河漕运

三门峡漕运始于何时已不太清楚,起码可以上溯到秦汉。史念海先生论述道:"黄河中游的三门峡为古代东西漕粮转输必经的要道。从秦始皇统一六国时起,这条运道即已发挥了作用。……西汉初年,张良劝刘邦建都关中,就曾经说过:'河、渭漕挽天下,西给京师',正道出了那时的情况。"①这一时期黄河漕运虽然艰难,但水文条件好于隋、唐两代。西汉以后,为维护三门峡漕运,历朝在不同时期开凿了有拉纤功能的栈道,据20世纪50年代考察,"在栈道侧壁上或山岩间,遗存有东汉以来的摩崖题刻107段"②,又如据20世纪90年代考察,"题记中有不少年号,如建武、贞观、总章、太和、绍圣、元熙、崇祯、道光、宣统等,朝代为东汉、唐、宋、明、清"③。这些题刻忠实地记录了东汉建武十一年(35)以后历代兴修三门峡栈道及整治河道的情况。

隋炀帝大业七年(611)十月"砥柱山崩,偃河逆流数十里"④。砥柱山崩裂后,大量的石头堰塞河道,由此产生的逆流进一步增加了三门峡漕运的难度,在此基础上出现了"唐代初年,三门峡的栈道大约已被毁坏,不通舟船"⑤的情况。为此,唐代初年,统治者为整治三门峡采取了多种措施。在考古调查的过程中,先后在山西垣曲县五福涧村栈道岩壁上发现多处石刻及题记,这些石刻及题记从不同的侧面透露了唐初整治三门峡的信息。石刻题记中有"大唐贞观十六年二月十日,┃前岐州郿县令侯懿┃陕州河北县尉古成师┃三门府折冲都尉北武┃将军[林]阳县开┃国男侯宗等奉┃敕,[适][此]导河[之],磧[从]河阳[武]□"⑥等语,按:"┃"用来表示题刻分行的情况。从"导河"等语中当知,贞观十六年二月,应有在三门峡一带开渠泄水减缓黄河主航道水流过速等举措。除此之外,该处又有同名落款的题刻:"大唐贞观十六年四月三日,岐州郿县令侯懿、河北县尉古成师、前三门府折冲都尉侯宗等,奉敕造船两艘,各六百石,试上三门,记之耳。"⑦根据这一情况当知,在试上三门峡之前采取了整治三门峡的举措。在研究这两段题刻的基础上,张庆捷、赵瑞民总结道:"比较两文,侯

---

① 史念海《三门峡与古代漕运》,《人文杂志》1960年,第4期,第35—36页。
② 中国科学院考古研究所编著《三门峡漕运遗迹》,北京:科学出版社1959年版,第41页。
③ 朱亮、史家珍、张庆捷《再现古代黄河漕运的场景——小浪底水库东汉漕运建筑基址及古黄河栈道》,李文儒主编《中国十年百大考古新发现》下册,北京:文物出版社2002年版,第533页。
④ 唐·魏徵等《隋书·炀帝纪上》,北京:中华书局1973年版,第76页。
⑤ 同②,第44页。
⑥ 张庆捷、赵瑞民《黄河古栈道的新发现与初步研究》,《文物》1998年第8期第56页。
⑦ 同⑥。

懿等人二月先在五福涧查修栈道水路,四月又到三门峡造船试航,说明从贞观年间起,唐王朝已在努力恢复黄河漕运。"①因石刻记载简略,侯懿等查修栈道时是如何"导河"的已不太清楚,但从仅有的题刻内容看,当时造船试航应该是在开渠导流、重修栈道的基础上进行的。

自侯懿等人造船试航以后,为了恢复黄河漕运,唐王朝采取了多种整治三门峡航段的措施。史称:"显庆元年,苑西监褚朗议凿三门山为梁,可通陆运。乃发卒六千凿之,功不成。其后,将作大匠杨务廉又凿为栈,以挽漕舟。挽夫系二䋲于胸,而绳多绝,挽夫辄坠死,则以逃亡报,因系其父母妻子,人以为苦。"②唐高宗显庆元年,褚朗在人门岛一侧开辟山路,试图绕过三门峡天险。然而,不久出现了"水涨引舟,竟不能进"③的情况。稍后,杨务廉又沿三门峡开凿栈道。虽然这些做法没有从根本上消除三门峡漕运时的障碍,但却为以后修复三门峡运道奠定了基础。具体地讲,继褚朗开辟山路、杨务廉修栈道以后,唐高宗总章三年(670)、武则天垂拱四年(688)将开凿三门峡河道提到议事日程上。在山西平陆县五一石膏厂前面的栈道岩壁上,先后发现了的题刻有"大唐总章三年正」月十五日,太子供」奉人刘君琮奉」敕,开凿三门河」道,用功不可记。」典令史丁道树"等语,又有"总章三年正月廿一日,」儒林郎守司马」表当开三门」河道"等语,又有"大唐垂拱四年」正月十六日,上」柱国马大谅当」开三门河道。」造字人蔡□(捴)。」正月十八日」"等语。④ 三块题刻明确记录了在十八年的时间里"开凿三门河道"的情况,尽管这些文字没有描述"开三门河道"的具体情况,但可以肯定的是,开三门峡河道旨在改善三门峡漕运环境,其中应包括开凿栈道。在这中间,总章三年、垂拱四年恢复黄河漕运,实际上是贞观十六年"导河"及造船试航、显庆元年褚朗开山路和杨务廉修栈道的延续。邹逸麟先生论述道:"唐贞观十六年曾以两艘载重六百石的船只试上三门;其后,显庆元年、总章三年和垂拱四年几次开三门河道,修凿栈道,企图走三门水路,但结果都未成功。所以,这时期洛阳至陕州一段漕运,仍以陆运为主。"⑤继贞观十六年"导河"及造船试运以后,显庆元年、总章三年、垂拱四年数次"开三门河道"及修筑栈道,目的是恢复黄河漕运,以缩短绕道洛阳陆运至陕州的里程。然而,这些努力或因工程量太大,无法取得成功;或因水流湍急"绳多绝,挽夫辄坠死",付出高昂的代价。进而言之,及时地打通三门峡便成了唐代统治者必须解决的大问题。遗憾的是,唐初,几次开三门河道,修凿栈道,企图走三门水路,但结果都未成功。这样一来,漕运关中必须做出新的选择。几经选择和比较,唐代采取了隋代自洛阳漕转的方案,漕船在进入三门峡之前从黄河经洛水到洛

---

① 张庆捷、赵瑞民《黄河古栈道的新发现与初步研究》,《文物》1998年,第8期,第56页。
② 宋·欧阳修等《新唐书·食货志三》,北京:中华书局1975年版,第1365页。
③ 宋·王溥《唐会要·漕运》,北京:中华书局1955年版,第1595页。
④ 上引三门峡摩崖石刻均见中国科学院考古研究所编著《三门峡漕运遗迹·摩崖题刻与碑记》,北京:科学出版社1959年版。
⑤ 邹逸麟《从含嘉仓的发掘谈隋唐时期的漕运和粮仓》,《文物》1974年,第2期,第62页。

阳,从洛阳改陆运,沿殽函古道翻越大山绕过三门峡进入陕州(治所在今河南陕县),从陕州进入黄河航道入渭,沿渭水航道及广通渠漕运长安。

在考古与传世文献相互印证的基础上,前人提出了唐代于贞观十六年(642)四月尝试三门峡漕运的观点。其实,唐代三门峡漕运有着更早的历史,如史有"大唐武德五年,克平伪郑,尽收其图书及古迹焉。命司农少卿宋遵贵载之以船,溯河西上,将致京师。行经底柱,多被漂没,其所存者,十不一二"①之说。张彦远亦记载道:"圣唐武德五年,克平僭逆,擒二伪主,两都秘藏之迹,维扬宸从之珍,归我国家焉。乃命司农少卿宋遵贵载之以船,溯河西上,将致京师。行经砥柱,忽遭漂没,所存十亡一二。"②这两段记载可互为补充,至于为什么会不经试航便匆忙地冒险自三门峡西上,似乎无法说清楚其中的原因。不过,唐高祖武德五年,自黄河运"图书及古迹"西入关中之举,完全可视为唐初利用黄河进行漕运的最早尝试。

从另一个层面看,促使唐太宗下决心恢复三门峡漕运,应与贞观十一年(637)东幸陕州治所陕县有直接的关系。史家叙述陕州治所陕县地理及水文形势时记载道:"有大阳故关,即茅津,一曰陕津,贞观十一年造浮梁。有南、北利人渠。南渠,贞观十一年太宗东幸,使武侯将军丘行恭开。有陕城宫。有广济渠,武德元年,陕东道大行台金部郎中长孙操所开,引水入城,以代井汲。有太原仓。有岘山。"③如果说"造浮梁"是为了打通陕津建立两岸的陆路交通的话,那么,贞观十一年开南利人渠、北利人渠则应与灌溉农田相关。之所以这样说,是因为在开南利人渠、北利人渠以前,唐高祖武德元年已开渠解决陕州生活用水。陕县境内建有太原仓,在此开渠灌溉农田应与增加太原仓仓储相关。然而,陕州区域有限,就地征粮无法满足太原仓的仓储及应对关中的需求,这样一来,只能把改善黄河漕运提到议事日程上来。那么,应如何解决这一难题呢?贞观十四年,唐太宗采取了移陕州治所至峡石及建峡石县的举措,如史有"贞观十四年移治峡石坞,因更名。有底柱山,山有三门,河所经,太宗勒铭"④之说。将陕州治所从陕县移到黄河岸边的峡石坞,并以其为治所,这一举动从一个侧面透露了唐太宗决心恢复黄河三门峡漕运的信息。进而言之,略去武德五年黄河漕运失败不论,唐王朝再度尝试三门峡漕运的准备工作可上溯到贞观十四年。

需要补充的是,唐玄宗开元初年,姜师度曾有自太原仓开运渠至黄河岸边峡石坞的举措。史称:"开元初,迁陕州刺史。州西太原仓控两京水陆二运,常自仓车载米至河际,然后登舟。师度遂凿地道,自上注之,便至水次,所省万计。"⑤"凿地道",是指开山洞引水入渠,

---

① 唐·魏徵等《隋书·经籍志一》,北京:中华书局1973年版,第908页。
② 唐·张彦远《历代名画记·叙画之兴废》(秦仲文、黄苗子点校),北京:人民美术出版社2016年版,第7页。
③ 宋·欧阳修等《新唐书·地理志二》,北京:中华书局1975年版,第985页。
④ 同③。
⑤ 后晋·刘昫等《旧唐书·姜师度传》,北京:中华书局1975年版,第4816页。

以水运的形式将太原仓的储粮运往黄河岸边。这里透露的信息是：恢复黄河漕运一直是唐代有识之士关心的大问题。

唐代自关东西入关中有漕运和陆运等两种形式：漕运主要指黄河漕运，这条航线经三门峡西入关中，因其在陆运的北面，一向有"北运"之称，如史有"自江淮而溯鸿沟，悉纳河阴仓。自河阴送纳含嘉仓，又送纳太原仓，谓之北运"①之说；陆运指漕船避开黄河三门峡天险后，自洛阳转陆运至陕州，然而自太原仓入渭进入关中。

陆运有"南路陆运"之称。南路陆运有两指：一是因黄河三门峡运道在北，自洛阳至陕州的陆运在南，故称"南运"或"陆运"；二是指陆运关中时走崤函古道的南路。历史上的崤函古道有南路和北路之分，隋唐两代自洛阳漕转，主要走崤函古道的南路，不再走曹操开辟的北路。史念海先生论述道："崤函山谷中的道路有南北两条，东汉末年以前，人们一直走的是南道。曹操西征汉中时，才另外开了一条北道。所以要另外开辟一条北道，自然是因为南道恶险，不便于往来。可是到南北朝末年，人们却舍弃北道而又改行南道，这说明了北道也不是平易舒适的。"②南路陆运主要沿用了汉魏以前开辟的崤函古道，其中，唐中宗景龙三年，"关中饥，米斗百钱。运山东、江、淮谷输京师，牛死什八九"③，就是走这条山路。史念海先生论述道："隋初，由关东运来的漕粮，就是在小平（在今河南孟津县西北）开始陆运，通过崤函山路运到陕郡（今河南三门峡市西），再转从水运，循河西上。由隋朝起直到唐朝初年，崤函山路倒成为一条主要的运道。东方运来的漕舟，在小平以东的洛口就转入洛水，运到洛阳，然后再陆运到陕州（即陕郡）。在洛阳，隋时置有河阳仓，唐时置有含嘉仓，都是为了存储和运输漕粮的方便。这样是绕过了三门峡的险阻，免于复舟的危险，但是车辆运输仍然有很大的耗费，而且大量使用牛力，影响了附近地区的农业生产，也算不得上策。人们就设想：既然这段黄河的险阻，主要是三门峡这一段，而这一段的路程究竟不算很长，是不是可以回避开这一段水道而尽量利用黄河的力量？"④在很长一段时间里，南路陆运一直是唐代漕粮西入关中重要的补给线。然而，南路的运输成本太高。裴耀卿叙述道："今天下输丁约有四百万人，每丁支出钱百文，五十文充营窖等用，贮纳司农及河南府、陕州以充其费。租米则各随远近，任自出脚送纳东都。从都至陕，河路艰险，既用陆脚，无由广致。"⑤唐人对南运耗费极大及转运艰难多有体察，这样一来，恢复黄河漕运及治理三门峡，在裴耀卿的主持下遂正式启动。

三门峡形势十分险要，经过历代持续不断地开凿及受黄河水文变化等影响，唐代三门峡

---

① 后晋·刘昫等《旧唐书·食货志下》，北京：中华书局1975年版，第2115页。
② 史念海《三门峡与古代漕运》，《人文杂志》1960年，第4期，第35页。
③ 宋·司马光《资治通鉴·唐纪二十五》（邬国义校点），上海：上海古籍出版社1997年版，第1927页。
④ 同②，第35—36页。
⑤ 后晋·刘昫等《旧唐书·裴耀卿传》，北京：中华书局1975年版，第3081页。

的地形地貌已不同于前代。赵冬曦描述道："砥柱山之六峰者,皆生河之中流,盖夏后之所开凿。其最北有两柱,相对距崖而立,即所谓三门也。次于其南,有孤峰揭起。峰顶平阔,夏禹之庙在焉。西有孤石数丈,圆如削成。复次其南有三峰,东曰金门,中曰三堆,西曰天柱。湍水从黄老祠前东流,湍激蹙于虾石,折流而南,漱于三门,包于庙山,乃分为四流。淙于三峰之下,抵于曲限,会流东注。加以两崖夹水,壁立千仞,盘纡激射,天下罕比。时以内兄牛氏,壮而游焉。相顾赋之,以纪奇迹。"①从赵冬曦描述的情况看,经过历朝历代的开凿,唐代的三门峡地形地貌已经发生了巨大的变化。或者说,与隋大业七年十月"底柱山崩,偃河逆流数十里"②以前的情况有了很大的不同。

赵冬曦是盛唐人,生卒年不详,《新唐书》有传。史称："赵冬曦,定州鼓城人。进士擢第,历左拾遗。……开元初,迁监察御史,坐事流岳州。召还复官,与秘书少监贺知章、校书郎孙季良、大理评事咸廙业入集贤院修撰。是时,将仕郎王嗣琳、四门助教范仙厦为校勘,翰林供奉吕向、东方颢为校理。未几,冬曦知史官事,迁考功员外郎。逾年,与季良、廙业、知章、吕向皆为直学士。冬曦俄迁中书舍人内供奉,以国子祭酒卒。"③唐中宗李显神龙初,赵冬曦上书朝廷,主张依律法办事,因秉公办事受到时人的称赞。唐玄宗年间,赵冬曦与贺知章等同朝为臣,同时又与一代名相张说等多有交往和唱和。张说有《与赵冬曦君懋子均登南楼》《出湖寄赵冬曦》等诗,赵冬曦亦有《陪张燕公登南楼》《酬燕公出湖见寄》《奉和张燕公早霁南楼》等诗唱和。此外,赵冬曦有赵夏日、和璧、安贞、居贞、颐贞、汇贞等兄弟六人,韦述亦有弟六人,皆擢进士第,张说称赞道："赵、韦昆季,今之杞梓也。"④综合这些情况,又知赵冬曦与韦述等是同时代人。从这样的角度看,赵冬曦在《三门赋》一文中描述的三门峡形势当为李齐物开凿三门峡以前的地形地貌。这一时期,因"淙于三峰之下,抵于曲限,会流东注。加以两崖夹水,壁立千仞,盘纡激射,天下罕比",黄河三门峡漕运格外地困难。

所谓"砥柱山之六峰者",是指砥柱山由六座山峰组成,分为南北两组,北面的一组从西向东一字排开,分别是鬼门岛、神门岛与人门半岛。南面的一组从西向东一字排开,分别是砥柱石或砥柱山、张公石、梳妆台(参见《三门峡漕运遗迹》"三门峡形势图")。所谓"其最北有两柱,相对距崖而立,即所谓三门",是说北面的山峰鬼门岛、神门岛与人门半岛相距,形成三座洞开的石门。卫斯先生解释道："三门即三门峡。三门峡在我国古代的地理图志上称三门山或砥柱山。它地处豫西峡谷。黄河过潼关,东流113公里,即到此地。三门峡谷,两岸夹水,壁立千仞,怪石嶙峋,地势险要,河心有两座石岛把河水分成三股,分别称'人门'、'鬼

---

① 唐·赵冬曦《三门赋》,清·董诰《全唐文》卷二九六,北京:中华书局1983年版,第3002页。
② 唐·魏徵等《隋书·炀帝纪上》,北京:中华书局1973年版,第76页。
③ 宋·欧阳修等《新唐书·赵冬曦传》,北京:中华书局1975年版,第5702—5703页。
④ 后晋·刘昫等《旧唐书·韦述传》,北京:中华书局1975年版,第3184页。

门'、'神门',故曰'三门峡'。砥柱正对三门,河水夺门而出,直冲砥柱,然后分流包柱而过,故曰'中流砥柱'。这就是古今中外著称天下的三门天险。"①不过,砥柱山共有六座山峰,除了北面有鬼门、神门、人门等三门外,南面又有三座三门即"东曰金门,中曰三堆,西曰天柱"等三座山峰,其中东面的"金门"指梳妆台,中间的"三堆"指张公石岛,西面的"天柱"指砥柱石即砥柱山。如根据20世纪50年代多次进行的实地勘察和水文调查,俞伟超先生综合考古工作者的共同意见论述道:"在开元新河没有开凿以前,鬼、神二岛并列河心,恰似山岭给黄河开了三座大门,所以人们称此地为三门,又分别把东边的河道叫做人门,中间的叫神门,西边的叫鬼门(黄河碰到这里坚硬的岩石,没有笔直冲出河槽,微折向南,出三门峡后始复东流,故黄河两岸在此为东、西岸,人们又往往把东岸称作左岸)。人门以东的开元新河又名娘娘河。在其南口外耸立一岛,名梳妆台;梳妆台西还有张公石、砥柱石二座小岛。北起神门、鬼门、人门三岛,南迄梳妆台等三岛,这就是三门峡的区域。"②三门峡作为豫西峡谷最为艰险的河段,是指北起鬼门、神门、人门半岛,南至砥柱石、张公石、梳妆台之间的河段。从这样的角度看,三门峡实际上是由南北两座"三门"构成的黄河河段。

　　检索文献,自唐太宗、唐高宗、武则天兴修整治三门峡的工程以后,唐王朝为恢复黄河漕运即北运,对三门峡进行了四次有计划地治理:第一次发生在开元二十一年,在裴耀卿的主持下采取了在三门峡两侧建水次仓实现分级接运、开凿三门峡山路及绕行三门峡的措施;第二次发生在开元二十九年,李齐物一方面开凿新门石渠,试图恢复三门峡漕运,另一方面又在裴耀卿开凿三门峡山路的基础上,进一步整治运道;第三次发生在唐代宗广德二年(764),在裴耀卿漕政改革的基础上,刘晏建造坚固的漕船和招募熟悉三门峡水文的船夫以加强黄河漕运;第四次发生在唐德宗贞元元年(785),李泌开凿三门峡上路,采取分上下路的方式加强陆运。相比较而言,以李齐物开新门、修三门峡山路、整治栈道的工程量最大,现叙述如下。

　　唐玄宗开元二十九年,在裴耀卿力主黄河漕运即北运的基础上,陕郡太守李齐物开始着手整治黄河三门峡。之所以这样做,是因为自从开元二十一年恢复北运后,没过几年,又发生了三门峡漕运不畅的情况,如史有"及耀卿罢相,北运颇艰,米岁至京师才百万石。二十五年,遂罢北运"③之说。停止北运的时间发生在开元二十五年二月戊午,故史有"罢江淮运,停河北运"④之说。被迫停止北运的事实表明,在黄河漕运受制于三门峡的前提下,唐王朝不得不采取多种方法进一步探索运粮西入关中的路径。史称:"旧制,东都含嘉仓积江淮之

---

① 卫斯《卫斯考古论文集·唐代的三门漕运》,太原:山西古籍出版社1998年版,第196页。
② 中国科学院考古研究所编著《三门峡漕运遗迹》,北京:科学出版社1959年版,第1页。
③ 宋·欧阳修等《新唐书·食货志三》,北京:中华书局1975年版,第1367页。
④ 后晋·刘昫等《旧唐书·玄宗纪下》,北京:中华书局1975年版,第208页。

米,载以大舆而西,至于陕三百里,率两斛计佣钱千。此耀卿所省之数也。明年,耀卿拜侍中,而萧炅代焉。二十五年,运米一百万石。二十九年,陕郡太守李齐物,凿三门山以通运,辟三门巅,逾岩险之地,俾负索引舰,升于安流,自齐物始也。"①如以南运"率两斛计佣钱千"计算,当知北运"运米一百万石"节省的费用应是天文数字。因北运能节约大量的费用,又因"罢北运"无法解除日趋严重的漕运危机,这样一来,在探索黄河漕运可行性及肯定裴耀卿北运成果的基础上,李齐物提出了整治三门峡的方案。

李齐物恢复黄河北运及整治三门峡,主要有三大工程:一是"凿三门山以通运",开凿三门山石渠,以提高通过三门峡的漕运能力;二是"辟三门巅,逾岩险之地",在三门山上开凿十八里山路,采用水陆联运的方式,以求避开漕船通过三门峡时可能遇到的风险;三是在前人的基础上重修栈道,改善"俾负索引舰,升于安流"的条件。从表面上看,三大工程各自独立,似乎没有什么内在的联系,其实不然,三大工程不但有相互补充的作用,而且也表明打通三门峡航线需要采取不同的措施。进而言之,整治三门峡是唐王朝恢复黄河漕运的大事,针对砥柱山崩裂制约黄河漕运等情况,李齐物在充分接受前人成果的基础上采用了开运渠、重修山路和栈道的方案。应该说,在没有炸药和现代工程设备的条件下,李齐物遇到了难以想象的困难。

首先,"凿三门山以通运",是指在三门山人门半岛东侧开凿南北走向的石渠,建立通行的运道,如史有"陕郡太守李齐物先凿三门,辛未,渠成放流"②之说。石渠的长度虽然只有两百八十多米,但开凿难度超出了想象,故一直延续到第二年即天宝元年,如史有"天宝元年,太守李齐物开三门以利漕运"③之说。从时间上看,这一工程约三个月完工。王溥记载道:"二十九年十一月,陕郡太守李齐物凿三门上路通流,便于漕运。……至天宝元年正月二十五日,渠成放流。"④石渠开凿工程始于开元二十九年十一月,至第二年即天宝元年正月二十五日完工。在这中间,之所以选择十一月份开工,是因为"这时,正值冬季水枯时节,河水不会流入新门(今日即是如此),便于施工"⑤。此外,史又有"天宝三载,太守李齐物开三门"⑥之说,这一记载明显有误。

李齐物在人门东开凿新门石渠,采取了"烧石沃醯而凿之"⑦之法。"烧石沃醯"主要由架木烧石、泼醋裂石、清除裂石等三个环节构成。此前,开凿山岩主要采取架木烧石、泼水裂

---

① 后晋·刘昫等《旧唐书·食货志下》,北京:中华书局1975年版,第2116页。
② 后晋·刘昫等《旧唐书·玄宗纪下》,北京:中华书局1975年版,第214—215页。
③ 宋·欧阳修等《新唐书·地理志二》,北京:中华书局1975年版,第985页。
④ 宋·王溥《唐会要·漕运》,北京:中华书局1955年版,第1598页。
⑤ 中国科学院考古研究所编著《三门峡漕运遗迹》,北京:科学出版社1959年版,第33页。
⑥ 后晋·刘昫等《旧唐书·地理志一》,北京:中华书局1975年版,第1428页。
⑦ 宋·欧阳修等《新唐书·食货志三》,北京:中华书局1975年版,第1367页。

石及清理岩石的做法。李贤注《后汉书·虞诩传》"自沮至下辩数十里中,皆烧石剪木,开漕船道"①等语,有"《续汉书》曰'下辩东三十余里有峡,中当泉水,生大石,障塞水流,每至春夏,辄溢没秋稼,坏败营郭,诩乃使人烧石,以水灌之,石皆坼裂,因镌去石,遂无泛溺之患'也"②之说。为加快开凿山岩的速度,李齐物采用了烧石泼醋裂石之法。邵友诚、俞伟超在考古报告中论述道:"李齐物开凿新门用了'烧石沃醯(即醋)'的方法,杨务廉凿栈道也应用了'烧石岩'的方法。烧石泼水的方法,战国时期已经应用,东汉时期已很普遍;烧石泼醋的方法,则在唐代亦已被普遍应用。"③按:唐代采用烧石泼醋开凿岩石的方法很可能是李齐物的首创。因为此前杨务廉凿栈道时还没有运用此法,如张鷟叙述杨务廉开三门峡有"凿山烧石,岩侧施栈道牵船"④之说,此法应与李贤所说的"使人烧石,以水灌之"属同一方法。

烧石泼醋虽然提高了开凿山岩的效率,但工程进度依旧十分缓慢。具体地讲,唐代开凿唐宣宗(846—859年在位)陵寝时,曾有"至则镬醯以沃之,且煎且凿,役百万丁力,孜孜矻矻,竟日所攻,不及函丈"⑤之说。所谓"函丈",本指两个坐席之间的一丈间距。如《礼记·曲礼上》云:"若非饮食之客,则布席,席间函丈。"⑥郑玄注:"谓讲问之客也。函,犹容也。讲问宜相对容丈,足以指画也。"⑦后来,"函丈"引申为一丈这一长度单位。所谓"竟日所攻,不及函丈",是指开凿山岩的进度每天不到一丈。以此为参考数据,可证李齐物开凿长两百八十多米、宽度六至八米、深度五至十米的石渠需用近三个月的时间,亦可证王溥的记载及说法是有依据的。

李齐物兴修新门时,主要是在人门半岛的东面凿一条南北走向的石渠。如俞伟超先生叙述新门运道的具体方位时阐释道:"在人门以东的岩石中有一条人工凿出的渠道,它是唐代开元廿九年起为通漕舟而开凿的,所以后代名之为开元新河,又名娘娘河,其实在唐代因为它是三门旁边新添的一个门户,称之为新门。……开元新河是在人门北面的岩石中凿出。河的南端插入人Ⅱ、人Ⅲ段之间,正当人门的入口;北端在人Ⅺ段、人Ⅻ段之间。其东岸与人Ⅻ段相连而西岸与人Ⅹ段末端相接触,正当人门的出口。航船从此通过,正好避开了人门。河身南北向,很直,仅北端微向西弯曲,全部河身大略成北头向西、南头向东的11°左右的偏方向。全长280余米。河身宽度为6—8米左右,河底高程在278米左右,河身高度(即河底与河岸的距离)为5—10米。它的两壁陡立,上口比河底稍宽(一般宽60—80厘米)。两壁

---

① 刘宋·范晔《后汉书·虞诩传》,北京:中华书局1965年版,第1869页。
② 同①,第1869—1870页。
③ 中国科学院考古研究所编著《三门峡漕运遗迹》,北京:科学出版社1959年版,第69页。
④ 唐·张鷟《朝野佥载》(赵守俨点校)(唐宋史料笔记丛刊),北京:中华书局1979年版,第36页。
⑤ 唐·高彦休《唐阙史》,《全唐五代笔记》,西安:三秦出版社2008年版,第2344页。
⑥ 清·阮元《十三经注疏·礼记正义》,北京:中华书局1980年版,第1239页。
⑦ 同⑥。

表面错落不平,在凿出后未经修饰。"①俞伟超先生的论述是在考古队进行田野调查即实地考察的基础上得出的,故有不可辩驳的权威性。

首先,李齐物开凿三门峡时,没有给这一运道进行命名。时至后世,出现了"渠""石渠""三门运渠""新门""天宝河""开元新河"等称谓。邵友诚、俞伟超先生依据文献在考古调查报告中写道:"凿成后本无定名,如《唐会要》卷八十七'漕运'条与《旧唐书》卷九《玄宗纪》称之为'渠',《通典》卷十《食货典》与《册府元龟》卷四百九十七'邦计部'(据明崇祯刊本)称之为'石渠',《通鉴》卷二百十五《玄宗纪》下与《玉海》卷二十二'地理'称之为'三门运渠',《新唐书》卷五十三《食货志》称之为'新门',《开天传信录》(据陶氏景刻咸淳刊《百川学海》本;又《白氏六贴》卷八十四引《开元记》略同,是为一书,《六帖》据明嘉靖刊本)称之为'天宝河';'开元新河'一名,约自北宋以后所起。所谓'新门',当为三门以外新凿的一个'门'的含义。"②唐代以后,人们不断地给这一运道进行命名,充分地表达了人们对李齐物开通三门峡运道的关心。"所谓'新门',当为三门以外新凿的一个'门'的含义",在这中间,欧阳修等修《新唐书》时将其称之为"新门",可能是最形象的命名。新门石渠开凿后,在恢复三门峡漕运的同时,也改变了三门峡此前的地形地貌。俞伟超先生在考古调查报告中明确地指出:"三门峡是黄河在河南陕县县城下游二十多公里的地方。黄河自潼关以东至孟津的一段,两岸夹山,是峡谷的形势。到三门峡,由于坚硬的岩层暴露在地层表面,黄河虽然在这坚硬的岩石上冲出了河槽,却留下许多大石矻然柱立河心:有些在河面以下,成为暗礁;一部分则高出河面成为岛屿。最大的是鬼门、神门、人门三岛。其中人门岛原来与河岸相连,是半岛的形状,只是在唐代开凿了开元新河后才和鬼、神二岛一样,孤立于河心。"③开凿新门以后,人门不再是半岛,经此,河水自北南下,人门岛南面的梳妆台、张公石岛成为新门行运时的新障碍。与此同时,因人门岛成为河心岛,后世以"三门山"称谓三门峡,这与开凿新门有直接的关系。

其次,李齐物在三门山开凿山路,即"辟三门巅,逾岩险之地"。史有"显庆元年,苑西监褚朗议凿三门山为梁,可通陆运。乃发卒六千凿之,功不成"④之说,又有开元二十二年裴耀卿"开三门山十八里,以避湍险"⑤之说。在褚朗、裴耀卿的基础上,李齐物改善了这段十八里山路行运的条件。十八里山路在新门的东侧,既然已开凿新门,李齐物为什么还要开凿山路?具体地讲,褚朗、裴耀卿等开山路转陆运的目的是为了避开三门峡天险,新门运道开凿后,李齐物完全没有必要继续开凿山路。其实不然,黄河有丰水和枯水季节,丰水或枯水季

---

① 中国科学院考古研究所编著《三门峡漕运遗迹》,北京:科学出版社1959年版,第33页。
② 同①,第68—69页。
③ 同①,第1页。
④ 宋·欧阳修等《新唐书·食货志三》,北京:中华书局1975年版,第1365页。
⑤ 后晋·刘昫等《旧唐书·食货志下》,北京:中华书局1975年版,第2115页。

节来临时都会给新门漕运带来困难,根据这一情况,需要在不适合水运的季节走山路运粮越过三门峡天险。除此之外,十八里山路仅及南路陆运三百里路程的十六分之一,即便是不能利用新门进行漕运,只要山路畅通也可以节约大量的运力。

再次,开凿栈道,"俾负索引舰,升于安流"。自新门漕运不能解决漕船通过时的所有问题,还需要用拉纤的方法才能将漕船拉入新门。史称:"二十九年,陕郡太守李齐物凿砥柱为门以通漕,开其山巅为挽路,烧石沃醯而凿之。然弃石入河,激水益湍怒,舟不能入新门,候其水涨,以人挽舟而上。"①因山顶上的弃石不断地滚入运道,堵塞航道增加了激流;又因一航段的水位落差过大,"舟不能入新门",故只能"候其水涨,以人挽舟而上",即需要由纤夫拉纤才能进入新门运道。结合"杨务廉又凿为栈,以挽漕舟"②等语看,李齐物"俾负索引舰,升于安流"时应对杨务廉开凿的栈道多有利用,在这中间,应该有重修栈道的举措。

史念海先生论三门峡漕运历史与现状时指出:"从秦始皇开始,由关东转输粮食时,运粮的船只就已经通过三门峡了。西汉初年,张良劝刘邦建都关中时就曾经说过:'河、渭漕挽天下,西给京师',正道出了那时的情况。漕舟由三门峡上溯,必须用人力挽曳,这自然是十分困难的。当时,是不是在沿岸开凿过山崖,修筑栈道,以供挽船的船夫行走?现在已不可知了。在现存的漕运遗迹中,也未见发现当时的遗存,看来是没有任何施工的。……现在的栈道遗迹至迟是在东汉桓帝和平元年(公元150年)以前开凿的。魏晋时期继续开凿的栈道,绵延分布在黄河的左岸,大致已可以足够供这段挽船之用。这种开凿工程在隋初还曾经进行过,成就可能不大。唐朝初年,关中对漕粮的需要不断增加,陆运困难又多,只好改从水运。水运就不能不用人工挽舟,也就不能不开凿栈道。唐高宗时,曾经一次调拨了六千人施工,但是并不能完全改善运道中的困难情形。最大一次开凿栈道工程是在由中宗到玄宗的时候。这次工程是由杨务廉主持的,他们烧石凿山,虽然也取得一定成就。但是当时死亡的人数很多,一节节的栈道都留下了施工人民斑斑的血迹。就是这样,仍然解决不了问题。"③俞伟超先生根据考古调查叙述人门栈道的情况时写道:"人门栈道开凿在人门的左岸,其南端起自梳妆台附近,向北经过人门全岛,断断续续地延长625米左右。人门岛一带河岸的高程在283—298米之间(用黄河流域规划委员会1955年标高)。岸边壁立,栈道开凿在它的半腰,形似一条大凹槽。栈道底部的高程在282.7—287米之间,平日露出于河面上,夏季洪水时期则被淹没,而水枯时则在岸边露出一片沙滩。黄河两岸弯曲不齐,在河岸半腰凿出的栈道被迫于这种地形,常常中间断开,当时是架木成桥,把断开的栈道连接起来,而现在木构不存,因而分成为许多不相连属的段落。我们将各段栈道,根据挽船时从南向北行走的次

---

① 宋·欧阳修等《新唐书·食货志三》,北京:中华书局1975年版,第1367页。
② 同①,第1365页。
③ 史念海《三门峡与古代漕运》,《人文杂志》1960年,第4期,第36页。

序,依次编号,计12段(人Ⅰ段至人Ⅻ段),……人Ⅰ段在梳妆台的东侧,是全部栈道的南端。这里河岸与水面的距离,假如以秋季的水面在282米左右为标准,达10多米,所以在岸上无法拉纤挽舟,只能在贴近水面的断崖上,开凿栈道。栈道在陡立的石壁上,凿出一条狭窄的走道,再加设木构而成;远处望去好似在陡壁半腰凿出一条大横槽。人Ⅰ段全长约48米。底部凿得很平,高程为284.5—284.8米;宽度为0.2—2米间,一般在1.2米左右;宽度仅20厘米的地方大概是由于一部分缘河的岩石崩落所致,原来可能稍宽。顶部凿成弧形,它和栈道底的距离一般在2.5米左右。……人Ⅱ段……似原来和人Ⅰ段相连,因为山石的崩裂而断开。本段形状同上段。全长54米。栈道底宽0.2—2米,一般在1.2米左右;高程284—285.5米。顶高2.5米左右。"①从《三门峡漕运遗迹》"三门峡形势图"描述的地形地貌形势看,人门半岛南面的栈道即人Ⅰ段和人Ⅱ段栈道应该是李齐物重点利用的对象。诚如研究者指出的那样:"历代凿修栈道的根本原因是它关系到黄河漕运的成败和效率。黄河漕运比陆运有运输量大、时间短、耗费少等优点,故被历代统治者重视。"②李齐物开新门需要利用人Ⅰ段和人Ⅱ段栈道,这样一来,修复相关航段的栈道是必然的。

新门石渠开凿后,降低了漕船通过三门峡时的风险,与此同时,沿河拉纤也节约了南运即实行漕转联运的成本。郑綮记载道:"天宝中,上以三河道险束,漕运艰难,乃旁北山凿石为月河,以避湍急,名曰天宝河。岁省运夫五十万,久无覆溺淹滞之患,天下称之。"③月河又称"越河",本指在主河道或堰埭(河堤)一侧开挖的具有分流减弱水势功能的弧形河道,此指在黄河主航线一侧开凿的新门石渠。新门开通后,初步改善了黄河漕运的条件,进而出现了"久无覆溺淹滞之患"的局面,在一定程度上化解了唐王朝国用渐广及漕运关中时难以为继的危机。

那么,三门峡新门石渠建成后,每年经新门漕运关中的数额究竟有多大?同时又节省了多少运力呢?邵友诚、俞伟超先生论述道:"根据《新唐书·食货志》的记载,由于韦坚开通了长安至潼关的漕渠,漕运额在天宝三载达到最高峰,每年四百万石。当时运送这些租粟的途程,在陕州一段只有三门水运和南路陆运两路。而南路陆运的数量,在开元初每年为八十万石,以后逐渐增加,至天宝七载岁运二百五十万石是最高的数额,那么在天宝三载时,还不到此额。所以这一年在新门中通过的漕粮,应在一百五十万石以上。水运的数量,差不多相当过去水陆运输的总量。"④恢复黄河漕运即实行北运后,一年之中,从新门通过的漕粮超过一百五十万石,这一数字远远地超出了南运的总量,如南运即从洛阳至陕州陆路转输的年运

---

① 中国科学院考古研究所编著《三门峡漕运遗迹》,北京:科学出版社1959年版,第3—6页。
② 张庆捷、赵瑞民《黄河古栈道的新发现与初步研究》,《文物》1998年,第8期,第57页。
③ 唐·郑綮《开天传信记》,北京:中华书局1985年版,第3页。
④ 同①,第69页。

量约为八十万石至一百万石。经此,"岁省运夫五十万",从而节省了大量的人力、物力和财力。不过,恢复北运后,南运并没有停止,这一情况表明黄河漕运继续受到三门峡的制约,漕运通过三门峡依旧艰难。更重要的是,南北两条漕转路线同时进行,在一定程度上传达了唐王朝确保漕路畅通的意图。

稍后,李齐物入朝,由韦坚负责黄河漕运等事务。史称:"齐物入为鸿胪卿,以长安令韦坚代之,兼水陆运使。坚治汉、隋运渠,起关门,抵长安,通山东租赋。乃绝灞、浐,并渭而东,至永丰仓与渭合。又于长乐坡濒苑墙凿潭于望春楼下,以聚漕舟。"①韦坚接任陕郡太守并兼任水陆运使后,为改善关中漕运条件,韦坚在汉代漕渠及隋代广通渠的基础上重修了关中河渠及建造了长安漕运码头广运潭等。经此,黄河漕运与关中河渠串连在一起,加快了漕粮运抵关中的速度,同时也提高了长安漕运码头接纳漕船的能力。然而,新门石渠虽消除了黄河漕运的障碍,但因缺少源头及过程管理,故漕米中掺杂了大量的杂物。史称:"天宝三载,韦坚代萧炅,以浐水作广运潭于望春楼之东,而藏舟焉。是年,杨钊以殿中侍御史为水陆运使,以代韦坚。先是,米至京师,或砂砾糠粃,杂乎其间。开元初,诏使扬揭而较其虚实,'扬揭'之名,自此始也。"②"砂砾糠粃,杂乎其间"一事表明,这一时期的漕运管理亟须改进和加强。

客观地讲,李齐物开凿新门运道没能收到恢复北运的预期效果。杜佑记载道:"二十九年,陕州刺史李齐物避三门河路急峻,于其北凿石渠通运船,为漫流,河泥旋填淤塞,不可漕而止。"③因泥沙不断地冲入新门,且无法清理,从而加快了新门运道淤塞的速度。与此同时,开凿人门山路及栈道时,因无法清除残留在山路或栈道中的碎石,这些碎石不断地滚入航道也增加了通行新门的难度。具体地讲,山顶碎石滚入栈道,增加了拉纤时的风险。特别是三门峡南北之间有一定的水位落差,碎石滚入运道或堵塞航道形成暗礁,或产生旋涡及回流,这些都直接影响船只的通行。如史有"弃石入河,激水益湍怒,舟不能入新门"④之说,碎石滚入栈道或运道成为新门通运的巨大威胁。史念海先生论述道:"最大一次整理河道的工程,是在唐朝开元二十九(公元741年)。当时想彻底解除三门峡运输的困难,就在人门以北的岸上,另外开凿了一条新河,使漕舟避开黄河的正流,由新河上行,这就是所谓开元新河。按道理说来,新河应该比黄河正流便于漕运。实际上新河的作用并不能尽满人意,因为开河时,岸上凿下的石块坠入河道中,河水一样湍急,漕舟不能够顺利进入新河,仍然要由船夫牵挽。不过究竟比较从黄河正流直上要好一点。因为在新河开凿后的几年中,运入关中的粮

---

① 宋·欧阳修等《新唐书·食货志三》,北京:中华书局1975年版,第1367页。
② 后晋·刘昫等《旧唐书·食货志下》,北京:中华书局1975年版,第2116页。
③ 唐·杜佑《通典·食货十》,杭州:浙江古籍出版社1988年版,第57页。
④ 同①。

食确实是比前增多了。由于新河本身的缺陷,也由于河水夹杂泥沙太多,所以不到几年,新河也就淤塞不能通行了。西上的漕舟还必须艰难地由三门峡通过。"①由于无法彻底地解决泥沙淤积新门运道的问题,又由于无法解决"弃石"堵塞航道等问题,这样一来,新门运道通航的时间很短,很快就出现了"没有几年就被河泥淤塞而不能通漕舟"②的情况。新门漕运受阻,减少了漕运西入关中漕粮的总量,在此基础上,发生了"天子疑之,遣宦者按视,齐物厚赂使者,还言便"③的事件。为了逃避责任,李齐物采用了行贿的方法隐瞒了真实的情况。

其实,李齐物整治三门峡运道及开新门失败是必然的。如胡渭论述道:"以余观之,三门之险,不专在厎柱,其下兼有阏流为之阻。盖自厎柱以东,夹河群山之水,并注于河。禹功既远,泥沙日积,河上激六峰,下阻十九滩,湍波倍加汹涌。昔人计不及此,但欲镌广三门,一试于杨焉,再试于李齐物,不惟无益,而害且滋甚,则以镌石落水,河身愈浅,三门虽广,不能胜百二十里之阏流故也。禹治河率自下始。《孔传》云:或凿山,或穿地,度禹当日必先浚阏流,而后析厎柱。析厎柱者,凿山也。浚阏流者,穿地也。二险并去,则贡舟直达帝都,不必参用陆运矣。嗟乎!世患无神禹耳,岂患厎柱之不可漕哉。"④以当时的科学技术水平,要想做到"先浚阏流,而后析厎柱"是根本不可能的。尽管如此,李齐物为整治三门峡所做出的努力又是值得称道的。具体地讲,恢复黄河漕运以后,自三门峡漕运的数额虽然有一半的损耗,但这一损耗明显低于南运即走陆路自洛阳转陕州太原仓的损耗。除此之外,在裴耀卿开山路的基础上,李齐物兴修了十八里的三门峡山路。客观地讲,十八里山路虽然艰难,但要比自洛阳走殽函古道实施南运要快捷且有效率,这样一来,三门峡漕运依旧是唐王朝主要的漕运通道。

天宝十四年(755)安史之乱爆发,唐玄宗率文武百官逃离长安幸蜀,经此,北运和南运全面停止。唐代宗宝应二年(763)平定安史之乱后,唐王朝进入藩镇割据时期。当时的政治形势十分严峻,一是黄河中下游及淮河流域因藩镇割据连年战争遭受破坏,亟须恢复农业经济;二是西北不宁,"兵粮"需求增大,如史有"贞元初,吐蕃劫盟,召诸道兵十七万戍边。关中为吐蕃蹂躏者二十年矣,北至河曲,人户无几,诸道戍兵月给粟十七万斛,皆籴于关中"⑤之说。如以唐德宗贞元元年为起点上推二十年,安史之乱以后的关中及长安已处于吐蕃的威胁之下。这一时期,仅"诸道戍兵月给粟十七万斛"一项,粮食的年需求量便高达一百七十万斛。由于"籴于关中"无法保证需求,这样一来,唯一的办法只能是加强自关东至关中的漕运。

---

① 史念海《三门峡与古代漕运》,《人文杂志》1960 年,第 4 期,第 37 页。
② 中国科学院考古研究所编著《三门峡漕运遗迹》,北京:科学出版社 1959 年版,第 69 页。
③ 宋·欧阳修等《新唐书·食货志三》,北京:中华书局 1975 年版,第 1367 页。
④ 清·胡渭《禹贡锥指》(邹逸麟整理),上海:上海古籍出版社 2006 年版,第 446—447 页。
⑤ 同③,第 1374 页。

遗憾的是,在藩镇割据严重破坏黄河中下游及淮河流域的农业生产秩序的前提下,漕粮重要的起运地——淮河流域已无力承担原有的漕运数额。这样一来,唯一的解救方案只能是拉长江淮漕运补给线,将其延长到长江流域的腹地,如刘晏有"关辅汲汲,只缘兵粮。漕引潇、湘、洞庭,万里几日,沧波挂席,西指长安"①之说。为改善漕运不利的局面,"晏乃自按行,浮淮、泗,达于汴,入于河。右循厎柱、硖石,观三门遗迹;至河阴、巩、洛,见宇文恺梁公堰,斸河为通济渠,视李杰新堤,尽得其病利"②。通过调查研究,刘晏在改革漕政的基础上提出了恢复黄河漕运即北运的主张。为了消除黄河漕运中的三门峡障碍,刘晏采取了打造坚固的船只、招募熟悉黄河水文的船夫"上三门"③等措施,经此,黄河漕运即北运再度恢复。

刘晏以后,在国用需求剧增和漕转不济的背景下,唐王朝采取了北运与南运同步进行的措施。在这中间,北运是西入关中的主要运道,南运是辅道,可以补充北运中的不足。在加强北运的过程中,唐王朝采取了派官员沿河监察"盗水"和加强黄河漕运管理等两大措施。一是在黄河水文易变的季节即春夏两季派员沿河监察,防止盗取河水灌溉农田及影响漕运的事件发生。具体地讲,汴水的主要补给水源来自黄河,过度地取水除了会导致通济渠(汴水)航道干浅外,也将导致黄河水位下降而影响黄河漕运。二是雇用熟悉黄河水文的平陆人"执标指麾"即用插标杆指示航行的办法,引导漕船通过三门峡砥柱山天险。史称:"是时,汴宋节度使春夏遣官监汴水,察盗灌溉者。岁漕经底柱,覆者几半。河中有山号'米堆',运舟入三门,雇平陆人为门匠,执标指麾,一舟百日乃能上。谚曰:'古无门匠墓。'谓皆溺死也。"④按:由汴宋节度派员监察带有属地管理的性质。采取这些措施后,黄河漕运受阻三门峡的情况得到了部分的改善。尽管如此,三门峡依旧是黄河漕运的瓶颈,如"岁漕经底柱,覆者几半"造成的损失是巨大的。然而,这一损失又明显地小于南运,这样一来,北运便只有在欲罢不能的过程中继续进行。

从另一个层面看,如果能规避三门峡风险,北运自然有南运无法比拟的优势。为了消除北运中的瓶颈,李泌着手开凿三门峡山路。史称:"贞元元年,拜陕虢观察使。泌始凿山开车道至三门,以便饷漕。"⑤唐德宗贞元元年,为改善北运现有的条件,李泌兴修了"凿山开车道至三门"的运道。按:这里所说的"三门"指三门仓。开凿三门峡山路包括两大工程,一是整修裴耀卿开凿的十八里山路。司马光记开元二十二年事迹时写道:"上以裴耀卿为江淮、河南转运使,于河口置输场。八月,壬寅,于输场东置河阴仓,西置柏崖仓,三门东置集津仓,西

---

① 后晋·刘昫等《旧唐书·刘晏传》,北京:中华书局1975年版,第3512页。
② 宋·欧阳修等《新唐书·刘晏传》,北京:中华书局1975年版,第4794页。
③ 宋·欧阳修等《新唐书·食货志三》,北京:中华书局1975年版,第1368页。
④ 同③,第1370页。
⑤ 宋·欧阳修等《新唐书·李泌传》,北京:中华书局1975年版,第4635页。

置盐仓。凿漕渠十八里,以避三门之险。"①按:这里所说的"凿漕渠十八里,以避三门之险"多有不确,当指裴耀卿沿三门峡开凿了十八里山路一事;二是开辟专供空车回程的上路,规定下路运粮,上路回转空车,从而解决了运道拥挤的难题。史称:"陕虢观察使李泌益凿集津仓山西径为运道,属于三门仓,治上路以回空车,费钱五万缗。下路减半;又为入渭船,方五板,输东渭桥太仓米至凡百三十万石,遂罢南路陆运。"②上路以集津仓为起点,以盐仓为终点,经此,改善了三门峡陆运的条件。结合"三门东集津仓、三门西盐仓。开三门山十八里,以避湍险"③及"三门西有盐仓,东有集津仓"④等语看,这里所说的"三门仓"当指盐仓。集津仓在三门峡的东面,旧址在平陆县三门乡龙岩村西南临河的台地上;三门仓即盐仓在三门峡的西面,旧址在平陆县三门乡仓里村一带。李泌在三门峡东的集津仓兴修至盐仓的上路后,实施分道行驶,避免了道路拥挤等意外情况的发生,有效地提高了运输效率。与此同时,李泌又建造适合在关中渭水及河渠航行的漕船"方五板",进一步打通了自黄河三门峡漕转的通道,形成了当年"输东渭桥太仓米至凡百三十万石"的大好形势,出现了"遂罢南路陆运"的局面。

起初,裴耀卿在黄河沿岸建造仓廪时,集津仓和盐仓即三门仓虽然都是漕运中转仓,但又有不同的功能。其中,盐仓除了负责漕粮中转外,还有接纳河东池盐的功能。卫斯先生论述道:"唐代时期的三门漕运,不仅仅是从下往上,转漕东南租粟以给京师;而且也自上而下,转漕河东盐以销往东南各地。《大唐河东盐池灵庆公神祠颂并序》碑就有河东盐'其漕砥柱'的记载。据笔者探索,唐德宗以后,河东盐固定地向洛阳、开封等地运销的路线,主要是通过三门转漕而到达的。"⑤李泌开辟三门峡上路以后,三门峡西侧的盐仓开始成为黄河航线上重要的中转仓。在这一过程中,李泌取得"输东渭桥太仓米至凡百三十万石"的成果,与扩大盐仓的职能有直接的关系。

客观地讲,李泌取得的漕转成果可谓是继刘晏"岁转粟百一十万石,无升斗溺者"以后的重大突破。如史念海先生论这一事件的始末时指出:"人们就设想:既然这段黄河的险阻,主要是三门峡这一段,而这一段的路程究竟不算很长,是不是可以回避开这一段水道而尽量利用黄河的力量?开元二十一年(公元733年)裴耀卿主持漕运,就是在这方面打主意。当时在三门峡以东置集津仓,在三门峡以西置盐仓,从关东来的漕船由黄河直至集津仓下,再由陆运转到盐仓,复行水运。集津仓和盐仓之间相隔十八里。这十八里虽不算很长,但其间地峻山高也是诸多困难。为了运输漕粮,只好凿山开道。这段陆运当时为区别于殽函山道,称

---

① 宋·司马光《资治通鉴·唐纪三十》(邬国义校点),上海:上海古籍出版社1997年版,第1975页。
② 宋·欧阳修等《新唐书·食货志三》,北京:中华书局1975年版,第1370页。
③ 后晋·刘昫等《旧唐书·食货志下》,北京:中华书局1975年版,第2115页。
④ 宋·欧阳修等《新唐书·地理志二》,北京:中华书局1975年版,第985页。
⑤ 卫斯《卫斯考古论文集·唐代的三门漕运》,太原:山西古籍出版社1998年版,第198页。

为北运。据说：自北运道路凿通以后，三年之中节省运输开支三十余万缗，显然是有了很大的成就。说也奇怪，这样有成就的道路却只用了三四年光景。到了开元二十五年（公元737年）便已废弃不用。为什么会如此？正说明虽然只有十八里的山路，也是异常险峻，不易发挥运输力量。安史乱后，在李泌的主持下，旧话重提，才重新修整了裴耀卿所开凿的故道，并在故道的侧面山坡又开了一条新路，下路运粮，上路作为回转空车之用。这样，比裴耀卿时的故道要好一些，不过也只维持了十几年的光景，仍然废弃。看来在这里陆运粮食，确实是困难的。"①李泌开上路提高了北运线路的使用价值，此后，出现了"其后诸道盐铁、转运使张滂复置江淮巡院。及浙西观察使李锜领使，江淮堰埭隶浙西者，增私路小堰之税，以副使潘孟阳主上都留后。李巽为诸道转运、盐铁使，以堰埭归盐铁使，罢其增置者。自刘晏后，江淮米至渭桥寖减矣，至巽乃复如晏之多"②的局面。通过采取一系列的措施，时至李巽生活的年代，常年的黄河漕运即北运开始重新回到刘晏改革漕政时的水平，在这中间，李泌开上路可谓是有没世之功。

黄河漕运受阻三门峡，始终是专制国家建都长安及经营西北时无法回避的矛盾。如为了破解这一漕运难题，从汉代起，人们为消除三门峡障碍采取了多种措施。遗憾的是，受自然及水文条件等方面的限制，始终收效甚微，乃至于无法突破这一天险。胡渭深有感触地论述道："厎柱之险不减于龙门，自古患之。汉武帝时，河东守番系言漕从山东西，岁百余万石，更厎柱之艰，败亡甚多。成帝鸿嘉四年，使杨焉镌广之，而水益湍怒，为害甚于故。魏、晋之世，两经修治，功卒不集。隋开皇十五年，诏凿厎柱。大业七年，厎柱崩，偃河逆流数十里。唐贞观十一年，河溢坏陕州河北县。二十年，幸河北，观厎柱，令魏徵勒铭。是时自洛至陕，皆运于陆（行三百里），自陕至京乃运于水。显庆中，大匠杨务廉凿栈以挽漕舟，人以为苦。开元二十二年，从京兆尹裴耀卿言，开三门山北路十八里，谓之北运（时于三门东西各置一仓，东曰集津，西曰盐仓。漕舟输其东仓，而陆运以输西仓，复以舟漕达关中）。既避水险，而陆运庸钱亦省数十万缗。二十九年，陕州刺史李齐物凿厎柱为门，以通漕，开山巅为挽路，烧石沃醯而凿之。天宝元年，上言三门运渠成，然弃石入河，激水益湍怒，舟不能入新门，候水涨以人挽舟而上，岁漕经厎柱覆者几半。贞元二年，陕虢观察使李泌益凿集津仓山，西径为运道，属于三门仓，遂罢南路陆运（见《食货志》。按李泌事《新书》摭杜氏《通典》，而《旧书》无之，或以为疑，非也）。五代建都于汴，漕不由厎柱，非其所急。宋乾德初，诏重凿厎柱三门。庆历中，陕西用兵，欧阳修请案裴耀卿旧迹以通漕运，而不果行。自是之后，无复有以厎柱为言者矣。大抵三门之险，非镌凿所能除。"③从表面上看，黄河三门峡漕运与建都关中存

---

① 史念海《三门峡与古代漕运》，《人文杂志》1960年，第4期，第36页。
② 宋·欧阳修等《新唐书·食货志三》，北京：中华书局1975年版，第1370页。
③ 清·胡渭《禹贡锥指》（邹逸麟整理），上海：上海古籍出版社2006年版，第446页。

在某种内在的联系,其实不然,即便是宋代建都大梁(在今河南开封),不再需要通过黄河漕运保证京师粮食安全的背景下,经营西北防务依旧需要黄河漕运的参与。这样一来,历代统治者一方面需要不遗余力地采取多种措施以加强黄河漕运及转输,另一方面又因无法逾越三门峡这一天险而束手无策。在这中间,打通黄河三门峡漕运通道始终与专制国家的政治稳定和社会发展联系在一起。

第二章 通济渠、永济渠重修及其漕运

唐王朝自关东漕运关中及长安的航线是由不同区域的河渠构成的,其中,承担关中漕运事务的河渠主要是广通渠,承担黄河以北漕运事务的河渠主要是永济渠,承担黄河以南漕运事务的河渠主要是通济渠,承担江淮漕运事务的河渠主要是通济渠(广义上的通济渠包括邗沟),承担吴越漕运事务的河渠主要是江南河。在这中间,黄河串连起通济渠和永济渠,将漕运空间拓展到黄河流域的腹地;长江串连起通济渠和江南河,将漕运空间拓展到长江流域的腹地。由于通济渠和永济渠横跨不同水系,拓展了漕运空间,因此,在维护专制王朝政治稳定、南北统一、经济繁荣中有着不可替代的地位。在这样的前提下,如何保证运道畅通遂成为唐王朝不断地兴修两渠的重要原因。

第一节 通济渠改线工程与漕运

江淮地区的农业经济赶上或超过黄河中下游地区以后,连通黄河流域和江淮地区的通济渠即汴河在国家政治、经济中的地位进一步彰显。唐代诗人李敬方在《汴河直进船》一诗中写道:"汴水通淮利最多,生人为害亦相和。东南四十三州地,取尽脂膏是此河。"[①]这首诗虽然旨在揭示专制王朝对百姓的无情掠夺,但从侧面揭示了汴河及江淮漕运在维护唐王朝统治中的重要作用。

漕运是中国古代政治稳定、社会安定和经济发展的重要支柱,唐代自然不能例外。史有通济渠"引谷、洛水,自苑西入,而东注于洛。又自板渚引河,达于淮海"[②]之说,白居易又有"汴水流,泗水流,流到瓜洲古渡头,吴山点点愁"[③]之说。通济渠即汴河长达二千二百多里,主要由洛阳段、板渚段、大梁段、梁郡段、宿州段、淮河段、邗沟段等七个航段构成。在这中

---

① 唐·李敬方《汴河直进船》,中华书局《全唐诗》,北京:中华书局1960年版,第5776页。
② 唐·魏徵等《隋书·食货志》,北京:中华书局1973年版,第686页。
③ 唐·白居易《长相思二首》,《白居易集》(顾学颉点校),北京:中华书局1979年版,第1534页。

间,汴河以邗沟扬子渡口为终点,漕船经此渡江与江南河相接,是唐王朝以黄河联系淮河、长江农业经济区的交通大动脉。这条交通大动脉通过汴河将黄河、淮河、长江流域串连在一起,完成了唐王朝以黄河流域控制和经营长江腹地及岭南等地的战略构想。李吉甫记载道:"隋炀帝大业元年更令开导,名通济渠,自洛阳西苑引谷、洛水达于河,自板渚引河入汴口,又从大梁之东引汴水入于泗,达于淮,自江都宫入于海。亦谓之御河,河畔筑御道,树之以柳,炀帝巡幸,乘龙舟而往江都。自扬、益、湘南至交、广、闽中等州,公家运漕,私行商旅,舳舻相继。隋氏作之虽劳,后代实受其利焉。"①汴河串连起不同的农业生产区,既是维护唐王朝政治统治的生命线,同时也是稳定社会发展及赈灾救荒的快速通道,具有促进不同区域经济发展及商贸往来的功能。

汴河是联系江淮及长江以远的关键性航段,这条运道畅通与否是直接关系江淮及长江以远航线是否畅通的大事。从地理方位上看,整修汴河主要是在江淮和黄河入汴口等两大区域进行的。具体地讲,整修汴河重点从三个方面着手:一是围绕着淮河流域兴修了新漕渠、直河、伊娄河、广济新渠等;二是重点兴修了汴口梁公堰等;三是邗沟是江淮之间唯一的漕运通道,它需要重点改造。根据这一情况,现分述如下。

从时间上看,唐代整修汴河是以兴修江淮之间的新漕渠为起点。史称:"武德四年,置涟州,仍分置金城县。贞观元年,废涟州,并省金城县,以县属泗州。"②又称:"武德四年以县置涟州,并置金城县。贞观元年州废,省金城,以涟水来属。总章元年隶楚州,咸亨五年复故。有新漕渠,南通淮,垂拱四年开,以通海、沂、密等州。"③追溯历史,涟水县(在今江苏涟水)的基础是汉县淮浦,几经易名后隋代称"涟水"。唐高祖武德四年(621),在涟水的基础上建涟州。唐太宗贞观元年(627),涟水降格改县并隶属泗州。

贞观元年以后,涟水的政治地位似有所下降。不过,因涟水盛产海盐,再加上农业经济呈现出欣欣向荣的景象,故继续受到唐王朝的重视,可以说,新漕渠就是在这样的背景下兴修的。新漕渠建成后实现了两个目标:一是扩大了江淮漕运的范围,二是为淮盐输出奠定了基础。如自新漕渠可入邗沟或淮河,可北上进入黄河流域;又如自新漕渠可入沂水,远通沂州(在今山东临沂)、密州(在今山东诸城)等地,从而加强了江淮与齐鲁之地的联系;涟水濒临大海,一向是淮盐的重要产区。垂拱四年(688),武则天开新漕渠,建设自淮河入海以及联系周边的运道,为淮盐输出创造了必要的条件。

从汉代到唐代,淮盐集散主要有扬州和淮浦即涟水等两大中心。这两大中心一向有着得天独厚的海盐生产条件和水上交通条件。具体地讲,在海岸线向东推移以前,淮浦位于淮

---

① 唐·李吉甫《元和郡县图志·河南道一》(贺次君点校),北京:中华书局1983年版,第137页。
② 后晋·刘昫等《旧唐书·地理志一》,北京:中华书局1975年,第1445页。
③ 宋·欧阳修等《新唐书·地理志二》,北京:中华书局1975年版,第991页。

河入海口,以淮河为航线可入邗沟进入长江流域,同时又可北上进入黄河流域。《山海经·海内东经》有"淮水出余山,余山在朝阳东,义乡西,入海,淮浦北"①之说,《汉书》有"《禹贡》桐柏大复山在东南,淮水所出,东南至淮浦入海,过郡四,行三千二百四十里"②之说。从汉代到魏晋南北朝,淮河的入海口基本上稳定在淮浦。淮浦的腹地有著名产盐区东海(今江苏连云港东海)和郁州(今江苏连云港花果山一带)等。沿淮河出海可至郁州,经淮河支流游水等北上可至东海等地。郦道元注《水经》"又东至广陵淮浦县入于海"语云:"应劭曰:浦岸也。盖临侧淮渍,故受此名。淮水径县故城东。王莽更名之曰淮敬。淮水于县枝分,北为游水。历朐县与沭合。又径朐山西。山侧有朐县故城。秦始皇三十五年,于朐县立石海上,以为秦之东门。崔琰《述初赋》曰:倚高舻以周眄兮,观秦门之将将者也。东北海中有大洲,谓之郁洲,《山海经》所谓郁山在海中者也。言是山自苍梧徙此,云山上犹有南方草木。今郁州治。故崔季珪之叙《述初赋》,言郁州者,故苍梧之山也,心悦而怪之,闻其上有仙士石室也,乃往观焉。见一道人独处,休休然不谈不对,顾非己所及也。即其《赋》所云:吾夕济于郁洲者也。游水又北径东海利成县故城东,故利乡也。汉武帝元朔四年,封城阳共王子婴为侯国,王莽更之曰流泉。游水又北,历羽山西。"③又记载道:"游水东北入海,旧吴之燕岱,常泛巨海,惮其涛险,更沿溯是渎,由是出。《地理志》曰:游水自淮浦北入海。《尔雅》曰:淮别为浒,游水亦枝称者也。"④战国以降,淮河和游水一直是至淮浦向东及向北的航线。如果将《山海经》《汉书》《水经注》等记载结合起来看,郦道元所说的"游水"很可能是指后世所说的"涟水"。尽管无文献可证,但涟水与游水的地理方位相同,且同为沭水的支流,大体可证。

隋唐两代,淮河入海的海岸线基本上没有发生变化。徐坚记载道:"《释名》云:淮,围也。围绕扬州北界,东至海也。《周官》:青州,其川淮泗。按《水经注》及《山海经》云:淮水出南阳平氏县桐柏山,其源初则涌出,复潜流三十里,然后长骛,东北经大复山,从义阳郡北,东过江夏,平春县北,又东过新息县南,期思县北,至厚鹿县南,与汝水合。又东过庐江安丰县,与决水合。东北至九江寿春县东,与颖水合。寿春县北,与淠水合。又东至当涂县北,与涡水合。东北至下邳淮阴县,与泗水合。东至广陵淮浦县而入海也。"⑤淮河贯穿其中,淮浦成为自北南下的交通要道。史有"开皇初,议伐陈,以寿有思理,奉使于淮浦监修船舰,以强济见称"⑥之说,隋文帝伐陈前,元寿到淮浦"监修船舰"及建立前进基地,与淮浦有良好的交

---

① 袁珂《山海经校注》,上海:上海古籍出版社1980年版,第332页。
② 汉·班固《汉书·地理志上》,北京:中华书局1962年版,第1564页。
③ 北魏·郦道元《水经注·淮水》,杨守敬、熊会贞疏,段熙仲点校,陈桥驿复校《水经注疏》下册,南京:江苏古籍出版社1989年版,第2562—2566页。
④ 同③,第2569页。
⑤ 唐·徐坚等《初学记·地部中》,北京:中华书局1962年版,第127页。
⑥ 唐·魏徵等《隋书·元寿传》,北京:中华书局1973年版,第1497页。

通环境及成为江淮之间的富庶地区息息相关。盛唐诗人高适在诗中写道:"涟上非所趣,偶为世务牵。经时驻归棹,日夕对平川。莫论行子愁,且得主人贤。亭上酒初熟,厨中鱼每鲜。自说宦游来,因之居住偏。煮盐沧海曲,种稻长淮边。四时常晏如,百口无饥年。菱芋藩篱下,渔樵耳目前。"①在诗人的笔下,涟水即淮浦不但有美食,而且十分富庶。诗人以"煮盐沧海曲,种稻长淮边。四时常晏如,百口无饥年"等语,细腻地描绘了淮浦富甲一方及百姓熙熙而乐的景象。此诗虽然是写盛唐时的光景,但完全可以移来说明隋文帝伐陈前的情况。进而言之,千里运粮损耗太大,且成本太高,不如就地取粮,这样一来,隋文帝势必要把淮浦视为进军江淮的补给基地。

淮浦成为淮盐输出的交通枢纽,既与淮河及支流天然运道紧密地联系在一起,又与海州及郁州是海盐的重要产区息息相关。南北分治时,矗立在海中的郁州是北方流民的避难所。史称:"青州,宋泰始初淮北没虏,六年,始治郁州上。郁州在海中,周回数百里,岛出白鹿土,有田畴鱼盐之利。刘善明为刺史,以海中易固,不峻城雉,乃累石为之,高可八九尺。"②泰始六年(470),宋明帝侨立青州,郁州始有行政建制,流民避难于海上为郁州海盐生产创造了必要的条件。史有羊侃"尝南还至涟口,置酒,有客张孺才者,醉于船中失火,延烧七十余艘,所燔金帛不可胜数。侃闻之,都不挂意,命酒不辍"③之说,一次烧毁七十多艘船只表明,淮浦涟口(涟水入淮的河口)是一繁忙的码头。从交通形势上看,淮浦地偏一隅,在南北交通中的地位自然不如淮阴,之所以十分繁忙,应与集散郁州、海州及淮浦等地的海盐有着密切的关系。如新漕渠开通后扩大了涟水和海州食盐输出的范围,涟水作为淮盐生产的重镇,除了要输出自身生产的海盐外,还承担着郁州和海州(在今江苏连云港海州)盐的外运任务,如史有"负海州岁免租为盐二万斛以输司农"④之说。傅泽洪记载道:"《唐书·地理志》涟水县,今为江南淮安府安东县。今安东县有中涟河、东涟河、西涟河。中涟在治北三里,河阔八十余丈,北通官河,南通市河;下流三里为东涟,阔三十余丈;上流三十里为西涟,阔如东涟,源自西北大湖,来东南入淮,殆即当时之遗迹欤!"⑤这里所说的"官河"是指新漕渠。中涟河宽八十余丈,东涟河、西涟河各宽三十余丈,新漕渠开通及提高通航能力后,极大地方便了淮盐运销。郁州成为海州的辖县后,其海盐可借淮河及支流形成的水道,经淮浦中转北上或南下。具体地讲,自淮浦顺淮河而下经海州出海可抵郁州,沿游水北上可入沭水;自海州溯淮而上经淮浦可经淮阴进入泗水和汴河,并远接黄河流域;自淮浦经淮阴入邗沟南下可达长江流域。

---

① 唐·高适《涟上题樊氏水亭》,中华书局《全唐诗》第6册,北京:中华书局1960年版,第2207页。
② 梁·萧子显《南齐书·州郡志上》,北京:中华书局1972年版,第259页。
③ 唐·姚思廉《梁书·羊侃传》,北京:中华书局1973年版,第562页。
④ 宋·欧阳修等《新唐书·食货志四》,北京:中华书局1975年版,第1377页。
⑤ 清·傅泽洪《行水金鉴》,《四库全书》第581册,上海:上海古籍出版社1987年版,第443页。

除了新漕渠以外，唐代还重修了从涟水到海州再到东海（在今江苏连云港东海）一带的漕渠及运盐河。王谠记载道："海州南有沟水，上通淮楚，公私漕运之路也。宝应中，堰破水涸，鱼商绝行。州差东海令李知远主役修复，堰将成辄坏，如此者数四，劳费颇多，知远甚以为忧。或说：梁代筑浮山堰，频有坏决，乃以铁数千万片填积其下，堰乃成。知远闻之，即依其言，而堰果立。"①唐代宗宝应年间（762—763），东海令李知远在梁代浮山堰的基础上兴修了漕运通道。之所以要兴修"上通淮楚，公私漕运之路"，主要有两个原因。一是唐代以前，主要是利用自然水道输出淮盐，其输出能力有限；安史之乱后，为加强东南漕运及以盐利补漕运之用，需要建立与东南重镇楚州淮阴郡相连的运盐河。二是海州生产的海盐主要经涟水运出，涟水承担着中转海州及郁州海盐的重任，重点兴修涟水至海州一带的运盐河，可以将运盐河与东南漕运通道连接在一起，将淮盐运往北方。

新漕渠建成后，与邗沟及淮河相通，扩大了漕运范围，在此基础上提高了汴河邗沟段的运力。史称："贞元四年，淮南节度使陈少游奏加民赋，自此江淮盐每斗亦增二百，为钱三百一十，其后复增六十，河中两池盐每斗为钱三百七十。江淮豪贾射利，或时倍之，官收不能过半，民始怨矣。"②唐德宗贞元四年（788）以前，淮盐每斗不及二百，大约是池盐价格的一半，因淮盐有着巨大的商业利益，新漕渠开通后与邗沟相连，凭借水运成本低廉等方面的优势，淮盐纳入流通范围带动了沿岸地区的经济发展。特别是刘晏实行盐铁专营政策及以淮盐税收保漕运之策以后，有效地增加了中央财政收入。不过，贞元四年以后，出现了"江淮豪贾射利，或时倍之，官收不能过半，民始怨矣"的局面。尽管如此，兴修新漕渠扩大邗沟及江淮漕运的范围，可谓是武则天一朝加强江淮漕运的重要举措。具体地讲，新漕渠自涟水入淮经邗沟末口可北上进入黄河流域，南下入江可联系吴越及长江腹地，向东可以联系海州，从海州入海可联系密州等地并进入胶东半岛，与此同时，沿新漕渠经涟水入沂水，可深入到齐鲁腹地沂州等地。这条河渠建成后，改善了淮河下游的漕运条件。

继开新漕渠以后，唐睿宗太极元年（712），魏景清盱眙一侧开直河，改造了自汴河入淮再入邗沟的航道。史家叙述盱眙沿革时指出："武德四年以县置西楚州，八年州废，隶楚州。光宅初曰建中，后复故名。建中二年来属，有直河，太极元年，敕使魏景清引淮水至黄土冈，以通扬州。"③盱眙隔淮河与临淮县徐城汴口相望，起初，汴河自徐城汴口入淮，入淮后下行至淮阴末口入邗沟。直河开挖后，自盱眙引淮经黄土冈东行可直入邗沟。如乐史记载道："新开直河，在县北六十步县郭内。其淮河决开，至黄土冈。太极元年敕使魏景清奏开淮水，向扬州。义帝祠，置在台子山上，去县东一里。按《汉书》：'秦二世初，天下大乱，项羽为盟长，

---

① 宋·王谠《唐语林·补遗》，周勋初校证《唐语林校证》，北京：中华书局1987年版，第494页。
② 宋·欧阳修等《新唐书·食货志四》，北京：中华书局1975年版，第1378—1379页。
③ 宋·欧阳修等《新唐书·地理志二》，北京：中华书局1975年版，第991页。

立楚怀王孙心为义帝,都盱眙县。后羽迁义帝于彭城。'至晋义熙中,于此置盱眙郡,至东魏郡废。其城,古老相传谓之皇城,盖义帝旧居也。"①直河开渠引淮的地点是在盱眙的城北,根据这一情况,黄土冈亦在盱眙城北。直河经黄土冈东行至台子山以后进入邗沟,通过裁弯取直缩短了自淮经淮阴末口入邗沟的航线。从形势上看,盱眙在徐城汴口的对岸,位于淮河与汴河的交汇口,一向是水上交通的重镇,重点改造其运道,对于保证江淮漕运有着非同一般的意义。

魏景清开直河以后,李杰重修了梁公堰。堰既指拦河坝又指堤坝,李杰重修梁公堰,主要包括重修河口和重建沿河堤坝等两大工程。梁公堰位于汴河与黄河相接的河口,又称"汴口堰"。李吉甫记载道:"汴口堰,在县西二十里。又名梁公堰,隋文帝开皇七年,使梁睿增筑汉古堰,遏河入汴也。"②所谓"在县西二十里",是指梁公堰在唐县河阴县西面二十里处。隋文帝开皇七年(587),梁睿在汉代古堰的基础上兴修了梁公堰。史称:"有梁公堰,在河、汴间,开元二年,河南尹李杰因故渠浚之,以便漕运。"③从隋文帝开皇七年到唐玄宗开元二年(714),汴口及相关堤坝经过一百二十多年的使用亟须整修。史称:"河、汴之交旧有梁公堰,废不治,南方漕弗通,杰调汴、郑丁男复作之,不费而利。"④为了恢复其漕运功能,李杰调集汴州、郑州等地的丁夫重修了梁公堰。因堰、埭同义,故梁公堰又有"梁公埭"之称。

然而,李杰重修梁公堰以后,并没有从根本上解决汴口漕运不畅带来的问题。史称:"开元二年,河南尹李杰奏,汴州东有梁公堰,年久堰破,江淮漕运不通。发汴、郑丁夫以浚之。省功速就,公私深以为利。十五年正月,令将作大匠范安及检行郑州河口斗门。先是,洛阳人刘宗器上言,请塞汜水旧汴河口,于下流荥泽界开梁公堰,置斗门,以通淮、汴,擢拜左卫率府胄曹。至是,新漕塞,行舟不通,贬宗器焉。安及遂发河南府、怀、郑、汴、滑三万人疏决开旧河口,旬日而毕。"⑤针对黄河水道摇摆不定、泥沙淤积河口等情况,刘宗器提出了新的建设方案:一是堵塞汴河自汜水(在今河南荥阳西北汜水)进入黄河的河口,在水流相对稳定的汴河下流荥泽破梁公堰,兴建导入汴河的新渠;二是为防止泄水及流量不足难以行运,在取水口设置斗门,通过斗门控制流量以提高漕船安全通过的能力。遗憾的是,这条新航道投入使用后,很快因泥沙淤塞严重而失去通航能力。针对这一情况,唐玄宗开元十五年(727)正月,范安及重开汜水汴口,如开元十五年二月赵居贞撰文、王象正书《唐重开梁公堰碑》详细

---

① 宋·乐史《太平寰宇记·河南道十六》(王文楚等点校)第1册,北京:中华书局2007年版,第318—319页。
② 唐·李吉甫《元和郡县图志·河南道一》(贺次君点校),北京:中华书局1983年版,第137页。
③ 宋·欧阳修等《新唐书·地理志三》,北京:中华书局1975年版,第1010页。
④ 宋·欧阳修等《新唐书·李杰传》,北京:中华书局1975年版,第4461页。
⑤ 后晋·刘昫等《旧唐书·食货志下》,北京:中华书局1975年版,第2114页。

地记载了这一事件。① 遗憾的是,碑文不见,无法得知范安及重修梁公堰的具体情况。

继范安及以后,唐代应有再次兴修梁公堰之举。赵明诚《金石录》列祁顺之撰文、徐浩书写八分书并篆额《唐开梁公堰颂》时,有"天宝六载七月"②语,明确地交代此事发生在唐玄宗天宝六年(747)七月。随后,《金石录》又有平致和撰文并正书《唐梁公堰碑阴记》的记载。在这里,赵明诚著录时虽然没有交代平致和撰书《唐梁公堰碑阴记》的时间,但《金石录》是按时间先后排列碑名的,《唐梁公堰碑阴记》之后列《唐贞一先生庙碣》有"天宝六载七月"③语,故平致和撰文的《唐梁公堰碑阴记》也应发生在天宝六年七月,很有可能祁顺之和平致和撰写的两碑在叙述同一事件。按道理讲,祁顺之和平致和撰写的碑文应指天宝六年重修梁公堰一事,因此事上距范安及重开氾水汴口已有二十年,如不是重修又何必专门撰写碑文呢?

从唐人反复重修的情况看,梁公堰畅通与否直接关系到江淮漕运的大事,然而,黄河水道摇摆不定及水文变化给梁公堰即汴口治理带来难度,出于漕运方面的需要,唐王朝重点整修了梁公堰。

继李杰、刘宗器、范安及等重修梁公堰以后,针对长江水文变化后的新形势,唐玄宗开元二十五年(737),润州刺史齐浣改造了江南河和邗沟的入江口,与此同时,又开挖伊娄河、兴建伊娄埭,改造了邗沟入江水道。史称:"二十五年,迁润州刺史,充江南东道采访处置使。润州北界隔吴江,至瓜步沙尾,纡汇六十里,船绕瓜步,多为风涛之所漂损。浣乃移其漕路,于京口塘下直渡江二十里,又开伊娄河二十五里,即达扬子县。自是免漂损之灾,岁减脚钱数十万。又立伊娄埭,官收其课,迄今利济焉。"④开元年间(713—741),在自然力的作用下,长江水道不断地南移,因水道南移,江南河和邗沟的入江口亦发生了淤塞及位移等情况,主要表现在三个方面,一是长江北岸的江心洲瓜洲已与长江北岸相连,扬子渡口已远离江口,其相关运道严重淤塞;二是漕船自吴越腹地渡江北上,已无法从江南河进入原来的入江口;三是长江水道南移后,从邗沟扬子渡口过江入江南河已变成一条斜线,即从邗沟过江须在江面上航行一段时间后才能到达京口(在今江苏镇江)入江南河。根据这些情况,为了减少漕船过江时可能出现的风险、缩短通过长江时的航程,开元二十五年,润州刺史齐浣重点整治和改造了江南河和邗沟的入江口,并根据长江水文变化开挖了伊娄河和建造了伊娄埭。进而言之,齐浣的建设工程主要有三个:一是将江南河的入江口改到京口塘下,以适应长江水文变化;二是在长江北岸开伊娄河,建造连接邗沟入江的新航线;三是建造了伊娄埭。伊娄

---

① 宋·赵明诚《金石录》,金文明校证《金石录校证》桂林:广西师范大学出版社2005年版,第97页。
② 同①,第120页。
③ 同②。
④ 后晋·刘昫等《旧唐书·齐浣传》,北京:中华书局1975年版,第5038页。

河与邗沟连接,主要的补给水源来自淮河,其高程超过江面。以今天的水文进行测算,邗沟及伊娄河与长江水面应有五米左右的落差。为防止航道泄水,齐澣在伊娄河的入江口建造了伊娄埭。

兴修伊娄河及建造伊娄埭可谓是一举三得。一是拉直了长江航线,减少了约四十里的江程。章如愚记载道:"唐制:凡陆行之程,马日七十里,步及驴五十里,车三十里;水行之程,舟之重者,溯河日三十里,江四十里,余水四十五里;空舟溯河四十里,江五十里,余水六十里,沿流之舟即轻重同制,河日一百五十里,江一百里,余水七十里。"①唐代虽然没有明确地规定重船渡江的日航程,但如果以"水行之程,舟之重者,溯河日三十里,江四十里,余水四十五里"为参照系数,当知拉直横渡长江的距离后,缩短了约一天的航程。二是去除"船绕瓜步"这一障碍后,节省了时间,减少了过江费用,在此基础上出现了"自是免漂损之灾,岁减脚钱数十万"的大好局面。三是建造伊娄埭后设卡增加了国家的税收。在伊娄河开挖以前,船只过江时"多为风涛之所漂损",伊娄河开挖后船只经此不但避开了风险,而且大大地降低了成本和费用。从表面上看,经伊娄埭要增加税收,由于经此埭可以减少重船自南过江风险,并可减少过江的航程直达扬子县(在今江苏扬州南扬子桥附近),因此来往船只均乐意经伊娄埭缴税,并由伊娄河入邗沟。

稍后,"因高力士中助,连为两道采访史,遂兴开漕之利"②。唐玄宗开元二十七年(739),齐澣任两道采访史后,立即沿广济渠下游开挖了自虹县(在今安徽泗县)南至淮阴(在今江苏淮阴)的广济新渠。李吉甫记载道:"广济渠,按开元二十七年,河南采访使齐澣,以江、淮运漕经淮水波涛,有沈溺之忧,遂开广济渠下流,自虹县至楚州淮阴县北十八里合于淮。"③针对"以江、淮运漕经淮水波涛,有沈溺之忧"等情况,齐澣开挖了"自虹县至楚州淮阴县北十八里合于淮"的新航线。《旧唐书·齐澣传》云:"数年,复为汴州刺史。淮、汴水运路,自虹县至临淮一百五十里,水流迅急,旧用牛曳竹索上下,流急难制。澣乃奏自虹县下开河三十余里,入于清河,百余里出清水,又开至淮阴县北岸入淮,免淮流湍险之害。"④按:"广济渠"是通济渠即汴河在唐代的新称。"自虹县下开河"是指自虹县南开挖运渠。"清河"是泗水的别称。

如果将李吉甫之说与《旧唐书·齐澣传》的记载对读的话,广济新渠由两个连续性的工程构成:一是自虹县南开渠三十余里,随后入清河;二是入清河航线后运百余里,另开一条新渠,这条新渠至淮阴县北入淮及自淮阴末口入邗沟。齐澣开新渠的目的是为了避开"水流迅

---

① 宋·章如愚《群书考索后集·财赋门》,《四库全书》第937册,上海:上海古籍出版社1987年版,第782页。
② 后晋·刘昫等《旧唐书·齐澣传》,北京:中华书局1975年版,第5038页。
③ 唐·李吉甫《元和郡县图志·河南道五》(贺次君点校),北京:中华书局1983年版,第230页。
④ 同②。

急"和"免淮流湍险之害"。从意图上讲,新渠建立一条绕开自临淮(在今江苏盱眙淮河镇)徐城汴口入淮的航线,是为了避开淮河之险。遗憾的是,广济新渠建成后没能改变"水流迅急"的形势,故很快便被废弃不用,只能沿用从徐城汴口入淮的旧道。李吉甫记载道:"后以水流峻急,行旅艰阻,旋又停废,却由旧河。"①《新唐书·地理志二》亦云:"有广济新渠,开元二十七年,采访使齐浣开,自虹至淮阴北十八里入淮,以便漕运,即成,湍急不可行,遂废。"②齐浣开广济新渠虽然失败了,但这一整治及开渠工程表明,保证汴河畅通及提高相关航段的漕运效率,始终是唐王朝追求的目标。

从另一个层面看,整治汴河除了要重点整治邗沟段入江口以外,汴河的入淮口也是重点整治的对象。齐浣开伊娄河及整治邗沟入江口后转任河南采访使及汴州刺史等职,因职务上的便利,为其开辟广济新渠提供了客观的条件。由于广济新渠与邗沟相接,因此,可以把广济新渠视为齐浣开伊娄河及整治邗沟之后的连续性工程。在这中间,齐浣兴修广济新渠与开伊娄河等,实际上是分段治理分布在淮河两岸的邗沟和汴河。其兴修工程虽然成败掺半,但在一定程度上改善了江淮之间的漕运环境,甚至从一个侧面透露了唐王朝的国用需求主要取自江淮,故需要采取一系列的措施为江淮漕运服务。

第二节 通济渠邗沟段改造与漕运

安史之乱(755—763)是唐王朝由盛到衰的转折点。经此,出现了"属东都、河南并陷贼,漕运路绝"③的局面。漕运受阻后,唐代宗于广德二年(764)开辟新航线,试图绕过藩镇占领的汴河航段实施转运,如顾祖禹有"唐自天宝以后,汴水湮废。广德二年,时漕运者皆自江、汉抵梁、洋"④之说。广德二年虽然是汴河漕运中断的开始,但汴河漕运并没有完全停止,相反,还在艰难的条件下继续进行。

当时,汴河"漕运路绝"主要发生在河南一带,根据这一情况,唐王朝采取了加强漕运管理和重修相关区域运道的措施,如史有广德二年二月"戊寅,以沣州刺史裴冕为左仆射兼御史大夫,充东都、河南、江南、淮南转运使。乙未,第五琦开决汴河"⑤之说。然而,一个问题解决了,另一个问题又出现了,藩镇与中央对抗、藩镇与藩镇之间相互攻伐,致使汴河漕运处

---

① 唐·李吉甫《元和郡县图志·河南道五》(贺次君点校),北京:中华书局1983年版,第230页。
② 宋·欧阳修等《新唐书·地理志二》,北京:中华书局1975年版,第991页。
③ 后晋·刘昫等《旧唐书·韦伦传》,北京:中华书局1975年版,第3781页。
④ 清·顾祖禹《读史方舆纪要·河南一》(贺次君、施和金点校),北京:中华书局2005年版,第2104页。
⑤ 后晋·刘昫等《旧唐书·代宗纪》,北京:中华书局1975年版,第275页。

于时断时续的状态。具体地讲,水运有陆运无法比拟的优势,即便是汴河漕运不能全线贯通,但只要部分通运,依旧可以无限接近漕运目的地关中及长安,这样一来,改造汴河航线及恢复江淮漕运依旧是唐王朝关心的事情。为此,唐王朝采取了改善汴河邗沟段漕运环境和恢复蔡河漕运等措施。

改造汴河邗沟段的漕运环境,主要是围绕着扬州、高邮等地进行的,明确地表达了提升邗沟漕运能力的诉求。史称:"初,扬州疏太子港、陈登塘,凡三十四陂,以益漕河,辄复堙塞。淮南节度使杜亚乃浚渠蜀冈,疏句城湖、爱敬陂,起堤贯城,以通大舟。河益庳,水下走淮,夏则舟不得前。节度使李吉甫筑平津堰,以泄有余,防不足,漕流遂通。"①从史述内容看,这一时期的邗沟改造工程可分为三个时段,分别采取了建设水利设施、疏浚和改造运道、兴修蓄水及灌溉工程等措施。

第一时段主要是围绕扬州进行的。具体地讲,一是疏浚太子港等,扩大了漕船停靠码头的能力;二是疏浚陈登塘和三十四陂塘,扩大了陂塘的蓄水功能,以此调节航道水位,以便通行。在这中间,两大水利建设工程拧结在一起,在补给航道水位的同时,为灌溉农田等提供了方便。遗憾的是,因文献缺载,是谁主持了这一次的水利建设及改造工程,以及这一工程是在什么时间进行的已无法得知。不过,从"以益漕河,辄复堙塞。淮南节度使杜亚乃浚渠蜀冈"等语看,此次的建设及改造工程应距杜亚出任淮南节度使的时间不远,如史有唐德宗兴元元年(784)十二月"庚辰,以刑部侍郎杜亚为扬州长史、淮南节度使"②之说。据此,可将这一水利建设及改造工程发生的时间定在安史之乱以后。

第二时段发生在唐德宗贞元四年。杜亚在前人的基础上疏浚了蜀冈运道及句城湖、爱敬陂(陈登塘的别称)等陂塘,建造了邗沟穿越扬州城的河堤。如李吉甫《元和郡县图志》引《纪胜扬州》云:"爱敬陂,在县西五十里。魏陈登为太守,开陂,民号爱敬陂,亦号陈登塘。"③《新唐书·食货志三》叙述时前称"陈登塘",后称"爱敬陂"容易引起混乱,故澄清之。所谓"起堤贯城,以通大舟",是说采取加固河堤等措施重点改造了邗沟从扬州城穿过的航道。在改造的过程中,杜亚重点建造了控制航道水位及流量的爱敬陂水门。因王应麟有"有爱敬陂水门。贞元四年,节度使杜亚自江都西循蜀冈之右,引陂趋城隅以通漕,溉夹陂田"④之说,故知杜亚重修工程发生在唐德宗贞元四年,又知爱敬陂水门除了有调节运道水位的功能外,又有灌溉农田等功能。

第三时段发生在李吉甫出任淮南节度使之时。李吉甫任淮南节度使以后,筑平津堰改

---

① 宋·欧阳修等《新唐书·食货志三》,北京:中华书局1975年版,第1370页。
② 后晋·刘昫等《旧唐书·德宗纪上》,北京:中华书局1975年版,第347页。
③ 唐·李吉甫《元和郡县图志·淮南道》,北京:中华书局1983年版,第1072页。
④ 宋·王应麟《玉海·地理》,南京:江苏古籍出版社1988年版,第465页。

造了高邮(在今江苏高邮)一带的邗沟运道。唐宪宗元和三年(808)九月,李吉甫出任淮南节度使,如史有"戊戌,以中书侍郎、平章事李吉甫检校兵部尚书、兼中书侍郎、平章事、扬州大都督府长史、淮南节度使"①之说,元和六年(811)一月李吉甫离任,在任时间前后不到三年,如史有"庚申,以淮南节度使、中书侍郎、同平章事、赵国公李吉甫复知政事、集贤殿大学士、监修国史"②之说,据此可知,李吉甫筑平津堰当发生在元和三年九月至元和六年一月之间。高邮地处邗沟中段,兴修这一航段的河堤含有全面整治邗沟之意。

唐王朝恢复蔡河漕运是由藩镇割据阻断汴河造成的。隋兴修通济渠以后,建立了绕过徐州至徐城汴口入淮的航线。顾祖禹考证汴河自河阴以东沿途经过的城市及航线时指出:"今考汴河故道,自河阴县东北十里广武涧中,东南流过阳武、中牟县界,至开封府城南,东流过陈留杞县北,又东过睢州北、考城县南、宁陵县北,而东经归德府城南。自隋以前,自归德府界东北流,达虞城、夏邑县北而入南直徐州界,过砀山县北,萧县南,至徐州北合于泗。自隋以后,则由归德府境东南流,达夏邑、永城县南而入凤阳府宿州界,东南流经灵璧县及虹县南,至泗州两城间而合于淮。"③顾祖禹以隋代兴修河渠为时间节点,叙述了隋代以前即东汉汴渠和隋代通济渠的变化。唐王朝取代隋以后,江淮漕运继续沿用这一运道。

不幸的是,藩镇占据黄河中下游及淮河流域部分区域以后,掐断了汴河自大梁段、梁郡段至宿州段之间的运道。这一时期,相关区域成为唐王朝平叛和反平叛的战场,再加上藩镇在此争夺势力范围相互攻伐,从而使汴河漕运时断时续。如唐代宗大历十年(775),藩镇田承嗣相继攻陷相州(在今河南安阳)、洺州(在今河北永年东南)、卫州(在今河南汲县)等地,淄青节度使李正己以讨伐为名,乘机扩大势力,在领淄青十州的基础上又占领了曹、濮、徐、兖、郓等五州,直接影响到汴河漕运。针对这一情况,张万福受命恢复江淮漕运,如史有"李正己反,将断江、淮路,令兵守埇桥、涡口。江、淮进奏舡千余只,泊涡下不敢过。德宗以万福为濠州刺史,……驰至涡口,立马岸上,发进奉舡,淄青兵马倚岸睥睨不敢动,诸道舡继进"④之说。大历十一年,占据汴州的李灵曜造反,藩镇李希烈乘机占领汴州、陈留等地。史有"李灵曜叛于汴州,浙西观察使李涵俾栖曜将兵四千为河南掎角。以功加银青光禄大夫,累加至御史中丞。李希烈既陷汴州,乘胜东侵,连陷陈留、雍丘,顿军宁陵,期袭宋州。浙西节度使韩滉命栖曜将强弩数千,夜入宁陵。希烈不之知,晨朝,弩矢及希烈坐幄,希烈惊曰:'此江、淮弩士入矣!'遂不敢东去"⑤之说,韩滉等虽然保住了宋州(在今河南商丘睢阳)这一汴河要

---

① 后晋·刘昫等《旧唐书·宪宗纪上》,北京:中华书局1975年版,第426页。
② 同①,第434页。
③ 清·顾祖禹《读史方舆纪要·河南一》(贺次君、施和金点校),北京:中华书局2005年版,第2110页。
④ 后晋·刘昫等《旧唐书·张万福传》,北京:中华书局1975年版,第4076页。
⑤ 后晋·刘昫等《旧唐书·王栖曜传》,北京:中华书局1975年版,第4069页。

冲,然而,汴州、陈留等是汴河沿线的重镇,故面向江淮的汴河运道再度处于藩镇的威胁之下。

藩镇割据阻断汴河,直接影响到唐王朝从江淮及长江以远的区域调粮调物。唐德宗建中二年(781),藩镇田悦、李纳等相互勾结对抗唐朝廷,占据涡口(涡水入淮处,在今安徽怀远东北老元塘),直接威胁汴河运道的安全。史称:"及田悦、李惟岳、李纳、梁崇义拒命,举天下兵讨之,诸军仰给京师。而李纳、田悦兵守涡口,梁崇义搤襄、邓,南北漕引皆绝,京师大恐。江淮水陆转运使杜佑以秦、汉运路出浚仪十里入琵琶沟,绝蔡河,至陈州而合,自隋凿汴河,官漕不通,若导流培岸,功用甚寡;疏鸡鸣冈首尾,可以通舟,陆行才四十里,则江、湖、黔中、岭南、蜀、汉之粟可方舟而下,繇白沙趣东关,历颍、蔡,涉汴抵东都,无浊河溯淮之阻,减故道二千余里。会李纳将李洧以徐州归命,淮路通而止。"①为改善汴河漕运现状,江淮水陆转运使杜佑提出恢复秦汉旧道,"出浚仪十里入琵琶沟,绝蔡河,至陈州而合",改造汴河漕运的方案,试图兴修一条自琵琶沟入蔡水至陈州(在今河南周口淮阳)与汴河相合的运道。然而,因"会李纳将李洧以徐州归命,淮路通而止",尽管如此,这一有价值的提议成为后来恢复汴河漕运、开通蔡水航线的重要依据。

唐德宗建中三年(782),占据汴州等地的藩镇李希烈再度掐断汴河。史有"李希烈帅所部兵三万徙镇许州,遣所亲诣李纳,与谋共袭汴州。遣使告李勉,云已兼领淄青,欲假道之官。勉为之治桥、具馔以待之,而严为之备。希烈竟不至,又密与朱滔等交通,纳亦数遣游兵渡汴以迎希烈。由是东南转输者皆不敢由汴渠,自蔡水而上"②之说,又有"时李希烈阻兵,江淮租输,所在艰阻,特移运路自颍入汴"③之说,因汴河漕运时刻处于藩镇的威胁之下,江淮漕运被迫改走蔡水及与颍水相通的鸿沟南线。与此同时,为防止藩镇李纳等再度阻断汴河漕运,唐王朝采取了加强甬桥(在今安徽宿州北二十里)管理的措施。司马光记载道:"李泌言于上曰:'江、淮漕运,自淮入汴,以甬桥为咽喉,地属徐州,邻于李纳,刺史高明应年少不习事,若李纳一旦复有异图,窃据徐州,是失江、淮也,国用何从而致?请徙寿、庐、濠都团练使张建封镇徐州,割濠、泗以隶之。复以庐、寿归淮南,则淄青惕息而运路常通,江、淮安矣。及今明应幼呆可代,宜征为金吾将军。万一使它人得之,则不可复制矣。'上从之。以建封为徐、泗、濠节度使。建封为政宽厚而有纲纪,不贷人以法,故其下无不畏而悦之。"④贞元四年,在宰相李泌的建议下,由服从中央的张建封出任徐泗节度使,通过镇守徐州有效地控制了汴河咽喉甬桥,恢复了汴河漕运。

---

① 宋·欧阳修等《新唐书·食货志三》,北京:中华书局1975年版,第1369页。
② 宋·司马光《资治通鉴·唐纪四十三》(邬国义校点),上海:上海古籍出版社1997年版,第2115—2116页。
③ 后晋·刘昫等《旧唐书·王绍传》,北京:中华书局1975年版,第3520页。
④ 宋·司马光《资治通鉴·唐纪四十九》(邬国义校点),上海:上海古籍出版社1997年版,第2167页。

然而，汴河是由不同航段构成的，仅仅控制以徐州为中心的甬桥等，并不能完全恢复漕运。淮西节度使吴元济割据蔡州（在今河南汝南），再次阻断汴河。这一情况直到唐宪宗元和九年（814），李朔雪夜袭蔡州生擒吴元济以后，汴河漕运才基本上得到恢复。这一时期，汴河漕运主要走蔡水航线。陈鸿记载道："开元中，江淮间人走崤函，合肥寿春为中路。大历末，蔡人为贼，是道中废。元和中，蔡州平，二京路复出于庐，西江自白沙瓜步，至于大梁，斗门堰埭，盐铁税缗，诸侯榷利，骈指于河，故衣冠商旅，率皆直蔡会洛。"①因汴河绕行徐州一带的航段依旧不通，故此时的恢复汴河漕运，主要是指恢复自淮河入颍水再入蔡水的航线。从"衣冠商旅，率皆直蔡会洛"的情况看，当知蔡水航线已成为汴河漕运的一部分。从表面上看，汴河漕运畅通与否与中央是否有能力控制藩镇相关，实际上汴河漕运已成为唐王朝的生命线，在维护其政治稳定等方面有着不可替代的作用。

安史之乱后，唐王朝陷入空前的政治危机。在这中间，一方面如何才能绕过藩镇占领的区域给恢复汴河漕运带来了新的话题，另一方面关中粮食需求量空前增大虽说与藩镇割据及平藩战争等相关，但主要的原因是因吐蕃入侵造成的。一般认为，关中处于吐蕃的直接威胁之下发生在唐代宗一朝，如史有"贞元初，吐蕃劫盟，召诸道兵十七万戍边。关中为吐蕃蹂躏者二十年矣"②之说。以唐德宗贞元元年（785）上推二十年，当为唐代宗一朝，此时上距平定安史之乱不远。

其实，吐蕃入侵关中有着更为久远的历史。早在安史之乱以前，吐蕃不断地侵入关中已经常态化，后来通过"和亲"等手段，双方暂时处于和平相处的状态，甚至到了天宝十四年（755）八月，当安禄山、史思明叛军向长安发起咄咄逼人的进攻时，吐蕃还表示了"愿助国讨贼"③的态度。不过，吐蕃很快看清了唐王朝虚弱的本质，不再遵守和约，如史有唐肃宗至德二年（757）十月"吐蕃寇陷西平郡"④之说，又有唐肃宗宝应元年（762）十二月"吐蕃陷我临、洮、成、渭等州"⑤之说，还有唐代宗广德元年（763）十月"辛未，高晖引吐蕃犯京畿，寇奉天、武功、盩厔等县。蕃军自司竹园渡渭，循南山而东。丙子，驾幸陕州"⑥之说。唐代宗"驾幸陕州"是因吐蕃攻陷长安引起的，如史有"吐蕃陷长安，代宗避狄幸陕州"⑦之说。这一系列的事件表明，吐蕃不断地入侵关中已直接动摇了唐王朝的统治根基，及时地增加关中防卫已是当务之急。

---

① 唐·陈鸿《庐州同食馆记》，清·董诰《全唐文》卷六一二，北京：中华书局1983年版，第6181页。
② 宋·欧阳修等《新唐书·食货志三》，北京：中华书局1975年版，第1374页。
③ 后晋·刘昫等《旧唐书·肃宗纪》，北京：中华书局1975年版，第243页。
④ 同③，第247页。
⑤ 后晋·刘昫等《旧唐书·代宗纪》，北京：中华书局1975年版，第271页。
⑥ 同⑤，第273页。
⑦ 后晋·刘昫等《旧唐书·天文志下》，北京：中华书局1975年版，第1325页。

为应对吐蕃等入侵,唐王朝从各地调集了十七万人马入关。当关中一下子增加了十七万人马,无疑是加大了粮食及物资紧缺的程度。史称:"贞元初,关辅宿兵,米斗千钱,太仓供天子六宫之膳不及十日,禁中不能酿酒,以飞龙驼负永丰仓米给禁军,陆运牛死殆尽。德宗以给事中崔造敢言,为能立事,用为相。造以江、吴素嫉钱谷诸使颛利罔上,乃奏诸道观察使、刺史选官部送两税至京师,废诸道水陆转运使及度支巡院、江淮转运使,以度支、盐铁归尚书省,宰相分判六尚书事。以户部侍郎元琇判诸道盐铁、榷酒,侍郎吉中孚判度支诸道两税。增江淮之运,浙江东、西岁运米七十五万石,复以两税易米百万石,江西、湖南、鄂岳、福建、岭南米亦百二十万石,诏浙江东、西节度使韩滉,淮南节度使杜亚运至东、西渭桥仓。"①唐德宗贞元(785—805)初,因"关辅宿兵"需要大量的"兵食",关中陷入了空前的粮荒,甚至出现了"米斗千钱"等情况,乃至于粮价已是丰年的二百至三百倍。在这样的背景下,不但关中百姓无法维持正常的生计,就连天子、太子的口粮也出现了"不及十日"的状况。在万般无奈的情况下,唐德宗被迫采取了六个方面的措施:一是以宠物飞龙驮运粮食给禁军;二是加强陆运;三是在赋税改革即实行"两税"的基础上加强漕运;四是"增江淮之运",扩大调粮的范围,将漕运补给线从江淮、两浙延长到江西、湖南、鄂岳、福建、岭南等地;五是"以两税易米百万石",以解燃眉之急;六是令两浙节度使韩滉、淮南节度使杜亚武装押运粮食赴京。如听到韩滉运米三万斛至陕州的消息后,唐德宗长舒了一口气,对太子说:"米已至陕,吾父子得生矣!"②随即与太子一道坊市取酒相庆。在这中间,漕运除了因藩镇叛乱受阻外,还受到黄河三门峡的制约,在万般无奈的情况下,只能加强陆运,然而,陆运又出现了"牛死殆尽"的状况。从这样的角度看,在关中处于吐蕃威胁之下,"关辅宿兵"所需的粮食已成为唐王朝的沉重负担。更重要的是,除了粮食,唐王朝还需要调运大量的物资和赋税西入关中,这样一来,恢复汴河漕运及增加中央财政收入遂成为唐王朝必须关注的大事。

第三节　永济渠改造工程与漕运

贞观十八年(644),为解除高丽造成的威胁,唐太宗决定远征辽东。司马光记载道:"上将征高丽,秋,七月,辛卯,敕将作大监阎立德等诣洪、饶、江三州,造船四百艘以载军粮。甲午,下诏遣营州都督张俭等帅幽、营二都督兵及契丹、奚、靺鞨先击辽东,以观其势。以太常卿韦挺为馈运使,以民部侍郎崔仁师副之,自河北诸州皆受挺节度,听以便宜从事。又命太

---

① 宋·欧阳修等《新唐书·食货志三》,北京:中华书局1975年版,第1369—1370页。
② 宋·司马光《资治通鉴·唐纪四十八》(邬国义校点),上海:上海古籍出版社1997年版,第2153页。

仆卿萧锐运河南诸州粮入海。"①为进行战前部署,唐太宗采取了四个方面的措施:一是令阎立德到洪、饶、江三州督造运送军粮的船只;二是令营州都督张俭等率兵驻守,幽、营二州的兵马及契丹、奚、靺鞨等部率先进军辽东,以探虚实;三是任命韦挺负责河北诸州的粮草转运事务;四是令萧锐筹办海运事务。

萧锐筹办海运事务,发生在韦挺于河北各地征军粮以后。韦挺受命筹集河北各地的军粮以后,萧锐提出海运方案,目的是改变单一地依靠永济渠进行漕运的局面。史称:"太宗贞观十七年时征辽东,先遣太常卿韦挺于河北诸州征军粮,贮于营州。又令太仆少卿萧锐,于河南道诸州转粮入海。至十八年八月,锐奏称:'海中古大人城西去黄县二十三里,北至高丽四百七十里地,多甜水,山岛接连,贮纳军粮,此为尤便。'诏从之。于是自河南道运转米粮,水陆相继渡海,军粮皆贮此。"②史家叙述登州沿革时指出:"汉东莱郡之黄县。如意元年,分置登州,领文登、牟平、黄三县,以牟平为治所。神龙三年,改黄县为蓬莱县,移州治于蓬莱。"③在萧锐的建议下,唐太宗下令开辟了以登州治所黄县(在今山东蓬莱)为中转地的海运。这条海上航线开辟后,在一定程度上减轻了永济渠的漕运压力。不过,海运虽缩短了从海上运粮到辽东的距离,但将河南各地的粮食转运到黄县则需要水陆联运,因此付出的代价是巨大的。这样一来,海运只能是一条辅线,输往辽东前线的粮草及战略物资只能以永济渠为主运道。

为了及时地把粮草及战略物资运往辽东前线,馈运使韦挺以永济渠为通道在幽州(在今北京西南广安门一带)筹建了漕运中转站。史称:"挺至幽州,令燕州司马王安德巡渠通塞。先出幽州库物,市木造船,运米而进。自桑干河下至卢思台,去幽州八百里,逢安德还曰:'自此之外,漕渠壅塞。'挺以北方寒雪,不可更进,遂下米于台侧权贮之,待开岁发春,方事转运,度大兵至,军粮必足,仍驰以闻。太宗不悦,诏挺曰:'兵尚拙速,不贵工迟。朕欲十九年春大举,今言二十年运漕,甚无谓也。'乃遣繁畤令韦怀质往挺所支度军粮,检察渠水。怀质还奏曰:'挺不先视漕渠,辄集工匠造船,运米即下。至卢思台,方知渠闭,欲进不得,还复水涸,乃便贮之,无达平夷之日。又挺在幽州,日致饮会,实乖至公。陛下明年出师,以臣度之,恐未符圣策。'太宗大怒,令将作少监李道裕代之,仍令治书侍御史唐临驰传械挺赴洛阳,依议除名,仍令白衣散从。"④又称:"挺遣燕州司马王安德行渠,作漕舻转粮,自桑干水抵卢思台,行八百里,渠塞不可通。挺以方苦寒,未可进,遂下米台侧,廥之,待冻泮乃运以为解。即上言:'度王师至,食且足。'帝不悦曰:'兵宁拙速,无工迟。我明年师出,挺乃度它岁运,何哉?'即

---

① 宋·司马光《资治通鉴·唐纪十三》(邬国义校点),上海:上海古籍出版社1997年版,第1803页。
② 宋·王钦若等《册府元龟·邦计部》,北京:中华书局1960年版,第5966页。
③ 后晋·刘昫等《旧唐书·地理志一》,北京:中华书局1975年版,第1456页。
④ 后晋·刘昫等《旧唐书·韦挺传》,北京:中华书局1975年版,第2670—2671页。

诏繁时令韦怀质驰按。怀质还劾:'挺在幽州,日置酒,弗忧职,不前视渠长利,即造船行粟,绵八百里,乃悟非是,欲进则不得,还且水涸。六师所须,恐不如陛下之素。'帝怒,遣将少监李道裕代之。"①针对北方天寒地冻不利漕运的情况,韦挺采取了在卢思台临时储粮及军用物资的措施,然而,这一延误战机的行为引起了唐太宗的不满,为此,韦挺受到了撤职查办的处分。《旧唐书》和《新唐书》记载韦挺漕运不力受到贬谪的情况时虽有不同的侧重点,但从中可以看到卢思台是漕运幽州及支援辽东的航段节点。

韦挺转运粮草入幽州时利用了曹操兴修的泉州渠。司马光在《资治通鉴·唐纪十三》中记载道:"春,正月,韦挺坐不先行视漕渠,运米六百余艘至(虑〔卢〕)思台侧,浅塞不能进,械送洛阳。丁酉,除名,以将作少监李道裕代之。"②宋元之际的胡三省注该语时写道:"据《旧书》,卢思台去幽州八百里。此漕渠盖即曹操伐乌丸所开泉州渠也,上承桑干河。"③朱彝尊等引《旧唐书·韦挺传》考证道:"今京城西三十里卢师山,相传为隋沙门卢师驯伏青龙之地。以《唐书》考之,当即卢思台,师乃思之误也。桑干水即卢沟河。"④从幽州经桑干河向北沿泉州渠可入宝坻(今属天津),从宝坻南经鲍丘水(今潮白新河)可转入曹操开挖的新河航道,向东经宁河北至丰南入滦河可进入辽东。客观地讲,这条水上大通道是以曹操开挖的河渠及永济渠为基础的。朱彝尊引《蓟州旧志》论述道:"沽河在城南,一名西潞水,一名东潞水。或曰在通州东者曰西潞水,在蓟州南者曰东潞水,下流皆合于宝坻县,兼有鲍丘水之名。建永济桥于其上,故又名永济河。"⑤又如武则天万岁通天元年(696),契丹贵族在营州发动叛乱,唐王朝从江南调粮及物资沿永济渠北上补充幽州。

永济渠在远征辽东运送粮草及战略物资中扮演着重要的角色,幽州是辽东战役的后勤保障基地。史称:"范阳节度使,理幽州,管兵九万一千四百人,马六千五百匹,衣赐八十万匹段,军粮五十万石。"⑥幽州是范阳节度使治所及边防重镇,"衣赐八十万匹段,军粮五十万石"只是防守范阳的正常需求。唐代征辽东时的军需要远远地超过防守范阳时的需求,如以隋炀帝征辽东"发江、淮以南民夫及船运黎阳及洛口诸仓米至涿郡,舳舻相次千余里,载兵甲及攻取之具,往还在道常数十万人"⑦为参照,当知唐代征辽东的规模应该与之大体相当。在这中间,永济渠扮演了重要的角色。

---

① 宋·欧阳修等《新唐书·韦挺传》,北京:中华书局1975年版,第3903页。
② 宋·司马光《资治通鉴·唐纪十三》(邬国义校点),上海:上海古籍出版社1997年版,第1805页。
③ 元·胡三省《资治通鉴音注》,宋·司马光《资治通鉴·唐纪十三》("标点资治通鉴小组"校点),北京:中华书局1956年版,第6216页。
④ 清·于敏中《日下旧闻考·郊坰》,北京:北京古籍出版社1981年版,第1718页。
⑤ 清·于敏中《日下旧闻考·京畿》,北京:北京古籍出版社1981年版,第1937页。
⑥ 后晋·刘昫等《旧唐书·地理志一》,北京:中华书局1975年版,第1387页。
⑦ 宋·司马光《资治通鉴·隋纪五》(邬国义校点),上海:上海古籍出版社1997年版,第1643页。

不过,并不是所有的军粮及物资等都需要经幽州调拨。为了征辽东及加强其防务,唐王朝重点经营了永济渠独流口航段的东线主要表现在两个方面:从水文及航线上看,一是永济渠独流口航段东线有良好的基础,主要利用了曹操兴修的平虏渠、泉州渠和新河;二是这一航线在沿海北上的过程中又与海上运输线相接,成为唐王朝经营辽东的战略大通道。杜甫曾在《昔游》一诗中写道:"君王无所惜,驾驭英雄材。幽燕盛用武,供给亦劳哉。吴门转粟帛,泛海陵蓬莱。肉食三十万,猎射起黄埃。"①贺裳以诗求证唐代远征辽东的历史时指出:"此诗真实录也。"②杜甫在《后出塞》中又写道:"渔阳豪侠地,击鼓吹笙竽。云帆转辽海,粳稻来东吴。越罗与楚练,照耀舆台躯。主将位益崇,气骄凌上都。"③清代纳兰性德以诗证史,认为杜甫在诗歌中忠实地记录了从海上经永济渠独流口航段东线转入辽东的情况。纳兰性德别开生面地指出:"杜子美《昔游》诗:'幽燕凤用武,供给亦劳哉。吴门持粟帛,泛海凌蓬莱。'《后出塞》云:'渔阳豪侠地,击鼓吹笙竽。云帆转辽海,粳稻来东吴。'按《唐会要》:开元二十七年,李适为幽州节度、河北海运使。《唐书》:'姜师度穿平卤渠,以避海难。'盖元之海运自崇明抵直沽,唐时海则自登州转而平州,以达于蓟,故子美云然也。"④这条自海上输粮及军用物资到辽东的基本航线一般有两种情况:或取粮及物资于吴越入长江,随后从长江口崇明岛(今属上海)出发,沿海岸线北上自渤海湾入永济渠独流口航段东线;或取粮及物资于齐鲁,从登州(在今山东蓬莱)出发,沿海北上自渤海湾进入永济渠独流口航段东线。此外,这条海上通道与永济渠相接,可以自永济渠独流口航段西线抵达幽州,为幽州提供后勤保障。进而言之,无论是从崇明岛还是从登州运粮及物资北上,都必须经过渤海湾。从渤海湾入永济渠独流口以后,或自西线抵幽州,或自东线抵辽东,总之,唐代利用永济渠独流口航段东线和西线建立的海上交通线减轻了永济渠独流口以南航段的漕运压力。

经过隋唐两代的精心建设,永济渠成为贯穿华北地区重要的交通干线。唐玄宗天宝十三年(754),安禄山害怕谋反的行迹败露,慌忙逃出长安及关中后,从淇门(在今河南淇县境内)乘船逃回了幽州。史称:"禄山之还,帝御望春亭以饯,斥御服赐之。禄山大惊,不自安,疾驱去。至淇门,轻舻循流下,万夫挽缰而助,日三百里。"⑤淇门是永济渠重要的航段节点,安禄山在淇门弃陆路改走水路,当知沿永济渠北上入幽州是一条陆路交通无法比拟的快捷通道。

唐代整修永济渠主要是围绕沧州和魏州等两个航段节点进行的,包括筑堤改造旧道、开挖新渠和疏浚与永济渠相关的水道等三个方面。其中,新渠与旧渠连接在一起,或扩大了永

---

① 萧涤非主编《杜甫全集校注》,北京:人民文学出版社2014年版,第4111页。
② 清·贺裳《载酒园诗话》,《清诗话续编》上册,上海:上海古籍出版社1983年版,第321页。
③ 同①,第643页。
④ 清·纳兰性德《通志堂集·渌水亭杂识三》,上海:华东师范大学出版社2008年版,第325页。
⑤ 宋·欧阳修等《新唐书·安禄山传》,北京:中华书局1975年版,第6416页。

济渠的漕运范围,或提升了永济渠通航的条件,进而为唐王朝经营黄河以北及辽东以远的区域奠定了坚实的基础。

唐高宗永徽元年(650),沧州刺史薛大鼎在沧州开新河,揭开了唐王朝整修永济渠的序幕。新河的基础是无棣沟,通过开辟自无棣沟入海的航线,薛大鼎改善了沧州一带永济渠的水运条件。杜佑记载道:"永徽元年,薛大鼎为刺史,其沟隋末填废,鼎奏开之,外引鱼盐于海。百姓歌曰:'新河得通舟楫利,直达沧海鱼盐至。向日徒行今骋驷,美哉薛公泽滂被。'"①所谓"其沟",是指无棣沟。如北魏沧州(在今河北盐山西南)境内"有无棣沟"②。史称:"永徽元年,薛大鼎为沧州刺史,界内有无棣河,隋末填废。大鼎奏开之,引鱼盐于海。百姓歌之曰:'新河得通舟楫利,直达沧海鱼盐至。昔日徒行今骋驷,美哉薛公德滂被!'"③无棣沟又称"无棣河",如史有"有无棣沟通海,隋末废,永徽元年,刺史薛大鼎开"④之说。薛大鼎重开无棣河以后,建立了自无棣河入海的通道。

无棣沟原本是永济渠运道的一部分。史家叙述沧州地理沿革时指出:"汉渤海郡,隋因之。武德元年,改为沧州,领清池、饶安、无棣三县,治清池。其年,移治饶安。四年,平窦建德,分饶安置鬲津县。五年,以清池属东盐州。六年,以观州胡苏县来属,州仍徙治之。其年,又省棣州,以滳河、厌次、阳信、乐陵四县来属。贞观元年,以瀛州之景城,废景州之长芦、南皮、鲁城三县,废东盐州之盐山、清池二县,并来属。又以滳河、厌次二县属德州,以胡苏属观州,仍移治于清池。又省鬲津入乐陵,省无棣入阳信。八年,复置无棣县。十七年,以废观州之弓高、东光、胡苏来属。割阳信属棣州。天宝元年,改为景城郡。乾元元年,复为沧州。"⑤沧州治所清池(在今河北沧县)是永济渠重要的航段节点。薛大鼎疏导无棣沟的本质是分泄永济渠水势,建立自新河入海的航线。

与此同时,薛大鼎又在沧州境内疏浚了长芦、漳、衡三河,采取了加固永济渠及相关河堤的措施。史称:"大鼎又以州界卑下,遂决长芦及漳、衡等三河,分泄夏潦,境内无复水害。"⑥"长芦"是长芦河的简称,主要指北漳水即衡漳流经长芦县的故道。《尚书·禹贡》有"覃怀厎绩,至于衡漳(覃怀,近河地名。漳水横流入河,从覃怀致功,至横漳)。"⑦故衡漳指"横漳",是说漳水自西向东横流时注入自南向北的黄河;"漳"此指北漳水,北漳水有清漳和浊漳两源。郑樵记载道:"浊漳水,出潞州长子县鹿谷山。一云,发鸠山。东过壶关,又东至武

---

① 唐·杜佑《通典·州郡十》,杭州:浙江古籍出版社 1988 年版,第 957 页。
② 北齐·魏收《魏书·地形志上》,北京:中华书局 1974 年版,第 2472 页。
③ 后晋·刘昫等《旧唐书·食货志下》,北京:中华书局 1975 年版,第 2113 页。
④ 宋·欧阳修等《新唐书·地理志三》,北京:中华书局 1975 年版,第 1018 页。
⑤ 后晋·刘昫等《旧唐书·地理志二》,北京:中华书局 1975 年版,第 1506—1507 页。
⑥ 后晋·刘昫等《旧唐书·薛大鼎传》,北京:中华书局 1975 年版,第 4788 页。
⑦ 清·阮元《十三经注疏·尚书正义》,北京:中华书局 1980 年版,第 146 页。

安县,东合于清漳。清漳水,班云:'出上党沾县大黾谷。'东北过磁州武安,与浊漳合而横流,故名曰衡漳。又东北过洺州曲周、平恩县,又东北过冀州武邑,又东北过弓高县。弓高今为镇,隶永静东光。又东北过成平。成平今为景城镇,隶瀛州乐寿。又东北过故平舒县,东入海。入海者,桑钦说也。班云,至阜成入河,行千六百八十里。"①清漳和浊漳合流后称"漳";"衡"指衡漳,此指唐代改道后的北漳水,其中包括清漳和浊漳。薛大鼎"又以州界卑下,遂决长芦及漳、衡等三河",故疏导三河即整治北漳水是在沧州境内进行的。从表面上看,疏导三河的目的是"分泄夏潦",其实,沧州北界长芦县等是永济渠行经的重要区域,因此,治理北漳水包含了保证永济渠行运安全的意图。史家叙述长芦沿革时指出:"汉参户县,属渤海郡。后周改为长芦。武德四年,割沧州之清池、南皮二县,瀛州之鲁城、平舒、长芦三县,于此置景州。其年,陷刘黑闼。五年,贼平,置景州总管府,管沧、瀛、东盐、景四州。又分清池县属东盐州。贞观元年,废景州,以平舒属瀛州,南皮、鲁城、长芦三县属沧州。旧治永济河西,开元十六年,移于今治。"②唐高祖武德四年(621),刘黑闼占据长芦县与唐军对抗的原因是此地扼守永济渠要冲。唐代的长芦县治在永济渠西岸,故疏导长芦河是为了恢复永济渠沧州段漕运能力,史有"无棣渠久廞塞,大鼎浚治属之海,商贾流行,里民歌曰:'新沟通,舟楫利。属沧海,鱼盐至。昔徒行,今骈驷。美哉薛公德滂被!'又疏长芦、漳、衡三渠,泄污潦,水不为害"③之说可证。所谓"水不为害",既指开渠有泄洪的功能,又指开渠以恢复永济渠漕运的功能。这条航道自南皮(在今河北沧州南皮)分永济渠入无棣沟,在将沧州滨海盐场纳入漕运范围的同时,为漕船从海上入永济渠提供了便利条件。

永徽二年(651)和永徽三年(652),薛大鼎兴修了永济渠河堤及李彪淀东堤及徒骇河西堤。史家描述沧州地理形势及与永济渠的关系时记载道:"西北五十五里有永济堤二,永徽二年筑。西四十五里有明沟河堤二,西五十里有李彪淀东堤及徒骇河西堤,皆三年筑。"④兴修永济渠两条河堤和兴修李彪淀东堤及徒骇河西堤等均发生在薛大鼎任沧州刺史之时,如史有薛大鼎"永徽四年,授银青光禄大夫,行荆州大都督府长史"⑤之说。永徽二年,薛大鼎兴修永济渠河堤的目的自然是保证行运安全;永徽三年,加固李彪淀东堤及徒骇河西堤也是保证永济渠运道的安全的重要措施。

继薛大鼎在沧州一带实施开新河、加固永济渠及相关河堤等相关措施以后,唐高宗于显庆元年(656)在沧州清池一带开渠,如史有"西四十里有衡漳堤二,显庆元年凿"⑥之说。

---

① 宋·郑樵《通志·地理略》,杭州:浙江古籍出版社1988年版,第543—544页。
② 后晋·刘昫等《旧唐书·地理志二》,北京:中华书局1975年版,第1507页。
③ 宋·欧阳修等《新唐书·薛大鼎传》,北京:中华书局1975年版,第5621页。
④ 宋·欧阳修等《新唐书·地理志三》,北京:中华书局1975年版,第1017页。
⑤ 同③,第4788页。
⑥ 同④。

唐中宗神龙三年(707),姜师度在沧州治所清池兴修平虏渠。史称:"姜师度,魏人也。明经举。神龙初,累迁易州刺史、兼御史中丞,为河北道监察兼支度营田使。师度勤于为政,又有巧思,颇知沟洫之利。始于蓟门之北,涨水为沟,以备奚、契丹之寇。又约魏武旧渠,傍海穿漕,号为平虏渠,以避海艰,粮运者至今利焉。"①又称:"神龙三年,沧州刺史姜师度于蓟州之北,涨水为沟,以备奚、契丹之寇。又约旧渠,傍海穿漕,号为平虏渠,以避海难运粮。"②平虏渠与海上航线遥相呼应,提高了这一区域的漕运能力,为唐王朝加强北方防务提供了强有力的后勤支持。

姜师度兴修平虏渠主要有三个特点:一是兴修时利用了曹操北征乌桓时开挖的平虏渠和泉州渠等河渠,通过改造旧渠建立了一条沿海行运及与海运相接的航线(详细论述参见第四章第五节),如史有"又约魏武旧渠,傍海穿漕"之说;二是姜师度兴修的平虏渠是一条集漕运、灌溉、排洪防涝及军事防御为一体的河渠;三是利用了薛大鼎开新河和"疏长芦、漳、衡三渠"时的成果,如史有沧州清池"东南二十里有渠,注毛氏河,东南七十里有渠,注漳,并引浮水,皆刺史姜师度开"③之说,姜师度开河渠建立"注毛氏河""注漳,并引浮水"的运道时,利用了薛大鼎"疏长芦、漳、衡三渠"的成果,又如姜师度"又约旧渠,傍海穿漕"与薛大鼎利用无棣河开新河建立入海通道息息相关。春秋战国时期,兴修河渠的主要目的是发展漕运,降低运兵运粮时的成本;汉代以后的河渠建设,同时有漕运、灌溉、排洪防涝等综合功能。姜师度兴修平虏渠时除了注意到河渠建设的综合功能外,还有意识增加了以河渠建立防线的功能,如为了应对奚、契丹骑兵南下和快速奔袭等特点,姜师度将"以备奚、契丹之寇"与兴建平虏渠结合到一块,从而为唐王朝抵御入侵及设立防线争取了必要的时间。从大的方面讲,此举开启了北宋在这一区域建设以水代兵的国防线的先河。北宋为防止辽国骑兵南下,精心设计和建设了一条"自边吴淀至泥姑海口,绵亘七州军,屈曲九百里,深不可以舟行,浅不可以徒涉"④国防线,通过设置障碍阻挡辽国骑兵南下。应该说,北宋建设的这条国防线与姜师度兴修平虏渠有某种内在的联系。

关于姜师度兴修平虏渠,前人有充分的论述,可做进一步的补证。王应麟记载道:"《姜师度传》:神龙初,试易州刺史、河北道巡察度支营田使,好兴作,厮渠于蓟门以限奚、契丹。循武帝故迹,并海凿平虏渠以通饷路,罢海运,省功多,迁司农卿。《地理志》:蓟州渔阳有平虏渠,傍海穿漕,以避海难。又其北,涨水为沟,以拒契丹,皆神龙中沧州刺史姜师度开。沧州清池东南二十里,有渠陵毛氏河。东南七十里有渠注漳,并引浮水,皆刺史姜度开。《会

---

① 后晋·刘昫等《旧唐书·姜师度传》,北京:中华书局1975年版,第4816页。
② 后晋·刘昫等《旧唐书·食货志下》,北京:中华书局1975年版,第2113页。
③ 宋·欧阳修《新唐书·地理志三》,北京:中华书局1975年版,第1017页。
④ 元·脱脱等《宋史·河渠志五》,北京:中华书局1985年版,第2359页。

要》：神龙二年沧州刺史姜师度于蓟州之北涨水为沟，以备契丹、奚之入寇，又约旧渠旁海穿漕，号为平虏渠，以避海难通粮者，至今赖焉。"①从姜师度开平虏渠涉及的范围看，主要是在薛大鼎的基础上进行的。具体地讲，薛大鼎有"决长芦及漳、衡等三河，分泄夏潦"之举，姜师度开平虏渠时"有渠注毛氏河。东南七十里有渠注漳，并引浮水"之举，两者之间多有内在的联系；薛大鼎开新河时"引鱼盐于海"，实现了"新河得通舟楫利"。姜师度"又约旧渠，傍海穿漕"，"旧渠"虽与曹操兴修的平虏渠、泉州渠相关，但"旧渠"没有"傍海穿漕"的能力，因此只能与薛大鼎开新河"直达沧海鱼盐至"相关。

继姜师度以后，唐玄宗开元十年（722）、开元十六年（728）围绕沧州又有开渠、筑堤等举措，如史有沧州清池"西北六十里有衡漳东堤，开元十年筑。……西南五十七里有无棣河，东南十五里有阳通河，皆开元十六年开。南十五里有浮河堤、阳通河堤，又南三十里有永济北堤，亦是年筑"②之说。开元十年筑衡漳东堤实际上是改造永济渠运道之举，如史有"古毛河自临津经县入清池，开元十年开。有唐昌军，贞元二十一年置"③之说。所谓"自临津经县入清池"，是指毛河（屯氏河）自黄河津渡经南皮至清池的航线。经过这一改造，永济渠自南皮至清池航段开辟了屯氏河这一行运的复线。此外，开元十六年开无棣河，实际上是薛大鼎以无棣河为基础开新河工程的延续。

唐宣宗大中十二年（858），黄河泛滥引起水文发生变化，杜中立自沧州开渠疏导积水，重建了自屯氏河入永济渠的航线。史称："大中十二年，大水泛徐、兖、青、郓，而沧地积卑，中立自按行，引御水入之毛河，东注海，州无水灾。"④徐、兖、青、郓等地发生水灾，大水向地势低凹的沧州汇积，毁坏了沧州一带的运道。根据新的水文形势，杜中立"引御水入之毛河，东注海"，建成了引御水（永济渠）入毛河的航线。因杜中立开渠发生在沧州，又有"东注海"的特点，因此，这条航线应与薛大鼎开新河、姜师度兴修平虏渠有一定的关系。

第四节　永济渠重点修复航段

继薛大鼎、姜师度等以后，永济渠整修工程的主战场转移到魏州（在今河北大名东北王莽城一带）等地。魏州成为永济渠整治工程的主战场，是由其特殊的地理及交通位置决定的。史家叙述魏州政区沿革时指出："汉魏郡元城县之地。后魏天平二年，分馆陶西界，于今

---

① 宋·王应麟《玉海·地理》，南京：江苏古籍出版社1987年版，第438页。
② 宋·欧阳修等《新唐书·地理志三》，北京：中华书局1975年版，第1017页。
③ 同②，第1018页。
④ 宋·欧阳修等《新唐书·杜中立传》，北京：中华书局1975年版，第5206页。

州西北三十里古赵城置贵乡县。后周建德七年,以赵城卑湿,东南移三十里,就孔思集寺为贵乡县。大象二年,于县置魏州。隋改名武阳郡。武德四年,平窦建德,复为魏州。又分置漳阴县,领贵乡、昌乐、元城、莘、武阳、临黄、观城、顿丘、繁水、魏、冠氏、馆陶、漳阴十三县。其年,割顿丘、观城二县置澶州,又割莘、临黄、武阳三县置莘州,又割冠氏、馆陶置毛州。魏州置总管府,管魏、黎、澶、莘、毛五州。魏州领贵乡、昌乐、繁水、漳阴、元城、魏六县。贞观元年,罢都督府,仍省漳阴县。其年,废莘、毛、澶三州,尽以所领县属魏州。十七年,省元城、武阳、观城三县。十八年,省繁水县。龙朔二年,改为冀州大都督府,以冀王为都督,管冀、贝、德、相、棣、沧、魏七州。咸亨三年,依旧为魏州,罢都督府。永昌元年,置武圣县。圣历二年,又置元城县。天宝元年,改为魏郡。乾元元年,复为魏州。"①东魏孝静帝天平二年(535),分馆陶置贵乡,以赵城为治所,如史有东魏孝静帝"天平二年分馆陶置,治赵城"②之说。后来,"以赵城卑湿,东南移三十里,就孔思集寺为贵乡县",为贵乡成为唐代魏州治所奠定了基础。武德四年,唐高祖虽有"割冠氏、馆陶置毛州"之举,但以馆陶为治所的毛州亦属魏州。

魏州移治贵乡后虽避开了水患,但不在永济渠沿线,故交通不便。根据这一情况,魏州刺史李智云开渠将永济渠延长到贵乡。史称:"贞观二年,复以济南公世都子灵龟嗣,历魏州刺史,为政威严,盗贼不发;凿永济渠,通新市,百姓利之。"③李智云任魏州刺史,发生在唐高宗永徽(650—655)年间,如史有李智云"永徽中历魏州刺史,政尚清严,奸盗屏迹。又开永济渠入于新市,以控引商旅,百姓利之"④之说。从"永徽中"中当知,李智云"凿永济渠,通新市"当发生在永徽三年或四年。通过延长运道引永济渠入贵乡新市(新开设的商贸市场),李智云开创了魏州商品经济繁荣的新局面。可以说,永济渠在担负唐代漕运使命的同时,还促进了华北与江淮之间的商贸往来,带动了沿线地区的经济发展。

唐玄宗开元二十五年,在唐太宗贞观二十一年(647)朱潭开长丰渠的基础上,卢晖开渠建立了永济渠自东城(在今河间东北)、平舒(在今河北大城)引滹沱东入淇通漕的航线,如史家叙述河间县(在今河北河间市)沿革时有"武德五年置武垣县,贞观元年省入焉。西北百里有长丰渠,二十一年,刺史朱潭开。又西南五里有长丰渠,开元二十五年,刺史卢晖自东城、平舒引滹沱东入淇通漕,溉田五百余顷"⑤之说,通过此举,卢晖建立了自滹沱河入永济渠的航线。

此后,卢晖又在贵乡开西渠,将永济渠引到贵乡城西,形成远接江淮的航线。史称:"开

---

① 后晋·刘昫等《旧唐书·地理志二》,北京:中华书局1975年版,第1493页。
② 北齐·魏收《魏书·地形志上》,北京:中华书局1974年版,第2456页。
③ 宋·欧阳修等《新唐书·高祖诸子传》,北京:中华书局1975年版,第3548页。
④ 后晋·刘昫等《旧唐书·高祖二十二子李智云传》,北京:中华书局1975年版,第2423页。
⑤ 宋·欧阳修等《新唐书·地理志三》,北京:中华书局1975年版,第1020页。

元二十八年,刺史卢晖徙永济渠,自石灰窠引流至城西,注魏桥,以通江、淮之货。"①这一事件发生在开元二十八年九月,如史有"九月,魏州刺史卢晖开通济渠,自石灰窠引流至州城而西,却注魏桥"②之说。所谓"开通济渠",是指卢晖在贵乡开渠,重新使用废弃的永济渠屯氏河航线;这里所说的"济渠",是永济渠的省称。在卢晖开西渠以前,永济渠自西"由魏县流来即入贵乡县境,然后东流或东北流入元城县境"③,经此,自石灰窠引永济渠至贵乡城西,经魏桥远通江淮等地。

起初,永济渠自馆陶开渠北上,有清河和屯氏河等两条航线。杜佑交代贵乡水文时,有"汉元城县地。有屯氏河。大河故渎,俗曰王莽河"④之说。卢晖"徙永济渠"即"刺史卢晖移通济渠,自石灰窠引流至州城西,都注魏桥,夹州制楼百余间,以贮江淮之货"⑤以后,贵乡境内的屯氏河成为永济渠重要的漕运通道。乐史记载道:"大河故渎,在县东三里。俗名王莽河。《水经注》云:'故渎又东北经元城西北,至沙丘堰。昔禹治洪水,播为九河,自此始也。'屯氏河,俗名毛河。《水经注》云:'大河故渎北出,为屯氏河。'《汉书·沟洫志》曰:'自塞宣房,河复北决于馆陶,分为屯氏河,广深与大河等。'西渠,开元二十八年九月,刺史卢晖移通济渠自石灰窠引流注于城西,夹水制楼百余间,以贮江、淮之货,故有西渠之名。州城,前燕慕容晗所置也,周宣帝于此置州理焉。"⑥屯氏河原本是白沟的一部分,永济渠自馆陶开渠北上利用了白沟,因屯氏河"广深与大河等"是一条天然的运道,卢晖"移通济渠"即开西渠时利用了这条航线。从这样的角度看,卢晖开西渠改造永济渠,只是通过改造永济渠运道强化了屯氏河在漕运中的功能,并没有取代自馆陶入清河的航线。关于这点,严耕望先生有精辟的论述:"《通典》作'移'渠,以下各书或作'移',或作'徙',或作'开'。'开'者,旧渠道或仍保留,而别开一新渠道也。'移''徙'者,封闭旧渠,使改道也。是大异。按前引《旧五代史·五行志》,'邺都奏御河涨,于石灰窑口开故河道,以分水势。'《五代会要》同。则移徙为正;此时渠涨,故复于石灰窑口疏通旧渠道以分水势也。"⑦这一说法虽有一定的道理,但实际情况是:永济渠自馆陶及贵乡北上有自白沟入屯氏河和自白沟入清河的两条航线。卢晖开西渠以前,永济渠屯氏河航线已逐步退出历史舞台,经此,又重新恢复其漕运功能。由于西渠提升了魏州商品流通的速度,经过李智云、卢晖等人的倡导,魏州很快成为"户十五万

---

① 宋·欧阳修等《新唐书·地理志三》,北京:中华书局1975年版,第1011页。
② 后晋·刘昫等《旧唐书·玄宗纪下》,北京:中华书局1975年版,第212页。
③ 严耕望《唐代交通图考·隋唐永济渠》第五卷,上海:上海古籍出版社2007年版,第1614页。
④ 唐·杜佑《通典·州郡十》,杭州:浙江古籍出版社1988年版,第956页。
⑤ 同④。
⑥ 宋·乐史《太平寰宇记·河北道三》(王文楚等校点)第3册,北京:中华书局2007年版,第1107页。
⑦ 严耕望《唐代交通图考·隋唐永济渠》第五卷,上海:上海古籍出版社2007年版,第1613—1614页。

一千五百九十六,口百一十万九千八百七十三"①的重镇。

唐德宗建中三年,魏州境内的永济渠因战争两度改线。具体地讲,先是马燧征伐藩镇田悦,田悦据魏州引御河即永济渠抵挡官军,如史有"魏州先引御河入城南流,燧令塞其领口,河流绝"②之说。经此,永济渠漕运处于瘫痪的状态;后是藩镇朱滔堰永济渠断绝马燧归路,如史有"滔等堰永济渠入王莽故河,绝官军粮道及归路"③之说。经此,永济渠运道遭受极大的破坏,形成入黄河故道王莽河的局面,乃至于一直到平藩以后,永济渠运道才得以恢复。如严耕望先生论述这一事件时指出:"魏州永济渠道,至建中三年,曾因战事而两度改变,田悦先引御河入城南流,继又堰渠入王莽故河,王莽河在魏州之西、魏县之东,详《旧唐书》一三四《马燧传》及《通鉴》二二七建中三年纪,战后盖又复归开元旧道,故五代时期因渠涨而复开石灰窑故道也。"④所谓"复归开元旧道",指平藩后恢复开元年间的永济渠航线,其中,包括恢复卢晖西渠运道。

在经营永济渠的过程中,永济渠的日航程及航段节点一直是唐王朝重点关注的区域。这些区域及城市因位于水陆交通要道或航运节点上,其战略地位远远地超出其他区域,进而升格为上一层级的行政区划,或调整区划建立新的政区。史称:"贞观元年,废景州,以平舒属瀛州,南皮、鲁城、长芦三县属沧州。"⑤贞观元年,唐太宗诏令撤销景州,并划拨南皮等三县隶属沧州。在这一过程中,撤销景州建制,提升沧州建制,与沧州是永济渠航段节点有密切的关系,如史有清池"西北五十五里有永济堤二,永徽二年筑。西四十五里有明沟河堤二,西五十里有李彪淀东堤及徒骇河西堤,皆三年筑。西四十里有衡漳堤二,显庆元年筑。西北六十里有衡漳东堤,开元十年筑。东南二十里有渠,注毛氏河,东南七十里有渠,注漳,并引浮水,皆刺史姜师度开。西南五十七里有无棣河,东南十五里有阳通河,皆开元十六年开。南十五里有浮河堤、阳通河堤,又南三十里有永济北堤,亦是年筑"⑥之说。经过不断地建设,清池成为永济渠重要的航段节点城市。

永济渠开通后,一些航段节点上的集散地或乡镇得到了迅速地扩张,成为县级建制。史称:"七年春正月癸未朔。戊子,于魏州顿邱县置澶州。以顿邱县之观城店置观城县,以张之清丰店置清丰县,并割魏州之临黄县,并隶澶州。以贝州临清县之张桥店置永济县。"⑦相关政区的调整或升格,是在建立与永济渠的关系中进行的。大历七年(772),唐代宗将顿丘升

---

① 宋·欧阳修等《新唐书·地理志三》,北京:中华书局1975年版,第1011页。
② 后晋·刘昫等《旧唐书·马燧传》,北京:中华书局1975年版,第3694页。
③ 宋·司马光《资治通鉴·唐纪四十三》(邬国义校点),上海:上海古籍出版社1997年版,第2114页。
④ 严耕望《唐代交通图考·隋唐永济渠》第五卷,上海:上海古籍出版社2007年版,第1614页。
⑤ 后晋·刘昫等《旧唐书·地理志二》,北京:中华书局1975年版,第1507页。
⑥ 同①,第1017页。
⑦ 后晋·刘昫等《旧唐书·代宗纪》,北京:中华书局1975年版,第299页。

格为州级建制,置澶州;又将属顿丘县的观城店、清丰店等划分出来升格为县级建制,属临清的张桥店等升格为永济县,是因为这些城市或乡镇处在永济渠航段的节点上,有向周边地区辐射的能力,因此成为县级以上的政区,如史有永济县"唐县。有永济渠"①之说,这些均在一定程度上反映了永济渠在唐代经营幽州及辽东过程中的战略作用。贞元十五年(799),唐德宗在满城县建永清军治所,提升了满城县的政治地位。史称:"壬申,于易州满城县置永清军。癸酉,令江淮岁运米二百万石。"②新行政区划建立后,为经营华北开辟了新的路径。从满城县接纳江淮二百万石漕米的情况看,当知满城县成为永清军治所与漕运有密切的关系。在这中间,永济渠沿线城市经济地位的确认又势必要提升沿线城市在行政区划中的政治地位。

需要补充的是,自馆陶沿永济渠北上至临清必经张桥,张桥是馆陶和临清之间的航段节点。永济渠馆陶航段开辟后,张桥由普通的贸易集市一跃成为繁华之地。李吉甫叙述永济县政区沿革时指出:"本汉贝丘县地,临清县之南偏,大历七年,田承嗣奏于张桥行市置,西井永济渠,故以为名。永济渠,在县西郭内。阔一百七十尺,深二丈四尺。南自汲郡引清、淇二水东北入白沟,穿此县入临清。按汉武帝时,河决馆陶,分为屯氏河,东北经贝州、冀州而入渤海,此渠盖屯氏古渎,隋氏修之,因名永济。"③以此为参照系数,当知永济渠的宽度和深度超过了其他三条运河有文献为证:如江南河"广十余丈",这一宽度低于永济渠;又如黄河入通济渠的河口地带水深六尺,这一深度也低于永济渠。

唐代宗大历七年,魏博节度使田承嗣奏请析分临清,以张桥为治所建立永济县。顾祖禹考证道:"永济城,在州西南。唐大历七年田承嗣奏析临清县置永济县,属贝州,以西临永济渠而名。兴元初朱滔谋渡河侵汴,应朱泚于长安,入魏境至永济,以田悦不与偕行,怒,略取平恩、永济,以兵守之。朱梁乾化五年,魏博附晋,晋王存勖自临清进屯永济,遂入魏州。"④因张桥西临永济渠,故称"永济县"。张桥由集市提升为县,与它成为日航程有着密切的关系。章如愚记载道:"唐制:凡陆行之程,马日七十里,步及驴五十里,车三十里;水行之程,舟之重者,溯河日三十里,江四十里,余水四十五里;空舟溯河四十里,江五十里,余水六十里,沿流之舟即轻重同制,河日一百五十里,江一百里,余水七十里。"⑤以"水行之程,舟之重者,溯河日三十里,江四十里,余水四十五里"为参照,当知张桥升格为县级建制,原因有二:一是

---

① 元·马端临《文献通考·舆地考三》,杭州:浙江古籍出版社1988年版,第2488页。
② 后晋·刘昫等《旧唐书·德宗纪下》,北京:中华书局1975年版,第390页。
③ 唐·李吉甫《元和郡县图志·河北道一》(贺次君点校),北京:中华书局1983年版,第466页。
④ 清·顾祖禹《读史方舆纪要·山东五》(贺次君、施和金点校),北京:中华书局2005年版,第1602页。
⑤ 宋·章如愚《群书考索后集·财赋门》,《四库全书》第937册,上海:上海古籍出版社1987年版,第782页。

张桥有联系四方的水运能力,二是张桥是永济渠重要的日航程节点。宋神宗熙宁五年(1072),北宋疆域发生变化,北部边境向南收缩,张桥即永济县的交通地位下降,故省入临清。王应麟综合前人诸说时论述道:"《国史志》:'大名府永济县有永济渠。'(今省为镇,入临清县)。"①马端临论永济渠时指出:"唐县。有永济渠。熙宁五年,省隶临清。"②张桥位于馆陶和临清之间,从唐宋政区变迁中当知,永济县的兴衰与永济渠漕运的兴衰息息相关。

综上所述,唐代数次改造永济渠航线后,自馆陶北上的屯氏河航线得到全面的宣示。在这中间,一方面永济渠为后世根据新的水文情况选择不同的航线进行漕运提供了重要的依据,另一方面也给后世研究馆陶以北的永济渠航线带来了不同的说法。

漕运在国家政治中占有特殊的地位,为改变关中依赖关东漕运的结构,唐王朝有意识地进行了一些尝试,如贞观二十二年(649)七月,唐太宗曾有"开斜谷道水路运米以至京师"③之举。遗憾的是,唐太宗遇到的困难与汉代开褒斜道时遇到的困难大体相似,故没有打通自汉中至关中的航线。

唐中宗复辟后,崔湜提议开挖从丹江至商州(在今陕西商洛)的河渠,试图建设一条从关中经陕南入汉江,进而联系长江的漕运通道。史称:"初,湜建言山南可引丹水通漕至商州,自商镵山出石门,抵北蓝田,可通挽道。中宗以湜充使,开大昌关,役徒数万,死者十五。禁旧道不得行,而新道为夏潦奔豗,数摧压不通。至是论功,加银青光禄大夫。"④石门是褒斜道的门户,秦汉以后曾多次修整这一运道,崔湜此举可视为是唐太宗开褒斜道之举的延续。崔湜开挖这一运道的目的是为了寻求多元化漕运关中的途径。商州境内的秦岭是黄河和长江两大水系的分水岭,崔湜基本设想是通过开凿古道褒斜道石门一带的航道,打通自长江入汉江、自汉江入石门的漕运通道。在这中间,重点引汉江支流丹江入运,建立抵达商州的漕运通道,随后,从商州改走陆路过秦岭,再从秦岭北坡蓝田沿灞水进入长安。王应麟叙述褒斜道时指出:"褒水通沔,在兴元府褒城县(出衙领山至南郑入沔)。斜水通渭,在京兆府武功县(出衙领山北流至郿入渭)。故道,今凤州梁泉县。"⑤然而,从开凿运道到废弃,石门航线投入使用的时间前后不到四年。出现这样的情况主要是因为石门道沿秦岭而建,褒、斜二水在秦岭中水流湍急,这样一来,凿通秦岭这一黄河水系和长江水系的分水岭自然是十分困难。又因秦岭陆运像三门峡陆路一样困难,因此,崔湜虽有沟通两大水系建立新的漕运通道

---

① 宋·王应麟《困学纪闻·永济渠》(栾保群、田松青、吕宗力校点),上海:上海古籍出版社2008年版,第1803页。
② 元·马端临《文献通考·舆地考三》,杭州:浙江古籍出版社1988年版,第2488页。
③ 宋·王钦若等《册府元龟·邦计部》,北京:中华书局1960年版,第5966页。
④ 宋·欧阳修等《新唐书·崔湜传》,北京:中华书局1975年版,第3922页。
⑤ 宋·王应麟《困学纪闻·考史》(栾保群、田松青、吕宗力校点),上海:上海古籍出版社2008年版,第1793页。

的设想,终因与现实不符,以失败而告终。

尽管如此,在关中粮食及物资需求必须依靠外援的背景下,打通褒斜道,从汉中及巴蜀调粮等依旧是人们的梦想,如史有"大中中,历平卢、兴元节度使。初,郑涯开新路,水坏其栈,敖更治斜谷道,行者告便"①之说。唐宣宗大中(847—859)中,在郑涯开新路的基础上封敖修整褒斜栈道,恢复了这条陆运通道。由于褒斜道转输遇到的困难不亚于自洛至陕南漕运时的困难,无法满足关中及长安的粮食及物资需求,故其只能作为唐王朝依靠东南漕运的补充形式而存在。

除了尝试通过开运河建立与长江航线的漕运通道外,唐代还对长江支线嘉陵江航道进行了疏浚。唐宪宗元和年间(806—820),剑南东川节度使严砺曾疏通嘉陵江航道,打通了从长举(在今陕西略阳西北一百二十里)到成州(在今甘肃成县境内)一带的漕运通道。史称:"元和中,节度使严砺自县而西疏嘉陵江三百里,焚巨石,沃醯以碎之,通漕以馈成州戍兵。"②因史有"元和四年三月卒。卒后,御史元稹奉使两川按察,纠劾砺在任日赃罪数十万。诏征其赃,以死恕其罪"③之说,所以说严砺疏通嘉陵江应发生在元和四年以前。

其实,在严砺疏通嘉陵江航道以前,唐王朝为保长江漕运曾多次疏通嘉陵江。王应麟记载道:"《地理志》:兴州长举。元和中,节度使严砺自县而西,疏嘉陵江二百里,焚巨石沃醯以碎之,通漕,馈成州戍兵(泉州晋江县北一里,有晋江,开元二十九年别驾赵顺政凿沟通舟檝。彭州九陇,武后时长史刘易从决,唐昌沲江凿川派流,合堋口埌岐水溉九陇,唐昌,田民为立祠)。柳宗元《兴州江运记》:自长举而西,导江而下二百里而至随山之曲,直以休人力,顺地之高下,以杀湍悍,决去壅土,疏导江涛,万夫呼抃,莫不如志雷腾云奔百里一瞬。既会既远,淡为安流,烝徒讴歌枕卧,而至戍人无虞,专力待寇,高偘传进益州长史。秦时李冰导汶江水灌田,濒水者顷千金,民相侵冒,士廉附故渠,厮引旁出以广溉,道人以富饶。宋朝兴国三年七月遣曲绍浚嘉州江,置斗门节水。"④这些作为表明,伴随着唐王朝政治视野扩大的进程,经营区域在以关中为中心向外拓展时,如何在更大的区域建立有效的统治已提到议事日程上,特别是安史之乱后,伴随着西北用兵、平藩等需要,漕运补给线不得不拉长到长江流域。在这样的背景下,不但需要恢复汴河漕运、"河漕"即黄河漕运,而且需要把江淮以远的"江漕"即长江漕运纳入漕运的范围之中。在这中间,"江漕"及与巴蜀等地相关的漕运势必要成为唐王朝统治者关注的对象。

---

① 宋·欧阳修等《新唐书·封敖传》,北京:中华书局1975年版,第5287页。
② 宋·欧阳修等《新唐书·地理志四》,北京:中华书局1975年版,第1035页。
③ 后晋·刘昫等《旧唐书·严砺传》,北京:中华书局1975年版,第3408页。
④ 宋·王应麟《玉海·地理》,南京:江苏古籍出版社1987年版,第431页。

第三章　李杰、裴耀卿漕运及水次仓

唐高宗以后,岁运关中及长安的漕粮总额逐年提高。究其原因,除了与前面所说的关中人口增加,官僚机构及"奉禀之费"无节制地扩大,西北"兵食"增加,自江淮取粮漕运关中救荒河南、河北等地成为常态,社仓制度遭受严重的破坏等相关外,还与唐玄宗一朝府兵制遭受彻底的破坏密切相关。

府兵制是中国古代的兵役制度,源于西魏,兴盛于唐代。这一制度的基本特点是寓兵于农。士兵平时从事农业生产,农闲时集中训练,战争来临时自备武器和马匹到军府报到并从征。然而,不断地增加戍守时间彻底地破坏了这一制度。时至唐玄宗一朝,已出现军粮及军需物资均须朝廷负担的局面。

章如愚引吕祖望论断,分析唐代漕运形势时指出:"唐太宗以前,府兵之制未坏,有征行,便出兵;兵不征行,各自归散于田野,未尽仰给大农。所以唐高祖太宗运粟于关中不过十万,后来明皇府兵之法渐坏,兵渐多,所以漕粟自此多。且唐睿、明皇以后,府兵之法已坏,是故用粟乃多。向前府兵之法未坏,所用粟不多。唐漕运时,李杰、裴耀卿之徒未甚讲论。到二子讲论,自是府兵之法既坏,用粟既多,不得不讲论。且如汉漕,系郑当时之议,都不曾见于高、惠、文、景之世。唐之李杰、裴耀卿之议,都不曾见于高祖、太宗之世,但只见于中、睿、明皇之时。正缘汉武帝官多役众,唐中、睿已后,府兵之法坏。兵聚既多,所以漕运不得不详。大抵这两事常相为消长,兵与漕运常相关。所谓宗庙、社飨之类,十分不费一分,所费广者全在用兵。所谓漕运,全视兵多少。"[①]这一论述主要有三个要点:一是指出府兵制遭受破坏是唐王朝加强关东漕运的根本原因;二是指出府兵制遭受破坏,始自唐中宗复辟之时即神龙元年(705),彻底地破坏发生在唐玄宗即位之时即先天元年(712);三是指出讲论唐代漕运之法始自李杰、裴耀卿。应该说,这一论述大体上道出了唐玄宗一朝加强漕运的实情。

---

① 宋·章如愚《群书考索后集·财赋门》,《四库全书》第937册,上海:上海古籍出版社1987年版,第780页。

第一节 李杰与洛阳漕转

李杰是如何讲论漕运的？宋代吕祖望称李杰、裴耀卿之徒"讲论"漕运应有所本。然而，史籍缺载，后人叙述改革唐代漕运时大都从裴耀卿起说，其实，李杰对裴耀卿讲论漕运有直接的启示。这样一来，在关注唐代漕运改革时，应注意李杰漕运这一环节。丘浚论述道："自古漕运，所从之道有三：曰陆、曰河、曰海。"①丘浚将陆运和海运之道归入水运即漕运的序列，是因为海运本身是漕运的一部分，如史有"海漕"之说。更重要的是，任何漕运都无法离开转输，即需要陆运的参与。从这样的角度看，漕运的过程实际上是水陆联运的过程。

一般认为，李杰重修梁公堰始于开元二年（714）。《旧唐书·食货志下》云："开元二年，河南尹李杰奏，汴州东有梁公堰，年久堰破，江淮漕运不通。发汴、郑丁夫以浚之。省功速就，公私深以为利。"②《新唐书·地理志三》叙述河阴时写道："有梁公堰，在河、汴间，开元二年，河南尹李杰因故渠浚之，以便漕运。"③《旧唐书》本传云："李杰，本名务光，相州滏阳人。后魏并州刺史宝之后也，其先自陇西徙焉。杰少以孝友著称，举明经，累迁天官员外郎，明敏有吏才，甚得当时之誉。神龙初，累迁卫尉少卿，为河东道巡察黜陟使，奏课为诸使之最。开元初，为河南尹。杰既勤于听理，每有诉列，虽衢路当食，无废处断。由是官无留事，人吏爱之。先是，河、汴之间有梁公堰，年久堰破，江、淮漕运不通。杰奏调发汴、郑丁夫以浚之，省功速就，公私深以为利，刊石水滨，以纪其绩。"④根据这些记载，《旧唐书》本传所说的"开元初，为河南尹"，应指李杰于开元二年任河南尹。然而，李杰任河南尹有更早的历史，如史家有"景龙末，召为左御史大夫。会平诸韦，治其党，衣冠多坐，构详比重轻，皆得其情。时李杰为河南尹，与构皆一时选"⑤之说。毕构与李杰同朝为臣，"景龙"是唐中宗的年号，前后四年，故"景龙末"应为景龙四年（710），也就是说，李杰在景龙四年已任河南尹一职。

李杰何时任水陆运使？前人有开元二年和先天二年等两种说法。王溥记载道："开元二年闰二月，陕郡刺史李杰除河南少尹，充水陆运使。"⑥这一记载明确地提到开元二年闰二月，李杰升任河南少尹时兼任水陆运使。不过，马端临有先天二年即开元元年（713），李杰任

---

① 明·丘浚《大学衍义补·漕挽之宜下》（林冠群、周济夫校点），北京：京华出版社1999年版，第309页。
② 后晋·刘昫等《旧唐书·食货志下》，北京：中华书局1975年版，第2114页。
③ 宋·欧阳修等《新唐书·地理志三》，北京：中华书局1975年版，第1010页。
④ 后晋·刘昫等《旧唐书·李杰传》，北京：中华书局1975年版，第3111页。
⑤ 宋·欧阳修等《新唐书·毕构传》，北京：中华书局1975年版，第4460页。
⑥ 宋·王溥《唐会要·河南水陆运使》，北京：中华书局1955年版，第1601页。

水陆运使的说法。马端临论述道："唐先天二年，李杰（始名务光）始为水陆发运使，盖使名之起。"①比较两种说法，如果李杰于景龙四年已任河南尹的话，任水陆运使的时间应不会迟至开元二年，甚至有更早的历史。对比王溥与马端临之说，王溥是史述，马端临是考证，故以李杰于先天二年任水陆运使更为合理。此外，史有"开元初，河南尹李杰为水陆运使"②之说，先撇开"开元初"不论，当知李杰任河南尹在前，任水陆运使在后。这样一来，李杰重修梁公堰应在任河南尹之时，其下限当在开元元年以前。

李杰"奏调发汴、郑丁夫以浚之"，是唐代恢复汴河漕运的重要举措。在重修梁公堰的过程中，李杰"因故渠浚之"时有筑新堤之举，故刘晏有"到河阴、巩、洛，见宇文恺置梁公堰，分黄河水入通济渠；大夫李杰新堤故事，饰像河庙"③之说。史有"有唐之兴，绵历年所，骨鲠清廉之士，怀忠抱义之臣，台省之间，驾肩接武。……睿、玄之世，若李杰、毕构、苏珦、郑惟忠、王志愔、卢从愿、裴漼、王丘并位历亚台，名德兼著"④之赞，李杰耿直清廉，断没有自我表彰之理。进而言之，李杰因筑堤恢复梁公堰有功，受到表彰，故唐玄宗任命李杰担任水陆运使一职，全权负责府兵制破坏以后的漕转事务。

李杰任水陆运使后，在加强漕运方面采取了哪些措施已不太清楚，但通过改革陆运解决了崤函古道运输的难题。杜佑记载道："旧于河南路运至陕郡太原仓，又运至永丰仓及京太仓。开元初，河南尹李杰始为陆运使，从含嘉仓至太原仓，置八递场，相去每长四十里。每岁冬初起，运八十万石，后至一百万石。每递用车八百乘，分为前后，交两月而毕。其后渐加，至天宝七年，运二百五十万石。每递用车千八百乘，自九月至正月毕。天宝九年（750）九月，河南尹裴迥以递重恐伤牛，于是以递场为交场，两递简择近水处为宿场，分官押之，兼防其盗窃。"⑤为突出其功绩，杜佑特意强调了李杰任"陆运使"这一前提。为解决陆运时遇到的困难，李杰采取了四大措施：一是在洛阳含嘉仓至陕州太原仓之间的崤函古道上建造了八个递场（接运场），规定每递之间的距离为四十里；二是在分段接运的基础上，将陆运分为前后两组；三是规定起止时间，从入冬十月起运到十一月底结束，全部陆运在两个月内完成；四是规定每递用车用牛的数量。在这中间，入冬起运的目的是为了利用农闲，不影响农业生产；分段接运的目的是减轻长途运输中的劳累，提高效率。实行此策后改善了陆运不济的局面，实现了年运"八十万石，后至一百万石"的目标。天宝七年（748），又通过增加车辆和延长时间等，达到了岁运"满二百五十万石"的水平。天宝九年（750）九月，河南尹裴迥为改变递重

---

① 元·马端临《文献通考·职官考十五》，杭州：浙江古籍出版社1988年版，第556页。
② 宋·欧阳修等《新唐书·食货志三》，北京：中华书局1975年版，第1368页。
③ 后晋·刘昫等《旧唐书·刘晏传》，北京：中华书局1975年版，第3512页。
④ 后晋·刘昫等《旧唐书·尹李解毕苏郑王卢李裴王传》，北京：中华书局1975年版，第3133—3134页。
⑤ 唐·杜佑《通典·食货十》，杭州：浙江古籍出版社1988年版，第57页。

"伤牛"等情况,又在两递场之间的近水处建立供民运休息的"宿场",并派官员监督和防止盗窃,以确保这一运道畅通。

不过,欧阳修等有"自景云中,陆运北路分八递,雇民车牛以载。开元初,河南尹李杰为水陆运使,运米岁二百五十万石,而八递用车千八百乘"①之说,其中"景云"是唐睿宗的年号,共两年,因此,"景云中"可视为景云二年(711)的早些时候。这一叙述似表明,李杰沿袭了唐睿宗一朝开辟陆运北路的传统。其实不然,杜佑生活的年代去李杰不远,所记当有所本。从《新唐书》《旧唐书》本纪看,景云年间,唐睿宗处理政务主要集中在平息宫廷内部的争斗方面,故不可能立即着手改革漕转。除此之外,唐睿宗于太极元年(712)五月改元"延和",八月传位唐玄宗,景云二年距唐玄宗即位的时间即先天元年不足一年,从这样的角度看,李杰改革陆运始于唐玄宗一朝的说法更为可靠。尽管如此,欧阳修提出的"陆运北路分八递,雇民车牛以载"又是有意义的,透过此语,当知陆运采取民运的方式走殽函古道北路。追溯历史,唐玄宗以前,唐代自洛阳漕转主要沿袭了隋代的做法,走殽函古道的南路,不走曹操开辟的北路。经此,恢复了北路,缓解了漕运危机,形成了"大历后,水陆运每岁四十万石入关"②的局面。

此外,李杰改革陆运时将车队分为前后两组,实为"纲运"之始。郑樵记载道:"旧于河南路运至陕郡太原仓,又运至永丰仓及京师大仓。开元初,河南尹李杰始为陆运使,从含嘉仓至太原仓,置八递场,相去每场四十里。每岁冬初起运八十万石,后至一百万石。每递用车八百乘,分为前后交,两月而毕。其后渐加,至天宝七载,满二百五十万石,每递用车千八百乘,自九月至正月毕。天宝九载九月,河南尹裴迥以递重恐伤牛,于是又以递场为交场,两递简押近水处为宿场。天宝十载九月,相州刺史李南金又上表曰:'臣以旧籍,天下水陆估价车乘有纲运,各令官兵提巡,共五十万。'大率大历之后,以水陆运使兼防押,四十万石,各押入关。"③此处所说的"纲运"是指运送粮食时将若干车辆编为一组,由官兵负责押运。一般认为,唐代纲运始自刘晏,如苏轼有"臣闻唐代宗时,刘晏为江淮转运使,始于扬州造转运船,每船载一千石,十船为一纲,扬州差军将押赴河阴"④之说,但刘晏编船纲是讲水运,与陆运无关。天宝十年(751)九月,李南金上表称"天下水陆估价车乘有纲运",因此前不见"纲运"之说,再加上李南金所说的"纲运"与李杰陆运有直接的关系,故可知唐代"纲运"制度的形成应与李杰改革陆运"分为前后"以及天宝九年裴迥"分官押之,兼防其盗窃"有直接的关系。

---

① 宋·欧阳修等《新唐书·食货志三》,北京:中华书局1975年版,第1367—1368页。
② 唐·杜佑《通典·食货十》,杭州:浙江古籍出版社1988年版,第57页。
③ 宋·郑樵《通志·食货略》,杭州:浙江古籍出版社1988年版,第748页。
④ 宋·苏轼《论纲梢欠折利害状》,曾枣庄、舒大刚主编《三苏全书·苏轼文集》第12册,北京:语文出版社2001年版,第162页。

第二节　裴耀卿漕运改革

李杰以后,裴耀卿在漕运方面取得了显著的成果。裴耀卿总揽漕运事务,带有临危受命的特点。问题是,裴耀卿什么时候负责漕运事务的?前人有不同的看法,一是杜佑认为发生在唐玄宗开元二十一年(733),二是李吉甫认为发生在开元十八年。杜佑叙述裴耀卿从事漕运的始末时写道:"开元十八年,元宗问朝集使利害之事,宣州刺史裴耀卿上便宜曰:'江南户口稍广,仓库所资,唯出租庸,更无征防。缘水陆遥远,转运艰辛,功力虽劳,仓储不益。窃见每州所送租及庸调等,本州正月二月上道,至扬州入斗门,即逢水浅,已有阻碍,须停留一月以上。三月四月后,始渡淮入汴,多属汴河干浅,又船运停留。至六月七月后,始至河口,即逢黄河水涨,不得入河。又须停一两月,待河水小,始得上河。入洛即漕路干浅,船舻隘闹,般载停滞,备极艰辛。计从江南至东都,停滞日多,得行日少,粮食既皆不足,折欠因此而生。又江南百姓,不习河水,皆转雇河师水手,更为损费。伏见国家旧法,往代成规,择制便宜,以垂长久。河口元置武牢仓,江南船不入黄河,即于仓内便贮。巩县置洛口仓,船从黄河不入洛水,即于仓内安置。爰及河阳仓、柏崖仓、太原仓、永丰仓、渭南仓,节级取便,例皆如此。水通则随近运转,不通则且纳在仓,不滞远船,不忧欠耗,比于旷年长运,利便一倍有余。今若且置武牢、洛口等仓,江南船至河口,即却还本州,更得其船充运,并取所减脚钱,更运江淮变造义仓,每年剩得一二百万石。即数年之外,仓廪转加。其江淮义仓,多为下湿,不堪久贮,若无般运,三两年色变,即给贷费散,公私无益。'疏奏不省。

至二十一年,耀卿为京兆尹,京师雨水害稼,谷价踊贵。耀卿奏曰:'伏以陛下仁圣至深,忧勤庶务,小有饥乏,降诏哀矜,躬亲支计,救其危急。今既大驾东巡,百司扈从,诸州及三辅先有所贮,且随见在发重臣分道振给,计可支一二年。从东都广漕运,以实关辅,待稍充实,车驾西还,即事无不济。臣以国家帝业本在京师,万国朝宗,百代不易之所。但为秦中地狭,收粟不多,倘遇水旱,便即匮乏。往者贞观、永徽之际,禄廪数少,每年转运,不过一二十万石,所用便足,以此车驾久得安居。今升平日久,国用渐广,每年陕洛漕运,数倍于前,支犹不给。陛下数幸东都,以就贮积,为国大计,不惮劬劳,皆为忧人而行,岂是故欲来往。若能更广陕运支入京,仓廪常有二三年粮,即无忧水旱。今日天下输丁约有四百万人,每丁支出钱百文,充陕洛运脚,五十文充营窖等用,贮纳司农及河南府、陕州,以充其费。租米则各随远近,任自出脚送纳。东都至陕,河路艰险,既用陆脚,无由广致。若能开通河漕,变陆为水,则所支有余,动盈万计。且江南租船,所在候水,始敢进发。吴人不便河漕,由是所在停留,日月既淹,遂生隐盗。臣请于河口置一仓,纳江南租米,便令江南船回。其从河口即分入河洛,官自雇船载运。河运者至三门之东,置一仓。既属水险,即于河岸傍山车运十数里;至三门之西,又置一仓。每运至仓,即般下贮纳。水通即运,水细便止。渐至太原仓,溯河入渭,更无停留,所省巨万。臣常任济、定、冀等三州刺史,询访故事,前汉都关内,年月稍久,及隋亦在京师,缘河皆有旧仓,所以国用常赡。若依此行用,利便实深。'上大悦,寻以耀卿为黄门侍郎、同中书门下平章事,敕郑州刺史及河南少尹萧炅,自江淮至京以来,检古仓节级贮纳。仍以耀卿为转运都使。于是始置河阴县及河阴仓,河清县置柏崖仓,三门东置集津仓,三门西置三门仓。开三门北山十八里,陆行以避湍险。自江淮西北溯鸿沟,悉纳河阴仓。自河阴候水涨涸,漕送含嘉仓,又取晓习河水者,递送纳于太原仓,所谓北运也。自太原仓浮渭以实关中。凡三年,运七百万石,省脚三十万贯。"①

杜佑的基本观点是:开元十八年(730),唐玄宗"问朝集使利害之事"时,宣州刺史裴耀卿已提出改革漕运的方案,因唐玄宗并不认为漕运是"利害之事",故"疏奏不省";开元二十一年,裴耀卿任京兆尹以后,在"京师雨水害稼,谷价踊贵"及唐玄宗"既大驾东巡"的前提下,恢复漕运已迫在眉睫,故裴耀卿的上疏才受到唐玄宗的重视。因重视遂以裴耀卿为转运都使,总揽漕运事务。稍后,又"以耀卿为黄门侍郎、同中书门下平章事",并"仍以耀卿为转运都使"。从这样的角度看,裴耀卿改革漕运始于开元二十一年。

不过,李吉甫认为,裴耀卿改革漕运始于开元十八年。李吉甫记载道:"初,耀卿为宣州刺史,开元十八年,因朝集上便宜曰:'窃见江、淮诸州所送租庸等,本州正月、二月上道,至扬州入斗门,即逢水浅,停留一月已上,四月已后始渡淮入汴,多属干浅,又般运停留,至六月、七月方至河口。即遇黄河涨溢,不得入河,又须停一两月,待河水较小,始得上河入洛。即又漕洛干浅,船艘不通。计从江南至东都,停滞日多,得行日少,艰辛欠折,因此而生。伏见国家旧法,河口元置武牢仓,江南船不入黄河,即于仓内便贮也。巩县置洛口仓,从黄河不入漕洛,即于仓内安置。爰及河阳仓、柏崖仓、太原仓、永丰仓、渭南仓,节级取便,例皆如此。水通利则随近运转,不通利则且纳在仓,不滞远船,不生隐盗,每年剩得一二百万石,即数年之外,仓廪转加。'至二十二年,以耀卿为相,兼转运都使,于是遂分置河阴县及河阴仓,又河清县置柏崖仓,三门东置集津仓,三门西置盐仓。三门北凿山十八里,陆行以避湍险,自江、淮来者悉纳河阴仓,自河阴候水调浮漕送含嘉仓,又取晓习河水者递送太原仓,所谓北运也自太原仓浮渭以实关中。凡三年,运七百万石,省脚三十万贯。"②从表面上看,这一叙述与杜佑的叙述有同样的前提,均强调了开元十八年裴耀卿"因朝集上便宜",不过,在以下的叙述中与杜佑产生了分歧。具体地讲,杜佑称裴耀卿"上便宜"后"疏奏不省",但李吉甫略去此事不论,似表明开元十八年裴耀卿改革漕运的主张已受到唐玄宗的重视和采纳。杜佑称裴

---

① 唐·杜佑《通典·食货十》,杭州:浙江古籍出版社1988年版,第56—57页。
② 唐·李吉甫《元和郡县图志·河南道一》(贺次君点校),北京:中华书局1983年版,第136—137页。

耀卿开元二十一年上疏后,唐玄宗"寻以耀卿为黄门侍郎、同中书门下平章事",又称"仍以耀卿为转运都使",按照这一说法,裴耀卿任转运都使一职应发生在其为相以前即开元二十一年以前。但李吉甫叙述裴耀卿"因朝集上便宜"后,随后称开元二十二年(734)"以耀卿为相,兼转运都使",似表明开元十八年裴耀卿已任转运都使。只是全面改革漕运发生在开元二十二年裴耀卿为相兼转运都使之时。分析和比较杜佑和李吉甫记载之间的不同,可以得出的结论是:李吉甫叙述裴耀卿改革漕运是以开元十八年为节点的,同时又认为裴耀卿全面改革漕运是在开元二十二年为相以后,是从"分置河阴县及河阴仓,又河清县置柏崖仓"等开始的。

李吉甫的观点得到宋代王溥的肯定。王溥指出:"十八年,宣州刺史裴耀卿上言,请依旧法,敖仓于河口立输场以受米,置河阴县,及河阴、柏崖、集津、三门仓。凿崖开山,以车运数十里,积于太原仓。以利漕运。上从之,拜耀卿江淮转运使,仍以郑州刺史崔希逸、河南少尹萧炅为之副。转运盐铁之有副使,自此始也。耀卿主之三年,凡运六七百石,省陆运之佣三千万。旧制,东都含嘉仓,积江淮之米,载以大舆,运而西至于陕,三百里率两斛计佣钱千,此耀卿所省之数也。"①结合杜佑、李吉甫的论述看,"凡运六七百石,省陆运之佣三千万"有误,应指运六七百万石,省陆运之佣三十万。据此可知,开元十八年裴耀卿上疏漕运事宜后引起唐玄宗的重视,并官拜江淮转运使,从此总揽漕运事务。

杜佑与李吉甫的生活年代大体相同,两人于唐宪宗元和(806—820)年间先后任宰相。杜佑编撰《通典》始于唐代宗大历元年(766),并于唐德宗贞元十七年(801)完成,故史有是年十月"淮南节度使杜佑进《通典》,凡九门,共二百卷"②之说。李吉甫编撰《元和郡县图志》的时间始于元和初,于元和八年(813)完稿,其成书时间略晚于《通典》。客观地讲,《通典》与《元和郡县图志》均是严谨的学术著作,但究竟杜佑和李吉甫的记载哪个更准确呢?为此,需要做必要的辨析。

其一,杜佑曾担任淮南节度使一职,不但有治理河渠从事漕运的经历,而且十分熟悉裴耀卿整治漕运秩序的事迹。《通典》是一部典志体的政书或典志史,书中引用的唐代文献与唐代皇家档案有直接的关系,如《通典》收录了裴耀卿开元十八年和二十一年的疏奏,这些疏奏应来源于唐代内廷保存的文书档案。李吉甫的《元和郡县图志》虽说是重要的历史地理著作,但在交代事件的原委及细节方面显然不如《通典》。进而言之,出现这样的情况,应与两人掌握的史料不同相关。也就是说,杜佑从典志的角度记载唐代漕运改革的大事及裴耀卿参与漕运情况是从皇家档案入手的,这一记载的可信度应超过李吉甫的记载。

其二,杜佑的观点得到了史学家刘昫等人的认同。刘昫等编纂《旧唐书》时记载了裴耀

---

① 宋·王溥《唐会要·转运盐铁总叙》,北京:中华书局1955年版,第1587页。
② 后晋·刘昫等《旧唐书·德宗纪下》,北京:中华书局1975年版,第395页。

卿开元十八年和二十一年的疏奏,以此与《通典》所录文字对比的话,可以说两书几乎完全相同。略有不同的是,刘昫等叙述开元二十一年裴耀卿上疏朝廷时刻意渲染了"上将幸东都,独召耀卿问救人之术"①的背景,进而叙述了"上深然其言。寻拜黄门侍郎、同中书门下平章事,充转运使"②的情况。对比《旧唐书·裴耀卿传》《食货志下》中的记载,当知裴耀卿开始着手整顿漕运秩序应在开元二十一年秋天以后,是在唐玄宗的支持下升任宰相并兼转运使的背景下进行的。

其三,杜佑的观点得到了《新唐书》编撰者欧阳修等人的赞同。欧阳修等记载道:"开元十八年,宣州刺史裴耀卿朝集京师,玄宗访以漕事,耀卿条上便宜曰:'江南户口多,而无征防之役。然送租、庸、调物,以岁二月至扬州入斗门,四月已后,始渡淮入汴,常苦水浅,六七月乃至河口,而河水方涨,须八九月水落始得上河入洛,而漕路多梗,船樯阻隘。江南之人,不习河事,转雇河师水手,重为劳费。其得行日少,阻滞日多。今汉、隋漕路,濒河仓廪,遗迹可寻。可于河口置武牢仓,巩县置洛口仓,使江南之舟不入黄河,黄河之舟不入洛口。而河阳、柏崖、太原、永丰、渭南诸仓,节级转运,水通则舟行,水浅则寓于仓以待,则舟无停留,而物不耗失。此甚利也。'玄宗初不省。二十一年,耀卿为京兆尹,京师雨水,谷踊贵。玄宗将幸东都,复问耀卿漕事,耀卿因请'罢陕陆运,而置仓河口,使江南漕舟至河口者,输粟于仓而去,县官雇舟以分入河、洛。置仓三门东西,漕舟输其东仓,而陆运以输西仓,复以舟漕,以避三门之水险。'玄宗以为然。乃于河阴置河阴仓,河清置柏崖仓;三门东置集津仓,西置盐仓;凿山十八里以陆运。自江、淮漕者,皆输河阴仓,自河阴西至太原仓,谓之北运,自太原仓浮渭以实关中。玄宗大悦,拜耀卿为黄门侍郎、同中书门下平章事,兼江淮都转运使,以郑州刺史崔希逸、河南少尹萧炅为副使,益漕晋、绛、魏、濮、邢、贝、济、博之租输诸仓,转而入渭。"③《通典·食货十·漕运》与《新唐书·食货志三》分别迻录了裴耀卿开元十八年和二十一年疏奏,对比两段文字,尽管两者在叙述时有不同的侧重点,但表述的内容却是完全一致的。对比两书的记载,不难发现《新唐书·食货志三》虽然省略了裴耀卿开元二十一年的奏文,但这段文字并没有略去,在《新唐书》本传中得到了记载。之所以这样做,是因为裴耀卿开元十八年和二十一年疏奏的主要观点大同小异,采取这样的处理方式是为了避免行文时的前后重复,同时也是借用司马迁发明的"互见法"来进一步提高历史叙述的质量。《新唐书·裴耀卿传》云:"明年秋,雨害稼,京师饥。帝将幸东都,召问所以救人者。耀卿曰:'陛下既东巡,百司毕从,则太仓、三辅可遣重臣分道赈给,自东都益广漕运,以实关辅,关辅既实,则乘舆西还,事蔑不济。且国家大本在京师,但秦地狭,水旱易匮。往贞观、永徽时,禄廪者少,岁

---

① 后晋·刘昫等《旧唐书·裴耀卿传》,北京:中华书局1975年版,第3080页。
② 同①,第3081页。
③ 宋·欧阳修等《新唐书·食货志三》,北京:中华书局1975年版,第1366页。

漕粟二十万略足；今用度浸广，运数倍且不支，故数东幸，以就敖粟。为国大计，臣愿广陕运道，使京师常有三年食，虽水旱不足忧。今天下输丁约四百万，使丁出百钱为陕、洛运费，又益半为营窖用，分纳司农、河南、陕州。又令租米悉输东都。从都至陕，河益湍沮，若广漕路，变陆为水，所支尚赢万计。且江南租船候水始进，吴工不便河漕，处处停留，易生隐盗。请置仓河口，以纳东租，然后官自顾载，分入河、洛。度三门东西各筑敖仓，自东至者，东仓受之；三门迫险，则旁河凿山，以开车道，运十数里，西仓受之。度宜徐运抵太原仓，趋河入渭，更无留阻，可减费巨万。'天子然其计，拜黄门侍郎、同中书门下平章事，充转运使。"①这一记载完全可以补充《新唐书·食货志三》中省略的文字。如果再进一步对比杜佑、刘昫、欧阳修等人的史述，当知杜佑在记载中强调了裴耀卿上疏的主动性，刘昫强调了唐玄宗"独召耀卿问救人之术"的排他性，欧阳修以"帝将幸东都，召问所以救人者"为基本前提，强调了裴耀卿是众多"召问"者中的一员。从表面上看，三人的表述有一定的差异，但出发点一致，即三位史学家均认为开元二十一年是裴耀卿受命从事漕运活动的起点。

其四，宋代司马光充分地肯定了杜佑的观点。司马光在《资治通鉴·唐纪二十九·开元二十一年》记载道："关中久雨谷贵，上将幸东都，召京兆尹裴耀卿谋之，对曰：'关中帝业所兴，当百代不易，但以地狭谷少，故乘舆时幸东都以宽之。臣闻贞观、永徽之际，禄廪不多，岁漕关东一二十万石，足以周赡，乘舆得以安居。今用度浸广，运数倍于前，犹不能给，故使陛下数冒寒暑以恤西人。今若使司农租米悉输东都，自都转漕，稍实关中，苟关中有数年之储，则不忧水旱矣。且吴人不习河漕，所在停留，日月既久，遂生隐盗。臣请于河口置仓，使吴船至彼即输米而去，官自雇载分入河、洛。又于三门东西各置一仓，至者贮纳，水险则止，水通则下，或开山路，车运而过，则无复留滞，省费巨万矣。河、渭之滨，皆有汉、隋旧仓，葺之非难也。'上深然其言。"②开元二十一年，裴耀卿奉唐玄宗之命任转运使并开始着手改革漕运。后来因取得突出的成绩，裴耀卿升任宰相并继续兼任江淮、河南转运使，全权负责漕运事务。进而言之，开元二十一年唐玄宗"召京兆尹裴耀卿谋之"，是裴耀卿受命着手整顿漕运秩序的开始。如司马光叙述"上以裴耀卿为江淮、河南转运使，于河口置输场"后记载道："先是，舟运江、淮之米至东都含嘉仓，僦车陆运，三百里至陕，率两斛用十钱。耀卿令江、淮舟运悉输河阴仓，更用河舟运至含嘉仓及太原仓，自太原仓入渭输关中，凡三岁，运米七百万斛，省僦车钱三十万缗。或说耀卿献所省钱，耀卿曰：'此公家赢缩之利耳，奈何以之市宠乎！'悉奏以为市籴钱。"③从"先是"一语中可证，裴耀卿整顿漕运秩序，发生在开元二十一年的秋天即唐玄宗"召京兆尹裴耀卿谋之"以后。

---

① 宋·欧阳修等《新唐书·裴耀卿传》，北京：中华书局1975年版，第4453页。
② 宋·司马光《资治通鉴·唐纪二十九》（邹国义校点），上海：上海古籍出版社1997年版，第1974页。
③ 宋·司马光《资治通鉴·唐纪三十》（邹国义校点），上海：上海古籍出版社1997年版，第1976页。

其五，李吉甫史述时多有缺失之处，容易造成误解，如李吉甫记载开元十八年裴耀卿的上疏后，又立即说"至二十二年，以耀卿为相，兼转运都使"。这一叙述似表明，开元十八年以后，裴耀卿已开始着手整顿漕运。其实不然，当中多有省略。据《唐书》本传，裴耀卿任宣州刺史以后，随后又任冀州刺史、户部侍郎等职，开元二十年（732）冬任京兆尹一职。从任职的情况看，在这期间，裴耀卿不可能越权越职参与到漕运事务之中。参与漕运事务只有在开元二十一年唐玄宗东幸洛阳前问政时，裴耀卿才有谈论关于漕运改革的构想，才有可能临危受命参与到漕运事务之中，并"寻拜黄门侍郎、同中书门下平章事，充转运使"①。进而言之，从开元十八年到开元二十一年唐玄宗东幸洛阳以前，裴耀卿都没有担任转运使一职。此外，除了李吉甫史述时多有缺失之处外，造成李吉甫观点的王溥在史述时亦多有自相矛盾的地方。如王溥称开元十八年裴耀卿上疏以后，"上从之，拜耀卿江淮转运使"②的说法明显有误。具体地讲，开元十八年，裴耀卿提出改革漕运之策时，出现了"疏奏不省"的情况。所谓"不省"，是指朝廷不予理会，欧阳修将此表述为"玄宗初不省"。开元二十年，裴耀卿任京兆尹以后情况发生了变化。京兆尹是京师地区的最高行政长官，不但负有维护京师地区安全的责任，而且有参与朝政的机会。这样一来，当唐玄宗问政时，裴耀卿才有发表意见的资格。具体地讲，开元二十一年秋为缓解"京师雨水害稼，谷价踊贵"的压力，唐玄宗决定移驾洛阳"就食"。抓住这一机会，裴耀卿从漕运现状入手，详细分析了漕运过程中存在的问题，提出具有针对性的改革漕运建设水次仓的构想，为此，赢得了唐玄宗的信任和支持。进而言之，如果说开元十八年裴耀卿改革漕政之议没有受到重视，与没有发生漕运危机等有直接关系的话，那么，当唐玄宗不得不东幸洛阳时，当能否顺利地漕运关中及长安已涉及社会秩序稳定的大问题时，唐玄宗采纳裴耀卿的建议并整顿漕运已成为刻不容缓的大事。据此，开元十八年应是裴耀卿提出改革漕运构想的年代，不应该是参与漕运事务的年代。从这样的角度看，杜佑的观点应比李吉甫的观点更有说服力。

归纳上引杜佑《通典》、李吉甫《元和郡县图志》、刘昫等《旧唐书》、欧阳修等《新唐书》、司马光《资治通鉴》等记载，可以得出的结论是：开元十八年，裴耀卿提出改革漕运的思想，但没有引起唐玄宗的重视。开元二十一年秋，裴耀卿再度提出改革漕运的主张，因漕运危机已直接影响到唐王朝的安定，故进入到实施阶段。

从历时的角度看，裴耀卿改革漕运的思想最迟在唐玄宗开元十八年时已初步形成。史称："十八年，宣州刺史裴耀卿上便宜事条曰：'江南户口稍广，仓库所资，惟出租庸，更无征防。缘水陆遥远，转运艰辛，功力虽劳，仓储不益。窃见每州所送租及庸调等，本州正二月上道，至扬州入斗门，即逢水浅，已有阻碍，须留一月已上。至四月已后，始渡淮入汴，多属汴河

---

① 后晋·刘昫等《旧唐书·裴耀卿传》，北京：中华书局1975年版，第3081页。
② 宋·王溥《唐会要·转运盐铁总叙》，北京：中华书局1955年版，第1587页。

干浅,又般运停留,至六七月始至河口。即逢黄河水涨,不得入河。又须停一两月,待河水小,始得上河。入洛即漕路干浅,船艘隘闹,般载停滞,备极艰辛。计从江南至东都,停滞日多,得行日少,粮食既皆不足,欠折因此而生。又江南百姓不习河水,皆转雇河师水手,更为损费。伏见国家旧法,往代成规,择制便宜,以垂长久。河口元置武牢仓,江南船不入黄河,即于仓内便贮。巩县置洛口仓,从黄河不入漕洛,即于仓内安置。爰及河阳仓、柏崖仓、太原仓、永丰仓、渭南仓,节级取便,例皆如此。水通则随近运转,不通即且纳在仓,不滞远船,不忧久耗,比于旷年长运,利便一倍有余。今若且置武牢、洛口等仓,江南船至河口,即却还本州,更得其船充运。并取所减脚钱,更运江淮变造义仓,每年剩得一二百万石。即望数年之外,仓廪转加。其江淮义仓,下湿不堪久贮,若无船可运,三两年色变,即给贷费散,公私无益。'疏奏不省。"①"便宜事",指合乎时势要求及根据具体情况所采取的措施。由于此时裴耀卿所说的改革漕运不是朝政的当务之急,故其主张没有受到重视。尽管如此,这一时间却是裴耀卿改革漕运思想的形成期。因为有了这一前提,裴耀卿才有可能在开元二十一年秋完善其思想,并在唐玄宗的支持下进入漕运改革的实施阶段。

从表面上看,开元二十一年秋天,关中水灾及唐玄宗被迫东幸洛阳是裴耀卿受命总揽漕运事务的直接原因。其实不然,更为准确的原因是:府兵制遭受破坏后,漕运畅达与否已成为最大的"利害之事"。具体地讲,长安是唐王朝的政治中心,关中及长安稳定与否直接关系到唐王朝的稳定。为了消除日益严重的边患,关中需要驻扎大量的军队,然而,关中的粮食一向不能自足,且自然灾害频仍,为应对这一危机,只能通过君主率百官"就食"洛阳的方法来缓解"兵食"增长带来的压力,如史有唐玄宗"数幸东都,以就贮积"②之说。

遗憾的是,李杰虽然有加强漕转之举,但始终无法满足关中的"兵食"需求。在漕转不利直接危及唐王朝政治统治的关口,唐玄宗决定由裴耀卿负责筹划漕运事务,试图解决因江淮漕运不济造成的困境及政权危机。《旧唐书·食货志下》云:"至二十一年,耀卿为京兆尹,京师雨水害稼,谷价踊贵,玄宗以问耀卿,奏称:'昔贞观、永徽之际,禄廪未广,每岁转运,不过二十万石便足。今国用渐广,漕运数倍,犹不能支。从都至陕,河路艰险,既用陆运,无由广致。若能兼河漕,变陆为水,则所支有余,动盈万计。且江南租船,候水始进,吴人不便漕挽,由是所在停留,日月既淹,遂生窃盗。臣望于河口置一仓,纳江东租米,便放船归。从河口即分入河、洛,官自雇船载运。三门之东,置一仓。三门既水险,即于河岸开山,车运十数里。三门之西,又置一仓,每运至仓,即般下贮纳。水通即运,水细便止。自太原仓溯河,更无停留,所省巨万。前汉都关中,年月稍久,及隋亦在京师,缘河皆有旧仓,所以国用常赡。'上深然其言。至二十二年八月,置河阴县及河阴仓、河西柏崖仓、三门东集津仓、三门西盐

---

① 后晋·刘昫等《旧唐书·食货志下》,北京:中华书局1975年版,第2114—2115页。
② 后晋·刘昫等《旧唐书·裴耀卿传》,北京:中华书局1975年版,第3081页。

仓。开三门山十八里,以避湍险。自江淮而溯鸿沟,悉纳河阴仓。自河阴送纳含嘉仓,又送纳太原仓,谓之北运。自太原仓浮于渭,以实关中。上大悦。寻以耀卿为黄门侍郎、同中书门下平章事,充江淮、河南转运都使,以郑州刺史崔希逸、河南少尹萧炅为副。"①开元二十一年,裴耀卿提出的漕运改革措施,主要重申了开元十八年提出的观点。《新唐书·食货志三》有大致相同的记载,略有不同的是,《新唐书·食货志三》强调了玄宗"将幸东都"②这一前提,而刘昫等叙述时将此语放到了《旧唐书·裴耀卿传》中。

唐玄宗"将幸东都"时召见裴耀卿,是希望裴耀卿能从根本上解决困扰唐王朝政治稳定的难题。裴耀卿在上疏中写道:"臣闻前代圣王,亦时有忧害,更施惠泽,活国济人,由是苍生仰德,史册书美。伏以陛下仁圣至深,忧勤庶政,小有饥乏,降情哀矜,躬亲支计,救其危急。上玄降鉴,当更延福祚,是因有小灾而增辉圣德也。今既大驾东巡,百司扈从,太仓及三辅先所积贮,且随见在发重臣分道赈给,计可支一二年。从东都更广漕运,以实关辅。待稍充实,车驾西还,即事无不济。臣以国家帝业,本在京师,万国朝宗,百代不易之所。但为秦中地狭,收粟不多,倘遇水旱,便即匮乏。往者贞观、永徽之际,禄廪数少,每年转运不过一二十万石,所用便足,以此车驾久得安居。今国用渐广,漕运数倍于前,支犹不给。陛下数幸东都,以就贮积,为国大计,不惮劬劳,只为忧人而行,岂是故欲来往。若能更广陕运,支粟入京,仓廪常有三二年粮,即无忧水旱。"③裴耀卿认为,如不能保证关中及长安的粮食需求,将会动摇唐王朝统治的根基。根据这一情况,裴耀卿提出了四个方面的应对方案:一是"大驾东巡,百司扈从"后,委派重臣"分道赈给",以稳定关中日趋复杂的局势;二是采取措施"从东都更广漕运,以实关辅",以应对"今国用渐广,漕运数倍于前,支犹不给"的局面;三是针对唐玄宗率百官"数幸东都"有可能长期滞留洛阳的情况,提出"待稍充实,车驾西还,即事无不济"主张,表达了"臣以国家帝业,本在京师,万国朝宗,百代不易之所"的看法;四是开辟新的漕运通道,"更广陕运,支粟入京",增加长安仓储。四个应对方案中,除了第一条涉及在关中开仓放粮赈荒,与漕运没有直接的关系外,其他三条均与漕运相关。其实,即便是在关中开仓放粮依旧涉及漕运,之所以这样说,是因为关中仓储主要是通过关东漕运实现的。在关中粮食危机空前加重的前提下,及时地加强漕运已成为稳固关中及长安的头等大事。显而易见,稳定关中可以稳定西北边防,可以稳定长安和经营关东。进而言之,裴耀卿的改革漕运措施

---

① 后晋·刘昫等《旧唐书·食货志下》,北京:中华书局1975年版,第2115—2116页。

② 史称:"二十一年,耀卿为京兆尹,京师雨水,谷踊贵。玄宗将幸东都,复问耀卿漕事,耀卿因请'罢陕陆运,而置仓河口,使江南漕舟至河口者,输粟于仓而去,县官雇舟以分入河、洛。置仓三门东西,漕舟输其东仓,而陆运以输西仓,复以舟漕,以避三门之水险。'玄宗以为然。乃于河阴置河阴仓,河清置柏崖仓;三门东置集津仓,西置盐仓;凿山十八里以陆运。自江、淮漕者,皆输河阴仓,自河阴西至太原仓,谓之北运,自太原仓浮渭以实关中。"(宋·欧阳修等《新唐书·食货志三》,北京:中华书局1975年版,第1366页)。

③ 后晋·刘昫等《旧唐书·裴耀卿传》,北京:中华书局1975年版,第3080—3081页。

实际上是以稳固关中而稳固国家之根本的方案,是有深邃的战略眼光的。

从开元二十一年秋主持漕运事务开始,裴耀卿的漕运改革主要采取了七项措施:一是采取分级接运、变长运为短运之策;二是加强黄河漕运,尽量缩短陆运里程,最大限度地实施变陆运为水运之策;三是加大黄河水次仓建设的密度,提高黄河漕运的能力;四是惩隋之败,缩小水次仓建设的规模;五是重点建设河口仓,拓展漕运路径;六是建设可供接运漕米及其他货物的输场,将输场建设与水次仓建设结合到一起,拓展漕运范围;七是将江淮义仓中的储米纳入漕运范围,通过置换义仓储米等,在利民的同时扩大取粮范围,尽可能地缩短运程并根据不同航段的水文变化适时起运。七项措施实施后,极大地改善了唐代漕转的现状。根据这一情况,现分述如下。

变长运为短运及采取分级接运之策是裴耀卿改革漕运的重要举措。在裴耀卿改革漕运以前,唐代面向江淮的漕运主要采用长运和自洛阳漕转之策。李林甫叙述唐初漕转制度时指出:"凡都之东租纳于都之含嘉仓,自含嘉仓转运以实京之太仓。自洛至陕运于陆,自陕至京运于水,量其递运节制,置使以监统之。"①裴耀卿改革漕运后,采取了江不入河、河不入洛、河不入渭的短运之策,如史有"又取晓习河水者,递送纳于太原仓"②之说,又如裴耀卿先后提出"巩县置洛口仓,从黄河不入漕洛,即于仓内安置。爰及河阳仓、柏崖仓、太原仓、永丰仓、渭南仓,节级取便,例皆如此。水通则随近运转,不通即且纳在仓"③和"且江南租船,候水始进,吴人不便漕挽,由是所在停留,日月既淹,遂生窃盗。臣望于河口置一仓,纳江东租米,便放船归。从河口即分入河、洛,官自雇船载运。……水通即运,水细便止"④之说。

在变长运为短运的过程中,裴耀卿主要取得了五个方面的成果:一是解决了船夫长期滞留在外增加的负担;二是加强过程管理,避免了不必要的耗损和由此产生的偷盗行为等;三是由熟悉水文的船夫负责相关航段的漕运,如由熟悉黄河水文的船夫负责黄河及三门峡漕运,由熟悉长江、淮河水文的船夫负责相关航段的漕运,由熟悉渭河水文的船夫负责渭河漕运等,从而避免了不必要的损失;四是就近入仓和适时起运,节省了候水待运的时间,提高了效率,如史有"水通则随近运转,不通则且纳在仓,不滞远船,不忧欠耗,比于旷年长运,利便一倍有余"⑤之说;五是采取"从河口即分入河、洛,官自雇船载运"之策,减轻了船夫及官府的负担。在变长运为短运以前,江南租船的目的地是洛阳含嘉仓。沈枢记载道:"先是,舟运江淮之米至东都含嘉仓,僦车陆运三百里至陕,率两斛用十钱。耀卿令江淮舟运悉输河阴

---

① 唐·李林甫等《唐六典·尚书户部》(陈仲夫点校),北京:中华书局1992年版,第84页。
② 唐·杜佑《通典·食货十》,杭州:浙江古籍出版社1988年版,第57页。
③ 后晋·刘昫等《旧唐书·食货志下》,北京:中华书局1975年版,第2114—2115页。
④ 同③,第2115页。
⑤ 同③。

仓,更用河舟运至含嘉仓及太原仓。"①改长运为短运以后,租船至汴口卸米回程,随后由官府雇用熟悉黄河及洛水航线的船夫负责自汴口入河、自黄河入洛航段之间的运粮。从表面上看,由官府"更用河舟运至含嘉仓及太原仓",明显地增加了财政支出,其实不然,"官自雇船载运"的费用主要来自江南租船提早归程后节省下来的"脚钱",如裴耀卿有"又江南百姓不习河水,皆转雇河师水手,更为损费。……今若且置武牢、洛口等仓,江南船至河口,即却还本州,更得其船充运。并取所减脚钱"②之说。通过收取江南租船民运时本应支付的费用,在不增加国家财政支出的同时解决了官府参与漕运时产生的费用。

在采取分级接运、变长运为短运之策的同时,裴耀卿采取了变陆运为水运的措施。自关东漕运关中最便捷的通道是自黄河入渭,但受三门峡的制约,唐故初漕转主要采取自洛阳转陆运之策。问题是,走殽函古道陆运虽然可以避开三门峡风险并保证一定的转运岁额,但陆运成本远远地高于水运,再加上山路崎岖,同样要付出巨大的代价,为此,裴耀卿提出了变陆运为水运的主张,试图通过加强黄河漕运、缩短陆运里程等降低漕转成本。具体地讲,开元十八年,裴耀卿提出"若能开通河漕,变陆为水,则所支有余,动盈万计"③的构想后,开元二十一年,裴耀卿总揽漕运事务后又进一步完善这一思想,并将其付诸实践。如他在《京师饥请广漕运疏》中写道:"陛下既东巡,百司毕从,则太仓、三辅可遣重臣分道赈给,自东都益广漕运,以实关辅,关辅既实,则乘舆西还,事蔑不济。且国家大本在京师,但秦地狭,水旱易匮。往贞观、永徽时,禄廪者少,岁运粟二十万略足;今用度浸广,运数倍且不支,故数东幸,以就敖粟。为国大计,臣愿广陕运道,使京师常有三年食,虽水旱不足忧。今天下输丁约四百万,使丁出百钱为陕、洛运费,又益半为营窖用,分纳司农、河南、陕州。又令租米悉输东都。从都至陕,河益湍泹,若广漕路,变陆为水,所支尚赢万计。且江南租船候水始进,吴工不便河漕,处处停留,易生隐盗。请置仓河口,以纳东租,然后官自顾载,分入河、洛。度三门东西各筑敖仓,自东至者,东仓受之;三门迫险,则旁河凿山,以开车道,运十数里,西仓受之。度宜徐运抵太原仓,趋河入渭,更无留阻,可减费巨万。"④

为"广漕路,变陆为水",裴耀卿将开辟三门峡山路放到恢复黄河漕运的主要方面,如司马光有"上以裴耀卿为江淮、河南转运使,于河口置输场。八月,壬寅,于输场东置河阴仓,西置柏崖仓,三门东置集津仓,西置盐仓。凿漕渠十八里,以避三门之险"⑤之说。所谓"凿漕渠十八里",是指沿三门峡开凿十八里山路,如裴耀卿有"三门既水险,即于河岸开山,车运十

---

① 宋·沈枢《通鉴总类·转输门》,《四库全书》第462册,上海:上海古籍出版社1987年版,第25页。
② 后晋·刘昫等《旧唐书·食货志下》,北京:中华书局1975年版,第2114—2115页。
③ 后晋·刘昫等《旧唐书·裴耀卿传》,北京:中华书局1975年版,第3081页。
④ 宋·欧阳修等《新唐书·裴耀卿传》,北京:中华书局1975年版,第4453页。
⑤ 宋·司马光《资治通鉴·唐纪三十》(邬国义校点),上海:上海古籍出版社1997年版,第1975页。

数里。三门之西,又置一仓,每运至仓,即般下贮纳"①之说可证。开辟山路后,以三门峡东集津仓和三门峡西盐仓、柏崖仓为黄河漕运的接运点,出现了"自太原仓溯河,更无停留,所省巨万"②的局面。杜佑有"于是始置河阴县及河阴仓,河清县置柏崖仓,三门东置集津仓,三门西置三门仓"③等语,当知三门仓即西仓又称"盐仓"。裴耀卿在三门西建水次仓时以"盐仓"命名,表明这些水次仓除了储粮还有储盐的功能。杜佑引裴耀卿语记载道:"臣请于河口置一仓,纳江南租米,便令江南船回。其从河口即分入河洛,官自雇船载运。河运者至三门之东,置一仓。既属水险,即于河岸傍山车运十数里;至三门之西,又置一仓。每运置仓,即般下贮纳。水通即运,水细便止。渐至太原仓,溯河入渭,更无停留,所省巨万。臣常任济、定、冀等三州刺史,询访故事,前汉都关内,年月稍久,及隋亦在京师,缘河皆有旧仓,所以国用常赡。若依此行用,利便实深。"④这一记载可补《旧唐书·食货志下》叙述中的不足。漕运关中的瓶颈是黄河航道,黄河经不同地区时有不同的走向、不同的水文、不同的通航能力。通过调查研究,裴耀卿采取"开通河漕,变陆为水"等措施增强了黄河的漕运能力。

为实施"广漕路,变陆为水"之策的,裴耀卿加大了黄河沿岸水次仓建设的密度。经过建设,形成了"至二十二年八月,置河阴县及河阴仓、河西柏崖仓、三门东集津仓、三门西盐仓。开三门山十八里,以避湍险。自江淮而溯鸿沟,悉纳河阴仓。自河阴送纳含嘉仓,又送纳太原仓,谓之北运。自太原仓浮于渭,以实关中"⑤的局面。"二十二年八月"指开元二十二年八月。黄河水次仓串连在一起形成接运之势后,可根据水文变化或起运或仓储,提高了漕船通过黄河的能力。在这中间,裴耀卿充分利用了唐前及唐代水次仓建设的成果,进而形成了因循唐前旧仓和改造唐仓的特点。史称:"隋初,漕关东之粟以实京邑,卫州黎阳仓、荥阳洛口仓、洛州河阳仓、陕州常平仓、潼关、渭南亦皆有仓,以转运之,各有监官。皇朝因之。"⑥在裴耀卿改革漕运以前,唐代虽然吸取了隋代漕运的长处,但没有严格地规定入仓地点。裴耀卿总揽漕运事务后,规定了漕船行运范围、仓储地点及分级接运的起止地,实践了开元十八年提出的"河口元置武牢仓,江南船不入黄河,即于仓内便贮。巩县置洛口仓,船从黄河不入洛水,即于仓内安置。爰及河阳仓、柏崖仓、太原仓、永丰仓、渭南仓,节级取便"⑦构想。《新

---

① 后晋·刘昫等《旧唐书·食货志下》,北京:中华书局1975年版,第2115页。

② 同①。

③ 唐·杜佑《通典·食货十》,杭州:浙江古籍出版社1988年版,第57页。

④ 同③。

⑤ 同①。

⑥ 唐·李林甫等《唐六典·司农寺》(陈仲夫点校),北京:中华书局1992年版,第528页。

⑦ 同③。

唐书·食货志三》有类似的记载①。因这些水次仓有"节级取便"的功能,在一定程度上改善了黄河漕运。

隋唐两代的水次仓建设大都是沿黄河两岸展开的,这一情况表明:黄河是漕运关中的关键性航段。在深入考察隋唐两代水次仓建设的过程中,裴耀卿认为漕运不畅主要是由黄河行运受阻及三门峡天险造成的。据此,裴耀卿把重点改造黄河沿岸旧有的水次仓放到重要的位置上,具体地讲,根据漕运形势及需要,选择性地改造隋唐两代原有的水次仓,实施"节级贮纳"及"节级转运"之策,以最大限度地消除黄河漕运中的障碍,如史有"咸亨元年闰九月六日,置河阳仓,……三年六月十七日,于洛州柏崖置敖仓,容二十万石,至开元十年九月十一日废。……十年九月十五日,废河阳、柏崖、坦县等仓"②之说。

河阳仓是隋代旧仓,唐高宗咸亨元年(670)重建河阳仓事件表明河阳仓(在今河南偃师)是唐代漕运时不可或缺的水次仓。那么,柏崖仓建在什么地方？王应麟记载道:"河清县,咸亨四年置柏崖县,寻省,有柏崖仓。"③顾炎武注"河清县柏崖仓"一语时有"在今孟津县"④语。开元十年唐玄宗"废河阳、柏崖仓"⑤,联系裴耀卿开元十八年有"爰及河阳仓、柏崖仓、太原仓、永丰仓、渭南仓,节级取便"之说,再联系"至二十二年八月,置河阴县及河阴仓、河西柏崖仓、三门东集津仓、三门西盐仓"⑥等语,当知经过改造后,河阳仓、柏崖仓等有了接运等功能。"置河阴县及河阴仓、河西柏崖仓、三门东集津仓、三门西盐仓"只是列举黄河沿岸的数仓,并不是说只有这四座水次仓具体地负责接转黄河漕运事务。王应麟论述道:"《会要》:咸亨三年六月十七日(丙子)于洛州柏崖置敖仓,容二十万石(《通典》:考功郎中王本立置)。至开元十年九月十一日废。《六典》:太原、永丰、龙门诸仓,每仓监一人。注:隋初,漕关东之粟以实京邑。卫州黎阳仓、荥阳洛口仓、洛州河阳仓、陕州常平仓。潼关渭南亦皆有仓。皇朝因之。《地理志》:河南府,巩有洛口仓,河清有柏崖仓,陕西三门西有盐仓,东有集津仓,陕有太原仓,孟州河阴有河阴仓,华州华阴有永丰仓、临渭仓。"⑦王应麟依《新唐书·地理志》强调了唐代黄河接运有包括河阳仓在内的等九座水次仓。宫梦仁引《新唐

---

① 裴耀卿称:"可于河口置武牢仓,巩县置洛口仓,使江南之舟不入黄河,黄河之舟不入洛口。而河阳、柏崖、太原、永丰、渭南诸仓,节级转运,水通则舟行,水浅则寓于仓以待,则舟无停留,而物不耗失。"(宋·欧阳修等《新唐书·食货志三》,北京:中华书局1975年版,第1366页)。
② 宋·王溥《唐会要·仓及常平仓》,北京:中华书局1955年版,第1612—1613页。
③ 宋·王应麟《困学纪闻·考史》(栾保群、田松青、吕宗力校点),上海:上海古籍出版社2008年版,第1804页。
④ 清·顾炎武《日知录》卷二十六《通鉴》,黄汝成集释《日知录集释》(栾保群、吕宗力校点),上海:上海古籍出版社2006年版,第1481页。
⑤ 后晋·刘昫等《旧唐书·玄宗纪上》,北京:中华书局1975年版,第184页。
⑥ 后晋·刘昫等《旧唐书·食货志下》,北京:中华书局1975年版,第2115页。
⑦ 宋·王应麟《玉海·食货》,南京:江苏古籍出版社1987年版,第3375—3376页。

书·地理志》列"唐九仓"条时解释道:"河南府巩有洛口仓,河清有柏崖仓,陕西三门西有盐仓,东有集津仓,陕有太原仓,孟州河阴有河阴仓,华州华阴有永丰仓、临渭仓,河中府龙门有龙门仓。"①这一叙述表明,"唐九仓"是唐代黄河漕运时的中转仓。据此,裴耀卿改革漕运实行"节级转运"时,一是利用了隋仓,二是利用了唐仓。在这中间,柏崖仓等虽建在唐代,但其在裴耀卿改革漕运以前已停止使用,这一情况表明裴耀卿改革漕运时除了利用隋代旧有的水次仓外,同时又改造了唐代废弃的旧仓并再度投入使用。

从另一个层面看,黄河水次仓建设虽然是漕运改革的重点区域,但唐代漕运的主要起运地是江淮,因京口(在今江苏镇江)是江南漕运及辐射长江流域的航段节点,需要在此建仓实施中转。如马端临论述道:"唐时漕运,大率三节。江淮是一节,河南是一节,陕西到长安是一节。所以当时漕运之臣,所谓无如此。三节最重者京口。初,京口济江淮之粟,所会于京口,京口是诸郡咽喉处。初时,润州、江淮之粟至于京口,到得中间,河南、陕西互相转输。然而三处,惟是江淮最切,何故? 皆自江淮发足,……以此三节,惟是京口最重。"②京口是长江流域漕运中转的重地,这一区域虽然不像黄河那样是漕运的瓶颈,但一样需要重点经营。在这中间,裴耀卿采取的方法是将沿线旧仓纳入使用的范围。杜佑记载道:"自江淮至京以来,检古仓节级贮纳。仍以耀卿为转运都使。于是始置河阴县及河阴仓,河清县置柏崖仓,三门东置集津仓,三门西置三门仓。开三门北山十八里,陆行以避湍险。自江淮西北溯鸿沟,悉纳河阴仓。自河阴候水涨涸,漕送含嘉仓,又取晓习河水者,递送纳于太原仓,所谓北运也。自太原仓浮渭以实关中。"③所谓"自江淮至京以来,检古仓节级贮纳",是指裴耀卿利用原有的旧仓将长江腹地纳入漕运范围,进而在"节级贮纳"和"节级转运"的过程中发挥旧仓的作用。具体地讲,江淮及江淮以远的漕船根据沿线的水文情况或仓储或起运,经汴渠至汴口入河阴仓,随后根据黄河水文适时起运,或自河阴仓入含嘉仓,或经黄河至三门峡以东入集津仓,或自三门峡以西入盐仓、柏崖仓、太原仓等,随后自太原仓起运,沿黄河至渭口入永丰仓、渭南仓等,自永丰仓、渭南仓等起运入渭至长安。通过利用沿途旧仓进行接运,进而形成了"江南之运积扬州,汴河之运积河阴,河船之运积渭口,渭船之运入太仓"④的局面,如丘浚评价道:"臣按:耀卿此奏,玄宗不省。在当时虽未行,然其所谓沿河置仓,水通则舟行,水浅则寓于仓以待,此法亦良便。"⑤这些水次仓分布在不同的航段节点,在一定程度上消除了黄河

---

① 清·官梦仁《读书纪数略·人部》,《四库全书》第1033册,上海:上海古籍出版社1987年版,第557页。
② 元·马端临《文献通考·国用考三》,杭州:浙江古籍出版社1988年版,第248页。
③ 唐·杜佑《通典·食货十》,杭州:浙江古籍出版社1988年版,第57页。
④ 宋·欧阳修等《新唐书·食货志三》,北京:中华书局1975年版,第1368页。
⑤ 明·丘浚《大学衍义补·漕挽之宜上》(林冠群、周济夫校点),北京:京华出版社1999年版,第304页。

漕运的不利障碍。为此，丘浚高度赞扬了"水通则舟行，水浅则寓于仓以待"之策。进而言之，此策为裴耀卿改革漕运的重要支柱，经过长时间的实践和确证，成为唐代管理漕运的制度和法则，并为后世所遵循。

除了重点建设黄河水次仓、利用江淮及江淮以远的古仓加强漕运外，裴耀卿建造水次仓时，遵循了唐代缩小水次仓规模的既定国策。唐初，马周向唐太宗李世民提出了缩小仓储的建议："自古以来，国之兴亡，不由积畜多少，唯在百姓苦乐。且以近事验之，隋家贮洛口仓，而李密因之；东都积布帛，而世充据之；西京府库，亦为国家之用，至今未尽。向使洛口、东都无粟帛，则世充、李密未能必聚大众。但贮积者固是有国之常事，要当人有余力而后收之，岂人劳而强敛之，更以资寇，积之无益也。"①马周认为，国家兴亡应以百姓安居乐业为前提，如果不能保证百姓安居乐业，即便是扩大仓储也无济于事，其结果是只会出现王世充、李密据仓反隋的局面，进而动摇国家的根基。为此，马周主张贮积不可"强敛"，以保证民生。遗憾的是，马周缩小仓储的主张虽然有战略眼光，但因忙于统一战争没能立即被采纳，只有等到唐王朝统治进入稳定期以后才能实施。

唐王朝在什么时间采取缩小仓储的措施已不太清楚，然而，裴耀卿沿河设水次仓当是缩小仓储的重要环节。杜佑统计唐玄宗天宝八年（749）中央粮仓储粮情况时记载道："诸色仓粮总千二百六十五万六千六百二十石：北仓（六百六十一万六千八百四十石），太仓（七万一千二百七十石），含嘉仓（五百八十三万三千四百石），太原仓（二万八千一百四十石），永丰仓（八万三千七百二十石），龙门仓（二万三千二百五十石）。"②这里所说的各仓均可视为开元二十一年裴耀卿改革漕运时建立的水次仓，其规模远远地低于隋代水次仓的水平。马端临引宋代胡寅（字明仲，号致堂先生）语论述道："隋炀积米，其多至二千六百余万石，何凶旱水溢之足虞！然极奢于内，穷武于外，耕桑失业，民不聊生，所谓江河之水不能实漏瓮。仓窖充盈，适足为重敛多藏之罪耳。"③据此，裴耀卿改革漕运实行"节级贮纳"及"节级转运"之策，通过分储沿河各水次仓的做法缩小了仓储规模，从一个侧面实践了唐王朝缩小仓储的战略构想。

重点建设河口仓，拓展漕运路径。史家论述道："河南自昔转输处也，尧、舜、禹都冀州。《禹贡》载浮于洛，达于河，其时之贡道即运道也。殷周以来，诸侯封建各食其土，故漕运之制未详。汉兴，乃始事漕挽，历代因之，大抵因建都所在，而为之，经营其利弊，乃可得而究。云汉都关中，引渭穿渠，至河以漕。东汉晋都洛阳，修汴渠，或凿陕南山，决河东注洛以行漕。隋沿河置仓，唐亦置河口输场分运入河洛，时则自江达淮，自淮达汴，自汴达河，而洛而渭而

---

① 后晋·刘昫等《旧唐书·马周传》，北京：中华书局1975年版，第2617页。
② 唐·杜佑《通典·食货十二》，杭州：浙江古籍出版社1988年版，第71页。
③ 元·马端临《文献通考·国用考三》，杭州：浙江古籍出版社1988年版，第241页。

专以河为急。"①黄河与汴、洛、渭交汇处既是中转接运点,也是水文变化较大直接影响漕运的河口。根据这些特点,为适时起运,裴耀卿通过改造河阴仓、渭南仓、龙门仓等旧仓,专门建立了汴不入河、河不入洛、河不入渭、河不入汾的漕运机制。河阴仓是裴耀卿改革漕运时重点建设的河口仓,将在后面专门论述,这里略去不论。

在渭口建造水次仓,发生在唐高宗一朝。王溥记载道:"咸亨三年,关中饥。监察御史王师顺奏:'请运晋、绛州仓粟以赡之。'上委以漕运。河、渭之间,舟楫相继。置仓于渭南东,师顺始也。"②唐高宗咸亨三年(672),王师顺建造了自河入渭的河口仓。王溥又记载道:"皇朝自武德、永徽以后,姜行本、薛大鼎、褚朗皆以漕运上言,然未能通济。其后,监察御史王师顺,运晋、绛之粟,于河、渭之间,增置渭桥仓。自师顺始也。"③王师顺在渭南建仓,应与河、渭水文不同相关,经此,建立了河不入渭的转运秩序。将上引王溥的两则记载放到一块对读,当知王师顺建造的渭南仓又称"渭桥仓"。宫梦仁叙述隋代水次仓分布情况时,有"卫州黎阳仓,荥阳洛口仓,洛州河阳仓,陕州常平仓。潼关、渭南亦皆有仓"④之说,综合这些情况,当知王师顺在渭南东增置的渭桥仓很可能沿用了隋代旧仓。渭桥仓位于黄河与渭水交汇的河口,该仓沿黄河漕运时可分别接纳河东、河南及江淮以远的漕粮。开元二年(714),唐玄宗在汾水入河处建造了龙门仓,如史有"有龙门仓,开元二年置"⑤之说,王应麟亦有"河中府龙门有龙门仓,开元二年置"⑥之说,龙门仓建在河中府龙门县(今山西河津)黄河与汾水交汇处,凭借汾水可进入河东及深入晋州、绛州等地。进而言之,渭桥仓、龙门仓等有转运河东及腹地漕粮至关中的功能,这些河口仓投入使用后拓展了漕运的路径。

建在渭南的渭桥仓是太仓,如史有李泌"又为入渭船,方五板,输东渭桥太仓米至凡百三十万石"⑦之说。渭桥仓主要由东渭桥仓和西渭桥仓等两大仓构成,如史有唐德宗"又以岁饥,浙江东西道入运米每年七十五万石,今更令两税折纳米一百万石,委两浙节度使韩滉运送一百万石至东渭桥;其淮南濠寿旨米、洪潭屯米,委淮南节度使杜亚运送二十万石至东渭桥"⑧之说,又有唐德宗"增江淮之运,浙江东、西岁运米七十五万石,复以两税易米百万石,江西、湖南、鄂岳、福建、岭南米亦百二十万石,诏浙江东、西节度使韩滉,淮南节度使杜亚运

---

① 清·王士俊等监修,清·顾栋高等编纂《河南通志·漕运》,《四库全书》第536册,上海:上海古籍出版社1987年版,第1页。
② 宋·王溥《唐会要·漕运》,北京:中华书局1955年版,第1596页。
③ 宋·王溥《唐会要·转运盐铁总叙》,北京:中华书局1955年版,第1587页。
④ 清·宫梦仁《读书纪数略·人部》,《四库全书》第1033册,上海:上海古籍出版社1987年版,第557页。
⑤ 宋·欧阳修等《新唐书·地理志三》,北京:中华书局1975年版,第1001页。
⑥ 宋·王应麟《玉海·食货》,南京:江苏古籍出版社;上海:上海书店1987年版,第3376页。
⑦ 宋·欧阳修等《新唐书·食货志三》,北京:中华书局1975年版,第1370页。
⑧ 后晋·刘昫等《旧唐书·崔造传》,北京:中华书局1975年版,第3626页。

至东、西渭桥仓"①之说,综合以上诸说,当知东渭桥仓是"东渭桥太仓"的省称,由此及彼,西渭桥仓当是"西渭桥太仓"的省称。

安史之乱后,唐代漕运补给线进一步拉长,两浙成为租米的重要征收地。如唐德宗一朝储入渭桥仓的漕米主要来自两浙,其中,每年取自润州等七州的漕米已高达七十五万石。史学家考证道:"引东南之粟以给京师。汉元封间,运漕六百万石,唐天宝称为极盛,而韦坚仅运至四百万石。至德以后,不过百万余石而已。而贞元中江淮之运,浙江东、西竟运至七十五万石,是两浙之粟。在唐时漕运已视诸道独多矣。然贞元时之浙西道,固领润、江、常、苏、杭、湖、睦七州,不止于今浙西之杭、嘉、湖三府也。"②这一叙述表明,自唐德宗一朝起,漕运的重点区域开始从淮河流域向两浙转移。这一转移的先决条件是,藩镇割据及淮北地区成为平叛的战场后,战争对这一区域的伤害致使淮河地区的农业经济处于不断衰败的状态,其自身的生产已无法保证日趋扩大的漕运需求。进而言之,此前汉唐"俱引东南之粟以给京师"虽涉及江南,但淮河流域是漕运租米的主要征收地,经此,两浙取代了淮河流域,成为漕运租米的主要征收地。

在历史的表达中,"渭桥仓"作为东、西渭桥仓的统称,又有"北仓""渭河仓"等称谓。王播在奏疏中说:"东渭桥每年北仓收贮漕运糙米一十万石,以备水旱,今累年计贮三十万石,请以今年所运者换之。自是三岁一换,率以为常,则所贮不陈,而耗蠹不作。"③王播以"北仓"称呼东渭桥仓,表明该仓在长安的东北,并因地理方位有了"北仓"之称。《旧唐书·裴休传》云:"大中初,累官户部侍郎,充诸道盐铁转运使,转兵部侍郎,兼御史大夫,领使如故。六年八月,以本官同平章事,判使如故。自大和已来重臣领使者,岁漕江、淮米不过四十万石,能至渭河仓者十不三四。漕吏狡蠹,败溺百端。官舟沉溺者岁七十余只。缘河奸史,大紊刘晏之法。洎休领使,分命僚佐深按其弊。因是所过地里,悉令县令兼董漕事,能者奖之。自江津达渭口,以四十万之佣,岁计缗钱二十八万贯,悉使归诸漕吏,巡院无得侵牟。……初休典使三岁,漕米至渭、河仓者一百二十万斛,更无沉舟之弊。"④史家引《裴休传》云:"开成初,岁漕江淮米四十万斛至渭桥仓者,才十三舟楫。债败吏乘为奸,冒没百端,刘晏之法尽废。户部侍郎裴休为使,分遣官询按其弊,乃命在所令长兼董漕,褒能者谪怠者由江抵渭,旧岁率雇缗二十八万,休息归诸吏,敕巡院不得辄侵牟。著新法十条,人以为便。居三年,粟至

---

① 宋·欧阳修等《新唐书·食货志三》,北京:中华书局1975年版,第1369—1370页。
② 清·嵇曾筠等监修,清·沈翼机等编纂《浙江通志·漕运上》,《四库全书》第521册,上海:上海古籍出版社1987年版,第163页。
③ 唐·王播《请换贮东渭桥米石奏》,清·董诰等《全唐文》卷六一五,北京:中华书局1983年版,第6220页。
④ 后晋·刘昫等《旧唐书·裴休传》,北京:中华书局1975年版,第4593—4594页。

渭桥仓百二十万斛,无留壅。"①两相对比,当知"渭河仓"是渭桥仓的别称。

唐德宗贞元八年(792),陆贽上疏朝廷时写道:"顷者每年自江、湖、淮、浙运米百一十万斛,至河阴留四十万斛,贮河阴仓,至陕州又留三十万斛,贮太原仓,余四十万斛输东渭桥。今河阴、太原仓见米犹有三百二十余万斛,京兆诸县斗米不过直钱七十,请令来年江、淮止运三十万斛至河阴,河阴、陕州以次运至东渭桥,其江、淮所停运米八十万斛,委转运使每斗取八十钱于水灾州县粜之,以救贫乏,计得钱六十四万缗,减僦直六十九万缗。请令户部先以二十万缗付京兆,令籴米以补渭桥仓之缺数,斗用百钱以利农人。"②陆贽的上疏虽然不见于《旧唐书》和《新唐书》等,但司马光在《资治通鉴·唐纪五十》中引录陆贽的上疏当有所本。如《新唐书·艺文志四》有"陆贽《论议表疏集》十二卷"条,晁公武《郡斋读书志》卷十七《别集类上》有"《陆贽奏议》十二卷"条,书名虽然不同,但应为同一部书,欧阳修的生活年代早于司马光,晁公武的生活年代晚于司马光,两个均收录陆贽的"论议表疏"或"奏议",据此可证,司马光引录陆贽的上疏是有依据的,或者说,司马光比后人幸运,有机会看到关于陆贽奏疏的历史档案。在这里,司马光引录陆贽上疏时先说"东渭桥",后说"渭桥仓",当知"东渭桥"是东渭桥仓的省称,同时又知东渭桥仓是渭桥仓的一部分。此外,陆贽的上疏又见于马端临的《文献通考》,马端临记载道:"贞元初,陆贽上奏,言:'邦畿之税,给用不充,东方岁运租米,冒淮湖风浪之险,溯河、渭湍险之艰,费多而益寡。习闻见而不达时宜者,则曰国之大事,不烦费损,故有用斗钱运斗米之言。虽知劳烦,不可废也。习近利而不防远虑者,则曰每至秋成,但令畿内和籴,既易集事,又足劝农,何必转输,徒耗财用。臣以两家之论,互有短长,各申偏执之怀,俱昧变通之术。若国家理安,钱谷俱富,烝黎蕃息,力役靡施,然后常以羡财,益广漕运,虽有厚费,适资贫人。贞元之始,巨盗初平,太仓无兼月之储,关辅遇连年之旱,而有司奏停水运,务省脚钱,至使郊畿烟火殆绝,馁殍相望,斯所谓睹近利而不防远患者也。近岁关辅年谷屡登,数减百姓税钱,许其折纳粟麦,公储委积,足给数年,农家犹苦谷贱。今夏江淮水潦,漂损田苗,米价倍贵,流庸颇多,关辅以谷贱伤农,宜加价籴谷,以劝稼穑。江淮以谷贵民困,宜减价粜米,以救凶灾。今宜籴之处则无钱,宜粜之处则无米,而又运彼所乏,益此所余,所谓习闻见而不达时宜者也。今淮南诸州米,每斗当钱一百五十文,从淮入渭桥,每斗船脚又约用钱二百文,计运米一斗,总当钱三百五十文,其米既糙且陈,尤为京邑所贱。据市司月估,每斗只粜得钱三十七而已,耗其九而存其一,馁彼人而伤此农,制事若斯,可谓深失矣。今约计一年和籴之数,可当转运二年;一斛转运之资,足以和籴五斛。比较即时利害,运务且合悉停。臣窃虑停运,则舟船无用,坏烂莫修;倘遇凶灾,复须转漕,临时鸠

---

① 清·刘于义等监修,沈青崖等编纂《陕西通志·屯运二》,《四库全书》第553册,上海:上海古籍出版社1987年版,第206—207页。

② 宋·司马光《资治通鉴·唐纪五十》(邬国义校点),上海:上海古籍出版社1997年版,第2172页。

集,理必淹迟。臣今欲减所转之数,以实边储。其江淮诸道,运米至河阴,河阴运米至太原仓,太原运米至东渭桥,来年各请停所运三之二。其江淮所停运米八十万斛,委转运使每斗取八十钱,于水灾州县粜之,以救贫乏,计得钱六十四万缗,减僦直六十九万缗。请令户部先以二十万缗付京兆,令籴米以补渭桥仓之阙数,斗用百钱,以利农人;以一百二万六千缗付边镇,使籴十万人一年之粮,余十万四千缗,以充来年和籴之价;其江、淮米钱僦直,并委转运使折市绫、绢、紬、绵,以输上都,偿先贷户部钱,如此,则不扰一人,无废百事。但于常用之内,收其枉费之资,百万赢粮,坐实边鄙,又有劝农振乏之利,存乎其间矣!'"①马端临引录时先说"太仓",随后又说"渭桥""东渭桥""渭桥仓",当知渭桥仓是太仓,"渭桥"是渭桥仓的省称,"东渭桥"是东渭桥仓的省称。

渭桥仓即北仓是唐代第一大仓,其仓储高达六百六十一万六千八百四十石。漕船西入关中后,在渭南入仓主要有三个方面的原因:一是渭南是关中的门户,扼守关中及长安水陆交通的咽喉;二是渭桥仓地近长安,是江淮漕运的终点仓,主要负责接运河阴仓、太原仓等水次仓的漕粮,自渭南入仓可方便调运;三是渭桥仓建在渭口,在接纳河阴仓、太原仓漕粮的同时,又有接纳河东漕粮的能力。为此,渭桥仓成为戍守关中及长安的战略要地。唐肃宗至德二年(757),郭子仪等在西渭桥仓一带重点构筑了阻止叛军进攻关中及长安的防线,如史有"子仪与王思礼军合于西渭桥,进屯滻西。安守忠、李归仁军于京城西清渠"②之说。朱泚叛乱时,汝、郑应援使刘德信率部屯守东渭桥,是因为东渭桥仓成为战略要地,如史有唐德宗建中四年(783)十月,刘德信"以东渭桥有转输积粟,癸亥,进屯东渭桥"③之说。

在建设河口仓,拓展漕运路径的同时,裴耀卿依水次仓建设了可供接运租米等重货的输场。输场本指有临时储存和验收功能的货场,各地的租米及折算的货物运入输场后,由专门的官吏负责验收,随后转运入京。唐代输场主要负责接纳来自不同区域的租税、赋税及相关的替代物,并有明确的范围和验收管理制度。李林甫叙述唐代赋税制度时记载道:"凡天下租税及折造转运于京、都,皆阅而纳之。每岁自都转米一百万石以禄百官及供诸司;若驾幸东都,则减或罢之。凡受租皆于输场对仓官、租纲吏人执筹数函,其函大五斛,次三斛,小一斛。其诸州稿秸应输京、都者,阅而纳之,以供祥麟、凤苑之马。凡朝会、祭祀米物薪刍,皆应时而给。"④"折造"包括折纳和"变造"等两个部分,折纳指上缴租税不足的部分可经折算后用其他货物替代。"变造"指将重货如丝、帛等折变成钱两上缴官府。不同的政区有不同的货场,货场除了负责接纳租税、赋税外,还有接纳"户调"等功能。李林甫记载道:"凡天下赋

---

① 元·马端临《文献通考·国用考三》,杭州:浙江古籍出版社1988年版,第243页。
② 宋·司马光《资治通鉴·唐纪三十五》(邬国义校点),上海:上海古籍出版社1997年版,第2030页。
③ 宋·司马光《资治通鉴·唐纪四十四》(邬国义校点),上海:上海古籍出版社1997年版,第2125页。
④ 唐·李林甫等《唐六典·司农寺》(陈仲夫点校),北京:中华书局1992年版,第525页。

调,先于输场简其合尺度斤两者,卿及御史监阅,然后纳于库藏,皆题以州县、年月,所以别粗良,辨新旧也。凡出给,先勘木契,然后录其名数及请人姓名,署印送监门,乃听出。若外给者,以墨印印之。"①唐代漕运由运送租米、各地赋税及折造等三个部分构成,其中,赋税及折造是大宗。

唐代赋税主要实行租庸调制度。陆贽在奏疏中写道:"国家赋役之法,曰租、曰调、曰庸。其取法远,其敛财均,其域人固。有田则有租,有家则有调,有身则有庸,天下法制均壹,虽转徙莫容其奸,故人无摇心。"②赋税是保证国家机器正常运转的基础,唐代租庸调制度实行时,主要以人丁(成年男子)为征收单位。史有"租庸调之法,以人丁为本"③之说,其中:"租"指田租,唐王朝规定,每丁每年须向国家纳粟二石;"庸"指劳役的代替物,唐王朝规定,每丁每年有服二十天劳役的义务,凡因故不能服役者,可以每天交绢或布三尺作为代替物;"调"指户调,唐王朝规定,每户每年须向国家上缴绢二丈,或缴绫二丈、绵三两,或缴布二丈四、麻三斤。为了将各地的赋税押解到京城,唐王朝在不同的区域建立了接纳四方赋税的货场。

货场一般建在水陆交通的要道,其目的为了方便验收和管理。史称:"凡天下赋调,先于输场简其合尺度斤两者,卿及御史监阅,然后纳于库藏,皆题以州县年月,所以别粗良,辨新旧。"④在裴耀卿改革漕运以前,江淮以远的赋税如租米、绢、绵、布、麻等重货经过验收后,主要沿汴渠运至洛阳,随后自洛阳卸船或入仓,或走陆路中转。因为是从江淮起程直接运送到洛阳,因此,不需要在荥阳汴口设置有验收功能的货场。然而,裴耀卿改长运为分节接运即江不入汴、汴不入河、河不入洛、河不入渭之策后,因自汴口放还江淮以远的租船,这样一来,势必要在汴口建立货场,如史有开元二十二年八月"遣侍中裴耀卿充江淮、河南转运使,河口置输场。壬寅,于输场东置河阴县"⑤之说,司马光亦有"上以裴耀卿为江淮、河南转运使,于河口置输场"⑥之说。

裴耀卿改革漕运后建设与水次仓配套的输场,在客观上扩大了漕运范围。如李吉甫叙述因河阴仓设立河阴县时,有"开元二十二年以地当汴河口,分汜水、荥泽、武陟三县地于输场东置,以便运漕"⑦等记载,这一叙述表明河阴县在重点管理河阴仓之时,又有管理输场的职能。因河阴输场主要负责接纳江淮及江淮以远的重货,这样一来,在运送江淮及江南租米

---

① 唐·李林甫等《唐六典·太府寺》(陈仲夫点校),北京:中华书局1992年版,第545页。
② 宋·欧阳修等《新唐书·食货志二》,北京:中华书局1975年版,第1354页。
③ 同②,第1351页。
④ 后晋·刘昫等《旧唐书·职官志三》,北京:中华书局1975年版,第1890页。
⑤ 后晋·刘昫等《旧唐书·玄宗纪上》,北京:中华书局1975年版,第201页。
⑥ 宋·司马光《资治通鉴·唐纪三十》(邬国义校点),上海:上海古籍出版社1997年版,第1975页。
⑦ 唐·李吉甫《元和郡县图志·河南道一》(贺次君点校),北京:中华书局1983年版,第136页。

入京时,遂将租米以外的重货如绢、绵、布、麻等遂纳入漕运范围。由此带来的问题是,变长运为短运后,不仅仅需要在汴渠入河口建输场,沿途各水次仓接运也需要建造有验收和接运功能的输场,否则因缺少验收环节等将会造成不必要的损失。如王溥记载道:"十八年,宣州刺史裴耀卿上言,请依旧法,敖仓于河口立输场以受米,置河阴县,及河阴、柏崖、集津、三门仓。凿崖开山,以车运数十里,积于太原仓。以利漕运。"①这里先撇开"十八年"即开元十八年这一时间点不论,当知裴耀卿沿河建水次仓时应有建输场之举。具体地讲,王溥先言"于河口立输场以受米,置河阴县",随后又叙述"及河阴、柏崖、集津、三门仓",这一叙述表明输场是水次仓建设的配套工程,是裴耀卿改革漕运加强过程管理的有机组成部分。

水次仓建设是裴耀卿"节级转运,水通则舟行,水浅则寓于仓以待"②的基本保证。然而,为保证仓储安全,水次仓一般建在地势较高易于通风的地方,如果从码头卸粮直接入仓的话,将会增加中转时的搬运之苦及增加费用。进而言之,江南租船自河阴放还后并不是说所有粮食都要入仓,其中的大部分需要即时转运,如史有"每岁运江淮米五十万斛,至河阴留十万,四十万送渭仓"③之说。在这一过程中,等候起运即不需要入仓的租米,如果没有临时储放码头的设施将会造成不必要的损失,根据这一情况,裴耀卿在建水次仓的过程中需要建设与之配套的输场。进而言之,通过建设输场及扩大验收场地增加漕运码头的临时储放能力,可以为适时起运减少搬转产生的额外费用提供便利。

输场本身有验收和转输租米等重货的功能,通过加强水次仓输场建设,裴耀卿扩大了漕运的范围。三门仓又称"盐仓",该仓在接运江淮等地租米的过程中又有接纳解县(治所在今山西运城盐湖解州)池盐等功能。史称:"唐有盐池十八,井六百四十,皆隶度支。蒲州安邑、解县有池五,总曰'两池',岁得盐万斛,以供京师。"④三门仓以"盐仓"相称,表明水次仓除了有仓储及中转租米的功能外,还兼有储存它物的功能。在这中间,三门仓无论是接收租米还是接纳池盐都需要有验收环节的参与,这样一来,需要率先建设有验收功能的输场。沈枢记载道:"二十二年,明皇以裴耀卿为江淮河南转运使,于河口置输场,于输场东置河阴仓,西置柏崖仓,三门东置集津仓,西置盐仓。凿漕渠十八里,以避三门之险。先是舟运江淮之米至东都含嘉仓,僦车陆运三百里至陕,率两斛用十钱。耀卿令江淮舟运悉输河阴仓,更用河舟运至含嘉仓及太原仓。自太原仓入渭输关中,凡三岁,运米七百万斛,省僦车钱三十万缗,或说耀卿献所省钱。耀卿曰:此公家赢缩之利耳,奈何以之市宠乎?悉奏以为市籴钱。"⑤从表面上看,裴耀卿只是在河阴建造输场,其实不然,将不同种类的重货纳入漕运范

---

① 宋·王溥《唐会要·转运盐铁总叙》,北京:中华书局1955年版,第1587页。
② 宋·欧阳修等《新唐书·食货志三》,北京:中华书局1975年版,第1366页。
③ 后晋·刘昫等《旧唐书·食货志下》,北京:中华书局1975年版,第2120页。
④ 宋·欧阳修等《新唐书·食货志四》,北京:中华书局1975年版,第1377页。
⑤ 宋·沈枢《通鉴总类·转输门》,《四库全书》第462册,上海:上海古籍出版社1987年版,第25页。

围后,同样需要在各水次仓建设有验收功能的输场。史有"坚治汉、隋运渠,起关门,抵长安,通山东租赋。乃绝灞、浐,并渭而东,至永丰仓与渭合。又于长乐坡濒苑墙凿潭于望春楼下,以聚漕舟。坚因使诸舟各揭其郡名,陈其土地所产宝货诸奇物于栿上"①之说。韦坚兴修兴成渠的重点是解决关中漕运,其中,"通山东租赋"应与裴耀卿改革漕运时沿水次仓建输场有某种内在的联系。司马光进一步记载道:"江、淮南租庸等使韦坚引浐水抵苑东望春楼下为潭,以聚江、淮运船,役夫匠通漕渠,发人丘垄,自江、淮至京城,民间萧然愁怨,二年而成。丙寅,上幸望春楼观新潭。坚以新船数百艘,扁榜郡名,各陈郡中珍货于船背。陕尉崔成甫著锦半臂,缺胯绿衫而褐之,红袙首,居前船唱《得宝歌》,使美妇百人盛饰而和之,连樯数里。坚跪进诸郡轻货,仍上百牙盘食。上置宴,竟日而罢,观者山积。"②输场作为水次仓建设的配套措施,将租米等重货纳入接运和验收范围,开拓了水次仓建设的空间,加强了关中与关东各地的经济联系。

将江淮义仓中的储米纳入漕运范围,通过置换义仓储米等,在利民的同时扩大取粮范围,尽可能地缩短运程并根据不同航段的水文变化适时起运。在裴耀卿改革漕运以前,每三年一次置换及调运义仓储米已是唐王朝的制度。开元四年五月二十一日,唐玄宗下诏:"诸州县义仓,本备饥年赈给。近年已来,每三年一度,以百姓义仓糙米,远赴京纳,仍勒百姓私出脚钱。自今已后,更不得义仓变造。"③王溥亦有大体相同的记载,并将"更不得义仓变造"一语改为"更不得以义仓变造"④语。针对官府取义仓糙米"远赴京纳,仍勒百姓私出脚钱"等做法,唐玄宗明确地表达了"更不得以义仓变造"的决心。"变造"本指东晋发明的赋税制度,凡遇军国大事费用不足时,往往以"变造"的方式临时征税。时至后世,"变造"又指商人用钱及轻货从百姓手中购买米、绢、布、绵、麻等重货,通过转买及倒运等从中谋利,与此同时,百姓则用向官府交钱的方式替代部分赋税。

入唐以后,为弥补漕运过程中的缺口,唐王朝采取了每隔三年调运一次义仓储米、允许商人从义仓中购米并自行运往京城或指定地点等做法。这一做法虽然在一定程度上缓解了漕运危机,但由此产生了两方面的弊端:一方面官府"仍勒百姓私出脚钱"增加了百姓的负担,另一方面官府出钱从商人手中购米亦增加了财政支出。裴耀卿长期在地方为官,深谙其中的弊端,为了减少财政支出和有利于百姓,他提出了"今若且置武牢、洛口等仓,江南船至河口,即却还本州,更得其船充运。并取所减脚钱,更运江淮变造义仓,每年剩得一二百万石。即望数年之外,仓廪转加。其江淮义仓,下湿不堪久贮,若无船可运,三两年色变,即给

---

① 宋·欧阳修等《新唐书·食货志三》,北京:中华书局1975年版,第1367页。
② 宋·司马光《资治通鉴·唐纪三十一》(邬国义校点),上海:上海古籍出版社1997年版,第1988页。
③ 后晋·刘昫等《旧唐书·食货志下》,北京:中华书局1975年版,第2124页。
④ 宋·王溥《唐会要·仓及常平仓》,北京:中华书局1955年版,第1613页。

贷费散,公私无益"①的改革方案,具体包括四个方面:一是实施短运提早放还江南租船后,可利用租船应付的"减脚钱"支付后续漕转时的费用;二是用节省下来的"减脚钱"购买江淮义仓中的储粮,可扩大取粮范围,进而取得了"每年剩得一二百万石"的成果;三是江淮地势低凹,义仓"下湿不堪久贮",官府从义仓中购买陈米,可及时更新义仓食粮,改变义仓中的储米"若无船可运,三两年色变"等情况的发生;四是官府直接从江淮义仓购米,可消除商人买入和卖出等这一中间环节,减轻百姓和官府负担。具体地讲,官府直接从义仓中购买粮食等重货,再由百姓在粮价走低时补入新米,可在及时置换的过程中维护义仓赈灾救荒的作用。这一政策实行后,形成了有利于漕运和百姓的局面。

不过,以天宝三年(744)韦坚建成广运潭为标志,裴耀卿建立的江淮义仓置换陈米之策遭受破坏。史有"又有韦坚,规宇文融、杨慎矜之迹,乃请于江淮转运租米,取州县义仓粟,转市轻货,差富户押船,若迟留损坏,皆征船户。关中漕渠,凿广运潭以挽山东之粟,岁四百万石"②之说,因江淮义仓储米"转市轻货",致使置换江淮义仓陈米之策在一定程度上受到冲击。开元二十五年(737)三月,唐玄宗诏书曰:"关辅庸调,所税非少,既寡蚕桑,皆资菽粟,常贱籴贵买,损费逾深。又江淮等苦变造之劳,河路增转输之弊,每计其运脚,数倍加钱。今岁属和平,庶物穰贱,南亩有十千之获,京师同水火之饶,均其余以减远费,顺其便使农无伤。自今已后,关内诸州庸调资课,并宜准时价变粟取米,送至京逐要支用。其路远处不可运送者,宜所在收贮,便充随近军粮。其河南、河北有不通水利,宜折租造绢,以代关中调课。所司仍明为条件,称朕意焉。"③为了解决"江淮等苦变造之劳,河路增转输之弊"带来的问题,唐玄宗采取了"关内诸州庸调资课,并宜准时价变粟取米""河南、河北有不通水利,宜折租造绢,以代关中调课"等一系列的补救措施。这些补救措施虽说是无奈之举,但它从侧面说明了置换江淮义仓陈米及由官府出资购买是裴耀卿改革漕运的重要举措。

综上所述,裴耀卿改革漕运是在"升平日久,国用渐广,每年陕洛漕运,数倍于前,支犹不给"④的背景下进行的,经此,彻底地扭转了漕运不畅的局面,进而取得了十分显著的成果,如史有"凡三年,运七百万石,省陆运之佣四十万贯。旧制,东都含嘉仓积江淮之米,载以大舆而西,至于陕三百里,率两斛计佣钱千。此耀卿所省之数也"⑤之说。对此,前人多有不同的看法,认为所省陆运之费为三十万贯,如杜佑有"凡三年,运七百万石,省脚三十万贯"⑥

---

① 后晋·刘昫等《旧唐书·食货志下》,北京:中华书局1975年版,第2115页。
② 后晋·刘昫等《旧唐书·食货志上》,北京:中华书局1975年版,第2086页。
③ 同②,第2090—2091页。
④ 唐·杜佑《通典·食货十》,杭州:浙江古籍出版社1988年版,第57页。
⑤ 同①,第2116页。
⑥ 同④。

语,李吉甫又有"凡三年,运七百万石,省脚三十万贯"①语,欧阳修等亦有"漕七百万石,省陆运佣钱三十万缗"②之说。相比较而言,可能杜佑、李吉甫等人的说法更有道理。尽管如此,即便是减去十万贯,裴耀卿漕运取得的成果依旧是巨大的。

具体地讲,针对"凡三年,运七百万石"语,丘浚评论道:"自汉以来,至于今日,漕运之数,无有逾于此数者。"③这一评价可谓高矣。不过,丘浚的说法值得商榷。从汉代到明中叶,起码说,汉武帝时期及唐代韦坚任水陆运使时期的漕运岁额均超过裴耀卿三年所运之数。此外,唐王朝以后政治中心东移,关中漕运数额必然减少。如马端临考证道:"按西汉与唐俱都关中,皆运东南之粟以饷京师,自河、渭溯流而上,然汉武帝时,运六百万斛,唐天宝极盛之时,韦坚为水陆运使,仅一岁能致四百万斛余。岁止二百五十万斛。而至德以后,仅百余万而已,俱未能如汉之数。且考之《食货志》,及参以陆、苏二公之言,则运弥艰,费弥重,岂古今水道有险易之不同邪?当考。"④马端临所论可以纠正丘浚叙述中的偏颇,尽管如此,丘浚的认识依旧有重要的参考价值。自汉武帝漕运取得岁运六百万石的成绩以后,此后,汉代漕运始终没能超出裴耀卿岁运的总额。天宝元年(742)三月,韦坚任水陆转运使以后所运虽然超过裴耀卿,但主要执行了裴耀卿确立的漕运制度。除此之外,唐肃宗至德(756—758)以后,漕运岁额始终没能超过裴耀卿漕运之数。

不过,裴耀卿取得的漕运成果是无法长期维持的。之所以这样说,一是裴耀卿采取"节级贮纳"及"节级转运"之策以后,加重了百姓负担,付出了巨大的代价。如史有"是时,民久不罹兵革,物力丰富,朝廷用度亦广,不计道里之费,而民之输送所出水陆之直,增以'函脚'、'营窖'之名,民间传言用斗钱运斗米,其糜耗如此"⑤之说,这里所说的"函脚",是指从百姓的头上额外征收运粮的费用即脚力钱,"营窖"是指国家建造水次仓即储米的仓窖时从百姓头上额外征收的费用。裴耀卿总揽漕运事务时,采取了"今天下输丁约有四百万人,每丁支出钱百文,五十文充营窖等用,贮纳司农及河南府、陕州以充其费。租米则各随远近,任自出脚送纳东都"⑥之策,这一政策实行后虽然在一定程度上改变了原有的漕运不畅的局面,但同时又是以伤农为前提的。二是黄河漕运受阻于三门峡,异常地艰难,采取分级接运即"节级贮纳"和"节级转运"无法解决漕运过程中遇到的所有困难,所以,仅仅过去三年即到开元二十五年,唐王朝便不得不采取罢黄河漕运即北运的措施,恢复自洛阳走殽函古道陆运至太

---

① 唐·李吉甫《元和郡县图志·河南道一》(贺次君点校),北京:中华书局1983年版,第137页。
② 宋·欧阳修等《新唐书·食货志三》,北京:中华书局1975年版,第1366页。
③ 明·丘浚《大学衍义补·漕挽之宜上》(林冠群、周济夫校点),北京:京华出版社1999年版,第304页。
④ 元·马端临《文献通考·国用考三》,杭州:浙江古籍出版社1988年版,第243页。
⑤ 同②,第1366—1367页。
⑥ 后晋·刘昫等《旧唐书·裴耀卿传》,北京:中华书局1975年版,第3081页。

原仓的漕转线路,如史有"及耀卿罢相,北运颇艰,米岁至京师才百万石。二十五年,遂罢北运。而崔希逸为河南陕运使,岁运百八十万石。其后以太仓积粟有余,岁减漕数十万石"①之说,又有"缘北路险涩,颇为隐欺,议者言其不便,事又停"②之说。在这中间,唐玄宗任命崔希逸为河南陕运使及接替漕转事务,与其曾任裴耀卿副手即参与和熟悉漕运事务有着直接的关系,如史有"寻以耀卿为黄门侍郎、同中书门下平章事,充江淮、河南转运都使;以郑州刺史崔希逸、河南少尹萧炅为副"③之说。

设转运副使一职,始自开元二十一年。马端临记载道:"唐先天二年,李杰(始名务先)始为水陆发运使,盖使名之起。开元二十一年,裴耀卿以侍中充江南、淮南转运使,而崔希逸、萧炅为副,盖副使始此。"④结合继裴耀卿以后"崔希逸为河南陕运使,岁运百八十万石"等情况看,这里有三个问题需要说明。一是转运副使成为朝廷直接任命的官员,从侧面表达了唐王朝要加强漕运的诉求。具体地讲,以崔希逸、萧炅等为转运副使,是唐玄宗一朝加强漕运的重要举措。有了这样的前提,崔希逸等才有可能在裴耀卿被罢相以后顺利地接手漕转事务。二是崔希逸接手漕转事务后,继续执行了裴耀卿确立的以水次仓为接运点、变长运为短运、根据水文变化适时储运之策,如河阴仓、含嘉仓、太原仓、渭南仓等在接运的过程中发挥了重要作用。正是有了这样的基础,崔希逸才有可能取得"岁运百八十万石"的成果。三是在被迫罢北运的前提下,崔希逸受命任河南陕运使,从其职事范围中当知,此时崔希逸重点解决的问题是将漕粮从洛阳经陆路转运至陕州太原仓。这里透露的信息是:崔希逸负责相关区域的漕转事务后,恢复了李杰自殽函古道转运的旧法。这一举动说明,黄河漕运一直存在着无法逾越的障碍。然而,黄河漕运又的确能减少费用,故有开元二十九年(741)"陕州刺史李齐物避三门河路急峻,于其北凿石渠通运船"⑤之说。继裴耀卿之后,李齐物又再次把恢复黄河漕运提到议事日程上,并着手整顿三门峡运道。然而,不管唐代漕运后来发生什么样的变化,裴耀卿建水次仓将长运改为短运等作为都是唐代漕运改革及制度建设的重要内容。

第三节 河阴仓与含嘉仓建设

水次仓是唐代仓廪建设的一部分,唐代仓廪由正仓、太仓、军仓、常平仓、水次仓、义仓

---

① 宋·欧阳修等《新唐书·食货志三》,北京:中华书局1975年版,第1367页。
② 唐·李吉甫《元和郡县图志·河南道一》(贺次君点校),北京:中华书局1983年版,第137页。
③ 后晋·刘昫等《旧唐书·食货志下》,北京:中华书局1975年版,第2115—2116页。
④ 元·马端临《文献通考·职官考十五》,杭州:浙江古籍出版社1988年版,第556页。
⑤ 唐·杜佑《通典·食货十》,(王文锦、王永兴、刘俊文等点校)北京:中华书局1988年版,第223页。

（社仓）等构成，其中，正仓、太仓、军仓、常平仓、水次仓属官仓，义仓属民仓。正仓指各级行政区域建造的以储存田租为主，兼及赋税等的仓廪；太仓指由中央直接管辖的以储存粮食为主，兼及赋税的仓廪；军仓指储存以军粮为主，兼及军械和军用物资的仓廪；常平仓指建在不同区域的以储存粮食为主，兼及其他的仓廪；水次仓是指建在河口或航段节点的以储存租米为主，兼及其他的仓廪；义仓是指国家出面组织的由百姓建造的粮仓。一般来说，唐代仓廪负有供给官禄、兵饷、平准、赈灾救荒、借贷等职能。其中：正仓、太仓负责供应各级官员的俸禄及战略储备；军仓保证军队及战争时的需要；常平仓负有调节不同区域的粮价、赈灾救荒及平易粮价等职能，如粮价低时以高于市场的价格购入，粮价高时以低于市场的价格购入，通过平易粮价进而调节物价；水次仓有中转及临时储备和调拨粮食等功能；义仓负有百姓自救、赈灾、借贷和救济等功能。

这些仓廪拧结在一起，共同承担了维护政治稳定和社会安定的职能。与其他仓廪建设相比，水次仓建设有着特殊的地位。具体地讲，在漕运成为头等大事的前提下，因水次仓建在河口或航段节点上，又因这些区域是重要的水陆交通枢纽或集散地，一向有着向关中及长安太仓输血的功能。此外，水次仓凭借交通优势可向四方及时地调运粮食等，进而应对战争和民生及赈灾救荒等突发事件。进而言之，水次仓与正仓、太仓、军仓、常平仓、义仓等建立了密切的联系，甚至承担起赈灾救荒等职能。可以说，如果没有水次仓及时储存和转运等功能的话，一旦发生战争或灾荒，势必会破坏业已建立的政治秩序，进而引起社会动荡。

从分析漕运形势入手，裴耀卿认识到江淮漕运畅达与否是关系到唐王朝政治稳定的大事，为此，他提出了自荥阳汴口放还江淮租船等应对方案。问题是，放还江淮租船以后，如果不能及时地解决租米及重货等堆积荥阳汴口等问题，同样会造成无法估量的损失。根据这些情况，裴耀卿提出了汴口设立河阴仓及加强河阴输场建设的构想，希望通过这些举措来解决仓储和转运之间的矛盾。

河阴仓既是水次仓又是河口中转仓，有仓储江淮租米和适时分发租米等重货入河入洛的功能。如果去除河阴仓调拨和中转功能的话，那么，适时起运及分储沿线水次仓将是一句空话。河阴仓建在汴口，为唐王朝经营江淮及江南漕运提供了便利，同时有发运和中转向关中及长安输血的功能，以及拱卫和经营洛阳的作用。杜佑记载道："三皇山，亦曰敖鄩山，上有三城，即是刘项相持处也。开元二十三年，分汜水、荥泽、武陟三县地，于轮场东置，以便运漕，即裴侍中耀卿立。其汴渠在县南二百五十步。坤元录云：'亦名莨荡渠，今名通济渠，首受黄河。'《汉书》有荥阳漕渠，如淳曰'今砾溪口'是也。《水经》云：'河水又东过荥阳北，莨荡渠出焉。'郦道元注云：'大禹塞荥泽，开渠以通淮泗。'《后汉书》云：'初，平帝时，河汴决坏，明帝永平中，乃令王景理渠堤。'坤元录又云：'自宋武北征之后，复皆湮塞。隋炀帝大业元年，更令开导，名通济渠。西通河洛，南达江淮。炀帝巡幸，每泛舟而往江都焉。其交、广、荆、益、扬、越等州,运漕商旅,往来不绝。'其汴口堰在县西二十里,又名梁公堰。隋文帝开皇七年,使梁睿增筑汉古堰,遏河入汴也。"①此后,乐史叙述河阴仓与汴渠即通济渠及河阴县的水文形势时,对杜佑的记载多有补充。乐史记载道:"河阴县,东北一百四十里。旧三乡,今二乡。其地即汜水、荥泽、武陟三县之地也,开元二十二年,侍中裴耀卿奏以地当汴河口,便于漕运,宜析上三县之地置县以顿之,因在河之南,故于输场东、渠口北二百五十步,立河阴县焉,即今理所。三皇山,亦曰敖鄐山,山上有三城,即是楚、汉相持于此。汴渠,在县南二百五十步。首受黄河,一名通济渠,一名蒗荡渠,《汉书》谓荥阳漕渠,如淳曰:'今砾溪口是也。'《水经》云:'河水又东过荥阳北,蒗荡渠出焉。'郦道元注云:'大禹塞荥泽,开渠以通淮、泗。'又《后汉书》:'初,平帝时,河、汴决坏,未及得修。汴渠东侵,日月弥广,水门故处,皆在河中。永平十二年,议修汴渠,乃引乐浪人王景,问治水形便。景陈其利害,应对敏给。帝喜之,乃赐景《山海经》《河渠书》《禹贡图》,及钱帛秘物。遂发卒数十万,遣景与将作谒者王吴修渠筑堤,起自荥阳,东至千乘海口千余里。景乃商度地势,凿山截涧,防遏冲要,疏决壅积,十里立一水门,令更相洄注,无复溃漏之患。明年,渠成。帝亲巡行,诏滨河郡国置河堤员吏,如西京旧制。'顺帝阳嘉中,又自汴口以东,缘河积石为堰,通淮,亦名金堤。灵帝建宁中又增修石门,以遏渠口。又《坤元录》云:'自宋武北征之后,复皆堙塞。隋大业元年更令开导,名为通济渠,西通河、洛,南达江、淮。炀帝游江、淮,于此泛龙舟至江都,其交、广、荆、扬、益、越等州运漕,即此渠也。'"②杜佑和乐史的记载虽然有不同的侧重点,但两人在叙述汴河时共同强调了汴口是兴修汴渠时的关键工程。

建立黄河与江淮之间的水上交通始自先秦,如从先秦兴修鸿沟即莨荡渠到东汉王景、王吴在鸿沟的基础上修复汴渠,再到隋炀帝在汴渠的基础上兴修通济渠,建立或恢复从黄河到江淮的航线始终是人们不懈的追求。在这中间,因河口水文复杂容易遭受破坏,汴口遂成为重点修复的对象。如从王景、王吴"筑堤起自荥阳东"到汉顺帝"积石为堰"、灵帝"增修石门以遏渠口",再到隋开皇七年(587)梁睿重修汉堰等,修复汴口始终是兴修汴渠的重点工程。修复汴口除了与开通从黄河到江淮的航线相关外,还与在荥阳汴口建敖仓有密切联系。鸿沟开通后,因荥阳是黄河通江淮的河口,秦人在荥阳敖山建敖仓及守卫敖仓的仓城,此后,历代均重视经营敖仓,如隋代有因敖仓建虎牢仓等举措。杜佑考释道:"后汉令主受郡国传漕谷,其荥阳敖仓官,中兴皆属河南尹。历代并有之。"③汴口是黄河远通江淮的交通要道,同时又是仓储重地,历代均重视汴口的战略作用,如楚汉战争时刘邦据敖仓与项羽在此相持,又如隋末唐初不同的政治军事集团围绕虎牢仓展开攻防和争夺。正因为如此,裴耀卿利

---

① 唐·杜佑《通典·州郡七》,杭州:浙江古籍出版社1988年版,第940页。
② 宋·乐史《太平寰宇记·河北道一》(王文楚等校点),北京:中华书局2007年版,第1082—1083页。
③ 唐·杜佑《通典·职官八》,杭州:浙江古籍出版社1988年版,第154页。

用虎牢仓设河阴仓及输场既与其独特的战略地理位置密切相关,也是形势的需要。通过加强河口仓河阴仓建设,可以改变江淮漕运受阻汴口的局面,进而解决租赋西输过程中遇到的难题。李吉甫有"自江、淮来者悉纳河阴仓,自河阴候水调浮漕送含嘉仓"①之说,河阴仓既有接纳江淮租米及重货的能力,同时又是入河入洛的漕运节点。漕运的过程又是商贸往来的过程,经河阴仓及输场中转,形成了"其交、广、荆、益、扬、越等州,运漕商旅,往来不绝"的局面,这些都从不同的侧面显示了设河阴仓及输场的重要性。

重视河阴仓及输场中转租米及重货等功能,还可以从唐王朝因仓设立河阴县的举措中得到进一步证明。因仓设县一事表明,河阴仓及输场的中转能力能否得到强化已经触及唐王朝政治安全的神经。杜佑记载道:"开元二十三年,分汜水、荥泽、武陟三县地,于轮场东置,以便运漕,即裴侍中耀卿立。"②这里所说的"轮场"是指输场,出现这样的错讹是因为"輪""輸"两字形似造成的。乐史亦记载道:"河阴县(东北一百四十里。旧三乡,今二乡),其地即汜水、荥泽、武陟三县之地也,开元二十二年,侍中裴耀卿奏以地当汴河口,便于漕运,宜析上三县之地置县以顿之。"③唐玄宗设立河阴县的目的是加强河阴仓及输场管理,为"节级贮纳"和"节级转运"提供必要的支撑。从表面上看,河阴县是唐王朝析分汜水(在今河南荥阳西北汜水镇)、荥泽(在今河南郑州西北古荥镇)、武陟(在今河南武陟阳城原老城)三县属地设立的新县。不过,前人又有析汜水、荥泽建河阴县的说法。胡渭指出:"河阴县在今郑州西北五十里。汉荥阳县地。隋为汜水、荥泽二县地,唐开元中析置河阴县。"④历史上的荥阳是秦县,汜水自荥阳析出,从本质上讲,河阴县是析荥阳旧地而建的新县。

河阴仓建在汴口,汴口是汴渠入河的河口,因仓建县除了与河阴仓担负着江淮租米中转重任外,还与加强汴渠漕运息息相关。由此及彼,开元二十三年,唐玄宗将泗州治所从宿预县移到临淮县,亦与临淮位于汴渠入淮处的地理位置息息相关。可以说,新政区的建立或提升其行政层级是在加强漕运及管理的过程中实现的,是在隋代兴修河渠及建立以洛阳为中心的漕转机制的过程中实现的。在这中间,如果没有隋文帝改造汴口及邗沟之举,没有隋炀帝兴修通济渠之举,那么,唐代漕运及裴耀卿改革漕运将是一句空话。皮日休论通济渠即汴渠之利害时写道:"在隋则害,在唐则利。"⑤通济渠开通后,为唐王朝控制江淮及江淮以远的区域提供了便利的交通条件,同时也为新的区域中心的诞生创造了必要的条件,进而在唐代行政区划建设方面有着非同一般的意义,同时也为明清两代因漕运迁移政区治所提出了新的思考。

---

① 唐·李吉甫《元和郡县图志·河南道一》(贺次君点校),北京:中华书局1983年版,第137页。
② 唐·杜佑《通典·州郡七》,杭州:浙江古籍出版社1988年版,第940页。
③ 宋·乐史《太平寰宇记·河北道一》(王文楚等校点),北京:中华书局2007年版,第1082页。
④ 清·胡渭《禹贡锥指》(邹逸麟整理),上海:上海古籍出版社2006年版,第592页。
⑤ 唐·皮日休《汴河铭》,清·董诰《全唐文》卷七九七,北京:中华书局1983年版,第8363页。

关于河阴仓的建造时间，前人在叙述时主要有唐玄宗开元十八年、二十一年、二十二年等三种说法。因河阴仓涉及裴耀卿改革漕运、唐代因仓设县、河阴仓是因旧仓建造还是新建等问题，故有必要梳理一下河阴仓建造的时间。

其一，宋代王溥有开元十八年建河阴仓之说。王溥记载道："十八年，宣州刺史裴耀卿上言，请依旧法，敖仓于河口立输场以受米，置河阴县，及河阴、柏崖、集津、三门仓。凿崖开山，以车运数十里，积于太原仓。以利漕运。"①王溥认为河阴仓建于开元十八年。如果以文献证文献的话，那么，王溥的观点还可以从《旧唐书》中找到佐证，如《旧唐书·地理志一》叙述唐代河阴县建制时，有"开元二十年，割汜水、荥泽二县置，管河阴仓"②之说。根据这一说法，唐开元二十年建河阴县。河阴县是因仓置县的产物，根据这一情况，似乎可以将河阴仓建造的时间追溯到开元十八年。

其二，唐代杜佑有开元二十一年建河阴仓之说。杜佑交代建河阴仓一事的始末时叙述道开元二十一年唐玄宗询问如何才能改变漕运不济的现状时，裴耀卿提出了应对及解决方案，随后杜佑立即有"于是始置河阴县及河阴仓"③等记载。根据这一叙述顺序，当知河阴仓建于开元二十一年。此后，欧阳修、郑樵和马端临等肯定了杜佑的说法。《新唐书·食货志三》叙述开元二十一年唐玄宗"复问耀卿漕事"时，裴耀卿提出了"置仓河口"等应对方案，其方案提出后立即受到了唐玄宗的重视，如史有"玄宗以为然。乃于河阴置河阴仓，河清置柏崖仓；三门东置集津仓，西置盐仓"④之说。此外，《新唐书·地理志三》叙述河阴县设立情况时有"开元二十二年析汜水、荥泽、武陟置，隶河南府，领河阴仓"⑤等语，结合这一记载，当知在开元二十二年建立河阴县以前，河阴仓已经建立。以此与《新唐书·食货志三》《新唐书·裴耀卿传》等中的记载相互印证，可以进一步确定河阴仓设立的时间应发生在开元二十一年的秋天。此外，杜佑的观点除了得到欧阳修等人的充分肯定外，后来又得到郑樵、马端临等人的赞同。郑樵《通志》有开元二十一年"上大悦，寻以耀卿为黄门侍郎同中书门下平章事，敕郑州刺史河南少尹萧炅，自江淮至京以来，检古仓，节级贮纳，仍以耀卿为转运都使。于是始置河阴县及河阴仓"⑥等记载，马端临的《文献通考》亦有开元二十一年"乃于河阴置河阴仓"⑦之说。

其三，唐代李吉甫有开元二十二年建河阴仓的观点。如李吉甫叙述唐县河阴县设置历

---

① 宋·王溥《唐会要·转运盐铁总叙》，北京：中华书局1955年版，第1587页。
② 后晋·刘昫等《旧唐书·地理志一》，北京：中华书局1975年版，第1426页。
③ 唐·杜佑《通典·食货十》，杭州：浙江古籍出版社1988年版，第57页。
④ 宋·欧阳修等《新唐书·食货志三》，北京：中华书局1975年版，第1366页。
⑤ 宋·欧阳修等《新唐书·地理志三》，北京：中华书局1975年版，第1010页。
⑥ 宋·郑樵《通志·食货略》，杭州：浙江古籍出版社1988年版，第748页。
⑦ 元·马端临《文献通考·国用考三》，杭州：浙江古籍出版社1988年版，第241页。

史时指出："本汉荥阳县地,开元二十二年以地当汴河口,分氾水、荥泽、武陟三县地于输场东置,以便运漕,即侍中裴耀卿所立。……至二十二年,以耀卿为相,兼转运都使,于是遂分置河阴县及河阴仓,又河清县置柏崖仓,三门东置集津仓,三门西置盐仓。"①这一观点问世后,分别受到刘昫、司马光、沈枢等人的肯定。刘昫《旧唐书·食货志下》有"至二十二年八月,置河阴县及河阴仓"②之说,司马光《资治通鉴·唐纪三十》叙述唐玄宗开元二十二年事迹时亦有"上以裴耀卿为江淮、河南转运使,于河口置输场。八月,壬寅,于输场东置河阴仓,西置柏崖仓,三门东置集津仓,西置盐仓"③之说,又如沈枢《通鉴总类》中有"二十二年,明皇以裴耀卿为江淮河南转运使,于河口置输场,于输场东置河阴仓,西置柏崖仓,三门东置集津仓,西置盐仓"④之说。

比较上述三种说法,当以杜佑的观点最有说服力。其一,杜佑的观点出自《通典》。《通典》是一部唐前及唐代的典章制度史,叙述政治制度沿革时大都交代始末,其中以记载唐代制度沿革尤为详细,且文献引征多有所本。更重要的是,杜佑是唐代人,以唐代人叙述唐代事,其可信度应该高于后世。其二,开元十八年裴耀卿提出改革漕运之策时,出现了"疏奏不省"⑤的情况。杜佑的这一记载又见于《旧唐书》和《新唐书》,这两部史书分别采纳这一说法应表明杜佑的记载是有依据的,据此,可排除河阴仓建于开元十八年的说法。其三,裴耀卿改革漕运的要点是变长运为短运,江淮及江南租船受制于荥阳汴口是率先需要的难题,因此,不可能将设河阴仓一事拖延到第二年,如杜佑有"上大悦,寻以耀卿为黄门侍郎、同中书门下平章事,敕郑州刺史及河南少尹萧炅,自江淮至京以来,检古仓节级贮纳。仍以耀卿为转运都使。于是始置河阴县及河阴仓,河清县置柏崖仓,三门东置集津仓,三门西置三门仓"⑥之说,《新唐书·食货志三》有同样的说法可证。其四,李吉甫是唐代人,生活年代与杜佑大体相当,似表明李吉甫的记载不容忽视。不过,李吉甫叙述裴耀卿改革漕运始末时省略了一些环节,两者之间缺少必要的逻辑关系。李吉甫引录开元十八年时任宣州刺史的裴耀卿进言变长运为短运及建水次仓等言论后,立即写下"至二十二年,以耀卿为相,兼转运都使,于是遂分置河阴县及河阴仓,又河清县置柏崖仓,三门东置集津仓,三门西置盐仓"⑦等语。在这一叙述中,李吉甫没有交代唐玄宗采纳裴耀卿开元十八年之策的原因。实际情况

---

① 唐·李吉甫《元和郡县图志·河南道一》(贺次君点校),北京:中华书局1983年版,第136—137页。
② 后晋·刘昫等《旧唐书·食货志下》,北京:中华书局1975年版,第2115页。
③ 宋·司马光《资治通鉴·唐纪三十》(邬国义校点),上海:上海古籍出版社1997年版,第1975页。
④ 宋·沈枢《通鉴总类·转输门》,《四库全书》第462册,上海:上海古籍出版社1987年版,第25页。
⑤ 唐·杜佑《通典·食货十》,杭州:浙江古籍出版社1988年版,第57页。
⑥ 同⑤。
⑦ 唐·李吉甫《元和郡县图志·河南道一》(贺次君点校),北京:中华书局1983年版,第137页。

是,开元二十一年九月"关中久雨谷贵,上将幸东都,召京兆尹裴耀卿谋之,……上深然其言"①。此时裴耀卿已临危受命,应不会将设河阴仓一事拖延到第二年。进而言之,汴渠远通江淮,荥阳汴口是汴渠入河的河口,其畅通与否关系到唐王朝漕运能否畅达的大事,这样一来,裴耀卿总揽漕运事务后,首先要做的事是改善荥阳汴口一带的仓储条件。从这样的角度看,李吉甫认为开元二十二年建河阴仓的说法多有欠妥之处。其五,河阴仓是旧仓,只要略加改造便可以立即投入使用。从这样的角度看,设立河阴仓的时间发生在开元二十一年的秋天应更为准确。

河阴仓的基础是武牢仓,武牢仓有悠久的建造历史,可以上溯到秦王朝以前的敖仓。如程大昌考证荥阳与敖仓的关系时指出:"济水之在河南者,必因溢为荥泽,乃始有之。古县之以荥阳得名者,为其地之有荥,而县在其阳也。今《水经》叙济未及荥,方在成皋,已遽列书济派于前,此既明误。又汉世汴、济,自阳武以上率多合流,其移徙又复不常,最难考定。故虽汉明帝时,东、西两汉史书,未著汴名,而汴、济已错互为一。臣今详考《水经》,自阳武分水处,其东流以趋定陶者,则当为济;南流以趋大梁者,乃当为汴,而汴、济始有分际也。然成皋之济,无有言其年世所起者。以臣意推之,当在秦前。盖秦人贮粟敖山,有仓有城,则凿河便漕。苟非秦创,亦必先秦有之,而秦因以置仓也。"②程大昌的基本观点是,秦代在秦前旧仓的基础上建立了河口仓敖仓。荥阳是秦县,如《史记·高祖本纪》有"汉王军荥阳南,筑甬道属之河,以取敖仓"等记载。张守节《正义》解释道:"孟康云:'敖,地名。在荥阳西北,山上临河有大仓。'《太康地理志》云:'秦建敖仓于成皋。'"③成皋是汉县,汉高祖二年(前205),析秦县荥阳建成皋县(在今河南荥阳西北汜水镇虎牢关村西北成皋城)。《太康地理志》以汉代政区名之,目的是强调秦敖仓建在成皋。

敖仓建在荥阳西北三皇山上。如欧阳忞记载道:"河阴县,汉成皋荥阳怀县地。唐开元二十九年割汜水、荥泽、武陟三县置,以便运漕。属河南府,领河阴仓。汴渠,在县南二百五十步即古蒗荡渠,今名通济渠,首受黄河,后属孟州。有三皇山,亦曰敖鄗山,山上有三城,即刘、项相持处。"④隋文帝开皇十八年(598),成皋县更名为"汜水县"并迁治汜水(在今河南荥阳西北汜水镇)。在政区沿革的过程中,敖仓虽然由隶属荥阳到隶属成皋再到隶汜水,但地理方位始终不变。裴耀卿开元二十一年上疏时有"今用度浸广,运数倍且不支,故数东幸,

---

① 宋·司马光《资治通鉴·唐纪二十九》(邬国义校点),上海:上海古籍出版社1997年版,第1974页。
② 宋·程大昌《禹贡论·禹贡山川地理图》,《四库全书》第56册,上海:上海古籍出版社1987年版,第161页。
③ 唐·张守节《史记正义》,汉·司马迁《史记·高祖本纪》,北京:中华书局1982年版,第373页。
④ 宋·欧阳忞《舆地广记·京西北路》,《四库全书》第471册,上海:上海古籍出版社1987年版,第303页。

以就敖粟"①等语,时至唐代,敖仓依旧在正常使用。

不过,隋唐两代,敖仓又有"虎牢仓"和"武牢仓"等新称。如隋末战争时,李密有"然兴洛、虎牢,国家储积,我已先据,为日久矣。既得回洛,又取黎阳,天下之仓,尽非隋有。四方起义,足食足兵,无前无敌"②之说,史有"建德自荥阳西上,筑垒于板渚,太宗屯武牢"③之说,又有唐高祖武德四年"五月己未,秦王大破窦建德之众于武牢,擒建德,河北悉平"④之说。虎牢是初称,唐时避李渊爷爷李虎讳,改虎牢为"武牢"。此外,开元十八年裴耀卿有"河口元置武牢仓,江南船不入黄河,即于仓内便贮。巩县置洛口仓,船从黄河不入洛水,即于仓内安置"⑤之说,开元二十一年秋裴耀卿又有"自江淮而溯鸿沟,悉纳河阴仓"⑥之举,对读两段文字,当知河阴仓就是建在河口的武牢仓。梳理这一线索,当知"虎牢仓"是隋仓的旧称,"河阴仓"是裴耀卿改革漕运后的新称。

唐代河阴仓有多大的规模?虽然找不到明确的记载,但有线索可寻。史称:"旧制,每岁运江淮米五十万斛,至河阴留十万,四十万送渭仓。"⑦所谓"旧制",是指裴耀卿设河阴仓以后形成的漕运中转制度。其中,河阴仓每年储入的租米为十万斛(石),自河阴码头中转不直接入河阴仓的有四十万斛。在这中间,如果每年储入仓的租米不能及时调运的话,那么,河阴仓的储粮将出现进一步扩大的势态。

裴耀卿以后,河阴仓常年储米约为四十万斛。陆贽在唐德宗贞元八年八月的奏疏中写道:"顷者每年自江、湖、淮、浙运米百一十万斛,至河阴留四十万斛,贮河阴仓,至陕州又留三十万斛,贮太原仓,余四十万斛输东渭桥。今河阴、太原仓见米犹有三百二十余万斛,京兆诸县斗米不过直钱七十,请令来年江、淮止运三十万斛至河阴,河阴、陕州以次运至东渭桥,其江、淮所停运米八十万斛,委转运使每斗取八十钱于水灾州县粜之,以救贫乏,计得钱六十四万缗,减僦直六十九万缗。请令户部先以二十万缗付京兆,令籴米以补渭桥仓之缺数,斗用百钱以利农人。以一百二万六千缗付边镇,使籴十万人一年之粮,余十万四千缗以充来年和籴之价。其江、淮米钱、僦直并委转运使折市绫、绢、绝、绵,以输上都,偿先贷户部钱。"⑧这里有两个时间节点值得注意:一是裴耀卿以后到唐德宗贞元八年以前,在这约六十年的时间里,储入河阴仓的江淮租米已扩大为四十万斛;二是陆贽上疏时已形成"今河阴、太原仓见米

---

① 宋·欧阳修等《新唐书·裴耀卿传》,北京:中华书局1975年版,第4453页。
② 后晋·刘昫等《旧唐书·李密传》,北京:中华书局1975年版,第2217页。
③ 后晋·刘昫等《旧唐书·太宗纪上》,北京:中华书局1975年版,第27页。
④ 后晋·刘昫等《旧唐书·高祖纪》,北京:中华书局1975年版,第11页。
⑤ 唐·杜佑《通典·食货十》,杭州:浙江古籍出版社1988年版,第57页。
⑥ 后晋·刘昫等《旧唐书·食货志下》,北京:中华书局1975年版,第2115页。
⑦ 同⑥,第2120页。
⑧ 宋·司马光《资治通鉴·唐纪五十》(邬国义校点),上海:上海古籍出版社1997年版,第2172页。

犹有三百二十余万斛"的局面,如果取其平均数的话,当知贞元八年八月河阴仓储米已高达一百六十万斛。如以隋窖"窖容八千石以还"①为依据,那么,此时的河阴仓应有二百座以上的仓窖。

此后,河阴仓的仓储规模进一步扩大,如唐宪宗元和三年(808)四月,有"增置河阴仓屋一百五十间"②之举。从考古发掘情况看,仓窖建在地下,仓屋建在地上,是两种不同的储粮形式。元和三年增建一百五十间仓屋后,河阴仓储米很可能已达到或接近洛阳含嘉仓的存量水平。退一步讲,即便是其仓储只有十万斛,亦可知河阴仓是唐代仅次于北仓、含嘉仓的第三大仓,这一情况充分反映了河阴仓在唐代漕运中的重要地位。

洛阳含嘉仓是唐王朝重点经营的水次仓。以开元二十一年秋裴耀卿改革漕运为节点,此前,唐代实行长运,江淮漕船所运租米主要储存于含嘉仓,经陆路运往陕州太原仓,如史有"东都含嘉仓积江淮之米,载以大舆而西"③之说;此后,变长运为短运,采取"自江淮西北溯鸿沟,悉纳河阴仓。自河阴候水涨涸,漕送含嘉"④之策。因此,唐代漕运需要利用洛阳这一漕转中心,建设具有战略支撑意义的含嘉仓。从时间上看,唐代含嘉仓建设可以分为两个阶段。

唐代含嘉仓建设的第一阶段主要发生在唐高宗及武则天时期。唐初,漕转主要是因隋旧制,自含嘉仓转陆运至陕州太原仓。史家叙述含嘉仓与漕转关系时写道:"在府城北门外。按:《旧唐书·王世充传》为含嘉仓城,唐仍之。江淮舟运悉至此,僦车三百里至陕。"⑤唐高宗以后,依赖江淮漕运的程度加深,在黄河漕运不通及漕运岁额逐年增加的前提下,这样一来,恢复含嘉仓的漕转功能乃是当务之急。唐代在隋仓的基础上兴修含嘉仓始于何时?已不太清楚。不过,从发掘含嘉仓旧址出土的铭砖中可以厘清大致的线索。在已发现的铭砖上刻有唐高宗"调露"、武则天"天授""长寿""万岁通天""圣历"等年号。⑥铭砖是唐代建造粮仓的重要证据。李林甫记载道:"太仓署令掌九谷廪藏之事;丞为之贰。凡凿窖、置屋,皆铭砖为庾斛之数,与其年月日,受领粟官吏姓名。又立牌如其铭焉。"⑦此外,《旧唐书》亦有

---

① 宋·司马光《资治通鉴·隋纪四》(邬国义校点),上海:上海古籍出版社1997年版,第1634页。
② 宋·王溥《唐会要·漕运》,北京:中华书局1955年版,第1598页。
③ 后晋·刘昫等《旧唐书·食货志下》,北京:中华书局1975年版,第2116页。
④ 唐·杜佑《通典·食货十》,杭州:浙江古籍出版社1988年版,第57页。
⑤ 清·王士俊等监修,清·顾栋高等编纂《河南通志·古迹下》,《四库全书》第537册,上海:上海古籍出版社1987年版,第136页。
⑥ 沧清《含嘉仓铭砖初探》,《考古》1982年,第3期;段鹏琦《隋唐洛阳含嘉仓出土铭文砖的考古学研究》,《考古》1997年,第11期。
⑦ 唐·李林甫等《唐六典·司农寺》(陈仲夫点校),北京:中华书局1992年版,第526页。

与《唐六典》大致相同的记载①。综合这些情况,当知在长达二十多年的时间里,即从唐高宗调露年间(679—680)起到武则天圣历年间(698—700),含嘉仓一直处于建设阶段。结合"高祖、太宗之时,用物有节而易赡,水陆漕运,岁不过二十万石,故漕事简。自高宗已后,岁益增多,而功利繁兴,民亦罹其弊矣"②之说,大体上可以确定唐代重建含嘉仓始于唐高宗一朝,此后,武则天又多次扩建。在扩建含嘉仓的过程中,武则天于大足元年(701)又建造了供含嘉仓漕转及仓储服务的专用码头。史有"大足元年六月,于东都立德坊南穿新潭,安置诸州租船"③之说,建造停靠租船的专用码头后,通过分流解决了商船与租船争用码头的难题,同时解决了江淮租船长期滞留占用航道和无法及时返程等难题,如史有"天下之舟船所集,常万余艘,填满河路,商旅贸易,车马填塞"④之说。建造专用码头后改变了航道拥挤,加快了商品流通,为洛阳商贸繁荣创造了必要的条件。在这中间,武则天"于东都立德坊南穿新潭",主要是由立德坊的水陆交通地位决定的。史称:"初,都城洛水天津之东,立德坊西南隅,有中桥及利涉桥,以通行李。上元中,司农卿韦机始移中桥置于安众坊之左街,当长夏门,都人甚以为便,因废利涉桥,所省万计。然岁为洛水冲注,常劳治葺。昭德创意积石为脚,锐其前以分水势,自是竟无漂损。"⑤立德坊在洛水沿岸,位于天津桥和中桥及利涉桥之间。唐高宗上元二年(675),韦机移置中桥于安众坊左街,通过建桥和改造道路方便了旅行,同时也为洛阳以安众坊为商贸集散地创造了条件。此后,针对"洛水冲注,常劳治葺",李昭德"积石为脚"加固了中桥。从这样的角度看,武则天在立德坊南面建"安置诸州租船"的码头,既可方便租船卸米入含嘉仓的功能,同时又可方便租船空回时装运货物回程。

唐代含嘉仓建设的第二阶段发生在唐玄宗时期。唐王朝采取"凡都之东租纳于都之含嘉仓"⑥之策时,需要提高含嘉仓的仓储能力。史家叙述含嘉仓及仓城关系时指出:"在洛阳县东北。唐武德元年,王世充与李密战败,裹亡散万人屯含嘉城。三年,秦王伐世充,世充使其子元恕守含嘉城。开元中,置含嘉仓于此。《县志》:东城内东街北三里,有含嘉门,门北即含嘉城。"⑦开元中,唐玄宗依仓城扩建了含嘉仓。如史有王世充"置营于含嘉仓城"⑧之说,

---

① 史称:"太仓署:令三人,……令掌九谷廪藏。丞为之贰。凡凿窖置屋,皆铭砖为庾斛之数,与其年月日,受领粟官吏姓名。又立牌如其铭。"(后晋·刘昫等《旧唐书·职官志三》,北京:中华书局1975年版,第1886—1887页)。
② 宋·欧阳修等《新唐书·食货志三》,北京:中华书局1975年版,第1365页。
③ 后晋·刘昫等《旧唐书·食货志下》,北京:中华书局1975年版,第2113页。
④ 元·佚名《元河南志》(清·徐松辑),《丛书集成续编》第54册,上海:上海书店1994年版,第90页。
⑤ 后晋·刘昫等《旧唐书·李昭德传》,北京:中华书局1975年版,第2854页。
⑥ 唐·李林甫等《唐六典·尚书户部》(陈仲夫点校),北京:中华书局1992年版,第84页。
⑦ 清·和珅等奉敕撰《钦定大清一统志·河南府二》,《四库全书》第477册,上海:上海古籍出版社1987年版,第290页。
⑧ 后晋·刘昫等《旧唐书·王世充传》,北京:中华书局1975年版,第2229页。

又有"北即含嘉仓,仓有城,号含嘉城"①之说,隋末唐初,具有防卫功能的含嘉仓城遭受了严重的破坏,在含嘉仓成为唐王朝最大的漕运中转仓时,需要在旧仓城的基础上建设相关的守卫设施。尽管这一记载只见于清人,不过,1971年发掘含嘉仓遗址及确定其范围时,含嘉仓城亦在其中。从这样的角度看,清人的说法应有所本,应有一定的可信度。在这中间,考古发掘时虽然没有发现唐玄宗建含嘉仓的铭砖,但含嘉仓占地面积为四十二万平方米,初步发现的仓窖有二百五十九座。② 由于清理范围较小,故唐玄宗在旧仓城的基础上扩建含嘉仓的证据有待于考古发掘。尽管如此,从唐代重视含嘉仓及裴耀卿建河阴仓等记载中,似乎可以找到唐玄宗扩建含嘉仓的间接证据。

其一,唐玄宗一朝因形势需要,提升了含嘉仓在漕转中的地位。含嘉仓是唐王朝不可或缺的漕运中转仓,唐初设仓部郎中,仓部郎中的重要职能是调含嘉仓的储米西入长安,如史有"凡都已东租纳含嘉仓,自含嘉转运以实京太仓。自洛至陕为陆运,自陕至京为水运"③之说。唐玄宗即位后曾令李杰、裴耀卿等负责漕运事务,在这中间,无论是李杰自洛阳走山路漕转入京,还是裴耀卿"广漕运,以实关辅"④,含嘉仓始终是不可或缺的漕运中转仓。具体地讲,从唐玄宗即位到天宝七年,历时三十多年,自含嘉仓转运的始终处于不断增加的势态。杜佑记载道:"旧于河南路运至陕郡太原仓,又运至永丰仓及京太仓。开元初,河南尹李杰始为陆运使,从含嘉仓至太原仓,置八递场,相去每长四十里。每岁冬初起,运八十万石,后至一百万石。每递用车八百乘,分为前后,交两月而毕。其后渐加,至天宝七年,运二百五十万石。每递用车千八百乘,自九月至正月毕。天宝九年九月,河南尹裴迥以递重恐伤牛,于是以递场为交场,两递简择近水处为宿场,分官押之,兼防其盗窃。大历后,水陆运每岁四十万石入关。"⑤唐袭隋制,建立以含嘉仓为中心的漕转机制,是因为洛阳是唐王朝的第二个政治中心,经营洛阳可以最大限度地稳定唐王朝的统治。更重要的是,经过隋代的建设,通济渠打通了洛阳面向江淮的航线,这样一来,为保证江淮漕运,需要重点建设含嘉仓。

其二,裴耀卿改革漕运变长运为短运后,重点建设了河阴仓。当时每年运至河阴的江淮租米为四十万斛,其中,十万斛储入河阴仓,三十万斛运入含嘉仓。河阴仓是裴耀卿变长运为短处的节点,属于重点经营的河口仓。从逻辑关系上看,既然需要建设河阴仓,那么,含嘉仓也应在建设和改造的范围。此外,储入河阴仓的租米呈逐年增加的势态,由此及彼,储入含嘉仓的租米也应处于逐年增加的势态,在这样的前提下,含嘉仓应该是唐玄宗一朝重点建设的对象。

---

① 元·佚名《元河南志》(清·徐松辑),《丛书集成续编》第54册,上海:上海书店1994年版,第80页。
② 京洛《洛阳隋唐含嘉仓的发掘》,《文物》1972年,第3期;邹逸麟《从含嘉仓的发掘谈隋唐时期的漕运和粮仓》,《文物》1974年,第2期。
③ 后晋·刘昫等《旧唐书·职官志二》,北京:中华书局1975年版,第1828页。
④ 宋·欧阳修等《新唐书·裴耀卿传》,北京:中华书局1975年版,第4453页。
⑤ 唐·杜佑《通典·食货十》,杭州:浙江古籍出版社1988年版,第57页。

其三，含嘉仓成为唐王朝最大的漕运中转仓，发生在唐玄宗一朝。司马光记载道："先是，舟运江、淮之粟至东都含嘉仓，僦车陆运，三百里至陕，率两斛用十钱。耀卿令江、淮舟运悉输河阴仓，更用河舟运至含嘉仓及太原仓，自太原仓入渭输关中，凡三岁，运米七百万斛，省僦车钱三十万缗。"①裴耀卿改革漕运后，虽采用了自黄河接运之策，但含嘉仓始终是不可或缺的漕运中转仓。在这中间，含嘉仓一直处于不断扩容的势态。如杜佑《通典》有天宝八年含嘉仓储米五百八十多万石之说，其仓储规模仅次于北仓即渭桥仓。从这样的角度看，唐玄宗加强漕运时应有扩建含嘉仓之举。

其四，裴耀卿改革漕运及恢复黄河漕运即北运时，不但没有停止南运，相反，含嘉仓在漕转中的地位得到进一步的提升。如果裴耀卿打算停止南运的话，那么，扩大河阴仓直接从汴口起运岂不是更加方便？实际情况是，裴耀卿变长运为短运以后，含嘉仓的仓储是河阴仓的三倍，这一情况表明，自洛阳走殽函古道漕转依旧是不可或缺的线路。进而言之，将江淮及江淮以远的租米分储含嘉仓后，虽然增加了航程和费用，但租米入含嘉仓以后可选择不同的路径西入长安。具体地讲，既可自洛阳起运入洛水河经三门峡入渭，又可自洛阳含嘉仓陆运至太原仓入河入渭。李吉甫记载道："至二十二年，以耀卿为相，兼转运都使，于是遂分置河阴县及河阴仓，又河清县置柏崖仓，三门东置集津仓，三门西置盐仓。三门北凿山十八里，陆行以避湍险，自江、淮来者悉纳河阴仓，自河阴候水调浮漕送含嘉仓，又取晓习河水者递送太原仓，所谓北运也自太原仓浮渭以实关中。凡三年，运七百万石，省脚三十万贯。及耀卿罢相后，缘北路险涩，颇为隐欺，议者言其不便，事又停。"②由于"北路险涩"，出现了"事又停"的局面，同时因恢复南运，含嘉仓的地位再度提升。在这中间，自河阴仓起运入含嘉仓主要有三个原因：一是自含嘉仓适时起运，可走黄河过三门峡，经柏崖仓、太原仓入河至渭口入渭南仓即渭桥仓；一是自含嘉仓起程，沿走殽函古道至太原仓入河至渭口入渭南仓，如史有"初，江淮漕租米至东都输含嘉仓，以车或驮陆运至陕"③之说；三是加强含嘉仓建设可以洛阳控制关东，通过接纳江淮及江南漕米为漕转关中提供必要的保障。安史之乱后，唐玄宗一朝精心建立的漕运制度虽因藩镇割据等多种因素遭受极大的破坏，但含嘉仓的漕转作用始终没有受到削弱。唐德宗贞元十四年(798)有"出东都含嘉仓粟七万石，开场粜以惠河南饥民"④之说，又有"其年九月，以岁饥，出太仓粟三十万出粜。其年十二月，以河南府谷贵人流，令以含嘉仓七万石出粜"⑤之说，无论是出长安太仓租米还是出含嘉仓租米赈灾救荒，都需要经含嘉仓进行漕转。

---

① 宋·司马光《资治通鉴·唐纪三十》(邬国义校点)，上海：上海古籍出版社1997年版，第1976页。
② 唐·李吉甫《元和郡县图志·河南道一》(贺次君点校)，北京：中华书局1983年版，第137页。
③ 宋·欧阳修等《新唐书·食货志三》，北京：中华书局1975年版，第1365页。
④ 后晋·刘昫等《旧唐书·德宗纪》，北京：中华书局1975年版，第389页。
⑤ 宋·王溥《唐会要·仓及常平仓》下册，北京：中华书局1955年版，第1615页。

第四章 刘晏理财及其漕运管理

安史之乱（755—763）爆发后，唐王朝急需动员一切的人力、物力和财力投入平叛战争之中。这一时期，第五琦主持盐政，通过重点征收盐税，弥补了国用大幅度增加后的缺口。然而，盐法初定，存在着诸多弊端，很快政策中的疏漏开始显现出来。在这一紧要关头，刘晏受命理财，由此揭开了唐王朝盐政改革的历史。此后，在细化盐法的基础上，刘晏提出了以盐税保江淮及东南漕运的主张，与此同时，推行以养民为先的政策，尽可能地恢复安史之乱以前的农业经济秩序。经过长时间的努力，刘晏大幅度地增加了中央财政收入，极大地满足了国用方面的需求。具体地讲，安史之乱后，藩镇割据与反叛势力及吐蕃、回纥入侵等拧结在一起，直接威胁到了唐王朝的安全。在中央财政支出空前增加和租赋空前减少的前提下，如果没有刘晏贯彻以养民为先的思想，积极地进行盐政、漕运及经济制度等的改革，那么，唐王朝灭亡的步伐将会加快。

刘晏罢相后，杨炎推行"两税法"，引起了唐代赋税制度方面的变化，同时也破坏了刘晏理财时既定的思想路线。在这一过程中，李巽等继续贯彻刘晏理财时的思想主张，在一定程度上抵消了"两税法"带来的负面效应，此可视为是刘晏理财成果的延续。

杜佑论述道："自开元中及於天宝，开拓边境，多立功勋，每岁军用日增。其费籴米粟则三百六十万匹段，（朔方、河西各八十万，陇右百万，伊西、北庭八万，安西十二万，河东节度及群牧使各四十万。）给衣则五百三十万，（朔方百二十万，陇右百五十万，河西百万，伊西、北庭四十万，安西三十万，河东节度四十万，群牧五十万。）别支计则二百一十万，（河东五十万，幽州、剑南各八十万。）馈军食则百九十万石。（河东五十万，幽州、剑南各七十万。）大凡一千二百六十万，（开元以前每岁边夷戎所用不过二百万贯，自后经费日广，以至於此。）而赐赉之费此不与焉。其时钱谷之司，唯务割剥，回残剩利，名目万端，府藏虽丰，闾阎困矣。（尚书省度支，总天下经费。自安禄山反，至德、乾元之际，置度支使。永泰之后，度支罢使，置转运使以掌其外。度支以掌於内。建中初，又罢转运使，复归度支。分命黜陟使往诸道收户口及钱谷名数，每岁天下共敛三千余万贯，其二千五十余万贯以供外费，九百五十余万贯供京师；税米麦共千六百余万石,其二百余万石供京师,千四百万石给充外费。)"①杜佑论述道:"按天宝中天下计帐,户约有八百九十余万,其税钱约得二百余万贯。(大约高等少,下等多,今一例为八等以下户计之。其八等户所税四百五十二,九等户则二百二十二。今通以二百五十为率。自七载至十四载六七年间,与此大数,或多少加减不同,所以言约,他皆类此。)其地税约得千二百四十余万石。(西汉每户所垦田不过七十亩,今亦准此约计数。)课丁八百二十余万,其庸调租等约出丝绵郡县计三百七十余万丁,庸调输绢约七百四十余万匹,(每丁两匹。)绵则百八十五万余屯,(每丁三两,六两为屯,则两丁合成一屯。)租粟则七百四十余万石。(每丁两石。)约出布郡县计四百五十余万丁,庸调输布约千三十五万余端。(每丁两端一丈五尺,十丁则二十三端也。)其租:约百九十余万丁江南郡县,折纳布约五百七十余万端。(大约八等以下户计之,八等折租,每丁三端一丈,九等则二端二丈,今通以三端为率。)二百六十余万丁江北郡县,纳粟约五百二十余万石。大凡都计租税庸调,每岁钱粟绢绵布约得五千二百三十余万端匹屯贯石,诸色资课及句剥所获不在其中,(据天宝中度支每岁所入端屯匹贯石都五千七百余万,计税钱地税庸调折租得五千三百四十余万端匹屯,其资课及句剥等当合得四百七十余万。)其度支岁计,粟则二千五百余万石,(三百万折充绢布,添入两京库。三百万回充米豆,供尚食及诸司官厨等料,并入京仓。四百万江淮回造米转入京,充官禄及诸司粮料。五百万留当州官禄及递粮。一千万诸道节度军粮及贮备当州仓。)布绢绵则二千七百余万端匹,(千三百万入西京,一百万入东京,千三百万诸道兵赐及和籴,并远小州便充官料邮驿等费。)钱则二百余万贯。(百四十万诸道州官课料及市驿马,六十余万添充诸军州和籴军粮。)"②

第一节 刘晏以前的唐代盐政

在论述唐代盐政以前,有必要看一看此前的赋税征收情况。

唐代赋税征收是以均田制为基础的租庸调制。所谓租庸调,是指每丁每年须纳向朝廷交纳田租二石;庸指每丁每年为国家服二十天的劳役;调指户调,每户纳绢二丈、绵三两,或用等价的麻之类的物品替代。杜佑论述道:"按天宝中天下计帐,户约有八百九十余万,其税钱约得二百余万贯(大约高等少,下等多,今一例为八等以下户计之。其八等户所税四百五十二,九等户则二百二十二。今通以二百五十为率。自七载至十四载六七年间,与此大数,或多少加减不同,所以言约,他皆类此)。其地税约得千二百四十余万石(西汉每户所垦田不

---

① 唐·杜佑《通典·食货六》,杭州:浙江古籍出版社1988年版,第34页。
② 同①。

过七十亩,今亦准此约计数)。课丁八百二十余万,其庸调租等约出丝绵郡县计三百七十余万丁,庸调输绢约七百四十余万匹(每丁计两匹),绵则百八十五万余屯(每丁三两,六两为屯,则两丁合成一屯),租粟则七百四十余万石(每丁两石)。约出布郡县计四百五十余万丁,庸调输布约千三十五万余端(每丁两端一丈五尺,十丁则二十三端也)。其租:约百九十余万丁江南郡县,折纳布约五百七十余万端(大约八等以下户计之,八等折租,每丁三端一丈,九等则二端二丈,今通以三端为率)。二百六十余万丁江北郡县,纳粟约五百二十余万石。大凡都计租税庸调,每岁钱粟绢绵布约得五千二百三十余万端匹屯贯石,诸色资课及句剥所获不在其中(据天宝中度支每岁所入端屯匹贯石都五千七百余万,计税钱地税庸调折租得五千三百四十余万端匹屯,其资课及句剥等当合得四百七十余万),其度支岁计,粟则二千五百余万石(三百万折充绢布,添入两京库。三百万回充米豆,供尚食及诸司官厨等料,并入京仓。四百万江淮回造米转入京,充官禄及诸司粮料。五百万留当州官禄及递粮。一千万诸道节度军粮及贮备当州仓),布绢绵则二千七百余万端屯匹(千三百万入西京,一百万入东京,千三百万诸道兵赐及和籴,并远小州便充官料邮驿等费),钱则二百余万贯(百四十万诸道州官课料及市驿马,六十余万添充诸军州和籴军粮)。"①这一论述生动地揭示了天宝年间(742—756),唐王朝赋税征收的情况。

　　唐玄宗一朝是开拓疆土的重要时期,开拓疆土需要消耗大量的人力、物力和财力。为了应对危机,在平叛的紧要关口,唐肃宗于至德年间(756—758)、乾元年间(758—760)设度支使,试图通过加强赋税征收来解决国用危机。安史之乱结束后,唐王朝进入藩镇割据时期。针对出现的新情况,唐王朝改革了唐肃宗建立的度支制度,如唐代宗永泰(765—766)设转运使掌外、度支掌内的制度。唐德宗建中元年(780)又罢转运使,恢复唐肃宗建立的度支制度。在不断改革的过程中,征榷盐税已成为解决国用危机的有力手段,在这中间,刘晏走上了历史舞台。在刘晏改革盐政以前,唐代的盐政主要经历了三个阶段:第一阶段,从唐初到唐玄宗天宝十五年(756)六月唐玄宗幸蜀以前,主要采取不收盐税的政策;第二阶段,从唐玄宗幸蜀到唐肃宗至德元年(756)榷盐即专卖专营以前,采取由各地自行征盐税以助军需的政策;第三阶段,从唐肃宗至德元年榷盐到唐代宗广德二年(764)刘晏总揽转运事务及盐务以前,由第五琦建立榷盐制度和规范"盐法"细则。

　　先来看看第一阶段的情况。唐初沿袭隋制,实行自由开采和买卖食盐的政策。史称:"开皇三年正月,帝入新宫。初令军人以二十一成丁。减十二番每岁为二十日役,减调绢一匹为二丈。先是尚依周末之弊,官置酒坊收利,盐池盐井,皆禁百姓采用。至是罢酒坊,通盐池盐井与百姓共之。远近大悦。"②开皇三年(583),隋文帝开盐禁,受到百姓的欢迎。唐王

---

① 唐·杜佑《通典·食货六》,杭州:浙江古籍出版社1988年版,第34页。
② 唐·魏徵等《隋书·食货志》,北京:中华书局1973年版,第681页。

朝建立后,继续推行隋代开盐禁的政策。

盐是必不可少的生活用品,易于储存,不会霉烂。古代一向把盐税视为国用不足时的重要来源。如春秋时,齐国在管仲的主持下实行盐铁专卖,走上了富国强兵之路,确立了齐桓公的霸主地位。又如汉武帝采纳桑弘羊盐铁官营之策,为打击匈奴提供了财政保障。再如东魏通过盐税,获取了军国所需的粮食和物资,如史有"于沧、瀛、幽、青四州之境,傍海置盐官,以煮盐,每岁收钱,军国之资,得以周赡"①之说。此后,历代王朝围绕着榷盐和开禁展开了激烈的争辩。一个总的趋势是:凡国用紧张时榷盐,凡和平统一时开放盐禁。

隋王朝建立后,隋文帝实行开放盐禁的政策。马端临论述道:"古今称国计之富者莫如隋,然考之史传,则未见其有以为富国之术也。盖周之时,酒有榷,盐池、盐井有禁,入市有税,至开皇三年而并罢之。夫酒榷、盐铁、市征,乃后世以为关于邦财之大者,而隋一无所取,则所仰赋税而已。"②马端临充分肯定了隋文帝罢酒榷、开盐禁及与民休养生息的做法,从表面上看,开放盐禁只是允许百姓开采和自由买卖食盐,但实际情况是,开放盐禁以后,官府控制的盐业生产与私营者之间形成竞争,由此带动盐价的下跌,进而起到调节物价的作用。

入唐以后,继续采取开盐禁及免征盐税之策,并实行隋代"通盐池盐井与百姓共之"的政策。唐王朝深知盐作为特殊商品在物价调节方面的杠杆作用,进而将重要的盐池、盐井、盐屯(制盐场所)等控制在手中。史称:"唐有盐池十八,井六百四十,皆隶度支。蒲州安邑、解县有池五,总曰'两池',岁得盐万斛,以供京师。盐州五原有乌池、白池、瓦池、细项池,灵州有温泉池、两井池、长尾池、五泉池、红桃池、回乐池、弘静池、会州有河池,三州皆输米以代盐。安北都护府有胡落池,岁得盐万四千斛,以给振武、天德。黔州有井四十一,成州、巂州井各一,果、阆、开、通井百二十三,山南西院领之。邛、眉、嘉有井十三,剑南西川院领之。梓、遂、绵、合、昌、渝、泸、资、荣、陵、简有井四百六十,剑南东川院领之。皆随月督课。幽州、大同横野军有盐屯,每屯有丁有兵,岁得盐二千八百斛,下者千五百斛。"③官盐收入虽然由户部度支郎中调度,但盐池、盐井、盐屯管理事务属司农寺,如史家叙述司农卿职掌时有"掌仓储委积之事。总上林、太仓、钩盾、藁官四署及诸仓、司竹、诸汤、宫苑、盐池、诸屯等监"④之说。盐监是司农卿的属官,盐池、盐井、盐屯均有专职盐官负责管理事务,如夔州奉节"有永安井盐官"⑤,又如扬州海陵"有盐官"⑥等。在这中间,不同区域的官盐有不同的供应对象或行销区域,官盐收入主要由所在区域的监院按月督察并上缴。

---

① 唐·魏徵等《隋书·食货志》,北京:中华书局1973年版,第675—676页。
② 元·马端临《文献通考·国用考一》,杭州:浙江古籍出版社1988年版,第225页。
③ 宋·欧阳修等《新唐书·食货志四》,北京:中华书局1975年版,第1377页。
④ 宋·欧阳修等《新唐书·百官志三》,北京:中华书局1975年版,第1259页。
⑤ 同③,第1029页。
⑥ 宋·欧阳修等《新唐书·地理志五》,北京:中华书局1975年版,第1052页。

这一时期,因"征敛赋役,务在宽简"①,故在产盐区采取灵活的征收之策,或可根据仓储及实际需要,令产盐区或输租米代盐,或免租纳盐,如史有"负海州岁免租为盐二万斛以输司农。青、楚、海、沧、棣、杭、苏等州,以盐价市轻货,亦输司农"②之说。盐价是衡量粮价和物价的重要指标,如唐太宗贞观年间实行"无粟则以盐为禄"③之策,以此为依据,当知食盐在抵充俸禄的过程中,与粮食形成了一定的比价关系。具体地讲,以盐价为经济杠杆,可调节粮价。调节粮价可维持物价,物价降低势必会增加购买力,在此基础上形成钱贵物贱的局面,与此同时,可扩大仓储范围和丰富仓储结构。

开元元年(713),唐代盐政似乎发生了一些变化。杜佑记载道:"大唐开元元年十二月,左拾遗刘彤论上盐铁表曰:'臣闻汉孝武之时,外讨戎夷,内兴宫室,殚费之甚,十倍当今。然而古费多而货有余,今用少而财不足者,何也?岂非古取山泽而今取贫人哉!取山泽,则公利厚而人归于农;取贫人,则公利薄而人去其业。故先王作法也,山海有官,虞衡有职,轻重有术,禁发有时,一则专农,二则饶国。夫煮海为盐,采山铸金,伐木为室,丰余之辈也。寒而无衣,饥而无食,佣赁自资者,穷苦之流也。若能收山海厚利,夺丰余之人,宽调敛重徭,免穷苦之子,所谓损有余而益不足,帝王之道,可不谓然乎?臣愿陛下诏盐铁伐木等官各收其利贸,迁于人,则不及数年,府有余储矣。然后下宽大之令,蠲穷独之徭,可以惠群生,可以柔荒服。虽戎狄未服,尧汤水旱,无足虞也。'玄宗令宰臣议其可否,咸以盐铁之利,甚益国用,遂令将作大匠姜师度、户部侍郎强循俱摄御史中丞,与诸道按察使检责海内盐铁之课。"④针对国用不足,刘彤提出了征收盐铁税的建议。经过廷议,唐玄宗派姜师度等人"与诸道按察使检责海内盐铁之课"。"检责"指检查,这一记载表明,此时似有征盐税之举。

不过,开元元年是否有征收盐税之举,十分值得怀疑。杜佑叙述姜师度等检责"海内盐铁之课"时又记载道:"二十五年仓部格:'蒲州盐池,令州司监当租分与有力之家营种之,课收盐。每年上中下畦通融收一万石,仍差官人检校。若陂渠穿穴,所须功力,先以营种之家人丁充。若破坏过多量力不济者,听役随近人夫。'"⑤开元二十五(727)年,仓部令管理蒲州盐池的司监,将官家掌控的盐池出租给有能力种盐(生产食盐)的人家,明确地规定种盐者每年应向国家上缴一万石食盐,并派员负责审查核实。除此之外,如承包者人手不够的话,官府可就近调集劳力协助其生产。这一举动透露了三方面的信息:一是官营不善,需要改变经营方式将盐池承包出去,以提高生产效率;二是由私人承包,表明私人可以从事盐业生产;三是承包以后,只说官府派员检校即核查应上缴的数额,但没有说剩余的食盐将如何处理。但

---

① 后晋·刘昫等《旧唐书·食货志上》,北京:中华书局1975年版,第2085页。
② 宋·欧阳修等《新唐书·食货志四》,北京:中华书局1975年版,第1377页。
③ 宋·欧阳修等《新唐书·食货志五》,北京:中华书局1975年版,第1395页。
④ 唐·杜佑《通典·食货十》,杭州:浙江古籍出版社1988年版,第59页。
⑤ 同④。

从经营关系上讲,承包人应有权自由支配或出售余下的食盐。综合这些情况看,即使是开元元年有征收盐税之举,应该是没有贯彻下去,退一步讲,即便是已经征收盐税,但百姓依旧有开采和自由买卖食盐的权利。

再来看看第二阶段的情况。天宝十五年六月唐玄宗幸蜀,国用大幅度增加,开始在部分地区采取了征收盐税之策,如史有"玄宗幸巴蜀,郑昉使剑南,请于江陵税盐麻以资国,官置吏以督之"①之说。以此为节点,在抗击安史叛军的过程中,颜真卿、第五琦等在辖区率先征收盐税,如史有"时军费困竭,李萼劝真卿收景城盐,使诸郡相输,用度遂不乏。第五琦方参进明军,后得其法以行,军用饶雄"②之说。为了最大限度地征收盐税,第五琦制定了专门的官营制度,规定盐不得自由买卖,应由官府统一征收、运输和销售。这一做法虽增加了中央的财政收入,但有明显的缺陷。如官府垄断运销等各个环节后,管理成本太高,给盐税征收带来了不必要的损失。这样一来,在"盐铁之利,佐百姓之急,奉军旅之费,不可废也"③的前提下,如何整顿盐政及提高盐税征收效率便成了当务之急。

其实,在颜真卿、第五琦等临时征收盐税以前,朔方节度使郭子仪已敏锐地意识到食盐将会在未来的平叛战争中发挥重要的作用于是他上表请求朝廷任命李涵为关内盐池判官。这里透露的信息是,安史之乱爆发后在国用日趋紧张的时刻,唐王朝已有掌控食盐这一战略物资的打算。史称:"涵,简素忠谨,为宗室俊。累授赞善大夫。郭子仪表为关内盐池判官。肃宗至平凉,未知所从。朔方留后杜鸿渐等条士马仓廩,使涵奉笺驰谒肃宗。涵既见,敷奏明辩,肃宗悦,除左司员外郎,再迁宗正少卿。"④从《旧唐书》及《新唐书》的叙述时间看,李涵任赞善大夫应该在任关内盐池判官一职以前。

胡三省注《资治通鉴·唐纪三十四》"盐池判官李涵"语云:"灵、盐二州皆有盐池,故置判官。"⑤至于为什么设盐池判官一职,前人没有作出交代。结合《旧唐书》及《新唐书》中的记载,当知设盐池判官与加强盐业管理有直接的关系。

这里有三个问题需要专门提出来讨论:一是在李涵领关内盐池判官一职以前,唐王朝没有设立盐池判官;二是赞善大夫的官阶为正五品上阶,盐池监为正七品下阶,如史有"监一人,正七品下,掌盐功簿帐"⑥之说,表明此时盐池已受到唐王朝的重视;三是李涵任关内盐池判官一职,是朔方节度使郭子仪上表后出任的。史有"以奉使言之,则曰节度使,有大使、

---

① 后晋·刘昫等《旧唐书·食货志上》,北京:中华书局1975年版,第2087页。
② 宋·欧阳修等《新唐书·颜真卿传》,北京:中华书局1975年版,第4856页。
③ 唐·杜佑《通典·食货十》,杭州:浙江古籍出版社1988年版,第58页。
④ 宋·欧阳修等《新唐书·宗室传》,北京:中华书局1975年版,第3517页。
⑤ 元·胡三省《资治通鉴音注》,宋·司马光《资治通鉴·唐纪三十四》("标点资治通鉴小组"校点),北京:中华书局1956年版,第6981页。
⑥ 宋·欧阳修等《新唐书·百官志三》,北京:中华书局1975年版,第1262页。

副使、判官"①之说,这一情况表明安史之乱爆发后,灵州和盐州盐池已纳入军事管制的范围。史有"上在平凉,数日之间未知所适,会朔方留后杜鸿渐、魏少游、崔漪等遣判官李涵奉笺迎上,备陈兵马招集之势,仓储库甲之数,上大悦"②之说,李涵受朔方留后杜鸿渐的派遣到平凉(在今甘肃平凉)晋见太子李亨,可进一步证明朔方节度使有节制关内盐池判官的权力,从李涵"备陈兵马招集之势,仓储库甲之数"等情况看,此时的关内盐池判官受朔方节度使郭子仪的节制,并有掌兵的权力。

史称:"肃宗北幸,至平凉,未知所适。鸿渐与六城水运使魏少游、节度判官崔漪、支度判官卢简金、关内盐池判官李涵谋曰:'今胡羯乱常,二京陷没,主上南幸于巴蜀,皇太子理兵于平凉。然平凉散地,非聚兵之处,必欲制胜,非朔方不可。若奉殿下,旬日之间,西收河、陇,回纥方强,与国通好,北征劲骑,南集诸城,大兵一举,可复二京。雪社稷之耻,上报明主,下安苍生,亦臣子之用心,国家之大计也。'鸿渐即日草笺具陈兵马招集之势,录军资、器械、仓储、库物之数,令李涵赍赴平凉,肃宗大悦。"③当时,参与谋划迎立太子李亨到朔方(在今宁夏灵武)的官员共有五人,除崔漪掌军事以外,其余四人均掌财务,此时李涵以关内盐池判官的身份参与其中,其官阶应与其他四人相当。

据《新唐书·肃宗纪》,谋划迎立太子李亨到朔方的官员共六人,还包括河西行军司马裴冕④。然而,《新唐书·杜鸿渐传》不提裴冕⑤,那么,裴冕是否参与了谋划迎立一事呢?司马光叙述道:"太子至平凉数日,朔方留后杜鸿渐、六城水陆运使魏少游、节度判官崔漪、支度判官卢简金、盐池判官李涵相与谋曰:'平凉散地,非屯兵之所,灵武兵食完富,若迎太子至此,北收诸城兵,西发河、陇劲骑,南向以定中原,此万世一时也。'乃使涵奉笺于太子,且籍朔方士马、甲兵、谷帛、军须之数以献之。涵至平凉,太子大悦。会河西司马裴冕入为御史中丞,至平凉见太子,亦劝太子之朔方,太子从之。"⑥原来,裴冕没有参与杜鸿渐等人的密谋,只是到平凉见到李亨后表达了自己赞成李亨到朔方建立根据地的意见。

史家叙述这一事件时,分别提到"散地"一词。散地本指诸侯在自己的领地即国土内作

---

① 后晋·刘昫等《旧唐书·职官志二》,北京:中华书局1975年版,第1835页。
② 后晋·刘昫等《旧唐书·肃宗纪》,北京:中华书局1975年版,第241页。
③ 后晋·刘昫等《旧唐书·杜鸿渐传》,北京:中华书局1975年版,第3282页。
④ 史称:"辛丑,次平凉郡,得牧马牛羊,兵始振。朔方留后支度副使杜鸿渐、六城水陆运使魏少游、节度判官崔漪、支度判官崔简金、关内盐池判官李涵、河西行军司马裴冕迎太子治兵于朔方。"(宋·欧阳修等《新唐书·肃宗纪》,北京:中华书局1975年版,第156页)。
⑤ 史称:"禄山乱,皇太子按军平凉,未知所适,议出萧关趣丰安。鸿渐与六城水运使魏少游、节度判官崔漪、支度判官卢简金、关内盐池判官李涵谋曰:'胡羯乱常,二京覆没,太子治兵平凉,然散地难恃也。今朔方制胜之会,若奉迎太子,西诏河、陇,北结回纥,回纥固与国,收其劲骑,与大兵合,鼓而南,雪社稷之耻,不亦易乎!'即具上兵马招辑之势,且录军资、器械、储廥凡最,使涵诣平凉见太子,太子大悦。"(宋·欧阳修等《新唐书·杜鸿渐传》,北京:中华书局1975年版,第4422—4423页)。
⑥ 宋·司马光《资治通鉴·唐纪三十四》(邬国义校点),上海:上海古籍出版社1997年版,第2019页。

战,后来引申为在离家不远的地方作战,因作战地点离家不远,士卒恋家,没有战斗意志,故很容易在战争的紧要关头逃亡离散,导致打败仗。如《史记·黥布列传》引《孙子·九地》有"诸侯战其地为散地"①语,裴骃《集解》注云:"《汉书音义》曰:谓散灭之地。"②张守节《正义》云:"魏武帝注《孙子》曰:'卒恋土地,道近而易败散。'"③迎立太子李亨到朔方既有向西经营的意图,又有引回纥收复长安和洛阳之意。在这中间,李涵与杜鸿渐等迎太子李亨到朔方以后拥立李亨即帝位,可谓是开盐官拥立皇帝的先河。

  最后来看看第三阶段的情况。至德元年,唐肃宗令第五琦在全国各道设榷盐机构,以弥补国用和军用不足的缺口,如史有"又至德初,为国用不足,令第五琦于诸道榷盐以助军用"④之说。"诸道"指唐玄宗在全国设十五个监察区,如史有"开元二十一年,分天下为十五道,每道置采访使,检察非法,如汉刺史之职"⑤之说。在十五道建榷盐机构,是说将全国分成十五个食盐专卖专营地区。

  榷盐制度实行后,明显地增加了唐王朝的财政收入,在一定程度上缓解了国用匮乏的严峻形势。在这中间,第五琦建立榷盐制度实际上是万般无奈之举,具体地讲,如果租庸调制度没有遭受破坏,或者说唐王朝的赋税制度能得到立即恢复的话,又或者说各种临时性的救急措施能够长久的话,加重盐税征收的做法将不会实行。史称:"肃宗初,第五琦始以钱谷得见。请于江、淮分置租庸使,市轻货以救军食,遂拜监察御史,为之使。"⑥轻货指重量轻但价值高的珍珠、玛瑙、翡翠等物品。针对军食匮乏,第五琦提出了从国库中提取轻货换取粮食等军需品的建议。当时,黄河流域陷入战火,只能到江淮地区换取粮食等军需品,如第五琦有"方今之急在兵,兵之强弱在赋,赋之所出,江淮居多。若假臣职任,使济军须,臣能使赏给之资,不劳圣虑"⑦之说。问题是,以轻货购置军需品及粮食毕竟不能长久,如果不顾利害关系加重赋税的话,势必会带来更大的灾难,特别是平叛战争旷日持久,军用只会进一步增加,这样一来,唯一的办法只能在征收盐税上做文章。可以说,榷盐制度就是在这样的背景下施行的,甚至可以说,这是当时所能做出的唯一选择,如史有"第五琦促办应卒,民不加赋,而国丰饶,亦庶几矣"⑧之说。所谓"民不加赋",固然是有关心民瘼的一面,但实际情况是户籍人口大量逃亡早已没有赋税可征。从这样的角度看,所谓"而国丰饶,亦庶几矣"只能是刘晏理

---

① 宋·司马光《资治通鉴·唐纪三十四》(邬国义校点),上海:上海古籍出版社1997年版,第2019页。
② 同①。
③ 汉·司马迁《史记·黥布列传》,北京:中华书局1982年版,第2606页。
④ 后晋·刘昫等《旧唐书·刘晏传》,北京:中华书局1975年版,第3514页。
⑤ 后晋·刘昫等《旧唐书·地理志一》,北京:中华书局1975年版,第1385页。
⑥ 后晋·刘昫等《旧唐书·食货志下》,北京:中华书局1975年版,第2116页。
⑦ 后晋·刘昫等《旧唐书·第五琦传》,北京:中华书局1975年版,第3517页。
⑧ 后晋·刘昫等《旧唐书·刘第班王李传》,北京:中华书局1975年版,第3523页。

财以后的事情。

从另一个层面看,粗略地划分十五个专卖专营区是无法保证榷盐制度全面执行的。为改变这一情况,乾元元年(758),唐肃宗任命第五琦为盐铁使负责统筹盐务。第五琦接受任命后,以榷盐制度为基础创立了"盐法"。《旧唐书·食货志下》云:"乾元元年,加度支郎中,寻兼中丞,为盐铁使。于是始大盐法,就山海井灶,收榷其盐,立监院官吏。其旧业户洎浮人欲以盐为业者,免其杂役,隶盐铁使。常户自租庸外无横赋。人不益税,而国用以饶。"①《新唐书·食货志四》云:"天宝、至德间,盐每斗十钱。乾元元年,盐铁、铸钱使第五琦初变盐法,就山海井灶近利之地置监院,游民业盐者为亭户,免杂徭。盗鬻者论以法。及琦为诸州榷盐铁使,尽榷天下盐,斗加时价百钱而出之,为钱一百一十。"②综合这两则记载,第五琦推行"盐法"主要包括六个方面:一是在产地设立监院,严格监督采盐,由官府专门收购;二是从事盐业生产者由盐铁使直接管理,不与地方发生关系;三是鼓励盐户和游民专门从事盐业生产,凡从事盐业生产者免除其杂役和徭役;四是禁止盗取和私下买卖食盐,凡违规者一律依法处置;五是实施专营,在各州设专卖机构,以高出十倍的价格售盐;六是规定食盐提价后,凡是从事农业生产者除正常赋税外,一律不再加税。乾元元年以前,第五琦任监察御史领租庸使,乾元元年领度支郎中、盐铁使等是加衔,原有的职务保持不变,因此,第五琦推行"盐法"是以掌管田租、赋税等为前提的,建立"盐法"实际上是在保证田租、赋税收入的基础上进行的。

由于第五琦推行的"盐法"是以平摊的方式将盐税均摊到食用者的头上,又由于实行"盐法"后稳定了赋税收入,因此很快出现了"国用以饶"的局面。然而,"盐法"的弊端也是显而易见的,当食盐价格猛然上涨十倍时,给百姓带来的痛苦也是巨大的。具体地讲,实行榷盐制度多有与民争利之嫌,不利于百姓安居乐业,也不利于商品流通,从本质上讲,带有饮鸩止渴的性质。

更重要的是,所谓"国用以饶",实际上是"上用以饶"。《旧唐书·第五琦传》:"于是创立盐法,就山海井灶收榷其盐,官置吏出粜。其旧业户并浮人愿为业者,免其杂徭,隶盐铁使,盗煮私市罪有差。百姓除租庸外,无得横赋,人不益税而上用以饶。"③《旧唐书·食货志下》亦有大体相同的记载,但将"国用以饶"改为"上用以饶"。虽然是一字之改,但表达的内容大不一样。

盐政改革增加赋税收入后,另一个问题接踵而来,戍守京师的豪将见有了钱粮便强行索取。为了回避矛盾,第五琦改变了入库方式,有意将租赋送入大盈内库即专供内廷使用的藏

---

① 后晋·刘昫等《旧唐书·食货志下》,北京:中华书局1975年版,第2116页。
② 宋·欧阳修等《新唐书·食货志四》,北京:中华书局1975年版,第1378页。
③ 后晋·刘昫等《旧唐书·第五琦传》,北京:中华书局1975年版,第3517页。

库。史称:"初,国家旧制,天下财赋皆纳于左藏库,而太府四时以数闻,尚书比部覆其出入,上下相辖,无失遗。及第五琦为度支、盐铁使,京师多豪将,求取无节,琦不能禁,乃悉以租赋进入大盈内库,以中人主之意,天子以取给为便,故不复出。是以天下公赋,为人君私藏,有司不得窥其多少,国用不能计其赢缩,殆二十年矣。中官以冗名持簿书,领其事者三百人,皆奉给其间,连结根固不可动。"①又称:"故事,天下财赋归左藏,而太府以时上其数,尚书比部覆其出入。是时,京师豪将假取不能禁,第五琦为度支盐铁使,请皆归大盈库,供天子给赐,主以中官。自是天下之财为人君私藏,有司不得程其多少。"②第五琦的这一举措虽有效地阻止了豪将强行索取,但带来了严重的后果。具体地讲,国用财富即盐税及租赋等变成凭君主个人喜好可以随意动用的资源后,给了宦官利用手中掌控钱粮的权力而不断地干预朝政留下了隐患。

第二节 刘晏理财与盐政改革

改革盐政是刘晏理财的核心内容,刘晏改革盐政的思想是在平定安史之乱的过程中形成的,同时又是在执掌漕运事务中得到完善的,前后可分为四个阶段。

第一阶段,刘晏理财及改革盐政思想的形成期。刘晏理财及改革盐政思想的形成可上溯到唐肃宗末年即宝应元年(762),如《旧唐书·肃宗纪》有"以河南尹刘晏为户部侍郎,勾当度支、铸钱、盐铁等使"③之说。史家在这一叙述中略去了转运使一职,对此,《新唐书·食货志三》多有补充。《新唐书·食货志三》云:"肃宗末年,史朝义兵分出宋州,淮运于是阻绝,租庸盐铁溯汉江而上。河南尹刘晏为户部侍郎,兼句当度支、转运、盐铁、铸钱使。"④因转运即漕运是当务之急,刘晏在从事转运事务时开始关注盐政等。进而言之,刘晏任户部侍郎后,在掌管全国财赋统计与调配的同时,以转运为工作重点,开始认识到盐利在国用中的重要地位。此时,任职时间虽只有数月,但刘晏有机会认识到第五琦盐政中的弊端,从而为日后理财及改革盐政奠定了基础。与此同时,通过从事转运事务,刘晏对漕运中的问题多有发现,逐步形成了率先恢复汴渠及黄河漕运的思想。

第二阶段,刘晏改革盐政的初始期。唐代宗广德二年,刘晏接替第五琦负责盐政及转运等事务。史称:"又至德初,为国用不足,令第五琦于诸道榷盐以助军用,及晏代其任,法益精

---

① 后晋·刘昫等《旧唐书·杨炎传》,北京:中华书局1975年版,第3420页。
② 宋·欧阳修等《新唐书·食货志一》,北京:中华书局1975年版,第1347页。
③ 后晋·刘昫等《旧唐书·肃宗纪》,北京:中华书局1975年版,第259页。
④ 宋·欧阳修等《新唐书·食货志三》,北京:中华书局1975年版,第1368页。

密,官无遗利。初,岁入钱六十万贯,季年所入逾十倍,而人无厌苦。"①这里说的"季年",指广德二年的年底。刘晏上任后以改革盐政为突破口,仅用不到一年的时间就将盐税收入提高了十倍。史称:"广德二年正月,复以第五琦专判度支铸钱盐铁事。而晏以检校户部尚书为河南及江淮已来转运使,及与河南副元帅计会开决汴河。"②盐税增加后,为刘晏以盐利充当疏浚汴河的费用,以盐利为"漕佣"奠定了基础,进而解决了江淮及东南漕运中的经费困难,为江淮及东南租赋顺利地进入黄河中下游地区创造了必然的条件。

第三阶段,刘晏重点改革东南盐政期。在理财的过程中,刘晏以改革东南盐政为突破口,肩负起恢复租赋征收的重任。永泰二年(766),唐代宗变更中央财赋管理机构,设二使分掌全国的赋税、铸钱、常平、转运、盐铁等事务。在黄河中下游地区农业经济凋敝及唐王朝租赋等移向江淮及东南的前提下,由刘晏负责东都、河南、淮南、江东西、湖南、荆南、山南东道等地的理财事务,可谓是一人支撑起了唐王朝财政收入的半壁江山。时至唐代宗大历五年(770),刘晏除了继续承担原有的事职外,又参与到关内、河东、剑南、山南租庸等事务中。史称:"永泰二年,晏为东道转运常平铸钱盐铁使,琦为关内、河东,剑南三川转运常平铸钱盐铁使。大历五年,诏停关内、河东、三川转运常平盐铁使。自此晏与户部侍郎韩滉分领关内、河东、山、剑租庸青苗使。"③又称:"初,转运使掌外,度支使掌内。永泰二年,分天下财赋、铸钱、常平、转运、盐铁,置二使。东都畿内、河南、淮南、江东西、湖南、荆南、山南东道,以转运使刘晏领之;京畿、关内、河东、剑南、山南西道,以京兆尹、判度支第五琦领之。及琦贬,以户部侍郎、判度支韩滉与晏分治。"④权力机构变化后,刘晏"领东都、河南、江淮转运、租庸、盐铁、常平使"⑤。在这中间,刘晏虽然先后与第五琦、韩滉等分掌全国租赋及钱盐等事务,但其权重明显地超过第五琦、韩滉,刘晏重点征榷淮盐和浙盐奠定了基础,同时也为刘晏恢复租赋制度创造了必要的条件。

第四阶段,为刘晏理财恢复赋税制度即租庸调制度和改革盐政的丰收期。从大历十四年(779)开始到唐德宗建中元年,刘晏蒙冤被迫自尽以前,刘晏走上了全面理财的岗位,如史有"至十四年,天下财赋,皆以晏掌之"⑥之说,又有大历十四年"以户部侍郎、判度支韩滉为太常卿,吏部尚书刘晏判度支盐铁转运等使。初,晏与滉分掌天下财赋,至是晏都领之"⑦之说。刘晏总揽理财事务后,锐意改革,取得了"大历末,通计一岁征赋所入总一千二百万贯,

---

① 后晋·刘昫等《旧唐书·刘晏传》,北京:中华书局1975年版,第3514页。
② 后晋·刘昫等《旧唐书·食货志下》,北京:中华书局1975年版,第2117页。
③ 同②。
④ 宋·欧阳修等《新唐书·食货志一》,北京:中华书局1975年版,第1348页。
⑤ 宋·欧阳修等《新唐书·刘晏传》,北京:中华书局1975年版,第4794页。
⑥ 同②。
⑦ 后晋·刘昫等《旧唐书·德宗纪上》,北京:中华书局1975年版,第321页。

而盐利且过半"①的成绩。在理财及推行以盐税保国用的国策时,刘晏深刻地认识到盐税征收只能增加钱币收入,不能从根本上解决唐王朝在粮食、物资等方面的需求,一旦发生粮贵钱贱的局面,同样会造成国用方面的危机。在这中间,如果不能及时地恢复原有的赋税制度及农业生产秩序,只是一味地扩大调运江淮及东南租赋北上的规模,势必会出现竭泽而渔的局面。针对这些情况,刘晏利用榷盐这一经济杠杆,以恢复农业生产为根本,采取赈灾救荒等手段在一定程度上挽救了赋税制度破坏后的危机。

从大的方面讲,刘晏理财及改革盐政虽由四个阶段构成,但共同的特点是:针对租庸调制度遭受破坏及中央财政极度困难等情况,他充分利用掌握的盐铁、转运、租庸、常平、铸钱等权力,以改革盐政为先导,以盐利为经济杠杆,在恢复农业生产秩序同时,扭转了唐王朝国用不足的颓势。

在改革盐政的过程中,刘晏采取了重点征榷淮盐和浙盐的措施。重点征榷淮盐和浙盐主要是由两个方面的原因造成的:一是江淮及东南有丰富的海盐资源,如史有"吴、越、扬、楚盐廪至数千,积盐二万余石"②之说,当榷盐成为唐王朝增加财赋收入的唯一途径时,淮盐和浙盐势必要成为征榷的对象;二是安史之乱后,形成了"赋之所出,江淮居多"③的局面。漕运补给线拉长到江淮及东南以后,为唐王朝征榷淮盐和浙盐,以盐利保漕运等创造了必要的条件。在漕运补给线拉长到江淮等地以前,淮盐和浙盐基本上无法行销到黄河中下游地区,如黄河中下游地区有池盐和崖盐,当地人可以就近购买价格较低的盐。此外,江淮及东南远离唐王朝统治的核心区域即黄河中下游地区,如果从江淮运盐至中原销售则成本太高,所以淮盐和浙盐一直不在重点征榷的范围之内。漕运补给线拉长到江淮及东南以后,形势发生了变化,因有漕运上的便利,遂为重点征榷淮盐和浙盐创造了必要的条件。

重点征榷淮盐和浙盐,发生在国用大幅增加和赋税收入日趋减少的背景下,同时发生在刘晏主持盐政及漕运的背景下,如史有"以刘晏颢领东都、河南、淮西、江南东西转运、租庸、铸钱、盐铁,转输至上都,度支所领诸道租庸观察使,凡漕事亦皆决于晏"④之说,又有"以通州刺史刘晏为户部侍郎、京兆尹、度支盐铁转运使。盐铁兼漕运,自晏始也"⑤之说。刘晏总揽转运、租庸、铸钱、盐铁等事务以后,揭开了重点征榷淮盐和浙盐及以东南盐利保漕运的历史。

在革除盐政弊端的过程中,刘晏立足于现实,着眼于长远,将改革重点放在了重点征榷淮盐和浙盐的方面,其中,有八个方面值得注意。

---

① 后晋·刘昫等《旧唐书·刘晏传》,北京:中华书局1975年版,第3514页。
② 宋·欧阳修等《新唐书·食货志四》,北京:中华书局1975年版,第1378页。
③ 后晋·刘昫等《旧唐书·第五琦传》,北京:中华书局1975年版,第3517页。
④ 宋·欧阳修等《新唐书·食货志三》,北京:中华书局1975年版,第1368页。
⑤ 后晋·刘昫等《旧唐书·食货志下》,北京:中华书局1975年版,第2117页。

其一，注重源头管理，有意识地精简盐务机构。史称："自兵起，流庸未复，税赋不足供费，盐铁使刘晏以为因民所急而税之，则国足用。于是上盐法轻重之宜，以盐吏多则州县扰，出盐乡因旧监置吏，亭户粜商人，纵其所之。"① 司马光亦记载道："晏以为官多则民扰，故但于出盐之乡置盐官，收盐户所煮之盐转鬻于商人，任其所之，自余州县不复置官。"② 针对"流庸未复，税赋不足供费"等情况，刘晏认为"因民所急而税之，则国足用"。为了更好地贯彻这一思想，刘晏采取了精简机构的措施，通过精简机构，旨在明确盐官（监管盐业生产的官吏）职责，提高盐税征收的效率。如只在盐乡设盐官，撤除州县盐官，规定盐官只有监督亭户即盐户（从事盐业生产的民户）生产的权力，不得妨碍盐户与商人交易等，都是加强盐政源头管理的重要举措。

其二，调整专卖制度，由国家掌握盐业批发和征税等关键性的环节，进而在官收的基础上改官运为商运，改官营为商销。史有"自淮北列置巡院，搜择能吏以主之，广牢盆以来商贾。凡所制置，皆自晏始"③ 之说，"牢盆"本指生产食盐的工具，又引申为盐政或盐业。通过吸引商人到产盐区购盐，调动了商人经销淮盐的积极性。进而言之，刘晏出任转运使、盐铁使以后，在充分肯定民产、官收的基础上，有意识地将官运和官销分别改为商运和商销，通过改革，在调动商人积极性的同时，将官府从烦琐的运销事务中解放出来。

其三，照顾商人的利益，禁止州县设关卡征收盐税和商船过境费。史有"然诸道加榷盐钱，商人舟所过有税。晏奏罢州县率税，禁堰埭邀以利者"④ 之说。通过废除诸道设置的关卡，在降低商运、商销成本的过程中提高了商人从事盐业销售的积极性，进而落实了民产、官收、商运和商销的政策。

其四，照顾百姓的利益，由官府设常平盐仓平易盐价，进而以盐价平易粮价及物价。史有"江、岭去盐远者，有常平盐，每商人不至，则减价以粜民，官收厚利而人不知贵"⑤ 之说。司马光亦记载道："其江岭间去盐乡远者，转官盐于彼贮之。或商绝盐贵，则减价鬻之，谓之常平盐，官获其利而民不乏盐。"⑥ 设常平盐仓的初衷是平易盐价，针对岭南等产盐区偏远，商人不愿前往经销等情况，由官府直接用低于商销的价格售盐，进而取得"官收厚利而人不知贵""官获其利而民不乏盐"的效果。又如一旦发生某地食盐供应不足时，可以及时地从常平盐仓调盐。如史有"京师盐暴贵，诏取三万斛以赡关中，自扬州四旬至都，人以为神"⑦

---

① 宋·欧阳修等《新唐书·食货志四》，北京：中华书局1975年版，第1378页。
② 宋·司马光《资治通鉴·唐纪四十二》（邬国义校点），上海：上海古籍出版社1997年版，第2102页。
③ 后晋·刘昫等《旧唐书·食货志下》，北京：中华书局1975年版，第2117页。
④ 同①。
⑤ 同①。
⑥ 同②。
⑦ 宋·欧阳修等《新唐书·刘晏传》，北京：中华书局1975年版，第4796页。

之说,通过稳定盐价来稳定长安的粮价及物价。

其五,关心盐业生产,派懂得盐业生产的官吏对亭户进行技术指导。史称:"晏又以盐生霖潦则卤薄,暵旱则土溜坟,乃随时为令,遣吏晓导,倍于劝农。"①针对"盐生霖潦则卤薄,暵旱则土溜坟"等情况,采取"遣吏晓导"即提供技术提高了亭户的盐业生产能力。

其六,加强榷盐时的过程管理,重点管理淮盐和浙盐的主要生产区。具体地讲,一是重点管理涟水、湖州、越州、杭州等四大盐场;二是监管淮盐和浙盐生产,如在主要产盐区嘉兴、海陵、盐城、新亭、临平、兰亭、永嘉、大昌、侯官、富都等地设十监;三是在淮北设十三巡院,由巡院负责缉私,重点监管淮盐和浙盐等行销事务。史称:"有涟水、湖州、越州、杭州四场,嘉兴、海陵、盐城、新亭、临平、兰亭、永嘉、大昌、侯官、富都十监,岁得钱百余万缗,以当百余州之赋。自淮北置巡院十三,曰扬州、陈许、汴州、庐寿、白沙、淮西、甬桥、浙西、宋州、泗州、岭南、兖郓、郑滑,捕私盐者,奸盗为之衰息。"②在海陵、盐城等地设盐监表明,淮盐是重点管理对象。在扬州、陈许、汴州、白沙、淮西、甬桥、宋州、泗州等地建巡院即缉查私盐的关卡则表明,禁止盐吏、亭户及商人相勾结,行淮盐和浙盐走私之事。通过这些举措,取得了"岁得钱百余万缗,以当百余州之赋"的成绩,从而为重点征榷淮盐和浙盐奠定了基础。

其七,划分食盐区,将淮北、河南东部等划为淮盐行盐区即食盐区,实行分片管理和营销。司马光记载道:"晏专用榷盐法充军国之用。时自许、汝、郑、邓之西,皆食河东池盐,度支主之;汴、滑、唐、蔡之东,皆食海盐,晏主之。"③划分食盐区及明确管理范围后,有效地堵塞了越境行盐即商销中的漏洞。

其八,刘晏将征榷淮盐和浙盐税收与漕运结合起来,采取以盐利保漕运的措施,重点解决江淮及东南漕运过程中的各项支出。史有"是时朝议以寇盗未戢,关东漕运,宜有倚办,遂以通州刺史刘晏为户部侍郎、京兆尹、度支盐铁转运使。盐铁兼漕运,自晏始也。……晏始以盐利为漕佣,自江淮至渭桥,率十万斛佣七千缗,补纲吏督之。不发丁男,不劳郡县,盖自古未之有也。自此岁运米数千万石"④之说,刘晏掌"盐铁兼漕运"事务后,"始以盐利为漕佣"。在以淮盐和浙盐税收补贴漕运时,包括雇用船夫、纤夫、建造漕船等产生的各种费用。史又有"李灵耀反,河南节帅或不奉法,擅征赋,州县益削。晏常以羡补乏,人不加调,而所入自如"⑤之说,其中所谓"羡补",是指用富余的钱财来弥补拖欠的赋税。丘浚有"然当时运

---

① 宋·欧阳修等《新唐书·食货志四》,北京:中华书局1975年版,第1378页。
② 同①。
③ 宋·司马光《资治通鉴·唐纪四十二》(邬国义校点),上海:上海古籍出版社1997年版,第2102页。
④ 后晋·刘昫等《旧唐书·食货志下》,北京:中华书局1975年版,第2117页。
⑤ 宋·欧阳修等《新唐书·刘晏传》,北京:中华书局1975年版,第4796页。

夫,皆是官雇,而所用佣钱,皆以盐利"①,这里所说的"所用佣钱,皆以盐利",是指以淮盐和浙盐税收保江淮及东南漕运。进而言之,在改革盐政及扩大其用途的过程中,刘晏有效地解除了日趋严重的漕运危机,为稳定关中及长安局势提供了强有力的支撑。

  榷盐是涉及漕运安全的大事,通过盐政改革,刘晏取得了辉煌的成果。史称:"又至德初,为国用不足,令第五琦于诸道榷盐以助军用,及晏代其任,法益精密,官无遗利。初,岁入钱六十万贯,季年所入逾十倍,而人无厌苦。大历末,通计一岁征赋所入总一千二百万贯,而盐利且过半。"②又称:"第五琦始榷盐佐军兴,晏代之,法益密,利无遗入。初,岁收缗钱六十万,末乃什之,计岁入千二百万,而榷居太半,民不告勤。"③这两则文献记载的文字略有不同,可以互为补充。如果将"及晏代其任,法益精密,官无遗利"与"晏代之,法益密,利无遗入"对读,当知第五琦以后的盐政改革是在刘晏的主持下进行的。史称:"晏之始至也,盐利岁才四十万缗,至大历末,六百余万缗。天下之赋,盐利居半,宫闱服御、军饷、百官禄俸皆仰给焉。"④司马光亦记载道:"其始江、淮盐利不过四十万缗,季年乃六百余万缗,由是国用充足而民不困弊。"⑤刘晏主持改革盐政后,盐税岁额由六十万贯增加到六百多贯,主要是在重点征榷淮盐和浙盐的过程中取得的。可以说,如果没有刘晏的盐政改革及重点征榷淮盐和浙盐,唐王朝的政治危机不但不会化解,而且还会进一步地加剧。

  当时,东南四州的海盐产量究竟有多少?李吉甫论述道:"盐监,煮盐六十万石,而楚州盐城、浙西嘉兴、盐平两监所出次焉,计每岁天下盐利,当租赋三分之一。"⑥刘晏设十监加强东南盐政管理,如以一监产出六十万石计算,东南四州十监年产的海盐当在六百万石左右。在此基础上征收的东南盐税,相当于唐王朝当年租赋的三分之一。当然,这是就安史之乱后唐王朝实际征收的租赋而言。

  与浙盐相比,淮盐税收占有更大的份额。出现这样的情况,主要是由五个方面的原因造成的。一是江淮及东南有涟水、湖州、越州、杭州等四大盐场,如史有"有涟水、湖州、越州、杭州四场"⑦之说,四大盐场以楚州涟水盐场为首,这一叙述表明涟水盐场的盐业生产超过湖州、越州、杭州等盐场的生产规模。二是江淮是漕运要区,唐代淮南道即江淮的农业经济发展水平远远地超过东南。因江淮是安史之乱后唐王朝租赋征收的重点区域,在以盐利保江

---

  ① 明·丘浚《大学衍义补·漕挽之宜上》(林冠群、周济夫校点),北京:京华出版社1999年版,第304页。
  ② 后晋·刘昫等《旧唐书·刘晏传》,北京:中华书局1975年版,第3514页。
  ③ 宋·欧阳修等《新唐书·刘晏传》,北京:中华书局1975年版,第4796页。
  ④ 宋·欧阳修等《新唐书·食货志四》,北京:中华书局1975年版,第1378页。
  ⑤ 宋·司马光《资治通鉴·唐纪四十二》(邬国义校点),上海:上海古籍出版社1997年版,第2102页。
  ⑥ 唐·李吉甫《元和郡县图志·淮南道》逸文卷二,北京:中华书局1983年版,第1074页。
  ⑦ 同④。

淮漕运的过程中,淮盐在"漕佣"中的地位势必要高于浙盐。三是唐代在扬州设盐铁转运使,这一行为传达的信息是,淮盐是重点征榷的对象。洪迈记载道:"唐世盐铁转运使在扬州,尽榦利权,判官多至数十人,商贾如织。故谚称'扬一益二',谓天下之盛,扬为一而蜀次之也。"①扬州有通江达海的区位优势,在商贸往来中占据着特殊的地位,在此建立征榷机构,有利于建立淮盐面向长江流域和淮河以北的行盐区。四是刘晏总理盐政和漕运事务以后,以恢复汴渠及黄河漕运为先导,疏浚了连通江淮的汴河,解决了淮盐行销淮河以北及黄河中下游地区的难题。与此同时,淮盐产地有四通八达的运盐河,运盐河与汴河连接在一起,大大地降低了运输成本,远比调运浙盐北上合算。史称:"京师盐暴贵,诏取三万斛以赡关中,自扬州四旬至都,人以为神。"②这里虽然没有说从扬州运至长安的盐种,因浙盐的行盐区不涉及江淮及淮河以北,故应指淮盐。五是刘晏恢复汴渠及黄河漕运以征收江淮租赋为前提,安史之乱破坏了原有的租庸调制度,在这一前提下,中央财政收入减少与国用需求增大之间的矛盾迫使刘晏在寻找新财源的过程中改革盐政,提出了加强征榷江淮及东南盐税的对策。在这中间,因恢复租赋与扩大财源及解决国用需求拧结在一起,又因江淮漕运与恢复汴渠及黄河漕运同等重要,这样一来,重点征榷淮盐已成必然之举。

这里有三个问题需要专门提出。一是后世有"淮南盐场"和"淮北盐场"之说,似表明淮盐生产由淮河以南和淮河以北两个生产单位构成。其实,淮河以北远离海岸线,一向不生产海盐。后世所说的"淮南盐场""淮北盐场"均在淮河以南。具体地讲,扬州广陵郡和楚州淮阴郡均在淮河以南,均可以"淮南"相称。如至德元年,唐王朝设淮南节度使,淮南节度使的治所在扬州,辖区涉及扬州、楚州等十二州。史有"条理江淮盐务"③之说,"江淮"指江淮之间的淮南,故刘晏总揽东南盐政以前,已出现"淮盐"之说。二是后世为了加强管理,将与长江北岸相邻的盐场统称为"淮南盐场",以此为地理坐标,又将与淮河南岸相邻的盐场即隶属楚州淮阴郡的涟水盐场等统称为"淮北盐场"。三是"淮南""淮北"是两个相互交叉的历史地理及行政区划,如唐代,扬州广陵郡与楚州淮阴郡的下辖县多有变化,有先归扬州后归淮阴或先归淮阴后归扬州等情况,这一变化同样反映在淮南和淮北盐场隶属关系的变化上。四是在东南盐政中,淮盐占有特殊的地位,刘晏重点征榷淮盐与此前修复江淮之间的运盐河息息相关。

江淮之间的运盐河是唐代水上交通的一部分,与漕运紧密地联系在一起。在外输的过程中,凭借便利的水上交通,淮盐销售形成了以扬州为代表的淮南集散中心和以楚州涟水为代表的淮北集散中心。

---

① 宋·洪迈《容斋随笔·唐扬州之盛》,上海:上海古籍出版社1978年版,第122页。
② 宋·欧阳修等《新唐书·刘晏传》,北京:中华书局1975年版,第4796页。
③ 后晋·刘昫等《旧唐书·齐抗传》,北京:中华书局1975年版,第3756页。

追溯江淮运盐河兴修的历史,可以从汉代刘濞煮海为盐说起。通过开挖运盐河,刘濞最大限度地谋取了盐利,为吴国的崛起奠定了坚实的基础。在兴修运盐河的过程中,刘濞打通了自广陵(在今江苏扬州)经邗沟到产盐区海陵(在今江苏泰州)的航线。史称:"江、淮漕运尚矣。春秋时,吴穿邗沟,东北通射阳湖,西北至末口。汉吴王濞开邗沟,通运海陵。"①因这条运盐河是邗沟的延长线,故有"邗沟"之称。又因自广陵往海陵及如皋磻溪(在今江苏南通如皋境内)等地的运盐河,以茱萸湾(在今江苏扬州邗江区万头乡)为起点,故又有"茱萸沟"这一称谓。李斗记载道:"《左传·哀公九年》:秋,吴城邗沟通江、淮。此今之运河自江入淮之道也。自茱萸湾通海陵、如皋、蟠溪,此吴王濞所开之河,今运盐道也。运道在《左传》称'邗沟',《国语》称'深沟',《吴越春秋》称为'渠',《水经注》称'幹江',汉晋间称'漕渠',或曰'合渎渠',或曰'山阳浊'。隋称'山阳渎',郡志称'山阳沟',河名不一,徙复无常。郡县志乘,载而弗详。"②茱萸沟开通后,为淮盐输出创造了必要的条件。具体地讲,吴王夫差兴修邗沟后,改善了江淮与外界联系的水上交通,如扬州一头连接长江,以长江为运道可联系长江流域的广大地区并通向大海;扬州的另一头通过邗沟连接淮河,以邗沟和淮河为运道,向北可联系淮河流域及中原。进而言之,茱萸沟开挖的意义不仅仅是建立了与邗沟的互通关系,更重要的是为淮盐的输出创造了良好的交通环境,由此揭开了兴修运盐河的历史。

淮浦是汉县,元狩六年(前117),汉武帝析朐县,置淮浦县(在今江苏涟水)。时至隋代淮浦县改称"涟水县"③。淮浦县有得天独厚的海盐生产条件和水上交通条件,在海岸线向东推移以前,淮浦位于淮河入海口,以淮河为航线可入邗沟进入长江流域,同时又可北上进入黄河流域,如《山海经·海内东经》有"淮水出余山,余山在朝阳东,义乡西,入海,淮浦北"④之说,《汉书》有"《禹贡》桐柏大复山在东南,淮水所出,东南至淮[浦]入海,过郡四,行三千二百四十里"⑤之说。

从汉代到魏晋南北朝,淮河入海口基本上稳定在淮浦一带。淮浦是淮盐的重要产区,此外,东面有东海(在今江苏连云港东海)和郁州(在今江苏连云港花果山一带)等产盐区。如沿淮河东行出海可抵达郁州,经淮河支流游水等北上可至东海等地。郦道元注《水经》"又东至广陵淮浦县入于海"语云:"应劭曰:浦岸也。盖临侧淮渍,故受此名。淮水径县故城东。王莽更名之曰淮敬。淮水于县枝分,北为游水。历朐县与沭合。又径朐山西。山侧有朐县故城。秦始皇三十五年,于朐县立石海上,以为秦之东门。崔琰《述初赋》曰:倚高舻以周眄兮,观秦门之将将者也。东北海中有大洲,谓之郁洲,《山海经》所谓郁山在海中者也。言是

---

① 元·脱脱等《宋史·河渠志六》,北京:中华书局1985年版,第2388—2389页。
② 清·李斗《扬州画舫录》,北京:中华书局1960年版,第15页。
③ 后晋·刘昫等《旧唐书·地理志一》,北京:中华书局1975年版,第1445页。
④ 袁珂《山海经校注》,上海:上海古籍出版社1980年版,第332页。
⑤ 汉·班固《汉书·地理志上》,北京:中华书局1962年版,第1564页。

山自苍梧徙此,云山上犹有南方草木。今郁州治。故崔季珪之叙《述初赋》,言郁州者,故苍梧之山也,心悦而怪之,闻其上有仙士石室也,乃往观焉。见一道人独处,休休然不谈不对,顾非己所及也。即其《赋》所云:吾夕济于郁洲者也。游水又北径东海利成县故城东,故利乡也。汉武帝元朔四年,封城阳共王子婴为侯国,王莽更之曰流泉。游水又北,历羽山西。"①又记载道:"游水东北入海,旧吴之燕岱,常泛巨海,惮其涛险,更沿溯是渎,由是出。《地理志》曰:游水自淮浦北入海。《尔雅》曰:淮别为浒,游水亦枝称者也。"②战国以降,淮河和游水一直是至淮浦向东及向北的航线。如果将《山海经》《汉书》《水经注》等相关文献记载结合起来看,郦道元所说的"游水"很可能是指后世所说的"涟水"。顾祖禹叙述涟水与涟水县(淮浦县)的关系时指出:"在沭阳者曰南涟,在县境者曰北涟,又有西涟、中涟、东涟之名。中涟阔八十丈,北通官河,南通市河。其上流曰西涟,下流曰东涟。皆阔三十余丈,自城东入淮,谓之涟口。《汉志》:'淮浦县有游水,北入海。'《水经注》:'淮水自淮阴又东至淮浦县,枝分为游水,北至朐具与沭水合',盖即涟水矣。"③涟水与游水的地理方位相同,且同为沭水的支流,大体可证。

隋唐两代,淮河入海口一带的海岸线没有发生大的变化。徐坚记载道:"《释名》云:淮,围也。围绕扬州北界,东至海也。《周官》:青州,其川淮泗。按《水经注》及《山海经》云:淮水出南阳平氏县桐柏山,其源初则涌出,复潜流三十里,然后长骛,东北经大复山,从义阳郡北,东过江夏,平春县北,又东过新息县南,期思县北,至厚鹿县南,与汝水合。又东过庐江安丰县,与决水合。东北至九江寿春县东,与颍水合。寿春县北,与淝水合。又东至当涂县北,与涡水合。东北至下邳淮阴县,与泗水合。东至广陵淮浦县而入海也。"④淮河贯穿其中,淮浦成为自北南下的交通要道。史有"开皇初,议伐陈,以寿有思理,奉使于淮浦监修船舰,以强济见称"⑤之说,隋文帝伐陈前,元寿到淮浦"监修船舰"及建立前进基地,与淮浦有良好的交通环境及成为江淮之间的富庶地区息息相关。如盛唐诗人高适在诗中写道:"涟上非所趣,偶为世务牵。经时驻归棹,日夕对平川。莫论行子愁,且得主人贤。亭上酒初熟,厨中鱼每鲜。自说宦游来,因之居住偏。煮盐沧海曲,种稻长淮边。四时常晏如,百口无饥年。菱芋藩篱下,渔樵耳目前。"⑥在诗人的笔下,涟水即淮浦不但有美食,而且十分富庶。诗人以

---

① 北魏·郦道元《水经注·淮水》,杨守敬、熊会贞疏,段熙仲点校,陈桥驿复校《水经注疏》下册,南京:江苏古籍出版社1989年版,第2562—2566页。
② 同①,第2569页。
③ 清·顾祖禹《读史方舆纪要·南直四》(贺次君、施和金点校),北京:中华书局2005年版,第1085—1086页。
④ 唐·徐坚等《初学记·地部中》,北京:中华书局1962年版,第127页。
⑤ 唐·魏徵等《隋书·元寿传》,北京:中华书局1973年版,第1497页。
⑥ 唐·高适《涟上题樊氏水亭》,中华书局《全唐诗》第6册,北京:中华书局1960年版,第2207页。

"煮盐沧海曲,种稻长淮边。四时常晏如,百口无饥年"等语细腻地描绘了淮浦富甲一方及百姓熙熙而乐的景象。此诗虽然是写盛唐时的光景,但完全可以移来说明隋文帝伐陈前的情况。进而言之,千里运粮损耗太大,且成本太高,不如就地取粮,这样一来,隋文帝势必要把淮浦视为进军江淮的补给基地。

入唐以后,淮浦的地位一度有所提升。史称:"武德四年,置涟州,仍分置金城县。贞观元年,废涟州,并省金城县,以县属泗州。"①唐高祖武德四年(621),在隋代改淮浦为"涟水"的基础上建涟州。唐太宗贞观元年(627),涟水虽降格改县并隶属泗州,但从这一过程中当知,淮浦因海盐受到统治者的重视。这一时期,淮浦作为淮盐生产的重镇,除了要输出自身生产的海盐外,还承担着郁州和海州(在今江苏连云港海州)盐的外运任务,如史有"负海州岁免租为盐二万斛以输司农"②之说。

淮浦成为淮盐输出的交通枢纽,既与淮河及其支流为天然运道而紧密地联系在一起,又与海州及郁州成为海盐的重要产区息息相关。如南北分治时,矗立在海中的郁州是北方流民的避难所。史称:"青州,宋泰始初淮北没虏,六年,始治郁州上。郁州在海中,周回数百里,岛出白鹿,土有田畴鱼盐之利。刘善明为刺史,以海中易固,不峻城雉,乃累石为之,高可八九尺。"③泰始六年(470),宋明帝侨立青州,郁州始有行政建制,流民避难于海上为郁州海盐生产创造了必要的条件。史有羊侃"尝南还至涟口,置酒,有客张孺才者,醉于船中失火,延烧七十余艘,所燔金帛不可胜数。侃闻之,都不挂意,命酒不辍"④之说,一次烧毁七十多艘船只表明,淮浦涟口(涟水入淮的河口)是一繁忙的码头。从交通形势上看,淮浦地偏一隅,在南北交通中的地位自然不如淮阴,之所以十分繁忙,应与集散郁州、海州及淮浦等地的海盐有着密切的关系。郁州成为海州的辖县后,其海盐可借淮河及其支流形成的水道并经淮浦中转北上或南下。具体地讲,自淮浦顺淮河而下经海州出海可抵郁州,沿游水北上可入沭水;自海州溯淮而上经淮浦可经淮阴进入泗水和汴河,并远接黄河流域;自淮浦经淮阴入邗沟南下可达长江流域。这一自然水道的存在为淮浦成为淮盐外运时的交通枢纽奠定了基础。

然而,仅仅有自然形成的水路是远远不够的,要想扩大淮盐的外运能力还需要开挖与漕运通道相连的运盐河。检索文献,开挖淮浦一带的运盐河似始于武则天一朝。垂拱四年(688),武则天在淮浦即涟水开挖了新漕渠。史家叙述涟水政区及交通时写道:"有新漕渠,南通淮,垂拱四年开,以通海、沂、密等州。"⑤新漕渠开通后扩大了涟水和海州食盐输出的范

---

① 后晋·刘昫等《旧唐书·地理志一》,北京:中华书局1975年,第1445页。
② 宋·欧阳修等《新唐书·食货志四》,北京:中华书局1975年版,第1377页。
③ 梁·萧子显《南齐书·州郡志上》,北京:中华书局1972年版,第259页。
④ 唐·姚思廉《梁书·羊侃传》,北京:中华书局1973年版,第562页。
⑤ 宋·欧阳修等《新唐书·地理志二》,北京:中华书局1975年版,第991页。

围,沿新漕渠可入邗沟或淮河,或入沂水通沂州(在今山东临沂)、密州(在今山东诸城)等地。新漕渠是在改造涟水的基础上兴修的运盐河。傅泽洪记载道:"《唐书·地理志》涟水县,今为江南淮安府安东县。今安东县有中涟河、东涟河、西涟河。中涟在治北三里,河阔八十余丈,北通官河,南通市河;下流三里为东涟,阔三十余丈;上流三十里为西涟,阔如东涟,源自西北大湖,来东南入淮,殆即当时之遗迹欤!"①所谓"官河",自然是指新漕渠。中涟河宽八十余丈,东涟河、西涟河各宽三十余丈,新漕渠开通及提高通航能力后极大地方便了淮盐运销。

除了新漕渠,唐代还兴修了从淮浦至海州及东海的运盐河。王谠记载道:"海州南有沟水,上通淮楚,公私漕运之路也。宝应中,堰破水涸,鱼商绝行。州差东海令李知远主役修复,堰将成辄坏,如此者数四,劳费颇多,知远甚以为忧。或说:梁代筑浮山堰,频有坏决,乃以铁数千万片填积其下,堰乃成。知远闻之,即依其言,而堰果立。"②唐代宗宝应年间(762—763),东海令李知远在前人的基础上兴修了运道。之所以要兴修"上通淮楚,公私漕运之路",主要有两个原因:一是唐代以前,主要是利用自然水道输出淮盐,其输出能力有限,但安史之乱后,刘晏为加强东南漕运及以盐利补漕运之用,需要建立与东南重镇楚州淮阴郡相连的运盐河;二是海州生产的海盐主要经涟水运出,涟水承担着中转海州及郁州海盐的重任,重点兴修涟水至海州的运盐河,可以将运盐河与东南漕运通道连接在一起,将淮盐运往北方。

第三节 刘晏漕运与修复汴渠

当漕运补给线拉长到江淮及东南时,如何修复破坏已久的汴渠,打通自黄河至江淮及东南的漕运通道,便成了唐王朝必须关心的大问题。然而,修复汴渠需要耗费大量的钱财,唐王朝财政捉襟见肘,这样一来,如何恢复汴渠及江淮漕运,便成了刘晏思考的大问题。

刘晏认识到恢复汴渠漕运的重要性,发生在平定安史之乱的紧要关头。当时,刘晏奉命出任户部侍郎,负责度支(掌管财赋统计与调配)、转运、盐铁、铸钱等事务。史称:"其后大盗起,而天下匮矣。肃宗末年,史朝义兵分出宋州,淮运于是阻绝,租庸盐铁溯汉江而上。河南尹刘晏为户部侍郎,兼句当度支、转运、盐铁、铸钱使,江淮粟帛,繇襄、汉越商于以输京师。"③"肃宗末年",指唐肃宗宝应元年。762年四月,唐玄宗去世,唐肃宗改年号为"宝应"。

---

① 清·傅泽洪《行水金鉴》,《四库全书》第581册,上海:上海古籍出版社1987年版,第443页。
② 宋·王谠《唐语林·补遗》,周勋初校证《唐语林校证》,北京:中华书局1987年版,第494页。
③ 宋·欧阳修等《新唐书·食货志三》,北京:中华书局1975年版,第1368页。

不久,唐肃宗去世,同年四月二十日唐代宗继位,并沿用这一年号。

所谓"由襄、汉越商于以输京师",是指战争在河南一带展开后,汴渠漕运中断,运送江淮租米赋税的漕船只能绕行入江,沿长江西行,中经汉水至襄阳(在今湖北襄阳),随后自襄阳起程中经商州(在今陕西商洛),取道洋川(在今陕西汉中洋县)等地,最后再翻越秦岭将粮饷运往关中史有"官兵守潼关,财用急,必待江、淮转饷乃足,饷道由汉、沔,则襄阳乃今天下喉襟,一日不守,则大事去矣"①之说,可见襄阳成为新的漕转中心,完全是由当时的军事形势决定的。在这中间,以襄阳为漕转中心,除了与襄阳依托长江航线,有联系淮河、汉水流域的漕运条件相关外,还与襄阳与南阳(在今河南南阳)相邻有一定的关系,如自南阳走水路可进入梁郡(唐高祖武德四年改称宋州,在今河南商丘睢阳),唐军与叛军在中原地区激战时,需要自襄阳至梁郡的漕转线路提供后勤支援。

如将《新唐书》与《旧唐书》中的记载对读,不难发现,此时刘晏任户部侍郎并负责度支、转运、盐铁、铸钱等事务的时间很短。这一任职的时间虽然短暂,但刘晏已认识到盐税在解除国用危机中的重要性。此时,刘晏虽身兼数职,但最重要的事职是转运即漕运工作。进而言之,因平叛是当务之急,为了方便调运钱粮,刘晏需要兼领其他事职,只有这样,才能保国用,将平叛时需要的钱粮及时地运到前线,如史有"宝应元年五月,元载以中书侍郎代吕谭。是时淮、河阻兵,飞挽路绝,盐铁租赋,皆溯汉而上"②之说。

因汴渠中断,刘晏深刻地体会到,"由襄、汉越商"漕转付出的成本实在是太高,如史有"自丧乱以来,汴水堙废,漕运者自江、汉抵梁、洋,迂险劳费"③之说。宝应元年是平定安史之乱的前夜,当黄河流域的河南、河北成为唐军与叛军激战的主战场时,唐王朝不得不采取至江淮筹集粮饷的政策。之所以这样做,是因为江淮远离战火,整体的农业经济发展水平已赶上甚至超过了黄河中下游地区的农业经济,如时有"赋之所出,江淮居多"④之说。然而,此时叛军史朝义分兵指向战略要地宋州(在今河南商丘睢阳),乃至于掐断了江淮漕运这一补给线。在这一节骨眼上,刘晏接手转运等事务只能继续采用入江,绕道汉水的办法转运租米赋税至关中及长安。

安史之乱结束后,因春荒及漕运不济,关中发生了前所未有的粮荒,如史有"时新承兵戈之后,中外艰食,京师米价斗至一千,官厨无兼时之积,禁军乏食,畿县百姓乃撩穗以供之"⑤之说,又有"自兵兴已来,凶荒相属,京师米斛万钱,官厨无兼时之食。百姓在畿甸者,拔谷挼

---

① 宋·欧阳修等《新唐书·萧颖士传》,北京:中华书局1975年版,第5769页。
② 后晋·刘昫等《旧唐书·食货志下》,北京:中华书局1975年版,第2117页。
③ 宋·司马光《资治通鉴·唐纪三十九》(邬国义校点),上海:上海古籍出版社1997年版,第2068页。
④ 后晋·刘昫等《旧唐书·第五琦传》,北京:中华书局1975年版,第3517页。
⑤ 后晋·刘昫等《旧唐书·刘晏传》,北京:中华书局1975年版,第3511—3512页。

穗,以供禁军"①之说。结合"时大兵后,京师米斗千钱,禁膳不兼时,甸农授穗以输"②等语看,所谓"官厨无兼时之积"或"官厨无兼时之食",是指优先保证供给的宫廷大内已经没有储蓄的粮食。"授穗",是指麦子尚未成熟时取青穗搓授为食,因青黄不接百姓只得用取青穗搓授的办法为宫廷和禁军提供食粮。在这一紧要的关头,唐代宗决定重新任用善于理财和熟悉漕运事务的刘晏。《旧唐书·刘晏传》有"晏受命后,以转运为己任,凡所经历,必究利病之由"③之说,《新唐书·刘晏传》又有"代宗立,复为京兆尹、户部侍郎,领度支、盐铁、转运、铸钱、租庸使"④之说,将两则文献记载结合起来看,当知此时的刘晏虽身兼数职,但工作重点仍是漕运即转运,同时表明恢复汴渠漕运乃当务之急。

刘晏是何时重新接手漕转事务的? 司马光将其定在唐代宗广德二年。司马光叙述道:"三月,己酉,以太子宾客刘晏为河南、江、淮以来转运使,议开汴水。庚戌,又命晏与诸道节度使均节赋役,听从便宜行毕以闻。时兵火之后,中外艰食,关中米斗千钱,百姓授穗以给禁军,宫厨无兼时之积。晏乃疏浚汴水,遗元载书,具陈漕运利病,令中外相应。"⑤在这一叙述中,司马光只提刘晏任转运使的情况,略去其他职务不论,玩味语意,表明此时刘晏的工作重点是漕转,当务之急是解除京师的粮食危机。细读这段文字,可谓是司马光深得孔子的"春秋笔法"。具体地讲,一是叙述时先交代刘晏任转运使的时间,又以"议开汴水"补足,旨在强调转运的关键是恢复汴渠漕运。二是叙述唐代宗"又命晏与诸道节度使均节赋役,听从便宜行毕以闻"等语时,是有深意的。刘晏能全权处理和协调中央与藩镇赋役分配等事宜,是因为此时他同时担任户部侍郎、度支使、租庸使等职,但司马光有意识地略去不提,目的是强调刘晏此时的工作重点以转运江淮租米赋税为先。三是以"时兵火之后"领起"中外艰食"以下四句,意在进一步强调转运粮食入关已迫在眉睫。四是叙述刘晏立即着手"疏浚汴水"时,又叙述他写信给元载"具陈漕运利病,令中外相应"的情况。安史之乱后汴渠毁坏严重,如果此时重修,势必要劳民伤财,在亟须医治战争创伤与民休养生息的关口,必然会有反对意见,为此,刘晏希望元载能协调朝廷各部,共同支持疏浚汴渠。在这里,司马光寓论于叙述,突出了刘晏以公为先的精神风貌。

需要补充的是,司马光和欧阳修在史述时有不同的侧重点和关心的内容。如《新唐书·刘晏传》有"晏乃自桉行,浮淮、泗,达于汴,入于河。右循厎柱、硖石,观三门遗迹;至河阴、巩、洛,见宇文恺梁公堰,厮河为通济渠,视李杰新堤,尽得其病利。然畏为人牵制,乃移书于

---

① 后晋·刘昫等《旧唐书·食货志下》,北京:中华书局1975年版,第2118页。
② 宋·欧阳修等《新唐书·刘晏传》,北京:中华书局1975年版,第4794页。
③ 后晋·刘昫等《旧唐书·刘晏传》,北京:中华书局1975年版,第3512页。
④ 同②。
⑤ 宋·司马光《资治通鉴·唐纪三十九》(邬国义校点),上海:上海古籍出版社1997年版,第2068页。

宰相元载"①之说,"畏为人牵制"表明刘晏担心疏浚汴渠会受到牵制,故寻求宰相元载的支持。"令中外相应"表明刘晏希望元载能居中协调各方,在朝廷内外形成支持疏浚汴渠的合力。结合《旧唐书》中的记载看,欧阳修和司马光的记载都是以历史为依据的,只是强调了不同的侧重点,从这样的角度看,更完整的叙述应将"畏为人牵制"和"令中外相应"等语结合起来。

刘晏的《遗元载书》是一篇声情并茂的书信、散文,在叙述及表达方面很有特点。因"畏为人牵制",又因希望元载"令中外相应",因此,在表达上既有处处为元载着想的特点,同时又有给朝廷上奏的特点。问题是,刘晏是如何打动元载并获得支持的呢?为此,有必要从书信行文结构的角度做一些分析。

在书信的第一部分,刘晏开宗明义、直入主题,强调恢复汴渠及黄河漕运的迫切性和重要性。其书信云:"浮于淮、泗,达于汴,入于河,西循底柱、硖石、少华,楚帆越客,直抵建章、长乐,此安社稷之奇策也。晏宾于东朝,犹有官谤,相公终始故旧,不信流言,贾谊复召宣室,弘羊重兴功利,敢不悉力以答所知。驱马陕郊,见三门渠津遗迹。到河阴、巩、洛,见宇文恺置梁公堰,分黄河水入通济渠;大夫李杰新堤故事,饰像河庙,凛然如生。涉荥郊,浚泽,遥瞻淮甸,步步探讨,知昔人用心,则潭、衡、桂阳必多积谷,关辅汲汲,只缘兵粮。漕引潇、湘、洞庭,万里几日,沧波挂席,西指长安。三秦之人,待此而饱;六军之众,待此而强。天子无侧席之忧,都人见泛舟之役;四方旅拒者可以破胆,三河流离者于兹请命。相公匡戴明主,为富人侯,此今之切务,不可失也。使仆湔洗瑕秽,率罄愚懦,当凭经义,请护河堤,冥勤在官,不辞水死。"②这一部分主要是从宏观的角度肯定通济渠即汴渠开通的重要性。其内容可分为四个方面。一是从国家安全的战略高度亮出观点,指出自汴渠入黄河至长安的运道是一条"安社稷之奇策"的漕运通道。言外之意,"安社稷"的首要目标是恢复汴渠及黄河漕运。二是以恳切的言辞表达了寻求元载支持的想法。在"晏宾于东朝,犹有官谤,相公终始故旧,不信流言"等语中,通过回顾往事和拉近距离,刘晏希望元载能一如既往地继续支持他的工作;又如刘晏以"贾谊复召宣室,弘羊重兴功利"等典故,通过叙述贾谊、桑弘羊遭人诽谤致使功败垂成的故事,暗示自己可能面临的窘境,委婉地表达迫切需要元载支持的原因。三是叙述在考察汴渠等运道受损的过程中,深刻地体会到隋文帝兴修梁公堰、隋炀帝开通济渠及李杰筑新堤的良苦用心,随后以"知昔人用心"领起下文,强调只有汴渠畅通才有可能以快捷的方式深入到长江流域,取潭、衡、桂阳等郡的"积谷",才能"漕引潇、湘、洞庭"解决"关辅汲汲,只缘兵粮"的眼前困难,才有可能进一步地破解"三秦之人,待此而饱;六军之众,待此而强。天子无侧席之忧,都人见泛舟之役;四方旅拒者可以破胆"等难题。四是进一步表达寻求支持

---

① 宋·欧阳修等《新唐书·刘晏传》,北京:中华书局1975年版,第4794页。
② 后晋·刘昫等《旧唐书·刘晏传》,北京:中华书局1975年版,第3512页。

的意愿,并以"请护河堤,冥勤在官,不辞水死"等语,表示将竭尽全力恢复汴渠及黄河漕运的决心。

书信的第二部分重点叙述恢复汴渠及黄河漕运的利与病,是整个书信的核心部分。在行文上,刘晏采取先说利、后说病的叙述方法,以此呼应第一部分书信。客观地讲,作这样的叙述安排是有用心的,目的是为元载在朝中反驳不同意见提供强有力的证据,故带有处处为对方着想及"递话"的特点。刘晏在《遗元载书》的第二部分中写道:"然运之利病,各有四五焉。晏自尹京入为计相,共五年矣。京师三辅百姓,唯苦税亩伤多。若使江、湖米来每年三二十万,即顿减徭赋,歌舞皇泽,其利一也。东都残毁,百无一存,若米运流通,则饥人皆附,村落邑廛,从此滋多。受命之日,引海陵之仓以食巩、洛,是计之得者,其利二也。诸将有在边者,诸戎有侵败王略者,或闻三江、五湖,贡输红粒,云帆桂楫,输纳帝乡,军志曰:'先声后实,可以震耀夷夏。'其利三也。自古帝王之盛,皆云书同文,车同轨,日月所照,莫不率俾。今舟车既通,商贾往来,百货杂集,航海梯山,圣神辉光,渐近贞观、永徽之盛,其利四也。

所可疑者,函、陕凋残,东周尤甚。过宜阳、熊耳,至武牢、成皋,五百里中,编户千余而已。居无尺椽,人无烟爨,萧条凄惨,兽游鬼哭。牛必羸角,舆必说鞔,栈车挽漕,亦不易求。今于无人之境,兴此劳人之运,固难就矣,其病一也。河、汴有初,不修则毁淀,故每年正月发近县丁男,塞长茭,决沮淤。清明桃花已后,远水自然安流,阳侯、宓妃,不复太息。顷因寇难,总不淘拓,泽灭水,岸石崩,役夫需于沙,津吏旋于泞,千里洄上,罔水舟行,其病二也。东垣、底柱,渑池、二陵,北河运处五六百里,戍卒久绝,县吏空拳。夺攘奸宄,窟穴囊橐。夹河为薮,豺狼猖猖,舟行所经,寇亦能往,其病三也。东自淮阴,西临蒲坂,亘三千里,屯戍相望。中军皆鼎司元侯,贱卒仪同青紫,每云食半菽,又云无挟纩,挽漕所至,船到便留,即非单车使折简书所能制矣,其病四也。惟小子毕其虑奔走之,惟中书详其利病裁成之。"①

欧阳修《新唐书》本传有大体相同的记载。记载刘晏书信时写道:"大抵运之利与害各有四:京师三辅,苦税入之重,淮、湖粟至,可减徭赋半,为一利;东都凋破,百户无一存,若漕路流通,则聚落邑廛渐可还定,为二利;诸将有不廷,戎房有侵盗,闻我贡输错入,军食丰衍,可以震耀夷夏,为三利;若舟车既通,百货杂集,航海梯峤,可追贞观、永徽之盛,为四利。起宜阳、熊耳、虎牢、成皋五百里,见户才千余,居无尺椽,爨无盛烟,兽游鬼哭,而使转车挽漕,功且难就,为一病;河、汴自寇难以来,不复穿治,崩岸灭木,所在庮淤,涉泗千里,如罔水行舟,为二病;东垣、底柱,渑池、北河之间六百里,戍逻久绝,夺攘奸宄,夹河为薮,为三病;淮阴去蒲坂,亘三千里,屯壁相望,中军皆鼎司元侯,每言衣无纩,食半菽,挽漕所至,辄留以馈军,非单车使者折简书所能制,为四病。"②欧阳修记载刘晏《遗元载书》时则更为简要和集中,明

---

① 后晋·刘昫等《旧唐书·刘晏传》,北京:中华书局1975年版,第3512—3513页。
② 宋·欧阳修等《新唐书·刘晏传》,北京:中华书局1975年版,第4794—4795页。

显地经过了删改。

综合以上的两则记载,在《遗元载书》的第二部分中,刘晏从现实的角度详细地叙述开通汴渠及恢复黄河漕运的四利和四病。其四利为:一是恢复汴渠及黄河漕运可以最大限度地减轻京师地区的徭役和赋税,稳定关中人心浮动、日趋复杂的政治局势;二是恢复汴渠漕运,可以成功地吸引流民回归故土,恢复安史之乱破坏后的东都洛阳一带的农业经济和社会秩序;三是通过漕运可解除关中"军食"匮乏的现状,积极地应对吐蕃等入侵带来的政权危机;四是恢复汴渠及黄河漕运可恢复商贸,在商品流通中促进不同地区的经济发展。其四病为:一是安史之乱后从洛阳到武牢即河阴五百里之间,户籍人口流失,因人烟稀少给"兴此劳人之运"带来困难;二是汴渠运道遭受破坏后已无水行舟,给恢复漕运带来难度;三是经过战争的破坏,原先建立的戍卒管理及守卫运道制度已不复存在,六百里北河即黄河运道很容易受到盗寇的抢劫;四是从淮阴(在今江苏淮阴)到蒲坂(在今山西运城永济)之间有长达近三千里的水路,沿途须经诸多藩镇,因其缺粮缺物资时常会发生截留事件。在《遗元载书》的第二部分中,刘晏采取先说利、后说病的叙述方式是有深意的,如四利涉及的范围均为军国大事,与之相比,四病所述则不足为道了,只要采取积极的措施和加强漕运管理,四病所涉及的问题完全可以迎刃而解。

刘晏在书信的第三部分向元载明确地表达了恢复汴渠及黄河漕运的决心。刘晏写道:"晏累年已来,事缺名毁,圣慈含育,特赐生全。月余家居,遽即临遣,恩荣感切,思殒百身。见一水不通,愿荷锸而先往;见一粒不运,愿负米而先趋。焦心苦形,期报明主,丹诚未克,漕引多虞。屏营中流,掩泣献状。"①在这里,刘晏以恳切的言辞再次向元载表示,着手恢复汴渠及黄河漕运的决心,其中,"见一水不通,愿荷锸而先往;见一粒不运,愿负米而先趋"等语可谓是落地有声。

在书信中,刘晏全面分析了恢复汴渠及黄河漕运的必要性。史称:"载方内擅朝权,既得书,即尽以漕事委晏,故晏得尽其才。"②宰相元载接到书信后,"即尽以漕事委晏",于是,刘晏立即放开手脚,全身心地投入修复汴渠及黄河运道之中。史称:"岁输始至,天子大悦,遣卫士以鼓吹迓东渭桥,驰使劳曰:'卿,朕鄦侯也。'凡岁致四十万斛,自是关中虽水旱,物不翔贵矣。"③汴渠修复及黄河运道恢复后,因及时地将租米等运抵关中及长安,解除了关中及长安日益加重的粮食及物价危机,因此,刘晏受到唐代宗的表彰,并将其誉为鄦侯萧何。萧何是汉高祖刘邦的丞相,楚汉战争时负责漕转事务,为刘邦在前线与项羽决战提供后勤支援。所谓"凡岁致四十万斛",是指恢复汴渠及黄河漕运后取得了"自此每岁运米数十万石以济

---

① 后晋·刘昫等《旧唐书·刘晏传》,北京:中华书局1975年版,第3513—3514页。
② 宋·欧阳修等《新唐书·刘晏传》,北京:中华书局1975年版,第4795页。
③ 同②。

关中"①的成绩。更重要的是,经此恢复了江淮漕运及汴渠漕转的制度。史称:"洎晏掌国计,复江淮转运之制,岁入米数十万斛以济关中。"②顾祖禹亦论述道:"唐自天宝以后,汴水湮废。广德二年,时漕运者皆自江、汉抵梁、洋,迂险劳费,乃命刘晏为河南、江、淮以东转运使,开汴水以通运,自是岁运米数十万石给关中。"③开通汴渠后,因每年有数十万石粮食入关中,缓解了关中因漕运不济带来的危机,进而出现了"自是关中虽水旱,物不翔贵矣"的局面。

唐代宗广德二年,刘晏出任河南、江淮转运使后,为打通自江淮进行黄河流域的漕运通道,立即将修复汴渠等提到了议事日程。史有"广德二年正月,复以第五琦专判度支铸钱盐铁事。而晏以检校户部尚书为河南及江淮已来转运使,及与河南副元帅计会开决汴河"④之说,为修复汴渠,刘晏曾"驱马陕郊,见三门渠津遗迹。到河阴、巩、洛,见宇文恺置梁公堰,分黄河水入通济渠;大夫李杰新堤故事,饰像河庙,凛然如生。涉荥郊、浚泽,遥瞻淮甸,步步探讨"⑤。经过勘察,刘晏将汴渠列为重点整修的对象。进而言之,如果漕路不通,即便是江淮有现成的租赋可运,甚至是有盐税可征,但也无法解除关中日益加重的粮食及财政危机。

重点恢复汴渠及黄河漕运,主要是由汴渠独特的交通位置和经济地理地位决定的,同时又是由黄河是西入关中的快捷通道决定的。史称:"及代宗出陕州,关中空窘,于是盛转输以给用。广德二年,废句当度支使,以刘晏颛领东都、河南、淮西、江南东西转运、租庸、铸钱、盐铁,转输至上都,度支所领诸道租庸观察使,凡漕事亦皆决于晏。晏即盐利顾佣分吏督之,随江、汴、河、渭所宜。故时转运船繇润州陆运至扬子,斗米费钱十九,晏命囊米而载以舟,减钱十五;繇扬州距河阴,斗米费钱百二十,晏为歇艎支江船二千艘,每船受千斛,十船为纲,每纲三百人,篙工五十,自扬州遣将部送至河阴,上三门,号'上门填阙船',米斗减钱九十。调巴、蜀、襄、汉麻枲竹筱为绹挽舟,以朽索腐材代薪,物无弃者。未十年,人人习河险。江船不入汴,汴船不入河,河船不入渭;江南之运积扬州,汴河之运积河阴,河船之运积渭口,渭船之运入太仓。岁转粟百一十万石,无升斗溺者。轻货自扬子至汴州,每驮费钱二千二百,减九百,岁省十余万缗。又分官吏主丹杨湖,禁引溉,自是河漕不涸。"⑥

此外,司马光、王谠等也记载了刘晏加强汴渠及黄河漕运的事迹。司马光论述道:"先是,运关东谷入长安者,以河流湍悍,率一斛得八斗至者,则为成劳,受优赏。晏以为江、汴、

---

① 后晋·刘昫等《旧唐书·刘晏传》,北京:中华书局1975年版,第3514页。
② 后晋·刘昫等《旧唐书·食货志下》,北京:中华书局1975年版,第2118页。
③ 清·顾祖禹《读史方舆纪要·河南一》(贺次君、施和金点校),北京:中华书局2005年版,第2104页。
④ 同②,第2117页。
⑤ 同①,第3512页。
⑥ 宋·欧阳修等《新唐书·食货志三》,北京:中华书局1975年版,第1368页。

河、渭,水力不同,各随便宜,造运船,教漕卒,江船达扬州,汴船达河阴,河船达渭口,渭船达太仓,其间缘水置仓,转相受给。自是每岁运谷或至百余万斛,无斗升沉覆者。船十艘为一纲,使军将领之,十运无失,授优劳,官其人。数运之后,无不斑白者。晏于扬子置十场造船,每艘给钱千缗。或言'所用实不及半,虚费太多'。晏曰:'不然,论大计者固不可惜小费,凡事必为永久之虑。今始置船场,执事者至多,当先使之私用无窘,则官物坚完矣。若遽与之屑屑校计锱铢,安能久行乎?异日必有患吾所给多而减之者,减半以下犹可也,过此则不能运矣。'其后五十年,有司果减其半。及咸通中,有司计费而给之,无复羡余,船益脆薄易坏,漕运遂废矣。"①王谠亦记载道:"刘晏为诸道盐铁转运使。时军旅未宁,西藩入寇,国用空竭,始于扬州造转运船,每以十只为一纲,载江南谷麦,自淮、泗入汴,抵河阴,每船载一千石。扬州遣军将押至河阴之门,填阙一千石。转相受给,达太仓,十运无失,即授优劳官。汴水至黄河迅急,将吏典主,数运之后,无不发白者。晏初议造船,每一船用钱百万。或曰:'今国用方乏,宜减其费。五十万犹多矣。'晏曰:'不然。大国不可以小道理。凡所创置,须谋经久。船场既兴,即其间执事者非一,当有赢余及众人。使私用无窘,即官物坚固,若始谋便朘削,安能长久?数十年后,必有以物料太丰减之者。减半,犹可也;若复减,则不能用。船场既堕,国计亦圮矣。'乃置十场于扬子县,专知官十人,竞自营办。后五十余岁,果有计其余,减五百千者,是时犹可给。"②

综合以上三则记载,刘晏恢复汴渠漕运既是在唐代宗充分授权的情况下进行的,又是在"西藩入寇,国用空竭"的形势下进行的。史称:"宝应元年五月,元载以中书侍郎代吕谭。是时淮、河阻兵,飞挽路绝,盐铁租赋,皆溯汉而上。以侍御史穆宁为河南道转运租庸盐铁使,寻加户部员外,迁鄂州刺史,以总东南贡赋。是时朝议以寇盗未戢,关东漕运,宜有倚办,遂以通州刺史刘晏为户部侍郎、京兆尹、度支盐铁转运使。盐铁兼漕运,自晏始也。"③早在宝应元年五月即平定安史之乱的节骨眼上,江淮的"盐铁租赋"及"总东南贡赋"已成为挽救唐王朝政治危机的关键。安史之乱平定后,关中粮荒及西北战事吃紧,需要在强化东南及江淮贡赋征收的基础上,打通从江淮到关中的漕运通道。很显然,在刘晏总揽东南转运、租庸、铸钱、盐铁等事务以前,"总东南贡赋"及负责漕运事务的官员是不得力的。为了迅速地破解这一难题,唐代宗决定重新任用刘晏,为此,刘晏有了"凡漕事亦皆决于晏"的权力,经此,唐王朝出现了有史以来范围最广的漕运。在重点治理汴渠及恢复黄河漕运的过程中,刘晏利用榷盐这一经济杠杆破解了漕运中的难题,其中主要的措施集中在六个方面。

其一,加强漕运管理,改革旧制。具体地讲,一是实行雇佣制度,以盐利雇用船夫,船夫

---

① 宋·司马光《资治通鉴·唐纪四十二》(邬国义校点),上海:上海古籍出版社1997年版,第2102页。
② 宋·王谠《唐语林·政事上》,周勋初校证《唐语林校证》,北京:中华书局1987年版,第60—61页。
③ 后晋·刘昫等《旧唐书·食货志下》,北京:中华书局1975年版,第2117页。

可根据水情决定回程的地点,如史有"晏始以盐利为漕佣,自江淮至渭桥,率十万斛佣七千缗,补纲吏督之。不发丁男,不劳郡县,盖自古未之有也"①之说,又有"随江、汴、河、渭所宜"之说。二是改雇用民船运粮为由官船转输,通过去除中间环节,提高转输效率,如史有"初,州县取富人督漕挽,谓之'船头';主邮递,谓之'捉驿';税外横取,谓之'白著'。人不堪命,皆去为盗贼。上元、宝应间,如袁晁、陈庄、方清、许钦等乱江淮,十余年乃定。晏始以官船漕,而吏主驿事,罢无名之敛"②之说。三是规定各航段及陆运路段的佣金,鼓励船夫"囊米"参与漕转,以减少运输费用。四是将租庸、铸钱、盐铁等纳入漕运范围,并规定轻货的运输线路,防止与运送租米的漕船争道。

其二,充分利用身兼盐铁使的权力,刘晏以盐税为造船经费,在保证充足经费的前提下建造船体坚固、规格统一、分别运载一千石粮食的船只。与此同时,在扬子县(在今江苏扬州扬子镇)设官办造船场并引入竞争机制,有意将造船任务分发给十个造船场,由不同的官员"况自营办",以保证造船质量。

其三,实行纲船制度,以十船为一纲(十船为一个船队),派官军随纲船督运,配制定额的船夫和篙夫,如史有"每船受千斛,十船为纲,每纲三百人,篙工五十"之说,在险要航段如三门峡等由船队的全体船夫及篙工并牵一船渡过难关。曾慥引《邺侯家传》有"自集津上三门,皆一纲船夫并牵一船,仍和雇侧近数百人挽之。河流如激箭,又三门常有波浪,每日不能进一二百船,触一暗石,即船碎如末,流入旋涡中,更不复见"③等语,可作为刘晏改革黄河漕运的参考。

其四,派员巡察各地的水文,防止在耕种季节来临时私自引水灌溉造成航道干浅等事件的发生。如有"又分官吏主丹杨湖,禁引溉"之说,又有"自是河漕不涸"之说,故"禁引溉"的范围包括江南河、汴渠、黄河等不同的航段。客观地讲,这一政策实行后,在一定程度上侵害了农民的利益。

其五,重视河口仓的作用,严格执行分级接运之策。裴耀卿有"于河口置一仓,纳江东租米,便放船归。从河口即分入河、洛,官自雇船载运。……水通即运,水细便止"④之法,刘晏将其发展为"江船不入汴,汴船不入河,河船不入渭;江南之运积扬州,汴河之运积河阴,河船之运积渭口,渭船之运入太仓"的制度。马端临论述道:"议论漕运,其大略自江入淮,自淮入汴,自洛入河,自河入渭,各自征输,水次各自置仓。如集津仓、洛口仓、含嘉仓、河阴仓,渭桥转相般运,道途之远,此法遂坏。自当时刘晏再整顿运漕之法,江淮之道,各自置船,淮船不

---

① 后晋·刘昫等《旧唐书·食货志下》,北京:中华书局1975年版,第2117页。
② 宋·欧阳修等《新唐书·刘晏传》,北京:中华书局1975年版,第4797—4798页。
③ 宋·曾慥《类说校注·门匠》(王汝涛等校注),福州:福建人民出版社1996年版,第46页。
④ 同①,第2115页。

入汴,汴船不入河,河船不入渭,水之曲折,各自便习,其操舟者所以无倾覆之患,国计于是足。所以唐人议论之多,惟江淮为最急。德宗时,缘江淮米不至,六军之士脱巾呼于道,韩滉运米岁至,德宗、太子置酒相庆。可见唐人倚办于此,如此其急。"①通过实行分航段接运之策,扭转了漕运不利的局面。

其六,加强黄河漕运。在刘晏掌漕运事务以前,自江淮西入关中及长安,主要有两条漕运通道:一是自汴渠入黄河,经三门峡入渭水入关中及长安;二是自洛阳转陆运,沿山路至陕州(今河南陕县)入黄河,再入渭水进入关中及长安。为加快漕运,刘晏采取了裴耀卿实施黄河漕运之法,在这中间,为解除漕船过三门峡时面临的风险,刘晏采取了多种措施,如建造了船体坚固的"上门填阙船",又如"调巴、蜀、襄、汉麻枲竹篾为绚挽舟",为牵引船只过三门峡等航段提供安全保障等。张鷟记载道:"又上章奏闻陕州三门,凿山烧石,岩侧施栈道牵船。河流湍急,所顾夫并未与价直,苟牵绳一断,栈梁一绝,则扑杀数十人。取顾夫钱籴米充数,即注夫逃走,下本贯禁父母兄弟妻子。牵船皆令系二釱于胸背,落栈着石,百无一存。"②通过提高纤绳的韧性和强度,减少了纤绳断裂、船毁人亡等事件的发生。朱鹤龄指出:"其后,刘晏遵耀卿之路,随江、汴、河、渭所宜,江船不入汴,汴船不入河,河船不入渭,江南之运积河阴,河船之运积渭口,渭船之运入太仓,岁运一百十万石,无升斗溺者。"③经过改革及加强管理,在保证行船安全和减少运费和损耗的基础上,刘晏取得了"岁转粟百一十万石,无升斗溺者"重大成果。司马光评价刘晏取得的漕运成就时论述道:"自是每岁运米数十万石以给关中,唐世称漕运之能者,推晏为首,后来者皆遵其法度云。"④刘晏恢复汴河及黄河漕运后取得了令世人瞩目的成绩,故司马光对刘晏有"唐世称漕运之能者,推晏为首,后来者皆遵其法度"的评价。其实,刘晏恢复漕运实际上是一个综合工程,是在统筹盐税、租赋、铸钱等的基础上实现的。

总之,刘晏管理漕运取得成功是在以盐利为"漕佣"的过程中实现的,同时也是在肯定裴耀卿漕运成果的基础上进行的。通过制定严格的制度和严密的管理办法,解决了唐王朝漕运过程中的难题。可以说,刘安建立新的漕运制度,为后世的漕运制度建设提供了基本的依据和法则。

---

① 元·马端临《文献通考·国用考三》,杭州:浙江古籍出版社1988年版,第248页。
② 唐·张鷟《朝野佥载》(赵守俨点校)(唐宋史料笔记丛刊),北京:中华书局1979年版,第36页。
③ 清·朱鹤龄《禹贡长笺》,《四库全书》第67册,上海:上海古籍出版社1987年版,第141页。
④ 宋·司马光《资治通鉴·唐纪三十九》(邬国义校点),上海:上海古籍出版社1997年版,第2068页。

第四节　刘晏漕运以恢复赋税为先

安史之乱后,社会经济亟待恢复,与此同时,藩镇尾大掉,截留所占州县的租赋,吐蕃、回纥入侵关中及长安等,均扩大了中央财政减少和国用支出增加之间的矛盾。史有"李灵耀反,河南节帅或不奉法,擅征赋"①之说,又有"州县多为藩镇所据,贡赋不入,朝廷府库耗竭"②之说,在国用增加及黄河中下游地区的租赋日趋减少的前提下,唐王朝不得不把租赋征收的重点转向由中央掌控的江淮及东南。马端临论述道:"且唐肃宗、代宗之后,如河北诸镇,皆强租赋不领于度支。当时有如吐蕃、回纥为乱,所用犹多。镇武、天德之间,岁遣两河诸镇,所以全倚办江淮之粟。"③客观地讲,马端临强调安史之乱后江淮租赋在国用中的地位是十分中肯的。问题是,江淮产出有限,无节制地征收,势必要导致江淮农业经济秩序的崩溃。这样一来,如何在维持江淮租赋征收数额的同时,恢复不同区域的农业生产秩序、扩大租赋征收的范围,便成了刘晏理财时必须要思考的大问题。

刘晏理财时,正是唐王朝户籍人口锐减的时期。司马光叙述道:"初,安、史之乱,数年间,天下户口什亡八九,州县多为藩镇所据,贡赋不入,朝廷府库耗竭,中国多故,戎狄每岁犯边,所在宿重兵,仰给县官,所费不赀,皆倚办于晏。"④户籍人口逃亡后,直接动摇了租庸调制度的基础,这一时期,刘晏理财深刻地认识到恢复租庸调制度的重要性,即只有及时地恢复租庸调制度,才能保证江淮及东南漕运。进而言之,如果租米、赋税征收范围不能扩大,一味地增加江淮及东南租赋征收,必然会出现竭泽而渔的局面,致使漕运成为一句空话。根据这一情况,刘晏在重点征榷盐税及加强漕运的过程中,采取了一系列的恢复租庸调制度的措施。

为了充分地认识刘晏理财及恢复租庸调制度的意义和作用,有必要追溯一下唐王朝赋税制度的制定及破坏的情况。

唐代建立的赋税制度是以租庸调为基础的,同时又是以平均田亩即均田制为保障的。史称:"唐之始时,授人以口分、世业田,而取之以租、庸、调之法,其用之也有节。"⑤租庸调制度的核心是:在平均田亩的基础上明确地规定丁男二十岁以上授田百亩。其中:八十亩为口分田,人死后口分田须归还国家;二十亩为永业田,可以永久保留。租,指田租,每丁每年须

---

① 宋·欧阳修等《新唐书·刘晏传》,北京:中华书局1975年版,第4796页。
② 宋·司马光《资治通鉴·唐纪四十二》(邹国义校点),上海:上海古籍出版社1997年版,第2101页。
③ 元·马端临《文献通考·国用考三》,杭州:浙江古籍出版社1988年版,第248页。
④ 同②。
⑤ 宋·欧阳修等《新唐书·食货志一》,北京:中华书局1975年版,第1341页。

向国家纳粟二石。庸,指劳役,丁男每年须服劳役二十天,如国家无事,可以物代役,规定每丁按照一天交纳绢三尺或布三尺七寸五分的标准,交足二十天的数额。户,指户调,每户须交纳绢二丈、绵三两或布二丈五、麻三斤。这一赋税制度作为既定国策,保证了唐王朝的国用需求。

一般认为,唐代租庸调制度遭到破坏发生在唐玄宗天宝十四年(755)即安史之乱爆发之时。如唐德宗贞元年间(785—805),宰相陆贽上疏论述道:"国家赋役之法,曰租、曰调、曰庸。其取法远,其敛财均,其域人固。有田则有租,有家则有调,有身则有庸,天下法制均一,虽转徙莫容其奸,故人无摇心。天宝之季,海内波荡,版图**于避地,赋法坏于奉军。"①陆贽一笔并及两面,充分地肯定了租庸调制在稳定国家政治、经济秩序方面的作用,同时关注到安史之乱及战争对这一赋税制度的破坏作用。司马光论述道:"唐初,赋敛之法曰租、庸、调,有田则有租,有身则有庸,有户则有调。玄宗之末,版籍浸坏,多非其实。"②如将陆贽的"版图**于避地"与司马光有"版籍浸坏"对读,当知天宝十四年即爆发安史之乱后,户籍人口大量地减少,加快了租庸调制度破坏的速度,扩大了国用不断增加和赋税不断减少之间的矛盾。

客观地讲,陆贽和司马光认为户籍人口减少及租庸调制遭受破坏发生在唐玄宗末年是有道理的。不过,户籍人口逃亡及租庸调制度遭受破坏有着更早的历史。如韦嗣立在上疏中指出:"国家自永淳已来,二十余载,……今天下户口,亡逃过半,租调既减,国用不足。理人之急,尤切于兹。"③自唐高宗永淳元年(682)下延二十年,当为武则天长安二年(702)。按照韦嗣立的说法,武则天一朝,因土地兼并已出现户籍人口"亡逃过半"的情况,这直接破坏了既定的租庸调制度。

武则天以后,户籍人口逃亡呈进一步扩大的势态,到唐玄宗即位时,户籍人口逃亡已成为唐王朝头疼的大事,如史有"时天下户口逃亡,免役多伪滥,朝廷深以为患。融乃陈便宜,奏请检察伪滥,搜括逃户"④之说。史称:"开元中,有御史宇文融献策,括籍外剩田、色役伪滥,及逃户许归首,免五年征赋。每丁量税一千五百钱,置摄御史,分路检括隐审。得户八十余万,田亦称是,得钱数百万贯,玄宗以为能,数年间拔为御史中丞、户部侍郎。"⑤杜佑叙述这一事件时,将宇文融上疏的时间定在开元九年(721)正月。杜佑记载道:"八年,天下户口逃亡,色役伪滥,朝廷深以为患。九年正月,监察御史宇文融陈便宜,奏检察伪滥兼逃户及籍外剩田。于是令融充使推句,获伪勋及诸色役甚众,特加朝散大夫,再迁兵部员外兼侍御史。

---

① 宋·欧阳修等《新唐书·食货志二》,北京:中华书局1975年版,第1354页。
② 宋·司马光《资治通鉴·唐纪四十二》(邬国义校点),上海:上海古籍出版社1997年版,第2099页。
③ 后晋·刘昫等《旧唐书·韦思谦传》,北京:中华书局1975年版,第2866—2867页。
④ 后晋·刘昫等《旧唐书·宇文融传》,北京:中华书局1975年版,第3217页。
⑤ 后晋·刘昫等《旧唐书·食货志上》,北京:中华书局1975年版,第2086页。

融遂奏置劝农判官,长安尉裴宽等二十九人,并摄御史分往天下。所在检责田畴,招携户口。其新附客户,则免其六年赋调,但轻税入官。阳翟县尉皇甫憬、左拾遗杨相如并上疏,盛陈烦扰不便。宽等皆当时才彦,使还,得户八十余万,田亦称是。"①针对"天下户口逃亡",宇文融"奏请检察伪滥兼逃户及籍外赡田",派遣御史"检责田畴,招携户口",采取"其新附客户,则免其六年赋调,但轻税入官"等安民措施。经过整顿及采取强有力的措施,户籍人口在唐玄宗即位以后至安史之乱爆发以前得到了一定程度的增长,国家赋税收入开始增加。

安史之乱爆发后,一度恢复的户籍人口又再度逃亡。司马光记载道:"及至德兵起,所在赋敛,迫趣取办,无复常准。赋敛之司增数而莫相统摄,各随意征科,自立色目,新故相仍,不知纪极。民富者丁多,率为官、为僧以免课役,而贫者丁多,无所伏匿,故上户优而下户劳。吏因缘蚕食,民旬输月送,不胜困弊,率皆逃徙为浮户,其土著百无四五。"②天宝十五年六月,马嵬坡发生军变,唐玄宗被迫赐死杨贵妃。同年七月十二日,太子李亨在灵武(在今宁夏灵武)称帝,是为肃宗,年号至德。为应对军事上的需求,唐肃宗任凭赋敛之司"各随意增科,自立色目",由于"民旬输月送,不胜困弊",户籍人口再次出现大规模逃匿的情况。史称:"初,乾元末,天下上计百六十九州,户百九十三万三千一百二十四,不课者百一十七万四千五百九十二;口千六百九十九万三百八十六,不课者千四百六十一万九千五百八十七。减天宝户五百九十八万二千五百八十四,口三千五百九十二万八千七百二十三。"③从安史之乱爆发到唐肃宗乾元末即乾元三年(760),仅仅过去五年左右的时间,唐王朝的户籍减少近六百万,人口减少近三千六百万。

户籍人口减少必然会动摇租庸调制度的根基,如果以每户一丁每年纳粮二石计算的话,减少近六百万的户籍,意味着唐王朝每年将失去近一千两百万石的粮食。如果再考虑到一户可能有两丁的情况,那么,唐王朝每年减少的田租有可能超出二千万石,同时将失去与之相应的代庸、户调等。可以说,唐王朝长期建立起来的赋税制度在顷刻之间遭受了灭顶之灾。

此外,一味地扩大军事力量和增加官员数量也增加了国用,对业已建立的租庸调制度多有破坏。史称:"盖其畜兵以府卫之制,故兵虽多而无所损;设官有常员之数,故官不滥而易禄。虽不及三代之盛时,然亦可以为经常之法也。及其弊也,兵冗官滥,为之大蠹。"④和平时期,"兵冗官滥"带来的危害似乎有限,但军兴以后,国用增加与赋税制度遭受破坏拧结在一起,则增加了唐王朝的财政负担。更重要的是,藩镇割据与反叛势力等拧结在一起,在加

---

① 唐·杜佑《通典·食货七》,杭州:浙江古籍出版社1988年版,第41页。
② 宋·司马光《资治通鉴·唐纪四十二》(邬国义校点),上海:上海古籍出版社1997年版,第2099页。
③ 宋·欧阳修等《新唐书·食货志二》,北京:中华书局1975年版,第1362页。
④ 宋·欧阳修等《新唐书·食货志一》,北京:中华书局1975年版,第1341—1342页。

快户籍人口逃亡的同时,致使中央赋税收入日趋减少。

在这一节骨眼上,唐代宗令刘晏掌转运、租庸、盐铁、铸钱、常平等事务即担负起理财的重任,可谓是临危受命。史称:"代宗立,复为京兆尹、户部侍郎,领度支、盐铁、转运、铸钱、租庸使。晏以户部让颜真卿,改国子祭酒。又以京兆让严武,即拜吏部尚书、同中书门下平章事,使如故。坐与程元振善,罢为太子宾客。俄进御史大夫,领东都、河南、江淮转运、租庸、盐铁、常平使。"①这一叙述是有深意的,如以宝应元年六月"壬申,以通州刺史刘晏为户部侍郎、兼御史大夫、京兆尹,充度支转运盐铁诸道铸钱等使"②为参照,再以"宝应二年,迁吏部尚书、平章事,领度支盐铁转运租庸使。坐与中官程元振交通,元振得罪,晏罢相,为太子宾客。寻授御史大夫,领东都、河南、江淮、山南等道转运租庸盐铁使如故"③为参照,在很短的时间内,刘晏经历了从委以重任到坐罪免职,再到委以重任的变化。这一跌宕起伏的任职变化表明唐代宗已充分认识到只有刘晏才能在国家危难之际担负起理财和转运的大任。

这里有三个问题需要专门提出。一是刘晏官拜吏部尚书、同中书门下平章事即宰相以后,为什么又领度支使等职? 史称:"宰相事无不统,故不以一职名官,自开元以后,常以领他职,实欲重其事,而反轻宰相之体。故时方用兵,则为节度使;时崇儒学,则为大学士;时急财用,则为盐铁转运使,又其甚则为延资库使。"④开元以后,唐代的职官制度发生了一些变化,为强调某些职务的重要性,常以宰相领衔。刘晏以宰相领度支使等职,表明在赋税发生严重危机的关口,抓度支管理等已十分迫切。二是刘晏复出后,以御史大夫的身份领转运等事职,虽无宰相之名,但有宰相之实。唐代御史大夫与中书、门下合称"三司",节度使入朝可任宰相,宰相放外任领节度使,领节度使时有加御史大夫衔的做法,如史有"至德后,诸道使府参佐,皆以御史为之,谓之外台"⑤之说可证。三是史家叙述刘晏任御史大夫领他职时,有意将转运使一职放在其他职务的前面叙述,表明吐蕃、回纥等入侵关中后,因关中驻扎重兵的缘故,保证军需实施转运已成为燃眉之急。这里不提度支使一职,是因为此时度支使与转运使已合二为一,如史有"初,转运使掌外,度支使掌内。永泰二年,分天下财赋、铸钱、常平、转运、盐铁,置二使"⑥可证。永泰二年,唐代宗撤销度支使的目的是提高转运效率。刘晏以御史大夫衔领东都、河南、江淮转运、租庸、盐铁、常平使等职后,在兼顾眼前和长远利益的同时,针对国用扩大、赋税锐减采取了以改革盐政为先导,逐步恢复赋税收入的措施,与此同时,将租庸、铸钱、盐铁等纳入漕转,为恢复汴渠及黄河漕运做了必要的准备。

---

① 宋·欧阳修等《新唐书·刘晏传》,北京:中华书局1975年版,第4794页。
② 后晋·刘昫等《旧唐书·代宗纪》,北京:中华书局1975年版,第269—270页。
③ 后晋·刘昫等《旧唐书·刘晏传》,北京:中华书局1975年版,第3511页。
④ 宋·欧阳修等《新唐书·百官志一》,北京:中华书局1975年版,第1183页。
⑤ 宋·欧阳修等《新唐书·百官志三》,北京:中华书局1975年版,第1237页。
⑥ 宋·欧阳修等《新唐书·食货志一》,北京:中华书局1975年版,第1348页。

在恢复租庸调税制度的过程中,刘晏主要采取了七个方面的措施。

其一,立足于长远,以"养民"为先,积极地恢复户籍人口。刘晏初任度支使、转运使等职时,户籍人口逃亡十分严重,如史有"开元、天宝间天下户千万,至德后残于大兵,饥疫相仍,十耗其九,至晏充使,户不二百万"①之说。通过采取措施,刘晏将户籍人口提高到三百多万,在稳定农业经济秩序的过程中增加了租赋收入。司马光记载道:"晏又以为户口滋多,则赋税自广,故其理财常以养民为先。……晏始为转运使,时天下见户不过二百万,其季年乃三百余万;在晏所统则增,非晏所统则不增也。其初财赋岁入不过四百万缗,季年乃千余万缗。"②刘晏的观点是:恢复租赋应以恢复户籍人口为先,恢复户籍人口应以及时地了解各地的丰歉情况为先。户籍人口大幅度地恢复有效地增加了唐王朝以租庸调为核心的赋税收入,从源头上解决了漕运租米、赋税时严重匮乏的状况。

其二,在裁员精简机构的同时,将有一批有能力的士人充实到租庸征收的各级岗位上。史称:"初,晏分置诸道租庸使,慎简台阁士专之。时经费不充,停天下摄官,独租庸得补署,积数百人,皆新进锐敏,尽当时之选,趣督倚办,故能成功。虽权贵干请,欲假职仕者,晏厚以禀入奉之,然未尝使亲事,是以人人劝职。尝言:'士有爵禄,则名重于利;吏无荣进,则利重于名。'故检劾出纳,一委士人,吏惟奉行文书而已。所任者,虽数千里外,奉教令如目前,频伸谐戏不敢隐。惟晏能行之,它人不能也。代宗尝命考所部官吏善恶,刺史有罪者,五品以上辄系劾,六品以下杖然后奏。"③在加强队伍建设的过程中,刘晏建立了一支精干、清廉、办事效率高的租庸征收管理队伍。史称:"历代操利柄为国计者,莫不损下益上,危人自安,变法以弄权,敛怨以构祸,皆有之矣。如刘晏通拥滞,任才能,富其国而不劳于民,俭于家而利于众。或问曰:郑子产吏不能欺,宓子贱吏不忍欺,西门豹吏不敢欺。三子者,古之贤人也,吏皆怀其欺而不能、不忍、不敢也。晏之吏,远近自不欺者何也?答曰:盖任其才而得其人也。晏殁,故吏二十余年继掌财赋,不其是哉!"④在重用士人的同时,刘晏巧妙地应对权贵,排除了干扰,以保证在任何时候都有租米及赋税可征可运。

其三,设置知院官,及时地了解各地情况,采取丰年以高于市场的价格购粮,荒年以低价售粮的措施,有效地阻止了丰年粮贱、荒年粮贵等伤农事件的发生,并在此基础上增加了仓储。司马光记载道:"诸道各置知院官,每旬月,具州县雨雪丰歉之状白使司,丰则贵籴,歉则贱粜,或以谷易杂货供官用,及于丰处卖之。知院官始见不稔之端,先申,至某月须如干蠲免,某月须如干救助,及期,晏不俟州县申请,即奏行之,应民之急,未尝失时,不待其困弊、流

---

① 宋·欧阳修等《新唐书·刘晏传》,北京:中华书局1975年版,第4797页。
② 宋·司马光《资治通鉴·唐纪四十二》(邬国义校点),上海:上海古籍出版社1997年版,第2102页。
③ 同①,第4795页。
④ 后晋·刘昫等《旧唐书·刘第班王李传》,北京:中华书局1975年版,第3523页。

亡、饿殍,然后赈之也。由是民得安其居业,户口蕃息。晏始为转运使,时天下见户不过二百万,其季年乃三百余万;在晏所统则增,非晏所统则不增也。其初财赋岁入不过四百万缗,季年乃千余万缗。"①因掌握了不同区域的丰歉情况,可及时地赈灾救荒,从而稳定了租赋征收的正常秩序,为随时有粮物可运提供了坚实的物质基础。司马光记载道:"晏有精力,多机智,变通有无,曲尽其妙。常以厚直募善走者,置递相望,觇报四方物价,虽远方,不数日皆达使司,食货轻重之权,悉制在掌握,国家获利而天下无甚贵甚贱之忧。常以为:'办集众务,在于得人,故必择通敏、精悍、廉勤之士而用之;至于句检簿书、出纳钱谷,事虽至细,必委之士类;吏惟书符牒,不得轻出一言。'常言:'士陷赃贿,则沦弃于时,名重于利,故士多清修;吏虽洁廉,终无显荣,利重于名,故吏多贪污。'然惟晏能行之,它人效者终莫能逮。其属官虽居数千里外,奉教令如在目前,起居语言,无敢欺绐。当时权贵,或以亲故属之者,晏亦应之,使俸给多少,迁次缓速,皆如其志,然无得亲职事。其场院要剧之官,必尽一时之选。故晏没之后,掌财赋有声者,多晏之故吏也。……晏为人勤力,事无闲剧,必于一日中决之,不使留宿,后来言财利者皆莫能及之。"②在全盘掌握各地物价即"食货轻重之权,悉制在掌握"的过程中,刘晏利用经济杠杆调配物资,出现了"国家获利而天下无甚贵甚贱之忧"的局面。进而言之,粮价瞬息万变,如果等各地上报粮价后再决定购买数量的话,很可能又出现粮价上涨的情况。为了提高办事效率,刘晏放权给相关官员,让他们根据实际情况从百姓手中及时地购买粮食。沈括评价道:"每岁发运司和籴米于郡县,未知价之高下,须先具价申禀,然后视其贵贱,贵则寡取,贱则取盈,尽得郡县之价,方能契数行下,比至则粟价已增,所以常得贵售。晏法则令多粟通途郡县,以数十岁籴价,与所籴粟数高下,各为五等,具籍于主者,粟价才定,更不申禀,即时禀收,但第一价则籴第五数,第五价则籴第一数,第二价则籴第四数,第四价则籴第二数,乃即驰递报发运司。如此粟贱之地,自籴尽极数;其余节级,各得其宜,已无极售。发运司仍会诸郡所籴之数计之,若过于多,则损贵与远者;尚少,则增贱与近者。自此粟价未尝失时,各当本处丰俭,即日知价,信皆有术。"③因租米征收有一定的额度,满足不了漕运的需要,故需要官府出资采取"和籴"的手段,在丰年时以低价购粮。然而,如果由主持相关事务的官员先向上级机关禀报粮价,等批复后再购买的话,粮价则有可能已经上涨,将不利于官府购粮。根据这一情况,刘晏通过统计数十年粮价,并将粮食收购的数额及价格分为五等,由官员以此为参照,不待禀报可自行收购。这样一来,可以较小的代价完成漕粮收购任务。

---

① 宋·司马光《资治通鉴·唐纪四十二》(邬国义校点),上海:上海古籍出版社1997年版,第2102页。
② 同①,第2101—2102页。
③ 宋·沈括《梦溪笔谈·官政一》,胡道静《梦溪笔谈校证》,上海:上海古籍出版社1987年版,第410—411页。

其四,利用常平即平易粮价等权力,实行赒免和贷款之策。与此同时,派专人了解各地的粮价和物价,在及时汇总的基础上干预市场,防止伤农事件的发生。如刘晏受诬时,其下属鸣冤道:"起广德二年,尽建中元年,黜陟使实天下户,收三百余万。王者爱人,不在赐与,当使之耕耘织纴,常岁平敛之,荒年赒救之,大率岁增十之一。而晏尤能时其缓急而先后之。每州县荒歉有端,则计官所赢,先令曰:'赒某物,贷某户。'民未及困,而奏报已行矣。议者或讥晏不直赈救,而多贱出以济民者,则又不然。善治病者,不使至危急;善救灾者,勿使至赈给。故赈给少则不足活人,活人多则阙国用,国用阙则复重敛矣;又赈给近侥幸,吏下为奸,强得之多,弱得之少,虽刀锯在前不可禁。以为二害。灾沴之乡,所乏粮耳,它产尚在,贱以出之,易其杂货,因人之力,转于丰处,或官自用,则国计不窭;多出菽粟,恣之粜运,散入村间,下户力农,不能诣市,转相沾逮,自免阻饥,不待令驱。以为二胜。晏又以常平法,丰则贵取,饥则贱与,率诸州米尝储三百万斛。岂所谓有功于国者邪!"①实行赒免和贷款之策以后,安定了农业生产,户籍人口不再逃亡,与此同时,户籍人口增加则为租赋增加提供了保障,如"诸州米尝储三百万斛",实际上是在赈灾救荒及户籍人口增加的背景下实现的。

其五,根据物流物点,将全国各地不同的产品运往有集散能力的区域,实行以货易货。各地风土不同,有不同的产出,如果将这些物资统统地纳入赋税征收及转运范围的话,其运输费用将远远地超过其自身价值。针对这些情况,刘晏根据物流特点,将其统一运往有集散能力的地区,在以货易货的交易中谋取利益。史称:"至湖岭荒险处,所出货皆贱弱,不偿所转,晏悉储淮、楚间,贸铜易薪,岁铸缗钱十余万。其措置纤悉如此。诸道巡院,皆募驶足,置驿相望,四方货殖低昂及它利害,虽甚远,不数日即知,是能权万货重轻,使天下无甚贵贱而物常平,自言如见钱流地上。每朝谒,马上以鞭算。质明视事,至夜分止,虽休澣不废。事无闲剧,即日剖决无留。"②刘晏以江淮这一南北交通要道为中转集散地,在交换的过程中既平易了物价又增加了财政收入。史称:"刘晏盐法既成,商人纳绢以代盐利者,每缗加钱二百,以备将士春服。"③商人盈利,主要是在货物及商品流转中实现的。刘晏以绢替代铜币即商人以绢替代盐税时采取每缗加钱二百的做法,既解决了将士的春服,又增加了国家的财政收入,同时也有照顾到商人的利益。沈括评价道:"刘晏掌南计,数百里外物价高下,即日知之。"④在及时掌握各地物价的过程中,在货物流转中平易了物价,既照顾到百姓的利益,又保证了国家的财政收入。进而言之,刘晏抓住物流的特点,在转运集散的过程中为唐王朝积累了大量的财富,如刘晏采取灵活的租庸征收政策,允许以它物替代租赋,不但缓解了百姓

---

① 宋·欧阳修等《新唐书·刘晏传》,北京:中华书局1975年版,第4798页。
② 同①,第4796页。
③ 宋·欧阳修等《新唐书·食货志四》,北京:中华书局1975年版,第1379页。
④ 宋·沈括《梦溪笔谈·官政一》,胡道静《梦溪笔谈校证》,上海:上海古籍出版社1987年版,第410页。

缴纳赋税的压力，而且扩大了转运范围，应对了不同的国用需求。

其六，将铸钱与转运结合到一起，通过易货铸钱增加铜币，在一定程度上缓解了唐王朝日趋严重的钱荒。唐王朝发生钱荒由来已久，起初，第五琦铸乾元重宝钱以一当十用，不久，又铸重轮乾元钱以一当五十用，企图以行政手段通过不等值的铜币投放市场的办法来解除铜币不足带来的危机。然而，币轻货重，两种铜币投放市场后，引起谷价飞扬、盗铸严重等事件的持续发生，如史有"初，琦请铸乾元重宝钱，以一代十。既当国，又铸重规，一代五十。会物价腾踊，饿馑相望，议者以为非是，诏贬忠州长史"①之说，又有"初，琦以国用未足，币重货轻，乃请铸乾元重宝钱，以一当十用之。及作相，又请更铸重轮乾元钱，一当五十，与乾元钱及开元通宝钱三品并行。既而谷价腾贵，饿殣死亡，枕藉道路，又盗铸争起"②之说。所谓"重轮"，是指铸铜钱时在外周加两重凸出的弧圈。因铜币之间严重地不等值，唐代宗即位后采取新的换算方式，岂料时隔不久，乾元重宝钱和重轮乾元钱又不得不与开元通宝钱同值使用。在这中间，因乾元重宝钱和重轮乾元钱币重，其自身价值超过货物及米价，民间得币后往往收藏起来不再流通，这样一来，进一步加剧了钱荒。史称："代宗即位，乾元重宝钱以一当二，重轮钱以一当三，凡三日而大小钱皆以一当一。自第五琦更铸，犯法者日数百，州县不能禁止，至是人甚便之。其后民间乾元、重棱二钱铸为器，不复出矣。当时议者以为：'自天宝至今，户九百余万。《王制》：上农夫食九人，中农夫七人。以中农夫计之，为六千三百万人。少壮相均，人食米二升，日费米百二十六万斛，岁费四万五千三百六十万斛，而衣倍之，吉凶之礼再倍，余三年之储以备水旱凶灾，当米十三万六千八十万斛，以贵贱丰俭相当，则米之直与钱钧也。田以高下肥瘠丰耗为率，一顷出米五十余斛，当田二千七百二十一万六千顷。而钱亦岁毁于棺瓶埋藏焚溺，其间铜贵钱贱，有铸以为器者，不出十年钱几尽，不足周当世之用。'"③这一时期，铜币兑换机制混乱，不同重量的铜币同值使用，为犯法者提供了赢利的空间。具体地讲，乾元重宝钱和重轮乾元钱的面额均低于铜的自身价格，因有漏洞可钻，民间常将这两种铜币销毁熔铸成铜器出售并牟利。此外，铜币自然损耗、民间送终以铜币陪葬、对外贸易时铜币流向海外等都给流通时缺少铜币带来了无法结算的尴尬。为此，刘晏利用任转运使、盐铁使和铸钱使等权力，令江、岭等州缴纳租米等赋税时，可以"重粗贱弱之货"替代，如史有"诸道盐铁转运使刘晏以江、岭诸州，任土所出，皆重粗贱弱之货，输京师不足以供道路之直。于是积之江淮，易铜铅薪炭，广铸钱，岁得十余万缗，输京师及荆、扬二州，自是钱日增矣。"④之说。这些"重粗贱弱之货"运往江淮后，用以货易货的方式换成铜铅、薪炭

---

① 宋·欧阳修等《新唐书·第五琦传》，北京：中华书局1975年版，第4801页。
② 后晋·刘昫等《旧唐书·第五琦传》，北京：中华书局1975年版，第3517页。
③ 宋·欧阳修等《新唐书·食货志四》，北京：中华书局1975年版，第1387—1388页。
④ 同③，第1388页。

等,随后就地铸钱再输往京师、荆、扬二州。通过这一手段,刘晏在一定程度上解除了唐王朝因钱荒带来的危机。

其七,刘晏理财采取灵活机变的做法,以谋取盐利和加强漕运为先导,充分利用掌管转运、租庸、盐铁、常平、铸钱等权力,在综合治理中稳定了唐王朝的赋税征收。史称:"晏始以官船漕,而吏主驿事,罢无名之敛,正盐官法,以裨用度。"①如盐税征收除了可支付"漕佣"外,还可以通过盐价平易粮价及物价等,以此为经济杠杆,在一定程度上纾解了百姓因租赋过重带来的困扰。当然,盐不是万能的,只是增加盐税,没有租庸调为基本保障,依旧无法挽救日益扩大的国用危机。

总之,刘晏理财以盐政改革为先导,积极地恢复遭受破坏的租庸调制度,在稳定农业生产秩序的基础上,把握流通这一环节,增加了中央财政。史称:"当大历时,事贵因循,军国之用,皆仰于晏,未尝检辖。"②又称"大历时政因循,军国皆仰晏,未尝检质。"③综合这两则记载,主要有三层含义,一是刘晏理财创立的制度,在大历年间(766—799)得到了全面地推行;二是刘晏理财增加了唐王朝的财政收入,这些财赋成为军用需求的基本来源;三是刘晏理财得到了唐王朝的充分信任和授权。"检辖"意为拘束,"未尝检辖"是指朝廷没有设置障碍检查刘晏理财时的过程管理;"检质"指查问,"未尝检质"是指朝廷没有专门查问刘晏的理财情况。史称:"大历八年,以关内丰穰,减漕十万石,度支和籴以优农。晏自天宝末掌出纳,监岁运,知左右藏,主财谷三十余年矣。"④大历八年(773),关中丰收刘晏减漕运岁额十万石,与此同时,刘晏"和籴"时又采取"优农"即高价购粮的策略以稳定民心及社会秩序。在这中间,刘晏"主财谷三十余年"有力地改变了国用不足的局面。

后人评价刘晏理财取得的成就时多有不同的看法。史称:"晏治天下,无甚贵甚贱之物,泛言治国者,其可及乎!举真卿才,忠也,减王缙罪,正也,忠正之道,复出于人,呜呼!本秀于林,风必摧之,常衮见忌于前,杨炎致冤于后,可为长叹息矣!时讥有口者以利啖之,苟不塞谗口,何以持重权?即无以展其才,济其国矣。是其术也,又何讥焉。"⑤刘晏理财是利用在盐税这一经济杠杆及加强盐税征收的过程中实现的,对此,丘浚多有微辞。丘浚指出:"天生一世之物,以供一世之用。人用一世之物,必成一世之事。物各异用,而用之各有所宜。汉以大司农掌天下之钱谷,以给百官禄俸,军国馈饷。而山泽之利,则掌之少府,而以私奉养焉。唐至中叶兵起,流庸未复,税赋不足,凡天下所谓军饷禄俸,皆仰给于盐。天下之赋,盐居其半。呜呼,天地生物,止于此数。人力有限,而用度无穷。自非剥削灶户,折阅商贾,何

---

① 宋·欧阳修等《新唐书·刘晏传》,北京:中华书局1975年版,第4798页。
② 后晋·刘昫等《旧唐书·刘晏传》,北京:中华书局1975年版,第3515页。
③ 同①,第4796页。
④ 宋·欧阳修等《新唐书·食货志三》,北京:中华书局1975年版,第1368—1369页。
⑤ 后晋·刘昫等《旧唐书·刘第班王李传》,北京:中华书局1975年版,第3523页。

以得盐利如此之多哉？当是之时，所征于民，税赋不知何在，而专仰给于一盐如此。若以为兵起民贫，然农民皆贫而灶户独富乎？刘晏虽曰善于理财，然知利国之为利，而不知利民之为大利；知专于取利而可以得利，而不知薄于取利而可以大得利也。"①当"天下之赋，盐居其半"时，事件的本身就是一大悲剧。按照丘浚的说法，刘晏获取盐利主要是通过三个途径：一是剥削灶户即盐户；二是官府利用权力倒腾食盐是在将负担转移给商贾的过程中实现的；三是在将盐税转嫁到百姓身上的过程中实现的。应该说，这一批评是尖锐的。不过，在别无良策之时，以盐利增加国用和稳定经济形势只能是刘晏的最佳选择。从某种意义上讲，安史之乱后，加强江淮及东南漕运及重点征榷淮盐以保国用实际上是迫不得已的举措。

第五节　刘晏罢相以后的漕运

唐德宗建中元年正月，杨炎推行两税法。两税法是指以租庸调制为基础，在夏、秋两季完成以田赋为主的赋税征收。这一赋税制度实行后，基本上否定了刘晏建立的理财秩序，甚至可以说，刘晏建立的理财及漕运等秩序遭到破坏与杨炎推行两税法有直接的关系。史称："大抵有唐之御天下也，有两税焉，有盐铁焉，有漕运焉，有仓廪焉，有杂税焉。"②史家认为，两税法与盐铁、漕运、仓廪、杂税等制度拧结在一起，是唐王朝不可或缺的"御天下"之术，这一评价可谓高矣。

从另一个层面看，两税法是以改革田赋为起点的，如果没有刘晏"起广德二年，尽建中元年，黜陟使实天下户，收三百余万"③这一基础的话，那么，杨炎的赋税改革将是一句空话。然而，在杨炎推行两税法之际，便已受到责难。如时任宰相的陆贽论述道："赋役旧法，行之百年，人以为便。兵兴，供亿不常，诛求隳制，此时弊，非法弊也。时有弊而未理，法无弊而已更。两税新制，竭耗编氓，日日滋甚。"④后世史家进一步论述道："自天宝以来，大盗屡起，方镇数叛，兵革之兴，累世不息，而用度之数，不能节矣。加以骄君昏主，奸吏邪臣，取济一时，屡更其制，而经常之法，荡然尽矣。由是财利之说兴，聚敛之臣进。盖口分、世业之田坏而为兼并，租、庸、调之法坏而为两税。至于盐铁、转运、屯田、和籴、铸钱、括苗、榷利、借商、进奉、献助，无所不为矣。盖愈烦而愈弊，以至于亡焉。"⑤尽管如此，两税法毕竟是一种新的理财

---

① 明·丘浚《大学衍义补·山泽之利上》（林冠群、周济夫校点），北京：京华出版社1999年版，第264页。
② 后晋·刘昫等《旧唐书·食货志上》，北京：中华书局1975年版，第2088页。
③ 宋·欧阳修等《新唐书·刘晏传》，北京：中华书局1975年版，第4798页。
④ 宋·欧阳修等《新唐书·食货志二》，北京：中华书局1975年版，第1354页。
⑤ 宋·欧阳修等《新唐书·食货志一》，北京：中华书局1975年版，第1342页。

之法。

这一政策实行后,动摇了刘晏以盐政为先及以盐利保漕运的根基。史称:"包佶为汴东水陆运、两税、盐铁使,许以漆器、玳瑁、绫绮代盐价,虽不可用者亦高估而售之,广虚数以罔上。亭户冒法,私鬻不绝,巡捕之卒,遍于州县。盐估益贵,商人乘时射利,远乡贫民困高估,至有淡食者。巡吏既多,官冗伤财,当时病之。其后军费日增,盐价浸贵,有以谷数斗易盐一升。私粜犯法,未尝少息。"①包佶领水陆运使等职务发生在建中三年(782),此时上距刘晏离开理财岗位只有三年。此时,包佶以漆器、玳瑁、绫绮等代盐价,当知刘晏建立的盐政制度已遭受了严重的破坏。追溯其原因,应与杨炎进行税制改革推行两税法有直接的关系。具体地讲,两税法关注的重点是征收田赋,因重视田赋征收而疏于盐政管理,故出现了"亭户冒法,私鬻不绝,……盐估益贵,商人乘时射利,……巡吏既多,官冗伤财"等情况。在这中间,"军费日增"与盐税减少拧结在一起,进一步扩大了收入降低与支出增加之间的矛盾。史称:"四年,度支侍郎赵赞议常平事,竹木茶漆尽税之。茶之有税,肇于此矣。"②建中四年(783),为开辟财源,唐王朝被迫将竹木茶漆等纳入征税的范围。这一事件表明,盐税是国家财政收入的大头,不容有丝毫的闪失,一旦破坏将无法应对"军费日增"的需求,为弥补其不足,只能用扩大征税范围的方式即收括民财的方式进行补救。

在这中间,杨炎采取重内轻外之策,改变了刘晏建立的转运及漕运制度。史称:"及杨炎为相,以旧恶罢晏,转运使复归度支,凡江淮漕米,以库部郎中崔河图主之。"③此前,刘晏集盐铁、转运、租赋等于一身,有相机处置的权力,通过统筹各种财赋为转运及漕运铺平了道路。杨炎将转运使归度支使节制后,转运使不再兼任盐铁使、租庸使等职,由于政出多头,增加了管理环节,降低了漕运效率,进而破坏了业已建立的盐铁制度和漕运制度。平心而论,杨炎为相,有意识地改变刘晏理财时建立的制度,实行以田赋征收为先的政策,将转运使归度支等,引起的后果十分严重。如这一时期,围绕着理财是以田赋为先还是以盐政为先而发生的争执与杨炎刻意改变刘晏旧法有着直接的关系。尽管这两种意见的出发点都是为唐王朝的统治做长久打算,然而,这一争论一直延续到唐王朝的后期,给唐王朝带来的伤害是无法估量的。

在实行两税法的过程中,盐政遭受破坏的情况愈演愈烈,从而使转运及漕运陷入了空前的困境。史称:"五年十二月,度支转运盐铁奏:'比年自扬子运米,皆分配缘路观察使差长纲发遣。运路既远,实谓劳人。今请当使诸院,自差纲节级般运,以救边食。'从之。"④从表面

---

① 宋·欧阳修等《新唐书·食货志四》,北京:中华书局1975年版,第1379页。
② 后晋·刘昫等《旧唐书·食货志下》,北京:中华书局1975年版,第2118页。
③ 宋·欧阳修等《新唐书·食货志三》,北京:中华书局1975年版,第1369页。
④ 同②,第2119页。

上看,唐德宗贞元五年(789)改汴河长运为短运是由"劳人"引起的,其实其根本的原因是因无法取盐利保漕运造成的。史称:"九年,张滂奏立税茶法。自后裴延龄专判度支,与盐铁益殊途而理矣。"①贞元九年(793),唐王朝扩大征收杂税的范围以弥补国用不足,与盐政遭受破坏有直接的关系。

此外,刘晏办漕运,以盐利支付建造官船和雇用民夫时的费用等,在一定程度上减轻了朝廷和百姓的负担。盐政破坏后,因没有盐利为造船及雇佣民夫提供资金,故出现了捉襟见肘的情况,为此,唐政府不得不采取其他的手段筹措资金。史有"至咸通末,院官杜侍御又以一千石船,分造五百石船两舸,用木廉薄。又执事人吴尧卿为扬子县官,变盐铁之制,令商人纳榷,随所送物料,皆计折纳,勘廉每船板、钉、灰、油、炭多少而给之。物复剩长。军将十家,即时委弊"②之说。"咸通末",指唐懿宗咸通十五年(874)。"委"同"萎","委弊"指民生凋敝。起初,刘晏取盐税建造坚固的船只,经此,"变盐铁之制,令商人纳榷",同时又将造船费用摊派到百姓头上,终于导致"军将十家,即时委弊"的情况发生。由于无情地掠夺商人和百姓,造船质量大受影响,给漕运造成了灾难。

或许是因为这样的原因,杨炎理财推行两税法及转运使归度支后,两种理财及转运思路一直在悄无声息中交锋。其一,刘晏的门生故吏为其鸣冤,通过为刘晏平反在一定程度上抵制了杨炎的做法。史有"晏殁,故吏二十余年继掌财赋"③之说,又有"故晏没后二十年,韩洄、元琇、裴腆、包佶、卢征、李衡相继分掌财赋,出晏门下。属吏在千里外,奉教如目前。四方水旱,及军府纤芥,莫不先知焉"④之说,又有"晏殁二十年,而韩洄、元琇、裴腆、李衡、包佶、卢征、李若初继掌财利,皆晏所辟用,有名于时"⑤之说,将这些记载联系起来的话,当知韩洄等沿用刘晏的理财之法长达二十多年。韩洄根据形势变化调整铸钱地点,初步扭转了铸钱亏损的局面,史称:"建中元年九月,户部侍郎韩洄上言:'江淮钱监,岁共铸钱四万五千贯,输于京师,度工用转送之费,每贯计钱二千,是本倍利也。今商州有红崖冶出铜益多,又有洛源监,久废不理。请增工凿山以取铜,兴洛源钱监,置十炉铸之,岁计出钱七万二千贯,度工用转送之费,贯计钱九百,则利浮本也。其江淮七监,请皆停罢。'从之。"⑥通过采取易地铸钱等行动,韩洄增加了唐王朝的财政收入。在这中间,除了韩洄等贯彻刘晏理财之策外,班宏、张滂、李巽等也忠实地执行了刘晏的思想路线,并采取了以取盐利为先、以盐利保

---

① 后晋·刘昫等《旧唐书·食货志下》,北京:中华书局1975年版,第2119页。
② 宋·王谠《唐语林·政事上》,周勋初校证《唐语林校证》,北京:中华书局1987年版,第61页。
③ 后晋·刘昫等《旧唐书·刘第班王李传》,北京:中华书局1975年版,第3523页。
④ 同①,第2118页。
⑤ 宋·欧阳修等《新唐书·刘晏传》,北京:中华书局1975年版,第4797页。
⑥ 后晋·刘昫等《旧唐书·食货志上》,北京:中华书局1975年版,第2101页。

漕运的做法，如史有"丰财忠良，晏道为长。琦、宏、滂、巽，咸以利彰"①之说。其二，杨炎获罪流放并赐死以后，转运使归度支的做法得到改变。如吐蕃、回纥入侵关中，在军国之用亟须江淮漕运支持的紧要关口，因转运使需要等待度支的指令才有权起运江淮租赋，又因无权以盐利保漕运，势必会加剧唐王朝的政治危机。问题是，转运归度支的制度及盐铁与转运分隶的制度又不能立即废止。这一情况一直到建中二年（781）十月，杨炎获罪流放并被赐死以后才出现了转机。史称："三年，以包佶为左庶子、汴东水陆运盐铁租庸使，崔纵为右庶子、汴西水陆运盐铁租庸使。"②"三年"指唐德宗建中三年，"左庶子"是太子的侍从官。唐代职官制度规定，太子官署设左右春坊，以左右庶子分掌相关事务，左右庶子虽是太子的属官，但其官阶相当于宰相侍中、中书令。刘晏的门生包佶以左庶子衔领水陆运使、盐铁使、租庸使，具有了相机处变及调动各种资源保漕运的权力。史有"宰相事无不统，故不以一职名官，自开元以后，常以领他职，实欲重其事，……时急财用，则为盐铁转运使"③之说，转动使归度支节制后，如果继续以宰相领转运、盐铁使等职的话，那么隶属关系将会颠倒。进而言之，包佶以左庶子领诸使是唐王朝在新形势下采取的应对措施，经此，刘晏制定的漕运之法一度得到了恢复。

除了元琇之外，齐抗亦忠实地执行了刘晏制定的漕运路线。史称："宰相萧复为江淮宣慰使，以抗为判官。德宗还京，大盗之后，天下旱蝗，国用尽竭。盐铁转运使元琇以抗有才用，奏授仓部郎中，条理江淮盐务。贞元初，为水陆运副使，督江淮漕运以给京师。"④刘晏罢官以后，因其政策遭受破坏，再加上自然灾害，出现了"国用尽竭"的局面。为挽救其危机，刘晏的门人元琇继任盐铁转运使并举荐齐抗"条理江淮盐务"。在任上，齐抗与元琇一道在榷盐中加强漕运，从而解除了唐王朝面临的危机，进而言之，东南盐政是在重点征收淮盐税利的过程中实现的，刘晏改革东南盐政的重点是在淮扬区域。

贞元二年（786）正月，崔造为相，转运及漕运再度发生变化。史称："德宗以给事中崔造敢言，为能立事，用为相。造以江、吴素嫉钱谷诸使颛利罔上，乃奏诸道观察使、刺史选官部送两税至京师，废诸道水陆转运使及度支巡院、江淮转运使，以度支、盐铁归尚书省，宰相分判六尚书事。以户部侍郎元琇判诸道盐铁、榷酒，侍郎吉中孚判度支诸道两税。"⑤崔造以"颛利罔上"为由，对领诸使加强转运的做法进行了清算。具体地讲，一是改变转运方式，由各道观察使、州刺史选官负责押运两税钱物运输西入关中及长安；二是罢黜在诸道设立的水陆运使及度支、巡院、江淮转运使，权力收归尚书省；三是度支、盐铁等事务归尚书省，由六人

---

① 后晋·刘昫等《旧唐书·刘第班王李传》，北京：中华书局1975年版，第3523页。
② 后晋·刘昫等《旧唐书·食货志下》，北京：中华书局1975年版，第2118页。
③ 宋·欧阳修等《新唐书·百官志一》，北京：中华书局1975年版，第1183页。
④ 后晋·刘昫等《旧唐书·齐抗传》，北京：中华书局1975年版，第3756页。
⑤ 宋·欧阳修等《新唐书·食货志三》，北京：中华书局1975年版，第1369页。

负责不同的事务,如元琇领诸道盐铁、榷酒事务,吉中孚领诸道两税。经此,以尚书省遥控千里之外的转运、租庸、盐铁等事务,彻底地否定了刘晏建立的理财之法及以盐利保漕运的做法。在这中间,一方面扩大了宰相的权力,加强了中央对具体事务的控制;另一方面因分头管理,也给理财及转运设置了更多的障碍。在这中间,实施什么样的转运及漕运之策再度成为人们关注的焦点。

浙江东、西节度使韩滉领转运使后,他明确地提出了恢复刘晏漕运制度的主张。此时,韩滉提出恢复旧制的主张与韩滉早年曾与刘晏分掌转运盐铁等事务有某种内在的联系。史称:"永泰二年,晏为东道转运常平铸钱盐铁使,琦为关内、河东,剑南三川转运常平铸钱盐铁使。大历五年,诏停关内、河东、三川转运常平盐铁使。自此晏与户部侍郎韩滉分领关内、河东、山、剑租庸青苗使。"①第五琦去世后,从唐代宗大历五年起,韩滉与刘晏分掌两大区域的理财及转运等事务。在分掌过程中,韩滉深刻地体会到以转运使兼诸使办漕运的好处。为此,韩滉提出不受尚书省节制的意见。

在这场争执中,韩滉占据了上风,经此,刘晏领诸使加强转运的政策得到了恢复。史称:"增江淮之运,浙江东、西岁运米七十五万石,复以两税易米百万石,江西、湖南、鄂岳、福建、岭南米亦百二十万石,诏浙江东、西节度使韩滉,淮南节度使杜亚运至东、西渭桥仓。诸道有盐铁处,复置巡院。岁终宰相计课最。崔造厚元琇,而韩滉方领转运,奏国漕不可改。帝亦雅器滉,复以为江淮转运使。元琇嫉其刚,不可共事,因有隙。琇称疾罢,而滉为度支、诸道盐铁、转运使,于是崔造亦罢。滉遂劾琇常饎米淄青、河中,而李纳、怀光倚以构叛,贬琇雷州司户参军,寻赐死。"②这一叙述较为简略,检索文献,《旧唐书》中的记载可作补充。如《旧唐书·崔造传》云:"造与元琇素厚,罢使之后,以盐铁之任委之。而韩滉方司转运,朝廷仰给其漕发。滉以司务久行,不可遽改。德宗复以滉为江淮转运使,余如造所条奏。元琇以滉性刚难制,乃复奏江淮转运,其江南米自江至扬子凡十八里,请滉主之;扬子已北,琇主之。滉闻之怒,掎摭琇盐铁司事论奏。德宗不获已,罢琇判使,转尚书右丞。其年秋初,江淮漕米大至京师,德宗嘉其功,以滉专领度支、诸道盐铁转运等使,造所条奏皆改。"③《旧唐书·韩滉传》又云:"二年春,特封晋国公。其年十一月,来朝京师。时右丞元琇判度支,以关辅旱俭,请运江淮租米以给京师。上以滉浙江东西节度,素著威名,加江淮转运使,欲令专督运务。琇以滉性刚愎,难与集事,乃条奏滉督运江南米至扬子,凡一十八里,扬子以北,皆元琇主之。滉深怒于琇。琇以京师钱重货轻,切疾之,乃于江东监院收获见钱四十余万贯,令转送入关。滉不许,乃诬奏云:'运千钱至京师,费钱至万,于国有害。'请罢之。上以问琇,琇奏曰:'一

---

① 后晋·刘昫等《旧唐书·食货志下》,北京:中华书局1975年版,第2117页。
② 宋·欧阳修等《新唐书·食货志三》,北京:中华书局1975年版,第1369—1370页。
③ 后晋·刘昫等《旧唐书·崔造传》,北京:中华书局1975年版,第3626—3627页。

千之重,约与一斗米均。自江南水路至京,一千之所运,费三百耳,岂至万乎?'上然之,遣中使赍手诏令运钱。滉坚执以为不可。其年十二月,加滉度支诸道转运盐铁等使,遂逞宿怒,累诬奏琇,贬雷州司户。其责既重,举朝以为非罪,多窃议者。尚书左丞董晋谓宰臣刘滋、齐映曰:'元左丞忽有贬责,未知罪名,用刑一滥,谁不危惧?假有权臣骋志,相公何不奏请三司详断之。去年关辅用兵,时方蝗旱,琇总国计,夙夜忧勤,以赡给师旅,不增一赋,军国皆济,斯可谓之劳臣也。今见播逐,恐失人心,人心一摇,则有闻鸡起舞者矣。窃为相公痛惜之。'滋、映但引过而已。给事袁高又抗疏申理之,滉诬以朋党,寝而不行。"①

综合以上三则史述,基本上可以厘清韩滉与崔造及元琇之间的分歧,这一分歧主要集中在如何理财及转运等方面。具体地讲,一是深得崔造信任的元琇判度支主持转运等事务,与此同时,浙江东、西节度使韩滉奉诏主持浙江租米转运事务。韩滉领转运事务后"奏国漕不可改",认为转运归度支不利于转运,为此,唐德宗恢复了江淮转运使一职。二是元琇以韩滉个性强而难以共事为由,提出扬子以南的转运事务由韩滉负责,扬子以北自领的建议,由此引起政争。三是租赋等漕运关中迫在眉睫,为保江淮,唐德宗调离元琇,经此,韩滉取得了转运独立于度支的权力。不过,此时的盐铁事务依旧归度支掌管,故有"余如造所条奏"之说。四是贞元二年秋,韩滉转运江淮漕米入关后,"德宗嘉其功,以滉专领度支、诸道盐铁转运等使"。五是韩滉陷害元琇,这一举动引起不满,朝臣纷纷为元琇辩诬。

韩滉与元琇之间的政治斗争带来的后果是严重的。如韩滉深恨元琇,当元琇"以京师钱重货轻"自江东运钱入京时,韩滉利用掌管转运的有意设置障碍,不许其成行。那么,唐德宗为什么还要调离元琇,由韩滉全权负责江淮漕运呢?其实,道理很简单。如马端临在前人论述的基础上指出:"且唐肃宗、代宗之后,如河北诸镇,皆强租赋不领于度支。当时有如吐蕃、回纥为乱,所用犹多。……所以唐人议论之多,惟江淮为最急。德宗时,缘江淮米不至,六军之士脱巾呼于道,韩滉运米岁至,德宗、太子置酒相庆。可见唐人倚办于此,如此其急。……然而三处惟是江淮最切,何故?皆自江淮发足,所以韩滉由漕运致位宰相,李锜因漕运飞扬跋扈,以至作乱。"②原来,韩滉与元琇之争是由争功引起的。

不过,韩滉与元琇的政治斗争实际上也是两种理财思路的斗争。一方面,元琇忠实地执行崔造制定的理财及转运政策,维护转运归度支、盐铁等归中央的做法,试图加强中央对财赋及转运等事务的控制;另一方面,韩滉"以司务久行,不可遽改"为由提出反对意见。两种思想路线经过多次交锋后,最后以贞元二年十二月"加滉度支诸道转运盐铁等使"而告终。此举带来的后果是:"造所条奏皆改",从而恢复了刘晏办漕运时以转运使领盐铁使诸使的制度。在这中间,韩滉以节度使兼任盐铁转运诸使一事表明,受藩镇割据等制约,财赋征收及

---

① 后晋·刘昫等《旧唐书·韩滉传》,北京:中华书局1975年版,第3601—3602页。
② 元·马端临《文献通考·国用考三》,杭州:浙江古籍出版社1988年版,第248页。

转运需要有军事力量的介入。

贞元三年(787)二月,韩滉去世,如史有"滉贞元三年二月,以疾薨,遂寝其事"①之说,经此,杨炎、崔造等罢转运使归度支的政策继续得到执行。然而,在藩镇及州县的破坏下,两税及田赋征收受到了极大的干扰。史称:"时关东防秋兵大集,国用不充。李泌奏:'自变两税法以来,藩镇、州、县多违法聚敛。继以朱泚之乱,争权率、征罚以为军资,点募自防。泚既平,自惧违法,匿不敢言。请遣使以诏旨赦其罪,但令革正,自非于法应留使、留州之外,悉输京师。其官典逋负,可征者征之,难征者释之,以示宽大。敢有隐没者,重设告赏之科而罪之。'上喜曰:'卿策甚长,然立法太宽,恐所得无几。'对曰:'兹事臣固熟思之,宽则获多而速,急则获少而迟。盖以宽则人喜于免罪而乐输,急则竞为蔽匿,非推鞫不能得其实,财不足济今日之急而皆入于奸吏矣。'上曰:'善。'以度支员外郎元友直为河南、江、淮南句勘两税钱帛使。"②贞元三年,针对"自变两税法以来,藩镇、州、县多违法聚敛""争权率"即同中央争夺以盐税为主的税收等情况,为缓解藩镇及地方与中央的矛盾,宰相李泌被迫采取了宽松的征收两税及征榷制度,同时令元友直专门负责河南、江、淮两税钱帛征收事务。这一事件表明,两税法实行后,刘晏理财及以盐利保漕运为先的政策遭受破坏,引起了一系列的连锁反应。

遗憾的是,国用告急并没有促使唐德宗醒悟,相反,为追求个人的物质享受,还不惜与国用争夺利益。史有贞元四年(788)二月"元友直运淮南钱帛二十万至长安,李泌悉输之大盈库。然上犹数有宣索,仍敕诸道勿令宰相知。泌闻之,惆怅而不敢言"③之说,"大盈库"指专供皇家使用的财物储存仓库,创立于唐玄宗一朝。"宣索"指唐德宗下诏向有司索取钱财。在淮南钱帛二十万已入大盈库的前提下,唐德宗依旧嫌其不足,还有意瞒过宰相李泌,下诏向有司索取。在这中间,李泌虽清楚此事,但不敢公开阻止。司马光评论这一事件时写道:"王者以天下为家,天下之财皆其有也。阜天下之财以养天下之民,已必豫焉。或乃更为私藏,此匹夫之鄙志也。古人有言曰:'贫不学俭。'夫多财者,奢欲之所自来也。李泌欲弭德宗之欲而丰其私财,财丰则欲滋矣。财不称欲,能无求乎?是犹启其门而禁其出也。虽德宗之多僻,亦泌所以相之者非其道故也。"④李泌不能以国用为先,曲意地迎合唐德宗的私欲,已失去身为宰辅的责任,因此受到司马光的严肃批评。可以说,刘晏理财制度及漕运之法遭受破坏已远非一人的责任,而是众人共同破坏的结果。

韩滉及李泌去世后,度支、盐铁、转运等大权转移到窦参的手中,如史有"滉殁,宰相窦参

---

① 后晋·刘昫等《旧唐书·韩滉传》,北京:中华书局1975年版,第3603页。
② 宋·司马光《资治通鉴·唐纪四十八》(邬国义校点),上海:上海古籍出版社1997年版,第2159页。
③ 宋·司马光《资治通鉴·唐纪四十九》(邬国义校点),上海:上海古籍出版社1997年版,第2165页。
④ 同③。

代之"①等说。窦参大权独揽后,在任人唯亲的路线上越走越远,给胥吏贪腐找到了空隙,再度引起党争和内耗,给理财及转运等造成了不可弥补的损失。司马光记载道:"中书侍郎、同平章事李泌屡乞更命相。上欲用户部侍郎班宏,泌言宏虽清强而性多凝滞,乃荐窦参通敏,可兼度支盐铁;董晋方正,可处门下。上皆以为不可。参,诞之玄孙也,时为御史中丞兼户部侍郎;晋为太常卿。至是泌疾甚,复荐二人。庚子,以董晋为门下侍郎,窦参为中书侍郎兼度支转运使,并同平章事。以班宏为尚书,依前度支转运副使。参为人刚果峭刻,无学术,多权数,每奏事,诸相出,参独居后,以奏度支事为辞,实专大政,多引亲党置要地,使为耳目。董晋充位而已。"②窦参是在李泌的两次推荐下任宰相一职的,起初,唐德宗准备重新任用班宏,但李泌认为班宏做事迟疑不决,故推荐窦参为相。与此同时,为了牵制窦参,李泌又推荐董晋为相。没想到的事情发生了,窦参"以奏度支事为辞,实专大政,多引亲党置要地"。其亲党把持理财大权后贪污成风,因此引起班宏和张滂之间的恶斗,致使一度得到恢复的刘晏理财以取盐利保漕运为先的政策再次遭受严重的破坏。史称:"张滂先善于宏,宏荐为司农少卿,及参欲以滂分掌江淮盐铁,询之于宏,宏以滂嫉恶,虑以法绳徐粲,因曰:'滂强戾难制,不可用。'滂知之。八年三月,参遂为上所疏,乃让度支使,遂以宏专判,而参不欲使务悉归于宏,问计京兆尹薛珏,珏曰:'二子交恶,而滂刚决,若分盐铁转运于滂,必能制宏。'参乃荐滂为户部侍郎、盐铁使、判转运,尚隶于宏以悦之。江淮两税,悉宏主之,置巡院,然令宏、滂共择其官。滂请盐铁旧簿书于宏,宏不与之。每署院官,宏、滂更相是非,莫有用者。滂乃奏曰:'班宏与臣相戾,巡院多阙官。臣掌财赋,国家大计,职不修,无所逃罪。今宏若此,何以辑事?'遂令分掌之。无几,宏言于宰相赵憬、陆贽曰:'宏职转运,年运江淮米五十万斛,前年增七十万斛,以实太仓,幸无过。今职移于人,不知何谓?'滂时在侧,怂然曰:'尚书失言甚矣!若运务毕举,朝廷固不夺之,盖由丧公钱、纵奸吏故也。且凡为度支胥吏,不一岁,资累巨万,僮马第宅,僭于王公,非盗官财,何以致是?道路喧喧,无不知之,圣上故令滂分掌。公向所言,无乃归怨于上乎?'宏默然不对。是日,宏称疾于第,滂往问之,宏不见,憬、贽乃以宏、滂之言上闻。由是遵大历故事,如刘晏、韩滉所分。滂至扬州按徐粲,逮仆妾子侄,得赃巨万,乃徙岭表。故参得罪,宏颇有力焉。勤恪官署,晨入夕归,下吏劳而未尝厌苦,清白勤干,称之于时。"③

结合其他史料,这一叙述有六个要点。一是叙述了张滂与班宏由交好到交恶的过程。窦参提出让张滂与班宏分掌江淮盐铁事务时,"宏以滂嫉恶,虑以法绳徐粲"为由提出了反对意见,偏偏此事又让张滂得知。从叙述内容看,张滂得知此事应与窦参相关。二是班宏和张

---

① 后晋·刘昫等《旧唐书·食货志下》,北京:中华书局1975年版,第2118页。
② 宋·司马光《资治通鉴·唐纪四十九》(邬国义校点),上海:上海古籍出版社1997年版,第2167页。
③ 后晋·刘昫等《旧唐书·班宏传》,北京:中华书局1975年版,第3519—3520页。

滂善于理财且清廉,但两人均有意气用事的特点。史有班宏"勤恪官署,晨入夕归,下吏劳而未尝厌苦,清白勤干,称之于时"①之说,张滂亦恪尽职守,明确地表达了惩治贪腐的态度。史有"宏、滂争权树党,皆非令人"②之说,"令人"指品质完美之人,两人在工作中互不配合,形成了牵制。三是窦参任用亲信,恃权贪利,如史有"参无学术,但多引用亲党,使居要职,以为耳目,四方藩帅,皆畏惧之。李纳既惮参,馈遗毕至,外示敬参,实阴间之。上所亲信,多非毁参。……参任情好恶,恃权贪利,不知纪极"③之说。窦参不以国事为重,在"多引用亲党,使居要职"的同时践踏理财及转运大政。四是窦参故意挑起班宏和张滂之间的矛盾,以便从中渔利。唐德宗准备由班宏总领度支、盐铁、转运等事务时,窦参提出"荐滂为户部侍郎、盐铁使、判转运,尚隶于宏以悦之"的建议。因班宏和张滂相互牵制,出现了"更相是非,莫有用者"的局面。五是班宏检举窦参,窦参获罪并受到处罚,如史有"上所亲信,多非毁参。……参任情好恶,恃权贪利,不知纪极,终以此败。贬参郴州别驾,贞元八年四月也"④之说。六是窦参获罪后,张滂与班宏之间的恶斗不但没有停止,反而加剧。因矛盾不可调和,宰相赵憬和陆贽建议,由张滂、班宏分掌不同区域的两税财赋及转运,史称:"八年,诏:东南两税财赋,自河南、江淮、岭南、山南东道至于渭桥,以户部侍郎张滂主之;河东、剑南、山南西道,以户部尚书度支使班宏主之。今户部所领三川盐铁转运,自此始也。其后宏、滂互有短长。宰相赵憬、陆贽以其事上闻,由是遵大历故事,如刘晏、韩滉所分焉。"⑤到任以后,张滂法办了贪腐分子徐粲。

从杨炎为相到窦参为相,刘晏理财以领诸使保财赋收入保漕运的思想路线受到严重的破坏。如两税征收归度支以后,以内治外因分头管理财赋转运等事务,由此形成了互相牵制及内耗的局面。不过,"遵大历故事,如刘晏、韩滉所分"后,张滂和班宏分领相关区域的两税财赋及转运等事务,致使刘晏确立的理财及转运之策再度得到执行。同时也表明,转运及漕运效率降低后,需要恢复刘晏制定的理财制度。

窦参罢相后,王绍、李巽等负责理财及转运等事务,并取得了突出的成就,如史有"绍之谨密干事,巽之皦察精辨,亦足可称"⑥之说。

王绍崭露头角,始于辅佐包佶之时。史称:"包佶领租庸盐铁,亦以绍为判官。时李希烈阻兵,江淮租输,所在艰阻,特移运路自颍入汴。绍奉佶表诣阙,属德宗西幸,绍乃督缘路轻货,趣金、商路,倍程出洋州以赴行在。德宗亲劳之,谓绍曰:'六军未有春服,我犹衣裘。'绍

---

① 后晋·刘昫等《旧唐书·班宏传》,北京:中华书局1975年版,第3520页。
② 后晋·刘昫等《旧唐书·刘第班王李传》,北京:中华书局1975年版,第3523页。
③ 后晋·刘昫等《旧唐书·窦参传》,北京:中华书局1975年版,第3747页。
④ 同③。
⑤ 后晋·刘昫等《旧唐书·食货志下》,北京:中华书局1975年版,第2119页。
⑥ 同②。

俯伏流涕,奏曰:'包佶令臣间道进奉数约五十万。'上曰:'道路回远,经费悬急,卿之所奏,岂可望耶?'后五日而所督继至,上深赖焉。"①包佶是刘晏的故吏,王绍是包佶的副手。建中四年,王绍奉包佶奏表押轻货赴京,时逢泾原兵变。泾原镇士卒哗变攻陷长安后,唐德宗被迫逃往奉天(今陕西乾县),王绍在漕运通道受阻及迂回转运路程倍增的情况下,将价值五十万的轻货送往奉天,受到唐德宗的重视。

此后,王绍任仓部员外郎,因恪尽职守受到唐德宗的重用。这一时期,王绍理财虽无宰相之名但有宰相之实。史称:"贞元中,为仓部员外郎。时属兵革旱蝗之后,令户部收阙官俸,兼税茶及诸色无名之钱,以为水旱之备。绍自拜仓部,便准诏主判,及迁户部、兵部郎中,皆独司其务。擢拜户部侍郎,寻判度支。后二年,迁户部尚书。德宗临驭岁久,机务不由台司,自窦参、陆贽已后,宰臣备位而已。德宗以绍谨密,恩遇特异,凡主重务八年,政之大小,多所访决。绍未尝泄漏,亦不矜衒。顺宗即位,王叔文始夺其权,拜兵部尚书,寻除检校吏部尚书、东都留守。元和初,迁检校尚书右仆射、徐州刺史、武宁军节度,复以濠、泗二州隶焉。时承张愔之后,兵骄难治,绍修辑军政,人甚安之。六年,征拜兵部尚书,兼判户部事。九年卒,年七十二,赠左仆射,谥曰敬。"②王绍主政八年,忠实地执行了刘晏理财时制定的制度,故《旧唐书》为其立传时,将其与刘晏、第五琦、李巽等合传。

继王绍以后,李巽理财取得了显著的成绩,扭转了唐王朝财赋收入的颓势。史称:"高祖发迹太原,因晋阳宫留守库物,以供军用。既平京城,先封府库,赏赐给用,皆有节制,征敛赋役,务在宽简,未及逾年,遂成帝业。其后掌财赋者,世有人焉。开元已前,事归尚书省,开元已后,权移他官。由是有转运使、租庸使、盐铁使、度支盐铁转运使、常平铸钱盐铁使、租庸青苗使、水陆运盐铁租庸使、两税使,随事立名,沿革不一。设官分职,选贤任能,得其人则有益于国家,非其才则贻患于黎庶,此又不可不知也。如裴耀卿、刘晏、李巽数君子,便时利物,富国安民,足为世法者也。"③史家叙述理财及转运成果时,仅举裴耀卿、刘晏、李巽等三人,并以"君子"相称,可见其取得的成绩之大。

李巽理财及兼任度支盐铁转运诸使是在杜佑的推荐下走上岗位的。史称:"司徒杜佑判度支盐铁转运使,以巽干治,奏为副使。佑辞重位,巽遂专领度支盐铁使。榷筦之法,号为难重,唯大历中仆射刘晏雅得其术,赋入丰羡。巽掌使一年,征课所入,类晏之多岁,明年过之,又一年加一百八十万贯。旧制,每岁运江淮米五十万斛抵河阴,久不盈其数,唯巽三年登焉。"④司马光记载道:"杜佑请解财赋之职,仍举兵部侍郎、度支使、盐铁转运副使李巽自代。

---

① 后晋·刘昫等《旧唐书·王绍传》,北京:中华书局1975年版,第3520—3521页。
② 同①,第3521页。
③ 后晋·刘昫等《旧唐书·食货志上》,北京:中华书局1975年版,第2085—2086页。
④ 后晋·刘昫等《旧唐书·李巽传》,北京:中华书局1975年版,第3522页。

丁未,加佑司徒,罢其盐铁转运使,以巽为度支、盐铁转运使。自刘晏之后,居财赋之职者,莫能继之。巽掌使一年,征课所入,类晏之多,明年过之,又一年加一百八十万缗。"①杜佑举贤后,李巽出任度支、盐铁、转运诸使。

李巽接替杜佑,出任盐铁转运使等发生在元和二年(807)三月,如史有"顺宗即位,有司重奏盐法,以杜佑判盐铁转运使,理于扬州。元和二年三月,以李巽代之"②之说,这里略去度支一职不论,表明在田赋征收不利及军需扩大的前提下,只能加强盐铁制度管理。史称:"顺宗即位,入为兵部侍郎。司徒杜佑判度支盐铁转运使,以巽干治,奏为副使。……巽掌使一年,征课所入,类晏之多岁,明年过之,又一年加一百八十万贯。旧制,每岁运江淮米五十万斛抵河阴,久不盈其数,唯巽三年登焉。迁兵部尚书,明年改吏部尚书,使任如故。"③又称:"顺宗立,擢兵部侍郎。杜佑表为盐铁、转运副使,俄代佑。使任自刘晏后,职废不振,赋入脧耗。巽莅职一年,较所入如晏最多之年,明年过之,又明年,增百八十万缗。再迁吏部尚书。"④李巽担任盐铁转运使以后,重点保盐铁之和转运,很快取得成效,一年后升迁任兵部尚书。

刘昫《旧唐书》有"时兵部尚书李巽兼盐铁使"⑤之说,欧阳修《新唐书》亦有"时李巽以兵部尚书领盐铁"⑥之说,李巽以兵部尚书兼任盐铁使一事表明:要想保证盐税征收和铜币铸造需要借助于军事力量的干预。史称:"时李锜在浙西,厚赂贵幸,请用韩滉故事领盐铁,又求宣、歙。问吉甫,对曰:'昔韦皋蓄财多,故刘辟因以构乱。李锜不臣有萌,若益以盐铁之饶、采石之险,是趣其反也。'帝寤,乃以李巽为盐铁使。"⑦因两税法征收的田赋解除不了国用危机,这样一来,刘晏以盐铁为先的理财思路再度得到确认。这一时期,在藩镇及州县不断破坏盐铁制度及漕运受阻的前提下,户部已无法正常承担起盐税征收和铸钱的责任,为此,需要军事力量的介入。在这中间,李巽以兵部尚书领盐铁使表明,经此,唐王朝出现了以兵部参与理财的新情况。在任上,李巽理财主要采取了四项措施。

其一,将王播、程异等人充实到盐铁转运的岗位上,发挥他们的才能,经此,王播成为李巽的副手。又有"李巽领盐铁,荐异心计可任,请拔濯用之,乃授侍御史,复为扬子留后。稍迁淮南等道两税使。异起痕废,能厉己竭节,悉矫革征利旧弊。入迁累卫尉卿、盐铁转运副

---

① 宋·司马光《资治通鉴·唐纪五十三》(邬国义校点),上海:上海古籍出版社1997年版,第2200页。
② 后晋·刘昫等《旧唐书·食货志下》,北京:中华书局1975年版,第2119页。
③ 后晋·刘昫等《旧唐书·李巽传》,北京:中华书局1975年版,第3522页。
④ 宋·欧阳修等《新唐书·李巽传》,北京:中华书局1975年版,第4805页。
⑤ 后晋·刘昫等《旧唐书·裴耀卿传》,北京:中华书局1975年版,第3084页。
⑥ 宋·欧阳修等《新唐书·裴耀卿传》,北京:中华书局1975年版,第4455页。
⑦ 宋·欧阳修等《新唐书·李吉甫传》,北京:中华书局1975年版,第4738页。

使"①之说,程异上任后重点负责扬州、淮南及江淮一带田赋的筹集和调运,后来在平藩战争中立下了汗马功劳。史称:"李巽领盐铁,奏以副己。擢御史中丞,岁终,改京兆尹。时禁屯列畿内者,出入属鞭佩剑,奸人冒之以剽劫,又勋戚家驰猎近郊,播请一切苛止,盗贼不能隐,皆走出境。宪宗以为能,进刑部侍郎,领诸道盐铁转运使。是时,天下多故,大理议谳,科条丛繁,播悉置格律坐隅,商处重轻,剖决如流,吏不能窜其私。帝讨淮西也,切于馈饷,播引程异自副,异尤通万货盈虚,使驰传江淮,哀财用以给军兴,兵得无乏。"②在平定淮西吴元济之乱时,盐铁使的主要职责是筹集粮饷,程异上任后革除旧弊,与王播一道保障了军用需求。史称:"及讨淮西,判度支杨于陵坐馈饩不继贬,以司农卿皇甫镈代之,由是益为刻剥。司农卿王遂、京兆尹李僑号能聚敛,乃以为宣歙、浙西观察使,予之富饶之地,以办财赋。盐铁使王播言:'刘晏领使时,自按租庸,然后知州县钱谷利病虚实。'乃以副使程异巡江、淮,核州府上供钱谷。异至江、淮,得钱百八十五万贯。其年,遂代播为盐铁使。是时,河北兵讨王承宗,于是募人入粟河北、淮西者,自千斛以上皆授以官。度支盐铁与诸道贡献尤甚,号'助军钱'。"③在平淮西吴元济之乱和征讨王承宗的战争中,程异为筹集粮饷和转运作出了巨大的贡献。史称:"方讨蔡,异使江表调财用,因行谕诸帅府,以羡赢贡。故异所至不剥下,不加敛,经用以饶。遂兼御史大夫为盐铁使。元和十三年,以工部侍郎同中书门下平章事,犹领盐铁。"④在理财及转运中,程异尽心尽力,很快受到唐王朝的重用。耐人寻味的是,无论是程异任御史大夫,还是任宰相一职,始终兼任盐铁使一职。这里透露的信息有二:一是李巽理财执行了刘晏以盐铁为先的政策,程异负责其事务后,继续推行这一政策;二是盐铁在国用中有着特殊的地位,需要重臣亲自负责。

其二,加强管理,改变盐政混乱的局面。史称:"顺宗时始减江淮盐价,每斗为钱二百五十,河中两池盐,斗钱三百。增云安、涣阳、涂滂三监。其后盐铁使李锜奏江淮盐斗减钱十以便民,未几复旧。方是时,锜盛贡献以固宠,朝廷大臣,皆饵以厚货,盐铁之利,积于私室,而国用耗屈,榷盐法大坏,多为虚估,率千钱不满百三十而已。兵部侍郎李巽为使,以盐利皆归度支,物无虚估,天下榷盐税茶,其赢六百六十五万缗。初岁之利,如刘晏之季年,其后则三倍晏时矣。两池盐利,岁收百五十余万缗。四方豪商猾贾,杂处解县,主以郎官,其佐贰皆御史。盐民田园籍于县,而令不得以县民治之。"⑤在李巽任盐铁使以前,出现了"盐铁之利,积于私室,而国用耗屈,榷盐法大坏,多为虚估"的局面,李巽上任后,采取了"主以郎官,其佐贰皆御史"的措施,通过加强管理和监察从源头上堵塞了漏洞,与此同时,不允许地方"以县民

---

① 宋·欧阳修等《新唐书·程异传》,北京:中华书局1975年版,第5142页。
② 宋·欧阳修等《新唐书·王播传》,北京:中华书局1975年版,第5115—5116页。
③ 宋·欧阳修等《新唐书·食货志二》,北京:中华书局1975年版,第1359—1360页。
④ 同①,第5142—5143页。
⑤ 宋·欧阳修等《新唐书·食货志四》,北京:中华书局1975年版,第1379页。

治之"，向盐户征收田赋，从而保护了盐户的利益，调动了盐户生产的积极性。

其三，铸造铜币，增加货币的投放量，与此同时，采取行政手段以增加国用。安史之乱后，唐王朝出现了前所未有的钱荒，后来虽有所缓和，但从唐德宗一朝起又再度爆发钱荒并延续到唐宪宗一朝。史称："江淮多铅锡钱，以铜荡外，不盈斤两，帛价益贵。销千钱为铜六斤，铸器则斤得钱六百，故销铸者多，而钱益耗。判度支赵赞采连州白铜铸大钱，一当十，以权轻重。贞元初，骆谷、散关禁行人以一钱出者。诸道盐铁使张滂奏禁江淮铸铜为器，惟铸鉴而已。十年，诏天下铸铜器，每器一斤，其直不得过百六十，销钱者以盗铸论。然而民间钱益少，缯帛价轻，州县禁钱不出境，商贾皆绝。浙西观察使李若初请通钱往来，而京师商贾赍钱四方贸易者不可胜计。诏复禁之。二十年，命市井交易，以绫、罗、绢、布、杂货与钱兼用。宪宗以钱少复禁用铜器。"①因铜币的价值高于流通货币本身，民间或收藏或做他用，严重地破坏了业已建立的经济秩序，增加了社会的不安定因素。在这中间，唐宪宗虽有禁用铜器即毁钱造铜器等举措，但无法从根本上扭转铜币流通量日趋减少的局面。为解除其危机，李巽采取了三大措施：一是加大开采铜矿的力度，通过择地铸钱，增加铜币的供应量；二是采取强制性措施令商贾拿出储存的铜币购物，以此增加市场流通中的铜币；三是以铜币为本位，加强其在货币流通中的地位，以律法的形式禁止采银，禁止铅锡钱流通。史称："元和三年五月，盐铁使李巽上言：'得湖南院申，郴州平阳，高亭两县界，有平阳冶及马迹、曲木等古铜坑，约二百八十余井，差官检覆，实有铜锡。今请于郴州旧桂阳监置炉两所，采铜铸钱，每日约二十贯，计一年铸成七千贯，有益于人。'从之。"②又称："盐铁使李巽以郴州平阳铜坑二百八十余，复置桂阳监，以两炉日铸钱二十万。天下岁铸钱十三万五千缗。命商贾蓄钱者，皆出以市货；天下有银之山必有铜，唯银无益于人，五岭以北，采银一两者流他州，官吏论罪。元和四年，京师用钱缗少二十及有铅锡钱者，捕之；非交易而钱行衢路者，不问。"③通过采取措施，李巽在一定程度上扭转了市场铜币供应不足的局面。李巽的做法得到了唐宪宗的肯定，进而以立法的形式诏令天下。元和三年（808）六月，唐宪宗在诏书中写道："泉货之法，义在通流。若钱有所壅，货当益贱。故藏钱者得乘人之急，居货者必损己之资。今欲著钱令以出滞藏，加鼓铸以资流布，使商旅知禁，农桑获安，义切救时，情非欲利。若革之无渐，恐人或相惊。应天下商贾先蓄见钱者，委所在长吏，令收市货物，官中不得辄有程限，逼迫商人，任其货易，以求便利。计周岁之后，此法遍行，朕当别立新规，设蓄钱之禁。所以先有告示，许有方圆，意在他时行法不贷。又天下有银之山，必有铜矿。铜者，可资于鼓铸，银者，无益于生人。权其重轻，使务专一。其天下自五岭以北，见采银坑，并宜禁断。恐所在坑户，不免失

---

① 宋·欧阳修等《新唐书·食货志四》，北京：中华书局1975年版，第1388页。
② 后晋·刘昫等《旧唐书·食货志上》，北京：中华书局1975年版，第2101页。
③ 同①，第1389页。

业,各委本州府长吏劝课,令其采铜,助官中铸作。仍委盐铁使条流闻奏。"①经此,初步扭转了钱荒的局面。

其四,在盐铁转运的过程中,革除"钱谷之弊"并疏浚运渠。史称:"元和初,盐铁使李巽荐异晓达钱谷,请弃瑕录用,擢为侍御史,复为扬子留后,累检校兵部郎中、淮南等五道两税使。异自悔前非,厉己竭节,江淮钱谷之弊,多所铲革。入为太府少卿、太卿,转卫尉卿,兼御史中丞,充盐铁转运副使。"②程异上任后,为解除漕运危机,从源头上革除了田赋征收中的弊端。史称:"李巽为诸道转运、盐铁使,以堰埭归盐铁使,罢其增置者。自刘晏后,江淮米至渭桥浸减矣,至巽乃复如晏之多。"③堰埭管理权归盐铁使以后,减少了关卡,提高了盐铁及租赋的转运速度。

此外,王播疏浚了扬州一带的官河。史有"唐时漕运,大率三节。江淮是一节,河南是一节,陕西到长安是一节"④之说,江南租赋自京口(在今江苏镇江)渡江入古邗沟,须经扬州,因此扬州运道畅通与否是直接关系到江淮及河南、关中漕运成功与否的大事。史称:"时扬州城内官河水浅,遇旱即滞漕船,乃奏自城南阊门西七里港开河向东,屈曲取禅智寺桥通旧官河,开凿稍深,舟航易济,所开长一十九里,其工役料度,不破省钱,当使方圆自备,而漕运不阻。后政赖之。"⑤为改善漕运条件,时任淮南节度使的王播疏浚了扬州一带的官河即漕运通道。

王播疏浚扬州官河是以前人的成果为基础的。史家叙述江都时记载道:"东十一里有雷塘,贞观十八年,长史李袭誉引渠,又筑勾城塘,以溉田八百顷。有爱敬陂水门,贞元四年,节度使杜亚自江都西循蜀冈之右,引陂趋城隅以通漕,溉夹陂田。宝历二年,漕渠浅,输不及期,盐铁使王播自七里港引渠东注官河,以便漕运。"⑥唐太宗贞观十八年(644),李袭誉兴修了有农田灌溉功能的勾城塘。勾城塘又称"句城塘"即"句城湖",唐德宗贞元四年,经淮南节度使杜亚的改造,句城湖成为扬州官河的一部分。史称:"初,扬州疏太子港、陈登塘,凡三十四陂,以益漕河,辄复堙塞。淮南节度使杜亚乃浚渠蜀冈,疏句城湖、爱敬陂,起堤贯城,以通大舟。河益庳,水下走淮,夏则舟不得前。节度使李吉甫筑平津堰,以泄有余,防不足,漕流遂通。"⑦稍后,李吉甫在高邮(今江苏高邮)一带修筑平津堰。检索文献,李吉甫任淮南节度使发生在唐宪宗元和三年九月至元和六年(811)一月之间,因此筑平津堰当在此时。此

---

① 后晋·刘昫等《旧唐书·食货志上》,北京:中华书局1975年版,第2101—2102页。
② 后晋·刘昫等《旧唐书·程异传》,北京:中华书局1975年版,第3738页。
③ 宋·欧阳修等《新唐书·食货志三》,北京:中华书局1975年版,第1370页。
④ 元·马端临《文献通考·国用考三》,杭州:浙江古籍出版社1988年版,第248页。
⑤ 后晋·刘昫等《旧唐书·王播传》,北京:中华书局1975年版,第4277页。
⑥ 宋·欧阳修等《新唐书·地理志五》,北京:中华书局1975年版,第1052页。
⑦ 同③。

后,唐敬宗宝历二年(826),时任淮南节度使的王播再度疏浚扬州一带的运道。史家叙述杜亚疏浚其官河时有一段极有趣味的记载。史称:"兴元初,召拜刑部侍郎。出为扬州长史、兼御史大夫、淮南节度观察使。时承陈少游征税烦重,奢侈僭滥之后,又新遭王绍乱兵剽掠,淮南之人,望亚之至,革划旧弊,冀以康宁。亚自以材当公辅之选,而联出外职,志颇不适,政事多委参佐,招引宾客,谈论而已。扬州官河填淤,漕挽堙塞,又侨寄衣冠及工商等多侵衢造宅,行旅拥弊。亚乃开拓疏启,公私悦赖,而盛为奢侈。江南风俗,春中有竞渡之戏,方舟并进,以急趋疾进者为胜。亚乃令以漆涂船底,贵其速进;又为绮罗之服,涂之以油,令舟子衣之,入水而不濡。亚本书生,奢纵如此,朝廷亟闻之。"①在疏浚运道的同时,杜亚亦表现出"奢纵"的一面。

---

① 后晋·刘昫等《旧唐书·杜亚传》,北京:中华书局1975年版,第3963页。

第五章 唐代以前的漕运管理制度及船闸

秦汉以前,没有专门管理漕运及兴修运渠的机构。出现这样的情况是必然的,原因有三:一是周王朝实行分封制,各诸侯国疆土相对狭小,交通运输及赋贡以陆路为主;二是漕运主要沿自然水道进行,因长江流域基本上处于没有开发的阶段,黄河及相关水道是主要的运输航线;三是各诸侯国虽有开渠、筑堰、导河之举,甚至兴修了鸿沟,但主要是为农业生产服务,没有重点发展水上交通。史称:"漕之利于国家,其来尚矣。故代必重厥事,职必简厥人。自大禹以司空平水土,冀《周官》所载,漕虽未闻,而开渠、筑堰、导河、益溉,职亦各有繇隶。"①这一认识大体上道出了秦汉以前不设漕职的事实。

在以陆运为主的年代,水运虽然不是主要的交通形式,但因其成本低廉,受到各国的重视。鲁僖公十三年(前647),秦穆公救晋国饥荒时有"泛舟之役"。《左传·僖公十三年》云:"秦于是乎输粟于晋,自雍及绛相继,命之曰泛舟之役。(孔颖达疏:'秦都雍,雍临渭。晋都绛,绛临汾。渭水从雍而东,至弘农华阴县入河。从河逆流而北上,至河东汾阴县乃东入汾,逆流东行而通绛。')"②又如为了北上争霸,吴王夫差曾于鲁哀公九年(前486)秋天开邗沟,运兵运粮。《左传·哀公九年》云:"夏,楚人伐陈,……秋,吴城邗,沟通江淮。"③不过,这些举措大都属临时性行为,故没有从国家层面设置专门的管理机构,乃至于一直延续到刘邦建汉以后。史称:"关中事计户口转漕给军,汉王数失军遁去,何常兴关中卒,辄补缺。"④楚汉之争时,丞相萧何主持漕转,将士卒和粮食及战略物资等源源不断地调往关东。不过,伴随着战争结束,其漕转事务自然结束,此外,汉初"漕转山东粟,以给中都官,岁不过数十万石"⑤,因漕运数额较小,故汉王朝没有因事设官。

---

① 明·杨宏、谢纯《漕运通志·漕职表》(荀德麟、何振华点校),北京:方志出版社2006年版,第56页。
② 清·阮元《十三经注疏·春秋左传正义》,北京:中华书局1980年版,第1803页。
③ 同②,第2165页。
④ 汉·司马迁《史记·萧相国世家》,北京:中华书局1982年版,第2015页。
⑤ 汉·司马迁《史记·平准书》,北京:中华书局1982年版,第1418页。

第一节　唐代以前漕运管理及补救措施

汉初,漕运及兴修河渠等事务由都水长丞负责。史有"奉常,秦官,掌宗庙礼仪,有丞。景帝中六年更名太常。属官有太乐、太祝、太宰、太史、太卜、太医六令丞,又均官、都水两长丞"①之说,又有"天子使躬持节领护三辅都水。躬立表,欲穿长安城,引漕注太仓下以省转输"②之说,都水长丞是奉常卿的属官,奉常卿掌宗庙礼仪及祭祀等,以都水长丞掌漕运及开河渠等事务,当知漕运不是当务之急。史又有汉武帝"山东漕益岁六百万石"③之说,漕运数额扩大以后,再由奉常卿的属官都水长丞掌漕运及兴修河渠则多有不妥,为此,需要从国家的层面进行调整。

汉代讲漕法,始自汉武帝一朝郑当时任大司农之时,如史有"郑当时为渭漕渠回远,凿直渠自长安至华阴"④之说。郦道元亦记载道:"又东北径新丰县,左合漕渠,汉大司农郑当时所开也。以渭水难漕,命齐水工徐伯发卒穿渠引渭。其渠自昆明池,南傍山原,东至于河,且田且漕,大以为便。"⑤为改变渭水曲折迂回不利于漕运的现状,大司农郑当时提出兴修关中漕渠的主张,这一事件发生在汉武帝元光三年(前132)。史称:"秦氏以降,汉官则有水衡都尉及都水丞,属其职皆领池苑。追元光三年河决顿丘,天子乃使汲黯、郑当时往治,时当时为大司农,尝奏言漕渠。"⑥黄河自顿丘(在今河南濮阳清丰西南)决口后,御史大夫汲黯与大司农郑当时奉命治河。治河之时,郑当时提出了开关中漕渠的建议并负责实施。这里透露的信息是,治河及兴修漕渠须举国家之力,故需要更高层级的官员统领其事。由于大司农本身有"开渠、筑堰、导河、益溉"的职能,这样一来,遂顺理成章地由郑当时总揽兴修关中漕渠的事务。经此,兴修漕渠事务从都水长丞的职事中独立出来,初步改变了原有的隶属关系。

郑当时兴修关中漕渠,属于临时性的行为,没有从根本上改变都水长丞"领池苑"的布局,这一情况伴随着汉代职官制度的变化而出现了新的情况。史称:"水衡都尉,武帝元鼎二年初置,掌上林苑,有五丞。属官有上林、均输、御羞、禁圃、辑濯、钟官、技巧、六厩、辩铜九官令丞。又衡官、水司空、都水、农仓,又甘泉上林、都水七官长丞皆属焉。上林有八丞十二尉,

---

① 汉·班固《汉书·百官公卿表上》,北京:中华书局1962年版,第726页。
② 汉·班固《汉书·息夫躬传》,北京:中华书局1962年版,第2182页。
③ 汉·司马迁《史记·平准书》,北京:中华书局1982年版,第1441页。
④ 同③,第1424页。
⑤ 北魏·郦道元《水经注·渭水下》,杨守敬、熊会贞疏,段熙仲点校,陈桥驿复校《水经注疏》中册,南京:江苏古籍出版社1989年版,第1617页。
⑥ 明·杨宏、谢纯《漕运通志·漕职表》(荀德麟、何振华点校),北京:方志出版社2006年版,第56页。

均输四丞,御羞两丞,都水三丞,禁圃两尉,甘泉上林四丞。成帝建始二年省技巧、六厩官。王莽改水衡都尉曰予虞。初,御羞、上林、衡官及铸钱皆属少府。"①元鼎二年(前115),汉武帝设水衡都尉,管理上林苑、均输等事务。史有"孝武帝初置水衡都尉,秩比二千石"②之说,水衡都尉的官职与奉常卿大体相当,隶属关系调整后,都水长丞成为其属官。

水衡都尉的重要职能是掌均输。所谓"均输",是指将郡国土特产及贡品输入京师,为皇家服务。桓宽指出:"往者,郡国诸侯各以其物贡输,往来烦杂,物多苦恶,或不偿其费,故郡国置输官以相给运,而便远方之贡,故曰均输。"③不过,事出多头,均输由水衡都尉、大司农共掌。史称:"而桑弘羊为大农丞,管诸会计事,稍稍置均输以通货物矣。"④又称:"元封元年,卜式贬秩为太子太傅。而桑弘羊为治粟都尉,领大农,尽代仅筦天下盐铁。弘羊以诸官各自市,相与争,物故腾跃,而天下赋输或不偿其僦费,乃请置大农部丞数十人,分部主郡国,各往往县置均输盐铁官,令远方各以其物贵时商贾所转贩者为赋,而相灌输。"⑤因贡品需要长途漕转,故大司农参与到漕运管理的行列。

水衡都尉的工作重点是为皇家服务,同时有掌水军及兴修河渠和管理漕运等职能。具体地讲,水衡都尉初为大司农的属官,设其事职的目的是加强盐铁等的管理。史称:"初,大农管盐铁官布多,置水衡,欲以主盐铁;及杨可告缗钱,上林财物众,乃令水衡主上林。上林既充满,益广。是时越欲与汉用船战逐,乃大修昆明池,列观环之。治楼船,高十余丈,旗帜加其上,甚壮。……乃分缗钱诸官,而水衡、少府、大农、太仆各置农官,往往即郡县比没入田田之。其没入奴婢,分诸苑养狗马禽兽,及与诸官。诸官益杂置多,徒奴婢众,而下河漕度四百万石,及官自籴乃足。"⑥汉武帝将水衡一职从大司农属官中独立出来,并设水衡都尉专掌上林苑财物。经此调整,水衡都尉有了掌兵的权力,并在"治楼船"的过程中负责训练昆明池水军。此外,水衡都尉参与"大修昆明池"即兴修河渠等事务,与少府、大司农、太仆等分掌不同方面的农事。在"诸官益杂置多,徒奴婢众"的前提下,因需要"下河漕度四百万石,及官自籴乃足",又因都水长丞是水衡都尉的属官,故水衡都尉应有可能参与到兴修河渠及漕运等事务中。不过,此时漕运虽有所加强,但主要是为皇家的需求服务,故没有设立专门负责漕运的职官。

汉武帝时期,黄河两岸的河南、河北是主要的农业生产区,漕运主要以黄河为运道。在黄河泛滥进入高频期的背景下,治理黄河成为汉武帝关心的头等大事。史称:"自河决瓠子

---

① 汉·班固《汉书·百官公卿表上》,北京:中华书局1962年版,第735页。
② 刘宋·范晔《后汉书·百官志三》,北京:中华书局1965年版,第3600页。
③ 汉·桓宽《盐铁论·本议》,王利器《盐铁论校注》,北京:中华书局1992年版,第4页。
④ 汉·司马迁《史记·平准书》,北京:中华书局1982年版,第1432页。
⑤ 同④,第1441页。
⑥ 同④,第1436页。

后二十余岁,岁因以数不登,而梁楚之地尤甚。天子既封禅巡祭山川,其明年,旱,乾封少雨。天子乃使汲仁、郭昌发卒数万人塞瓠子决。于是天子已用事万里沙,则还自临决河,沈白马玉璧于河,令群臣从官自将军已下皆负薪寘决河。"①此事发生在元封二年(前109),如郦道元有"元封二年上使汲仁、郭昌发卒数万人,塞瓠子决。于是上自万里沙还,临决河,沈白马、玉璧,令群臣将军以下,甚负薪填决河"②之说,司马光亦有"是岁,上使汲仁、郭昌二卿发卒数万人塞瓠子河决。天子自泰山还,自临决河,沈白马、玉璧于河,令群臣、从官自将军已下皆负薪,卒填决河。筑宫其上,名曰宣防宫。导河北行二渠,复禹旧迹,而梁、楚之地复宁,无水灾"③之说。没有为漕运设置专门的职官这一情况一直延续到后世,一直以临时加衔的方式巡河及治河,如史有"地节,郭昌则以光禄大夫使行河北"④之说。

汉元帝时,经学之士平当因擅长治水领河堤使者一职,如史"当以经明《禹贡》,使行河,为骑都尉,领河堤"⑤之说。此时,河堤使者属于临时事职,这一情况至汉成帝一朝发生专设河堤使的变化。汉成帝河平元年(前28),王延世任河堤使者标志着此职已成为正式的职官。如针对"河果决于馆陶及东郡金堤,泛滥兖、豫,入平原、千乘、济南,凡灌四郡三十二县,水居地十五万余顷,深者三丈,坏败官亭室庐且四万所"⑥等情况,河堤使者王延世奉命治河。史称:"遣大司农非调调均钱谷河决所灌之郡,谒者二人发河南以东漕船五百艘,徙民避水居丘陵,九万七千余口。河堤使者王延世使塞,以竹落长四丈,大九围,盛以小石,两船夹载而下之。三十六日,河堤成。上曰:'东郡河决,流漂二州,校尉廷世堤防三旬立塞。其以五年为河平元年。卒治河者为著外繇六月。惟延世长于计策,功费约省,用力日寡,朕甚嘉之。其以延世为光禄大夫,秩中二千石,赐爵关内侯,黄金百斤。'"⑦通过治河,王延世受到朝廷的表彰并赐爵,如史有"河平元年,河堤使王延世则以劳赐爵关内侯"⑧之说。马端临论述道:"在汉初,高后、文、景时,中都所用者省,岁计不过数十万石而足,是时,漕运之法亦未讲。到得武帝,官多徒役众,在关中之粟四百万犹不足给之,所以郑当时开漕渠、六辅渠之类,盖缘当时用粟之多,漕法不得不讲。"⑨起初,西汉漕运职事不明。不过,伴随着职官制度进一步严密,时至东汉发生了新的变化。

---

① 汉·司马迁《史记·河渠书》,北京:中华书局1982年版,第1412—1413页。
② 北魏·郦道元《水经注·瓠子河》,杨守敬、熊会贞疏,段熙仲点校,陈桥驿复校《水经注疏》中册,南京:江苏古籍出版社1989年版,第2029页。
③ 宋·司马光《资治通鉴·汉纪十三》(邬国义校点),上海:上海古籍出版社1997年版,第176页。
④ 明·杨宏、谢纯《漕运通志·漕职表》(荀德麟、何振华点校),北京:方志出版社2006年版,第56页。
⑤ 汉·班固《汉书·平当传》,北京:中华书局1962年版,第3050页。
⑥ 汉·班固《汉书·沟洫志》,北京:中华书局1962年版,第1688页。
⑦ 同⑥,第1688—1689页。
⑧ 同④。
⑨ 元·马端临《文献通考·国用考三》,杭州:浙江古籍出版社1988年版,第248页。

东汉建都洛阳,洛阳位于关东,水陆交通发达,漕运不再是当务之急。然而,加强滨河郡县的河防成了大事。史称:"明年夏,渠成。帝亲自巡行,诏滨河郡国置河堤员吏,如西京旧制。景由是知名。王吴及诸从事掾史皆增秩一等。景三迁为侍御史。十五年,从驾车巡狩,至无盐,帝美其功绩,拜河堤谒者,赐车马缣钱。"① 永平十三年(70),汉明帝亲自巡视汴渠,为长久计,令滨河郡国设立专职的河防人员,同时提升王景为侍御史。永平十五年(72),提王景任河堤谒者。

河堤使者的前身是"都水使者"。史称:"都水使者,一人。掌舟航及运部。秦、汉有都水长、丞,主陂池灌溉,保守河渠,属太常。汉东京省都水,置河堤谒者,魏因之。汉世水衡都尉主上林苑,魏世主天下水军舟船器械。晋武帝省水衡,置都水使者,而河堤为都水官属。有参军二人,谒者一人,令史减置无常员。晋西朝有参军而无谒者,谒者则江左置也。怀帝永嘉六年,胡入洛阳,都水使者爰浚先出督运得免。然则武帝置职,便掌运矣。江左省河堤。"②又称:"都水使者,汉水衡之职也。汉又有都水长丞,主陂池灌溉,保守河渠,属太常。汉东京省都水,置河堤谒者,魏因之。及武帝省水衡,置都水使者一人,以河堤谒者为都水官属。及江左,省河堤谒者,置谒者六人。"③史家所说的"汉东京省都水,置河堤谒者",是指省去都水使者一职,设河堤谒者替代。

东汉时期的都水归兰台令史,隶属少府,属因事设置的临时事职。史家叙述兰台令史职掌时记载道:"职属少府者,自太医、上林凡四官。自侍中至御史,皆以文属焉。承秦,凡山泽陂池之税,名曰禁钱,属少府。世祖改属司农,考工转属太仆,都水属郡国。孝武帝初置水衡都尉,秩比二千石,别主上林苑有离官燕休之处,世祖省之,并其职于少府。每立秋貙刘之日,辄暂置水衡都尉,事讫乃罢之。"④《后汉书·百官志五》注"边县有障塞尉"语云:"其郡有盐官、铁官、工官、都水官者,随事广狭置令、长及丞,秩次皆如县、道,无分士,给均本吏。本注曰:凡郡县出盐多者置盐官,主盐税。出铁多者置铁官,主鼓铸。有工多者置工官,主工税物。有水池及鱼利多者置水官,主平水收渔税。在所诸县均差吏更给之。置吏随事,不具县员。"⑤东汉虽不设都水,但设河堤谒者。

杜佑考证水衡都尉一职沿革时论述道:"虞舜命益作虞,以掌山泽。周官有林衡、川衡二官,掌林麓川泽之禁。汉武帝元鼎二年,初置水衡都尉(颜师古曰:'山林之官曰衡。掌诸池苑,故称水衡。'张晏曰:'主都水及林苑,故曰水衡;主诸官,故曰都;有卒徒武事,故曰尉。'衡,平也。主平其税也),掌上林苑(汉赵充国以中郎为水衡都尉,主船官也)。盖主上林离

---

① 刘宋·范晔《后汉书·王景传》,北京:中华书局1965年版,第2465页。
② 梁·沈约《宋书·百官志下》,北京:中华书局1974年版,第1252页。
③ 唐·房玄龄等《晋书·职官志》,北京:中华书局1974年版,第739页。
④ 刘宋·范晔《后汉书·百官志三》,北京:中华书局1965年版,第3600页。
⑤ 刘宋·范晔《后汉书·百官志五》,北京:中华书局1965年版,第3625页。

宫燕休之处（王莽改曰予虞），后汉光武省之，并其职于少府。每立秋貙刘之日，辄暂置水衡都尉（貙刘，将祭大猎之名。貙，敕俱反），事讫省。初，秦汉又有都水长丞，主陂池灌溉，保守河渠，自太常、少府及三辅等，皆有其官。汉武帝以都水官多，乃置左、右使者以领之（刘向为左都水使者是也。又《续汉百官志》曰：'刘向领三辅都水。'），至汉哀帝，省使者官。至东京，凡都水皆罢之，并置河隄谒者。汉之水衡都尉，本主上林苑，魏世主天下水军舟船器械。晋武帝省水衡，置都水台，有使者一人，掌舟航及运部，而河隄为都水官属。元康中，复有水衡都尉（元康《百官名》及《晋起居注》曰：'陈慎、戴熊俱以都水使者领水衡都尉。'）。怀帝永嘉六年，胡贼入洛阳，都水使者奚浚先出督运得免。江左省河堤（诸公赞曰：'陈覥字太和，有巧思，为都水使者。'《洛阳记》云：'千金隄，覥所置。'）。宋都水使者，铜印墨绶，进贤两梁冠，与御史中丞同。孝武帝初，省都水台，罢都水使者，置水衡令，孝建元年复置。齐有都水台使者一人。梁初与齐同，天监七年，改都水使者为大舟卿，位视中书郎，列卿之最末者，主舟航河堤。陈因之。后魏初皆有水衡都尉及河堤谒者、都水使者官，至永平二年，都水台依旧置二使者。北齐亦置二使者。隋开皇二年，废都水台入司农，十三年，复置。仁寿元年，改台为监，更名使者亦为监。炀帝又改为使者，寻又为监，加置少监，又改监及少监并为令，领舟楫、河渠二署。大唐武德八年，置都水台，后复为都水署，置令，隶将作。贞观中，复为都水监，置使者。龙朔二年，改都水使者为司津监丞，咸亨元年复旧。光宅元年，改都水监为水衡，置都尉；神龙元年，复为都水监，置使者二人，分总其事，不属将作，领舟楫、河渠二署。丞：汉有水衡丞五人，亦有都水丞。后汉、晋初都水使者有参军二人，盖亦丞之职任。宋因之。梁大舟卿有丞。陈因之。后魏、北齐又曰参军。隋曰都水丞。大唐二人。主簿：晋水衡都尉有之，为左、右、前、后、中五水衡令，悉皆有之。梁大舟卿亦有之。至隋又置，大唐因之。舟楫署令：汉主爵中尉属官有都船令丞，水衡都尉有楫棹令丞。晋曰船曹吏。齐曰官船典军。后周曰舟中士。隋为舟楫署令、丞。大唐因之，令、丞各一人。河渠署：隋炀帝置，令、丞各一人。大唐因之。"①这一论述忠实地反映了水衡都尉一职演变的过程。

不过，史家论都水监一职从汉到唐的沿革时又指出："都水监：使者二人，（正五品上。汉官有都水长，属主爵，掌诸池沼，后改为使者，后汉改为河堤谒者。晋复置都水台，立使者一人，掌舟楫之事。梁改为太舟卿，北齐亦曰都水台。隋改为都水监，大业复为使者，寻又为监，复改监为令，品第三。武德复为监，贞观改为使者，从六品。龙朔改为司津监，光宅为水衡都尉，神龙复为使者，正五品上，仍隶将作监。）丞二人，（从七品上。）主簿二人，（从八品下。）录事一人，府五人，史十人，掌固三人。使者掌川泽津梁之政令，总舟楫、河渠二署之官属，凡虞衡之采捕，渠堰陂池之坏决，水田斗门灌溉，皆行其政令。舟楫署：令一人，（正八品

---

① 唐·杜佑《通典·职官九》，杭州：浙江古籍出版社1988年版，第162页。

下。)丞二人。(正九品下。)舟楫署令掌公私舟船运漕之事。河渠署:令一人,(正八品下。)丞一人,(正九品上。)府三人,史六人。河堤谒者六人,掌修补堤堰渔钓之事。典事三人,掌固四人,长上渔师十人,短番渔师一百二十人,明资渔师一百二十人。河渠令掌供川泽鱼醢之事。祭祀则供鱼醢。诸司供给鱼及冬藏者,每岁支钱二十万,送都水,命河渠以时价市供之。诸津:令一人,(正九品上。)丞一人。(从九品下。)津令各掌其津济渡舟梁之事。"①史家又记载道:"使者二人,正五品上。掌川泽、津梁、渠堰、陂池之政,总河渠、诸津监署。凡渔捕有禁,溉田自远始,先稻后陆,渠长、斗门长节其多少而均焉。府县以官督察。丞二人,从七品上。掌判监事。凡京畿诸水,因灌溉盗费者有禁。水入内之余,则均王公百官。主簿一人,从八品下。掌运漕、渔捕程,会而纠举之(武德初,废都水监为署。贞观六年复为监,改令曰使者。龙朔二年,改都水监曰司津监,使者曰监。武后垂拱元年,改都水监曰水衡监,使者曰都尉。开元二十五年,不隶将作监。有录事一人,府五人,史十人,亭长一人,掌固四人。初,贞观六年,置舟楫署,有令一人,正八品下,掌舟楫、运漕;漕正一人,府三人,史六人,监漕一人,漕史二人,典事六人,掌固八人。上元二年,置丞二人,正九品下,掌运漕隐失。开元二十六年,署废)。"②从汉到隋唐两代,都水监一直在漕运及运河建设中担负着重要的使命。

时至晋代,始设专门的漕运机构及职官,由此经历了从不设机构及隶属关系不明到建立专门机构进行管理的变化。史称:"晋、隋之间,漕法或领于尚书,或领于仓部侍郎,虽官无定衔,皆简自廷臣,其责任亦重且大矣。"③《漕运通志·漕职表》亦称,晋代的漕运最高长官是尚书或仓部侍郎。进而言之,为漕运设置职官,始自晋代。

晋代发展漕运的措施是,都水掌漕运事务,属官河堤谒者掌兴修河渠等事务,同时又设东西南北护漕掾。史称:"大司农,统太仓、籍田、导官三令,襄国都水长,东西南北部护漕掾。及渡江,哀帝省并都水,孝武复置。"④战争时期,漕运事务往往因人而异。如晋惠帝时,中原陷入"八王之乱",陈敏掌"运兵"开创了武装押运漕粮的新局面。史称:"陈敏字令通,庐江人也。少有干能,以郡廉吏补尚书仓部令史。及赵王伦篡逆,三王起义兵,久屯不散,京师仓廪空虚,敏建议曰:'南方米谷皆积数十年,时将欲腐败,而不漕运以济中州,非所以救患周急也。'朝廷从之,以敏为合肥度支,迁广陵度支。"⑤针对"京师仓廪空虚",时任仓部令史的陈敏提出以江淮米谷远济洛阳的漕运方案。

上承晋代,隋唐两代继续重视都水监的在漕运中的作用。杜佑叙述道:"至宋尝为水衡

---

① 后晋·刘昫等《旧唐书·职官志三》,北京:中华书局1975年版,第1897—1898页。
② 宋·欧阳修等《新唐书·百官志三》,北京:中华书局1975年版,第1276页。
③ 明·杨宏,谢纯《漕运通志·漕职表》(荀德麟,何振华点校),北京:方志出版社2006年版,第56页。
④ 唐·房玄龄等《晋书·职官志》,北京:中华书局1974年版,第737页。
⑤ 唐·房玄龄等《晋书·陈敏传》,北京:中华书局1974年版,第2614页。

令。梁曰大舟卿。隋尝为都水监。大唐尝为司津监,又尝为水衡都尉。"①漕运是唐王朝的生命线。史称:"唐都长安,而关中号称沃野,然其土地狭,所出不足以给京师,备水旱,故常转漕东南之粟。高祖、太宗之时,用物有节而易赡,水陆漕运,岁不过二十万石,故漕事简。自高宗已后,岁益增多,而功利繁兴,民亦罹其弊矣。"②因"自高宗已后,岁益增多",漕运遂成为唐王朝制度建设的重要内容之一。

从大的方面讲,唐代漕运制度建设,经历了从继承隋制到建立自身制度的变化。如隋设都水监,掌舟楫、河渠二署,唐遵守了这一制度。史称:"都水监改为使者,增为正五品,丞为从七品。统舟楫、河渠二署。舟楫署每津置尉一人。五年,又改使者为监,四品,加置少监,为五品。后又改监、少监为令,从三品,少令,从四品。"③又称:"都水台,使者及丞各二人,参军三十人,河堤谒者六十人,录事二人。领掌船局、都水尉二人,又领诸津。上津每尉一人,丞二人。中津每尉、丞各一人。下津每典作一人,津长四人。"④李林甫叙述唐代都水监时记载道:"都水监。使者二人,丞二人,主簿一人,录事一人,府五人,史十人,亭长一人,掌固四人。舟楫署。令一人,丞二人,府三人,史四人,监漕四人,漕史二人,典事三人,掌固三人。河渠署。令一人,丞一人,府三人,史六人,河堤谒者六人,典事三人,掌固四人,长上鱼师十人,短番鱼师一百二十人,明资鱼师一百二十人。诸津。每津令一人,丞一人,录事一人,府一人,史二人,典事三人,津吏五人。"⑤可以说,唐代都水监的职能与隋代的基本一致。

其中,舟楫、河渠二署均漕运的关系最大,具体地讲,前者主要负责监漕,后者涉及兴修运河事务。这里说一说河渠署的情况,史称:"令一人,正八品下;丞一人,正九品上。掌河渠、陂池、堤堰、鱼醢之事。凡沟渠开塞,渔捕时禁,皆颛之。飨宗庙,则供鱼鲅;祀昊天上帝,有司摄事,则供腥鱼。日供尚食及给中书、门下,岁供诸司及东宫之冬藏。渭河三百里内渔钓者,五坊捕治之。供祠祀,则自便桥至东渭桥禁民渔。三元日,非供祠不采鱼(唐有河堤使者。贞观初改曰河堤谒者。有府三人,史六人,典事三人,每渠及斗门有长一人,掌固三人,鱼师十二人。初,有监漕十人,从九品上,大历后省。兴成、五门、六门、龙首、泾堰、滋堤,凡六堰,皆有丞一人,从九品下。府一人,史二人,典事二人,掌固二人。贞观六年皆废)。河堤谒者六人,正八品下。掌完堤堰、利沟渎、渔捕之事。泾、渭、白渠,以京兆少尹一人督视。"⑥撇开其他事务不论,从"凡沟渠开塞""有监漕十人"等语中当知,河渠署在漕运中扮演重要的角色。

---

① 唐·杜佑《通典·职官一》,杭州:浙江古籍出版社1988年版,第109页。
② 宋·欧阳修等《新唐书·食货志三》,北京:中华书局1975年版,第1365页。
③ 唐·魏徵等《隋书·百官志下》,北京:中华书局1973年版,第799页。
④ 同③,第775页。
⑤ 唐·李林甫等《唐六典·将作监》(陈仲夫点校),北京:中华书局1992年版,第592—593页。
⑥ 宋·欧阳修等《新唐书·百官志三》,北京:中华书局1975年版,第1277页。

唐代的河渠建设又归水部郎中。水部郎中初设于曹魏,后来,晋、宋、齐、后魏、北齐均设置了这一职官。李林甫记载道:"水部郎中一人,从五品上(魏置水部郎中。历晋、宋、齐、后魏、北齐并有水部郎中,梁、陈为侍郎。后周冬官府有司水中大夫,隋文帝为水部侍郎,炀帝但曰水部郎。宋、齐、梁、陈、后魏、北齐并都官尚书领之,隋工部尚书领之,皇朝因焉。武德三年加'中'字。龙朔二年改为司川大夫,咸亨元年复故);员外郎一人,从六品上(后周冬官府有小司水上士,则水部员外郎之任也。隋开皇六年置,炀帝改为承务郎,皇朝复为水部员外郎。龙朔、咸亨随曹改复);主事二人,从九品上。水部郎中、员外郎掌天下川渎、陂池之政令,以导达沟洫,堰决河渠。凡舟楫、溉灌之利,咸总而举之。凡天下水泉三亿三万三千五百五十有九,其在遐荒绝域,殆不可得而知矣。其江、河自西极达于东溟,中国之大川者也;其余百三十有五水,是为中川者也(桑钦《水经》所引天下之水百三十七,江、河在焉);其千二百五十有二水,斯为小川者也(郦善长注《水经》,引其枝流一千二百五十二)。若渭、洛、汾、济、漳、淇、淮、汉,皆亘达方域,通济舳舻,徒有之无,利于生人者矣。其余陂泽,鱼鳖、莞蒲、粳稻之利,盖不可得而备云。"①从"水部郎中、员外郎掌天下川渎、陂池之政令,以导达沟洫,堰决河渠。凡舟楫、溉灌之利,咸总而举之"等语当知,水部郎中有管理及兴修河渠的职责。

起初,唐代漕运的日常管理机构是隶属工部的仓部。唐代在工部侍郎下设水部侍郎、员外郎各一人,掌管漕运。史称:"唐百官工部尚书以下,则有水部郎中、员外郎各一人,掌津泽渠梁运漕碾硙之事,外则又有河堤谒者六人、诸令各一人。迨开元初,李杰为水陆运使,而'使'之名始建。十一年,裴耀卿以黄门侍郎同中书门下平章事充江淮都转运使,而以崔希逸、萧炅为副使,而'副'之名亦始此。天宝,则以韦坚充勾当转运使,第五琦充诸色转运使,刘晏则以户部侍郎充诸道转运使。厥后韩滉、杜悰、崔昭纬,皆以宰相充,而诸道巡院皆统焉。自裴耀卿言漕事,进用者常兼转运之职,惟韦坚为最。"②又称:"水部郎中一员(从五品上。龙朔为司川大夫),员外郎一员(从六品上),主事二人(从九品上),令史四人,书令史九人,掌固四人。郎中、员外郎之职,掌天下川渎陂池之政令,以导达沟洫,堰决河渠。凡舟楫溉灌之利,咸总而举之。"③马端临进一步记载道:"唐先天二年,李杰(始名务先)始为水陆发运使,盖使名之起。开元二十一年,裴耀卿以侍中充江南、淮南转运使,而崔希逸、萧炅为副,盖副使始此。天宝以韦坚充句当转运使,第五琦充诸色转运使,刘晏充诸路转运使。其后韩滉、杜悰、杜让能、崔昭纬皆以宰相充使,而诸道分置巡院,皆统于此。五代罢巡院,始置转运使。"④综合诸说,当知在安史之乱以前,唐代加强漕运主要发生在唐玄宗一朝。在这中间,

---

① 唐·李林甫等《唐六典·尚书工部》(陈仲夫点校),北京:中华书局1992年版,第225—226页。
② 明·杨宏,谢纯《漕运通志·漕职表》(荀德麟,何振华点校),北京:方志出版社2006年版,第56页。
③ 后晋·刘昫等《旧唐书·职官志二》,北京:中华书局1975年版,第1841页。
④ 元·马端临《文献通考·职官考十五》,杭州:浙江古籍出版社1988年版,第556页。

一是先天二年(713)或先天元年(712),李杰任水陆发运使,唐代漕运职官始有"使"的称谓;二是开元年间(唐玄宗年号,713—741),漕运管理机构发生重大的变化。为了提高漕运效率,专门解决漕运过程中的诸多问题,唐玄宗李隆基采纳裴耀卿的建议,设转运都使专门负责漕运,并以裴耀卿为黄门侍郎、同中书门下平章事,充江淮、河南转运都使,又以郑州刺史崔希逸、河南少尹萧炅为副。唐代同中书门下平章事一职为宰相,裴耀卿实领转运都使一职,又以同中书门下平章事为加衔,可见唐王朝重视漕运的程度。实行转运制度后,在三年的时间里,"运七百万石,省陆运之佣四十万贯"①,从而保证了京城的粮食供应。由此亦可见漕运及运河在专制社会政治、经济中的特殊意义和作用。

安史之乱以后,唐代建转运使制度,由转运使负责漕运。如第五琦、刘晏等以朝廷重臣的身份充任转运使,在这中间,刘晏以转运使的身份总揽盐铁等事务,并以盐利补漕运,开创了集漕运与盐铁事务于一身的先河。王溥论述道:"是时,朝议以寇盗未戢,关东漕运,宜有倚办,遂以通州刺史刘晏为户部侍郎、京兆尹、度支盐铁转运使。盐铁兼漕运,自晏始也。"②此后,又有"韩滉、杜悰、杜让能、崔昭纬皆以宰相充使",可谓是唐代负责漕运的官员官阶越来越重。

第二节　唐代漕运过程管理与省漕措施

补给线不断地拉长,运输费用不断地增加,这样一来,如何加强过程管理,拓宽漕运路径等便成了当务之急。

唐代漕运及陆运有明确的日行程规定。如王溥记载道:"旧制,凡陆行之马程,日七十里,步及驴五十里,车三十里。水行之程,舟之重者,溯河日三十里,江四十里,余水四十五里。空舟溯河四十里,江五十里,余水六十里。沿流之舟,即轻重同制。河日一百五十里,江一百里,余水七十里。其如底柱之类,不拘此限。若遇风水浅不得行者,即于随近官司中牒检印记,听折半。"③这一记载道出了唐代漕运及陆运的基本情况。

由于漕粮西入长安,需要走黄河,受黄河水文的影响,有利于黄河漕运的时间是,上半年的三月、四月、五月和下半年的八月、九月、十月。也就是说,一年之中只有半年的时间可以漕运,其他时间均受到不同程度的限制。如六月和七月是雨季,容易爆发山洪,逆水行舟十分困难。又如十一月、十二月、一月、二月是黄河枯水期,又是结冰季节,故只能停止漕运。

---

① 后晋·刘昫等《旧唐书·食货志下》,北京:中华书局1975年版,第2116页。
② 宋·王溥《唐会要·转运盐铁总叙》,北京:中华书局1955年版,第1588页。
③ 宋·王溥《唐会要·漕运》,北京:中华书局1955年版,第1595页。

这只是就大的方面而言,但实际情况是,唐代漕运时采取了更为积极的做法,如有"每运置仓,即搬下贮纳,水通即运,水细便止"①之说。进而言之,在漕运的过程中,主要采取了与水次仓相配合的做法,并根据水文情况作出及时起运的规定。

需要补充的是,漕运密切了水次仓与沿线城市及航运节点的关系,为发展商贸奠定了基础。如史有"赞于是条奏诸道津要都会之所,皆置吏,阅商人财货。计钱每贯税二十,天下所出竹、木、茶、漆,皆十一税之,以充常平本"②之说,当时征收商税主要是在输场进行的。王溥记载道:"建中元年九月,户部侍郎赵赞请置常平轻重本钱。从之。赞于是条奏诸道津要都会之所,皆置吏。阅商人财货,计钱每贯税二十文。天下所出竹木茶漆,皆什一税之,充常平本钱。"③唐德宗建中元年(780)九月以后,赵赞在"诸道津要都会之所,皆置吏,阅商人财货",是唐代商税制度变化的重要环节。经此,建立了专门征收商税的税场。史称:"开成二年十二月,武宁军节度使薛元赏奏:'泗口税场,应是经过衣冠商客金银、羊马、斛斗、见钱、茶盐、绫绢等,一物已上并税。今商量,其杂税并请停绝。'诏许之。"④马端临进一步记载道:"开成二年十二月,武宁军节度使薛元赏奏:'泗口税场,应是经过衣冠商客,金银、羊马、斛斗、见钱、茶盐、绫绢等,一物已上并税。今商量其杂税物请停绝。'敕旨:'淮、泗通津,向来京国自有率税,颇闻怨讟。今依元赏所奏,并停其所置官司,所由悉罢。所有泗口税额,准徐泗观察使今年前后两度奏状,内竖共得钱一万八千五十五贯文。内十驿一万一千三百贯文,委户部每年以实钱逐近支付,泗、宿二州以度支上供钱赐充本军用,其他未赡,委在才臣,共息怨咨,以泰行旅。'"⑤从"应是"等语中当知,唐王朝建立了专门征收商税的税场。这里虽然是叙述唐文宗开成二年(837)停止征收杂税一事,但因其是江淮漕运自淮入汴的咽喉,是漕运及商贸往来的要道,因此建有泗口税场。

针对漕运过程损耗等情况,唐王朝采取了积极的补救措施。如果一定要追究其起点的话,则应该从李杰任水陆转运使说起。王溥记载道:"开元二年,河南尹李杰为水运使,大兴漕事。"⑥唐玄宗开元九年(721)五月二十五日,根据李杰的奏章,对漕运过程中的损耗做了明确的规定。王溥又记载道:"九年五月二十五日勅,水运米扬掷,四、五、六、七月,米一斛欠五合。三、八月,米一斛欠四合。二、九月,米一斛欠三合。正十、十一月、十二月,米一斛欠二合,并与纳。"⑦此后,唐德宗一朝对漕米沿途损耗比作出严格规定。史称:"自江以南,补

---

① 宋·王溥《唐会要·漕运》,北京:中华书局1955年版,第1597页。
② 后晋·刘昫等《旧唐书·食货志下》,北京:中华书局1975年版,第2125页。
③ 宋·王溥《唐会要·杂税》,北京:中华书局1955年版,第1545页。
④ 同②,第2129页。
⑤ 元·马端临《文献通考·征榷考一》,杭州:浙江古籍出版社1988年版,第144页。
⑥ 宋·王溥《唐会要·转运盐铁总叙》,北京:中华书局1955年版,第1587页。
⑦ 同①,第1596页。

署皆剚属院监,而漕米亡耗于路颇多。刑部侍郎王播代坦,建议米至渭桥五百石亡五十石者死。其后判度支皇甫镈议万斛亡三百斛者偿之,千七百斛者流塞下,过者死;盗十斛者流,三十斛者死。而覆船败挽,至者不得十之四五。部吏舟人相挟为奸,榜笞号苦之声闻于道路,禁锢连岁,赦下而狱死者不可胜数。其后贷死刑,流天德五城,人不畏法,运米至者十亡七八。盐铁、转运使柳公绰请如王播议加重刑。大和初,岁旱河涸,掊沙而进,米多耗,抵死甚众,不待覆奏。"①王播建议,凡运漕米损失十分之一者,处于死刑。皇甫镈又建议,凡运一万斛损失三百斛者,令其赔偿;一千斛损失七百斛者,一律流放塞下;偷盗十斛者流放,偷盗三十斛者处死。

尽管在漕运过程管理中采取了极端的手段,但依旧无法阻止日趋严重的偷盗行为。史称:"太和后,岁漕江、淮米四十万斛,至渭河仓者才十三,舟楫偾败,吏乘为奸,冒没百端,刘晏之法尽废。休分遣官询按其弊,乃命在所令长兼董漕,褒能者,谪怠者。由江抵渭,旧岁率雇缗二十八万,休悉归诸吏,敕巡院不得辄侵牟。著新法十条,又立税茶十二法,人以为便。居三年,粟至渭仓者百二十万斛,无留壅。"②唐文宗太和(827—835)以后,偷盗漕米者越来越多,乃至于起运四十万斛江、淮漕米,送入关中渭河仓时才剩下十二万斛。

户部侍郎裴休任盐铁转运使以后,加强过程管理,经过三年的努力,基本上扭转了"吏乘为奸,冒没百端"的局面。史称:"大中五年二月,以户部侍郎裴休为盐铁转运使。明年八月,以本官平章事,依前判使。始者,漕米岁四十万斛,其能至渭仓者,十不三四。漕吏狡蠹,败溺百端,官舟之沉,多者岁至七十余只。缘河奸犯,大紊晏法。休使僚属按之,委河次县令董之。自江津达渭,以四十万斛之佣,计缗二十八万,悉使归诸漕吏。巡院胥吏,无得侵牟。举之为法,凡十事,奏之。六年五月,又立税茶之法,凡十二条,陈奏。上大悦。诏曰:'裴休兴利除害,深见奉公。'尽可其奏。由是三岁漕米至渭滨,积一百二十万斛,无升合沉弃焉。"③裴休任盐铁转运使,发生在唐宣宗大中五年(851)二月。

安史之乱即唐王朝由盛转衰后,其国用主要依靠浙西等八道。史称:"元和中,供岁赋者,浙西、浙东、宣歙、淮南、江西、鄂岳、福建、湖南八道,户百四十四万,比天宝才四之一。兵食于官者八十三万,加天宝三之一,通以二户养一兵。京西北、河北以屯兵广,无上供。至长庆,户三百三十五万,而兵九十九万,率三户以奉一兵。"④"元和中",当指唐宪宗元和七年(812)或八年。从此时起,浙西等八道"通以二户养一兵",其赋税之重让人难以承受。到唐穆宗长庆(821—824)稍有好转,出现了"率三户以奉一兵"的局面。也就是说,东南八道的

---

① 宋·欧阳修等《新唐书·食货志三》,北京:中华书局1975年版,第1370—1371页
② 宋·欧阳修等《新唐书·裴休传》,北京:中华书局1975年版,第5371—5372页
③ 后晋·刘昫等《旧唐书·食货志下》,北京:中华书局1975年版,第2122页。
④ 宋·欧阳修等《新唐书·食货志二》,北京:中华书局1975年版,第1362页。

赋税漕米只能用来勉强维持国用,如要想解除日趋严重边患则需要寻找新的路径来调集钱粮。

唐王朝财政出现危机,与安史之乱后藩镇割据,失去控制户籍及人口的能力等有直接的关系。藩镇割据的局面形成后,藩镇可以随意地在其控制的区域自行征税并截留。为了平定藩镇之乱,唐王朝的军费急剧增加。此外,由唐王朝直接控制的各州郡亦不平静,如一些地方长官随意征税,导致杂税林立,乃至于出现了赋税制度混乱的局面。根据这一情况,唐德宗大历十四年(779)五月,杨炎提出实行"两税法"的建议,主张分夏秋两季征收。建中元年正月一号,唐德宗正式下诏公布实行。到该年十二月唐王朝收入达三千余万贯。两税法以财产多少为计税的依据,拓宽了征收范围。

遗憾的是,两税法虽有改革赋税征收之功,但也破坏了刘晏建立的且行之有效的漕运制度,乃至于受到了不同程度的抵制,乃至于推行不到三十年便宣告破产。史称:"唐之始时,授人以口分、世业田,而取之以租、庸、调之法,其用之也有节。盖其畜兵以府卫之制,故兵虽多而无所损;设官有常员之数,故官不滥而易禄。虽不及三代之盛时,然亦可以为经常之法也。及其弊也,兵冗官滥,为之大蠹。自天宝以来,大盗屡起,方镇数叛,兵革之兴,累世不息,而用度之数,不能节矣。加以骄君昏主,奸吏邪臣,取济一时,屡更其制,而经常之法,荡然尽矣。由是财利之说兴,聚敛之臣进。盖口分、世业之田坏而为兼并,租、庸、调之法坏而为两税。至于盐铁、转运、屯田、和籴、铸钱、括苗、榷利、借商、进奉、献助,无所不为矣。盖愈烦而愈弊,以至于亡焉。"①这一记载道出了当时的实际情况。

王溥记载道:"四年十月,中书门下奏,准开成元年三月十日敕,宜令两税州府,各于见任官中,拣择清强长定纲,往来送,五万至十万为一纲。纲官考满,本州便依资奏改。通计十年往来,优成与依资选,迁当处令录长马。如本州官资望无相当者,许优成奏他处官者,伏以诸道有上供两税钱物者,大小计百余处。旧例差州县官充纲,亦不闻过有败阙。若依勑以长定纲为名,则命官不以才能,赋禄难凭儳运,况江淮财赋大州,每年差纲十余辈,若令长定,则官员长占于此流;若只取数人,纲运当亏其大半。臣等商量,长定纲起来年已后勒停。"②"长定纲",是指选择有才干且清廉的官员押运纲船即押解两税至中央。史称:"故事,州县官充纲,送轻货四万,书上考。开成初,为长定纲,州择清强官送两税,至十万迁一官,往来十年者授县令。江淮钱积河阴,转输岁费十七万余缗,行纲多以盗抵死。判度支王彦威置县递群畜万三千三百乘,使路傍民养以取佣,日役一驿,省费甚博。而宰相亦以长定纲命官不以材,江淮大州,岁授官者十余人,乃罢长定纲,送五万者书上考,七万者减一选,五十万减三选而已。及户部侍郎裴休为使,以河濒县令董漕事,自江达渭,运米四十万石。居三岁,米至渭桥百二

---

① 宋·欧阳修等《新唐书·食货志一》,北京:中华书局1975年版,第1341—1342页。
② 宋·王溥《唐会要·租税下》,北京:中华书局1955年版,第1542—1543页。

十万石。凡漕达于京师而足国用者,大略如此。其他州、县、方镇,漕以自资,或兵所征行,转运以给一时之用者,皆不足纪。"①结合王溥的记载,这里所说的"开成初",是指唐文宗开成元年(836)。裴休任转运使以后,加强漕运过程管理,基本上消解了实行长定纲等带来的后遗症。

在国用严重不足的前提下,唐王朝又面临边郡不稳等复杂的局面,为此,只得采取"和籴"和屯田等"省漕"的措施。史称:"元和中,振武军饥,宰相李绛请开营田,可省度支漕运及绝和籴欺隐。宪宗称善,乃以韩重华为振武、京西营田、和籴、水运使,起代北,垦田三百顷,出赃罪吏九百余人,给以耒耜、耕牛,假种粮,使偿所负粟,二岁大熟。因募人为十五屯,每屯百三十人,人耕百亩,就高为堡,东起振武,西逾云州,极于中受降城,凡六百余里,列栅二十,垦田三千八百余顷,岁收粟二十万石,省度支钱二千余万缗。重华入朝,奏请益开田五千顷,法用人七千,可以尽给五城。会李绛已罢,后宰相持其议而止。宪宗末,天下营田皆雇民或借庸以耕,又以瘠地易上地,民间苦之。穆宗即位,诏还所易地,而耕以官兵。耕官地者,给三之一以终身。灵武、邠宁,土广肥而民不知耕。大和末,王起奏立营田。后党项大扰河西,邠宁节度使毕诚亦募士开营田,岁收三十万斛,省度支钱数百万缗。"②

所谓"和籴",是指官府向百姓购买手中多余的粮食。通过采用和籴及屯田等措施,唐王朝节约了大量的开支。史称:"初,度支岁市粮于北都,以赡振武、天德、灵武、盐、夏之军,费钱五六十万缗,溯河舟溺甚众。建中初,宰相杨炎请置屯田于丰州,发关辅民凿陵阳渠以增溉。京兆尹严郢尝从事朔方,知其利害,以为不便,疏奏不报。郢又奏:'五城旧屯,其数至广,以开渠之粮贷诸城,约以冬输;又开渠功直布帛先给田者,据估转谷。如此则关辅免调发,五城田辟,比之浚渠利十倍也。'时杨炎方用事,郢议不用,而陵阳渠亦不成。然振武、天德良田,广袤千里。"③通过和籴及屯田为"省漕"创造了必要的条件。

从历时的角度看,"和籴"是减少漕运数额的重要举措,始于唐太宗一朝。史称:"贞观、开元后,边土西举高昌、龟兹、焉耆、小勃律,北抵薛延陀故地,缘边数十州戍重兵,营田及地租不足以供军,于是初有和籴。牛仙客为相,有彭果者献策广关辅之籴,京师粮禀益羡,自是玄宗不复幸东都。天宝中,岁以钱六十万缗赋诸道和籴,斗增三钱,每岁短递输京仓者百余万斛。米贱则少府加估而籴,贵则贱价而粜。"④又称:"始,李林甫、牛仙客知帝惮幸东都,而京师漕不给,乃以赋粟助漕,及用和籴法,数年,国用稍充。帝斋大同殿,力士侍,帝曰:'我不出长安且十年,海内无事,朕将吐纳导引,以天下事付林甫,若何?'力士对曰:'天子顺动,古

---

① 宋・欧阳修等《新唐书・食货志三》,北京:中华书局1975年版,第1371—1372页。
② 同①,第1373页。
③ 同①,第1372—1373页。
④ 同①,第1373—1374页。

制也。税入有常,则人不告劳。今赋粟充漕,臣恐国无旬月蓄;和籴不止,则私藏竭,逐末者众。又天下柄不可假人,威权既振,孰敢议者!'帝不悦,力士顿首自陈'心狂易,语谬当死'。帝为置酒,左右呼万岁。由是还内宅,不复事。"①这虽然是说唐玄宗一朝的事情,但"和籴"带来的危机实际上贯穿于唐王朝的始终。从表面上看,牛仙客采取"和籴"之策后,缓解了关中及长安粮食供应不足的危机,出现了"自是玄宗不复幸东都"的局面。实际情况是,这种竭泽而渔的做法只能引发更深层次的危机。具体地讲,强行征粮的结果只能加大关中百姓的负担,一旦发生无法预料的突发事件将会直接伤害到政治统治的基础。如高力士劝谏唐玄宗时说:"今赋粟充漕,臣恐国无旬月蓄;和籴不止,则私藏竭,逐末者众。"高力士一针见血地指出,如果长期推行"和籴法"的话,将会给国家带来灾难性的后果。尽管唐玄宗没有听从高力士的劝告,但"和籴法"带来的问题是严重的。

安史之乱后,用"和籴"的方法征收民间的粮食已成为常态。马端临记载道:"唐都关中,而关辅土地所入不足以供军国之用,故常恃转漕东南之粟,而东南之粟必先至东都,然后浮河、渭,溯流以入关,是以其至也艰难。故开元以前,岁若不登,天子尝移跸就食于东都。自牛仙客献策和籴,然后始免此行。然肃、代之后,既无东幸之事,东南馈饷稍不至,则上下皇皇,立有菜色之忧。"②唐王朝的粮食需求量远超隋王朝,为缓解关中及长安粮食紧张的局面,从唐高宗一朝起,通常采取"岁若不登,天子尝移跸就食于东都"的措施。"和籴",本指官府以公平交易的方式向百姓购买多余的存粮,但实际情况是,官府征粮大都采取强制性的方式,故不能继续执行下去。在这中间,"牛仙客献策和籴"之策后,虽然在一定程度上减少了依赖关东漕运的程度,但不能从根本上解除业已形成的粮食危机,乃至于一旦"东南馈饷稍不至",便会出现"上下皇皇,立有菜色之忧"的情况。进而言之,无论是唐高宗以后唐代君主采取什么样的措施,只能部分减轻漕运压力,依靠江淮漕运的局势无法从根本上得到扭转。如唐代宗广德二年(764),有"第五琦奏诸道置常平仓使司,量置本钱和籴,许之"③之说。

唐德宗贞元(785—805)初,驻守关中的各路将士共有十七万。别的不说,仅十七万人马所需的粮食,每月便高达十七万斛(石),为此,宰相陆贽提出"和籴"之策,试图挽救漕粮严重不足的危机。史称:"贞元初,吐蕃劫盟,召诸道兵十七万戍边。关中为吐蕃蹂躏者二十年矣,北至河曲,人户无几,诸道戍兵月给粟十七万斛,皆籴于关中。宰相陆贽以'关中谷贱,请和籴,可至百余万斛。计诸县船车至太仓,谷价四十有余,米价七十,则一年和籴之数当转运之二年,一斗转运之资当和籴之五斗。减转运以实边,存转运以备时要。江淮米至河阴者罢

---

① 宋·欧阳修等《新唐书·高力士传》,北京:中华书局1975年版,第5859页。
② 元·马端临《文献通考·市籴考二》,杭州:浙江古籍出版社1988年版,第205页。
③ 后晋·刘昫等《旧唐书·代宗纪》,北京:中华书局1975年版,第275页。

八十万斛,河阴米至太原仓者罢五十万,太原米至东渭桥者罢二十万。以所减米禀江淮水菑州县,斗减时五十以救乏。京城东渭桥之粜,斗增时三十以利农。以江淮粜米及减运直市绢帛送上都。'帝乃命度支增估籴粟三十三万斛,然不能尽用贽议。"①从形势上看,"和籴"是在关中"谷贱"即丰收的背景下提出的,其目的是为了"减转运以实边,存转运以备时要"。检索文献,唐德宗贞元八年(792)四月陆贽始任宰相,十年十二月罢相,如史有"八年四月,窦参得罪,以贽为中书侍郎、门下同平章事。……十年十二月,除太子宾客,罢知政事"②之说。贞元八年以后,关中一度出现了丰收,这样,遂为陆贽"和籴"提供了可能。然而,唐德宗并没有完全采纳陆贽的建议,之所以这样,应与"和籴"伤农这一前车之鉴有一定的联系。

具体地讲,直接的因素应与贞元四年的"和籴"事件有直接的关系。马端临记载道:"贞元四年,诏京兆府于时价外,加估和籴,差清强官先给价直,然后贮纳,续令所司自般运载至太原。先是,京畿和籴多被抑配,或物估逾于时价,或先敛而后给直,追集停拥,百姓苦之。及闻是诏,皆忻便乐输。"③从表面上看,"和籴"时,有"加估"之举,但实际情况是,"京畿和籴多被抑配"。这样一来,名为公平交易的"和籴"实为强征,再加上"或物估逾于时价,或先敛而后给直",因无钱及时付款,乃至于压低了应有的价格,故出现了"百姓苦之"的局面。或许是接受了贞元四年的教训,唐德宗没有"尽用贽议"。然而,藩镇割据致使唐王朝财政日趋减少,再加上汴河漕运不济,明知"和籴"害民,但也只能勉力为之。如唐宪宗继位后再度"和籴",如史有"宪宗即位之初,有司以岁丰熟,请畿内和籴。当时府、县配户督限,有稽违则迫蹙鞭挞,甚于税赋,号为和籴,其实害民"④之说。然而,在中央财政收入日趋减少的背景下,"和籴"虽然带有饮鸩止渴的意味,甚至根本无法化解唐王朝日益深重的政治危机和漕运危机,但在别无良策的背景下只能勉强为之。正因为如此,进行财政改革和增加中央的财政收入和保漕运的历史责任,便落到了刘晏的头上。进而言之,积极地进行财政改革及增加中央财政收入、恢复汴河漕运已直接关系到唐王朝统治的大事。

屯田是另一种重要的"省漕"方式。唐代屯田有悠久的历史,主要有军屯和民屯等两种形式。杜佑记载道:"大唐开元二十五年令:诸屯隶司农寺者,每三十顷以下、二十顷以上为一屯。隶州镇诸军者,每五十顷为一屯。应置者,皆从尚书省处分。其旧屯重置者,一依承前封疆为定。新置者,并取荒闲无籍广占之地。其屯虽料五十顷,易田之处各依乡原量事加数。其屯官取勋官五品以上及武散官并前资边州县府镇戍八品以上文武官内,简堪者充。据所收斛斗等级为功优。诸屯田应用牛之处,山原川泽,土有硬软,至于耕垦用力不同。土

---

① 宋·欧阳修等《新唐书·食货志三》,北京:中华书局1975年版,第1374页。
② 后晋·刘昫等《旧唐书·陆贽传》,北京:中华书局1975年版,第3800—3817页。
③ 元·马端临《文献通考·市籴考二》,杭州:浙江古籍出版社1988年版,第206页。
④ 同①。

软处每一顷五十亩配牛一头,强硬处一顷二十亩配牛一头。即当屯之内有硬有软,亦准此法。其稻田每八十亩配牛一头。诸营田若五十顷外更有地剩配丁牛者,所收斛斗皆准顷亩折除。其大麦、荞麦、干萝卜等,准粟计折斛斗,以定等级。天宝八年,天下屯收百九十一万三千九百六十石,关内五十六万三千八百一十石,河北四十万三千二百八十石,河东二十四万五千八百八十石,河西二十六万八十八石,陇右四十四万九百二石。"①开元二十五年(737)规定,"诸屯隶司农寺者,每三十顷以下、二十顷以上为一屯。隶州镇诸军者,每五十顷为一屯"。又给诸屯配备耕牛,规定"土软处每一顷五十亩配牛一头,强硬处一顷二十亩配牛一头",时至天宝八年(749),取得了"天下屯收百九十一万三千九百六十石,关内五十六万三千八百一十石,河北四十万三千二百八十石,河东二十四万五千八百八十石,河西二十六万八十八石,陇右四十四万九百二石"的重要成果。

由于部分屯田垦区在边郡,在加强边防的过程中,就地解决军粮,为"省漕"提供了强有力的支持。然而,屯田虽可以"省漕",但不能取代漕运。马端临记载道:"咸通元年,南蛮陷交趾,征诸道兵赴岭南。诏湖南水运自湘江入澪渠,并江西水运,以馈行营诸军。溯运艰难,军屯广州乏食,润州人陈磻石诣阙言:'海船至福建,往来大船一只可致千石;自福建不一月,至广州得船数十艘,便可得三五万石,胜于江西、湖南溯流运粮。'又引刘裕海路进军破卢循故事。乃以磻石为盐铁巡官往扬子县专督海运,于是军不阙供。"②唐懿宗咸通元年(860),"南蛮陷交趾",采用海运之法后,解除了平叛大军"军屯广州乏食"的困境。

---

① 唐·杜佑《通典·食货二》,杭州:浙江古籍出版社1988年版,第19页。
② 元·马端临《文献通考·国用考三》,杭州:浙江古籍出版社1988年版,第243页。

第六章 唐代以前的江淮榷盐及漕运

从西汉起,淮盐已在军国之用中占有重要的地位。具体地讲,淮盐盛产于淮南沿海,品质优良、价格低廉,再加上有良好的水上运输条件,成为重点征榷的对象。

第一节 古代盐类划分及唐代以前榷盐

上古时期,盐分为四类。《周礼·天官·盐人》云:"盐人掌盐之政令,以共百事之盐。祭祀,共其苦盐、散盐。宾客,共其形盐、散盐。王之膳羞,共饴盐。后及世子,亦如之。凡齐事,鬻盐,以待戒令。"①什么是"苦盐"?什么是"散盐"?郑玄注:"杜子春读苦为盬,谓出盐直用,不涷治。……散盐,鬻水为盐。"②贾公彦疏:"释曰:苦当为盐。盐谓出于盐池,今之颗盐是也。散盐煮水为之,出于东海。"③据此,苦盐指池盐,散盐指海盐。什么是"形盐"?什么是"饴盐"?郑玄注:"形盐,盐之形似虎形。"又注:"饴盐,盐之恬者,今戎盐有焉。"④贾公彦疏:"今戎盐有焉者,即石盐是也。"⑤按照这一说法,形盐只涉及形状,不过,马端临论形盐时有"掘地以出之"⑥语,据此,形盐指土盐,饴盐指戎盐或石盐或岩盐。在这里,《周礼》将盐分为四类,为后世将盐分为两类、三类、四类和六类等提供了依据。

降及北周(后周),盐继续分为四类,不过,有的盐类有了新称。史称:"掌盐掌四盐之政令。一曰散盐,煮海以成之;二曰盬盐,引池以化之;三曰形盐,物地以出之;四曰饴盐,于戎以取之。凡盬盐形盐,每地为之禁,百姓取之,皆税焉。"⑦与《周礼》对比,北周的散盐即海盐

---

① 清·阮元《十三经注疏·周礼注疏》,北京:中华书局1980年版,第675页。
② 同①。
③ 同①。
④ 同①。
⑤ 同①。
⑥ 元·马端临《文献通考·征榷考三》,杭州:浙江古籍出版社1988年版,第151页。
⑦ 唐·魏徵等《隋书·食货志》,北京:中华书局1973年版,第679页。

与《周礼》所说的"散盐"有对应关系,鹽盐即池盐与"苦盐"相对应,形盐与《周礼》所说的"形盐"相对应,饴盐即戎盐与"饴盐"相对应。"凡鹽盐形盐,每地为之禁,百姓取之,皆税焉"一说不准确,北周只征鹽盐的盐税。马端临论述道:"后周文帝霸政之初,置掌盐之政令,一曰散盐,煮海以成之;二曰鹽盐,引池以化之;三曰形盐,掘地以出之;四曰饴盐,于戎以取之。凡鹽盐每池为之禁,百姓取之皆税焉。"①这一说法应更为准确。隋文帝取代北周后,继续将盐分为四类,在承袭北周盐政的过程中,实行开盐禁的政策。

入唐以后,简化类别,将盐分为末盐和颗盐两大类。史称:"贞元十六年十二月,史牟奏:'泽、潞、郑等州,多是末盐,请禁断。'从之。元和五年正月,度支奏:'鄜州、邠州、泾原诸将士,请同当处百姓例,食乌、白两池盐。'六年闰十二月,度支卢坦奏:'河中两池颗盐,敕文只许于京畿、凤翔、陕、虢、河中泽潞、河南许汝等十五州界粜货。比来因循,兼越兴、凤、文、成等六州。臣移牒勘责,得山南西道观察使报,其果、阆两州盐,本土户人及巴南诸郡市粜,又供当军士马,尚有悬欠,若兼数州,自然阙绝。又得兴元府诸耆老状申诉。臣今商量,河中盐请放入六州界粜货。'从之。"②颗盐和末盐都有何产地?马端临解释道:"种者曰颗盐,出解州。煮者曰末盐,出濒海。"③何为"种盐"?史称:"引池为盐,曰解州解县、安邑两池。垦地为畦,引池水沃之,谓之种盐,水耗则盐成。"④颗盐,主要指产自解州境内的池盐。末盐,主要指产自沿海的海盐。唐王朝简化盐类发生在第五琦、刘晏等加强盐政管理之时,通过加强盐政,盐税占到唐王朝赋税收入的一半。从这样的角度看,唐德宗贞元十六年(800)史牟、唐宪宗元和五年(810)及元和六年(811)度支如卢坦等关注末盐和颗盐,应与加强池盐和海盐管理及增加税收有着某种内在的联系。不过,安史之乱后唐王朝盐税重点征榷的区域是东南,其中淮盐税收是国家财赋的重要来源。

唐代,将盐分为末盐和颗盐,有四个方面的情况值得注意。一是颗盐和末盐之分与外形相关。樊绰记载道:"颗盐每颗约一两二两,有交易即以颗计之。"⑤原来,盐分为两类是以卤水结晶后的形状为依据的,其中,颗盐的晶体大,因有一定的重量,故以"颗"为交易单位,末盐的晶体小,呈小晶粒或粉粒状,故以重量为交易单位。二是将盐分为颗盐和末盐两大类,与《周礼》划分盐类的方法有着承袭关系。史称:"盐之类有二:引池而成者,曰颗盐,《周官》所谓鹽盐也;鬻海、鬻井、鬻碱而成者,曰末盐,《周官》所谓散盐也。"⑥所谓"鹽盐",是指在

---

① 元·马端临《文献通考·征榷考三》,杭州:浙江古籍出版社1988年版,第151页。
② 后晋·刘昫等《旧唐书·食货志上》,北京:中华书局1975年版,第2107—2108页。
③ 同①,第154页。
④ 元·脱脱等《宋史·食货志下三》,北京:中华书局1985年版,第4413页。
⑤ 唐·樊绰《蛮书·云南管内物产第七》,向达校注《蛮书校注》,北京:中华书局1962年版,第190页。
⑥ 同④。

池中造盐,如《史记·货殖列传》有"猗顿用盬盐起"①语。所谓"鬻海",是指将大海的卤水盛入铁器煮制成盐,如司马迁有"敢私铸铁器煮盐者,釱左趾,没入其器物"②等语可证。三是末盐包括"鬻海、鬻井、鬻碱"等,故应分为海盐、井盐、碱盐等三类。如果考虑到这一情况,那么,"盐之类有二",可分为颗盐、海盐、井盐、碱盐等四类。四是唐人所说的"末盐"远不止海盐,还包括泽州(在今山西晋城)、潞州(在今山西长治)、鄘州(在今陕西延安富县)、邠州(在今陕西彬县)、泾原(在今甘肃泾川)等地生产的碱盐即戎盐或岩盐,果州(在今四川南充)、阆州(在今四川阆中)等地生产的井盐。从表面上看,唐王朝的盐种只有两类,但实际上可分为池盐、海盐、井盐和碱盐四大类。

此外,唐代末盐又称"散盐",如杜佑释散盐时有"今海盐也"③之说。安史之乱后,唐王朝实行榷盐政策,重点征收盐税以保国用。如在加强江淮漕运的过程中,以江淮盐利补贴漕运。由于海盐是唐王朝征收盐税的重要来源,故唐代度支所关心的末盐应以海盐为主,应以淮扬即江淮出产的海盐为主。

一般认为,榷盐始于春秋时期,成于汉代,盛于唐代。马端临论述道:"《周礼》所建山泽之官虽多,然大概不过掌其政令之厉禁,不在于征榷取财也。至管夷吾相齐,负山海之利,始有盐铁之征。"④春秋时,管仲相齐,为富国强兵,他采取榷盐之策。叶观论述道:"盐利之兴,肇于管晏,而成于汉,然与酒、铁并榷,未盛也。至唐之刘晏。而利始博。"⑤这一说法大体上反映了古代建立榷盐制度的轨迹。

刘邦建汉后,实行自由经营和买卖盐铁的政策。马端临论述道:"汉高祖接秦之敝,量利禄,度官用,以赋于民。而山川、园池、市肆租税之入,自天子至于封君汤沐邑,皆各自为奉养,不领于天下之经费。秦赋盐铁之利,二十倍于古,汉兴,循而未改。按:史既言高祖省赋,而复言盐铁之赋仍秦者,盖当时封国至多,山泽之利在诸侯王国者,皆循秦法取之以自丰,非县官经费所榷也。"⑥汉初虽延续"秦赋盐铁之利"的政策,由于"山泽之利在诸侯王国",因此中央专营盐铁获利甚少,往往是徒有虚名。

汉初,吴王刘濞煮海为盐,揭开了淮盐走向各地的历史。史称:"吴有豫章郡铜山,濞则招致天下亡命者(益)〔盗〕铸钱,煮海水为盐,以故无赋,国用富饶。"⑦吴国横跨大江南北,

---

① 汉·司马迁《史记·货殖列传》,北京:中华书局1982年版,第3259页。
② 汉·司马迁《史记·平准书》,北京:中华书局1982年版,第1429页。
③ 唐·杜佑《通典·吉八》,杭州:浙江古籍出版社1988年版,第283页。
④ 元·马端临《文献通考·征榷考三》,杭州:浙江古籍出版社1988年版,第149页。
⑤ 明·叶观《两淮盐法志序》,明·杨选等修,明·史起蛰等撰《嘉靖两淮盐法志》(荀德麟等点校整理),北京:方志出版社2010年版,第5页。
⑥ 同④。
⑦ 汉·司马迁《史记·吴王濞列传》,北京:中华书局1982年版,第2822页。

地域广袤,在重点经营豫章郡(在今江西南昌)的铜矿和海陵(在今江苏泰州)淮盐的过程中,吴都广陵即扬州很快成为全国重要的铸钱中心和淮盐集散中心。为了最大限度地谋取盐利,刘濞兴修了通往产盐区海陵的运盐河。史称:"江、淮漕运尚矣。春秋时,吴穿邗沟,东北通射阳湖,西北至末口。汉吴王濞开邗沟,通运海陵。"①由于这条运盐河与邗沟相通,甚至可以视为是邗沟的延长线,故有"邗沟"之称。海陵在淮河南岸,刘濞开茱萸沟至海陵等地运盐,似表明吴国盐业主要集中在淮南南部。不过,刘濞煮海为盐应涉及淮南北部,做这样的论断主要有以下三个理由。

其一,汉代的吴国"王三郡五十三城"②,刘濞"王三郡"是指哪三郡?如果以汉高祖六年(前201)"韩王信等奏请以故东阳郡、鄣郡、吴郡五十三县立刘贾为荆王"③为主要参考资料的话,那么,入汉以后东阳郡应属于吴国刘濞的封地。史称:"秦兼天下,以置泗水、薛、琅邪三郡。楚汉之际,分置东阳郡。汉又分置东海郡,改泗水为沛,改薛为鲁,分沛置楚国,以东阳属吴国。"④东海郡是析分东阳郡以后建立的,东海郡海西县在汉景帝一朝归广陵郡,东阳郡降格为县以后隶属于广陵郡,如史有"海西故属东海"⑤之说。海西是东阳郡属县,同时是海盐生产的重地,从这样的角度看,吴王刘濞煮海为盐及经营淮盐时应涉及淮南北部。

其二,汉承秦制,在各产盐区均设有盐官。然而,检索《汉书·地理志》等文献,不见在淮南南部和淮南北部即在广陵郡、东阳郡、东海郡等设盐官的记载。这一情况似表明,汉王朝没有在淮南南部和淮南北部设盐官,但与当时的实际情况多有出入。如2001年连云港东海尹湾出土了一批汉墓,其中,六号汉墓出土的简牍中明确地记录了东海郡在伊卢、北蒲和郁州等地设盐官的情况,并交代了盐务管理官吏的姓名、乡籍、秩禄及任官原委等。⑥据尹湾六号汉墓简牍记载,墓主人去世于汉成帝元延三年(前10),故可推知此前汉王朝已在淮北设盐官。由此及彼,淮南盐业的规模超过淮北,故可推知中央政府在淮南应设有盐官。进而言之,尹湾六号汉墓简牍的出土对进一步了解和研究汉王朝淮盐及淮北盐业的运行管理等有深刻的认识作用。透过墓葬中出土的《集簿》《东海郡吏员簿》《东海郡下辖长吏名籍》《东海郡下辖长吏名籍》《东海郡下辖长吏不在署未到官者名籍》《东海郡属吏设置簿》等文献,可以作出推论的是:淮南和淮北均为汉王朝重要的盐业生产基地。需要补充的是,文中所说的"淮南"指淮南南部,"淮北"指淮南北部,两者均属淮南。之所以提出"淮南""淮北"这两

---

① 元·脱脱等《宋史·河渠志六》,北京:中华书局1985年版,第2388—2389页。
② 汉·班固《汉书·吴王濞传》,北京:中华书局1962年版,第1903页。
③ 汉·班固《汉书·高帝纪下》,北京:中华书局1962年版,第60—61页。
④ 唐·房玄龄等《晋书·地理志下》,北京:中华书局1974年版,第451页。
⑤ 刘宋·范晔《后汉书·郡国志三》,北京:中华书局1965年版,第3461页。
⑥ 详细论述参见连云港博物馆、中国文物研究所主编《尹湾汉墓简牍综论》,北京:科学出版社1999年版。

个概念,与元、明、清三代将其划分为"淮南盐场""淮北盐场"相关,同时是为了论述上的方便。

其三,当淮南南部和淮南北部(以下简称淮南和淮北)隶属于藩国吴王刘濞时,中央政府自然不能在此设置盐官,然而,汉武帝削藩及实行盐铁专营以后,则应在淮南和淮北等地设盐官。司马迁记载道:"大农上盐铁丞孔仅、咸阳言:'山海,天地之藏也,皆宜属少府,陛下不私,以属大农佐赋。愿募民自给费,因官器作煮盐,官与牢盆。浮食奇民欲擅管山海之货,以致富羡,役利细民。其沮事之议,不可胜听。敢私铸铁器煮盐者,釱左趾,没入其器物。郡不出铁者,置小铁官,便属在所县。'使孔仅、东郭咸阳乘传举行天下盐铁,作官府,除故盐铁家富者为吏。"①马端临进一步论述道:"武帝元狩四年,置盐铁官。……元封元年,因桑弘羊请,置大农部丞数十人,分部主郡国,名往往均输盐铁官,不出铁者置小铁官,使属所在县。"②从"置大农部丞数十人,分部主郡国,名往往均输盐铁官"等情况看,元狩四年(前119),汉武帝实行盐铁专营的政策以后,应在淮南和淮北等地设盐官管理盐政。

综上所述,淮南、淮北海盐迅速地行销全国,应发生在刘濞致力于淮盐生产之时即汉高祖刘邦一朝。《盐铁论·禁耕》云:"异时,盐铁未笼,布衣有朐邴,朐邴人、吴王皆盐铁初议也。"③所谓"盐铁未笼",是指在汉武帝实行盐铁专卖政策以前,盐铁可以自由地买卖,如朐县(在今江苏连云港)曹邴在经营淮北海盐中致富,刘濞在经营淮盐的过程中使吴国的经济走在了全国的前列。班固感慨道:"吴王擅山海之利,能薄敛以使其众,逆乱之萌,自其子兴。古者诸侯不过百里,山海不以封,盖防此矣。"④在审视刘濞发动叛乱的原因时,班固充分注意到"山海之利"即盐铁之利在稳定社会秩序方面的作用,进而得出了盐铁是"国家大业,所以制四夷,安边足用之本"⑤的结论。刘濞发展吴国经济,主要是以境内的铜矿和海盐为两大支柱,平定"吴楚七国之乱"后,淮盐之利开始成为汉王朝关注的对象。

自汉武帝将盐铁的营销权收归中央以后,大大地增加了国家的财政收入,成功地解决了征伐匈奴时军用物资及粮草方面的困难。客观地讲,实行盐铁专营多有与民争利的嫌疑,此举在朝廷内部形成了不同的看法。针对这一情况,汉武帝去世不久即汉昭帝始元二年(前81)二月,专门召开了关于盐铁是否继续由国家专营的会议。在这次会议上,以文学、贤良为一方,以桑弘羊为另一方展开了激烈的辩论。文学、贤良明确地指出:"民人藏于家,诸侯藏于国,天子藏于海内。……是以王者不畜聚,下藏于民,远浮利。务民之义,义礼立则民化上。若是,虽汤、武生存于世,无所容其虑。工商之事,欧冶之任,何奸之能成?三桓专鲁,六

---

① 汉·司马迁《史记·平准书》,北京:中华书局1982年版,第1429页。
② 元·马端临《文献通考·征榷考三》,杭州:浙江古籍出版社1988年版,第149—150页。
③ 汉·桓宽《盐铁论》,《诸子集成》第8册,上海:上海书店1986年影印,第6页。
④ 汉·班固《汉书·吴王濞传》,北京:中华书局1962年版,第1918页。
⑤ 汉·班固《汉书·食货志下》,北京:中华书局1962年版,第1176页。

卿分晋,不以盐铁。故权利深者,不在山海,在朝廷。一家害百家,在萧墙,而不在胸邮也。"①以藏富于民的思想为逻辑起点,文学、贤良坚决主张取消盐铁专营专卖。针对这一观点,桑弘羊反驳道:"今罢去之,则豪民擅其用而专其利,决市闾巷,高下在口吻,贵贱无常,端坐而民豪,是以养强抑弱,而藏于跖也。强养弱抑则齐民消。若众秒之盛而害五谷。一家害百家,不在胸邮,如何也?"②桑弘羊以抑制豪强获取山海之利及加重百姓负担为由,坚持盐铁收归国有的意见,经此,盐铁专营专卖之策得到继续执行。

时至东汉,政治形势发生变化,游牧民族不再是主要威胁,光武帝刘秀即将去世的前夕提出了开盐禁的政策,试图通过此举缓和因盐铁专营带来的诸多矛盾。如章和二年(88)四月,汉和帝诏曰:"昔孝武皇帝致诛胡、越,故权收盐铁之利,以奉师旅之费。自中兴以来,匈奴未宾,永平末年,复修征伐。先帝即位,务休力役,然犹深思远虑,安不忘危,探观旧典,复收盐铁,欲以防备不虞,宁安边境。而吏多不良,动失其便,以违上意。先帝恨之,故遗戒郡国罢盐铁之禁,纵民煮铸,入税县官如故事。其申敕刺史、二千石,奉顺圣旨,勉弘德化,布告天下,使明知朕意。"③因"纵民煮铸,入税县官如故事",遂为商家从事盐业活动提供了方便。史有麋竺"祖世货殖,僮客万人,资产巨亿"④之说,货殖之利莫大于盐,麋竺是东海朐县(今江苏连云港)人,朐县东临大海,麋竺成为一代巨商与经营淮盐有密切的关系。麋竺致富后以雄厚的资金资助刘备,并走上政治舞台,史有"竺于是进妹于先主为夫人,奴客二千,金银货币以助军资"⑤之说。进而言之,丰厚的利润使盐铁成为各方政治势力、富商大贾及豪强势族竞相追逐的对象,史有"采石鼓铸煮盐,一家聚或至千余人"⑥之说,宏大的生产规模揭开了私家制盐的新篇章。

从三国分治到晋王朝建立以前,各政权在兼并与反兼并中发生了激烈的外部冲突。一般来说,军事斗争主要沿交通线进行,大都以掠取富庶地区为目标。极有意味的是,远离交通线且土地十分贫瘠的淮浦(在今江苏涟水)却成了曹魏与东吴攻防的战略要地。裴松之注《三国志·魏书》:"拜咨安远将军,其余裨将咸假号位,吴众悦服。江东感之,皆不诛其家。其淮南将吏士民诸为诞所胁略者,惟诛其首逆,余皆赦之。听鸯、虎收敛钦丧,给其车牛,致葬旧墓。(……习凿齿曰:自是天下畏威怀德矣。君子谓司马大将军于是役也,可谓能以德攻矣。夫建业者异矣,各有所尚,而不能兼并也。故穷武之雄毙于不仁,存义之国丧于懦退,

---

① 汉·桓宽《盐铁论》,《诸子集成》第 8 册,上海:上海书店 1986 年影印,第 6 页。
② 同①。
③ 刘宋·范晔《后汉书·孝和帝纪》,北京:中华书局 1965 年版,第 167—168 页。
④ 晋·陈寿《三国志·蜀书》,北京:中华书局 1959 年版,第 969 页。
⑤ 同④。
⑥ 唐·杜佑《通典·食货十》,杭州:浙江古籍出版社 1988 年版,第 58 页。

今一征而禽三叛,大辟吴众,席卷淮浦,俘馘十万,可谓壮矣。)"①如果说曹魏与东吴经营淮南与攻占交通线及经营其海盐相关的话,那么,淮浦成为攻防要点则应该与争夺海盐相关。晋代淮浦多次发生民乱及叛乱,史有"淮浦再扰"②、"张昌等或鸥张淮浦"③等说,又如伏滔在《正淮论》中向晋王朝提出"推锋以临淮浦"④的建议,如果把这些记载综合起来的话,不难发现,位于淮河下游即入海口的淮浦成为各方势力争夺的对象,是因为淮浦的滩涂有丰富的海盐资源。

晋室南渡后,南北政权在对峙的过程中纷纷实行榷盐即征收盐税的政策。史称:"魏武西迁,连年战争,河、洛之间,又并空竭。天平元年,迁都于邺,出粟一百三十万石,以振贫人。是时六坊之众,从武帝而西者,不能万人,余皆北徙,并给常廪,春秋二时赐帛,以供衣服之费。常调之外,逐丰稔之处,折绢籴粟,以充国储。于诸州缘河津济,皆官仓贮积,以拟漕运。于沧、瀛、幽、青四州之境,傍海置盐官,以煮盐,每岁收钱,军国之资,得以周赡。"⑤又称:"自迁邺后,于沧、瀛、幽、青四州之境,傍海煮盐。沧州置灶一千四百八十四,瀛州置灶四百五十二,幽州置灶一百八十,青州置灶五百四十六,又于邯郸置灶四,计终岁合收盐二十万九千七百二斛四升。军国所资,得以周赡矣。"⑥北魏加强海盐管理,是因为盐税能否顺利地征收已涉及政权安危的大事。马端临论述道:"魏自弛盐禁之后,官虽无榷,而豪贵之家复乘势占夺,近池之人又辄障俗。神龟初,太师高阳王雍,太傅清河王怿等奏,请依先朝,禁之为便,于是复置监官以监检焉。其后更罢更立,至于永熙。自迁邺后,于沧、瀛、幽、青四州之境,傍海煮盐。沧州置灶一千四百八十四,瀛州置灶一百五十二,幽州置灶一百八十,青州置灶五百四十六,又于邯郸置灶四,计终岁合收盐二十万九千七百八斛四斗。军国所资,得以周赡矣。"⑦通过经营海盐,北魏解决了国用匮乏的难题。

此后,南北政权在江淮一带对峙,淮浦再度成为争夺的要地。卢昶在上疏中写道:"所以倾国而举,非为朐山,将恐王师固六里,据湖冲,南截淮浦,势崩难测,海利盐物,交阙常贡。所虑在大,有必争之心。若皇家经略,方有所讨,必须简将增兵,加益粮仗,与之亢拟。相持至秋,天麾一动,开拓为易。"⑧淮浦有"海利盐物",成为北魏南下时经营的战略目标。魏世宗诏书曰:"知贼城已下,复克三关,展威辟境,声略宣振,公私称泰,良以欣然。将军渊规内

---

① 晋·陈寿《三国志·魏书》,北京:中华书局1982年版,第774页。
② 唐·房玄龄等《晋书·孝愍帝纪》,北京:中华书局1974年版,第133页。
③ 唐·房玄龄等《晋书·王张陈王杜等传》,北京:中华书局1974年版,第2638页。
④ 唐·房玄龄等《晋书·伏滔传》,北京:中华书局1974年版,第2401页。
⑤ 唐·魏徵等《隋书·食货志》,北京:中华书局1973年版,第675—676页。
⑥ 北齐·魏收《魏书·食货志》,北京:中华书局1974年版,第2863页。
⑦ 元·马端临《文献通考·征榷考三》,杭州:浙江古籍出版社1988年版,第151页。
⑧ 北齐·魏收《魏书·卢玄传》,北京:中华书局1974年版,第1058页。

断,忠谟外举,受律扬旌,克申庙算,虽方叔之制蛮荆,召虎之扫淮浦,匹兹蔑如也。新州初附,宜广经略,想善加检督,必令周固,有所委付,然后凯旋耳。"①魏世宗表达"召虎之扫淮浦"的决心,是因为淮浦的海盐可以充实国库,换取各类军用物资。几乎是与此同时,南朝也把淮浦视为经略的对象。梁武帝代齐后,雄心勃勃地提出了开拓疆土的战略构想,史有"频事经略,开拓闽、越,克复淮浦,平俚洞"②之说,梁武帝将"克复淮浦"与"开拓闽、越"等相提并论,当知经营地偏一隅的淮浦的目的是经营淮盐。

综上所述,以淮浦为代表的淮北海盐进入人们的视野发生在汉代。南北分治时期,淮北盐业在十分艰难的场合下迎来了自身发展的空间。

第二节 唐代淮盐的生产状况

入唐以后,两淮海盐生产进入了大发展的时期。追溯历史,唐王朝施行的盐政以安史之乱(755—763)为节点,可分为三个阶段。

第一阶段,承袭隋制,实行自由买卖和经营的盐业政策。史称:"开皇三年正月,帝入新宫。初令军人以二十一成丁。减十二番每岁为二十日役,减调绢一匹为二丈。先是尚依周末之弊,官置酒坊收利,盐池盐井,皆禁百姓采用。至是罢酒坊,通盐池盐井与百姓共之,远近大悦。"③开皇三年(583),隋文帝开盐禁,受到百姓的欢迎。唐王朝建立以后,继续实行开盐禁的政策。

第二阶段,唐玄宗于天宝十五年(756)六月逃往蜀地后,开始在蜀地征收盐税,如史有"玄宗幸巴蜀,郑昉使剑南,请于江陵税盐麻以资国,官置吏以督之"④之说。此后,为抗击叛军,颜真卿、第五琦等在辖区内征收盐税,如史有"时军费困竭,李萼劝真卿收景城盐,使诸郡相输,用度遂不乏。第五琦方参进明军,后得其法以行,军用饶雄"⑤之说。

第三阶段,唐王朝从至德元年(756)开始全面实行征收盐税的国策。是年,唐肃宗令第五琦在全国各道设榷盐机构即专卖专营机构,史有"又至德初,为国用不足,令第五琦于诸道榷盐以助军用"⑥之说。"诸道"指唐玄宗为加强监察在全国设立的十五个监察区,史有"开

---

① 北齐·魏收《魏书·南安王传》,北京:中华书局1974年版,第499页。
② 唐·魏徵等《隋书·地理志上》,北京:中华书局1973年版,第807页。
③ 唐·魏徵等《隋书·食货志》,北京:中华书局1973年版,第681页。
④ 后晋·刘昫等《旧唐书·食货志上》,北京:中华书局1975年版,第2087页。
⑤ 宋·欧阳修等《新唐书·颜真卿传》,北京:中华书局1975年版,第4856页。
⑥ 后晋·刘昫等《旧唐书·刘晏传》,北京:中华书局1975年版,第3514页。

元二十一年,分天下为十五道,每道置采访使,检察非法,如汉刺史之职"①之说。在十五道建榷盐机构,是说将全国分成十五个食盐专卖专营区。

为了最大限度地征收盐税,第五琦制定了专门的官营制度,规定盐不得自由买卖,应由官府统一征收、运输和销售。这一做法虽增加了中央的财政收入,但有明显的缺陷,如官府垄断运销等各个环节后,管理成本太高,给盐税征收带来了不必要的损失。这样一来,在"盐铁之利,佐百姓之急,奉军旅之费,不可废也"②的前提下,如何整顿盐政及提高盐税征收效率便成了当务之急。

继第五琦制定盐法以后,刘晏临危受命,具体负责东南漕运及盐铁专营事务。刘晏出任盐铁使以后,在肯定民产、官收的基础上,将官运、官销改为商运、商销,通过改革,在调动商人参与运销积极性的同时,又将官府从烦琐的盐运盐销的事务中解放出来。史称:"盐铁使刘晏以为因民所急而税之,则国足用。于是上盐法轻重之宜,以盐吏多则州县扰,出盐乡因旧监置吏,亭户粜商人,纵其所之。江、岭去盐远者,有常平盐,每商人不至,则减价以粜民,官收厚利而人不知贵。晏又以盐生霖潦则卤薄,暵旱则土溜坋,乃随时为令,遣吏晓导,倍于劝农。"③这一记载透露了刘晏加强盐政管理的重要信息:一是根据掌握的情况制定盐法,防止盐吏即监管盐业生产的官吏与亭户及商人勾结,逃避税收,行走私之事;二是针对岭南等偏远产盐区,商人不愿前往经销等情况,由官府直接用低于商销的价格售盐,这样一来可以取得"官收厚利而人不知贵"的效果;三是针对"盐生霖潦则卤薄,暵旱则土溜坋"等情况,"遣吏晓导"即提供技术来提高生产效率。

在这一前提下,因东南是榷盐和漕运重地,为了增加中央财政收入及以盐利保漕运,刘晏重点改革了东南盐政。洪迈记载道:"唐世盐铁转运使在扬州,尽斡利权,判官多至数十人,商贾如织。故谚称'扬一益二',谓天下之盛,扬为一而蜀次之也。"④在扬州设盐铁转运使的目的有两个:一是以扬州为中转地加强东南漕运,二是将淮盐和浙盐纳入国家财政及税收的范围。史称:"吴、越、扬、楚盐廪至数千,积盐二万余石。有涟水、湖州、越州、杭州四场,嘉兴、海陵、盐城、新亭、临平、兰亭、永嘉、大昌、侯官、富都十监,岁得钱百余万缗,以当百余州之赋。自淮北置巡院十三,曰扬州、陈许、汴州、庐寿、白沙、淮西、甬桥、浙西、宋州、泗州、岭南、兖郓、郑滑,捕私盐者,奸盗为之衰息。然诸道加榷盐钱,商人舟所过有税。晏奏罢州县率税,禁堰埭邀以利者。晏之始至也,盐利岁才四十万缗,至大历末,六百余万缗。天下之赋,盐利居半,宫闱服御、军饷、百官禄俸皆仰给焉。"⑤这一记载详细地叙述了刘晏改革东南

---

① 后晋·刘昫等《旧唐书·地理志一》,北京:中华书局1975年版,第1385页。
② 唐·杜佑《通典·食货十》,杭州:浙江古籍出版社1988年版,第58页。
③ 宋·欧阳修等《新唐书·食货志四》,北京:中华书局1975年版,第1378页。
④ 宋·洪迈《容斋随笔·唐扬州之盛》,上海:上海古籍出版社1996年版,第122页。
⑤ 同③。

盐政的情况，重点强调了七个方面的内容：一是吴、越、扬、楚等州囤积了大量的海盐，有向外输出的交通条件，以此为依据，刘晏在吴、越、扬、楚等地建立了涟水、湖州、越州、杭州等四大盐场，试图通过完善其生产体系，为征榷淮盐和浙盐创造必要的条件；二是加强过程管理，如刘晏在嘉兴、海陵、盐城、新亭、临平、兰亭、永嘉、大昌、侯官、富都等地设十监，重点监管东南四大盐场的产销；三是提高商人参与盐运和经销的积极性，废除诸道自行设置的关卡，在提高效率的同时，降低商运成本；四是刘晏"自淮北置巡院十三"，由巡院负责缉捕贩卖私盐事务，落实官收、商运和商销政策，为榷盐提供了基本保障；五是在扬州、陈许、汴州、白沙、淮西、甬桥、宋州、泗州等地建巡院即缉查私盐的关卡一事表明，汴河是东南海盐及淮盐输出的运道，中原地区是东南海盐行销的重要区域；六是东南四大盐场中以涟水为首，表明涟水盐场的规模超过其他的盐场，亦表明淮北盐在唐代盐政中占有重要的地位；七是在海陵、盐城等地设立盐监一职表明，淮南和淮北是淮盐生产的重要区域，通过改革盐政，刘晏取得了"至大历末，六百余万缗。天下之赋，盐利居半"的成果。史有"大历末，通计一岁征赋所入总一千二百万贯，而盐利且过半"①之说，在租赋征收严重不足的背景下，盐税支撑起了唐王朝财政的大半壁江山。

那么，东南四州的海盐产量究竟有多少？它在国家租赋中占有什么样的地位呢？李吉甫论述道："盐监，煮盐六十万石，而楚州盐城，浙西嘉兴、盐平两监所出次焉，计每岁天下盐利，当租赋三分之一。"②刘晏设十监加强东南盐政管理，如以一监产出六十万石计算，东南四州十监年产的海盐当在六百万石左右，在此基础上征收的盐税相当于唐王朝当年租赋的三分之一。当然，这是就安史之乱后唐王朝实际征收的租赋而言。尽管如此，东南盐利之大可从中略窥一斑。在这中间，楚州属县盐城产出的淮盐虽不足六十万石，但涟水盐场居东南四大盐场之首，取其平均数，以涟水盐场为代表的淮盐生产总量应高于其他的三大盐场。

此外，如以元代以后划分的淮盐生产单位言之，可将淮盐生产分为淮南盐场和淮北盐场两大单位。在这中间，两淮盐场虽同在淮河南岸，因以南部的扬州为地理坐标，涟水盐场属淮北，扬州盐场属淮南，涟水盐场的产量虽居四大盐场之首，但不包括在扬州境内的淮南盐场。在其输出的过程中，淮盐凭借便利的水上交通逐步地形成了两个集散中心：一是以扬州为代表的淮南集散中心，一是以楚州为代表的淮北集散中心。史称："京师盐暴贵，诏取三万斛以赡关中，自扬州四旬至都，人以为神。"③刘晏能用四十天的时间将淮盐从扬州运到京城长安并抵制物价上扬，主要有两个先决条件：一是刘晏在贯彻以盐利保东南漕运的思想时，重点疏浚了相关的运道，如面向东南的汴河一直处于畅通的状态；二是淮盐有丰富的储量和

---

① 后晋·刘昫等《旧唐书·刘晏传》，北京：中华书局1975年版，第3514页。
② 唐·李吉甫著，贺次君点校《元和郡县图志·淮南道》，北京：中华书局1983年版，第1074页。
③ 宋·欧阳修等《新唐书·刘晏传》，北京：中华书局1975年版，第4796页。

产量,且价格低廉,可随时调运。

在唐王朝东南盐政中,淮盐占有特殊的地位。史称:"宰相萧复为江淮宣慰使,以抗为判官。德宗还京,大盗之后,天下旱蝗,国用尽竭。盐铁转运使元琇以抗有才用,奏授仓部郎中,条理江淮盐务。贞元初,为水陆运副使,督江淮漕运以给京师。"①刘晏罢官以后,因其政策遭受破坏,再加上自然灾害,出现了"国用尽竭"的局面。为挽救其危机,刘晏的门人元琇继任盐铁转运使并举荐齐抗"条理江淮盐务"。在任上,齐抗与元琇一道在榷盐中加强漕运,从而解除了唐王朝面临的危机,进而言之,东南盐政是在重点征收淮盐税利的过程中实现的,刘晏改革东南盐政的重点是在淮扬区域。

第三节 唐代江淮的运道建设

从开皇四年(584)到仁寿四年(604),隋文帝三次改造邗沟,其历史意义有三个方面。其一,提升了邗沟运兵运粮的能力,通过筹集淮南粮草加快了灭陈的步伐,如史有"议伐陈,以寿有思理,奉使于淮浦监修船舰"②等语。重修邗沟传达了隋文帝南下征陈及实现南北统一的信息。如李吉甫引《纪胜楚州》记载道:"故仓城,东南接州城。隋开皇初将伐陈,因旧城储畜军粮,有逾百万,迄于大业末,常有积谷,隋乱荒废。"③经过建设,楚州淮阴郡成为江淮间的重要仓城,这一仓城在伐陈的过程中发挥了重要作用。其二,密切了关中、关东与江淮的联系,传达了隋文帝以关中控制江淮及江淮以远的意志。史称:"况长淮分天下之中,北达河、泗,南通大江,西接汝、蔡,东近沧溟,乃江淮之要津,漕渠之喉吻。"④邗沟是江淮漕运的咽喉,与贯穿黄淮地区的汴渠相通,航线重开后加强了关东、关中与江淮的联系。其三,改造邗沟及提高运力与建水次仓、分级接运、兴修关东河渠等相互作用,在稳定关中及长安的政治、经济形势的同时,实现了稳定全国的政治秩序和发展经济的构想。

此后,隋炀帝为加强洛阳与江淮之间的联系再次改造邗沟。司马光记载道:"辛亥,命尚书右丞皇甫议发河南、淮北诸郡民,前后百余万,开通济渠。自西苑引谷、洛水达于河,复自板渚引河历荥泽入汴,又自大梁之东引汴水入泗,达于淮。又发淮南民十余万开邗沟,自山阳至杨子入江。渠广四十步,渠旁皆筑御道,树以柳。"⑤经此,长三百余里的邗沟航道遂拓

---

① 后晋·刘昫等《旧唐书·齐抗传》,北京:中华书局1975年版,第3756页。
② 唐·魏徵等《隋书·元寿传》,北京:中华书局1973年版,第1497页。
③ 唐·李吉甫著,贺次君点校《元和郡县图志·淮南道》,北京:中华书局1983年版,第1075页。
④ 明·席书编次,明·朱家相增修《漕船志·建置》(荀德麟,张英聘点校),北京:方志出版社2006年版,第33页。
⑤ 宋·司马光《资治通鉴·隋纪四》(邹国义校点),上海:上海古籍出版社1997年版,第1632页。

宽为"渠广四十步",从而消解了江淮漕运中的瓶颈。隋文帝和隋炀帝改造邗沟像吴王夫差那样,主要利用了淮河下游形成的湖泊和自然水道。

改造邗沟和兴修通济渠拧结在一起,体现了隋王朝重点经营江淮的意志。开通通济渠主要有两大意义:一是密切了黄河流域与江淮之间政治、经济等方面的联系,如史有"商旅往还,船乘不绝"①之说;二是为隋炀帝游览扬州提供了极大的方便。此后,在隋代的基础上,唐代对邗沟再度进行整修。盛唐以后,从江淮之地漕运至长安的粮食,岁额高达四百万石,每年经汴河南来北往的漕船多达六七千艘,在国用需求不得不转向和依靠江淮及江南时,通济渠即汴河已成为唐王朝政治稳定和经济发展的生命线。

为加强东南漕运以解燃眉之急,针对泄水严重、航道干浅等情况,唐王朝再度提出改造邗沟的建议。唐玄宗开元十八年(730),裴耀卿叙述江淮漕运形势时有"每州所送租及庸调等,本州正二月上道,至扬州入斗门,即逢水浅,已有阻碍,须留一月已上"②之说,邗沟不畅已严重地影响到东南漕运。根据这一情况,唐王朝采取了一系列的措施试图提高邗沟的漕运能力。开元二十五年(737),润州刺史齐浣于瓜洲开伊娄河二十五里。伊娄河又称"新河",开伊娄河,是因为唐代扬州一带的航道多有变化,与六朝以来扬州一带的江岸不断地南徙有着密切的关系。六朝时,邗沟的南运口在扬子桥(在今江苏扬州扬子桥)一带,长江水文变化后,扬子桥一带的运道淤塞,由京口(在今江苏镇江京口)渡江至此需绕行,多走六十里的水路。从水文变化入手,齐浣兴修了新运道伊娄河。史称:"扬州疏太子港、陈登塘,凡三十四陂,以益漕河,辄复堙塞。淮南节度使杜亚乃浚渠蜀冈,疏句城湖、爱敬陂,起堤贯城,以通大舟。河益庳,水下走淮,夏则舟不得前。节度使李吉甫筑平津堰,以泄有余,防不足,漕流遂通。"③中唐以后,杜亚、李吉甫等又多次改造扬州一带的邗沟运道,这样一来,在伊娄河出现航道淤塞时,扬子桥再度成为东南漕运的重要渡口。

为改善江淮通运的条件,唐代统治者提出了开凿直河的构想。所谓直河,是指自盱眙利用淮河下泄水道及湖泊,开挖一条至扬州的航线。起初,自邗沟末口至盱眙,主要是以长达一百多里的淮河为航线,由于淮河水阔浪大,舟船行驶其中容易遇到翻覆的危险。为改变这一不利的局面,唐睿宗太极元年(712)将开直河提到议事日程上,如史有"使魏景清引淮水至黄土冈,以通扬州"④之说。开挖直河的关键性工程是开通圣人山(在今盱眙与洪泽区蒋坝之间)和黄土岗(在今三河闸)等两处高地,打通这两处高地后,以淮河为补给水源并引入新渠,随后入衡阳河(在今江苏宝应西),进而与邗沟相接。由于难度太大,致使工程失败。

---

① 后晋·刘昫等《旧唐书·李勣传》,北京:中华书局1975年版,第2483页。
② 后晋·刘昫等《旧唐书·食货志下》,北京:中华书局1975年版,第2114页。
③ 宋·欧阳修等《新唐书·食货志三》,北京:中华书局1975年版,第1370页。
④ 宋·欧阳修等《新唐书·地理志二》,北京:中华书局1975年版,第991页。

据郭黎安研究,圣人山南的古河(枯河、禹王河)当是唐代开凿直河的遗迹①。此后,宋代又在唐人的基础上再次开凿,终因"地阻山回绕,役大难就。事下都水,调工数百万,卒以不可成,罢之"②。从水文形势上看,唐代开挖的直河当为今江苏洪泽境内三河闸以下的淮河入江水道。

唐代对通济渠即汴河的治理可谓不遗余力,其中,与淮扬区域有关运河是广济新渠。如白居易有"淮水东南阔,无风渡亦难"③之说,淮河下游河道十分宽阔,风疾浪大。为了避开长淮之险,采访使齐浣于唐玄宗开元二十七年(739)开挖广济新渠,试图通过改变汴河下游的航线来解除漕船覆溺之患。史称:"淮、汴水运路,自虹县至临淮一百五十里,水流迅急,旧用牛曳竹索上下,流急难制。浣乃奏自虹县下开河三十余里,入于清河,百余里出清水,又开河至淮阴县北岸入淮,免淮流湍险之害。久之,新河水复迅急,又多僵石,漕运难涩,行旅弊之。浣因高力士中助,连为两道采访使。遂兴开漕之利。"④所谓"自虹县至临淮一百五十里",是指从虹县(在今安徽泗县)到临淮(在今江苏盱眙淮河镇)一百五十里的水路。因这一水路"流急难制",齐浣开挖了广济新渠。在开挖的过程中,广济新渠主要利用了自然水道。自枯河头向东北开河三十余里,衔接白洋河,出白洋河口入泗水,经百余里出泗水,又开河十八里至淮阴北岸入淮。很遗憾,广新渠开挖后终因水位落差大而难以行运,很快被废弃,只得继续走汴河旧道。

江淮运盐河的开挖始于汉代,江淮的腹地是淮南和淮北盐场。为加强淮盐输出,历代统治者在淮(淮阴)扬(扬州)之间开挖了通往盐场的运盐河,这些运盐河与运河及自然水道拧结在一起,改善了江淮之间的交通条件,促进了区域经济的发展。追溯江淮运盐河兴修的历史,可以上溯到汉代刘濞煮海的时期,通过开挖运盐河,刘濞最大限度地谋取了盐利,为吴国的崛起奠定了坚实的基础。

在兴修运盐河的过程中,刘濞打通了自广陵(在今江苏扬州)经邗沟到产盐区海陵(在今江苏泰州)的航线。史称:"江、淮漕运尚矣。春秋时,吴穿邗沟,东北通射阳湖,西北至末口。汉吴王濞开邗沟,通运海陵。"⑤因这条运盐河是邗沟的延长线,故有"邗沟"之称。又因自广陵往海陵及如皋磻溪(在今江苏南通如皋境内)等地的运盐河,以茱萸湾(在今江苏扬州邗江区万头乡)为起点,故又有"茱萸沟"之称。李斗记载道:"《左传·哀公九年》:秋,吴城邗,沟通江、淮。此今之运河自江入淮之道也。自茱萸湾通海陵、如皋、蟠溪,此吴王濞所开之河,今运盐道也。运道在《左传》称'邗沟',《国语》称'深沟',《吴越春秋》称为'渠',

---

① 郭黎安《里运河变迁的历史过程》,《历史地理》第5辑,上海:上海人民出版社1987年版。
② 元·脱脱等《宋史·孙长卿传》,北京:中华书局1985年版,第10642页。
③ 唐·白居易《渡淮》,顾学颉校点《白居易集》第二册,北京:中华书局1979年版,第530页。
④ 后晋·刘昫等《旧唐书·齐浣传》,北京:中华书局1975年版,第5038页。
⑤ 元·脱脱等《宋史·河渠志六》,北京:中华书局1985年版,第2388—2389页。

《水经注》称'干江',汉晋间称'漕渠',或曰'合渎渠',或曰'山阳渎'。隋称'山阳渎',郡志称'山阳沟',河名不一,徙复无常。郡县志乘,载而弗详。"①茱萸沟开通后,为淮盐输出创造了必要的条件。具体地讲,吴王夫差兴修邗沟后,改善了淮扬与外界联系的水上交通条件,如扬州一头连接长江,以长江为运道可联系长江流域的广大地区并通向大海,扬州的另一头通过邗沟连接淮河,以邗沟和淮河为运道,向北可联系淮河流域及中原。进而言之,茱萸沟开挖的意义不仅仅是建立了与邗沟的互通关系,更重要的是改善了淮扬区域的水上交通条件,为淮盐的输出创造了良好的交通环境,由此揭开了兴修运盐河的历史。

从汉代起,淮盐集散主要有扬州和淮浦(在今江苏涟水)两大中心。明清两代,在原有的基础上形成了泰州(在今江苏泰州)、通州(在今江苏南通通州)和淮安三个集散中心。这里有四个问题需要说明:一是后世有淮南盐场和淮北盐场之分,似表明淮扬区域可分为"淮南""淮北"等两个区划,其实,扬州和淮阴均在淮河以南,只是为了方便管理,将与长江北岸相邻的盐场统称为"淮南盐场",以此为地理坐标,将与淮河南岸相邻的盐场统称为"淮北盐场";二是在明代将淮安分司迁往河下(在今江苏淮安河下镇)以前,淮浦即安东一直是淮盐不可或缺的集散中心;三是"淮南"和"淮北"是两个相互交叉的历史地理概念,如扬州广陵郡与楚州淮阴郡的辖县在唐宋时期多有变化,有先归扬州后归淮阴,或先归淮阴后归扬州等情况,这一变化同样反映在淮南和淮北盐场隶属关系上,如同一座盐场因隶属关系变化,就出现了或属淮北盐场或属淮南盐扬的情况;四是在江淮兴修运盐河虽有具体的区域,但因运盐河是其水上交通建设的一部分,与漕运紧密地联系在一起,故运盐河建设实际上是运河建设的一部分。

淮浦是汉县,有得天独厚的海盐生产条件和水上交通条件。在海岸线向东推移以前,淮浦位于淮河入海口,以淮河为航线可入邗沟进入长江流域,同时又可北上进入黄河流域。如《山海经·海内东经》有"淮水出余山,余山在朝阳东、义乡西,入海,淮浦北"②之说,《汉书》有"《禹贡》桐柏大复山在东南,淮水所出,东南至淮浦入海,过郡四,行三千二百四十里"③之说。

从汉代到魏晋南北朝,淮河的入海口基本上稳定在淮浦。淮浦以东有著名产盐区东海(在今江苏连云港东海)和郁州(在今江苏连云港花果山一带)等。如沿淮河出海可至郁州,经淮河支流游水等北上可至东海等地。如郦道元《水经注·淮水》注《水经》"又东至广陵淮浦县入于海"语云:"应劭曰:浦岸也。盖临侧淮渎,故受此名。淮水径县故城东。王莽更名之曰淮敬。淮水于县枝分,北为游水。历朐县与沭合。又径朐山西。山侧有朐县故城。秦

---

① 清·李斗《扬州画舫录》,北京:中华书局1960年版,第15页。
② 袁珂《山海经校注》,上海:上海古籍出版社1980年版,第332页。
③ 汉·班固《汉书·地理志上》,北京:中华书局1962年版,第1564页。

始皇三十五年,于朐县立石海上,以为秦之东门。崔琰《述初赋》曰:倚高舻以周眄兮,观秦门之将将者也。东北海中有大洲,谓之郁洲,《山海经》所谓郁山在海中者也。言是山自苍梧徙此,云山上犹有南方草木。今郁州治。故崔季珪之叙《述初赋》,言郁州者,故苍梧之山也,心悦而怪之,闻其上有仙士石室也,乃往观焉。见一道人独处,休休然不谈不对,顾非己所及也。即其《赋》所云:吾夕济于郁洲者也。游水又北径东海利成县故城东,故利乡也。汉武帝元朔四年,封城阳共王子婴为侯国,王莽更之曰流泉。游水又北,历羽山西。"①《水经注·淮水》又云:"游水东北入海,旧吴之燕岱,常泛巨海,惮其涛险,更沿溯是浚,由是出。《地理志》曰:游水自淮浦北入海。《尔雅》曰:淮别为浒,游水亦枝称者也。"②战国以降,淮河和游水一直是至淮浦向东及向北的航线。如果将《山海经》《汉书》《水经注》等记载结合起来看,郦道元所说的"游水",很可能是指后世所说的"涟水"。如顾祖禹叙述涟水与涟水县(淮浦县)的关系时指出:"在沭阳者曰南涟,在县境者曰北涟,又有西涟、中涟、东涟之名。中涟阔八十丈,北通官河,南通市河。其上流曰西涟,下流曰东涟。皆阔三十余丈,自城东入淮,谓之涟口。《汉志》:'淮浦县有游水,北入海。'《水经注》'淮水自淮阴又东至淮浦县,枝分为游水,北至朐县与沭水合',盖即涟水矣。"③涟水与游水的地理方位相同,且同为沭水的支流,大体可证。

隋唐两代,淮河入海口一带的海岸线没有发生大的变化。徐坚记载道:"《释名》云:淮,围也。围绕扬州北界,东至海也。《周官》:青州,其川淮泗。按《水经注》及《山海经》云:淮水出南阳平氏县桐柏山,其源初则涌出,复潜流三十里,然后长鹜,东北经大复山,从义阳郡北,东过江夏,平春县北,又东过新息县南,期思县北,至厚鹿县南,与汝水合。又东过庐江安丰县,与决水合。东北至九江寿春县东,与颍水合。寿春县北与淝水合。又东至当涂县北,与涡水合。东北至下邳淮阴县,与泗水合。东至广陵淮浦县而入海也。"④淮河贯穿其中,淮浦成为自北南下的交通要道。史有"开皇初,议伐陈,以寿有思理,奉使于淮浦监修船舰,以强济见称"⑤之说,隋文帝伐陈前,元寿到淮浦"监修船舰"及建立前进基地,与淮浦有良好的交通环境和其是江淮之间的富庶地区息息相关。盛唐诗人高适在诗中写道:"涟上非所趣,偶为世务牵。经时驻归棹,日夕对平川。莫论行子愁,且得主人贤。亭上酒初熟,厨中鱼每鲜。自说宦游来,因之居住偏。煮盐沧海曲,种稻长淮边。四时常晏如,百口无饥年。菱芋

---

① 杨守敬、熊会贞疏,段熙仲点校,陈桥驿复校《水经注疏》下册,南京:江苏古籍出版社1989年版,第2562—2566页。
② 同①,第2569页。
③ 清·顾祖禹著,贺次君、施和金点校《读史方舆纪要·南直四》,北京:中华书局2005年版,第1085—1086页。
④ 唐·徐坚等《初学记·地部中》,北京:中华书局2004年版,第127页。
⑤ 唐·魏徵等《隋书·元寿传》,北京:中华书局1973年版,第1497页。

藩篱下,渔樵耳目前。"①在诗人的笔下,涟水即淮浦不但有美食,而且十分富庶。如诗人以"煮盐沧海曲,种稻长淮边。四时常晏如,百口无饥年"等语细腻地描绘了淮浦富甲一方及百姓熙熙而乐的景象。此诗虽然是写盛唐时的光景,但完全可以移来说明隋文帝伐陈前的情况。进而言之,千里运粮损耗太大,且成本太高,不如就地取粮,这样一来,隋文帝势必要把淮浦视为进军江淮的补给基地。

入唐以后,淮浦的地位一度有所提升。史称:"武德四年,置涟州,仍分置金城县。贞观元年,废涟州,并省金城县,以县属泗州。"②唐高祖武德四年(621),在隋代改淮浦为"涟水"的基础上建涟州。唐太宗贞观元年(627),涟水虽降格改县并隶属泗州,但从这一过程中当知,淮浦即涟水因生产海盐受到统治者的重视。这一时期,淮浦作为淮盐生产的重镇,除了要输出自身生产的海盐外,还承担着郁州和海州(在今江苏连云港海州)盐的外运任务,如史有"负海州岁免租为盐二万斛以输司农"③之说。

淮浦成为淮盐输出的交通枢纽,既与有淮河及支流为天然运道紧密地联系在一起,又与海州及郁州成为海盐的重要产区息息相关。南北分治时,矗立在海中的郁州是北方流民的避难所。史称:"青州,宋泰始初淮北没虏,六年,始治郁州上。郁州在海中,周回数百里,岛出白鹿土,有田畴鱼盐之利。刘善明为刺史,以海中易固,不峻城雉,乃累石为之,高可八九尺。"④泰始六年(470),宋明帝侨立青州,郁州始有行政建制,流民避难于海上为郁州海盐生产创造了必要的条件。史有羊侃"尝南还至涟口,置酒,有客张孺才者,醉于船中失火,延烧七十余艘,所燔金帛不可胜数。侃闻之,都不挂意,命酒不辍"⑤之说,一次烧毁七十多艘船只表明,淮浦涟口(涟水入淮的河口)是一个繁忙的码头。从交通形势上看,淮浦地偏一隅,在南北交通中的地位自然不如淮阴,其之所以十分繁忙,应与集散郁州、海州及淮浦等地的海盐有着密切的关系。郁州成为海州的辖县后,其海盐可借淮河及支流形成的水道,经淮浦中转北上或南下。具体地讲,自淮浦顺淮河而下经海州出海可抵郁州,沿游水北上可入沭水;自海州溯淮而上经淮浦可经淮阴进入泗水和汴河,并远接黄河流域;自淮浦经淮阴入邗沟南下可达长江流域。这一自然水道的存在为淮浦成为淮盐外运时的交通枢纽奠定了基础。

然而,仅仅有自然形成的水路是远远不够的,要想扩大淮盐的外运能力,还需要开挖与漕运通道相连的运盐河。检索文献,开挖淮浦一带的运盐河似始于武则天一朝。垂拱四年(688),武则天在淮浦即涟水开挖了新漕渠。史家叙述涟水政区及交通时写道:"有新漕渠,

---

① 唐·高适《涟上题樊氏水亭》,中华书局《全唐诗》第6册,北京:中华书局1960年版,第2207页。
② 后晋·刘昫等《旧唐书·地理志一》,北京:中华书局1975年,第1445页。
③ 宋·欧阳修等《新唐书·食货志四》,北京:中华书局1975年版,第1377页。
④ 梁·萧子显《南齐书·州郡志上》,北京:中华书局1972年版,第259页。
⑤ 唐·姚思廉《梁书·羊侃传》,北京:中华书局1973年版,第562页。

南通淮,垂拱四年开,以通海、沂、密等州。"①新漕渠开通后扩大了涟水和海州食盐输出的范围,沿新漕渠可入邗沟或淮河,或入沂水通沂州(在今山东临沂)、密州(在今山东诸城)等地。新漕渠是在改造涟水的基础上兴修的运盐河。傅泽洪记载道:"《唐书·地理志》涟水县,今为江南淮安府安东县。今安东县有中涟河、东涟河、西涟河。中涟在治北三里,河阔八十余丈,北通官河,南通市河;下流三里为东涟,阔三十余丈;上流三十里为西涟,阔如东涟,源自西北大湖,来东南入淮,殆即当时之遗迹欤!"②所谓"官河",自然是指新漕渠。中涟河宽八十余丈,东涟河、西涟河各宽三十余丈,新漕渠提高通航能力后,极大地方便了淮盐运销。

除了新漕渠,唐代还兴修了从淮浦至海州及东海的运盐河。王谠记载道:"海州南有沟水,上通淮楚,公私漕运之路也。宝应中,堰破水涸,鱼商绝行。州差东海令李知远主役修复,堰将成辄坏,如此者数四,劳费颇多,知远甚以为忧。或说:梁代筑浮山堰,频有坏决,乃以铁数千万片填积其下,堰乃成。知远闻之,即依其言,而堰果立。"③唐代宗宝应年间(762—763),东海令李知远在前人的基础上兴修了运道。之所以要兴修"上通淮楚,公私漕运之路",主要有两个方面的原因:一是唐代以前,主要是利用自然水道输出淮盐,其输出能力有限,尤其是安史之乱后,刘晏为加强东南漕运及以盐利补漕运之用,需要建立与东南重镇楚州淮阴郡相连的运盐河;二是海州生产的海盐主要经涟水运出,涟水承担着中转海州及郁州海盐的重任,重点兴修涟水至海州的运盐河,可以将运盐河与东南漕运通道连接在一起,将淮盐运往北方。

唐代兴修与盐场相通的运盐河,进一步完善了江淮之间的交通运输体系,为扩大淮盐的输出能力和江淮粮食外运奠定了坚实的基础。因历史久远文献漫漶不清,现以后世文献作一些补充。史称:"时范仲淹安抚江、淮,亦以疏通盐利为言,即诏知制诰丁度等与三司使、江淮制置使同议。皆谓听通商恐私贩肆行,侵蠹县官,请敕制置司益漕船运至诸路,使皆有二三年之蓄;复天禧元年制,听商人入钱粟京师及淮、浙、江南、荆湖州军易盐;在通、楚、泰、海、真、扬、涟水、高邮贸易者毋得出城,余州听诣县镇,毋至乡村;其入钱京师者增盐予之,并敕转运司经画本钱以偿亭户。诏皆施行。"④宋仁宗明道二年(1033),范仲淹"以疏通盐利为言"表明,只有疏通自运盐河入运河的航线,才能恢复宋真宗天禧元年(1017)的旧制即"听商人入钱粟京师及淮、浙、江南、荆湖州军易盐"的制度。在这中间,从"其入钱京师者增盐予之,并敕转运司经画本钱以偿亭户"等中不难发现,实现淮盐税收是由转运司"经画"的,这

---

① 宋·欧阳修等《新唐书·地理志二》,北京:中华书局1975年版,第991页。
② 清·傅泽洪《行水金鉴·运河水》,《四库全书》第581册,上海:上海古籍出版社1987年版,第443页。
③ 宋·王谠《唐语林·补遗》,周勋初校证《唐语林校证》,北京:中华书局1987年版,第494页。
④ 元·脱脱等《宋史·食货志下四》,北京:中华书局1985年版,第4439—4440页。

里明确地表达了将盐运纳入漕运序列的意图,同时也表明,只有实现运盐河与运河之间的互通才有可能解决淮盐输出受阻等问题。

关于这一点,元代有更为直接的表述,如元代所说的"扬州运河"又称"盐河",这条运河以扬州为起点,北至三汊口(三汊口闸,在今江苏徐州境内)与会通河相接。史称:"扬州运河,亦名盐河,北至三汊口,达于会通河。至元二十七年,江淮行省奏加疏浚。"①元代所说的扬州运河与唐宋时期的扬州运河有明显的不同:唐宋时期的扬州运河是指从扬州广陵郡到楚州淮阴郡的运河,其起点和终点与邗沟大体相同,主要是在邗沟旧道的基础上兴修的运河;元代的扬州运河已自扬州延长到徐州。史称:"仁宗延祐四年十一月,两淮运司言:'盐课甚重,运河浅涩无源,止仰天雨,请加修治。'明年二月,中书移文河南省,选官洎运司有司官相视,会计工程费用。于是河南行省委都事张奉政及淮东道宣慰司官、运司官,会州县仓场官,遍历巡视集议:河长二千三百五十里,有司差濒河有田之家,顾倩丁夫,开修一千八百六十九里;仓场盐司不妨办课,协济有司,开修四百八十二里。运司言:'近岁课额增多,而船灶户日益贫苦,宜令有司通行修治,省减官钱。'省臣奏准:诸色户内顾募丁夫万人,日支盐粮钱二两,计用钞二万锭,于运司盐课及减驳船钱内支用。差官与都水监、河南行省、淮东宣慰司官专董其事,廉访司体察,枢密院遣官镇遏,乘农隙并工疏治。"②如果以延祐元年(1314)为整治扬州运河起点的话,那么,延祐四年(1317)十一月和延祐五年(1318)二月解决"运河浅涩无源"等问题,则标志着扬州运河进入全程治理的新阶段。在这中间,动员运盐的船户及生产食盐的灶户"开修四百八十二里"运盐河一事表明,运盐河已纳入扬州运河兴修的范围。进而言之,江淮即两淮盐运与漕运相辅相成,同样涉及政治稳定和社会稳定的大问题。

考察江淮运盐河的建设,主要有三个特点。一是在充分利用淮河下游及支流形成的湖泊和自然水道的基础上,兴修了贯穿产盐区及盐场的运盐河。如山阳、宝应、高邮、阜宁之间有淮河下泄时形成的白马湖、宝应湖、高邮湖、射阳湖等,涟水、海州境内有淮河下泄时的水道和支流,由于这些湖泊本身就有与淮河下游各条支流相连的水道,只要稍加修整便可供运盐等使用。进而言之,历代兴修山阳、宝应、高邮、阜宁、盐城、兴化、涟水、海州等之间的运盐河,主要利用了淮河下泄时形成的湖泊或河流。二是利用了江潮在长江以北形成的湖泊和自然水道。如长江自靖江入通州及泰州时一分为二,在此基础上形成了"一东径丁堰,又分流,至岔河,为盐场诸水。又南流,径白蒲镇入通州"③的水道。这一水道串联了分布在江淮之间的各大盐场。三是各盐场之间的运盐河与运河建设拧结在一起,构成了江淮四通八达的水上交通运输体系,为淮盐输出即南下和北上创造了良好的环境。

---

① 柯劭忞《新元史·河渠志二》,上海:上海古籍出版社1989年版,第274页。
② 明·宋濂等《元史·河渠志二》,北京:中华书局1976年版,第1632页。
③ 赵尔巽等《清史稿·地理志五》,北京:中华书局1977年版,第1991页。

主要参考文献

[1] 白居易.白居易集[M].顾学颉,点校.北京:中华书局,1979.
[2] 班固.汉书[M].北京:中华书局,1962.
[3] 鲍彪.战国策注[M]//四库全书:第406册.上海:上海古籍出版社,1987.
[4] 毕沅.关中胜迹图志[M].西安:三秦版社,2004.
[5] 沧清.含嘉仓铭砖初探[J].考古,1982:3.
[6] 岑仲勉.黄河变迁史[M].北京:中华书局,2004.
[7] 陈寿.三国志[M].北京:中华书局,1959年版.
[8] 陈子昂.陈子昂集[M].徐鹏,点校.北京:中华书局,1960.
[9] 程大昌.雍录[M].黄永年,点校.北京:中华书局,2002.
[10] 程大昌.禹贡后论[M]//四库全书:第56册.上海:上海古籍出版社,1987.
[11] 程大昌.禹贡论[M]//《四库全书》:第56册,上海:上海古籍出版社,1987.
[12] 仇晓东,何凡能,刘浩龙等.永济渠渠首段流路复原[J].地理科学进展,2017:4.
[13] 董诰.全唐文[M].北京:中华书局,1983.
[14] 董国柱.陕西高陵县耿镇出土唐《东渭桥记》残碑[J].考古与文物,1984:4.
[15] 董进泉.隋末仓储与李密瓦岗军[J].复旦学报(社会科学版),1982:6.
[16] 杜佑.通典[M].杭州:浙江古籍出版社,1988
[17] 段鹏琦.隋唐洛阳含嘉仓出土铭文砖的考古学研究[J].考古,1997:11.
[18] 范晔.后汉书[M].北京:中华书局,1965.
[19] 方诗铭,王修龄.古本竹书纪年辑证[M].上海:上海古籍出版社,2005.
[20] 房玄龄,等.晋书[M].北京:中华书局,1974.
[21] 傅泽洪.行水金鉴[M]//四库全书:第581册.上海:上海古籍出版社,1987.
[22] 官梦仁.读书纪数略[M]//四库全书:第1033册.上海:上海古籍出版社,1987.
[23] 顾栋高,等.河南通志[M]//四库全书:第536册.上海:上海古籍出版社,1987.
[24] 顾绍柏.谢灵运集校注[M].郑州:中州古籍出版社,1987.
[25] 顾祖禹.读史方舆纪要[M].贺次君,施和金,点校.北京:中华书局,2005.

[26] 郭黎安.里运河变迁的历史过程[M]//历史地理编辑委员会.历史地理:第5辑.上海:上海人民出版社,1987.

[27] 郭绍虞.清诗话续编[M].富寿荪,校点.上海:上海古籍出版社,1983.

[28] 何建章.战国策注释[M].北京:中华书局,1990.

[29] 和珅,等.钦定大清一统志[M]//四库全书:第477册.上海:上海古籍出版社,1987.

[30] 洪迈.容斋随笔[M].上海:上海古籍出版社,197.

[31] 胡道静.梦溪笔谈校证[M].上海:上海古籍出版社,1987.

[32] 胡世宁.胡端敏奏议[M]//《四库全书》:第428册.上海:上海古籍出版社,1987.

[33] 胡渭.禹贡锥指[M].邹逸麟,整理.上海:上海古籍出版社,2006.

[34] 胡仔.苕溪渔隐丛话[M].廖德明,校点.北京:人民文学出版社,1962.

[35] 桓宽.盐铁论[M]//王利器.盐铁论校注.北京:中华书局,1992.

[36] 桓宽.盐铁论[M]//诸子集成:第8册.上海:上海书店,1986.

[37] 黄怀信,张懋镕,田旭东.逸周书汇校集注:修订本[M].上海:上海古籍出版社,2007.

[38] 黄汝成.日知录集释:全校本[M].栾保群,吕宗力,校点.上海:上海古籍出版社,2006.

[39] 黄盛璋.历史地理论集[M].北京:人民出版社,1982.

[40] 黄镇成.尚书通考[M]//四库全书:第62册.上海:上海古籍出版社,1987.

[41] 黄之隽,等.江南通志[M]//四库全书:第508册.上海:上海古籍出版社,1987.

[42] 纪昀,等.钦定四库全书总目[M].四库全书研究所,整理.北京:中华书局,1997.

[43] 金文明.金石录校证[M].桂林:广西师范大学出版社,2005

[44] 靳辅.治河奏绩书[M]//四库全书:第579册.上海:上海古籍出版社,1987.

[45] 京洛.洛阳隋唐含嘉仓的发掘[J].文物,1972:3.

[46] 柯劭忞.新元史[M].上海:上海古籍出版社,1989.

[47] 乐史.太平寰宇记[M].王文楚等,校点.北京:中华书局,2007.

[48] 李焘.续资治通鉴长编[M].北京:中华书局,2004.

[49] 李斗.扬州画舫录[M].北京:中华书局,1960.

[50] 李吉甫.元和郡县图志[M].贺次君,点校.北京:中华书局,1983.

[51] 李林甫,等.唐六典[M].陈仲夫,点校.北京:中华书局,1992.

[52] 李维祯,等.山西通志[M]//《四库全书》:第543册.上海:上海古籍出版社,1987.

[53] 李文儒.中国十年百大考古新发现[M].北京:文物出版社,2002.

[54] 李文泽,霞绍晖.司马光集[M].成都:四川大学出版社,2010.

[55] 李延寿.北史[M].北京:中华书局,1974.

[56] 连云港博物馆,中国文物研究所.尹湾汉墓简牍综论[M].北京:科学出版社,1999.

[57] 令狐德棻,等.周书[M].北京:中华书局,1971.

[58] 刘昫,等.旧唐书[M].北京:中华书局,1975.

[59] 卢弼.三国志集解[M].钱剑夫,整理.上海:上海古籍出版社,2012.

[60] 吕不韦.吕氏春秋[M]//诸子集成:第6册.上海:上海书店,1986.

[61] 栾保群,田松青,吕宗力.困学纪闻:全校本[M].校点.上海:上海古籍出版社,2008.

[62] 马得志.唐代长安城考古记略[J].考古,1963:11.

[63] 马端临.文献通考[M].杭州:浙江古籍出版社,1988.

[64] 毛晃.禹贡指南[M]//四库全书:第56册.上海:上海古籍出版社,1987.

[65] 孟元老.东京梦华录[M].北京:中国商业出版社,1982.

[66] 纳兰性德.通志堂集[M].上海:华东师范大学出版社,2008.

[67] 欧阳忞.舆地广记[M]//四库全书:第471册.上海:上海古籍出版社,1987.

[68] 欧阳修,等.新唐书[M].北京:中华书局,1975.

[69] 欧阳修.欧阳修全集[M].李逸安,点校.北京:中华书局,2001.

[70] 皮日休.皮子文薮[M].北京:中华书局,1959.

[71] 丘浚.大学衍义补[M].林冠群,周济夫,校点.北京:京华出版社,1999.

[72] 青山定雄.唐宋时代的交通地志地图研究[M].东京:吉川弘文馆,1972.

[73] 阮元.十三经注疏[M].北京:中华书局,1980.

[74] 沈青崖,等.陕西通志[M]//四库全书:第551.上海:上海古籍出版社,1987.

[75] 沈枢.通鉴总类[M]//四库全书:第462册.上海:上海古籍出版社,198.

[76] 沈翼机,等.浙江通志[M]//四库全书:第521册.上海:上海古籍出版社,1987.

[77] 沈约.宋书[M].北京:中华书局,1974.

[78] 史浩.尚书讲义[M]//四库全书:第56册.上海:上海古籍出版社,1987.

[79] 史念海.河山集[M].北京:生活·读书·新知三联书店,1963.

[80] 史念海.三门峡与古代漕运[J].人文杂志,1960:4.

[81] 史起蛰,张矩.嘉靖两淮盐法志[M].荀德麟,周平,刘功昭等,点校.北京:方志出版社,2010.

[82] 司马光.资治通鉴[M].胡三省,音注.北京:中华书局,1956.

[83] 司马光.资治通鉴[M].邬国义,校点.上海:上海古籍出版社,1997.

[84] 司马迁.史记[M].北京:中华书局,1982.

[85] 宋濂,等.元史[M].北京:中华书局,1976.

[86] 宋敏求.长安志[M]//四库全书:第587册.上海:上海古籍出版社,1987.

[87] 唐长孺,等.汪篯隋唐史论稿[M].北京:中国社会科学出版社,1981.

[88] 陶敏.全唐五代笔记[M].西安:三秦出版社,2008.

[89] 田雯.古欢堂集[M]//四库全书:第1324册.上海:上海古籍出版社,1987.

[90] 脱脱,等.宋史[M].北京:中华书局,1985.

[91] 王存.元丰九域志[M].王文楚,魏嵩山,点校.北京:中华书局,1984.

[92] 王夫之.读通鉴论[M]//续修四库全书:第450册.上海:上海古籍出版社,2002.

[93] 王鸣盛.十七史商榷[M].黄曙辉,点校.上海:上海古籍出版社,2013.

[94] 王鸣盛.十七史商榷[M].黄曙辉,点校.上海:上海书店出版社,2005.

[95] 王溥.唐会要[M].北京:中华书局,1955.

[96] 王钦若,等.册府元龟[M].北京:中华书局,1960.

[97] 王琼.漕河图志[M]//续修四库全书:第835册.上海:上海古籍出版社,2002.

[98] 王汝涛,等.类说校注[M].福州:福建人民出版社,1996.

[99] 王瑞来.隆平集校证[M].北京:中华书局,2012.

[100] 王祎.大事记续编[M]//四库全书:第334册.上海:上海古籍出版社,1987.

[101] 王应麟.通鉴地理通释[M].傅林祥,点校.北京:中华书局,2013.

[102] 王应麟.玉海[M].南京:江苏古籍出版社,1988.

[103] 卫斯.卫斯考古论文集[M].太原:山西古籍出版社,1998.

[104] 魏收.魏书[M].北京:中华书局,1974.

[105] 魏嵩山,王文楚.江南运河的形成及其演变过程[M]//中华文史论丛:总第十辑.上海:上海古籍出版社,1979.

[106] 魏徵,等.隋书[M].北京:中华书局,1973.

[107] 席书.漕船志[M]//淮安市地方志办公室.淮安文献丛刻.北京:方志出版社,2006.

[108] 夏僎.尚书详解[M]//四库全书:第56册.上海:上海古籍出版社,1987.

[109] 向达.蛮书校注[M].北京:中华书局,1962.

[110] 萧涤非.杜甫全集校注[M].北京:人民文学出版社,2014.

[111] 萧统.文选[M].上海:商务印书馆,1936.

[112] 萧子显.南齐书[M].北京:中华书局,1972.

[113] 谢保成.贞观政要集校[M].北京:中华书局,2003.

[114] 谢肇淛.北河纪余[M]//四库全书:第576册.上海:上海古籍出版社,1987.

[115] 辛德勇.大业杂记辑校[M].西安:三秦出版社,2006.

[116] 辛德勇.两京新记辑校[M].西安:三秦出版社,2006.

[117] 辛德勇.隋唐时期陕西航运之地理研究[J].陕西师范大学学报(哲学社会科学版),

2008:6.

[118] 徐坚,等.初学记[M].北京:中华书局,1962.

[119] 徐松辑.丛书集成续编[M].上海:上海书店,1994.

[120] 徐松.唐两京城坊考[M].张穆,校补.北京:中华书局,1985.

[121] 徐天麟.西汉会要[M].上海:上海古籍出版社,2006.

[122] 徐文靖.禹贡会笺[M]//四库全书:第68册.上海:上海古籍出版社,1987.

[123] 薛凤祚.两河清汇[M]//四库全书:第579册.上海:上海古籍出版社,1987.

[124] 严耕望.唐代交通图考[M].上海:上海古籍出版社,2007.

[125] 阎若璩.尚书古文疏证[M].黄怀信,吕翊欣,校点.上海:上海古籍出版社,2010.

[126] 杨宏,谢纯.漕运通志[M].荀德麟,何振华,点校.北京:方志出版社,2006.

[127] 杨守敬,熊会贞.水经注疏[M].段熙仲,点校.陈桥驿,复校.南京:江苏古籍出版社,1989.

[128] 杨勇.洛阳伽蓝记校笺[M].北京:中华书局,2006.

[129] 姚思廉.梁书[M].北京:中华书局,1973.

[130] 于敏中.日下旧闻考[M].北京:北京古籍出版社,1981.

[131] 袁珂.山海经校注[M].上海:上海古籍出版社,1980.

[132] 袁枢.通鉴纪事本末[M].北京:中华书局,1964.

[133] 曾枣庄,舒大刚.三苏全书[M].北京:语文出版社,2001.

[134] 张庆捷,赵瑞民.黄河古栈道的新发现与初步研究[J].文物,1998:8.

[135] 张廷玉,等.明史[M].北京:中华书局,1974.

[136] 张彦远.历代名画记[M].秦仲文,黄苗子,点校.北京:人民美术出版社,2016.

[137] 张英,王士祯,王惔,等.渊鉴类函[M]//四库全书:第985册.上海:上海古籍出版社,1987.

[138] 张鷟.朝野佥载[M].赵守俨,点校.北京:中华书局,1979.

[139] 章潢.图书编[M]//四库全书:第971册.上海:上海古籍出版社,1987.

[140] 章如愚.群书考索后集[M]//四库全书:第937册.上海:上海古籍出版社,1987.

[141] 章如愚.群书考索[M]//四库全书:第936册.上海:上海古籍出版社,1987.

[142] 赵尔巽,等.清史稿[M].北京:中华书局,1977.

[143] 赵晔.吴越春秋[M].苗麓,校点.南京:江苏古籍出版社,1999.

[144] 郑繁.开天传信记[M].北京:中华书局,1985.

[145] 郑樵.通志[M].杭州:浙江古籍出版社,1988.

[146] 中国科学院考古研究所.三门峡漕运遗迹[M].北京:科学出版社,1959.

[147] 中华书局.全唐诗[M].北京:中华书局,1960.

[148] 周勋初.唐语林校证[M].北京:中华书局,1987.

[149] 朱鹤龄.禹贡长笺[M]//四库全书:第67册.上海:上海古籍出版社,1987.

[150] 朱熹.资治通鉴纲目[M]//四库全书:第690册.上海:上海古籍出版社,1987.

[151] 竺可桢.中国近五千年来气候变迁的初步研究[J].中国科学,1973:2.

[152] 邹逸麟.椿庐史地论稿[M].天津:天津古籍出版社,2005.

[153] 邹逸麟.从含嘉仓的发掘谈隋唐时期的漕运和粮仓[J].文物,1974:2.

后 记

掐指一算，这本书已断断续续写了二十年。古人云：十年磨一剑。然而，我用二十年的时间才勉强完成，内心多有苍凉之感。在这期间，运河学由冷门成为热门，由邹逸麟先生总主编的《中国运河志》业已出版发行。

我是学古代文学的，之所以要跨界，是因为古人一向把史学视为文学的一部分。近代以后，国人以西方的文学观为标杆，开始把史学从文学中剥离出来，不过，文学史家叙述文学史时，依旧把文学发生的历史追溯到史学那里。可以说，如果没有《尚书》《周易》《春秋》《左传》《战国策》《史记》等支撑的话，先秦及秦汉文学将无法正确地叙述和书写。更重要的是，要想深入地研究古代作家并揭示其作品的内涵，需要关注特定时代的政治、经济、军事、文化等。也就是说，史学既是中国古代文学的一部分，也是古代文学研究的必要手段及武器，正因为如此，我干脆把运河和漕运纳入自己的研究范围。

撰写《中国运河与漕运研究》，得到诸多师友的帮助和关心。首先，要感谢文史大家卞孝萱先生。卞先生与胡阿祥兄主编《国学四十讲》（湖北人民出版社2008年版）以后，立即把《新编国学三十讲》提上了议事日程。在先生的安排下，我承担了撰写《运河学》的任务。很显然，先生这样做是为了奖掖后进，提升我的研究能力。自此，运河及漕运成为我进行科学研究的重要方面。可惜，卞先生已于2009年9月作古，无法看到此书了。其次，要感谢美学家吴功正先生。在我生病期间，吴先生经常打电话问候。令人感动的是，此时吴先生已到了生命的最后关头，还在全力修订他从先秦到明清多卷本的断代美学史著作，同时依旧不忘关心晚生。还要感谢小说研究大家萧相恺先生，在我生病期间，萧先生不时地打电话问候。在我生病期间，莫砺锋先生和程章灿先生代表南京大学中国古代文学和古代文献专业同人对我表示了慰问和关怀。要感谢汤漳平先生、徐志啸先生、林家骊先生、黄灵庚先生、赵敏俐先生、姚小鸥先生、党圣元先生、曹书杰先生、姚文放先生、李昌集先生、马亚中先生、方铭先生、徐兴无先生、吴兆路先生、黄震云先生、骆冬青先生、程国赋先生、方向东先生、多洛肯先生、韩璞庚先生、李静先生、王占通先生、赵辉先生、任刚先生、程杰先生、刘士林先生、范子烨先生、张新科先生、李浩先生等，他们都给予了我极大的关心、支持和帮助。还要感谢出版社的薛春民先生、冀彩霞女士、孙蓉女士、雷丹女士、王骞先生、李江彬女士、王冰先生等，他们在这本书的出版过程中，付出了极大的心血和努力。最后特别要感谢的是陕西师范大学教授朱士光先生、南京大学教授范金民先生，他们在本书申请2019年国家出版基金项目时写了推荐意见。

总之，需要感谢的师友太多了，正是因为有了你们的关心，此书才得以付梓。

张　强

2019年1月20日